【传世经典 文白对照】

# 资治通鉴

## 九

### 齐纪 梁纪

〔宋〕司马光　　编撰

沈志华　张宏儒　主编

中华书局

# 目录

# 卷第一百三十五　齐纪一

起己未(479)尽癸亥(483)凡五年

## 太祖高皇帝
## 建元元年(己未,479)

1　春,正月甲辰,以江州刺史萧嶷为都督荆湘等八州诸军事、荆州刺史,尚书左仆射王延之为江州刺史,安南长史萧子良为督会稽等五郡诸军事、会稽太守。

初,沈攸之欲聚众,开民相告,士民坐执役者甚众;嶷至镇,一日罢遣三千馀人。府州仪物,务存俭约,轻刑薄敛,所部大悦。

2　辛亥,以竟陵世子赜为尚书仆射,进号中军大将军、开府仪同三司。

3　太傅道成以谢朏有重名,必欲引参佐命,以为左长史。尝置酒与论魏、晋故事,因曰:"石苞不早劝晋文,死方恸哭,方之冯异,非知机也。"朏曰:"晋文世事魏室,必将身终北面;借使魏依唐、虞故事,亦当三让弥高。"道成不悦。甲寅,以朏为侍中,更以王俭为左长史。

4　丙辰,以给事黄门侍郎萧长懋为雍州刺史。

5　二月丙子,邵陵殇王友卒。

6　辛巳,魏太皇太后及魏主如代郡温泉。

7　甲午,诏申前命,命太傅赞拜不名。

## 太祖高皇帝
## 齐高帝建元元年(己未,公元 479 年)

1　春季,正月甲辰(初二),刘宋顺帝任命江州刺史萧嶷为都督荆湘等八州诸军事、荆州刺史,任命尚书左仆射王延之为江州刺史,任命安南长史萧子良为都督会稽等五郡诸军事、会稽太守。

当初,沈攸之准备聚众起事的时候,允许百姓互相告发,因此获罪服役的士人和平民为数众多。萧嶷来到荆州以后,在一天以内就遣散了三千多人。刺史府与州衙中礼仪器物的陈设,都力求俭省节约,又能放宽刑罚,减少赋役,所以本州百姓大为欢悦。

2　辛亥(初九),顺帝任命竟陵世子萧赜为尚书仆射,晋升封号为中军大将军、开府仪同三司。

3　太傅萧道成因谢朏名声显著,一定要延引他参与辅佐自己,便让他担任左长史。萧道成曾经摆上酒席,与谢朏谈论魏晋时期的旧事,乘机说:"石苞没有及早劝说晋文王司马昭登基,等他死后,才去痛哭,与汉冯异相比,还不算是通晓机宜的啊。"谢朏说:"晋文王累世事奉魏室,必然要自己终生北面称臣。假如曹魏依照唐尧把帝位禅让给虞舜的先例行事,晋文王也应当经过三次推让,才显得更为崇高。"萧道成很不高兴。甲寅(十二日),任命谢朏为侍中,另外任命王俭为左长史。

4　丙辰(十四日),顺帝任命给事黄门侍郎萧长懋为雍州刺史。

5　二月丙子(初四),刘宋邵陵殇王刘友去世。

6　辛巳(初九),北魏太皇太后及孝文帝前往代郡温泉。

7　甲午(二十二日),顺帝颁诏重申以前的命令,让太傅萧道成朝拜时,不必自己称名。

8　己亥,魏太皇太后及魏主如西宫。

9　三月癸卯朔,日有食之。

10　甲辰,以太傅为相国,总百揆,封十郡,为齐公,加九锡,其骠骑大将军、扬州牧、南徐州刺史如故。己巳,诏齐国官爵礼仪,并仿天朝。丙午,以世子赜领南豫州刺史。

11　杨运长去宣城郡还家,齐公遣人杀之。凌源令潘智与运长厚善。临川王绰,义庆之孙也,绰遣腹心陈赞说智曰:"君先帝旧人,身是宗室近属,如此形势,岂得久全!若招合内外,计多有从者。台城内人常有此心,苦无人建意耳。"智即以告齐公。庚戌,诛绰兄弟及其党与。

12　甲寅,齐公受策命,赦其境内,以石头为世子宫,一如东宫。褚渊引何曾自魏司徒为晋丞相故事,求为齐官,齐公不许。以王俭为齐尚书右仆射,领吏部。俭时年二十八。

夏,四月壬申朔,进齐公爵为王,增封十郡。

甲戌,武陵王赞卒,非疾也。
丙戌,加齐王殊礼,进世子为太子。

辛卯,宋顺帝下诏禅位于齐。壬辰,帝当临轩,不肯出,逃于佛盖之下,王敬则勒兵殿庭,以板舆入迎帝。太后惧,自帅阉人索得之,敬则启譬令出,引令升车。帝收泪谓敬则曰:"欲见杀乎?"敬则曰:"出居别宫耳。官先取司马家亦如此。"

8 己亥(二十七日),北魏太皇太后及孝文帝前往西宫。

9 三月癸卯朔(初一),出现日食。

10 甲辰(初二),顺帝任命太傅萧道成为相国,总领百官,封给他十个郡的封地,号称齐公,颁赐九锡,让他仍然担任骠骑大将军、扬州牧、南徐州刺史。己巳,顺帝颁诏决定,齐国的官职爵位和礼典仪式,一概仿效朝廷。丙午(初四),顺帝任命萧道成的世子萧赜兼任南豫州刺史。

11 杨运长离开宣城郡解职回家的时候,齐公萧道成派人将他杀死。凌源县令潘智与杨运长交情深厚。临川王刘绰,是刘义庆的孙子。刘绰派遣亲信陈赞劝诱潘智说:"您是先朝皇帝的故旧之人,我本人是宗室的近亲,在这种情况下,难道我们能够长期得以保全吗?如果我们招揽聚集朝廷内外的人们,估计会有许多人追随。宫城以内的人经常抱有这种想法,只是苦于没有人提出这一主张罢了。"潘智当即把这番话向齐公萧道成禀告。庚戌(初八),齐公萧道成诛杀了刘绰兄弟及其党羽。

12 甲寅(十二日),齐公萧道成接受策书的任命,大赦齐国境内,以石头为世子的宫室,与皇室设立东宫完全一样。褚渊援引何曾由曹魏的司徒担任西晋的丞相的旧事,请求担任齐国的官员,齐公萧道成没有应允。他任命王俭为齐国尚书右仆射,主管吏部。当时,王俭只有二十八岁。

夏季,四月壬申朔(初一),顺帝进封齐公萧道成的爵位为王,增加十个郡的封地。

甲戌(初三),武陵王刘赞故去,他并不是因病而终的。

丙戌(十五日),顺帝以特殊的礼节对待齐王萧道成,将齐国的世子称作太子。

辛卯(二十日),刘宋顺帝颁诏将帝位禅让给齐王。壬辰(二十一日),顺帝应当到殿前去会见百官,但他不肯出面,却逃到佛像的宝盖下面。王敬则率领军队来到宫殿的庭院中,抬着一顶木板轿子入宫,去迎接顺帝。太后害怕了,便亲自率领宦官找到了顺帝,王敬则开导顺帝,让他从宝盖下面出来,领着他上了轿子。顺帝止住眼泪,对王敬则说:"准备杀死我吗?"王敬则说:"只是让你到另外的宫殿中居住罢了。您家先前取代司马氏一家也是这样做的。"

帝泣而弹指曰:"愿后身世世勿复生天王家!"宫中皆哭。帝拍敬则手曰:"必无过虑,当饷辅国十万钱。"是日,百僚陪位。侍中谢朏在直,当解玺绶,阳为不知,曰:"有何公事?"传诏云:"解玺绶授齐王。"朏曰:"齐自应有侍中。"乃引枕卧。传诏惧,使朏称疾,欲取兼人,朏曰:"我无疾,何所道!"遂朝服步出东掖门,仍登车还宅。乃以王俭为侍中,解玺绶。礼毕,帝乘画轮车,出东掖门就东邸。问:"今日何不奏鼓吹?"左右莫有应者。右光禄大夫王琨,华之从父弟也,在晋世已为郎中,至是,攀车獭尾恸哭曰:"人以寿为欢,老臣以寿为戚。既不能先驱蝼蚁,乃复频见此事!"呜咽不自胜,百官雨泣。

司空兼太保褚渊等奉玺绶,帅百官诣齐宫劝进。王辞让未受。渊从弟前安成太守炤谓渊子贲曰:"司空今日何在?"贲曰:"奉玺绶在齐大司马门。"炤曰:"不知汝家司空将一家物与一家,亦复何谓!"甲午,王即皇帝位于南郊。还宫,大赦,改元。奉宋顺帝为汝阴王,优崇之礼,皆仿宋初。筑宫丹杨,置兵守卫之。宋神主迁汝阴庙,诸王皆降为公。自非宣力齐室,馀皆除国,独置南康、华容、萍乡三国,以奉刘穆之、王弘、何无忌之后,除国者凡百二十人。二台官僚,依任摄职,名号不同、员限盈长者,别更详议。

顺帝掉着眼泪弹着食指说:"但愿我今后生生世世永远不再生在帝王家中!"宫中的人们都哭泣起来。顺帝拍着王敬则的手说:"如果不发生意外,就赠送给你十万钱。"当天,百官为齐高帝陪席,侍中谢朏正在值班,应当解送玺印,但他假装不知道,还说:"有什么公事吗?"有人传达诏旨说:"解送玺印,交给齐王。"谢朏说:"齐王自然应当另有自己的侍中。"说着,他便拉过枕头,躺了下来。传达诏旨的官员害怕了,便让谢朏声称得了疾病,打算另找一个兼任侍中的人,谢朏说:"我没有生病,为什么说我有病!"于是,他穿着朝服,徒步走出东掖门,上了车,回住宅去了。齐高帝便让王俭担任侍中,解送玺印。礼典结束以后,顺帝坐着彩漆画轮的车子,出了东掖门,前往太子东邸。顺帝问:"为什么今天没有器乐演奏?"周围的人都没有回答。右光禄大夫王琨是王华的堂弟,在晋朝已经担任了郎中,到了此时,他抓着车上悬着的獬尾痛哭着说:"人们都为长寿高兴,老臣却为长寿悲哀。既然此身不能够及早死去,所以才屡次目睹今天发生的这种事情!"他呜呜咽咽地哭泣着,难以自制,百官也都泪如雨下。

  司空兼太保褚渊等人捧上玺印,率领百官前往齐王宫请萧道成即帝位。齐王推辞谦让,没有接受。褚渊的堂弟、前任安成太守褚炤对褚渊的儿子褚贲说:"今天司空却在哪里?"褚贲说:"在齐王宫大司马门奉献玺印。"褚炤说:"我真不知道你家司空把一家的物件交给另一家,这又算怎么一回事情!"甲午(二十三日),齐王在建康南郊即帝位。齐高帝回宫以后,大赦天下罪囚,更改年号为建元。齐高帝将顺帝奉为汝阴王,优待尊崇汝阴王的礼典,完全效仿刘宋初年的做法。齐高帝在丹杨为顺帝修筑宫室,并设置兵力守卫。刘宋诸帝的神位都被迁移到汝阴庙中,刘宋诸王都被降爵为公。如果没有为齐室出力,公侯以下一律削除国号,唯独设置南康、华容、萍乡三国,以便奉养刘穆之、王弘与何无忌的后人,削除国号的诸王计有一百二十人。刘宋与萧齐两朝廷的官员仍然保持原来的职位,对于官名称谓不同和官员超过名额的情况,另外再加详细计议。

以褚渊为司徒。宾客贺者满座。褚炤叹曰:"彦回少立名行,何意披猖至此!门户不幸,乃复有今日之拜。使彦回作中书郎而死,不当为一名士邪!名德不昌,乃复有期颐之寿!"渊固辞不拜。

奉朝请河东裴颙上表,数帝过恶,挂冠径去。帝怒,杀之。太子赜请杀谢㬸,帝曰:"杀之遂成其名,正应容之度外耳。"久之,因事废于家。

帝问为政于前抚军行参军沛国刘瓛,对曰:"政在《孝经》。凡宋氏所以亡,陛下所以得者,皆是也。陛下若戒前车之失,加之以宽厚,虽危可安;若循其覆辙,虽安必危矣。"帝叹曰:"儒者之言,可宝万世!"

13 丙申,魏主如崞山。

14 丁酉,以太子詹事张绪为中书令,齐国左卫将军陈显达为中护军,右卫将军李安民为中领军。绪,岱之兄子也。

15 戊戌,以荆州刺史嶷为尚书令、骠骑大将军、开府仪同三司、扬州刺史,南兖州刺史映为荆州刺史。

16 帝命群臣各言得失。淮南、宣城二郡太守刘善明"请除宋氏大明、泰始以来诸苛政细制,以崇简易"。又以为:"交州险远,宋末政苛,遂至怨叛,今大化创始,宜怀以恩德。且彼土所出,唯有珠宝,实非圣朝所须之急,讨伐之事,谓宜且停。"给事黄门郎清河崔祖思亦上言,以为:"人不学则不知道,此悖逆祸乱所由生也。今无员之官,空受禄力,雕耗民财。

齐高帝任命褚渊为司徒,前来祝贺的人和宾客挤满了坐席。褚炤叹息着说:"褚渊从少年时代便建树了自己的名望与操行,有谁料想得到他会猖狂到这般地步!褚家门户不幸,才会又有今天的拜官之举。假使褚渊在担任中书郎的时候死去了,难道不会成为一位名士吗!如今他的名誉与德行都败坏了,可是偏偏会长命百岁!"于是,褚渊坚决不肯接受任命。

奉朝请、河东人裴颐上表指斥齐高帝的过失与丑行,直接辞官离去。齐高帝大怒,将他杀死。太子萧赜请求杀掉谢朏,齐高帝说:"杀了他,便成就了他的名望了。我们恰恰应该把他置之度外包容下来。"过了好长一段时间,谢朏终于因事被废免在家中。

齐高帝向前任抚军行参军沛国人刘瓛询问如何处理政务,刘瓛回答说:"政务就在《孝经》里面。大凡刘宋灭亡,陛下得国的原因,都包含着《孝经》阐述的道理。倘若陛下能够将前车之鉴引以为戒,再加上待人宽和仁厚,即使国家已经垂危了,也可以安定下来;倘若陛下重蹈覆辙,即使国家原来很安定,也一定会招致危亡。"齐高帝感叹着说:"儒士的话,真是可以用作万代之宝啊!"

13　丙申(二十五日),北魏孝文帝前往嵩山。

14　丁酉(二十六日),齐高帝任命太子詹事张绪为中书令,任命齐国左卫将军陈显达为中护军,任命右卫将军李安民为中领军。张绪是张岱的哥哥的儿子。

15　戊戌(二十七日),齐高帝任命荆州刺史萧嶷为尚书令、骠骑大将军、开府仪同三司、扬州刺史,任命南兖州刺史萧映为荆州刺史。

16　齐高帝命令群臣各自进言朝政得失。淮南、宣城二郡太守刘善明说:"请废除刘宋大明、泰始年间以来的各项苛暴琐碎的政令与制度,以示崇尚简要平易。"他还认为:"交州地势险要而又荒僻遥远,由于刘宋末年政令苛暴,终于招致民怨,导致叛乱。如今广远深入的教化刚刚开创,应当以恩惠与德行感化他们。况且交州土地上出产的物品,只有珠宝,这实在不是我朝急切需要的东西。所以,讨伐交州的事情,我认为应当暂时停止下来。"给事黄门郎清河人崔祖思进言认为:"如果人们不肯求学,就不明白道理,这正是叛逆与祸乱所以产生的根由。现在,不在名额以内的官员,白白享受俸禄和人力的供养,损耗民众的财富。

宜开文武二学,课台、府、州、国限外之人各从所乐,依方习业。若有废惰者,遣还故郡;经艺优殊者,待以不次。又,今陛下虽躬履节俭,而群下犹安习侈靡。宜襃进朝士之约素清修者,贬退其骄奢荒淫者,则风俗可移矣。"宋元嘉之世,凡事皆责成郡县。世祖征求急速,以郡县迟缓,始遣台使督之。自是使者所在旁午,竞作威福,营私纳赂,公私劳扰。会稽太守闻喜公子良上表极陈其弊,以为:"台有求须,但明下诏敕,为之期会,则人思自竭。若有稽迟,自依纠坐之科。今虽台使盈凑,会取正属所办,徒相疑愤,反更淹懈,宜悉停台使。"员外散骑郎刘思效上言:"宋自大明以来,渐见凋弊,征赋有加而天府尤贫。小民嗷嗷,殆无生意。而贵族富室,以侈丽相高,乃至山泽之民,不敢采食其水草。陛下宜一新王度,革正其失。"上皆加襃赏,或以表付外,使有司详择所宜,奏行之。己亥,诏:"二宫诸王,悉不得营立屯邸,封略山湖。"

17　魏主还平城。

18　魏秦州刺史尉洛侯、雍州刺史宜都王目辰、长安镇将陈提等皆坐贪残不法,洛侯、目辰伏诛,提徙边。

应当开设文武两类学校,考核朝廷、府州、封国中编制以外的官员,使他们各自按照本人的意愿,根据规定的办法熟悉学业。如果有人荒废学业,便将他遣返本郡;如果有人经学优异,便不拘等次地任用他。再者,如今虽然陛下亲自奉行节约俭省,但是群臣仍然过惯并安于奢侈浪费的生活。应当表彰进用节俭朴素、持身清正的朝廷官员,贬抑斥逐那些骄横奢侈、耽于佚乐的官员,当前的风俗就可以得到改变了。"刘宋文帝元嘉年间,完全是督责郡县去完成所有的事情。刘宋孝武帝凡事都要求火速办理,认为郡县行动缓慢,便开始由朝廷派遣使者督责郡县。从此,派出的使者到处交错而行,争着恃势弄权,谋求私利,收受贿赂,官府与百姓都遭受使者的困扰。会稽太守闻喜公萧子良上表,极力陈述这一弊病,他认为:"如果朝廷有所需求,只要公开颁发诏书敕令,指定期限,人们自然就会想方设法地去完成任务了。如果耽误了期限,自然应该依照法令举发惩处。现在,虽然朝廷的使者遍布各地,可是各种事情仍然需要通过州县官员去办理。结果,徒然使得朝廷的使者与负责其事的官员相互猜疑怀恨,反而使朝廷的命令实行得更为迟缓松懈。所以,朝廷应当将派出的使者全部停罢。"员外散骑郎刘思效进言说:"刘宋自从大明年间以来,逐渐显现出衰败的迹象。虽然征收赋税不断增加,但是朝廷的库存却愈见贫乏。平民哀鸣不止,几乎已经没有生机。然而,贵族富户以生活奢侈豪华相互炫耀,却使山林湖泽间的百姓,甚至于不敢采摘他们的水草充饥。陛下应当完全刷新王者的政教,改正这一过失。"齐高帝对刘善明等人都给与奖励,还将有的表奏交付外廷,让有关部门详细斟酌适用的办法,上奏施行。己亥(二十八日),齐高帝颁诏说:"皇子、皇孙两宫和诸王,一律不允许营建庄园别墅,霸占山林湖泊。"

17　北魏孝文帝返回平城。

18　北魏秦州刺史尉洛侯、雍州刺史宜都王拓跋目辰、长安镇将陈提等人都因贪婪残暴,行为不轨而获罪,尉洛侯与拓跋目辰被判处死刑,陈提被流放到边远地区服役。

又诏以"候官千数,重罪受赇不列,轻罪吹毛发举,宜悉罢之。"更置谨直者数百人,使防逻街术,执喧斗者而已。自是吏民始得安业。

19 自泰始以来,内外多虞,将帅各募部曲,屯聚建康。李安民上表,以为"自非淮北常备外,馀军悉皆输遣;若亲近宜立随身者,听限人数。"上从之。五月辛亥,诏断众募。

20 壬子,上赏佐命之功,褚渊、王俭等进爵、增户各有差。处士何点谓人曰:"我作《齐书》已竟,赞云:'渊既世族,俭亦国华。不赖舅氏,遑恤国家!'"点,尚之孙也。渊母宋始安公主,继母吴郡公主,又尚巴西公主。俭母武康公主,又尚阳羡公主。故点云然。

21 己未,或走马过汝阴王之门,卫士恐。有为乱者奔入杀王,而以疾闻,上不罪而赏之。辛酉,杀宋宗室阴安公燮等,无少长皆死。前豫州刺史刘澄之,遵考之子也,与褚渊善,渊为之固请曰:"澄之兄弟不武,且于刘宗又疏。"故遵考之族独得免。

22 丙寅,追尊皇考曰宣皇帝,皇妣陈氏曰孝皇后。

北魏孝文帝还颁诏说:"朝廷设置负责侦察内外的官员有一千多人,他们对于犯有重罪的人,只要收到贿赂,便不再举报,却对犯罪较轻的人吹毛求疵地揭发检举,应当将侦察内外的官员全部罢除。"北魏重新设置数百名恭谨正直的人员,让他们在城邑的街道上巡逻防卫,捉拿任意喧闹打斗的人。从此,官吏与百姓才得以各安本业。

19 刘宋自从泰始年间以来,国家不断发生内忧外患,将帅各自募集部曲,集结在建康周围。李安民上表认为:"如果不属于淮北常备军,其馀各军应当将募集的兵士全部遣送回去。倘若属于与主帅亲密接近、适合随侍身旁的兵士,可以让他们限定人数。"齐高帝听从了他的建议。五月,辛亥(初十),齐高帝颁诏命令禁止将帅招募部曲。

20 壬子(十一日),齐高帝封赏辅佐自己建立新朝的功臣,褚渊、王俭等人晋升爵位增加封户,各有等差。隐士何点对人说:"我已经把《齐书》撰写完毕,有一段论赞是这样说的:'褚渊既是世家大族,王俭也是国家的精英。他们连自己的舅父都背叛了,又哪里有工夫顾惜自己的国家!'"何点是何尚之的孙子。褚渊的母亲是刘宋的始安公主,继母是吴郡公主,自己又娶了巴西公主。王俭的母亲是武康公主,自己又娶了阳美公主。所以,何点才有这种说法。

21 己未(十八日),有人骑马经过汝阴王家门,卫士们便恐惧起来。有一个作乱的人跑进去杀死了汝阴王,却以汝阴王病故上报,齐高帝对他不但没有治罪,而且奖赏了他。辛酉(二十日),齐高帝杀害了刘宋宗室阴安公刘燮等人,对这些人家,无论老少,一律处死。前任豫州刺史刘澄之是刘遵考的儿子,他与褚渊交好,褚渊替他再三讲情说:"刘澄之兄弟并不通晓军事,况且他们与刘氏的宗支关系又很疏远。"所以,只有刘遵考的家族得免于一死。

22 丙寅(二十五日),齐高帝追尊亡父为宣皇帝,追尊亡母陈氏为考皇后。

23　丁卯，封皇子钧为衡阳王。

24　上谓兖州刺史垣崇祖曰："吾新得天下，索虏必以纳刘昶为辞，侵犯边鄙。寿阳当虏之冲，非卿无以制此虏也。"乃徙崇祖为豫州刺史。

25　六月丙子，诛游击将军姚道和，以其贰于沈攸之也。

26　甲子，立王太子赜为皇太子，皇子嶷为豫章王，映为临川王，晃为长沙王，晔为武陵王，嵩为安成王，锵为鄱阳王，铄为桂阳王，鉴为广陵王，皇孙长懋为南郡王。

27　乙酉，葬宋顺帝于遂宁陵。

28　帝以建康居民舛杂，多奸盗，欲立符伍以相检括，右仆射王俭谏曰："京师之地，四方辐凑，必也持符，于事既烦，理成不旷。谢安所谓'不尔何以为京师'也。"乃止。

29　初，交州刺史李长仁卒，从弟叔献代领州事，以号令未行，遣使求刺史于宋。宋以南海太守沈焕为交州刺史，以叔献为焕宁远司马、武平新昌二郡太守。叔献既得朝命，人情服从，遂发兵守险，不纳焕。焕停郁林，病卒。

秋，七月丁未，诏曰："交趾、比景独隔书朔，斯乃前运方季，因迷遂往。宜曲赦交州，即以叔献为刺史，抚安南土。"

30　魏葭芦镇主杨广香请降，丙辰，以广香为沙州刺史。

31　八月乙亥，魏主如方山。丁丑，还宫。

23　丁卯(二十六日),齐高帝将皇子萧钧封为衡阳王。

24　齐高帝对兖州刺史垣崇祖说:"我新近才得到天下,北魏肯定会以我们收容刘昶为口实,前来侵犯边界地区。寿阳地当北魏南下的交通要道,如果没有你前去镇守,就无法制服这些胡虏了。"于是,齐高帝将垣崇祖改任为豫州刺史。

25　六月丙子(初六),齐高帝诛杀游击将军姚道和,这是由于他因沈攸之起事而对朝廷怀有二心的缘故。

26　甲子(十四日),齐高帝立王太子萧赜为皇太子,皇子萧嶷为豫章王,萧映为临川王,萧晃为长沙王,萧晔为武陵王,萧暠为安成王,萧锵为鄱阳王,萧铄为桂阳王,萧鉴为广陵王,皇孙萧长懋为南郡王。

27　乙酉(十五日),刘宋顺帝被安葬在遂宁陵。

28　由于建康居民成分复杂,存在着许多奸恶的盗贼,齐高帝打算设置符信,编制军民户籍,以五人为伍,以便考察。右仆射王俭进谏说:"京城地区,各地人员汇聚,如果一定要手执符信,事体既很烦琐,在情理上说,就难以持久。这就是谢安所说的'不这样怎么可以叫作京城'的意思了。"于是,齐高帝取消了原来的打算。

29　当初,交州刺史李长仁故去以后,堂弟李叔献代替他统领州中事务,由于不能够有效地发号施令,他便派遣使者向刘宋朝廷请求任命刺史。刘宋朝廷任命南海太守沈焕为交州刺史,任命李叔献为沈焕的宁远司马和武平、新昌二郡太守。李叔献得到朝廷的任命以后,人心对他便顺服了。于是,李叔献调集兵力,防守险要,不让沈焕进境到任。沈焕在郁林停留下来,因病故去。

秋季,七月丁未(初七),齐高帝颁诏说:"只有交趾、比景没有接受朝廷颁布的年号,这是由于前朝的国运正当穷途末路的时候,两国产生了迷惘,于是不肯前来请授年号。根据这一特殊情况,应当赦免交州,现在就任命李叔献为交州刺史,前去安抚南疆。"

30　北魏葭芦镇主杨广香请求归降。丙辰(十六日),齐高帝任命杨广香为沙州刺史。

31　八月乙亥(初六),北魏孝文帝前往方山。丁丑(初八),返回宫中。

32　上闻魏将入寇,九月乙巳,以豫章王嶷为荆、湘二州刺史,都督如故,以临川王映为扬州刺史。

33　丙午,以司空褚渊领尚书令。

34　壬子,魏以侍中、司徒、东阳王丕为太尉,侍中、尚书右仆射陈建为司徒,侍中、尚书代人苟颓为司空。

35　己未,魏安乐厉王长乐谋反,赐死。

36　庚申,魏陇西宣王源贺卒。

37　冬,十月己巳朔,魏大赦。

38　癸未,汝阴太妃王氏卒,谥曰宋恭皇后。

39　初,晋寿民李乌奴与白水氐杨成等寇梁州,梁州刺史范柏年说降乌奴,击成,破之。及沈攸之事起,柏年遣兵出魏兴,声云入援,实候望形势。事平,朝廷遣王玄邈代之。诏柏年与乌奴俱下,乌奴劝柏年不受代。柏年计未决,玄邈已至,柏年乃留乌奴于汉中,还至魏兴,盘桓不进。左卫率豫章胡谐之尝就柏年求马,柏年曰:“马非狗也,安能应无已之求!”待使者甚薄;使者还,语谐之曰:“柏年云:‘胡谐之何物狗! 所求无厌!’”谐之恨之,潜于上曰:“柏年恃险聚众,欲专据一州。”上使雍州刺史南郡王长懋诱柏年,启为府长史。柏年至襄阳,上欲不问,谐之曰:“见虎格得,而纵上山乎?”甲午,赐柏年死。李乌奴叛入氐,依杨文弘,引氐兵千馀人寇梁州,陷白马戍。王玄邈使人诈降诱乌奴,乌奴轻兵袭州城,玄邈伏兵邀击,大破之,乌奴挺身复走入氐。

32　齐高帝听说北魏准备前来侵犯,九月乙巳(初六),任命豫章王萧嶷为荆、湘二州刺史,仍旧担任都督的职务,还任命临川王萧映为扬州刺史。

33　丙午(初七),齐高帝任命司空褚渊兼任尚书令。

34　壬子(十三日),北魏国主任命侍中、司徒、东阳王拓跋丕为太尉,任命侍中、尚书右仆射陈建为司徒,任命侍中、尚书代郡人氏苟颓为司空。

35　己未(二十日),北魏安乐厉王拓跋长乐谋反,孝文帝赐他自杀。

36　庚申(二十一日),北魏陇西宣王源贺去世。

37　冬季,十月己巳朔(初一),北魏大赦。

38　癸未(十五日),南齐汝阴王太妃王氏故去,谥号称作宋恭皇后。

39　当初,晋寿百姓李乌奴与白水氏人杨成等人进犯梁州,梁州刺史范柏年劝说李乌奴归降,前去进击杨成,并打败了他。及至沈攸之举兵反抗朝廷,范柏年派兵由魏兴进发,声称前去援助朝廷,实际是在观望事态的发展情况。事情平息以后,朝廷派遣王玄邈去接替他的职位。命令范柏年与李乌奴一起前往京城,李乌奴劝说范柏年不要接受替代。范柏年还没有拿定主意,王玄邈已经来到。于是,范柏年将李乌奴留在汉中,自己回到魏兴,便有意逗留,不向前进发了。左卫率豫章人胡谐之曾经到范柏年那里索取马匹,范柏年说:"马可不是狗啊,我怎么能够满足你毫无止境的要求!"范柏年给胡谐之的使者待遇非常菲薄,使者回去以后,告诉胡谐之说:"范柏年说:'胡谐之是什么狗东西!索求起来永不满足!'"胡谐之记恨范柏年,便向齐高帝诬陷他说:"范柏年凭借险要,聚集徒众,打算割据一州。"齐高帝让雍州刺史南郡王萧长懋劝导范伯年,萧长懋奏请任命他为本州长史。范伯年来到襄阳以后,齐高帝打算不再追究下去,胡谐之却说:"眼看着老虎就要捕获到手了,难道还要放虎归山吗?"甲午(二十六日),齐高帝赐范柏年自杀。李乌奴背叛朝廷,逃到氏人居住的地区,投靠了杨文弘,带领着氏人的兵马一千多人侵犯梁州,攻陷了白马戍。王玄邈让人佯装投降,引诱李乌奴上钩。李乌奴率领兵马轻装偷袭梁州城,王玄邈埋伏着的兵马拦击阻截,大破李乌奴。李乌奴脱身以后,便又逃到氏人中间去了。

　　初,玄邈为青州刺史,上在淮阴,为宋太宗所疑,欲北附魏,遣书结玄邈。玄邈长史清河房叔安曰:"将军居方州之重,无故举忠孝而弃之,三齐之士,宁蹈东海而死耳,不敢随将军也。"玄邈乃不答上书。及罢州还,至淮阴,严军直过;至建康,启太宗,称上有异志。及上为骠骑,引为司马,玄邈甚惧,而上待之如初。及破乌奴,上曰:"玄邈果不负吾意遇也。"叔安为宁蜀太守,上赏其忠正,欲用为梁州,会病卒。

40　十一月辛亥,立皇太子妃裴氏。

41　癸丑,魏遣假梁郡王嘉督二将出淮阴,陇西公琛督三将出广陵,河东公薛虎子督三将出寿阳,奉丹杨王刘昶入寇。许昶以克复旧业,世阼江南,称藩于魏。蛮酋桓诞请为前驱,以诞为南征西道大都督。义阳民谢天盖自称司州刺史,欲以州附魏,魏乐陵镇将韦珍引兵渡淮应接。豫章王嶷遣中兵参军萧惠朗将二千人助司州刺史萧景先讨天盖,韦珍略七千馀户而去。景先,上之从子也。南兖州刺史王敬则闻魏将济淮,委镇还建康,士民惊散,既而魏竟不至。上以其功臣,不问。

　　上之辅宋也,遣骁骑将军王洪范使柔然,约与共攻魏。洪范自蜀出吐谷浑历西域乃得达。至是,柔然十馀万骑寇魏,至塞上而还。

当初,王玄邈担任青州刺史的时候,齐高帝正在镇守淮阴,遭到刘宋明帝的猜疑,准备北上依附北魏,便写信邀请王玄邈联合行动。王玄邈的长史清河人房叔安说:"将军担负着一州的重任,没来由地将忠孝之道全部抛弃,三齐地区的人们宁肯跳到东海中淹死,也不敢跟从将军的。"于是,王玄邈便没有对齐高帝的书信做出答复。及至王玄邈解职回京,行至淮阴,他让军队严密警戒,径直开了过去。到达建康以后,他把事情告诉了刘宋明帝,声称齐高帝怀有叛变的意图。及至齐高帝担任骠骑大将军的时候,他延引王玄邈担任司马,王玄邈非常恐惧,但齐高帝却仍然像往常一样地对待他。到了打败李乌奴的时候,齐高帝说:"王玄邈果然没有辜负我内心对他的器重啊。"当时,房叔安担任宁蜀太守,齐高帝赏识他为人忠诚正直,打算任用他为梁州刺史,却正赶上他因病去世。

40　十一月辛亥(十三日),齐高帝将裴氏立为皇太子妃。

41　癸丑(十五日),北魏孝文帝派遣代理梁郡王拓跋嘉督统两员将领出兵淮阴,陇西公拓跋琛督统三员将领出兵广陵,河东公薛虎子督统三员将领出兵寿阳,共同辅佐丹杨王刘昶前来侵犯南齐。北魏答应让刘昶恢复刘宋昔日的基业,世世代代统辖江南地区,条件是他必须做北魏的藩属之国。蛮人首长桓诞请求担任前锋,孝文帝便任命桓诞为南征西道大都督。南齐义阳平民谢天盖自称司州刺史,准备率领全州归附北魏,北魏乐陵镇将韦珍领兵渡过淮水,前来接应。南齐豫章王萧嶷派遣中兵参军萧惠朗带领两千人帮助司州刺史萧景先讨伐谢天盖,韦珍劫掠人口七千多户便撤离了。萧景先是齐高帝的侄子。南兖州刺史王敬则得知北魏将领渡过淮水,便丢下本镇,返回建康,致使南兖州百姓惊惶失散,但后来北魏军队始终没有到来。齐高帝因王敬则是有功之臣,便没有追究罪责。

齐高帝辅佐刘宋王室的时候,派遣骁骑将军王洪范出使柔然,约定与柔然共同进攻北魏。王洪范从蜀中出发,过了吐谷浑,历经西域,才得以到达柔然。至此,柔然十多万骑兵侵犯北魏,直抵塞上,才撤军而回。

42 是岁,魏诏中书监高允议定律令。允虽笃老,而志识不衰。诏以允家贫养薄,令乐部丝竹十人五日一诣允以娱其志,朝晡给膳,朔望致牛酒,月给衣服绵绢。入见则备几杖,问以政治。

43 契丹莫贺弗勿干帅部落万馀口入附于魏,居白狼水东。

**二年(庚申,480)**

1 春,正月戊戌朔,大赦。

2 以司空褚渊为司徒,尚书右仆射王俭为左仆射;渊不受。

3 辛丑,上祀南郊。

4 魏陇西公琛等攻拔马头戍,杀太守刘从。乙卯,诏内外纂严,发兵拒魏,征南郡王长懋为中军将军,镇石头。

5 魏广川庄王略卒。

6 魏师攻钟离,徐州刺史崔文仲击破之。文仲遣军主崔孝伯渡淮,攻魏茌眉戍主龙得侯等,杀之。文仲,祖思之族人也。

群蛮依阻山谷,连带荆、湘、雍、郢、司五州之境,闻魏师入寇,□尽发民丁,南襄城蛮秦远乘虚寇潼阳,杀县令。司州蛮引魏兵寇平昌,平昌戍主苟元宾击破之。北上黄蛮文勉德寇汶阳,汶阳太守戴元宾弃城奔江陵。豫章王嶷遣中兵参军刘伾绪将千人讨之,至当阳,勉德请降,秦远遁去。

42 本年,北魏孝文帝颁诏,命令中书监高允计议并制定刑律法令。虽然高允老迈年高,但是神志清楚,记忆不衰。由于高允家境贫寒,供养菲薄,孝文帝颁诏命令乐队每隔五天便派十个人前往高允处演奏,以便使高允心情愉快。供给他早晨与晚间的膳食,每逢初一和十五日便送去牛肉与美酒,每月供给衣服、丝绵和绢帛。高允入朝觐见的时候,孝文帝便为他准备几案与手杖,向他询问治理国家政务的意见。

43 契丹莫贺弗勿干率领本部落一万多人前来归附北魏,在白狼水的东面居住下来。

## 齐高帝建元二年(庚申,公元480年)

1 春季,正月戊戌朔(初一),南齐实行大赦。

2 齐高帝任命司空褚渊为司徒,任命尚书右仆射王俭为左仆射。褚渊没有接受任命。

3 辛丑(初四),齐高帝前往南郊祭天。

4 北魏陇西公拓跋琛等人攻克马头戍,将南齐太守刘从杀掉。乙卯(十八日),齐高帝诏令朝廷内外实行戒严,调集兵力,抵御北魏,征召南郡王萧长懋出任中军将军,镇守石头。

5 北魏广川庄王拓跋略去世。

6 北魏军队进攻钟离,南齐徐州刺史崔文仲将北魏军打败。崔文仲派遣军主崔孝伯渡过淮水,攻打北魏荏眉戍主龙得侯等人,并将他们杀掉。崔文仲是崔祖思的同族。

各部蛮人凭依着高山深谷,遍布荆州、湘州、雍州、郢州、司州五州的边境上。南齐听说北魏军队前来侵犯,便征集所有的人丁参军。南襄城蛮人秦远趁着朝廷空虚无备的时机侵犯潼阳,杀掉县令。司州蛮人带领北魏军队进犯平昌,平昌戍主苟元宾将他们击败。北上黄蛮人文勉德侵犯汶阳,汶阳太守戴元宾丢下城池,逃奔江陵。豫章王萧嶷派遣中兵参军刘丕绪率领一千人讨伐文勉德,来到当阳的时候,文勉德请求投降,秦远逃走。

　　魏将薛道标引兵趣寿阳，上使齐郡太守刘怀慰作冠军将军薛渊书以招道标。魏人闻之，召道标还，使梁郡王嘉代之。怀慰，乘民之子也。二月丁卯朔，嘉与刘昶寇寿阳。将战，昶四向拜将士，流涕纵横，曰："愿同戮力，以雪仇耻！"

　　魏步骑号二十万，豫州刺史垣崇祖集文武议之，欲治外城，堰肥水以自固。皆曰："昔佛狸入寇，南平王士卒完盛，数倍于今，犹以郭大难守，退保内城。且自有肥水，未尝堰也，恐劳而无益。"崇祖曰："若弃外城，虏必据之，外修楼橹，内筑长围，则坐成擒矣。守郭筑堰，是吾不谏之策也。"乃于城西北堰肥水，堰北筑小城，周为深堑，使数千人守之，曰："虏见城小，以为一举可取，必悉力攻之，以谋破堰；吾纵水冲之，皆为流尸矣。"魏人果蚁附攻小城，崇祖著白纱帽，肩舆上城。晡时，决堰下水。魏攻城之众漂坠堑中，人马溺死以千数。魏师退走。

　　7　谢天盖部曲杀天盖以降。

　　8　宋自孝建以来，政纲弛紊，簿籍讹谬。上诏黄门郎会稽虞玩之等更加检定，曰："黄籍，民之大纪，国之治端。自顷巧伪日甚，何以厘革？"玩之上表，以为："元嘉中，故光禄大夫傅隆年出七十，犹手自书籍，躬加隐校。今欲求治取正，必在勤明令长。愚谓宜以元嘉二十七年籍为正，更立明科，一听首悔。迷而不返，依制必戮。若有虚昧，州县同科。"上从之。

北魏将领薛道标领兵奔赴寿阳,齐高帝让齐郡太守刘怀慰伪造冠军将军薛渊的书信招抚薛道标。北魏方面闻讯以后,便将薛道标召回,让梁郡王拓跋嘉替代他。刘怀慰是刘乘民的儿子。二月丁卯朔(初一),拓跋嘉与刘昶侵犯寿阳。在将要交战的时候,刘昶向四个方向的将士们叩头行礼,泪流满面地说:"但愿大家齐心合力,报仇雪耻!"

北魏的步、骑兵号称二十万。南齐豫州刺史垣崇祖召集文武官员商议对策,打算整治外城,在肥水上修筑堤坝,加强防守。大家都说:"以往北魏拓跋焘前来侵犯,刘宋南平王兵多将广,士气高昂,兵力是现在的好几倍,尚且认为外城太大难以守卫,所以退入内城防守。而且自从有肥水存在以来,从不曾有人在肥水上修筑过堤坝,恐怕此举也是徒劳无益的吧。"垣崇祖说:"如果我们放弃外城,北魏肯定会会占领外城,在外面修建瞭望高台,在里面筑成长墙,那就会使我们坐以待擒。防守外城,修筑堤坝,这是我绝无劝阻馀地的计策啊。"于是,垣崇祖在豫州城的西北方修筑堤坝,拦截肥水,在堤坝的北面修筑一座小城,四周环绕着深深的沟堑,派遣好几千人守卫在那里。垣崇祖说:"北魏看到此城狭小,以为一下子就可以攻取下来,肯定会全力攻打此城,企图谋求破坏堤坝。这时,我们放水冲击北魏军队,他们们便都成了漂流着的尸体了。"果然,北魏军队像蚁群般地趋附并攻打小城,垣崇祖头戴白色的纱帽,乘着轿子,登上城来。到了黄昏时分,垣崇祖命令决开堤坝,放水冲灌。北魏攻城的军队全都被冲进沟堑,淹死的人员马匹数以千计。北魏的军队撤退逃跑了。

7　谢天盖的部曲将谢天盖杀掉,归降南齐。

8　自孝建年间以来的刘宋朝廷,政务废弛,法纪紊乱,田簿户籍谬误百出。齐高帝颁诏命令黄门郎会稽人虞玩之等人重新核查审定,还说:"户籍,是对百姓的基本记载,是国家治理的端绪。近来弄虚作假的行为日益严重,应当怎样改正整顿呢?"虞玩之上表认为:"刘宋元嘉年间,已故的光禄大夫傅隆年过七十,仍然亲手缮写户籍,亲身认真核实。现在,要想使户籍得到整顿和纠正偏失,就一定要使各县长官精勤廉明。我认为应当以元嘉二十七年的户籍为基准,重新制订明确的法令,任凭违法者自首悔过。如果执迷不悟,就一定要依照命令加以制裁。倘若谎报隐瞒,州县官吏与违法者一同治罪。"齐高帝听从了他的建议。

9　上以群蛮数为叛乱,分荆、益置巴州以镇之。壬申,以三巴校尉明慧昭为巴州刺史,领巴东太守。是时,齐之境内,有州二十三,郡三百九十,县千四百八十五。

乙酉,崔文仲遣军主陈靖拔魏竹邑,杀戍主白仲都。崔叔延破魏睢陵,杀淮阳太守梁恶。

10　三月丁酉朔,以侍中西昌侯鸾为郢州刺史。鸾,帝兄始安贞王道生之子也。早孤,为帝所养,恩过诸子。

11　魏刘昶以雨水方降,表请还师,魏人许之。丙午,遣车骑大将军冯熙将兵迎之。

12　夏,四月辛巳,魏主如白登山。五月丙申朔,如火山。壬寅,还平城。

13　自晋以来,建康宫之外城唯设竹篱,而有六门。会有发白虎樽者,言:"白门三重关,竹篱穿不完。"上感其言,命改立都墙。

14　李乌奴数乘间出寇梁州,豫章王嶷遣中兵参军王图南将益州兵从剑阁掩击之。梁、南秦二州刺史崔慧景发梁州兵屯白马,与图南覆背击乌奴,大破之,乌奴走保武兴。慧景,祖思之族人也。

15　秋,七月辛亥,魏主如火山。

16　戊午,皇太子穆妃裴氏卒。

17　诏南郡王长懋移镇西州。

18　角城戍主举城降魏。秋,八月丁酉,魏遣徐州刺史梁郡王嘉迎之。又遣平南将军郎大檀等三将出朐城,将军白吐头等二将出海西,将军元泰等二将出连口,将军封延等三将出角城,镇南将军贺罗出下蔡,同入寇。

9　由于各部落蛮人屡次制造叛乱,齐高帝决定从荆州与益州两地分出一部分另设巴州,以便镇守。壬申(初六),齐高帝任命三巴校尉明慧昭为巴州刺史,兼任巴东太守。这时,南齐境内拥有二十三个州,三百九十个郡,一千四百八十五个县。

乙酉(十九日),崔文仲派遣军主陈靖攻克了北魏的竹邑戍,杀掉戍主白仲都。同时,崔叔延攻破了北魏的睢陵,杀掉淮阳太守梁恶。

10　三月丁酉朔(初一),齐高帝任命侍中、西昌侯萧鸾为郢州刺史。萧鸾是齐高帝的哥哥始安贞王萧道生的儿子。他幼年丧父,被齐高帝收养,齐高帝对他的疼爱,超过了亲生诸子。

11　由于正当雨季,北魏刘昶上表请求将军队撤回,孝文帝允许了他的请求。丙午(初十),孝文帝派遣车骑大将军冯熙率领军队前去迎接刘昶。

12　夏季,四月辛巳(十六日),北魏孝文帝前往白登山。五月丙申朔(初一),孝文帝前往火山。壬寅(初七),返回平城。

13　自从晋朝以来,建康宫室的外城只是用竹篱环绕着,有六个大门。适逢有人揭开白虎樽的盖子,进言说:“白门三重关,竹篱穿不完。”齐高帝被这个人的话触动了,便命令改建城墙。

14　李乌奴多次乘机出兵侵犯梁州,豫章王萧嶷派遣中兵参军王图南率领益州军队由剑阁突袭李乌奴。梁州、南秦州两州刺史崔慧景调集梁州军队驻扎在白马,与王图南前后夹击李乌奴,将他打得大败,李乌奴逃往武兴,据城防守。崔慧景是崔祖思的同族。

15　秋季,七月辛亥(十七日),北魏孝文帝前往火山。

16　戊午(二十四日),南齐皇太子穆妃裴氏故去。

17　齐高帝颁诏命令南郡王萧长懋移藩到西州。

18　角城戍主率领全城归降北魏。秋季,八月丁酉,北魏派遣徐州刺史梁郡王拓跋嘉迎接角城戍主。北魏还派遣平南将军郎大檀等三员将领出兵朐城,将军白吐头等两员将领出兵海西,将军元泰等两员将领出兵连口,将军封延等三员将领出兵角城,镇南将军贺罗出兵下蔡,一同前去侵犯南齐。

19　甲辰,魏主如方山。戊申,游武州山石窟寺。庚戌,还平城。

20　崔慧景遣长史裴叔保攻李乌奴于武兴,为氐王杨文弘所败。

21　九月甲午朔,日有食之。

22　丙午,柔然遣使来聘。

23　汝南太守常元真、龙骧将军胡青苟降于魏。

24　闰月辛巳,遣领军李安民循行清、泗诸戍以备魏。

25　魏梁郡王嘉帅众十万围朐山,朐山戍主玄元度婴城固守,青、冀二州刺史范阳卢绍之遣子奂将兵助之。庚寅,元度大破魏师。台遣军主崔灵建等将万馀人自淮入海,夜至,各举两炬。魏师望见,遁去。

26　冬,十月,王俭固请解选职,许之;加俭侍中,以太子詹事何戢领选。上以戢资重,欲加常侍,褚渊曰:"圣旨每以蝉冕不宜过多。臣与王俭既已左珥,若复加戢,则八座遂有三貂。若帖以骁、游,亦为不少。"乃以戢为吏部尚书,加骁骑将军。

27　甲辰,以沙州刺史杨广香为西秦州刺史,又以其子炅为武都太守。

28　丁未,魏以昌黎王冯熙为西道都督,与征南将军桓诞出义阳,镇南将军贺罗出钟离,同入寇。

29　淮北四州民不乐属魏,常思归江南,上多遣间谍诱之。于是徐州民桓标之、兖州民徐猛子等所在蜂起为寇盗,聚众保五固,推司马朗之为主。魏遣淮阳王尉元、平南将军薛虎子等讨之。

19　甲辰,北魏孝文帝前往方山。戊申,孝文帝游览武州山的石窟寺。庚戌,孝文帝返回平城。

20　崔慧景派遣长史裴叔保在武兴进攻李乌奴,被氐王杨文弘击败。

21　九月甲午朔(初一),出现日食。

22　丙午(十三日),柔然派遣使者前来南齐通问修好。

23　汝南太守常元真和龙骧将军胡青苟向北魏投降。

24　闰九月辛巳(十八日),齐高帝派遣领军李安民巡视清水、泗水一带的各个据点,防备北魏的进攻。

25　北魏梁郡王拓跋嘉率领十万兵马包围朐山,朐山戍主玄元度环城坚守,青州、冀州两州刺史范阳人卢绍之派遣儿子卢奂率兵援助玄元度。庚寅(二十七日),玄元度大败北魏军。南齐朝廷派遣军主崔灵建等人率领一万余人由淮水进入东海,黑夜降临的时候,每人各自举着两把火炬。北魏军见此情景,便逃走了。

26　冬季,十月,王俭再三请求解除自己执掌吏部的职务,齐高帝答应下来,加授王俭为侍中,任命太子詹事何戢主持铨选。齐高帝认为何戢的资望很高,便打算加授他为常侍。褚渊说:"皇上的旨意给予金蝉珥貂待遇的侍从贵近的官员不应该过多。我与王俭已经在朝冠左方加饰貂尾,如果再给何戢挂貂,在六曹尚书、令、仆八座中便有三人冠饰貂尾了。如果让他兼任骁骑将军或是游击将军,职位也不算低的了。"于是,齐高帝任命何戢为吏部尚书,加任骁骑将军。

27　甲辰(十二日),齐高帝任命沙州刺史杨广香为西秦州刺史,还任命他的儿子杨炅为武都太守。

28　丁未(十五日),北魏孝文帝任命昌黎王冯熙为西道都督,与征南将军桓诞出兵义阳,另使镇南将军贺罗出兵钟离,共同前去侵犯南齐。

29　淮水北岸四州百姓不愿意归属北魏,经常希望返回江南地区。齐高帝派遣了许多暗探前去诱导他们反抗北魏。因此,徐州百姓桓标之、兖州百姓徐猛子等人到处蜂拥而起,明抢暗劫,集结民众,防守五固,推举司马朗之担任首领。北魏派遣淮阳王尉元和平南将军薛虎子等人前去讨伐他们。

30 十一月戊寅,丹阳尹王僧虔上言:"郡县狱相承有上汤杀囚,名为救疾,实行冤暴。岂有死生大命,而潜制下邑!愚谓囚病必先刺郡,求职司与医对共诊验,远县家人省视,然后处治。"上从之。

31 戊子,以杨难当之孙后起为北秦州刺史、武都王,镇武兴。

32 十二月戊戌,以司空褚渊为司徒。渊入朝,以腰扇障日,征虏功曹刘祥从侧过,曰:"作如此举止,羞面见人,扇障何益!"渊曰:"寒士不逊!"祥曰:"不能杀袁、刘,安得免寒士!"祥,穆之之孙也。祥好文学,而性韵刚疏,撰《宋书》,讥斥禅代。王俭密以闻,坐徙广州而卒。

太子宴朝臣于玄圃,右卫率沈文季与褚渊语相失,文季怒曰:"渊自谓忠臣,不知死之日何面目见宋明帝!"太子笑曰:"沈率醉矣。"

33 壬子,以豫章王嶷为中书监、司空、扬州刺史,以临川王映为都督荆雍等九州诸军事、荆州刺史。

34 是岁,魏尚书令王叡进爵中山王,加镇东大将军;置王官二十二人,以中书侍郎郑羲为傅,郎中令以下皆当时名士。又拜叡妻丁氏为妃。

三年(辛酉,481)

1 春,正月,封皇子锋为江夏王。

30 十一月戊寅(十六日),南齐丹阳尹王僧虔进言说:"郡县的监狱历来沿袭着用有毒的汤药杀害生病的罪囚的做法,名义上说是要救活病人,实际上是制造冤狱,肆为暴行。怎能将这人命关天的大事,由地方官暗中控制！我认为,如果罪囚病了,一定要先向刺史禀告。要求主管刑狱的官员会同医生一齐前去诊断验查。对于家住僻远各县的罪囚,要让家人前来探望,然后才能处方治病。"齐高帝听从了他的建议。

31 戊子,南齐高帝任命杨难当的孙子杨后起为北秦州刺史、武都王,镇守武兴。

32 十二月戊戌(初七),南齐高帝任命司空褚渊为司徒。褚渊入朝觐见,用折扇遮蔽阳光,征房功曹刘祥在从他身边经过的时候说:"做出这样的举动,羞于当面见人,用扇子遮掩,又有什么用处！"褚渊说:"出身寒微的读书人太出言不逊了！"刘祥说:"既然不能诛杀袁粲和刘秉,怎么能不当一个出身寒微的读书人呢?"刘祥是刘穆之的孙子。刘祥喜爱文献经典,性情刚正,才调疏狂。他撰修了一部《宋书》,讥讽诋斥帝位禅让。王俭暗中上报齐高帝,使他因此获罪,被贬到广州,后来就故去了。

南齐太子萧赜在玄圃宴请朝廷百官,右卫率沈文季与褚渊话不投机,沈文季生气地说:"褚渊认为自己是一个忠臣,不知道他死后怎么还能有脸去见宋明帝！"太子萧赜笑着说:"沈文季是喝醉啦。"

33 壬子(二十一日),南齐高帝任命豫章王萧嶷为中书监、司空、扬州刺史,任命临川王萧映为都督荆、雍等九州诸军事和荆州刺史。

34 本年,北魏尚书令王叡晋升爵位为中山王,加任镇东大将军。王府设置官员二十二人,由中书侍郎郑羲担任王傅,郎中令以下各官职也都是由当时的知名之士来担任,孝文帝还将王叡的妻子丁氏封为王妃。

## 齐高帝建元三年(辛酉,公元481年)

1 春季,正月,南齐高帝将皇子萧锋封为江夏王。

2　魏人寇淮阳,围军主成买于甬城,上遣领军将军李安民为都督,与军主周盘龙等救之。魏人缘淮大掠,江北民皆惊走渡江,成买力战而死。盘龙之子奉叔以二百人陷陈深入,魏以万馀骑张左右翼围之。或告盘龙云,"奉叔已没",盘龙驰马奋矟,直突魏陈,所向披靡。奉叔已出,复入求盘龙。父子两骑萦扰,魏数万之众莫敢当者。魏师遂败,杀伤万计。魏师退,李安民等引兵追之,战于孙溪渚,又破之。

3　己卯,魏主南巡,司空苟颓留守。丁亥,魏主至中山。

4　二月丁卯朔,魏大赦。

5　丁酉,游击将军桓康复败魏师于淮阳,进攻樊谐城,拔之。

6　魏主自中山如信都。癸卯,复如中山。庚戌,还,至肆州。

沙门法秀以妖术惑众,谋作乱于平城;苟颓帅禁兵收掩,悉擒之。魏主还平城,有司囚法秀,加以笼头,铁锁无故自解。魏人穿其颈骨,祝之曰:"若果有神,当令穿肉不入。"遂穿以徇,三日乃死。议者或欲尽杀道人,冯太后不可,乃止。

7　垣崇祖之败魏师也,恐魏复寇淮北,乃徙下蔡戍于淮东。既而魏师果至,欲攻下蔡;闻其内徙,欲夷其故城。己酉,崇祖引兵渡淮击魏,大破之,杀获千计。

2　北魏军队侵犯淮阳,把军主成买包围在朐城里面,南齐高帝派遣领军将军李安民担任都督,与军主周盘龙等人前去援救成买。北魏军队在淮水沿岸大肆劫掠,长江以北的百姓纷纷惊惶逃走,渡过长江南下,成买奋力战斗而死。周盘龙的儿子周奉叔,率领二百人冲入北魏军阵的深处,北魏派出一万多人的骑兵,分成左右两翼,包围周奉叔。有人向周盘龙报告说:"周奉叔已经阵亡。"周盘龙跃马疾驱,奋力挥动长槊,径直冲入北魏军阵,所到之处,无不惊慌溃败。周奉叔冲出敌阵以后,又前去寻找周盘龙。周氏父子两人骑马左右奔驰,四处冲撞,北魏好几万人马中没人有胆量抵挡他们。于是北魏军队败了下来,死伤的人马数以万计。北魏军队撤退的时候,李安民等人又率领军队前去追击,在孙溪渚发生战斗,又一次打败北魏军队。

3　己卯(十八日),北魏孝文帝南下巡视,司空苟颓留守平城。丁亥(二十六日),北魏孝文帝来到中山。

4　二月丁卯朔,北魏大赦。

5　丁酉(初七),南齐游击将军桓康在淮阳再次打败北魏军队,接着进攻樊谐城,又将该城攻克。

6　北魏孝文帝从中山前往信都。癸卯(十三日),再次前往中山。庚戌(二十日),孝文帝启程返回,来到肆州。

僧人法秀以邪术迷惑民众,打算在平城制造叛乱。苟颓率领禁卫军前去收捕掩袭,将他们全部捉获。孝文帝回到平城以后,有关部门将法秀拘禁起来,给他戴上笼头,但是笼头上的铁锁毫无缘由地自动打开了。看守人员准备用铁链穿透法秀的颈骨,便诅咒他说:"倘若你果真神通广大,就应该让铁链穿不进皮肉。"结果看守人员用铁锁链穿着法秀的颈骨示众,历时三天,法秀死去。有些计议此事的人打算将僧人全部杀掉,冯太后不同意,于是没有施行。

7　垣崇祖打败北魏军队以后,担心北魏再来侵犯淮水北岸地区,便将下蔡戍迁移到淮东地区。不久,北魏军队果然前来,准备攻打下蔡,得知下蔡迁移到内地以后,便打算铲平下蔡旧城。己酉(十九日),垣崇祖率领军队渡过淮水,进击北魏,将北魏打得大败,杀死和捉获的兵员数以千计。

8 晋、宋之际，荆州刺史多不领南蛮校尉，别以重人居之。豫章王嶷为荆、湘二州刺史，领南蛮。嶷罢，更以侍中王奂为之，奂固辞，曰："西土戎烬之后，痍毁难复。今复割撤太府，制置偏校，崇望不足助强，语实交能相弊。且资力既分，职司增广，众劳务倍，文案滋烦，窃以为国计非允。"癸丑，罢南蛮校尉官。

9 三月辛酉朔，魏主如肆州。己巳，还平城。

10 魏法秀之乱，事连兰台御史张求等百馀人，皆以反法当族。尚书令王叡请诛首恶，宥其馀党。乃诏："应诛五族者，降为三族；三族者，门诛；门诛，止其身。"所免千馀人。

11 夏，四月己亥，魏主如方山。冯太后乐其山川，曰："他日必葬我于是，不必祔山陵也。"乃为太后作寿陵，又建永固石室于山上，欲以为庙。

12 桓标之等有众数万，寨险求援。庚子，诏李安民督诸将往迎之，又使兖州刺史周山图自淮入清，倍道应接。淮北民桓磊碨破魏师于抱犊固。李安民赴救迟留，标之等皆为魏所灭，馀众得南归者尚数千家。魏人亦掠三万馀口归平城。

13 魏任城康王云卒。
14 五月壬戌，邓至王像舒遣使入贡于魏。邓至者，羌之别种，国于宕昌之南。

8　在晋、宋时期,荆州刺史往往并不兼任南蛮校尉,朝廷另外委派重要官员担任此职。豫章王萧嶷担任荆、湘两州刺史的时候,却兼任了南蛮校尉的职务。萧嶷罢职以后,齐高帝又让侍中王奂出任两州刺史兼南蛮校尉,王奂再三推辞着说:"西部疆土在经受战火以后,遭到的破坏已经难以恢复。现在,朝廷又要分散州郡长官的权力,去设置一些偏将。推重大臣的名望不足以增强实力,说的和实际的情况都会制造弊病。何况物资与权力分散以后,职能部门就增多了,大家的劳务必须成倍增加,公文案卷愈加繁复。我个人认为若为国家利益着想,这种做法并不允当。"癸丑(二十三日),南齐高帝取消了南蛮校尉的建置。

9　三月辛酉朔(初一),北魏孝文帝前往肆州。己巳,孝文帝返回平城。

10　北魏法秀作乱的事情牵连到兰台御史张求等一百多人,按照有关谋反的刑法全部应当灭族。尚书令王叡请求只诛杀罪魁祸首,而宽恕法秀残余的党羽。于是,孝文帝颁诏说:"应当诛灭五族的,降为诛灭三族;应当诛灭三族的,降为诛灭全家;应当诛灭全家的,只诛灭本人。"因此幸免的有一千多人。

11　夏季,四月己亥(初十),北魏孝文帝前往方山。冯太后喜爱这里山清水秀,便说:"将来一定要把我安葬在此地,不一定要把我合葬在先帝的陵寝中。"于是,孝文帝为冯太后预修陵墓,又在方城山上修建永固石室,准备用作陵庙。

12　南齐桓标之等人拥有好几万兵马,在险要处安营扎寨,向朝廷请求援助。庚子(十一日),齐高帝命令李安民督统各位将领前去迎接桓标之等人,还让兖州刺史周山图由淮水转入清水,兼程赶路,前去接应。淮水北岸百姓桓磊魂在抱犊固打败北魏军队。李安民前去救援,行动缓慢,桓标之等人全部被北魏消灭,得以返回南方的残余百姓仍然有好几千家。北魏人也掳掠了三万多人,送回平城。

13　北魏任城康王拓跋云去世。

14　五月壬戌(初三),邓至王像舒派遣使者向北魏进贡。邓至是羌人的一个分支,在宕昌南面建立国家。

15　六月壬子,大赦。

16　甲辰,魏中山宣王王叡卒。叡疾病,太皇太后、魏主屡至其家视疾。及卒,赠太宰,立庙于平城南。文士为叡作哀诗及诔者百馀人,及葬,自称亲姻、义旧,缞绖哭送者千馀人。魏主以叡子中散大夫袭代叡为尚书令,领吏部曹。

17　戊午,魏封皇叔简为齐郡王,猛为安丰王。

18　秋,七月己未朔,日有食之。

19　上使后军参军车僧朗使于魏。甲子,僧朗至平城。魏主问曰:“齐辅宋日浅,何故遽登大位?”对曰:“虞、夏登庸,身陟元后,魏、晋匡辅,贻厥子孙,时宜各异耳。”

20　辛酉,柔然别帅他稽帅众降魏。

21　杨文弘遣使请降,诏复以为北秦州刺史。先是,杨广香卒,其众半奔文弘,半奔梁州。文弘遣杨后起进据白水。上虽授以官爵,而阴敕晋寿太守杨公则使伺便图之。

22　宋昇明中,遣使者殷灵诞、苟昭先如魏,闻上受禅,灵诞谓魏典客曰:“宋、魏通好,忧患是同。宋今灭亡,魏不相救,何用和亲!”及刘昶入寇,灵诞请为昶司马,不许。九月庚午,魏阅武于南郊,因宴群臣。置车僧朗于灵诞下,僧朗不肯就席,曰:“灵诞昔为宋使,今为齐民。乞魏主以礼见处。”灵诞遂与相忿詈。刘昶赂宋降人解奉君于会刺杀僧朗,魏人收奉君,诛之,厚送僧朗之丧,放灵诞等南归。及世祖即位,昭先具以灵诞之语启闻,灵诞坐下狱死。

15 六月壬子(二十四日),南齐大赦。

16 甲辰(十六日),北魏中山宣王王叡故去。在王叡患病期间,太皇太后和孝文帝多次到他家中探望病情。及至王叡故去,朝廷追赠他为太宰,在平城南面设置陵庙。为王叡撰写哀诗与诔文的文学之士有一百多人,到了安葬王叡的时候,自称是王叡的姻戚、故旧,穿着丧服哭泣送葬的,有一千多人。孝文帝让王叡的儿子中散大夫王袭代替王叡担任尚书令,总领吏部各曹。

17 戊午(三十日),北魏孝文帝将皇叔拓跋简封为齐郡王,将拓跋猛封为安丰王。

18 秋季,七月己未朔(初一),出现日食。

19 南齐高帝让后军参军车僧朗出使北魏。甲子(初六),车僧朗来到平城。孝文帝问道:"齐高帝辅佐宋朝的时间很短,能够突然登上帝位,是何道理?"车僧朗回答说:"虞舜、夏禹登位称帝,是自身上升为天子。曹魏、西晋辅佐前朝,是将帝位留给子孙后代。这是适应各自不同的时势而已。"

20 辛酉(初三),柔然别帅他稽率领本部归降北魏。

21 北魏杨文弘派遣使者前来请求归降,南齐高帝颁诏重新任命他为北秦州刺史。此前,杨广香故去,他的部下一半投奔杨文弘,一半投奔梁州。杨文弘派遣杨后起进军占领了白水。虽然齐高帝授给杨文弘官职爵位,但是暗中又敕令晋寿太守杨公则寻找方便的时机,设法除掉杨文弘。

22 刘宋昇明年间,顺帝派遣使者殷灵诞、苟昭先前往北魏。得知南齐高帝接受帝位禅让以后,殷灵诞便对北魏的典客官说:"宋、魏通问修好,一方的忧患就是另一方的忧患。现在宋灭亡了,魏却不肯相救,两国和睦相亲还有什么用处!"及至刘昶前来侵犯南齐,殷灵诞请求担任刘昶的司马,刘昶没有答应。九月庚午(十三日),北魏在平城南郊检阅兵马,因而设宴招待群臣。北魏将车僧朗的座次安置在殷灵诞的下首,车僧朗不肯入席,他说:"过去殷灵诞是宋朝的使者,现在却成了齐国的平民。我请求魏国皇帝按照礼节对待我。"于是殷灵诞与他愤怒地相互辱骂。刘昶贿赂刘宋朝的降将解奉君,在宴会上刺死车僧朗。北魏方面收捕解奉君,将他杀死,隆重地为车僧朗送葬,将殷灵诞等人放还南朝。及至齐武帝即位,苟昭先将殷灵诞说的话全部启奏齐武帝,殷灵诞因此获罪,在牢狱中死去。

23 辛未,柔然主遣使来聘,与上书,谓上为"足下",自称曰"吾",遗上师子皮袴褶,约共伐魏。

24 魏尉元、薛虎子克五固、斩司马朗之,东南诸州皆平。尉元入为侍中、都曹尚书,薛虎子为彭城镇将,迁徐州刺史。时州镇戍兵,资绢自随,不入公库,虎子上表,以为:"国家欲取江东,先须积谷彭城。切惟在镇之兵,不减数万,资粮之绢,人十二匹;用度无准,未及代下,不免饥寒,公私损费。今徐州良田十万馀顷,水陆肥沃,清、汴通流,足以溉灌。若以兵绢市牛,可得万头,兴置屯田,一岁之中,且给官食。半兵芸殖,馀兵屯戍,且耕且守,不妨捍边。一年之收,过于十倍之绢;暂时之耕,足充数载之食。于后兵资皆贮公库,五稔之后,谷帛俱溢,非直戍卒丰饱,亦有吞敌之势。"魏人从之。虎子为政有惠爱,兵民怀之。会沛郡太守邵安、下邳太守张攀以赃污为虎子所按,各遣子上书,告虎子与江南通,魏主曰:"虎子必不然。"推按,果虚,诏安、攀皆赐死,二子各鞭一百。

25 吐谷浑王拾寅卒,世子度易侯立。冬,十月戊子朔,以度易侯为西秦河二州刺史、河南王。

26 魏中书令高闾等更定新律成,凡八百三十二章。门房之诛十有六,大辟二百三十五,杂刑三百七十七。

23　辛未(十四日),柔然可汗派遣使者前来南齐通问致意,在给齐高帝的国书中,称齐高帝为"足下",自称为"吾",向齐高帝赠送了狮子皮制成的一身骑装,约定共同讨伐北魏。

24　北魏尉元与薛虎子攻克五固,斩杀司马朗之,东南各州的变乱全部被平定了。尉元回朝后担任侍中、都曹尚书,薛虎子担任彭城镇将,晋升为徐州刺史。当时,戍守州镇的军队,都是将财物绢帛随军携带,不用上缴官府的仓库。薛虎子上表认为:"既然朝廷准备进取江东地区,就必须首先在彭城贮积谷物。我考虑安置在州镇上的兵力,不少于数万人,充当军资粮饷的绢帛,每人十二四,由于开支没有准则,士兵们没等到被替换下来,就不能够避免忍饥受冻了,这对于官府与私人说来,都是一种损害和浪费。现在,徐州拥有良田十万多顷,水源充足,土壤肥沃,清水与汴水流经全境,足够灌溉土地的了。倘若用军用的绢帛去购买耕牛,能够买到一万头,用来兴办屯田,一年工夫,就足以供应官军的粮食。用一半的兵员开荒种地,用其馀的兵员屯兵戍守,边耕种,边防守,并不妨碍保卫边疆。而一年的收获,要超过绢帛价值的十倍,短期的耕种,能够满足数年的食用。此后,军用物资要全部贮存在官府的仓库里,五年之后,谷物与绢帛便都会充盈起来,不仅可以使屯戍的士兵丰衣足食,而且会产生消灭敌军的气势。"孝文帝听从了他的建议。薛虎子处理政务时恩惠与慈爱兼施,军民都归向于他。适逢沛郡太守邵安与下邳太守张攀贪污的案件由薛虎子按察,邵安与张攀便各自指使儿子上书,控告薛虎子暗通南齐。孝文帝说:"薛虎子肯定不会做出这种事来的。"经过追究按察,果然事属虚构,孝文帝便颁诏赐邵安与张攀一律自裁而死,对他们二人的儿子分别笞打一百皮鞭。

25　吐谷浑王慕容拾寅故去,世子慕容度易侯即位。冬季,十月戊子朔(初一),南齐高帝任命慕容度易侯为西秦、河二州刺史,封为河南王。

26　北魏中书令高闾等人重新制定新的律令告竣,共有八百三十二章。其中,有关灭门灭族的律令有十六章,有关死刑的律令有二百三十五章,其他各种刑罚的律令有三百七十七章。

27　初,高昌王阚伯周卒,子义成立。是岁,其从兄首归杀义成自立。高车王可至罗杀首归兄弟,以敦煌张明为高昌王,国人杀明,立马儒为王。

**四年(壬戌,482)**

1　春,正月壬戌,诏置学生二百人,以中书令张绪为国子祭酒。

2　甲戌,魏大赦。

3　三月庚申,上召司徒褚渊、尚书左仆射王俭受遗诏辅太子。壬戌,殂于临光殿。太子即位,大赦。

高帝沉深有大量,博学能文。性清俭,主衣中有玉导,上敕中书曰:"留此正是兴长病源!"即命击碎;仍检按有何异物,皆随此例。每曰:"使我治天下十年,当使黄金与土同价。"

4　乙丑,以褚渊录尚书事,王俭为侍中、尚书令,车骑将军张敬兒开府仪同三司。丁卯,以前将军王奂为尚书左仆射。庚午,以豫章王嶷为太尉。

5　庚辰,魏主临虎圈,诏曰:"虎狼猛暴,取捕之日,每多伤害。既无所益,损费良多,从今勿复捕贡。"

6　夏,四月庚寅,上大行谥曰高皇帝,庙号太祖。丙午,葬泰安陵。

7　辛卯,追尊穆妃为皇后。六月甲申朔,立南郡王长懋为皇太子。丙申,立太子妃王氏。妃,琅邪人也。封皇子闻喜公子良为竟陵王,临汝公子卿为庐陵王,应城公子敬为安陆王,江陵公子懋为晋安王,枝江公子隆为随郡王,子真为建安王,皇孙昭业为南郡王。

27 当初,高昌王阚伯周故去,儿子阚义成即位。当年,他的堂兄阚首归杀死阚义成,自立为王。高车王可至罗杀死阚首归兄弟,将敦煌张明立为高昌王,国人又杀死张明,将马儒立为国王。

## 齐高帝建元四年(壬戌,公元482年)

1 春季,正月壬戌(初七),齐高帝颁诏设置学生二百人,任命中书令张绪为国子祭酒。

2 甲戌(十九日),北魏大赦。

3 三月庚申(初六),齐高帝召见司徒褚渊和尚书左仆射王俭接受遗诏,辅佐太子。壬戌(初八),齐高帝在临光殿去世。太子即帝位,宣布大赦。

齐高帝深谋远虑,宽宏大量,学识广博,能写文章,生性朴素节俭。看见主衣库中有一个玉导,齐高帝便敕令中书说:"留着此物,正是滋长一切弊病的根源!"他当即命令将玉导打碎,还检查库中存放着什么奇巧的物品,一概依照这一事例处理。他经常说:"假如我能够有十年时间治理天下,我就能让黄金的价值与泥土相等。"

4 乙丑(十一日),南齐任命褚渊为录尚书事,任命王俭为侍中、尚书令,任命车骑将军张敬儿为开府仪同三司。丁卯(十三日),任命前任将军王奂为尚书左仆射。庚午(十六日),任命豫章王萧嶷为太尉。

5 庚辰(二十六日),北魏孝文帝亲临虎圈,颁布诏书说:"虎狼凶猛残暴,捕捉它们的时候,往往要伤害许多人。既没有什么好处,浪费又实在太多。从现在起,不要再捕捉它们进贡。"

6 夏季,四月庚寅(初六),南齐为已故的皇帝上谥号称高皇帝,庙号称作太祖。丙午(二十二日),齐高帝被安葬在泰安陵。

7 辛卯(初七),齐武帝追尊穆妃为皇后。六月甲申朔(初一),齐武帝将南郡王萧长懋立为皇太子。丙申(十三日),齐武帝立王氏为太子妃。太子妃是琅邪人。齐武帝还封皇子闻喜公萧子良为竟陵王,临汝公萧子卿为庐陵王,应城公萧子敬为安陆王,江陵公萧子懋为晋安王,枝江公萧子隆为随郡王,萧子真为建安王,皇孙萧昭业为南郡王。

8 司徒褚渊寝疾，自表逊位，世祖不许。渊固请恳切，癸卯，以渊为司空，领骠骑将军，侍中、录尚书如故。

9 秋，七月，魏发州郡五万人治灵丘道。

10 吏部尚书济阳江谧，性诐躁，太祖殂，谧恨不豫顾命。上即位，谧又不迁官，以此怨望、诽谤。会上不豫，谧诣豫章王嶷请间，曰："至尊非起疾，东宫又非才，公今欲作何计？"上知之，使御史中丞沈冲奏谧前后罪恶。庚寅，赐谧死。

11 癸卯，南康文简公褚渊卒。世子侍中贲耻其父失节，服除，遂不仕，以爵让其弟蓁，屏居墓下终身。

12 九月丁巳，以国哀罢国子学。

13 氐王杨文弘卒，诸子皆幼，乃以兄子后起为嗣。九月辛酉，魏以后起为武都王，文弘子集始为白水太守。既而集始自立为王，后起击破之。

14 魏以荆州巴、氐扰乱，以镇西大将军李崇为荆州刺史。崇，显祖之舅子也。将之镇，敕发陕、秦二州兵送之，崇辞曰："边人失和，本怨刺史。今奉诏代之，自然安靖。但须一诏而已，不烦发兵自防，使之怀惧也。"魏朝从之。崇遂轻将数十骑驰至上洛，宣诏慰谕，民夷帖然。崇命边戍掠得齐人者悉还之，由是齐人亦还其生口二百许人，二境交和，无复烽燧之警。

8 南齐司徒褚渊卧病不起,自动上表请求退职,齐武帝没有答应。褚渊恳切地再三请求,癸卯(二十日),齐武帝任命褚渊为司空,兼任骠骑将军,依然担任侍中、录尚书事。

9 秋季,七月,北魏调集各州郡五万人修筑灵丘道。

10 南齐吏部尚书济阳人江谧,生性谄媚浮躁。齐高帝去世的时候,江谧因没有成为顾命大臣而遗憾不已。齐武帝即位以后,江谧又没有升官,因此他怨恨不满,口出诽谤之言。适逢齐武帝生病,江谧便前往豫章王萧嶷处请求秘密进言说:"皇上已经得了不治之症,太子又没有帝王的才具,如今您准备做何打算?"齐武帝闻讯,指使御史中丞沈冲奏陈江谧历来犯下的罪恶。庚寅,齐武帝赐江谧自裁而死。

11 癸卯(二十一日),南康文简公褚渊去世。他的世子侍中褚贲为父亲失去节操而深感羞耻,在服丧期满以后,便不再做官。他将爵位让给弟弟褚蓁,终生在褚渊的坟墓旁隐居。

12 九月丁巳(初六),由于齐高帝的丧事,齐武帝命令裁撤国子学。

13 氐王杨文弘故去,由于儿子们都还幼小,便让哥哥的儿子杨后起做自己的后嗣。九月辛酉(初十),北魏任命杨后起为武都王,任命杨文弘的儿子杨集始为白水太守。不久,杨集始自立为氐王,杨后起将他打败。

14 由于荆州的巴人与氐人骚扰变乱,北魏任命镇西大将军李崇为荆州刺史。李崇是献文帝拓跋弘舅父的儿子。李崇准备上任的时候,孝文帝敕令调集陕州与秦州两地兵马去护送他,李崇推辞说:"边地的百姓有失和睦,本来是由怨恨当地刺史造成的。现在,我接受诏命去替代那里的刺史,当地百姓自然会安定下来。我只需要一纸诏书就足够了,不必麻烦陛下派兵保护,使当地百姓心怀恐惧。"北魏朝廷听从了他的主张。于是,李崇轻装率领数十人骑马急奔到上洛,宣布诏书,安慰劝导,当地的民户与夷人都心悦诚服。李崇命令边防据点将掳掠来的南齐百姓全部送还,因此南齐方面也将大约二百名俘虏送还北魏,两国边境军民和睦相处,不再发生战事。

久之,徙兖州刺史。兖土旧多劫盗,崇命村置一楼,楼皆悬鼓,盗发之处,乱击之。旁村始闻者,以一击为节,次二,次三,俄顷之间,声布百里,皆发人守险要。由是盗发,无不擒获。其后诸州皆效之,自崇始也。

15　辛未,以征南将军王僧虔为左光禄大夫、开府仪同三司、以尚书右仆射王奂为湘州刺史。

16　宋故建平王景素主簿何昌寓、记室王摛及所举秀才刘琎,前后上书陈景素德美,为之讼冤。冬,十月辛丑,诏听以士礼还葬旧茔。琎,瓛之弟也。

17　十一月,魏高祖将亲祠七庙,命有司具仪法,依古制备牲牢、器服及乐章。自是四时常祀皆举之。

**世祖武皇帝上之上**
**永明元年(癸亥,483)**

1　春,正月辛亥,上祀南郊,大赦,改元。

2　诏以边境宁晏,治民之官,普复田秩。

3　以太尉豫章王嶷领太子太傅。嶷不参朝务,而常密献谋画,上多从之。

4　壬戌,立皇弟锐为南平王,铿为宜都王,皇子子明为武昌王,子罕为南海王。

5　二月辛巳,以征虏将军杨炅为沙州刺史、阴平王。

过了很长时间,李崇被改任为兖州刺史。以往,兖州境内经常出现抢劫的盗匪,李崇命令在每一个村庄都设置一座楼,楼内都悬挂着大鼓。在强盗出现的地方,要猛烈敲打大鼓。最初听到鼓声的邻近村庄,以击敲一下为信号,听到一下鼓声的村庄就击鼓两下,听到鼓声两下的村庄就击鼓三下,不一会儿,鼓声传遍百里,各村庄都派人防守险要地带。从此,只要强盗有所行动,没有不被捉获的。后来,各州都效法这一做法,就是由李崇首创的。

15 辛未(二十日),南齐武帝任命征南将军王僧虔为左光禄大夫、开府仪同三司,任命尚书右仆射王奂为湘州刺史。

16 刘宋已故的建平王刘景素的主簿何昌寓和记室参军王摛以及他举荐的秀才刘琎,先后多次上书陈诉刘景素品德高尚,为他讼理冤屈。冬季,十月辛丑(二十日),齐武帝颁诏准许他们以士人的礼仪将刘景素重新安葬在原来的坟墓中。刘琎是刘獑的弟弟。

17 十一月,北魏孝文帝准备亲自祭祀祖先七庙,命令有关部门备办礼仪程式,依照古代的制度置办祭祀用的牲畜、礼器、礼服以及乐章。从此,一年四季中通常的祭祀都按时进行了。

## 世祖武皇帝上之上
## 齐武帝永明元年(癸亥,公元 483 年)

1 春季,正月辛亥(初二),南齐武帝前往建康南郊祭天,宣布大赦,更改年号为永明。

2 南齐武帝颁诏:由于边境安宁,应当普遍恢复各州县官员的田地俸禄。

3 南齐武帝任命太尉豫章王萧嶷兼任太子太傅。萧嶷不肯参与朝廷政务,却经常暗中献计献策,齐武帝往往听从他的主张。

4 壬戌(十三日),南齐武帝立皇弟萧锐为南平王,萧铿为宜都王,皇子萧子明为武昌王,萧子罕为南海王。

5 二月辛巳(初二),南齐武帝任命征虏将军杨炅为沙州刺史,封阴平王。

6　辛丑，以宕昌王梁弥机为河、凉二州刺史，邓至王像舒为西凉州刺史。

7　宋末，以治民之官六年过久，乃以三年为断，谓之小满；而迁换去来，又不能依三年之制。三月癸丑，诏，自今一以小满为限。

8　有司以天文失度，请禳之。上曰："应天以实不以文。我克己求治，思隆惠政；若灾眚在我，禳之何益！"

9　夏，四月壬午，诏："袁粲、刘秉、沈攸之，虽末节不终，而始诚可录，"皆命以礼改葬。

10　上之为太子也，自以年长，与太祖同创大业，朝事大小，率皆专断，多违制度。信任左右张景真，景真骄侈，被服什物，僭拟乘舆。内外畏之，莫敢言者。

司空谘议荀伯玉，素为太祖所亲厚，叹曰："太子所为，官终不知，岂得畏死，蔽官耳目！我不启闻，谁当启者！"因太子拜陵，密以启太祖。太祖怒，命检校东宫。

太子拜陵还，至方山，晚，将泊舟，豫章王嶷自东府乘飞燕东迎太子，告以上怒之意。太子夜归，入宫，太祖亦停门籥待之。明日，太祖使南郡王长懋、闻喜公子良宣敕诘责，并示以景真罪状，使以太子令收景真，杀之。太子忧惧，称疾。

6  辛丑(二十二日),南齐武帝任命宕昌王梁弥机为河、凉二州刺史,任命邓至王像舒为西凉州刺史。

7  刘宋末年,因州郡县官每任六年,时间太长,便改成三年一任,称作"小满"。然而,官吏升官改任,来来去去,还是不能够依照三年一任的制度办事。三月癸丑(初四),南齐武帝颁诏说,从今以后,地方官员一概以三年一任为期限。

8  有关部门认为天体运行不合法度,请求禳除灾害。南齐武帝说:"顺应天象,在于实际,而不在于虚文。我克制自己的欲望,谋求为政清明,希望使仁爱政治发扬光大。如果灾难是由我造成的,祭祷祈福又有什么用处!"

9  夏季,四月壬午(初四),南齐武帝颁诏说:"虽然袁粲、刘秉和沈攸之没有保持晚节,但是他们最初的忠诚实在是可取的。"命令将三人一律按照礼法另行安葬。

10  南齐武帝当太子的时候,认为自己年纪已大,并且与齐高帝一起创立帝业,所以对于朝廷中大大小小的事情,一概独断专行,常常违背制度。齐武帝信任亲信张景真,张景真骄横奢华,所使用的衾被、衣服和日常生活用品,都超越本分,可与皇帝使用的器物相比。朝廷内外官员都畏惧他,没有人有胆量就此发表意见。

司空谘议荀伯玉,平时被齐高帝所亲近厚待,他叹息着说:"太子做的事情,皇上始终难以知晓,难道我能畏惧一死,使皇上受到蒙蔽吗!如果连我都不能够启奏皇上,还会有谁肯启奏呢!"他趁太子拜谒陵寝的时机,暗中向齐高帝启奏。齐高帝大怒,命令审查太子。

太子祭拜陵寝回来,来到方山的时候,天色晚了。太子准备停船靠岸,这时豫章王萧嶷由东府骑着名马飞燕东来迎接太子,将齐高帝发怒的情形告诉了他。太子连夜返回,进入宫中,齐高帝也让人别把大门上锁,等他回来。第二天,齐高帝让南郡王萧长懋和闻喜公萧子良宣布敕书,责问太子,并且向太子出示张景真的罪状,让二人以太子的命令去收捕张景真,将他杀掉。太子忧愁恐惧,称病不起。

月馀，太祖怒不解，昼卧太阳殿，王敬则直入，叩头启太祖曰："官有天下日浅，太子无事被责，人情恐惧。愿官往东宫解释之。"太祖无言。敬则因大声宣旨，装束往东宫，又敕太官设馔，呼左右索舆，太祖了无动意。敬则索衣被太祖，仍牵强登舆。太祖不得已至东宫，召诸王宴于玄圃。长沙王晃捉华盖，临川王映执雉尾扇，闻喜公子良持酒铨，南郡王长懋行酒，太子及豫章王嶷、王敬则自捧酒馔，至暮，尽醉乃还。

太祖嘉伯玉忠荩，愈见亲信，军国密事，多委使之，权动朝右。遭母忧，去宅二里许，冠盖已塞路。左率萧景先、侍中王晏共吊之，自旦至暮，始得前。比出，饥乏，气息惙然，愤悒形于声貌。明日，言于太祖曰："臣等所见二宫门庭，比荀伯玉宅可张雀罗矣。"晏，敬弘之从子也。

骁骑将军陈胤叔，先亦白景真及太子得失，而语太子皆云"伯玉以闻"。太子由是深怨伯玉。

太祖阴有以豫章王嶷代太子之意；而嶷事太子愈谨，故太子友爱不衰。

豫州刺史垣崇祖不亲附太子，会崇祖破魏兵，太祖召还朝，与之密谋。太子疑之，曲加礼待，谓曰："世间流言，我已豁怀。自今以富贵相付。"崇祖拜谢。会太祖复遣荀伯玉，敕以边事，受旨夜发，不得辞东宫。太子以为不尽诚，益衔之。

过了一个多月以后,齐高帝的怒气还是没有平息。有一天,齐高帝卧在太阳殿里,王敬则径直走进来,伏地叩头,向齐高帝启奏说:"陛下拥有天下,时间还短,太子无故遭受责备,人们担惊受怕。希望陛下前往东宫,消除太子的顾虑。"齐高帝沉默不语。于是,王敬则大声宣布圣旨,让人们整装前往东宫,又命令御厨摆设食品,呼唤周围的人要来轿子,但齐高帝还是没有一点要动身的意思。王敬则要来衣服,披在齐高帝的身上,这才勉强把齐高帝扶上轿子。齐高帝迫不得已,来到东宫,召集诸王在玄圃宴饮。宴上,长沙王萧晃打着遮阳伞,临川王萧映摇着雉尾扇,闻喜公萧子良端着酒铃,南郡王萧长懋巡行酌酒劝饮,太子以及豫章王萧嶷、王敬则亲自献上酒食,直到天色擦黑的时候,大家都喝醉了,这才各自回去。

齐高帝嘉许荀伯玉对自己竭尽忠心,便更加亲近信任他了。对于军队与国家的机密要事,齐高帝往往委派他去办理,荀伯玉的权力震动了满朝文武。荀伯玉母亲去世,在距离他的住宅约有二里地处,道路上已经站满了官吏。左卫率萧景先和侍中王晏一齐前去吊唁,从早晨等到日暮,才得以近前。等到出来以后,两人又饿又累,连气都喘不过来了,说话的声音,脸上的表情,都流露出内心的愤怒与沮丧。第二天,萧景先与王晏向齐高帝进言说:"我等所看到的两宫的情形,比起荀伯玉的宅邸来,真可谓门可罗雀了。"王晏是王敬弘的侄子。

骁骑将军陈胤叔,原先也曾禀告过张景真以及太子的过失,但他与太子谈话时却说"是荀伯玉向皇上报告的"。从此,太子便深深怀恨荀伯玉了。

齐高帝暗中本有以豫章王萧嶷取代太子的想法。但是,萧嶷事奉太子更加谨慎,所以太子对他的友爱之情并没有衰减。

豫州刺史垣崇祖不肯亲近阿附太子。赶巧垣崇祖打败北魏军队,齐高帝召他回朝,与他密商大事。于是,太子对他产生了怀疑,对他违心地以礼相待,还对他说:"对于外界流传着的诽谤,我已经不放在心上。从今以后,我把荣华富贵就托付给你了。"垣崇祖行礼致谢。适逢齐高帝派遣荀伯玉前来,命令垣崇祖前去处理边疆上的事务。垣崇祖接受圣旨,连夜出发,来不及向太子告别。太子认为垣崇祖对自己不能竭尽忠诚,便愈加怀恨在心了。

太祖临终，指伯玉以属太子。上即位，崇祖累迁五兵尚书，伯玉累迁散骑常侍。伯玉内怀忧惧，上以伯玉与崇祖善，恐其为变，加意抚之。丁亥，下诏诬崇祖招结江北荒人，欲与伯玉作乱，皆收杀之。

11　庚子，魏主如崞山。壬寅，还宫。

12　闰月癸丑，魏主后宫平凉林氏生子恂，大赦。文明太后以恂当为太子，赐林氏死，自抚养恂。

13　五月戊寅朔，魏主如武州山石窟佛寺。

14　车骑将军张敬儿好信梦。初为南阳太守，其妻尚氏梦一手热如火；及为雍州，梦一肶热；为开府，梦半身热。敬儿意欲无限，常谓所亲曰："吾妻复梦举体热矣。"又自言梦旧村社树高至天，上闻而恶之。垣崇祖死，敬儿内自疑，会有人告敬儿遣人至蛮中货易，上疑其有异志。会上于华林园设八关斋，朝臣皆预，于坐收敬儿。敬儿脱冠貂投地曰："此物误我！"丁酉，杀敬儿，并其四子。

敬儿弟恭儿，常虑为兄祸所及，居于冠军，未常出襄阳，村落深阻，墙垣重复。敬儿每遣信，辄上马属鞭，然后见之。敬儿败问至，席卷入蛮。后自出，上恕之。

齐高帝在临终以前,手指着苟伯玉,把太子托付给他。齐武帝
即位以后,垣崇祖历经升迁,担任了五兵尚书;苟伯玉历经升迁,担
任了散骑常侍。苟伯玉心怀忧虑疑惧,齐武帝因苟伯玉与垣崇祖
交好,担心他们制造变故,便留意安抚他们。丁亥(初九),齐武帝
颁诏诬陷垣崇祖招延结纳长江北岸的亡命之徒,准备与苟伯玉一
起作乱,因而将他们二人都收捕杀害了。

　　11　庚子(二十二日),北魏孝文帝前往嵩山。壬寅(二十四
日),孝文帝返回宫中。

　　12　北魏历闰四月癸丑(二十九日),北魏孝文帝后宫中的平
凉人林氏生下儿子拓跋恂,于是宣布大赦。文明太后因拓跋恂应
当被立为太子,便赐林氏自裁而死,由自己来抚养拓跋恂。

　　13　五月戊寅朔(初一),北魏孝文帝前往武州山石窟佛寺。

　　14　南齐车骑将军张敬儿非常信梦。当初,张敬儿担任南阳
太守的时候,他的妻子尚氏梦里觉着一只手灼热如火;及至他担任
雍州刺史的时候,他的妻子梦里觉着一边肩胛发热;及至他担任开
府仪同三司的时候,他的妻子梦里觉着半个身子发热。张敬儿的
欲望没有止境,经常对自己亲近的人说:"我的妻子梦里又觉着全
身发热了。"张敬儿又说自己梦见家乡村庄中社庙旁的树木高耸入
云,齐武帝得知消息以后就讨厌他了。垣崇祖死后,张敬儿认为自
己已经遭到怀疑。适逢有人告发张敬儿派人到蛮人中间进行贸
易,齐武帝怀疑他这是怀有叛变的意图。恰巧赶上齐武帝在华林
园中设置八关斋,朝廷百官都去参加斋会,齐武帝便在坐席上收捕
了张敬儿。张敬儿摘下朝冠,将朝冠上的貂尾丢在地上说:"就是
这个东西把我害了!"丁酉(二十日),齐武帝杀掉张敬儿和他的四
个儿子。

　　张敬儿的弟弟张恭儿,经常担心哥哥一旦招致祸殃,自己会受
到连累。他住在冠军县,从来不曾去过襄阳。他安身的村落山深
水阻,居住的房舍墙垣重重。每当张敬儿送来书信的时候,张恭儿
总是翻身上马,佩戴好弓箭,然后才肯会见送信人。张敬儿被杀的
音讯传来以后,张恭儿全家进入蛮人居住地区。后来,张恭儿自动
返回,齐武帝宽恕了他。

敬兒女为征北谘议参军谢超宗子妇，超宗谓丹杨尹李安民曰："'往年杀韩信，今年杀彭越'，尹欲何计!"安民具启之。上素恶超宗轻慢，使兼御史中丞袁彖奏弹超宗，丁巳，收付廷尉，徙越嶲，于道赐死。以彖语不刻切，又使左丞王逡之奏弹彖轻文略奏，挠法容非，彖坐免官，禁锢十年。超宗，灵运之孙；彖，颛之弟子也。

15 秋，七月丁丑，魏主及太后如神渊池。甲申，如方山。

16 魏使假员外散骑常侍顿丘李彪来聘。

17 侍中、左光禄大夫、开府仪同三司王僧虔固辞开府，谓兄子俭曰："汝任重于朝，行登三事；我若复有此授，乃是一门有二台司，吾实惧焉。"累年不拜，上乃许之，戊戌，加僧虔特进。俭作长梁斋，制度小过，僧虔视之，不悦，竟不入户。俭即日毁之。

初，王弘与兄弟集会，任子孙戏适。僧达跳下地作虎子；僧绰正坐，采蜡烛珠为凤皇，僧达夺取打坏，亦复不惜。僧虔累十二博棋，既不坠落，亦不重作。弘叹曰："僧达俊爽，当不减人，然恐终危吾家；僧绰当以名义见美。僧虔必为长者，位至公台。"已而皆如其言。

张敬儿的女儿是征北谘议参军谢超宗的儿媳,谢超宗对丹杨尹李安民说:"'往年杀韩信,今年杀彭越',您准备做何打算呢?"李安民启奏了他所有的言论。齐武帝素来就讨厌谢超宗轻浮骄慢,便让兼御史中丞袁彖上奏弹劾谢超宗。丁巳(初十),齐武帝命令收捕谢超宗,交付给廷尉讯审,把他贬放越嶲,在中途便赐他自裁而死。由于袁彖检举用语不够严厉苛刻,齐武帝又让左丞王逡之上奏弹劾袁彖为文避重就轻,上奏疏略,败坏法度,宽容罪犯,袁彖因此获罪,免除官职,软禁十年,不许录用。谢超宗是谢灵运的孙子。袁彖是袁颛弟弟的儿子。

15 秋季,七月丁丑(初一),北魏孝文帝和太后前往神渊池。甲申(初八),二人前往方山。

16 北魏派遣假员外散骑常侍顿丘人李彪前来南齐通问修好。

17 南齐侍中、左光禄大夫、开府仪同三司王僧虔坚决辞让开府仪同三司一职,他对侄子王俭说:"你在朝廷中担负着重任,即将成为三公,如果我再接受这一任命,便是一家人中出现了两个宰相,我实在害怕得很。"接连几年,王僧虔都没有接受任命,齐武帝这才答应下来。戊戌(二十二日),齐武帝加授王僧虔为特进。王俭营建了一座横梁跨度很大的书斋,稍微超过了有关规定,王僧虔看到以后,很不高兴,竟然没有进门。王俭当天便将书斋拆毁了。

当初,王弘与兄弟们在一起聚会,任凭儿孙游戏自适。王僧达跳下地来,装扮成小老虎的模样。王僧绰端正地坐着,用烛花做成一个凤凰,王僧达把凤凰抢过去打坏了,他也不感到可惜。王僧虔却把十二个棋子累在一起,棋子既不倒落,也不用重累两次。王弘叹息着说:"僧达才华出众,性情豪爽,应当说并不比别人差。但是,我担心他终究会给我家带来危难。僧绰会凭着自己的名声与品行而受到赞誉。僧虔肯定是一个谨厚长者,会成为三公宰相。"后来,王僧达、王僧绰、王僧虔三人的结局,果然和他预言的完全一样。

18 八月庚申，骁骑将军王洪范自柔然还，经涂三万馀里。

19 冬，十月丙寅，遣骁骑将军刘缵聘于魏，魏主客令李安世主之。魏人出内藏之宝，使贾人鬻之于市。缵曰："魏金玉大贱，当由山川所出。"安世曰："圣朝不贵金玉，故贱同瓦砾。"缵初欲多市，闻其言，内惭而止。缵屡奉使至魏，冯太后遂私幸之。

20 十二月乙巳朔，日有食之。

21 癸丑，魏始禁同姓为婚。

22 王俭进号卫将军，参掌选事。

23 是岁，省巴州。

24 魏秦州刺史于洛侯，性残酷，刑人必断腕，拔舌，分悬四体。合州惊骇，州民王元寿等一时俱反。有司劾奏之，魏主遣使至州，于洛侯常刑人处宣告吏民，然后斩之。

齐州刺史韩麒麟，为政尚宽，从事刘普庆说麒麟曰："公杖节方夏，而无所诛斩，何以示威！"麒麟曰："刑罚所以止恶，仁者不得已而用之。今民不犯法，又何诛乎？若必断斩然后可以立威，当以卿应之！"普庆惭惧而起。

18 八月庚申(十四日),骁骑将军王洪范从柔然返回,经历的途程有三万多里。

19 冬季,十月丙寅(二十一日),南齐武帝派遣骁骑将军刘缵向北魏通问修好。北魏主客令李安世主持接待他。北魏方面把内宫收藏的珠宝拿出来,让商人在市肆中出售。刘缵说:"魏国的金银珠玉价格极低,这恐怕是由于北魏本土出产这些东西吧。"李安世说:"我朝并不看重金银珠玉,所以它们的价格贱得如同瓦砾。"刘缵原来准备多买一些北魏的珠宝,听到李安世这一席话以后,深感惭愧,便不再买了。刘缵屡次奉命出使,前往北魏,北魏冯太后于是与他私通。

20 十二月乙巳朔(初一),出现日食。

21 癸丑(初九),北魏开始禁止同姓通婚。

22 南齐王俭晋升官职名号为卫将军,参与执掌选拔官吏的事务。

23 本年,南齐撤销巴州的建置。

24 北魏秦州刺史于洛侯,生性残酷,杀人的时候,总是要砍断手腕,割去舌头,支解四肢,分别悬挂示众。全州官民担惊受怕,州中平民王元寿等人一下子全都起来反抗。有关部门上奏弹劾于洛侯,孝文帝派遣使者来到秦州,在于洛侯经常杀人的地方,向官吏与百姓宣布朝廷的决定,然后便将于洛侯斩杀了。

齐州刺史韩麒麟,处理政务,推尚宽和,从事刘普庆劝韩麒麟说:"您身为国家镇守一方的长官,却从来不肯杀人,您将用什么来显示威严呢!"韩麒麟说:"刑罚是用来制止犯罪的,有仁爱之心的人,只有在迫不得已的时候才使用刑罚。现在,百姓没有触犯法令,我凭什么杀人呢?倘若必须问斩杀人才能够树立声威,那就由你做起吧!"刘普庆愧畏交加,起身离去。

# 卷第一百三十六　齐纪二

起甲子(484)尽己巳(489)凡六年

## 世祖武皇帝上之下
## 永明二年(甲子,484)

1　春,正月乙亥,以后将军柳世隆为尚书右仆射,竟陵王子良为护军将军兼司徒,领兵置佐,镇西州。子良少有清尚,倾意宾客,才隽之士,皆游集其门。开西邸,多聚古人器服以充之。记室参军范云、萧琛、乐安任昉、法曹参军王融、卫军东阁祭酒萧衍、镇西功曹谢朓、步兵校尉沈约、扬州秀才吴郡陆倕,并以文学,尤见亲待,号曰八友。法曹参军柳恽、太学博士王僧孺、南徐州秀才济阳江革、尚书殿中郎范缜、会稽孔休源亦预焉。琛,惠开之从子;恽,元景之从孙;融,僧达之孙;衍,顺之之子;朓,述之孙;约,璞之子;僧孺,雅之曾孙;缜,云之从兄也。

子良笃好释氏,招致名僧,讲论佛法,道俗之盛,江左未有。或亲为众僧赋食、行水,世颇以为失宰相体。

范缜盛称无佛。子良曰:"君不信因果,何得有富贵、贫贱?"缜曰:"人生如树花同发,随风而散:或拂帘幌坠茵席之上,或关篱墙落粪溷之中。坠茵席者,殿下是也,落粪溷者,下官是也。贵贱虽复殊途,因果竟在何处!"子良无以难。缜又著《神灭论》,以为:"形者神之质,神者形之用也。

**世祖武皇帝上之下**

**齐武帝永明二年(甲子,公元484年)**

1  春季,正月乙亥(初二),南齐朝廷任命后将军柳世隆为尚书右仆射,竟陵王萧子良为护军将军兼司徒、统领军队,设置辅佐官员,镇守西州。萧子良很小就有清高的品格,他喜欢结交朋友,有才能的士大夫都聚集在他的门下。萧子良建造他西郊的住宅,将聚集起来的许多古代器物、衣物放在里面。记室参军范云、萧琛、乐安人任昉、法曹参军王融、卫军东阁祭酒萧衍、镇西功曹谢朓、步兵校尉沈约和扬州秀才吴郡人陆倕等,都在辞章修养上很有造诣,尤其受到萧子良的厚待,号称八友。另外,法曹参军柳恽、太学博士王僧孺、南徐州秀才济阳人江革、尚书殿中郎范缜和会稽人孔休源,也都是萧子良的朋友。萧琛是萧惠开的侄子。柳恽是柳元景的侄孙。王融是王僧达的孙子。萧衍是萧顺之的儿子。谢朓是谢述的孙子。沈约是沈璞的儿子。王僧孺是王雅的曾孙。范缜是范云的堂兄。

萧子良笃信佛教,他延请许多高僧讲论佛法,佛教之盛行,在江左一带还从来没有过。有时,萧子良还亲自给和尚们端饭送水,世间都认为他有失宰相体统。

范缜大谈世上没有佛。萧子良说:"如果你不相信因果报应,那么,为什么世上会有贫贱、富贵之分?"范缜说:"人生在世,就像树上的花朵一样,同时生长又都随风飘散,有的掠过竹帘帷幕落到了床褥上,有的越过篱笆围墙落在了粪坑里。落到床褥之上的就好比是殿下您,落到粪坑里的就是我了。虽然我们之间贵贱迥异,但因果报应究竟在何处呢?"萧子良听后,无言以对。范缜又写了《神灭论》,他认为:"形体是精神的本质,精神则是形体的表现和产物。

神之于形，犹利之于刀；未闻刀没而利存，岂容形亡而神在哉！"此论出，朝野喧哗，难之终不能屈。太原王琰著论讥缜曰："呜呼范子！曾不知其先祖神灵所在！"欲以杜缜后对。缜对曰："呜呼王子！知其先祖神灵所在而不能杀身以从之！"子良使王融谓之曰："以卿才美，何患不至中书郎。而故乖刺为此论，甚可惜也！宜急毁弃之。"缜大笑曰："使范缜卖论取官，已至令、仆矣，何但中书郎邪！"

萧衍好筹略，有文武才干，王俭深器异之，曰："萧郎出三十，贵不可言。"

2 壬寅，以柳世隆为尚书左仆射，丹杨尹李安民为右仆射，王俭领丹杨尹。

3 夏，四月甲寅，魏主如方山。戊午，还宫。庚申，如鸿池。丁卯，还宫。

4 五月甲申，魏遣员外散骑常侍李彪等来聘。

5 六月壬寅朔，中书舍人吴兴茹法亮封望蔡男。时中书舍人四人，各住一省，谓之"四户"，以法亮及临海吕文显等为之。既总重权，势倾朝廷，守宰数迁换去来，四方饷遗，岁数百万。法亮尝于众中语人曰："何须求外禄！此一户中，年办百万。"盖约言之也。后因天文有变，王俭极言"文显等专权徇私，上天见异，祸由四户。"上手诏酬答，而不能改也。

精神对于形体来说,就好像锋利对于刀一样。从未听说过刀都没有了而锋利还在的道理,那么,怎么会有形体消亡了而精神却还存在的事情呢?"这一理论一提出,朝廷上下一片哗然,屡加诘难,最终也没能使范缜屈服。太原人王琰写文章讥讽范缜说:"呜呼范子! 竟然不知道他祖先的神灵在什么地方!"王琰想以此堵住范缜的嘴。范缜却回答他说:"呜呼王子! 知道他祖先的神灵在什么地方,却不肯杀身随之同去!"萧子良派王融劝范缜说:"凭着你这样的才华,还愁什么当不上中书郎。却故意发表这种荒谬偏激的言论,实在是令人太遗憾了。你应该赶快毁掉并放弃这些文章。"范缜一听,大笑说:"假使让我范缜出卖我的理论去换取官职,那么,我早已做到尚书令、仆射了,何止是一个中书郎!"

萧衍做事喜欢运筹谋略。他文武全才,王俭非常器重他,对他的才能惊异不止。王俭曾说:"萧郎过三十岁,将贵不可言啊!"

2 壬寅(二十九日),南齐朝廷任命柳世隆为尚书左仆射,任命丹杨尹李安民为右仆射,任命王俭兼领丹杨尹。

3 夏季,四月甲寅(十二日),北魏孝文帝前往方山;戊午(十六日),返回宫中。庚申(十八日),又前往鸿池,丁卯(二十五日),返回宫中。

4 五月甲申(十二日),北魏派员外散骑常侍李彪等来访。

5 六月壬寅朔(初一),南齐中书舍人吴兴人茹法亮被封为望蔡男。此时共有四位中书舍人,被分别派驻各省,称为"四户",分别由茹法亮和临海人吕文显等人担任。他们总揽大权,声势超过了朝廷其他文武官员,地方官不断来去调换,四面八方给他们送的礼物,一年就达几百万之多。茹法亮曾经当众对人说:"何必一定要求得外任官的俸禄。就在这一户里,一年就可弄到一百万。"他所说的一百万也不过是个大概的数目。后来,天象星辰发生了变化,王俭坚决认为:"吕文显等人专断独行,徇私舞弊,所以,苍天出现异变,这一灾难出自四户。"武帝亲自写诏酬答王俭,却不能改变这种现状。

6　魏旧制：户调帛二匹，絮二斤，丝一斤，谷二十斛；又入帛一匹二丈，委之州库，以供调外之费。所调各随土之所出。丁卯，诏曰："置官班禄，行之尚矣。自中原丧乱，兹制中绝。朕宪章旧典，始班俸禄。户增调帛三匹，谷二斛九斗，以为官司之禄；增调外帛二匹。禄行之后，赃满一匹者死。变法改度，宜为更始，其大赦天下。"

7　秋，七月甲申，立皇子子伦为巴陵王。

8　乙未，魏主如武州山石窟寺。

9　九月，魏诏，班禄以十月为始，季别受之。旧律，枉法十匹，义赃二十匹，罪死。至是，义赃一匹，枉法无多少，皆死。仍分命使者，纠按守宰之贪者。

秦、益二州刺史恒农李洪之以外戚贵显，为治贪暴，班禄之后，洪之首以赃败。魏主命锁赴平城，集百官亲临数之。犹以其大臣，听在家自裁。自馀守宰坐赃死者四十馀人。受禄者无不跼蹐，赇赂殆绝。然吏民犯他罪者，魏主率宽之，疑罪奏谳多减死徙边，岁以千计。都下决大辟，岁不过五六人，州镇亦简。

久之，淮南王佗奏请依旧断禄，文明太后召群臣议之。中书监高闾以为："饥寒切身，慈母不能保其子。今给禄，则廉者足以无滥，贪者足以劝慕；不给，则贪者得肆其奸，廉者不能自保。淮南之议，不亦谬乎！"诏从闾议。

6　北魏旧制规定：每年户调为二匹布帛，二斤棉絮，一斤丝，二十斛谷米。另外，又增缴一匹二丈的布帛，存入本州州库，用来供应户调之外的需要。各州所征调的物品，可以按照本地所出产的缴纳。丁卯（二十六日），孝文帝下诏说：“设置官吏，发放俸禄，很早就已开始实行。自从中原战乱，这一制度才开始中断。朕依照旧有的典章制度，开始颁赐官吏们的俸禄。所以，每户户调应增缴三匹帛，二斛九斗谷米，作为官员们的俸禄。再增收二匹户调以外的帛。俸禄制度实行以后，贪赃达一匹布帛的处死。改变法令制度，应该作为新的开始，为此下令实行大赦。”

7　秋季，七月甲申（十三日），南齐立皇子萧子伦为巴陵王。

8　乙未（二十四日），魏主孝文帝前往武州山石窟寺。

9　九月，北魏下诏，官员们的俸禄制度，从本年十月开始实行，每个季度发放一次。以前的法律规定，贪污十匹布帛，受贿二十匹布帛的人，一律处以死刑。到现在，凡是受贿一匹布帛的，以及贪污无论多少，都处以死刑。朝廷仍然分别派出检察官，到各地巡视纠举有贪污行为的地方官。

秦、益二州刺史恒农人李洪之自恃皇亲国戚，身份显贵，为官残暴，贪赃枉法。实行俸禄制度后，李洪之因贪污事露，第一个就被揭发出来。魏主下令给李洪之上戴上手铐脚镣，押赴平城，然后召集文武百官，亲自历数他的罪状。由于他是朝廷大臣，允许他在家里自杀。其馀有贪污受贿罪的地方官大约有四十多人，也全都处以死刑。那些接受过贿赂的人，无不恐慌害怕，行贿受贿的事，几乎被杜绝了。然而，官吏和老百姓犯了其他罪时，魏主大都宽大处理。对缺少确凿证据的罪犯上报审核，多半免除死刑而流放到边疆，这种情况，每年都数以千计。由朝中法司判处死刑的，一年也超不过五六个人，州郡、边镇就更少了。

很久以后，淮南王拓跋他奏请仍按旧制，停止向官员发放俸禄。太皇太后冯氏召集文武百官讨论这件事。中书监高闾认为：“自身饥寒交迫，慈母也不能保护她的孩子。如今发放俸禄，廉洁的官吏不会滥取，而贪官污吏也足以改过为善；停止发放俸禄，贪官污吏会更加肆无忌惮地贪赃枉法，廉洁的人却不能维持生计。淮南王的建议，岂不是荒唐吗？”朝廷颁诏采纳高闾的建议。

　　间又上表，以为："北狄悍愚，同于禽兽。所长者野战，所短者攻城。若以狄之所短夺其所长，则虽众不能成患，虽来不能深入。又，狄散居野泽，随逐水草，战则与家业并至，奔则与畜牧俱逃，不赍资粮而饮食自足，是以历代能为边患。六镇势分，倍众不斗，互相围逼，难以制之。请依秦、汉故事，于六镇之北筑长城，择要害之地，往往开门，造小城于其侧，置兵扞守。狄既不攻城，野掠无获，草尽则走，终必惩艾。计六镇东西不过千里，一夫一月之功可城三步之地，强弱相兼，不过用十万人，一月可就；虽有暂劳，可以永逸。凡长城有五利：罢游防之苦，一也；北部放牧无抄掠之患，二也；登城观敌，以逸待劳，三也；息无时之备，四也；岁常游运，永得不匮，五也。"魏主优诏答之。

　　10　冬，十月丁巳，以南徐州刺史长沙王晃为中书监。初，太祖临终，以晃属帝，使处于辇下或近藩，勿令远出。且曰："宋氏若非骨肉相残，他族岂得乘其弊！汝深诫之！"旧制：诸王在都，唯得置捉刀左右四十人。晃好武饰，及罢南徐州，私载数百人仗还建康，为禁司所觉，投之江水。帝闻之，大怒，将纠以法，豫章王嶷叩头流涕曰："晃罪诚不足宥。陛下当忆先朝念晃。"帝亦垂泣，由是终无异意，然亦不被亲宠。论者谓帝优于魏文，减于汉明。

接着,高闾再次上疏朝廷,认为:"北狄凶悍愚昧,如同禽兽。他们所擅长的是在野外作战,却不善于攻城。如果我们利用北狄的短处遏止它的长处,那么,北狄人数再多也不会成为我们的祸患,即使攻来也无法深入我们的国境。况且,北狄人都是散居在旷野沼泽地带,他们总是跟着河水和绿草不断迁移。打仗时,他们可以带着全部家人财产一起战斗,而撤退时又可以连同家畜一块儿逃走,用不着携带粮食,饮食可以自给自足,因此历代成为中原国家边患。朝廷在北方设置六个重镇,使兵力分散。敌人的数目一旦超过我们一倍,镇将就不敢迎战。他们却可以互相援引围攻我方的重镇,很难制服。因而,我请求依照秦、汉时期的边防策略,在六镇以北修筑长城,选择关键地方开辟城门,在旁边再另修建一个小城,派兵守卫。狄人既不会攻城,在荒凉的郊野上也抢不到什么东西,他们的马把青草吃光就会撤走,定会受到惩罚。估计六个重镇的防线,东西不超过一千里,一个男子一个月的功夫,就可以筑起三步长的城墙,即便把强壮老弱劳力加在一起,所用劳力也不会超过十万人,一个月就能完成。虽然暂时辛苦劳累,却可以得到永久的安宁。兴筑长城有五种好处:第一,可以免除边防军巡逻的辛苦;第二,不用担心北方部落利用放牧的机会前来掳掠抢劫;第三,可以登上长城观察敌人的动静,以逸待劳;第四,免除平日无休止的戒备状态;第五,一年四季都可以将粮秣运往边塞,使要塞的物资永不匮乏。"魏主特地颁下诏令,表扬赞同这一建议。

10  冬季,十月丁巳(十八日),南齐任命南徐州刺史、长沙王萧晃为中书监。当初,高帝临终前,将萧晃托付给武帝,特别嘱咐,要让萧晃留在京城中或京城附近任官,不要派他去边远的地方。又说:"刘宋如果不是亲骨肉之间互相残杀,外姓人怎么会有可乘之机? 你们应该深以为戒!"旧制规定:亲王们在京都时,只可以带四十名武装侍卫。萧晃喜欢武士的威仪,离开南徐州时,他私下带着几百件个人用的武器返回建康,被负责防禁的部门发觉,扔进了长江。武帝闻知勃然大怒,打算将萧晃绳之以法。豫章王萧嶷叩头哭泣说:"萧晃的罪过诚然不可以宽恕。陛下该想想父王对萧晃的恩爱。"武帝也低下头哭了,从此,武帝对萧晃不再有杀机,也没有信任和宠爱。议论朝事的人都说,武帝要比魏文帝曹丕好些,但不如东汉明帝刘庄。

武陵王晔多材艺而疏悴,亦无宠于帝。尝侍宴,醉伏地,貂抄肉样。帝笑曰:"肉污貂。"对曰:"陛下爱羽毛而疏骨肉。"帝不悦。晔轻财好施,故无蓄积。名后堂山曰"首阳",盖怨贫薄也。

11  高丽王琏遣使入贡于魏,亦入贡于齐。时高丽方强,魏置诸国使邸,齐使第一,高丽次之。

12  益州大度獠恃险骄恣,前后刺史不能制。及陈显达为刺史,遣使责其租赕。獠帅曰:"两眼刺史尚不敢调我,况一眼乎!"遂杀其使。显达分部将吏,声言出猎,夜,往袭之,男女无少长皆斩之。

晋氏以来,益州刺史皆以名将为之。十一月丁亥,帝始以始兴王鉴为督益宁诸军事、益州刺史,征显达为中护军。先是,劫帅韩武方聚党千馀人断流为暴,郡县不能禁。鉴行至上明,武方出降,长史虞惊等咸请杀之。鉴曰:"杀之失信,且无以劝善。"乃启台而宥之,于是巴西蛮夷为寇暴者皆望风降附。鉴时年十四,行至新城,道路籍籍,云"陈显达大选士马,不肯就征。"乃停新城,遣典签张昙晳往观形势。俄而显达遣使诣鉴,咸劝鉴执之。鉴曰:"显达立节本朝,必自无此。"居二日,昙晳还,具言"显达已迁家出城,日夕望殿下至。"于是乃前。鉴喜文学,器服如素士,蜀人悦之。

武陵王萧晔多才多艺,但性情直率,也得不到武帝的宠爱。有一次,他参加皇宫御宴,大醉倒地,帽子边上的貂尾都沾上了肉汤。武帝笑着说:"肉汤把你的貂尾都弄脏了。"萧晔回答说:"陛下您喜爱这些羽毛,却疏远骨肉至亲。"武帝很不高兴。萧晔把钱财看得很轻,喜欢施舍,所以,他自己没有积蓄。他把后堂山叫做"首阳山",就是抱怨自己生活贫困以及武帝薄情。

11　高丽国王高琏,派使节向北魏进贡,同时也向南齐进贡。此时,高丽王国正处于强盛时期,北魏安置各国使节住所,南齐使节排在第一位,接着就是高丽了。

12　益州大度獠人自恃占据险峻,骄横狂暴,为所欲为,朝廷先后派去了许多刺史但都不能制服他们。等到陈显达接任益州刺史,他派遣官差去催缴田赋捐税,獠族首领说:"长着两只眼睛的刺史都不敢要我缴纳租调,何况这个独眼刺史。"于是,杀掉了陈显达派去的官差。陈显达分别安排将领官吏,声称出去打猎,夜里,突然发动袭击,将大度獠地区的男女老幼全部斩杀了。

自从东晋以来,益州刺史都是由著名的将领来担任的。十一月丁亥(十八日),武帝任命始兴王萧鉴为督益、宁诸军事,益州刺史,调陈显达返回建康任中护军。当初,劫盗头目韩武方聚集一千多名党羽截断水源,横行霸道,地方官府无法阻止。萧鉴赴任走到上明时,韩武方向萧鉴投降,长史虞悰等人都请求萧鉴杀掉他。萧鉴说:"杀了韩武方就失去了信用,也无法规劝别人改过从善。"于是,向朝廷报告,饶恕韩武方。因此,巴西一带从事抢掠的蛮夷也都闻风投降。萧鉴这年正好十四岁,当他继续进发走到新城时,路上纷纷传言,说:"陈显达正大肆征兵买马,不肯接受朝廷征召。"萧鉴在新城站下,并派典签张昙晳前去观察形势。不久,陈显达派来的使者来到萧鉴停留处,手下人都劝萧鉴逮捕使者。萧鉴却说:"陈显达高风亮节,尽心效忠朝廷,一定不会有这种事。"过了两天,张昙晳返回,陈说:"陈显达已带领全家人离城,早晚都希望殿下能到达。"于是,萧鉴才继续赶路。萧鉴喜欢文学,他所使用的器具和服饰都和普通士大夫一样,因此,蜀地人民很喜欢他。

13 乙未,魏员外散骑常侍李彪等来聘。

14 是岁,诏增豫章王嶷封邑为四千户。宋元嘉之世,诸王入斋阁,得白服、裙帽见人主。唯出太极四厢,乃备朝服。自后此制遂绝。上于嶷友爱,宫中曲宴,听依元嘉故事。嶷固辞不敢,唯车驾至其第,乃白服、乌纱帽以侍宴。至于衣服、器用制度,动皆陈启,事无专制,务从减省。上并不许。嶷常虑盛满,求解扬州,以授竟陵王子良。上终不许,曰:"毕汝一世,无所多言。"嶷长七尺八寸,善修容范,文物卫从,礼冠百僚,每出入殿省,瞻望者无不肃然。

15 交州刺史李叔献既受命,而断割外国贡献。上欲讨之。

三年(乙丑,485)

1 春,正月丙辰,以大司农刘楷为交州刺史,发南康、庐陵、始兴兵以讨叔献。叔献闻之,遣使乞更申数年,献十二队纯银兜鍪及孔雀毦。上不许。叔献惧为楷所袭,间道自湘州还朝。

2 戊寅,魏诏曰:"图谶之兴,出于三季,既非经国之典,徒为妖邪所凭。自今图谶、秘纬,一皆焚之,留者以大辟论!"又严禁诸巫觋及委巷卜筮非经典所载者。

13　乙未（二十六日），北魏员外散骑常侍李彪等人前来南齐访问。

14　这年，武帝颁下诏令，命令将豫章王萧嶷的封邑增加到四千户人家。刘宋元嘉时代，亲王进入宫内的斋阁时，可以穿白色便服、裙子，戴高帽拜见皇帝。只有到太极殿四个厢房时，才穿正式官服。元嘉以后，这种制度也就取消了。武帝对萧嶷极其友爱，凡在宫内歌舞饮宴，都允许萧嶷按照元嘉时代的制度穿戴。萧嶷坚决辞谢，不敢这样做。只有武帝来到他的家里时，他才敢穿上白色便服、戴上乌纱帽陪宴。他将自己平时的衣服、器具的标准，连同自己的一举一动，全都向武帝汇报，从不独断专行，开支都务求节俭。武帝对萧嶷的做法并不赞成。萧嶷一直担心自己的地位太高，权势太大，多次请求解除他扬州刺史的职务，改授给竟陵王萧子良。武帝始终也没有答应，说："扬州刺史这个官你要当一辈子，不要再多说什么。"萧嶷身高七尺八寸，他很善于修饰仪表，他的仪仗和侍从们的礼节规范，都远远超过了其他官属，每次出入殿堂，在旁边观看的人，无不肃然起敬。

15　交州刺史李叔献接受了朝廷的任命，却擅自截留外国对朝廷的进贡。武帝打算去讨伐他。

### 齐武帝永明三年（乙丑，公元 485 年）

1　春季，正月丙辰，任命大司农刘楷为交州刺史，并发动南康、庐陵、始兴三地的军队讨伐李叔献。李叔献得到消息后，立刻派使者跑到建康，乞求允许他延长几年任期，并向朝廷进贡两千四百个纯银头盔和孔雀翎。武帝拒绝了他的请求。李叔献生怕自己会受到刘楷的袭击，就抄小路从湘州返回建康。

2　戊寅（初十），北魏下诏令说："图谶的出现，是从夏、商、周三代之末开始的。它不是治理国家的重要典章，只能被妖邪不正的人所利用。从现在开始，凡是图谶、纬书，一概烧掉，有私自保存的，一律处以极刑。"又严格禁止男巫女巫以及街头巷尾占卦的人进行不是经典所记载的活动。

3　魏冯太后作《皇诰》十八篇,癸未,大飨群臣于太华殿,班《皇诰》。

4　辛卯,上祀南郊,大赦。

5　诏复立国学。释奠先师用上公礼。

6　二月己亥,魏制皇子皇孙有封爵者,岁禄各有差。

7　辛丑,上祭北郊。

8　三月丙申,魏封皇弟禧为咸阳王,幹为河南王,羽为广陵王,雍为颍川王,勰为始平王,详为北海王。文明太后令置学馆,选师傅以教诸王。勰于兄弟最贤,敏而好学,善属文,魏主尤奇爱之。

9　夏,四月癸丑,魏主如方山;甲寅,还宫。

10　初,宋太宗置总明观以集学士,亦谓之东观。上以国学既立,五月乙未,省总明观。时王俭领国子祭酒,诏于俭宅开学士馆,以总明四部书充之。又诏俭以家为府。

自宋世祖好文章,士大夫悉以文章相尚,无以专经为业者。俭少好《礼》学及《春秋》,言论造次必于儒者,由是衣冠翕然,更尚儒术。俭撰次朝仪、国典,自晋、宋以来故事,无不谙忆,故当朝理事,断决如流。每博议引证,八坐、丞、郎无能异者。令史谘事常数十人,宾客满席,俭应接辨析,傍无留滞,发言下笔,皆有音彩。十日一还学监试诸生,巾卷在庭,剑卫、令史,仪容甚盛。作解散髻,斜插簪。朝野慕之,相与仿效。俭常谓人曰:"江左风流宰相,唯有谢安。"意以自比也。上深委仗之,士流选用,奏无不可。

3　北魏太皇太后冯氏作《皇诰》十八篇。癸未(十五日),在太华殿大规模宴请文武百官,正式颁布《皇诰》。

4　辛卯(二十三日),南齐武帝到南郊祭天,实行大赦。

5　武帝下诏恢复国学。用祭祀上公的礼仪祭祀孔子。

6　二月己亥(初二),北魏规定:对有封爵的皇子皇孙们,按照不同标准等级,发放俸禄。

7　辛丑(初四),武帝到北郊祭祀。

8　三月丙申(二十九日),北魏封皇弟拓跋禧为咸阳王,拓跋幹为河南王,拓跋羽为广陵王,拓跋雍为颍川王,拓跋勰为始平王,拓跋详为北海王。太皇太后冯氏又下令设置皇家学校,遴选师傅教授各位亲王。在所有兄弟中间,拓跋勰最贤能,他敏而好学,擅长写文章,因此,魏主孝文帝特别赏识喜欢他。

9　夏季,四月癸丑(十七日),孝文帝前往方山。甲寅(十八日),返回宫中。

10　当初,刘宋明帝设立总明观来聚集学士,也叫东观。武帝认为,国学已经成立,所以在五月乙未(二十九日),下令撤销总明观。当时,王俭正兼任国子祭酒,诏令在王俭住宅内开设学士馆,把总明观的甲、乙、丙、丁四部的图书移交给学士馆。同时,又命令王俭把家作为办公的官署。

从刘宋孝武帝喜欢文章辞采以来,士大夫也都以华丽的文辞章句互相推崇欣赏,却没有专门研究经典的人。王俭小时候就喜欢《礼》学和《春秋》,即使是随便言谈,也都一定遵循儒家法则,从王俭这里开始,士大夫又追随模仿,崇尚儒家学说。王俭在撰写朝廷礼仪、国家大典时,对晋、刘宋王朝以来的掌故,无不了如指掌,因此,在他处理朝廷各项事务时,能够迅速做出决断。每次谏言,都旁征博引,上自八坐,下到左右丞、各署曹郎,没有人能提出异议。拿着公文向他请示的令史经常有几十人,宾客盈门,王俭都从容接待,条分缕析,从不积压延迟,无论是口头发表见解,还是下笔批示,都是有声有色,神采飞扬。王俭每十天去学监一次,测试学生,学监内都是头戴葛巾、书,佩剑的卫士和令史站在一旁,仪式非常隆重。王俭解散发髻,把头簪斜插在上面。朝廷内外都很仰慕他的风采,争相模仿。王俭经常对人说:"江左风流倜傥的宰相,只有谢安一人。"言下之意是把自己比作谢安。武帝也非常器重他而委以要职。选用士人,只要是王俭推荐的,没有不批准的。

11 六月庚戌,魏进河南王度易侯为车骑将军,遣给事中吴兴丘冠先使河南,并送柔然使。

12 辛亥,魏主如方山。丁巳,还宫。

13 秋,七月癸未,魏遣使拜宕昌王梁弥机兄子弥承为宕昌王。初,弥机死,子弥博立,为吐谷浑所逼,奔仇池。仇池镇将穆亮以弥机事魏素厚,矜其灭亡。弥博凶悖,所部恶之;弥承为众所附,表请纳之。诏许之。亮帅骑三万军于龙鹄,击走吐谷浑,立弥承而还。亮,崇之曾孙也。

14 戊子,魏主如鱼池,登青原冈。甲午,还宫。八月己亥,如弥泽。甲寅,登牛头山。甲子,还宫。

15 魏初,民多荫附。荫附者皆无官役,而豪强征敛倍于公赋。给事中李安世上言:"岁饥民流,田业多为豪右所占夺。虽桑井难复,宜更均量,使力业相称。又,所争之田,宜限年断,事久难明,悉归今主,以绝诈妄。"魏主善之,由是始议均田。冬,十月丁未,诏遣使者循行州郡,与牧守均给天下之田:诸男夫十五以上受露田四十亩,妇人二十亩,奴婢依良丁。牛一头,受田三十亩,限止四牛。所授之田,率倍之;三易之田,再倍之,

11  六月庚戌(十五日),北魏提升河南王慕容度易侯为车骑将军,并派遣给事中、吴兴人丘冠先出使河南同时护送柔然汗国使节。

12  辛亥(十六日),魏主前往方山。丁巳(二十二日),返回宫中。

13  秋季,七月癸未(十八日),北魏派遣使节前往宕昌,任命宕昌已故国王梁弥机哥哥的儿子梁弥承为新任宕昌王。当初,梁弥机去世,他的儿子梁弥博继承王位,被吐谷浑所逼迫,逃到了仇池。仇池镇将穆亮认为梁弥机侍奉北魏朝廷一向尽心谨慎,对宕昌国的灭亡非常同情。可是,梁弥博性情凶狠,残暴悖逆,将士对他都很痛恨,而梁弥承却受到大家的拥护,穆亮就上表奏请朝廷,允许护送梁弥承回国。朝廷下诏批准。于是,穆亮就率领三万名骑兵驻扎在龙鹄,击退了吐谷浑,拥立梁弥承登上王位后回军。穆亮是穆崇的曾孙。

14  戊子(二十三日),魏主前往鱼池,登临青原冈。甲午(二十九日),返回宫中。八月己亥(初五),前往弥泽。甲寅(二十日),登上牛头山。甲子(三十日),返回宫中。

15  北魏建国初年,很多人自动依附于豪门强族,这些人都不用为官府服役,可是豪强贵族的横征暴敛比官府征收的捐税高出一倍。于是给事中李安世上书说:"每次遇到灾荒,老百姓就四处逃散,他们的田地大多都被豪强贵族们所霸占、掠夺。古代的井田制度难以恢复,朝廷应该使土地平均些,使农夫耕种土地的面积和人口数量相当。另外,对发生争执的田产,应该限定日期裁断。官司拖得太久又难以明断的田产,一律归现在使用的人,以杜绝谗佞欺诈。"魏主赞赏李安世的建议,由此开始讨论均田方案。冬季,十月丁未(十三日),孝文帝下诏派遣使者分别去各州郡,与各州郡牧守一同推行均田制,十五岁以上的男子,每人可以得到四十亩没有种树的农田,女子每人二十亩,奴仆婢女,按照一般成年人所配给田地的待遇分配土地。一头牛,可得三十亩农田,但以四头牛为限。所配给的农田,如果是隔一年才能耕种一次的贫瘠田地,增加一倍;如果是隔两年才能耕种一次的田地,增加两倍,

以供耕作及还受之盈缩。人年及课则受田，老免及身没则还田。奴婢、牛随有无以还受。初受田者，男夫给二十亩，课种桑五十株。桑田皆为世业，身终不还。恒计见口，有盈者无受无还，不足者受种如法，盈者得卖其盈。诸宰民之官，各随近给公田有差，更代相付；卖者坐如律。

16　辛酉，魏魏郡王陈建卒。

17　魏员外散骑常侍李彪等来聘。

18　十二月乙卯，魏以侍中淮南王佗为司徒。

19　柔然犯魏塞，魏任城王澄帅众拒之，柔然遁去。澄，云之子也。氐、羌反，诏以澄为都督梁益荆三州诸军事、梁州刺史。澄至州，讨叛柔服，氐、羌皆平。

20　初，太祖命黄门郎虞玩之等检定黄籍。上即位，别立校籍官，置令史，限人一日得数巧。既连年不已，民愁怨不安。外监会稽吕文度启上，籍被却者悉充远戍，民多逃亡避罪。富阳民唐㝢之因以妖术惑众作乱，攻陷富阳，三吴却籍者奔之，众至三万。

文度与茹法亮、吕文显皆以奸谄有宠于上。文度为外监，专制兵权，领军守虚位而已。法亮为中书通事舍人，权势尤盛。王俭常曰："我虽有大位，权寄岂及茹公邪！"

以此供耕种和还田、受田增加减少的需要。老百姓到了应该纳赋的年龄,就配给土地,年纪已老以及去世之后,土地归还官府。对于奴婢和耕牛,根据奴婢和耕牛数量多少,决定还田还是受田。初次受田的人,男子给田二十亩,规定种五十棵桑树。种了桑树的土地,都是世代承耕的永业田,死了以后也不用缴回官府。官府应经常统计人口情况,对土地有盈馀的农家,不受田也不令他还田。对土地不够的农家,则依照法令增加配给。世代经营的田地,有盈馀的人家,可以自由出售。各地地方官就在官府附近,按照等级,配给一份公田,地方官更换时,要把这份公田移交给接任的官员。如果私自卖掉公田,按照法律追究定罪。

16  辛酉(二十七日),北魏魏郡王陈建去世。

17  北魏员外散骑常侍李彪等人来访。

18  十二月乙卯(二十二日),北魏任命侍中、淮南王拓跋佗为司徒。

19  柔然进犯北魏边塞,北魏任城王拓跋澄率领将士抗击,柔然军远逃。拓跋澄是拓跋云的儿子。后来,氐族、羌族人起来造反,诏命拓跋澄为都督梁、益、荆三州诸军事,梁州刺史,拓跋澄抵达后,讨伐叛贼,安抚降附的部众,氐族、羌族的叛乱全都平息。

20  当初,南齐高帝萧道成命令门下省黄门郎虞玩之等人重新校订户籍。武帝即位后,又另行设立校籍官,设置令史,限定令史每天每人都要查出几件奸伪案件。这样连续几年都没有停止,老百姓为此愁苦不安,怨声载道。外监会稽人吕文度就此启奏皇上,武帝下令凡是撤销户籍的,都要发配远方戍守边疆,百姓大都畏罪逃亡。富阳百姓唐㝢之,趁机利用妖术,蛊惑人们起来叛乱,攻陷了富阳。三吴一带被撤销户籍的人纷纷投奔富阳,人数多达三万。

吕文度和茹法亮、吕文显三人,都凭借奸邪谄媚,受到武帝的宠信。吕文度身为外监,独揽禁军大权,而使领军成为挂名的虚职。茹法亮担任中书通事舍人,权势更盛。王俭经常说:"我虽然身居高位,现在掌握的权力又哪里比得上茹公呢!"

21　是岁，柔然部真可汗卒，子豆仑立，号伏名敦可汗，改元太平。

**四年(丙寅,486)**

1　春,正月癸亥朔,魏高祖朝会,始服衮冕。

2　壬午,柔然寇魏边。

3　唐寓之攻陷钱唐,吴郡诸县令多弃城走。寓之称帝于钱唐,立太子,置百官;遣其将高道度等攻陷东阳,杀东阳太守萧崇之。崇之,太祖族弟也。又遣其将孙泓寇山阴,至浦阳江;浃口戍主汤休武击破之。上发禁兵数千人,马数百匹,东击寓之。台军至钱唐,寓之众乌合,畏骑兵,一战而溃,擒斩寓之,进平诸郡县。

台军乘胜,颇纵抄掠。军还,上闻之,收军主前军将军陈天福弃市。左军将军刘明彻免官、削爵,付东冶。天福,上宠将也,既伏诛,内外莫不震肃。使通事舍人丹阳刘系宗随军慰劳,遍至遭贼郡县,百姓被驱逼者悉无所问。

4　闰月癸巳,立皇子子贞为邵陵王,皇孙昭文为临汝公。

5　氐王杨后起卒,丁未,诏以白水太守杨集始为北秦州刺史、武都王。集始,文弘之子也。后起弟后明为白水太守。魏亦以集始为武都王。集始入朝于魏,魏以为南秦州刺史。

6　辛亥,帝耕籍田。

7　二月己未,立皇弟铄为晋熙王,铉为河东王。

21　这一年,柔然部真可汗郁久闾予成去世,他的儿子郁久闾豆仑继位,号为伏名敦可汗,改年号为太平。

## 齐武帝永明四年(丙寅,公元 486 年)

1　春季,正月癸亥朔(初一),北魏孝文帝召集百官朝见时开始穿戴汉族皇帝的礼服和冕旒。

2　壬午(二十日),柔然汗国进犯北魏边塞。

3　南齐叛民头目唐寓之攻陷了钱唐,吴郡各县县令大多弃城逃走。唐寓之在钱唐称帝,封立太子,设置文武百官。接着,又派他的大将高道度等人攻陷东阳,杀东阳太守萧崇之。萧崇之是高帝萧道成的族弟。唐寓之又派大将孙泓进犯山阴,孙泓率军走到浦阳江时,浃口戍主汤休武击败了孙泓。武帝派几千名禁军,几百匹战马,往东进攻唐寓之。禁军抵达钱唐,唐寓之手下都是一群乌合之众,对骑兵都十分惧怕,双方刚一交战,唐寓之全军崩溃,禁军抓获了唐寓之,斩首,进而平定叛乱各郡县。

禁军乘胜对老百姓大肆奸淫掳掠。班师后,武帝听到了这一情况,就下令逮捕军主、前军将军陈天福,将他绑赴刑场斩首。免除左军将军刘明彻的官职,削除他的爵位,发配到东冶。陈天福是武帝平时最宠爱的大将,他被处死,朝廷内外人士无不感到震惊。武帝派通事舍人丹阳人刘系宗前往禁军去过的郡县安抚百姓,走遍了遭到叛民进攻的郡县,对于被胁迫而参加叛乱的百姓,一概不予追究。

4　闰正月癸巳(初一),武帝立皇子萧子贞为邵陵王,立皇孙萧昭文为临汝公。

5　氐王杨后起去世。丁未(十五日),武帝诏命白水太守杨集始为北秦州刺史,封为武都王。杨集始是杨文弘的儿子。又任命杨后起的弟弟杨后明担任白水太守。北魏也封杨集始为武都王。杨集始到北魏京都朝见,北魏又任命他为南秦州刺史。

6　辛亥(十九日),南齐武帝亲自耕种籍田。

7　二月己未,武帝立皇弟萧铄为晋熙王,萧铉为河东王。

8　魏无乡党之法,唯立宗主督护。民多隐冒,三五十家始为一户。内秘书令李冲上言:"宜准古法:五家立邻长,五邻立里长,五里立党长,取乡人强谨者为之。邻长复一夫,里长二夫,党长三夫,三载无过,则升一等。其民调,一夫一妇,帛一匹,粟二石。大率十匹为公调,二匹为调外费,三匹为百官俸。此外复有杂调。民年八十已上,听一子不从役。孤独、癃老、笃疾、贫穷不能自存者,三长内迭养食之。"书奏,诏百官通议。中书令郑羲等皆以为不可。太尉丕曰:"臣谓此法若行,于公私有益。但方有事之月,校比户口,民必劳怨。请过今秋,至冬乃遣使者,于事为宜。"冲曰:"'民可使由之,不可使知之。'若不因调时,民徒知立长校户之勤,未见均徭省赋之益,心必生怨。宜及调课之月,令知赋税之均,既识其事,又得其利,行之差易。"群臣多言:"九品差调,为日已久,一旦改法,恐成扰乱。"文明太后曰:"立三长则课调有常准,苞荫之户可出,侥幸之人可止,何为不可!"甲戌,初立党、里、邻三长,定民户籍。民始皆愁苦,豪强者尤不愿。既而课调省费十馀倍,上下安之。

8　北魏没有地方基层行政组织法规,只有大家族的宗主来监督地方行政事务。老百姓大多隐瞒或假冒别人的户籍,有时三五十家才有一个户口。为此,内秘书令李冲上疏说:"应该依据古代的方法,五户设立一个邻长,五邻设立一个里长,五里设立一名党长,选派乡人中强干而又谨慎的人担任。邻长家免除一个人的差役,里长家免除两个人的差役,党长家则免除三个人的差役。三年之内,没有过失,加升一级。对老百姓征收的户调,一对夫妇征收一匹布帛,二石粟米。大体上十匹交给国库,二匹作为额外追加,三匹作为支付朝廷文武百官的俸禄。除此还有杂税。老百姓在八十岁以上的,可以免除一个儿子的差役。孤儿、孤寡老人、残疾人及久病不愈者、贫穷无法养活自己的人,要由邻长、里长和党长轮流供养。"李冲的奏章呈上之后,孝文帝诏令文武百官讨论。中书令郑羲等人都认为行不通。太尉拓跋丕说:"我认为,这种办法如果实行,对朝廷和个人都有好处。但是,现在正是征收赋税的月份,校正户籍,百姓一定会因苦生怨。我请求过了今年秋季,等到冬季派官员到各地办理,这样做还是比较合适的。"李冲则说:"'民可使由之,不可使知之。'如果不趁现在征收赋税的时节去办理,老百姓只看到设置"三长"校正户籍的麻烦辛苦,却没有看到减免徭役赋税所带来的好处,一定会心生怨恨。我们应该利用征收赋税的月份,使老百姓知道赋税公平。他们了解了这一点,又从中得到了好处,推行起来就容易了。"文武百官们却说:"按照九个等级进行征税,已经实行了很长时间,一旦要改变,恐怕会引起骚乱。"最终,冯太后说:"设立邻长、里长、党长,田赋捐税就有一定的标准,被包庇隐藏的户口就可以查出,侥幸逃脱的人也可以得到制止,为什么说它行不通呢?"甲戌(十三日),开始建立党长、里长、邻长制度,重新核定百姓的户籍。老百姓开始为此都愁苦不安,豪强士族们尤其反对。不久,赋税的征收额减少到过去的十几分之一,豪强、百姓才安下心来。

9　三月丙申,柔然遣使者牟提如魏。时敕勒叛柔然,柔然伏名敦可汗自将讨之,追奔至西漠。魏左仆射穆亮等请乘虚击之,中书监高闾曰:“秦、汉之世,海内一统,故可远征匈奴。今南有吴寇,何可舍之深入虏庭!”魏主曰:“‘兵者凶器,圣人不得已而用之。’先帝屡出征伐者,以有未宾之虏故也。今朕承太平之业,奈何无故动兵革乎!”厚礼其使者而归之。

10　夏,四月辛酉朔,魏始制五等公服。甲子,初以法服、御辇祀南郊。

11　癸酉,魏主如灵泉池。戊寅,还宫。

12　湘州蛮反,刺史吕安国有疾不能讨。丁亥,以尚书左仆射柳世隆为湘州刺史,讨平之。

13　六月辛酉,魏主如方山。

14　己卯,魏文明太后赐皇子恂名,大赦。

15　秋,七月戊戌,魏主如方山。

16　八月乙亥,魏给尚书五等爵已上朱衣,玉佩,大小组绶。

17　九月辛卯,魏作明堂、辟雍。

18　冬,十一月,魏议定民官依户给俸。

19　十二月,柔然寇魏边。

20　是岁,魏改中书学曰国子学。分置州郡,凡三十八州,二十五在河南,十三在河北。

9　三月丙申(初五),柔然汗国派遣使节牟提前往北魏。这时,敕勒部落反叛,柔然伏名敦可汗郁久闾豆仑亲自率领大军前去讨伐,一直追杀到西边大沙漠的尽头。北魏左仆射穆亮等人请求趁柔然汗国后方空虚,出兵袭击。中书监高闾说:"秦、汉时代,天下统一,才能够远征匈奴。而如今,我们南面有吴地的敌人,怎么能够不顾南边的危险而深入胡虏腹心呢。"魏主说:"'军队是一种凶器,圣人万不得已的时候才使用它。'先帝多次出兵讨伐,是由于胡虏一直没有屈服。现在,朕所承继的是太平盛世的大业,怎么可以无缘无故发动战争呢。"于是,以厚礼接待柔然汗国的使节,并送他回去。

10　夏季,四月辛酉朔(初一),北魏开始制作五等官服。甲子(初四),孝文帝第一次穿上皇帝法服,乘坐皇帝专用的辇车,到南郊祭天。

11　癸酉(十三日),魏主前往灵泉池。戊寅(十八日),返回宫中。

12　湘州蛮族叛乱,南齐湘州刺史吕安国有病不能去讨伐。丁亥(二十七日),武帝任命尚书左仆射柳世隆为湘州刺史,平息了叛乱。

13　六月辛酉(初二),魏主前往方山。

14　己卯(二十日),北魏冯太后给皇子取名拓跋恂,实行大赦。

15　秋季,七月戊戌(初九),魏主再次前往方山。

16　八月乙亥(十七日),北魏给尚书和五等爵以上的官员发放朱色官服、佩玉和佩带玉饰的丝带。

17　九月辛卯(初三),北魏兴建明堂、辟雍。

18　冬季,十一月,北魏议定地方官按照他所辖户口发放俸禄。

19　十二月,柔然汗国进犯北魏边境。

20　这一年,北魏将中书学改称为国子学。重新划分设置州郡,共有三十八个州,其中有二十五个州在黄河南,十三个州在黄河北。

**五年(丁卯,487)**

1 春,正月丁亥朔,魏主诏定乐章,非雅者除之。

2 戊子,以豫章王嶷为大司马,竟陵王子良为司徒,临川王映、卫将军王俭、中军将军王敬则并加开府仪同三司。子良启记室范云为郡,上曰:"闻其常相卖弄,朕不复穷法,当宥之以远。"子良曰:"不然。云动相规诲,谏书具存。"遂取以奏,凡百馀纸,辞皆切直。上叹息,谓子良曰:"不谓云能尔;方使弼汝,何宜出守!"文惠太子尝出东田观获,顾谓众宾曰:"刈此亦殊可观。"众皆曰:"唯唯。"云独曰:"三时之务,实为长勤。伏愿殿下知稼穑之艰难,无徇一朝之宴逸!"

3 荒人桓天生自称桓玄宗族,与雍、司二州蛮相扇动,据南阳故城,请兵于魏,将入寇。丁酉,诏假丹杨尹萧景先节,总帅步骑,直指义阳,司州诸军皆受节度。又假护军将军陈显达节,帅征虏将军戴僧静等水军向宛、叶,雍、司诸军皆受显达节度,以讨之。

4 魏光禄大夫咸阳文公高允,历事五帝,出入三省,五十馀年,未尝有谴。冯太后及魏主甚重之,常命中黄门苏兴寿扶侍。允仁恕简静,虽处贵重,情同寒素。执书吟览,昼夜不去手。诲人以善,恂恂不倦。笃亲念故,无所遗弃。显祖

## 齐武帝永明五年(丁卯,公元487年)

1 春季,正月丁亥朔(初一),北魏国主下诏,审定音乐,凡是不够典雅的音乐,一律除掉。

2 戊子(初二),南齐任命豫章王萧嶷为大司马,任命竟陵王萧子良为司徒。将临川王萧映、卫将军王俭和中军将军王敬则三人一并加授为开府仪同三司。萧子良起用记室范云担任郡守,武帝对萧子良说:"我听说,他在你面前经常卖弄才能,朕没有追究并惩罚他,应该宽宥并把他调到边远地区。"萧子良说:"事实并不是这样。范云经常对我进行规劝教诲,他写给我的谏书仍然保存着。"说完,萧子良就拿出来呈上,大约有一百多张纸,言辞十分恳切直率。武帝不禁叹息,对萧子良说:"没有想到范云能够这样,你正需要这样的人辅助,怎么能让他去边远地区镇守呢!"文惠太子萧长懋曾经到东田观看农夫在田间收割时的情况,他回过头对随从的宾客们说:"收割是一件很可以一看的事。"大家都纷纷点头说:"是,是。"只有范云回答说:"春天耕种,夏天锄草,秋天收获,这三个季节的农田劳作,实在是一件长时期劳苦之事。只愿殿下能够了解耕种和收获庄稼的艰难,不再贪图一时的享乐!"

3 边疆人桓天生自称自己是桓玄的族人,他同雍州、司州两州的蛮族相互煽动,占据了南阳旧城,又向北魏请求出兵援助,要继续向南进犯。丁酉(十一日),武帝下诏,加授丹杨尹萧景先符节,统领步、骑兵,直接向义阳挺进,司州境内各路大军都接受萧景先的指挥。又加授护军将军陈显达符节,统率征虏将军戴僧静等水军向宛、叶两地进攻,雍州和司州的各路大军也都全部接受陈显达的指挥,共同讨伐桓天生。

4 北魏光禄大夫、咸阳文公高允,一生侍奉过五位皇帝,在尚书省、中书省、秘书省三省中担任过重要职位,五十多年,从未受到过责备。冯太后和孝文帝都非常尊重他,经常命令黄门苏兴寿扶侍他。高允仁义宽厚,简朴恬静,虽然处在极其尊贵重要的位置上,但他的性情却跟普通士人一样。他手执书卷吟咏浏览,无论是白天还是夜里总是书不离手。他教诲别人向善学好,诚恳耐心地引导,从不感到厌倦。他顾念亲人、故旧,从不忘记、抛弃他们。献文帝拓跋弘

平青、徐,悉徙其望族于代,其人多允之婚媾,流离饥寒。允倾家赈施,咸得其所,又随其才行,荐之于朝。议者多以初附间之,允曰:"任贤使能,何有新旧! 必若有用,岂可以此抑之!"允体素无疾,至是微有不适,犹起居如常,数日而卒,年九十八;赠侍中、司空,赗襚甚厚。魏初以来,存亡蒙赉,皆莫及也。

5 桓天生引魏兵万馀人至沘阳,陈显达遣戴僧静等与战于深桥,大破之,杀获万计。天生退保沘阳,僧静围之,不克而还。荒人胡丘生起兵悬瓠以应齐,魏人击破之,丘生来奔。天生又引魏兵寇舞阴,舞阴戍主殷公愍拒击,破之,杀其副张麒麟,天生被创退走。三月丁未,以陈显达为雍州刺史。显达进据舞阳城。

6 夏,五月壬辰,魏主如灵泉池。

7 癸巳,魏南平王浑卒。

8 甲午,魏主还平城。诏复七庙子孙及外戚缌麻服已上,赋役无所与。

9 魏南部尚书公孙邃、上谷公张儵帅众与桓天生复寇舞阴,殷公愍击破之。天生还窜荒中。邃,表之孙也。

魏春夏大旱,代地尤甚;加以牛疫,民馁死者多。六月癸未,诏内外之臣极言无隐。齐州刺史韩麒麟上表曰:"古先哲王,储积九稔。逮于中代,亦崇斯业,入粟者与斩敌同爵,力田者与孝悌均赏。今京师民庶,不田者多,游食之口,参分居二。

夺取刘宋青州、徐州时,把当地望族全都迁到了代郡,他们中有很多人都是高允的姻亲,流离失所、饥寒交迫地来到这里。高允拿出全部家产赈济,使他们得到安置。接着,高允又在他们当中根据才能品行的不同,把一些人推荐给朝廷。当时朝中许多人都因他们刚刚归附而不加信任。高允说:"任用贤才,使用能人,为什么要分他是新归附的还是早就归附的呢? 如果他们肯定有用,怎么可以用这种理由去压制他们!"高允身体一向无病,到这年,稍感不适,但他的起居仍如平日一样。几天之后去世,享年九十八岁。朝廷追赠他为侍中、司空,陪葬的布帛衣被十分丰厚。北魏建国以来,对活着或者死去了的官员的赏赐,没有赶得上高允的。

5　叛民首领桓天生引导北魏一万多名士卒到达沘阳,陈显达派征虏将军戴僧静等人在深桥迎战,大败北魏军,杀死、俘虏敌人数以万计。桓天生退守沘阳,戴僧静又率领军队围攻,没有攻克,返回驻地。边疆人胡丘生在北魏的悬瓠聚众起兵,响应北上讨伐桓天生的齐兵,北魏军击败了他们,胡丘生逃奔南来。桓天生又引导北魏军寇犯舞阴,舞阴戍主殷公愍奋起抗击,击败北魏军,杀掉北魏军副将张麒麟,桓天生带伤逃走。三月丁未(二十二日),南齐朝廷任命领军将军陈显达为雍州刺史,他又率领大军进驻舞阳城。

6　夏季,五月壬辰(初八),北魏国主前往灵泉池。

7　癸巳(初九),北魏南平王拓跋浑去世。

8　甲午(初十),魏主返回平城。下诏免除皇家七庙的子孙以及五服以内的外戚的赋役。

9　北魏南部尚书公孙邃、上谷公张儵率领部下和桓天生一起再次寇犯舞阴,齐舞阴戍主殷公愍再次击败北魏大军。桓天生逃到了荒远之地。公孙邃是公孙表的孙子。

北魏在春夏之交出现大旱,代郡地区尤其严重,又加上牛瘟流行,老百姓有很多都因饥饿而死去。六月癸未(二十九日),诏令朝廷内外大臣畅所欲言,不要保留。齐州刺史韩麒麟上表说:"古代贤哲君王,总是要储存足够维持九年的粮食。即使到了中古时期,也推崇这种方法,缴纳粮食的人和在前线杀敌的人一样得到封爵。致力于耕种农田的人,与孝敬父母、友爱兄弟的人一样受到奖赏。而现今京师的民众百姓,不耕种农田的人多,不劳而食的人占三分之二。

自承平日久,丰穰积年,竞相矜夸,遂成侈俗。贵富之家,童妾袨服,工商之族,仆隶玉食;而农夫阙糟糠,蚕妇乏短褐。故令耕者日少,田有荒芜。谷帛馨于府库,宝货盈于市里。衣食匮于室,丽服溢于路。饥寒之本,实在于斯。愚谓凡珍异之物,皆宜禁断。吉凶之礼,备为格式。劝课农桑,严加赏罚。数年之中,必有盈赡。往年校比户贯,租赋轻少。臣所统齐州,租粟才可给俸,略无入仓,虽于民为利而不可长久,脱有戎役,或遭天灾,恐供给之方,无所取济。可减绢布,增益谷租。年丰多积,岁俭出赈。所谓私民之谷,寄积于官,官有宿积,则民无荒年矣。"秋,七月己丑,诏有司开仓赈贷,听民出关就食。遣使者造籍,分遣去留,所过给粮廪,所至三长赡养之。

10　柔然伏名敦可汗残暴,其臣侯医垔石洛候数谏止之,且劝其与魏和亲。伏名敦怒,族诛之,由是部众离心。八月,柔然寇魏边,魏以尚书陆叡为都督,击柔然,大破之。叡,丽之子也。

初,高车阿伏至罗有部落十馀万,役属柔然。伏名敦之侵魏也,阿伏至罗谏,不听。阿伏至罗怒,与从弟穷奇帅部落西走,至前部西北,自立为王。国人号曰"候娄匐勒",夏言天子也;号穷奇曰"候倍",夏言太子也。二人甚亲睦,分部而立。阿伏至罗居北,穷奇居南。伏名敦追击之,屡为阿伏至罗所败,乃引众东徙。

太平日子过久了，又加上连年丰收，大家都争相夸耀自己的财富，奢侈浪费形成了一种风气。高贵富裕的人家，就连孩童婢女都穿上了华美的衣服；手工作坊及商人家庭，奴仆差役也吃着山珍海味。可是，种田的农夫却连酒渣糠皮都吃不饱，养蚕的妇女连蔽体的粗布衣裳都穿不全。因此，种地的人一天天减少，田地一天天荒芜。国库内粮食布帛告罄，街市上却堆满了各种珍宝货物。很多家庭无衣无食，道路上却挤满了衣着华丽的行人。老百姓饥寒交迫根本原因也就在此。我认为，凡是奇异珍贵的东西，朝廷都应该坚决禁止买卖。婚丧仪礼，应该规定严格的标准。鼓励人们努力耕田养蚕，严格进行奖赏和惩罚。几年之内，定会有盈馀。前几年校订户籍，就减轻了不少田赋捐税。我所管辖的齐州，所征收的粮食仅够发给官员俸禄，没有多馀的入缴国库，这样虽然对老百姓有利，却不能长期维持下去，一旦有战事发生，或者遇到天灾，恐怕就无法拿出粮食布帛供给各地。可以减少布帛的征收，增加粮食的税收。这样，丰收年份，就可以大量储存；歉收年份，可以拿出来赈济。这就是所谓的把老百姓的粮食寄存在官府。一旦官府有了储存，则老百姓就不会有荒年挨饿的事了。"秋季，七月己丑（初六），孝文帝下诏，命令有关部门打开官府府库，赈济或借贷给饥民，允许饥民出关逃生。派专人重新制作户籍，由老百姓自己决定去留。饥民们路过的地方，要由当地官府提供饮食，所到之处，由当地的邻长、里长、党长负责安置。

10　柔然伏名敦可汗郁久闾豆仑凶狠残暴，他的大臣侯医垔、石洛候多次劝谏、阻止他，并且建议他和北魏和好联姻。郁久闾豆仑勃然大怒，下令诛杀侯医垔、石洛候全族，为此，他的部众离心离德。八月，柔然汗国寇犯北魏边境，北魏任命尚书陆叡为都督，迎击柔然军，北魏军大获全胜。陆叡是陆丽的儿子。

最初，高车部落首领阿伏至罗有部落十多万，隶属柔然汗国。郁久闾豆仑南下侵犯北魏时，阿伏至罗竭力劝阻，郁久闾豆仑不听。阿伏至罗非常气愤，和他的堂弟阿伏穷奇率领部落向西出走，抵达前部西北地带，自立为高车国王。部众们尊称他为"候娄匐勒"，汉语的意思就是天子。尊称阿伏穷奇为"候倍"，汉语的意思就是太子。阿伏至罗和阿伏穷奇感情非常好，分别统辖自己的部属。阿伏至罗住在北面，阿伏穷奇则在南面。郁久闾豆仑追击阿伏至罗，却屡次都被击败。为此，郁久闾豆仑率众向东迁移。

11 九月辛未，魏诏罢起部无益之作，出宫人不执机杼者。冬，十月丁未，又诏罢尚方锦绣、绫罗之工。四民欲造，任之无禁。是时，魏久无事，府藏盈积。诏尽出御府衣服珍宝、太官杂器、太仆乘具、内库弓矢刀钤十分之八，外府衣物、缯布、丝纩非供国用者，以其太半班赍百司，下至工、商、皂隶，逮于六镇边戍，畿内鳏、寡、孤、独、贫、癃，皆有差。

12 魏秘书令高祐、丞李彪奏请改《国书》编年为纪、传、表、志；魏主从之。祐，允之从祖弟也。十二月，诏彪与著作郎崔光改修《国书》。光，道固之从孙也。

魏主问高祐曰："何以止盗？"对曰："昔宋均立德，猛虎渡河；卓茂行化，蝗不入境。况盗贼，人也，苟守宰得人，治化有方，止之易矣。"祐又上疏言："今之选举，不采识治之优劣，专简年劳之多少，斯非尽才之谓。宜停此薄艺，弃彼朽劳，唯才是举，则官方斯穆。又勋旧之臣，虽年勤可录而才非抚民者，可加之以爵赏，不宜委之以方任，所谓王者可私人以财，不私人以官者也。"帝善之。

祐出为西兖州刺史，镇滑台。以郡国虽有学，县、党亦宜有之，乃命县立讲学，党立小学。

11　九月辛未(十九日),北魏下诏,撤销对民生无益的工程,宫中不做纺织的宫女一概放出。冬季,十日丁未(二十六日),又下诏撤去尚方署绫罗锦绣的制造工程。士、农、工、商们如果打算自己织造,听任不禁。到这时为止,北魏已很久没有战事了,国库库藏充盈。朝廷下诏,拿出皇家御库房内的衣物、珍奇宝物、太官使用的器具、太仆管理的乘车用具及宫内库存的弓箭刀枪十分之八,以及宫外府库的衣服用具、丝绸、丝绵,不能供应朝廷使用的,把其中的一大半赏赐给文武百官,下至工匠、商贾以及衙役,直到在六镇戍守的边防士兵,以及京畿内的鳏夫、寡妇、孤儿、老人、贫民、残疾人,都按照等级分别赏赐。

12 北魏秘书令高祐、秘书丞李彪上奏请把《国书》的编年体例改为纪、传、表、志,魏主批准这一建议。高祐和高允是同一个曾祖父,高祐是高允的堂弟。十二月,下诏,令李彪和著作郎崔光一起负责修订《国书》。崔光是崔道固的堂孙。

魏主问高祐说:“怎样才能防止盗贼?”高祐回答说:“汉明帝时宋均订立、推行德政,就有猛虎渡河离去;汉平帝时卓茂推行教化,连蝗虫都不入境。更何况强盗也是普通人,只要郡守、县宰的选派适当,治理教化得当,那么,防止盗贼就十分容易了。”接着,高祐又上书建议说:“现在朝廷选用官吏,不是看他治理地方的政绩优劣,只是看他任期的长短,资历的深浅,这样不能说是人尽其才。应该停止这种浅薄的区别,摒弃那些没用的年资阅历,唯才是举,官吏才会清廉严正。另外,对于功勋老臣,虽然功劳资历可以承认,可没有治理安抚人民的才能,朝廷可以增加他们的爵位封赏,不应该再让他们担任地方要员,这也就是所说的,帝王可以因个人的喜好去赏赐钱财,却不可以因个人的好恶派人做官!”孝文帝认为言之有理。

高祐出任西兖州刺史,镇守滑台。他认为郡和封国既然有学校,下边的县和党也应该有,于是,高祐下令各县设立讲学,各党设立小学。

六年(戊辰,488)

1 春,正月乙未,魏诏:"犯死刑者,父母、祖父母年老,更无成人子孙,旁无期亲者,具状以闻。"

2 初,皇子右卫将军子响出继豫章王嶷;嶷后有子,表留为世子,子响每入朝,以车服异于诸王,每拳击车壁。上闻之,诏车服与皇子同。于是有司奏子响宜还本。三月己亥,立子响为巴东王。

3 角城戍将张蒲,因大雾乘船入清中采樵,潜纳魏兵。戍主皇甫仲贤觉之,帅众拒战于门中,仅能却之。魏步骑三千馀人已至堑外,淮阴军主王僧庆等引兵救之,魏人乃退。

4 夏,四月,桓天生复引魏兵出据隔城,诏游击将军下邳曹虎督诸军讨之。辅国将军朱公恩将兵蹋伏,遇天生游军,与战,破之,遂进围隔城。天生引魏兵步骑万馀人来战,虎奋击,大破之,俘斩二千馀人。明日,攻拔隔城,斩其襄城太守帛乌祝,复俘斩二千馀人,天生弃平氏城走。

5 陈显达侵魏。甲寅,魏遣豫州刺史拓跋斤将兵拒之。

6 甲子,魏大赦。

7 乙丑,魏主如灵泉池。丁卯,如方山。己巳,还宫。

## 齐武帝永明六年(戊辰,公元488年)

1　春季,正月乙未(十五日),北魏下诏:"对犯有死罪的人,如果他的父母、祖父母年老,又无成年的子孙,身边也没有穿一年以上的丧服的亲属,可以奏报朝廷。"

2　最初,南齐皇子、右卫将军萧子响过继给他的叔父、豫章王萧嶷。后来,萧嶷有了儿子,就上疏请求留下萧子响作为世子。萧子响每次入朝时,他的车马衣服都跟其他亲王不一样,他动辄用拳头猛击车壁。武帝知道后,下诏令萧子响的车马衣服和其他皇子一样。为此,有关部门又奏陈萧子响应该恢复原来的宗属。三月己亥(二十日),武帝立萧子响为巴东王。

3　南齐角城守将张蒲借着天下大雾的机会,乘船到清水一带砍伐木柴,秘密同北魏边防士兵勾结,将北魏军队带进国境。守城主将皇甫仲贤发觉了这件事,率领部众在城门奋力抗击,仅仅能击退张蒲。北魏三千多名步兵、骑兵已经到达护城河外,淮阴军主王僧庆等人率大军前来救援,才迫使北魏大军撤退。

4　夏季,四月,叛民首领桓天生再次引导北魏大军出兵占据了隔城。武帝下诏命令游击将军下邳人曹虎统率各路大军前去讨伐。此时,辅国将军朱公恩率军作敌前搜索,遇上了桓天生的游击部队,双方发生激战,朱公恩大败桓天生的部队,紧接着他就进军围攻隔城。桓天生引导一万多名北魏步、骑兵前来迎战,曹虎率军奋力抗击,结果大败北魏军队,俘虏、斩杀了两千多北魏士卒。第二天,曹虎率军又继续围攻,最后终于攻克,斩了北魏朝廷任命的襄城太守帛乌祝,再次俘虏、斩杀了两千多名北魏士卒,桓天生放弃平氏城逃走。

5　陈显达进犯北魏。甲寅(初五),北魏朝廷派豫州刺史拓跋斤率领大军抗击陈显达。

6　甲子(十五日),北魏实行大赦。

7　乙丑(十六日),魏主孝文帝前往灵泉池。丁卯(十八日),前往方山。己巳(二十日),返回宫中。

8 魏筑城于醴阳,陈显达攻拔之,进攻沘阳。城中将士皆欲出战,镇将韦珍曰:"彼初至气锐,未可与争,且共坚守,待其力攻疲弊,然后击之。"乃凭城拒战,旬有二日,珍夜开门掩击,显达还。

9 五月甲午,以宕昌王梁弥承为河、凉二州刺史。

10 秋,七月己丑,魏主如灵泉池,遂如方山。己亥,还宫。

11 九月壬寅,上如琅邪城讲武。

12 癸卯,魏淮南靖王佗卒。魏主方享宗庙,始荐,闻之,为废祭,临视哀恸。

13 冬,十月庚申,立冬,初临太极殿读时令。

14 闰月辛酉,以尚书仆射王奂为领军将军。

15 辛未,魏主如灵泉池。癸酉,还宫。

16 十二月,柔然伊吾戍主高羔子帅众三千以城附魏。

17 上以中外谷帛至贱,用尚书右丞江夏李珪之议,出上库钱五千万及出诸州钱,皆令籴买。

18 西陵戍主杜元懿建言:"吴兴无秋,会稽丰登,商旅往来,倍多常岁。西陵牛埭税,官格日三千五百;如臣所见,日可增倍。并浦阳南北津、柳浦四埭,乞为官领摄一年,格外可长四百许万。西陵戍前检税,无妨戍事。馀三埭自举腹心。"上以其事下会稽,会稽行事吴郡顾宪之议以为:

8　北魏在醴阳兴筑城池,陈显达攻克该城,乘胜进军沘阳。沘阳城里的将士们都要出城迎战,但镇将韦珍说:"他们刚刚到这里时士气旺盛,我们不可以和他们直接交锋,暂且一起在城里坚守城池,等到他们进攻得疲惫不堪时,再去攻击他们。"于是,韦珍率领将士们据守沘阳城进行抵抗,十二天后,韦珍率军借着黑夜的掩护,打开城门,突袭陈显达,陈显达撤退。

9　五月甲午(十五日),南齐任命宕昌王梁弥承为河、凉二州刺史。

10　秋季,七月己丑(十一日),魏主孝文帝前往灵泉池,又前去方山。己亥(二十一日),返回宫中。

11　九月壬寅(二十五日),南齐武帝前往琅邪城讲习武事。

12　癸卯(二十六日),北魏淮南靖王拓跋佗去世。当时,魏主正在皇家祖庙祭祀,刚刚献上第一道祭品,就得到拓跋佗去世的报告,他当即就停止了祭祀仪式,亲自去拓跋佗遗体旁哀悼恸哭。

13　冬季,十月庚申(十四日),立冬,南齐武帝第一次亲临太极殿,开始宣读历书。

14　闰十月辛酉(十五日),南齐朝廷任命尚书仆射王奂为领军将军。

15　辛未(二十五日),魏主前往灵泉池。癸酉(二十七日),返回宫中。

16　十二月,柔然汗国的伊吾守将高羔子率领三千名部属献出伊吾城池,归附北魏。

17　南齐武帝由于全国各地粮食和帛的价格太贱,就采纳了尚书右丞、江夏人李珪的建议,拿出国库库存的五千万钱和各州州库的现款,全部用来购买粮食。

18　西陵戍主杜元懿建议说:"吴兴今年没有收成,会稽则是五谷丰登,所以,商贾们在这两地来来往往,比平常年份多了一倍。西陵牛埭的税收,朝廷规定是每天三千五百钱。但据我观察,该地每天的税收可以加倍。我请求,连带浦阳南北两个渡口、柳浦四个堤坝,交给我管理一年,那么,除了原来的税收外,我还可以另外再多缴四百多万钱。在西陵戍守地前检查税收,并不妨碍正常的戍守。剩下来的那三个堤坝,我自己选派可靠的人去负责。"武帝把这项建议交给会稽郡研究讨论,会稽行事吴郡人顾宪之认为:

"始立牛埭之意，非苟逼蹴以取税也；乃以风涛迅险，济急利物耳。后之监领者不达其本，各务己功，或禁遏他道，或空税江行。按吴兴频岁失稔，今兹尤甚，去之从丰，良由饥棘。埭司责税，依格弗降，旧格新减，尚未议登，格外加倍，将以何术！皇慈恤隐，振廪蠲调。而元懿幸灾榷利，重增困瘼，人而不仁，古今共疾！若事不副言，惧贻谴诘，必百方侵苦，为公贾怨。元懿禀性苛刻，已彰往效。任以物土，譬以狼将羊，其所欲举腹心，亦当虎而冠耳。书云：'与其有聚敛之臣，宁有盗臣，'此言盗公为损盖微，敛民所害乃大也。愚又以便宜者，盖谓便于公，宜于民也。窃见顷之言便宜者，非能于民力之外，用天分地。率皆即日不宜于民，方来不便于公。名与实反，有乖政体。凡如此等，诚宜深察。"上纳之而止。

19　魏主访群臣以安民之术。秘书丞李彪上封事，以为："豪贵之家，奢僭过度，第宅车服，宜为之等制。

"最初设立牛埭的意思,并不是要强迫人民缴纳税务,而是因为江上风大浪急,危险很大,所以,为了救急和方便百姓才设立的。以后的负责官员并没有真正了解用意,仅仅是为了让自己做得有成效,所以,有的切断了其他道路,只留下一个关口;有的则对那些往来江上而未装货物的船只也征税。考查吴兴的情况,这几年农业一直没有获得丰收,今年特别惨重,人们都纷纷逃走,到富有的地方去谋生,这的确是由于饥饿所迫而不得已背井离乡。堤坝的负责官员却仍向他们收税,并按照标准,不肯少收一点儿。旧有的税收标准近来已经有人认为应该减少,这一建议还没有决定是否采纳执行,但是,税收却又加倍增长起来,这将用什么办法呢?皇上恩慈,怜悯老百姓的痛苦,提出打开粮仓,赈济人民,免除人民的田赋和其他杂税。但是,杜元懿却利用人民的苦难,贪图眼前的小利,进一步加重人民的困苦。一个人没有仁爱之心,无论是在古代还是在今天,他都会受到人们的痛恨!如果一旦按照他的建议去做,而没有达到预期的目的,那么,他害怕朝廷的责罚、盘问,就一定要千方百计地向人民勒索,这样一来,就会为朝廷招来怨恨。杜元懿秉性苛薄尖刻,以前已经有明显的事实。如果再把一个地方交给他管理,那就好像是让狼去领导羔羊。而且,他打算推选可靠的人,也不过是一些戴着帽子的猛虎罢了。古书上说:'与其有搜刮财产的臣子,不如有偷盗财产的臣子。'这是说,偷窃国家财产所造成的损害要稍微小些,而搜刮民财所造成的伤害更大。我又认为,所谓方便适宜,是说对国家来说方便,对百姓来说适宜。我私下察看了一下近来所提出的所有有关方便适宜的建议,这些建议都不能提出在使老百姓尽力之外,还要利用天时,竭尽地利。大体上,这些建议都是眼前对百姓不合适,将来对朝廷也肯定是不利的。名与实互相违背,它违反施政的根本。大凡像以上这类事情,实在是应该深思熟虑、三思而后行。"武帝采纳了顾宪之的建议,没有轻举妄动。

19 魏主向文武百官们询问安定人民的办法。秘书丞李彪呈上密奏,认为:"豪门富贵人家,奢侈挥霍没有限度。所以,对他们的住宅、车马和衣服,都应该制定一个标准进行管理。

"又,国之兴亡,在冢嗣之善恶;冢嗣之善恶,在教谕之得
失。高宗文成皇帝尝谓群臣曰:'朕始学之日,年尚幼冲,情
未能专。既临万机,不遑温习。今日思之,岂唯予咎,抑亦师
傅之不勤。'尚书李䜣免冠谢。此近事之可鉴者也。臣谓宜
准古立师傅之官,以训导太子。

"又,汉置常平仓以救匮乏。去岁京师不稔,移民就丰,
既废营生,困而后达,又于国体,实有虚损。曷若豫储仓粟,
安而给之,岂不愈于驱督老弱馌口千里之外哉!宜析州郡常
调九分之二,京师度支岁用之馀,各立官司,年丰籴粟积之于
仓,俭则加私之二粜之于人。如此,民必力田以取官绢,积财
以取官粟。年登则常积,岁凶则直给。数年之中,谷积而人
足,虽灾不为害矣。

"又,宜于河表七州人中,擢其门才,引令赴阙,依中州官
比,随能序之。一可以广圣朝均新旧之义,二可以怀江、汉归
有道之情。

"又,父子兄弟,异体同气;罪不相及,乃君上之厚恩;
至于忧惧相连,固自然之恒理也。无情之人,父兄系狱,
子弟无惨惕之容;子弟逃刑,父兄无愧恶之色;宴安荣位,
游从自若,车马衣冠,不变华饰。骨肉之恩,岂当然也!臣愚

"另外,一个国家是走向兴盛还是走向衰亡,关键在于帝王的继承人是善良还是酷恶。而继承人的善恶,又在于教育训导的得失。高宗文成皇帝曾经对文武百官们说:'朕从前刚刚开始学习的时候,年龄还小,心还不能专一。等到后来登上帝位,亲自日理万机,又没有多馀的时间温习以前的功课。今天想起来,岂能说只是我个人的过错,也是师傅管教得不严,不勤勉努力的结果。'当时,尚书李诉立刻脱下帽子,请求处分。这是不久前发生的事,值得借鉴。我认为,应该以古代方法为准绳,也设立师傅,让他们专门引导太子。

　　"另外,汉朝曾经在平时设置常平仓,遇到灾荒年月,就用仓中的粮食救济灾民。去年,京城农作物歉收,如果把老百姓都迁移到丰收富裕地区,这样既荒废了人民正常的生活劳作,又要面临艰难困苦、千里流离的困境,才能到达目的地,而且对于国家来说,损耗也很大。为什么不事先把粮食储存起来建立粮仓,安安稳稳地发放给灾民? 这难道不比把老老少少驱赶到千里之外去乞讨糊口更好些吗? 所以,朝廷应该在州郡正常的税收中抽出九分之二,将京城全年开支剩馀的费用全部拿出来,分别建立管理机构,在丰收时买进粮食,全部储存在仓库里;遇上歉收年月,就可以加两分利卖给老百姓。这样一来,老百姓一定会努力种田,用以获得官府的绢帛;积蓄钱财,用来购买官府的粮食。丰收年月,就一直储存,等到灾年,就直接出售给老百姓。几年之内,我们就会储存大量的粮食,而且老百姓人人充足,即使是有什么灾荒,也不会造成多大灾难。

　　"另外,应该在黄河以南七州人民之中,选拔有才能的人,征召到京城,按照中州官员任用的程序,按照他们的能力分别加以任用。这样做,第一,可以推广圣朝对新人、旧人平等对待,一视同仁的大义。第二,可以安抚长江、汉水一带归附于圣朝的人心。

　　"另外,父子兄弟间,虽各有形体,但血缘却是相同的。对于犯罪的罪人进行惩处,问罪并不牵连他的亲人,这是皇上的隆厚恩德。至于说到他们之间同忧愁、共恐惧,这本来是自然而然、情理之中的事。也有些无情无义的人,父兄被囚禁狱中,他们的儿子、兄弟们的脸上竟没有一点儿悲哀愁惨的神色。有的儿子、兄弟逃避刑罚,他们的父亲、哥哥们的脸上竟也没有羞愧气愤的样子。他们只是若无其事地继续享受他们的荣华富贵,安于宴饮,自由自在地游逛,而且无论是骑坐的车马,还是穿的衣服、戴的帽子,仍然如过去一样豪华奢侈。亲骨肉之间的恩情,怎么能到了这种地步! 我愚笨地

以为父兄有犯,宜令子弟素服肉袒,诣阙请罪。子弟有坐,宜令父兄露版引咎,乞解所司。若职任必要,不宜许者,慰勉留之。如此,足以敦厉凡薄,使人知所耻矣。

　　"又,朝臣遭亲丧者,假满赴职。衣锦乘轩,从郊庙之祀。鸣玉垂绶,同庆赐之燕。伤人子之道,亏天地之经。愚谓凡遭大父母、父母丧者,皆听终服;若无其人,职业有旷者,则优旨慰谕,起令视事,但综司出纳、敷奏而已,国之吉庆,一令无预。其军旅之警,墨缞从役,虽愆于礼,事所宜行也。"魏主皆从之。由是公私丰赡,虽时有水旱,而民不困穷。

20　魏遣兵击百济,为百济所败。

**七年(己巳,489)**

1　春,正月辛亥,上祀南郊,大赦。

2　魏主祀南郊,始备大驾。

3　壬戌,临川献王映卒。

4　初,上为镇西长史,主簿王晏以倾谄为上所亲,自是常在上府。上为太子,晏为中庶子。上之得罪于太祖也,晏称疾自疏。及即位,为丹杨尹,意任如旧,朝夕一见,议论朝事。自豫章王嶷及王俭皆降意接之。二月壬寅,出为江州刺史,晏不愿外出,复留为吏部尚书。

认为,父亲、哥哥犯了罪,应该让他们的儿子、弟弟穿白色衣服,袒露胸背,到皇宫门外请求处罚。儿子、弟弟犯罪入狱,也应该让他们的父亲、哥哥公开上书,引咎自责,请求解除他们所担任的官职。如果他们的职位确实重要,不适于批准辞职的,则不妨加以安慰,劝他们留任。只有这样做,才只可以督促那些庸俗薄情的人,让人们知道什么是羞耻。

"另外,朝廷大臣遇到父母亲人去世的情况时,丧假一满,就得回来任职。同时,得照样穿绫罗锦缎,乘坐豪华高大的车辆,跟随皇上去祭祀天地祖先。身佩宝玉,头垂帽穗,和其他官员一样去参加庆贺赏赐的宴请。这样做,实在是在伤害做儿子的孝心,违背了天地万物的根本自然的法则。我认为,大凡是遇上祖父母、父母去世的人,都应该允许他们守丧三年。如果没有他,该部门职务出现空缺、无法继续工作时,就应该下达安慰劝抚的诏书,让他任职工作,但也只是让他负责总的大方面事情,诸如支出与收入、奏报陈述而已,国家的吉庆大典,一律不让他参加。如果他身为军职,在发生紧急情况时,那么他就应像古代晋国将帅一样穿上黑色丧服,跟随军队执行命令,这样做,虽然不合礼教,但情况急迫,也就应该这样做了。"对秘书丞李彪的建议,孝文帝全部接受。从此以后,北魏朝廷与老百姓个人的财力都充裕丰厚起来,虽然有时遇上水灾、旱灾,但老百姓的生活并没有困苦、贫穷。

20  北魏朝廷派人进攻百济王国,被百济王国打败。

### 齐武帝永明七年(己巳,公元 489 年)

1  春季,正月辛亥(初七),南齐武帝前往南郊祭天,实行大赦。

2  魏主到平城南郊祭祀天神,开始使用大驾出行。

3  壬戌(十八日),南齐临川献王萧映去世。

4  当初,武帝担任镇西长史时,主簿王晏竭力谄媚阿谀,受到武帝的宠信,从那以后,王晏就经常逗留在武帝的府中。武帝为太子时,王晏就担任了中庶子。后来武帝惹怒过高帝,王晏马上声称有病,同武帝疏远了。武帝继位后,任命王晏为丹杨尹,对他的感情和信任,一如往日,每天早晨和晚上都要召见一次,商讨国家大事。从豫章王萧嶷到王俭以下的官员,都曲意逢迎,想方设法和王晏交往。二月壬寅(二十八日),武帝任命王晏为江州刺史,王晏不想远离朝廷,又把他留下来,命他为吏部尚书。

5 三月甲寅，立皇子子岳为临贺王，子峻为广汉王，子琳为宣城王，子珉为义安王。

6 夏，四月丁丑，魏主诏曰："升楼散物以赉百姓，至使人马腾践，多有伤毁。今可断之，以本所费之物，赐老疾贫独者。"

7 丁亥，魏主如灵泉池，遂如方山。己丑，还宫。

8 上优礼南昌文宪公王俭，诏三日一还朝，尚书令史出外谘事。上犹以往来烦数，复诏俭还尚书下省，月听十日出外。俭固求解选。诏改中书监，参掌选事。

五月乙巳，俭卒。王晏既领选，权行台阁，与俭颇不平。礼官欲依王导，谥俭为文献。晏启上曰："导乃得此谥；但宋氏以来，不加异姓。"出，谓亲人曰："'平头宪'事已行矣。"

徐湛之之死也，其孙孝嗣在孕得免，八岁，袭爵枝江县公，尚宋康乐公主。及上即位，孝嗣为御史中丞，风仪端简。王俭谓人曰："徐孝嗣将来必为宰相。"上尝问俭："谁可继卿者?"俭曰："臣东都之日，其在徐孝嗣乎!"俭卒，孝嗣时为吴兴太守，征为五兵尚书。

9 庚戌，魏主祭方泽。

10 上欲用领军王奂为尚书令，以问王晏。晏与奂不相能，对曰："柳世隆有勋望，恐不宜在奂后。"甲子，以尚书左仆射柳世隆为尚书令，王奂为左仆射。

5 三月甲寅(十一日),武帝立皇子萧子岳为临贺王,萧子峻为广汉王,萧子琳为宣城王,萧子珉为义安王。

6 夏季,四月丁丑(初四),魏主下诏说:"登到城楼上去散发救济品,接济灾民,致使人群与马匹相互践踏,很多人受伤致残。从现在起一律禁止,所有分发的救济品,直接送给孤寡老人、病人、穷人和孤儿。"

7 丁亥(十四日),魏主前往灵泉池,又前往方山。己丑(十六日),返回宫中。

8 南齐武帝对尚书令、南昌文宪公王俭礼遇非常优厚,命他每隔三天来朝廷一趟,其他时间则由尚书令史去他那里请示。武帝还认为这样做过于烦琐,又命令王俭回到尚书下省,每月有十天可以在家。王俭坚决请求辞去吏部。武帝改命他为中书监、参掌选事。

五月乙巳(初三),王俭去世。王晏掌握朝官任免大权后,在朝中任意行使,与王俭之间很不和。在王俭去世后,礼官打算按照王导的先例,加王俭谥号为文献。王晏报告武帝说:"过去只有王导才得到这一谥号,但自从宋朝以来,不曾把它加给皇族外其他姓氏的人。"王晏从宫内出来,对他亲近的人说:"'平头宪'是王俭的谥号,事情已经定下来了。"

徐湛之被杀时,他的孙子徐孝嗣还在母亲腹中,因而得以幸免。等到他八岁时,承袭了祖父徐湛之的枝江县公的封号,娶了宋孝武帝的女儿康乐公主为妻。齐武帝即位后,徐孝嗣担任了御史中丞,他仪表端庄,做事干练。王俭对别人说:"徐孝嗣将来肯定会做宰相。"武帝也曾经问过王俭:"谁可以接任你的职位?"王俭回答说:"臣解除宰相职位后,恐怕只有徐孝嗣最适合接任。"王俭去世时,徐孝嗣担任吴兴太守。武帝征召他为五兵尚书。

9 庚戌(初八),魏主在沼泽中建筑方坛,祭祀地神。

10 南齐武帝想要起用领军将军王奂为尚书令,征求王晏的意见。王晏和王奂之间彼此不相容,王晏回答说:"柳世隆建立大功,很有声望,恐怕不宜在王奂之下。"甲子(二十二日),武帝任命尚书左仆射柳世隆为尚书令,王奂为左仆射。

11　六月丁亥，上如琅邪城。

12　魏怀朔镇将汝阴灵王天赐，长安镇都大将、雍州刺史南安惠王桢，皆坐赃当死。冯太后及魏主临皇信堂，引见王公，太后令曰："卿等以为当存亲以毁令邪，当灭亲以明法邪？"群臣皆言："二王，景穆皇帝之子，宜蒙矜恕。"太后不应。魏主乃下诏，称："二王所犯难恕，而太皇太后追惟高宗孔怀之恩；且南安王事母孝谨，闻于中外，并特免死，削夺官爵，禁锢终身。"初，魏朝闻桢贪暴，遣中散间文祖诣长安察之，文祖受桢赂，为之隐；事觉，文祖亦抵罪。冯太后谓群臣曰："文祖前自谓廉，今竟犯法。以此言之，人心信不可知。"魏主曰："古有待放之臣。卿等自审不胜贪心者，听辞位归第。"宰官、中散慕容契进曰："小人之心无常而帝王之法有常；以无常之心奉有常之法，非所克堪，乞从退黜。"魏主曰："契知心不可常，则知贪之可恶矣，何必求退！"迁宰官令。契，白曜之弟子也。

13　秋，七月丙寅，魏主如灵泉池。

14　魏主使群臣议："久与齐绝，今欲通使，何如？"尚书游明根曰："朝廷不遣使者，又筑醴阳深入彼境，皆直在萧赜。今复遣使，不亦可乎！"魏主从之。八月乙亥，遣兼员外散骑常侍邢产等来聘。

15　九月，魏出宫人以赐北镇人贫无妻者。

11　六月,丁亥(十五日),南齐武帝前往琅邪城。

12　北魏怀朔镇将、汝阴灵王拓跋天赐和长安镇都大将、雍州刺史、南安惠王拓跋桢二人,都因贪污罪应被处死。冯太后和孝文帝为此亲自到皇信堂,召见王公要人。冯太后首先发问说:"你们认为,应该顾念亲情、毁弃法律呢,还是应该大义灭亲,以严明法律呢?"大臣们都说:"二王都是景穆皇帝的儿子,应该得到宽恕。"冯太后没有回答。孝文帝下诏声称:"二王所犯的罪行实在是难以宽恕,但是太皇太后追思文成帝的大恩,顾念手足之情,再加上南安王侍奉母亲十分孝敬恭谨,内外闻名。因此,现在特别赦免二王的死罪,撤销官职和爵位,终身监禁。"当初,北魏朝廷得知拓跋桢贪婪暴虐,就派中散同文祖抵达长安调查,同文祖暗中接受了拓跋桢的贿赂,为他隐瞒了事实真相。事情被查以后,同文祖也受到了应有的处罚。冯太后对大臣们说:"同文祖以前自称廉洁奉公,而今竟也贪赃枉法。从这件事上可以看出,人心真是难以探知。"孝文帝说:"古代有一种待放的大臣。你们在座的如果扪心自省,认为自己不能克制贪欲,允许你们辞职回家。"宰官、中散大夫慕容契进言说:"小人之心常变,帝王的法律却是永恒不变的。以常变之心去应付不变的法律,恐怕不是我所能够担当的,所以,我请求辞职免官。"魏主说:"慕容契知道人心是不可能不变的,就一定知道贪婪是令人厌恶的,你何必请求辞职呢?"于是,又提升他为宰官令。慕容契是慕容白曜的侄子。

13　秋季,七月丙寅(二十五日),魏主前往灵泉池。

14　魏主召集文武百官讨论:"我国和齐国断绝交往已经很久了,如今,我打算派人出使齐国,各位认为如何?"尚书游明根说:"朝廷没有派人出使齐国,又深入齐国境地兴筑了醴阳城,这两件事都是萧赜的想法。如今再派遣使节前去,这不是很好吗?"魏主接受游明根的建议。八月乙亥(初四),派遣兼员外散骑常侍邢产等人来访。

15　九月,北魏朝廷遣散出大批宫女,把她们赏赐给北方六镇没有妻子的贫民。

16　冬,十一月己未,魏安丰匡王猛卒。

17　十二月丙子,魏河东王苟颓卒。

18　平南参军颜幼明等聘于魏。

19　魏以尚书令尉元为司徒,左仆射穆亮为司空。

20　豫章王嶷自以地位隆重,深怀退素,是岁,启求还第。上令其世子子廉代镇东府。

21　太子詹事张绪领扬州中正,长沙王晃属用吴兴闻人邕为州议曹,绪不许。晃使书佐固请,绪正色曰:"此是身家州乡,殿下何得见逼!"

22　侍中江斅为都官尚书。中书舍人纪僧真得幸于上,容表有士风,请于上曰:"臣出自本县武吏,邀逢圣时,阶荣至此。为儿昏得荀昭光女,即时无复所须,唯就陛下乞作士大夫。"上曰:"此由江斅、谢瀹,我不得措意,可自诣之。"僧真承旨诣斅,登榻坐定,斅顾命左右曰:"移吾床远客!"僧真丧气而退,告上曰:"士大夫故非天子所命!"斅,湛之孙;瀹,朏之弟也。

23　柔然别帅叱吕勤帅众降魏。

16 冬季,十一月己未(十九日),北魏安丰匡王拓跋猛去世。

17 十二月丙子(初七),北魏河东王拓跋苟颓去世。

18 南齐平南参军颜幼明等人前往北魏访问。

19 北魏朝廷任命尚书令尉元为司徒,左仆射穆亮为司空。

20 南齐豫章王萧嶷自认为地位很高,深怀退隐之心。这一年,他上书请求辞职,返回旧邸。武帝命令萧嶷的世子萧子廉代替父亲镇守东府。

21 太子詹事张绪兼领扬州中正时,长沙王萧晃托付他起用吴兴人闻人邕为州议曹,张绪不同意。于是,萧晃又派书佐坚持请求,张绪面色严肃地说:"这里是我自己的家乡,殿下怎么能这么逼迫我?"

22 南齐侍中江斆担任都官尚书。中书舍人纪僧真得到武帝的宠信,纪僧真举止仪容都具有士大夫风采,他向武帝请求说:"臣不过是出身于本县的一名武官,幸运地赶上了清明盛世,官阶和荣耀才如此之高。我的儿子还娶了荀昭光的女儿,现在我已经不再有其他的需求,只请求陛下能允许我加入士大夫行列。"武帝说:"这件事应该由江斆、谢瀹决定,我不能参与,你可以自己去他们那里请求。"于是,纪僧真就按照武帝的旨意来到江斆那里,在榻席上坐稳后,江斆回过头去命令他的左右侍从们说:"把我的坐榻移开,离客人远一些!"纪僧真垂头丧气地退出来了,向武帝报告说:"士大夫原来不是皇上所能册封的!"江斆是江湛的孙子。谢瀹是谢朏的弟弟。

23 柔然汗国另外一部落首领叱吕勤率众投降北魏。

# 卷第一百三十七　齐纪三

起庚午(490)尽壬申(492)凡三年

## 世祖武皇帝中
## 永明八年(庚午,490)

1　春,正月,诏放隔城俘二千馀人还魏。

2　乙丑,魏主如方山。二月辛未,如灵泉。壬申,还宫。

3　地豆干频寇魏边,夏,四月甲戌,魏征西大将军阳平王颐击走之。颐,新成之子也。

4　甲午,魏遣兼员外散骑常侍邢产等来聘。

5　五月己酉,库莫奚寇魏边,安州都将楼龙兒击走之。

6　秋,七月辛丑,以会稽太守安陆侯缅为雍州刺史。缅,鸾之弟也。缅留心狱讼,得劫,皆赦遣,许以自新,再犯乃加诛;民畏而爱之。

7　癸卯,大赦。

8　丙午,魏主如方山。丙辰,遂如灵泉池。八月丙寅朔,还宫。

9　河南王度易侯卒。乙酉,以其世子伏连筹为秦、河二州刺史,遣振武将军丘冠先拜授,且吊之。伏连筹逼冠先使拜,冠先不从,伏连筹推冠先坠崖而死。上厚赐其子雄,敕以丧委绝域,不可复寻,仕进无嫌。

## 世祖武皇帝中
## 齐武帝永明八年(庚午,公元 490 年)

1 春季,正月,南齐武帝颁下诏令,命令释放在隔城战斗中俘虏的二千多名士卒,送还北魏。

2 乙丑(二十六日),北魏国主前往方山。二月辛未(初三),又前往灵泉。壬申(初四),返回宫中。

3 地豆干部落多次寇犯北魏边境。夏季,四月甲戌(初七),北魏征西大将军、阳平王拓跋颐击退了他们。拓跋颐是拓跋新成的儿子。

4 甲午(二十七日),北魏派遣兼员外散骑常侍邢产等人来访。

5 五月己酉(十二日),库莫奚部落寇犯北魏边境,被北魏安州都将楼龙兒击退。

6 秋季,七月辛丑(初五),南齐任命会稽太守、安陆侯萧缅为雍州刺史。萧缅是萧鸾的弟弟。萧缅十分重视民间诉讼,逮捕到小偷强盗,他全都予以赦免释放,允许他们改过自新,如果第二次又犯法了,才加以诛斩。因此,老百姓对他既敬畏又爱戴。

7 癸卯(初七),南齐实行大赦。

8 丙午(初十),魏主前往方山。丙辰(二十日),前往灵泉池。八月丙寅朔(初一),返回宫中。

9 吐谷浑可汗、河南王慕容度易侯去世。乙酉(二十五日),南齐朝廷任命他的世子慕容伏连筹为秦、河二州刺史,派振武将军丘冠先前往宣布任命,同时祭吊慕容度易侯。慕容伏连筹逼迫丘冠先叩拜他,丘冠先不同意,慕容伏连筹将丘冠先推下悬崖摔死。武帝丰厚地赏赐了丘冠先的儿子丘雄,并下诏说丘冠先身死绝域,不能再找到尸首,做儿子的应好好报效国家,不要有其他顾忌。

10　荆州刺史巴东王子响，有勇力，善骑射，好武事，自选带仗左右六十人，皆有胆干。至镇，数于内斋以牛酒犒之。又私作锦袍、绛袄，欲以饷蛮，交易器仗。长史高平刘寅、司马安定席恭穆连名密启。上敕精检。子响闻台使至，不见敕，召寅、恭穆及谘议参军江悆、典签吴脩之、魏景渊等诘之，寅等秘而不言。脩之曰："既已降敕，政应方便答塞。"景渊曰："应先检校。"子响大怒，执寅等八人于后堂，杀之，具以启闻。上欲赦江悆，闻皆已死，怒。壬辰，以随王子隆为荆州刺史。

上欲遣淮南太守戴僧静将兵讨子响，僧静面启曰："巴东王年少，长史执之太急，忿不思难故耳。天子儿过误杀人，有何大罪！官忽遣军西上，人情惶惧，无所不至。僧静不敢奉敕。"上不答而心善之。乃遣卫尉胡谐之、游击将军尹略、中书舍人茹法亮帅斋仗数百人诣江陵，检捕群小，敕之曰："子响若束手自归，可全其命。"以平南内史张欣泰为谐之副。欣泰谓谐之曰："今段之行，胜既无名，负成奇耻。彼凶狡相聚，所以为其用者，或利赏逼威，无由自溃。若顿军夏口，宣示祸福，可不战而擒也。"谐之不从。欣泰，兴世之子也。

10　南齐荆州刺史、巴东王萧子响，勇猛有力量，精于骑马射箭，喜欢军事，他亲自挑选六十名贴身武装侍卫，这些人都很有胆量和才干。他就任荆州刺史后，多次在自己的内宅设宴，用牛肉、美酒犒劳侍从。同时，萧子响又私下制作了锦绣长袍、红色短袄，打算将这些东西送给那里的蛮族，换取武器。长史高平人刘寅、司马安定人席恭穆二人联名暗中把这件事报告给了武帝。武帝下诏要求深入调查。萧子响听说官差到来但没看见武帝的诏令，于是，他就把刘寅、席恭穆和谘议参军江悆、典签吴脩之、魏景渊召集在一起，盘问他们，刘寅等人仍保守秘密，不回答。吴脩之说："既然皇上已经下了诏令，就应该设法搪塞过去。"魏景渊说："我们应该先做调查。"萧子响勃然大怒，就把刘寅等一行八人抓起来，在后堂将他们杀了，并将这一情况全都报告给了武帝。武帝本来打算赦免江悆，但听说他们全都被杀死了，大怒。壬辰（二十七日），任命随王萧子隆为荆州刺史。

武帝打算派淮南太守戴僧静率兵讨伐萧子响，戴僧静当面报告说："巴东王年龄小，而长史刘寅等人逼得太急，所以，一时生气，而没有想到后果。天子的儿子由于过失误杀他人，有什么大罪！陛下忽然派大军西上，使人们感到恐慌，就什么事都干得出来。因此，我不敢接受圣旨。"武帝没有说什么，但心里很赞赏戴僧静的话。于是，派卫尉胡谐之、游击将军尹略和中书舍人茹法亮率领几百名武装侍卫前往江陵，搜捕萧子响左右那些小人，并且下诏说："萧子响如果放下武器，主动回到建康请罪，还可以保全他的性命。"任命平南内史张欣泰做胡谐之的副手。张欣泰对胡谐之说："这次出行，胜利了没有什么名，而失败了却要成为奇耻大辱了。萧子响聚集的是一帮凶狠狡诈的人，他们之所以听从他的指挥，是因为有的人是贪图赏赐，有的人是害怕他的声威，因此，他们还不会自行溃败。如果我们在夏口驻扎军队，向他们讲明利害、福祸关系，就可以用不着动武而能抓获罪人。"胡谐之没有接受张欣泰的建议。张欣泰是张兴世的儿子。

　　谐之等至江津,筑城燕尾洲。子响白服登城,频遣使与相闻,曰:"天下岂有儿反!身不作贼,直是粗疏。今便单舸还阙,受杀人之罪,何筑城见捉邪?"尹略独答曰:"谁将汝反父人共语!"子响唯洒泣。乃杀牛,具酒馔,饷台军,略弃之江流。子响呼茹法亮,法亮疑畏,不肯往。又求见传诏;法亮亦不遣,且执录其使。子响怒,遣所养勇士收集州、府兵二千人,从灵溪西渡。子响自与百馀人操万钧弩,宿江堤上。明日,府州兵与台军战,子响于堤上发弩射之,台军大败;尹略死,谐之等单艇逃去。

　　上又遣丹杨尹萧顺之将兵继至,子响即日将白衣左右三十人,乘舴艋沿流赴建康。太子长懋素忌子响,顺之之发建康也,太子密谕顺之,使早为之所,勿令得还。子响见顺之,欲自申明;顺之不许,于射堂缢杀之。

　　子响临死,启上曰:"臣罪逾山海,分甘斧钺。敕遣谐之等至,竟无宣旨,便建旗入津,对城南岸筑城守。臣累遣书信呼法亮,乞白服相见,法亮终不肯。群小怖惧,遂致攻战,此臣之罪也。臣此月二十五日,束身投军,希还天阙,停宅一月,臣自取尽,可使齐代无杀子之讥,臣免逆父之谤。既不遂心,今便命尽。临启哽塞,知复何陈!"

胡谐之等率领大军抵达江津后,在燕尾洲兴筑了城垒。萧子响也穿上便服登上城楼,多次派使者到胡谐之这里陈述说:"天底下哪有儿子反叛父亲的呢! 我不是想抗拒朝廷,只不过是做事粗心鲁莽。现在,我就乘一只船回到朝廷,接受杀人罪的处罚,你们何必兴筑城垒,派大军来抓我呢?"尹略一个人回答使者说:"谁跟你这种叛父的逆子讲话!"萧子响只是哭泣流泪。于是,他杀牛备酒,要犒赏朝廷派来的大军,尹略却把这些酒菜扬到了江里。萧子响又喊茹法亮,茹法亮疑虑畏惧也不肯前去。最后,萧子响又请求会见传达武帝诏令的官差,茹法亮也不肯派官差前去,反而将萧子响派来的使者关押起来。萧子响大怒,将他平时所训练出来的勇士和州衙、自己府上的二千多名士卒组织起来,从灵溪渡河向西进发。萧子响亲自率领一百多人,携带万钧弩箭,在长江江堤上驻防。第二天,他的军队和朝廷派来的大军展开激战,萧子响在江堤上用弩射击,结果,朝廷军大败。尹略战死,胡谐之等人跳上一只小艇逃走。

武帝又派丹杨尹萧顺之率军继续讨伐。萧子响当天就率领平民侍从三十人,乘坐小船,顺江而下,直赴建康。太子萧长懋平时就忌恨萧子响,当萧顺之从建康出发时,萧长懋就秘密告诉他,让他早点儿把萧子响置于死地,不要让他活着回到建康。萧子响途中遇上萧顺之,打算自己申诉明白,但萧顺之没有答应,就在演习堂里用绳子把萧子响勒死了。

萧子响临死前,给武帝写了一封信,报告说:"臣的罪过已超过了山河湖海,理应甘心接受惩罚。可是,您下诏派胡谐之等人前来,竟然没有宣读圣旨,就树起大旗进入要塞地区,在与我的城池相对的南岸,兴筑城池防守。臣几次派人送信呼唤茹法亮,乞求穿便服见他一面,但茹法亮却始终不肯见我。手下一群小人又恐惧害怕,于是导致了双方的激战,这些都是臣的罪过。臣本月二十五日,放下武器,孤身一人投奔朝廷军队,希望能回到京城,在家里待一个月,然后,臣自己自杀,这样也可以不让人讥刺齐国这一代诛杀皇子,我也得以免去忤逆父亲的恶名。可是,还是没能遂心如愿,今天我马上就要结束生命。临死前写信给你,哭泣哽咽,为之话塞,不知再说些什么了!"

有司奏绝子响属籍，削爵土，易姓蛸氏。诸所连坐，别下考论。

久之，上游华林园，见一猿透掷悲鸣，问左右；曰："猿子前日坠崖死。"上思子响，因呜咽流涕。茹法亮颇为上所责怒，萧顺之惭惧，发疾而卒。豫章王嶷表请收葬子响。不许，贬为鱼复侯。

子响之乱，方镇皆启子响为逆，兖州刺史垣荣祖曰："此非所宜言。正应云：'刘寅等孤负恩奖，逼迫巴东，使至于此。'"上省之，以荣祖为知言。

台军焚烧江陵府舍，官曹文书，一时荡尽。上以大司马记室南阳乐蔼屡为本州僚佐，引见，问以西事。蔼应对详敏，上悦，用为荆州治中，敕付以修复府州事。蔼缮修廨舍数百区，顷之咸毕，而役不及民，荆部称之。

11　九月癸丑，魏太皇太后冯氏殂；高祖勺饮不入口者五日，哀毁过礼。中部曹华阴杨椿谏曰："陛下荷祖宗之业，临万国之重，岂可同匹夫之节以取僵仆！群下惶灼，莫知所言。且圣人之礼，毁不灭性。纵陛下欲自贤于万代，其若宗庙何！"帝感其言，为之一进粥。

于是诸王公皆诣阙上表，"请时定兆域，及依汉、魏故事，并太皇太后终制，既葬，公除"。诏曰："自遭祸罚，慌惚如昨，奉侍梓宫，犹希仿佛。山陵迁厝，所未忍闻。"冬，十月，王公复上表固请。诏曰："山陵可依典册。衰服之宜，

有关部门奏请要断绝萧子响与皇族的关系,削除他的爵位和封地,改姓氏为"蛸"。其他被牵连进去的,另行定罪。

很久以后,武帝在华林园游赏,看见一只猿猴跌跌撞撞,不住地悲号哀鸣,就询问左右侍从这是怎么回事。侍从说:"它的孩子前天从悬崖上摔下去死了。"武帝一下子就想起了萧子响,忍不住呜咽起来,泪流满面。茹法亮受到武帝的严厉责备,萧顺之内心惭愧恐惧,也由此而发病,不久去世。豫章王萧嶷上书,请求收殓安葬萧子响的尸体。武帝没有批准,并追贬萧子响为鱼复侯。

萧子响引起这场战乱后,各方镇都纷纷指控谴责萧子响的叛逆行为,兖州刺史垣荣祖说:"不应该说这样的话,倒正应该说:'刘寅等人辜负了皇帝对他的恩典,以致逼迫巴东王使他走上了这条路。'"武帝仔细想想,认为垣荣祖有真知灼见。

朝廷军队放火焚烧江陵府建筑,官府的文书档案霎时全都被烧掉。武帝因为大司马记室南阳人乐蔼多次任荆州幕僚,所以就特别召见他,向他打听荆州的事。乐蔼回答详尽,反应敏捷,武帝大为高兴,任命他为荆州治中,下令让他负责修缮荆州州府。乐蔼修缮了几百栋州府官舍,很快全都修完了,而且也没役使一个老百姓,所以,荆州府十分称赞他。

11 九月癸丑(十八日),北魏太皇太后冯氏去世。为此,孝文帝五天没喝一口水,而一直处于悲哀伤痛之中,哀痛超过了应尽的礼数。中部曹华阴人杨椿劝阻说:"陛下肩负祖宗留下的大业,亲临统治万国的重任,怎么可以像一个普通人一样,为了讲究小节而伤害自己的身体,倒地不起呢!文武百官为此惶惑焦急,不知该说些什么好。况且,圣人的礼节要求,再大的悲哀也不可以毁伤性命。即使陛下想要在万代之中树立贤人的榜样,那么,皇家宗庙祭祀又怎么办呢?"孝文帝很受感动,并为此吃了一次稀粥。

这样一来,各王公也都开始到朝廷上书,"请求赶快确定太皇太后的安葬地点,按照汉、魏时期的惯例,并遵照太皇太后的遗嘱,安葬以后脱去丧服"。孝文帝下诏说:"自从遭受灾祸和惩罚,恍惚之间,一切就好像发生在昨天,我侍奉太皇太后的灵柩,好像看见了她的身影。安葬太皇太后的陵寝墓地,我实在不忍听到这些。"冬季,十月,王公们又一次上书,坚决请求安葬太皇太后。于是,下诏说:"太皇太后安葬的时间和地点,可以依照以往惯例。如果让我脱下丧服,

情所未忍。"帝欲亲至陵所,戊辰,诏:"诸常从之具,悉可停
之。其武卫之官,防侍如法。"癸酉,葬文明太皇太后于永固
陵。甲戌,帝谒陵,王公固请公除。诏曰:"此当别叙在心。"
己卯,又谒陵。

　　庚辰,帝出至思贤门右,与群臣相慰劳。太尉丕等进言
曰:"臣等以老朽之年,历奉累圣,国家旧事,颇所知闻。伏惟
远祖有大讳之日,唯侍从梓宫者凶服,左右尽皆从吉。四祖
三宗,因而无改。陛下以至孝之性,哀毁过礼,伏闻所御三食
不满半溢,昼夜不释经带,臣等叩心绝气,坐不安席。愿少抑
至慕之情,奉行先朝旧典。"帝曰:"哀毁常事,岂足关言!朝
夕食粥,粗可支任,诸公何足忧怖!祖宗情专武略,未修文
教。朕今仰禀圣训,庶习古道,论时比事,又与先世不同。太
尉等国老,政之所寄,于典记旧式或所未悉,且可知朕大意。
其馀古今丧礼,朕且以所怀别问尚书游明根、高闾等,公可
听之。

从感情上说，我忍受不了。"孝文帝打算自己亲自到太皇太后安葬的地方。戊辰(初四)，下诏说："平常跟随的各仪仗队，都不用跟从。武装保卫的侍官，像以往一样进行防守保卫。"癸酉(初九)，在方山永固陵安葬了文明太皇太后。甲戌(初十)，孝文帝祭拜太皇太后陵墓，各王公大臣又坚决请求孝文帝以国家利益为重，脱下丧服，换上平时穿的衣服。孝文帝下诏说："另外一起再说吧。"己卯(十五日)，孝文帝再次祭拜太皇太后陵墓。

庚辰(十六日)，孝文帝走出皇宫，来到皇宫南门思贤门门西，和文武百官相见，相互安慰勉励。太尉拓跋丕等趁机向孝文帝建议说："我们都已经到了老朽的年纪了，一直侍奉历代圣君明主，对于国家以往的旧典章，也相当熟悉。回想以前祖先们去世时，只有侍奉跟随灵柩的人才穿上丧服，其他人仍全都穿平时的衣服。四祖三宗都沿袭下来，遵循到现在没有改变。如今，陛下天性极其孝敬，哀伤痛苦，毁害身体，已经超过了礼法的要求。又听说陛下一日三餐的饭量，竟吃不满半碗，无论是白天还是夜晚，都不解下腰间的丧带，为此，我们大家扪心闭气，坐立不安。只愿陛下稍稍克制一下自己对太皇太后的敬慕之情，按照前代人定下的典章行事。"孝文帝说："悲哀而伤害了身体，这是经常发生的事，哪里值得专门上奏。虽然我早晚只吃稀粥，但我的健康大致还能维持下去，诸公有什么可忧虑恐惧的呢！祖宗在世时，一心只专于武装征伐，没有时间进行文明教化方面的事情。如今，朕接受前代圣人留下的教训，平时不断学习古代典范常道，无论是从时代上说，还是从事理上说，都和前代有了很大不同。太尉等等都是国家元老，朝廷政治都依托于你们，对前代经典和古代丧礼仪式，你们有的人可能还不十分熟悉，姑且先了解我大致的意思。对于那些有关古今丧礼仪式，朕暂且把想法提出来，与尚书游明根、高闾等人讨论，你们可以仔细听着。"

　　帝因谓明根等曰:"圣人制卒哭之礼,授服之变,皆夺情以渐。今则旬日之间,言及即吉,特成伤理。"对曰:"臣等伏寻金册遗旨,逾月而葬,葬而即吉。故于下葬之初,奏练除之事。"帝曰:"朕惟中代所以不遂三年之丧,盖由君上违世,继主初立,君德未流,臣义不洽,故身袭衮冕,行即位之礼。朕诚不德,在位过纪,足令亿兆知有君矣。于此之时而不遂哀慕之心,使情礼俱失,深可痛恨!"高闾曰:"杜预,晋之硕学,论自古天子无有行三年之丧者,以为汉文之制,暗与古合,虽叔世所行,事可承踵。是以臣等偻偻干请。"帝曰:"窃寻金册之旨,所以夺臣子之心,令早即吉者,虑废绝政事故也。群公所请,其志亦然。朕今仰奉册令,俯顺群心,不敢暗默不言以荒庶政。唯欲衰麻废吉礼,朔望尽哀诚,情在可许,故专欲行之。如杜预之论,于孺慕之君,谅暗之主,盖亦诬矣。"秘书丞李彪曰:"汉明德马后保养章帝,母子之道,无可间然;及后之崩,葬不淹旬,寻已从吉。然汉章不受讥,明德不损名。

接着，孝文帝对尚书游明根等人说："古代圣人制定了卒哭的礼仪，丧服的变更程序也都是以哀痛的情绪为标准逐渐改变。如今仅在一天之内，就要劝说我脱下丧服，换上平时的衣服，这实在违背情理。"游明根回答说："臣等得到太皇太后留下的遗言书，说在她去世一个月后就立即安葬，下葬后就要立刻脱下丧服，穿上平日的衣服。因此，我们在太皇太后安葬的时候，立即奏请脱下丧服的。"孝文帝说："朕认为，中古时代之所以不实行三年守丧的制度，是由于旧君主刚刚去世，而新君主刚刚即位，君主的恩德还没有传播开去，对臣属们的情义还没能和协周遍，因此，新君主才必须身穿礼服、头戴冕疏，举行登基即位大典。朕的德行还不够，但朕做皇帝也已经超过十二年了，这足以让亿万人民知道有朕。在这种时候，如果不能顺遂自己表达儿孙的哀痛和怀念的心愿，无论是在感情上，还是在礼节上，全都丧失殆尽，这实在是令人沉痛遗憾的事。"高闾说："杜预是晋王朝的饱学之士，他曾经论述过，自古以来天子没有实行守丧三年的制度。杜预认为，汉文帝所制定的制度和古代制度不谋而合，这看起来虽然是近世实行的制度，但实际上他们也都是追寻古人的制度，跟着古人的脚后走。正因为如此，臣等才小心谨慎地多次请求陛下能够遵循。"孝文帝说："朕自己认真领会太皇太后遗书的主旨，太皇太后之所以要阻止臣属、孙子表达自己的悲哀之情，命令早点儿穿上平日的衣服，是因为她担心我们会为此荒废了国家大事。你们大家的请求，其用心也在这里。因此，如今，朕向上可以按照太皇太后的遗言去做，向下也顺遂文武百官的心愿，不敢沉默不语而致荒废对国家大事的处理。只是朕打算穿着麻布丧服，取消守丧十天就马上改穿日常衣服的制度，每逢初一和十五日二天，朕该尽到做儿孙哀思怀念的诚心，从情理上讲也是允许的，所以，我打算就这样去做。像杜预所议论的那些，对于深深地怀念逝世者、处在服丧期间的君主来说，大概也是不符合事实的。"秘书丞李彪说："汉明德马皇后辛勤抚养章帝刘炟长大成人，母亲慈爱，儿子孝敬，二人的和睦关系是没有什么能把他们分隔开的。等到明德马皇后去世，下葬后还不满十天，刘炟随即穿上了日常衣服。但是，刘炟并没有因此受到别人的讥刺，明德马皇后的声誉也没有受到丝毫毁损。

愿陛下遵金册遗令,割哀从议。"帝曰:"朕所以眷恋衰绖,不从所议者,实情不能忍,岂徒苟免嗤嫌而已哉!今奉终俭素,一已仰遵遗册;但痛慕之心,事系于予,庶圣灵不夺至愿耳。"高闾曰:"陛下既不除服于上,臣等独除服于下,则为臣之道不足。又亲御衰麻,复听朝政,吉凶事杂,臣窃为疑。"帝曰:"先后抚念群下,卿等哀慕,犹不忍除,奈何令朕独忍之于至亲乎!今朕逼于遗册,唯望至期;虽不尽礼,蕴结差申。群臣各以亲疏、贵贱、远近为除服之差,庶几稍近于古,易行于今。"高闾曰:"昔王孙裸葬,士安去棺,其子皆从而不违。今亲奉遗令而有所不从,臣等所以频烦干奏。"李彪曰:"三年不改其父之道,可谓大孝。今不遵册令,恐涉改道之嫌。"帝曰:"王孙、士安皆诲子以俭,及其遵也,岂异今日!改父之道,殆与此殊。纵有所涉,甘受后代之讥,未忍今日之请。"群臣又言:"春秋烝尝,事难废阙。"帝曰:"自先朝以来,恒有司行事。朕赖蒙慈训,常亲致敬。今昊天降罚,人神丧怙,赖宗庙之灵,亦辍歆祀。

愿陛下能遵照太皇太后的遗嘱去做，克制哀思，接受大家的建议。"
孝文帝说："朕之所以心甘情愿穿丧服，而不接受你们的建议，实在
是因为朕在感情无法忍受，哪里只是为了避免别人的讥刺批评而
这么去做的呢！如今，安葬的礼仪节俭、朴素，全都是遵照太皇太
后的遗言去做的。可是，悲痛怀念之情，已紧紧抓住了朕的心，希
望太皇太后的在天之灵不强迫朕去改变。"高闾说："陛下在上边已
经决定不改变继续穿丧服的意愿，那么，臣等在下边单单脱去丧
服，这样做，就表示做臣属的没有尽到责任。况且，陛下穿着丧服，
亲自处理朝廷事务，吉利和不吉利的事情混合在一起，臣私下里感
到疑虑。"孝文帝说："太后关心爱护她的臣属，卿等悲伤怀念她，还
不忍心脱下丧服，为什么单单让朕对自己至亲的人去忍心这么做！
如今，朕受太皇太后的遗嘱所迫，不敢违抗，只是希望能把丧服穿
满一年，尽管还不合乎古礼，但内心的悲哀伤痛总算还能表示出
来。各位大臣可以考虑自己与太皇太后关系的亲疏、贵贱、远近，
来作为自己脱去丧服的标准，分别对待，这样既能稍稍接近古代仪
礼，在今天也容易行得通。"高闾说："从前，杨王孙死后，赤身裸体
地安葬；皇甫谧去世安葬时不用棺柩，他们的儿子也都按照他们的
遗愿去执行，没有做任何违背遗言的事。如今，陛下亲自接受太皇
太后的遗嘱，在有些方面却不按照遗嘱中说的去做，因此，臣等才不
断地打扰奏请。"李彪说："一个人在三年之内，不改变他父亲的准则
规定，这可以说是大孝。而如今，陛下不遵照太皇太后的遗嘱，恐怕
就有改变规定的嫌疑。"孝文帝说："杨王孙和皇甫谧都教诲他们的
儿子节俭，他们的儿子遵奉遗训，这和今天朕做的有什么不同！更
改父亲的规定，恐怕和朕所做的不是一回事。即使有所涉嫌，那么，
朕也心甘情愿地接受后代人的讥讽批评，而不能忍受你们今天的请
求。"文武官员们又说："春秋的宗庙祭祀，无论如何是难以停止或废
弃的。"孝文帝说："自从祖先建立国家以来，皇家祖庙的祭祀活动，一
直都是由有关主管部门办理的。朕有赖于慈爱的太皇太后的训导，
才经常亲自前去祭拜。如今，苍天降下大灾惩罚我们，人与神灵都
失去可以依赖的对象，皇家祖庙的神灵，也应该停止接受祭拜香火。

脱行飨荐,恐乖冥旨。"群臣又言:"古者葬而即吉,不必终礼,此乃二汉所以经纶治道,魏、晋所以纲理庶政也。"帝曰:"既葬即吉,盖季俗多乱,权宜救世耳。二汉之盛,魏、晋之兴,岂由简略丧礼、遗忘仁孝哉!平日之时,公卿每称当今四海晏然,礼乐日新,可以参美唐、虞,比盛夏、商。及至今日,即欲苦夺朕志,使不逾于魏、晋。如此之意,未解所由。"李彪曰:"今虽治化清晏,然江南有未宾之吴,漠北有不臣之虏,是以臣等犹怀不虞之虑。"帝曰:"鲁公带经从戎,晋侯墨衰败敌,固圣贤所许。如有不虞,虽越绋无嫌,而况衰麻乎!岂可于晏安之辰豫念军旅之事,以废丧纪哉!古人亦有称王者除衰而谅暗终丧者,若不许朕衰服,则当除衰拱默,委政冢宰。二事之中,唯公卿所择。"游明根曰:"渊默不言,则大政将旷;仰顺圣心,请从衰服。"太尉丕曰:"臣与尉元历事五帝,魏家故事,尤讳之后三月,必迎神于西,禳恶于北,具行吉礼,自皇始以来,未之或改。"帝曰:"若能以道事神,不迎自至;苟失仁义,虽迎不来。

假如朕一旦前去祭祀,恐怕会在冥冥之中违背了他们的旨意。"文武官员接着又说:"古代在将死者下葬后就穿上日常衣服,而没有必要一定要等到守丧满三年之后再脱下丧服,这就是两汉王朝所用来治理国家的准绳,是魏、晋所用来推行的总则。"孝文帝说:"下葬后就立即脱下丧服、穿上日常衣服,这大概是在国家到了末代,动乱太多,所采用的权宜之计,以求能拯救行将灭亡的国家。而两汉的鼎盛和魏、晋的兴隆,难道是由他们丧礼简单、忘记了仁义和道而实现的吗?平常的时候,各位公卿大人每次都称赞当今之世,四海安宁和平,礼仪、音乐一天比一天兴盛,甚至可以和尧、舜及夏、商时代媲美。可到了今天,就打算强迫改变朕的心愿,让朕不能超越魏、晋时代。你们这种用意,朕不明白为的是什么。"李彪说:"现在,我们虽然处于政治清明、教化普及的时代,但是,长江以南还仍有不肯宾服的吴人,沙漠以北还有不肯称臣的胡虏,所以臣等还深怀忧虑之心,唯恐发生不测,让我们难以防守。"孝文帝说:"鲁公伯禽身穿丧服出兵作战,晋襄公把身上的白色丧服染黑,击败了敌人,这种情况本来就是圣贤们所允许的。如果遇到没有预料到的事情发生,那么,即使是跳越过牵引灵柩的绳索,也不会让人在意,更何况只是要脱下麻布丧服呢!哪里能够在祥和安宁的日子里就能事先料到会发生战争,以至于废弃守丧的礼教呢!古人中也有君王,脱下丧服后就闭口不说话了,一直到三年服丧期满,如果今天你们不允许朕穿丧服,那么,我就应该在脱下丧服后开始保持沉默,将国家事务交给宰相们处理。这两种情况请你们选择一种。"游明根说:"保持沉默而不说话,那么,国家的重大事务将要被搁置、荒废。我们顺从您的圣明心意,请您继续穿着丧服处理朝廷事务。"太尉拓跋丕听后,说:"臣和尉元一共侍奉过五位皇帝,我们魏朝旧有的惯例都是,在人死特别忌讳的三个月过去后,一定要向西方祈祷迎奉神灵,向北方祈祷消除灾祸,这一切全都是穿着日常的衣服进行的,这一规矩,自从皇始年间以来到现在,都没有谁丝毫改动过。"孝文帝说:"如果能够用道义侍奉神灵,那么不用特意去迎接,神灵自然而然就会来到;假如丧失了仁义之心,即使是特意迎奉,神灵也不会来的。

此乃平日所不当行,况居丧乎!朕在不言之地,不应如此喋喋。但公卿执夺朕情,遂成往复,追用悲绝。"遂号恸,群官亦哭而辞出。

初,太后忌帝英敏,恐不利于己,欲废之,盛寒,闭于空室,绝其食三日;召咸阳王禧,将立之。太尉东阳王丕、尚书右仆射穆泰、尚书李冲固谏,乃止,帝初无憾意,唯深德丕等。泰,崇之玄孙也。

又有宦者谮帝于太后,太后杖帝数十。帝默然受之,不自申理;及太后殂,亦不复追问。

甲申,魏主谒永固陵。辛卯,诏曰:"群官以万机事重,屡求听政。但哀慕缠绵,未堪自力。近侍先掌机衡者,皆谋猷所寄,且可委之。如有疑事,当时与论决。"

12 交州刺史清河房法乘,专好读书,常属疾不治事,由是长史伏登之得擅权,改易将吏,不令法乘知。录事房季文白之,法乘大怒,系登之于狱,十馀日。登之厚赂法乘妹夫崔景叔,得出,因将部曲袭州,执法乘,谓之曰:"使君既有疾,不宜烦劳。"囚之别室。法乘无事,复就登之求书读之,登之曰:"使君静处,犹恐动疾,岂可看书!"遂

这就是说,以往本来就不应该那么做,更何况是处在守丧时期呢!朕正处在守丧时期,应该闭口不讲话,所以,不应该这样喋喋不休地说个没完。只是各位公卿坚持要改变我的想法,于是,就变成了反反复复的争论,想起来真令人悲痛欲绝。"于是号啕大哭起来,在场的文武官员们也跟着哭了起来,随后告辞出来。

当初,太皇太后对孝文帝的聪敏机警很是忌怕,害怕他的存在会给自己带来不利,因此,就打算废弃他,在严冬盛寒的时候,太皇太后把他禁闭在一间空旷的屋子里,三天不给他吃的东西。冯太后又征召咸阳王拓跋禧,打算立拓跋禧为北魏皇帝。当时,由于太尉东阳王拓跋丕、尚书右仆射穆泰和尚书李冲的竭力劝谏,冯太后才没有执行废立。但孝文帝一开始对冯太后就没有一点儿怨恨的想法,只是加深了对拓跋丕等人的感激之情。穆泰是穆崇的玄孙。

后来,又有一位宦官在冯太后面前陷害孝文帝,冯太后听后,下令打了孝文帝几十大棍。孝文帝默默地忍受,而没有辩解、申述理由。冯太后去世以后,也不再追究。

甲申(二十日),北魏国主祭拜冯太后陵墓永固陵。辛卯(二十七日),下诏说:"各位文武百官因为国家大事,事关重大,多次请求朕亲自处理这些事务。只是朕仍处在哀痛追念时期,不断的悲伤与怀念使朕已经没有力量一个人去处理朝廷事务。在我近旁的侍从中有人从前主管过机要、处理过国家大事,而且他们也都是有智慧、有谋略的人,国家大事完全可以托付给他们。如果发生一些疑难事情,朕自然会及时和他们讨论,帮助他们决定。"

12 南齐交州刺史清河人房法乘,特别喜欢读书,经常借口有病而不处理州事,因此,长史伏登之得以擅自运用大权,随意调动、更换官员武将,而不让房法乘知道。后来,录事房季文把这一情况报告给了房法乘,房法乘气愤异常,立刻下令将伏登之逮捕入狱,关押了十多天。伏登之用厚礼贿赂房法乘的妹夫崔景叔后,才得以释放。于是,伏登之率领自己的部曲袭击了州府,将房法乘抓了起来,并对他说:"你既然有病,就不应该再劳心费神地处理州事了。"将房法乘囚禁在另外一间房子里。房法乘没什么事可做,就又向伏登之请求,送给他一些书来读。伏登之说:"让你安安静静地待着,还害怕你万一发病了,怎么还可以让你继续看书呢!"于是,

不与。乃启法乘心疾动，不任视事。十一月乙卯，以登之为交州刺史。法乘还，至岭而卒。

13　十二月己卯，立皇子子建为湘东王。

14　初，太祖以南方钱少，更欲铸钱。建元末，奉朝请孔顗上言，以为："食货相通，理势自然。李悝云：'籴甚贵伤民，甚贱伤农；'甚贱甚贵，其伤一也。三吴，国之关奥，比岁时被水潦而籴不贵，是天下钱少，非谷贱，此不可不察也。铸钱之弊，在轻重屡变。重钱患难用，而难用为累轻；轻钱弊盗铸，而盗铸为祸深。民所以盗铸，严法不能禁者，由上铸钱惜铜爱工也。惜铜爱工者，意谓钱为无用之器，以通交易，务欲令质轻而数多，使省工而易成，不详虑其为患也。夫民之趋利，如水走下。今开其利端，从以重刑，是导其为非而陷之于死，岂为政欤！汉兴，铸轻钱，民巧伪者多。至元狩中，始惩其弊，乃铸五铢钱，周郭其上下，令不可磨取镕，而计其费不能相偿，私铸益少。此不惜铜不爱工之效也。王者不患无铜乏工，每令民不能竞，则盗铸绝矣。

没有把书给房法乘。接着,伏登之就向朝廷奏报,说房法乘犯了神经病,没有能力处理事务。十一月乙卯(二十一日),任命伏登之为交州刺史。房法乘回建康,走到大庾岭时去世。

13　十二月己卯(十六日),南齐武帝立皇子萧子建为湘东王。

14　当初,南齐高帝认为,南方的钱币缺乏,打算重新大量铸钱。建元末年,奉朝请孔颛上书朝廷认为:"食物与钱币相互交换,这是自然而然的发展趋势。李悝曾说:'米太贵会伤害老百姓,米太贱会伤害种粮的农夫。'那么,米无论是昂贵还是便宜,它所造成的伤害都是一样的。三吴地区是国家的关键地区,那里接连几年经常发生水灾,却没有因为水灾而使米价上涨,这是因为天下的钱币太少,而不是谷米价格太贱所造成的,这一点,朝廷不能不仔细加以考察。铸造钱币的弊病,在于钱币的轻重多次变化更改。钱太重,担心它不便流通,但流通不便所带来的损害不大;钱太轻的弊病在于人们容易偷偷自己伪造,伪造钱币所带来的灾祸却是相当严重的。人们之所以很容易地就能偷偷伪造钱币,连严格的法令都禁止不了,就是因为官府铸钱时,过于珍惜铜,又不能精心加工的缘故。官府爱惜铜又不加以精工铸造,就是因为认为钱币是没有用处的东西,只要可以用它作为交换媒介,那就一定要让它质地轻而且数量多,这样就可以降低工本而且容易铸成,却没有仔细考虑这样做所带来的后患。人们追求利,就好像水往低处流一样。如今,打开了人们偷偷铸钱、追求厚利的缺口,却又将他们处以重刑,这是在引导他们犯法,又将他们置于死地,这哪里是在治理国家!汉朝兴起时期,由于钱币铸造得很轻,所以偷偷伪造的人很多。到了元狩中期,才开始改正这种弊病,于是,铸制了五铢钱,周边凸出,使人无法磨取铜屑,同时,五铢钱的铸制工本费高,铸制费用与使用费用相互抵消,不能获利,所以,民间偷偷铸钱的人也就越来越少了。这就是不吝啬铜和不惜精工铸造的效果。君王不必担心没有铜铸造钱,也不用担心做工不精,每次只要让人们不能仿造,那么,偷偷伪造钱币的人自然而然也就消失了。

宋文帝铸四铢，至景和，钱益轻，虽有周郭，而熔冶不精，于是盗铸纷纭而起，不可复禁。此惜铜爱工之验也。凡铸钱，与其不衷，宁重无轻。自汉铸五铢至宋文帝，历五百馀年，制度世有废兴，而不变五铢者，明其轻重可法、得货之宜故也。按今钱文率皆五铢，异钱时有耳。自文帝铸四铢，又不禁民翦凿，为祸既博，钟弊于今，岂不悲哉！晋氏不铸钱，后轻寇戎水火，耗散沉铄，所失岁多，譬犹磨砻砥砺，不见其损，有时而尽，天下钱何得不竭！钱竭则士、农、工、商皆丧其业，民何以自存！愚以为宜如旧制，大兴熔铸，钱重五铢，一依汉法。若官铸者已布于民，便严断翦凿，轻小破缺无周郭者，悉不得行。官钱细小者，称合铢两，销以为大，利贫良之民，塞奸巧之路。钱货既均，远近若一，百姓乐业，市道无争，衣食滋殖矣。"太祖然之，使诸州郡大市铜炭。会晏驾，事寝。

是岁，益州行事刘悛上言："蒙山下有严道铜山，旧铸钱处，可以经略。"上从之，遣使入蜀铸钱。顷之，以功费多而止。

宋文帝时，铸造了四铢钱，到了景和年间，钱的重量也越发轻了，虽然钱币周边还有凸起的轮廓，可是冶炼得不够精细，从那时起，偷偷伪造钱币的风气又开始兴起，不再能禁止。这就是吝啬铜，又不能精工细做的结果。大凡铸造钱币，如果不能适中，则宁可取其重，而不取其轻。从汉代铸制五铢钱到宋文帝时期，历时五百多年，各朝各代的制度有立有废，但却自始至终使用五铢钱的原因，就是因为人们明白五铢钱轻重恰当、交易方便。考察当代钱币虽也都在花纹上仿制五铢钱，但别的钱币也时常有。从宋文帝铸造了四铢钱，又不禁止人们把钱削边、凿坏，于是，酿成的灾祸大大流行起来，这一流弊甚而延续到了现在，这难道不是很令人悲哀吗！晋朝不铸造钱币，只用原来的钱币，后来，经过盗贼入侵、战乱、水灾、火灾等等，钱币耗损、失散、埋藏和销熔，每年都大量地被损耗掉。就像是一块石磨或者磨刀石，看不见它在减少，可终有一天它会被磨完，天下的钱币，又怎么能不会枯竭呢！钱币枯竭，士、农、工、商都会失去他们的工作，老百姓又凭借什么生存呢？我认为，朝廷应该恢复以前的制度，由官府大量铸造钱币，钱的重量是五铢，所有这些，全都依照汉朝的办法。如果官府铸造的钱币已经在民间广泛流通起来，就要严厉禁止磨缺、毁损钱币，对于那些轻、小、破碎、残缺、没有周边凸出和轮廓的钱币，都不能流通使用。官府铸造的钱币，如果有细小不合标准的，应查明重量，销毁改铸成标准大钱，这样，对贫穷安分的老百姓既有好处，也堵塞了投机取巧、偷铸钱币的人的邪路。钱币和货物相应，远近各处一样，老百姓也就能安居乐业，市场、路上都不会发生争执，衣着和食物也就慢慢增加起来了。"高帝认为孔颛的建议很有道理，就下令各州郡大量购买黄铜、煤炭，准备开工铸钱。不巧，这时正好高帝去世，这件事也就搁置下来了。

这一年，益州行事刘悛又上书说："蒙山下边有一座叫严道的铜山，这座铜山是过去铸钱的地方，可以利用。"于是，武帝批准了刘悛的请求，派人到巴蜀铸造钱币。不久，由于铸制钱币开支太大，也就停止不再铸制。

15　自太祖治黄籍,至上,谪巧者戍缘淮各十年,百姓怨望。乃下诏:"自宋昇明以前,皆听复注。其有谪役边疆,各许还本。此后有犯,严加裒治。"

16　长沙威王晃卒。

17　吏部尚书王晏陈疾自解,上欲以西昌侯鸾代晏领选,手敕问之,晏启曰:"鸾清干有馀;然不谙百氏,恐不可居此职。"上乃止。

18　以百济王牟大为镇东大将军、百济王。

19　高车阿伏至罗及穷奇遣使如魏,请为大子讨除蠕蠕,魏主赐以绣裤褶及杂彩百匹。

**九年(辛未,491)**

1　春,正月辛丑,上祀南郊。

2　丁卯,魏主始听政于皇信东室。

3　诏太庙四时之祭:荐宣皇帝,起面饼、鸭臛;孝皇后,笋、鸭卵;高皇帝,肉脍、菹羹;昭皇帝,茗、粣、炙鱼:皆所嗜也。上梦太祖谓己:"宋氏诸帝常在太庙从我求食,可别为吾致祠。"乃命豫章王妃庾氏四时祠二帝、二后于清溪故宅。牲牢、服章,皆用家人礼。

臣光曰:"昔屈到嗜芰,屈建去之,以为不可以私欲干国之典,况子为天子,而以庶人之礼祭其父,违礼甚矣!卫成公欲祀相,宁武子犹非之;而况降祀祖考于私室,使庶妇尸之乎!"

15　自从高帝整理户籍,直到武帝,被贬谪的投机取巧、作奸犯科的人,要沿着淮河沿岸戍守十年,为此,人们怨声载道。于是颁布诏令说:"在宋昇明年以前犯罪的人,都允许他们按照他们个人的志愿,恢复他们的户籍。其中被贬谪到边疆服役的人,一律释放,允许他们返回自己的故乡。从此以后,如果再犯,就将严厉惩治。"

16　长沙威王萧晃去世。

17　吏部尚书王晏多年患病,自己请求辞职,武帝打算任命西昌侯萧鸾接替王晏担任吏部尚书,就给王晏写了一封敕书,征求王晏的意见,王晏报告说:"萧鸾才干有馀,但不熟悉豪门士族,恐怕不能担当这项职务。"武帝就没有任命。

18　南齐任命百济王国国王牟大为镇东大将军、封为百济王。

19　高车王阿伏至罗和太子阿伏穷奇派遣使者前往北魏,请求代替皇帝讨伐柔然汗国。孝文帝将绣花的裤子、夹衣以及各种各样颜色的丝绸共计一百匹赏赐给了使者。

## 齐武帝永明九年(辛未,公元491年)

1　春季,正月辛丑(初八),南齐武帝前往建康南郊祭天。

2　丁卯,北魏孝文帝开始到皇信东室处理朝廷事务。

3　武帝下诏令皇家祖庙四季的祭品:在宣皇帝灵牌前供献起面饼和鸭肉羹;孝皇后灵牌前供奉嫩笋和鸭蛋;高皇帝灵牌前供奉细肉和肉酱粥;在昭皇帝灵牌前供奉清茶、粽子和烤鱼。这些供奉物,都是他们生前平时最喜欢吃的东西。武帝梦见高帝对他说:"宋朝那些皇帝常常挤到太庙里,跟着我要食物,你可以另找一个地方祭祀我。"于是,命令豫章王萧嶷的妃子庾氏,春夏秋冬四季,在清溪旧宅里祭祀祖父母和父母。祭祀时所使用祭品以及要穿什么样的衣服,都按照家庭中的礼节进行。

　　臣司马光说:从前,屈到最喜欢吃菱角,但他的儿子屈建祭祀时把菱角撤掉了,他认为,不可以因为个人的嗜好而冒犯国家的祭典。更何况,儿子做皇帝,却用平民的礼仪去祭祀父亲,这就太违背礼教了。卫成公打算祭祀舰相,大夫宁武子还责怪他不该这么做。更何况武帝现在把祭祀祖父母和父母的仪式降到在自己的私宅中进行,而且还让自己庶子的妻子来主持!

4　初，魏主召吐谷浑王伏连筹入朝，伏连筹辞疾不至，辄修洮阳、泥和二城，置戍兵焉。二月乙亥，魏枹罕镇将长孙百年请击二戍，魏主许之。

5　散骑常侍裴昭明、散骑侍郎谢竣如魏吊，欲以朝服行事，魏主客曰："吊有常礼，何得以朱衣入凶庭！"昭明等曰："受命本朝，不敢辄易。"往返数四，昭明等固执不可。魏主命尚书李冲选学识之士与之言，冲奏遣著作郎上谷成淹。昭明等曰："魏朝不听使者朝服，出何典礼？"淹曰："吉凶不相厌。羔裘玄冠不以吊，此童稚所知也。昔季孙如晋，求遭丧之礼以行。今卿自江南远来吊魏，方问出何典礼。行人得失，何其远哉！"昭明曰："二国之礼，应相准望。齐高皇帝之丧，魏遣李彪来吊，初不素服，齐朝亦不以为疑；何至今日独见要逼！"淹曰："齐不能行亮阴之礼，逾月即吉。彪奉使之日，齐之君臣，鸣玉盈庭，貂珰曜目。彪不得主人之命，敢独以素服厕其间乎！皇帝仁孝，侔于有虞，执亲之丧，居庐食粥，岂得以此方彼乎！"昭明曰："三王不同礼，孰能知其得失！"淹曰："然则虞舜、高宗皆非邪？"昭明、竣相顾而笑曰："非孝者无亲，何可当也！"

4 最初,孝文帝征召吐谷浑可汗慕容伏连筹到平城朝见,慕容伏连筹声称有病,没有前来,接着,他就开始修缮洮阳、泥和两座城池,并派兵戍守。二月乙亥(十二日),北魏枹罕的镇将长孙百年请求前去袭击洮阳、泥和两城,孝文帝批准。

5 南齐散骑常侍裴昭明、散骑侍郎谢竣前往北魏吊唁冯太后,他们准备穿平常的官服去祭祀,北魏的主客说:"吊丧有一定的礼节,怎么可以穿着红色的官服进入令人悲痛的祭堂!"裴昭明等人回答说:"我们是接受本国朝廷的命令前来吊丧的,没有胆量轻易地更换服装。"双方来来往往、反反复复争论了很多次,裴昭明等人最后仍坚持不换服装。于是,孝文帝下令尚书李冲挑选饱学之士和裴昭明等人辩论,李冲推荐了著作郎上谷人成淹。裴昭明等人说:"魏朝不允许外国使节穿他们本国的官服,这一规定出自哪一部经典?"成淹说:"喜事和丧事是不能同时并存的。一个人身穿羔羊皮袍、头戴朝冠,是不可以前去吊丧的,这一点,连三岁的孩子都明白。从前,季孙前往晋国就是学习了邻国遭遇丧事的礼节才动身的。如今,你们从长江之南远道而来吊丧,却要问穿丧服吊丧是出自哪一本经典。使节之间的得与失,怎么相差得这么远呢!"裴昭明说:"两个国家的交往礼节,应该相互平等,有一个共同的标准。齐高帝去世时,北魏派李彪前去吊丧,他最初没穿白色的丧服,齐朝也并没有认为有什么不合适的地方,为什么今天我们却被紧紧逼迫呢!"成淹说:"齐朝的君主不能严格地遵守居丧的礼仪,安葬以后,过了一个月,就穿上平日的衣服。李彪奉命出使齐朝,君主和官员们都佩戴着宝玉挤满了房屋,貂尾和黄金首饰闪闪发光,耀人眼目。李彪如果没有得到齐朝主人的许可,怎么敢一个人穿着白色丧服置身于这令人眼花缭乱的人群中呢! 我们皇上仁义孝敬,和圣明的虞舜差不多,他亲自前来守丧,住在简陋的房子里,喝稀粥,这怎么可以拿来和你们相比较呢?"裴昭明说:"夏、商、周三代,制度礼仪各不相同,有谁能够判断出哪个好、哪个坏呢!"成淹说:"这么说来,难道虞舜、商代高宗的做法都不对吗?"裴昭明和谢竣二人相互看了一眼,笑着说:"责怪别人孝行的人,心中没有亲近的人,我们哪里敢这样做呢。"

乃曰："使人之来,唯赍袴褶,此既戎服,不可以吊,唯主人裁其吊服！然违本朝之命,返必获罪。"淹曰："使彼有君子,卿将命得宜,且有厚赏。若无君子,卿出而光国,得罪何伤！自当有良史书之。"乃以衣、帢给昭明等,使服以致命。己丑,引昭明等入见,文武皆哭尽哀。魏主嘉淹之敏,迁侍郎,赐绢百匹。昭明,驷之子也。

6　始兴简王鉴卒。

7　三月甲辰,魏主谒永固陵。夏,四月癸亥朔,设荐于太和庙。魏主始进蔬食,追感哀哭,终日不饭。侍中冯诞等谏,经宿乃饭。甲子,罢朝夕哭。乙丑,复谒永固陵。

魏自正月不雨至于癸酉,有司请祈百神,帝曰："成汤遭旱,以至诚致雨,固不在曲祷山川。今普天丧恃,幽显同哀,何宜四气未周,遽行祀事！唯当责躬以待天谴。"

8　甲戌,魏员外散骑常侍李彪等来聘,为之置燕设乐。彪辞乐,且曰："主上孝思罔极,兴坠正失。去三月晦,朝臣始除衰绖,犹以素服从事,是以使臣不敢承奏乐之赐。"朝廷从之。彪凡六奉使,上甚重之。将还,上亲送至琅邪城,命群臣赋诗以宠之。

于是二人又说:"我们前来吊丧,只带了短裤短袄,这些都是武官穿的服装,不能穿它们去吊丧,只有请主人给我们裁制丧服!可是,这样做违背我们朝廷的命令,我们回去后一定会被朝廷治罪。"成淹说:"假使你们国家有君子之才,那么,你们接受朝廷命令出使他国,言谈举止恰当得体,就将会得到厚厚的赏赐。如果没有君子,你们代表朝廷出使他国,也使你们的国家得到了荣耀,即使这么做你们受到了处罚,又有什么关系呢!将来,这件事自会有优秀的史官把它记载下来的。"于是,就把吊丧时需要的丧服、帽子等等借给了裴昭明等人,让他们穿上这些丧服去完成自己的使命。己丑(二十六日),成淹带着裴昭明等人进入,文武百官全都痛哭失声,极尽哀痛。孝文帝嘉许成淹的聪敏,提升他为侍郎,赏赐给他一百匹绢。裴昭明是裴骃的儿子。

6 南齐始兴简王萧鉴去世。

7 三月甲辰(十二日),孝文帝祭拜太皇太后的永固陵。夏季,四月癸亥朔(初一),在太和庙设置进献祭品,孝文帝开始吃了点儿蔬菜,追思伤感,悲哀痛哭一整天没有吃饭。侍中冯诞等人劝谏,过了一夜后,孝文帝才开始吃饭。甲子(初二),孝文帝停止早晚各哭一次的仪式。乙丑(初三),再次祭拜固陵。

北魏从正月开始就不下雨,一直持续到了四月癸酉(十一日),有关部门请求向百神祈祷,孝文帝说:"商代汤王遇到旱灾时,用他至诚的心感动了上苍,才下起了雨,本就不在于曲意祈祷高山大川。如今,普天之下失去了他们赖以依仗的人,无论是阴间还是阳间都在哀痛,怎么可以在四季还没有过完,就马上要开始去祭祀祈祷百神!我们只应该深深责怪、反省自己,等待上天对我们的惩罚。"

8 甲戌(十二日),北魏员外散骑常侍李彪等人来访,南齐武帝特意为他们置办了宴席,安排了礼乐。李彪推辞礼乐仪式,并且说:"我们君主仁义孝敬之心广博,正在振兴以前帝王遗失的典章,恢复过去被曲解误会的制度,而遵守三年守丧的规矩。直到三月晦(三十日),朝廷文武官员们才开始脱下丧服,却还仍然穿着白色衣服处理事务,为此,使臣我也不敢接受演奏音乐的赏赐。"朝廷依从了他的想法。李彪代表北魏朝廷前后出使齐国有六次之多,武帝对他十分敬重。李彪将要回国时,武帝亲自把他送到琅邪城,并下令文武官员赋诗相送,来表示给李彪的荣耀。

9　己卯,魏作明堂,改营太庙。

10　五月己亥,魏主更定律令于东明观,亲决疑狱。命李冲议定轻重,润色辞旨,帝执笔书之。李冲忠勤明断,加以慎密,为帝所委,情义无间。旧臣贵戚,莫不心服,中外推之。

11　乙卯,魏长孙百年攻洮阳、泥和二戍,克之,俘三千馀人。

12　丙辰,魏初造五辂。

13　六月甲戌,以尚书左仆射王奂为雍州刺史。

14　丁未,魏济阴王郁以贪残赐死。

15　秋,闰七月乙丑,魏主谒永固陵。

16　己卯,魏主诏曰:"烈祖有创业之功,世祖有开拓之德,宜为祖宗,百世不迁。平文之功少于昭成,而庙号太祖,道武之功高于平文,而庙号烈祖,于义未允。朕今奉尊烈祖为太祖,以世祖、显祖为二祧,馀皆以次而迁。"

八月壬辰,又诏议养老及禋于六宗之礼。先是,魏常以正月吉日于朝廷设幕,中置松柏树,设五帝座而祠之。又有探策之祭。帝皆以为非礼,罢之。戊戌,移道坛于桑乾之阴,改曰崇虚寺。

9  己卯(十七日),北魏兴建明堂,改建太庙。

10  五月己亥(初八),孝文帝在东明观修订法律,亲自裁决有疑问的诉讼案件。命令尚书李冲裁定刑罚轻重,为判词润色,孝文帝亲自抄录下来。李冲忠诚勤奋,明智果断,加上又谨慎周密,所以深受孝文帝的信赖和倚重,二人情投意合,没有隔阂。无论是多年的朝廷官员,还是显贵的皇亲国戚,没有人不对他心服口服的,全国上下内外对他也一致推崇。

11  乙卯(二十四日),北魏枹罕镇将长孙百年进攻洮阳、泥和两座城池,攻克城池,并俘虏了三千多人。

12  丙辰(二十五日),北魏首次制造皇家专用的玉车、金车、象车、革车、木车五种车辆。

13  六月甲戌(十三日),南齐任命尚书左仆射王奂为雍州刺史。

14  丁未,北魏济阴王拓跋郁因为贪污残暴被赐自尽。

15  秋季,闰七月乙丑(初五),孝文帝祭拜永固陵。

16  己卯(十九日),孝文帝颁下诏令,说:"道武帝有开创大业的功绩,太武帝有拓展疆域的贡献,应该追尊他们为祖宗,祭庙永远不废。平文帝的功绩比昭成帝要小,可是他的庙号却是太祖。道武帝的功绩要比平文帝高得多,可是他的庙号却是烈祖,这在道义上是不公平的。朕现在尊奉烈祖为太祖,把世祖、显祖作为灵位应该迁移的远祖。其馀的都按照顺序迁移灵位。"

八月壬辰(初三),孝文帝又颁下诏令,讨论关于养老及祭祀天皇、五帝等六宗的礼仪。在这之前,北魏经常在正月吉利之日,在朝廷设立篷帐,其中摆上松树柏树,供奉五帝座位,然后开始祭祀。同时,还有一种预卜世系多少的探策祭祀。现在,孝文帝认为它们都不合乎古礼,所以下令取消这几种祭祀活动。戊戌(初九),将道教祭坛迁移到了桑乾河河南,改称为崇虚寺。

乙巳，帝引见群臣，问以"禘祫，王、郑之义，是非安在"？尚书游明根等从郑，中书监高闾等从王。诏："圜丘、宗庙皆有禘名，从郑：禘祫并为一祭，从王：著之于令。"戊午，又诏："国家繶祀诸神，凡一千二百馀处；今欲减省群祀，务从简约。"又诏："明堂、太庙，配祭、配享，于斯备矣。白登、崞山、鸡鸣山庙，唯遣有司行事。冯宣王庙在长安，宜敕雍州以时供祭。"又诏："先有水火之神四十馀名及城北星神，今圜丘之下既祭风伯、雨师、司中、司命，明堂祭门、户、井、灶、中霤，四十神悉可罢之。"甲寅，诏曰："近论朝日、夕月，皆欲以二分之日于东、西郊行礼。然月有馀闰，行无常准。若一依分日，或值月于东而行礼于西，序情即理，不可施行。昔秘书监薛谓等以为朝日以朔，夕月以朏。卿等意谓朔朏、二分，何者为是？"尚书游明根等请用朔朏，从之。

丙辰，魏有司上言，求卜祥日。诏曰："筮日求吉，既乖敬事之志，又违永慕之心。今直用晦日。"九月丁丑夜，帝宿于庙，帅群臣哭已，帝易服缟冠、革带、黑屦，侍臣易服黑介帻、白绢单衣、革带、乌履，遂哭尽乙夜。戊子晦，帝易祭服，缟冠素纰、白布深衣、麻绳履，侍臣去帻易帢。既祭，出庙，帝立哭，久之，乃还。

乙巳(十六日),孝文帝召见文武百官,向大家征询意见,问大家:"关于五年大祭和三年大祭,王肃和郑玄的解释不一样,他们谁对谁错?"尚书游明根等人认为郑玄正确,中书监高闾等人则赞成王肃的解释。最后,孝文帝颁下诏令:"天坛祭天,皇庙祭祖,都是五年大祭,可以依照郑玄的解释;将五年大祭和三年大祭合在一块进行,可以依照王肃的解释进行;明令公布让大家都知道。"戊午(二十九日),又下诏:"国内到处祭祀的各种神祇,共有一千二百多处。现在打算减少,以求节约省俭。"又下诏说:"皇家明堂和皇家祖庙,附祀配享的亡灵品,现在都已经完备了。白登庙、崞山庙、鸡鸣山庙由有关主管部门负责祭祀。冯宣王的祭庙在长安,下令雍州州府进行祭祀。"又下诏说:"以前,祭祀水神、火神共计四十多位神,还有城北的星神。现在,天坛下面祭祀了风神、雨神、司中和司命之神,皇家明堂祭祀了门神、户神、井神、灶神和院神,那四十种神的祭祀活动全都要免去。"甲寅(二十五日),颁下诏令,说:"近来谈论朝日和夕月的祭祀,大家都主张在春分、秋分,分别在平城的东郊和西郊举行祭祀仪式。可是每个月的天数多少不一样,无法把日子固定下来。如果我们按照春分、秋分的日子来确定,有的时候正赶上月亮在东方,而我们却在西方祭祀,这样一来,无论是在人情上,还是在道理上,都行不通。过去,秘书监薛谓等人认为,每月初一早上祭祀朝日,每月初三晚上祭祀夕月。你们认为初一、初三和春分、秋分,哪种办法为好?"尚书游明根等人请求初一、初三祭祀,孝文帝批准实行。

丙辰(二十七日),北魏有关部门上书孝文帝,请求占卜吉祥的日子。孝文帝下诏令说:"用占卜的方法决定吉祥的日子,这样做,既违背了谨慎敬业的原则,也伤害了永远怀念亲人的感情。现在就直接使用每月的最后一天。"九月丁丑(十八日)夜晚,孝文帝住在皇家祖庙里,率领文武百官哀哭完毕,孝文帝换上祭服,戴上素色帽子,腰束皮带,脚穿黑色鞋子,其馀的文武官员们也都换上祭服,戴上黑色帽子,穿上白色绢丝单衣,腰束皮带,脚穿黑鞋,于是哀哭直到二更的时候。戊子晦(二十九日),孝文帝脱下白带绲边的帽子、上下一体白布做的连裤衣服,以及黑色麻鞋等祭祀服装,文武官员们也跟着脱下黑色帽子,换上白纱帽子。祭祀典礼完成后,退出祭庙,孝文帝站在那里痛哭,过了很久,才起程回宫。

17　冬,十月,魏明堂、太庙成。

18　庚寅,魏主谒永固陵,毁瘠犹甚。穆亮谏曰:"陛下祥练已阕,号慕如始。王者为天地所子,为万民父母。未有子过哀而父母不戚,父母忧而子独悦豫者也。今和气不应,风旱为灾,愿陛下袭轻服,御常膳,銮舆时动,咸秩百神,庶使天人交庆。"诏曰:"孝悌之至,无所不通。今飘风、旱气,皆诚慕未浓,幽显无感也。所言过哀之咎,谅为未衷。"十一月己未朔,魏主禫于太和庙,衮冕以祭。既而服黑介帻,素纱深衣,拜陵而还。癸亥,冬至,魏主祀圜丘,遂祀明堂,还,至太和庙,乃入。甲子,临太华殿,服通天冠,绛纱袍,以飨群臣。乐县而不作。丁卯,服衮冕,辞太和庙,帅百官奉神主迁于新庙。

19　乙亥,魏大定官品。戊戌,考诸牧守。

20　魏假通直散骑常侍李彪等来聘。

21　魏旧制,群臣季冬朝贺,服裤褶行事,谓之小岁。丙戌,诏罢之。

22　十二月壬辰,魏迁社于内城之西。

23　魏以安定王休为太傅,齐郡王简为太保。

24　高丽王琏卒,寿百馀岁。魏主为之制素委貌,布深衣,举哀于东郊。遣谒者仆射李安上策赠太傅,谥曰康。孙云嗣立。

17　冬季,十月,北魏明堂、太庙落成。

18　庚寅(初二),孝文帝祭拜永固陵,因哀伤过度,身体异常消瘦衰弱。于是,司空穆亮规劝孝文帝说:"陛下服丧已经行过了一周年,悲哀痛苦之情,仍然和亲人刚刚去世时一样。君王是天地神灵的儿子,是万民的父母。从来没有儿子过于悲伤而父母心里不难受的情况,也没有父母过于忧虑而儿子单独高兴快乐的情况。如今,我们境内气候反常,狂风、大旱造成大灾,希望陛下能改穿轻便的服装,使饭量恢复到正常水平,乘坐輦车经常出宫走动走动,按照顺序祭祀百神,以使苍天和百姓交相庆幸。"孝文帝下诏说:"孝敬父母与友爱兄弟达到极点,就没有什么不能感通。如今,狂风肆虐,大旱逼迫,都是由于我的诚心还不够虔笃,阴间和阳间没有得到感应所致。说这些灾难是由于哀痛所导致,恐怕并不合适。"十一月己未朔(初一),孝文帝在太和庙举行脱下丧服的典礼。接着改穿了服装,他头戴黑色帽子,身穿由白色纱做的上下连为一体的连裤装,祭拜完冯太后的陵墓后返回宫中。癸亥(初五),冬至,孝文帝前往平城南郊天坛祭礼,接着,又到了明堂进行祭祀,回宫途中,又到了太和庙,然后才回来。甲子(初六),孝文帝登临太华殿,头戴冕旒,身穿礼服,设宴款待文武百官。设置乐器,但没有演奏。丁卯(初九),孝文帝戴着通天帽,身穿袞龙袍,向太和庙辞别,率领文武百官把供奉祖先的牌位迎送到新落成的皇家祖庙。

19　乙亥(十七日),北魏朝廷制定了完整的官员等级制度。戊戌(二十日),又对各州各郡的州郡长们进行了考核检验。

20　北魏的假通直散骑常侍李彪等人来访。

21　北魏旧有的制度规定,文武百官在深冬时节朝贺时,要穿短袄短裤前来,一般称为"小岁"。丙戌(二十八日),下诏废除这一制度。

22　十二月壬辰(初五),北魏把祭祀土地神的祭坛迁到平城内城西边。

23　北魏任命安定王拓跋休为太傅,齐郡王拓跋简为太保。

24　高句丽国王高琏去世,享年一百多岁。孝文帝为高琏特地做了一种素委帽和布质连裤服装,穿上在平城东郊举行哀悼祭祀。又派遣谒者仆射李安上策命,追赠高琏为太傅,谥号康。接着,高琏的孙子高云继承了王位。

25 乙酉,魏主始迎春于东郊。自是四时迎气皆亲之。

26 初,魏世祖克统万及姑臧,获雅乐器服工人,并存之。其后累朝无留意者,乐工浸尽,音制多亡。高祖始命有司访民间晓音律者议定雅乐,当时无能知者。然金、石、羽旄之饰,稍壮丽于往时矣。辛亥,诏简置乐官,使修其职,又命中书监高闾参定。

27 初,晋张斐、杜预共注《律》三十卷,自泰始以来用之,《律》文简约,或一章之中,两家所处,生杀顿异,临时斟酌,吏得为奸。上留心法令,诏狱官详正旧注。七年,尚书删定郎王植集定二注,表奏之。诏公卿、八座参议考正,竟陵王子良总其事。众议异同不能壹者,制旨平决。是岁,书成。廷尉山阴孔稚珪上表,以为:"《律》文虽定,苟用失其平,则法书徒明于袠里,冤魂犹结于狱中。窃寻古之名流,多有法学;今之士子,莫肯为业。纵有习者,世议所轻,将恐此书永沦走吏之手矣。今若置《律》助教,依《五经》例,国子生有欲读者,策试高第,即加擢用,以补内外之官,庶几士流有所劝慕。"诏从其请,事竟不行。

25　乙酉(二十二日),孝文帝开始到平城南郊举行迎春典礼。从此以后,北魏每年举行迎接四季的活动时,孝文帝都亲自主持。

26　当初,北魏太武帝攻克了统万和姑臧,将得到的雅乐乐器、乐服、乐师,全都保留了下来。从这以后,经过了几朝却没有人对他们关心留意,乐师慢慢死尽,很多乐谱也都散失。这时,孝文帝开始命令有关部门到民间去查访通晓音乐的人,商议制定皇家高雅的音乐,可是,民间当时已经没有人能懂了。不过,皇家仪仗上的金银、宝石、羽毛旗帜等装饰物,却比以前各个时代都要齐备、华丽。辛亥(二十四日),诏命选拔设置乐官让他整理音乐,又命令中书监高闾参与审定。

27　当初,西晋的张斐、杜预共同对三十卷的《律》进行了注解,从晋武帝泰始年间以来就一直使用此注本,《律》行文简明扼要,有的在一章中,张斐和杜预的注解恰恰相反,对一个人,按这个注本可以判生,按另一个注本就可以判死,而这一切则需要审判官临时斟酌情形,加以选择,这样一来,也使官吏们贪赃枉法、滥用职权获得了机会。武帝十分注意法律条令,他颁下诏令,命令狱官详细订正以前张斐和杜预的旧注。永明七年,尚书删定郎王植将张斐和杜预二家注解集中订正之后,上表奏报。武帝下诏,命令公卿和八座在一起讨论、修正,由竟陵王萧子良总揽全局。对于大家意见不能取得一致的地方,奏报武帝裁决。这一年,此书修正完毕。廷尉山阴人孔稚珪又上书武帝,认为:"《律》文虽然已经确定下来,但如果使用起来审判并不公正,那么这部法律也就只不过是白白地放在书套里,冤屈的灵魂也还仍然被滞留在牢狱。我私下里曾稽考了古代的知名人士,他们大多都了解法律规章。而现在的读书人,却没有谁肯把研究执行法律作为自己的事业。即使是有人研究学习它,也被人们所轻视,因此,将来恐怕这部书也要永远沦落在那些低级官吏手中。我建议,现在设立《律》文助教,依照《五经》的办法,国子学校的学生中,有想要研究法律的,只要能考试及格,就可依照考试成绩,依次提升任用,用以补充朝廷内外官职的空额,希望这样一来能对读书人及在职的官吏们有所鼓励和吸引。"武帝下诏,要求按照孔稚珪的建议办,可是此事终究没有实行。

28 初,林邑王范阳迈,世相承袭,夷人范当根纯攻夺其国,遣使献金簟等物。诏以当根纯为都督缘海诸军事、林邑王。

29 魏冀州刺史咸阳王禧入朝。有司奏:"冀州民三千人称禧清明有惠政,请世莋冀州。"魏主诏曰:"利建虽古,未必今宜。经野由君,理非下请。"以禧为司州牧、都督司、豫等六州诸军事。

30 初,魏文明太后宠任宦者略阳苻承祖,官至侍中,知都曹事,赐以不死之诏。太后殂,承祖坐赃应死,魏主原之,削职禁锢于家,仍除悖义将军,封佞浊子,月馀而卒。承祖方用事,亲姻争趋附以求利。其从母杨氏为姚氏妇独否,常谓承祖之母曰:"姊虽有一时之荣,不若妹有无忧之乐。"姊与之衣服,多不受。强与之,则曰:"我夫家世贫,美衣服使人不安。"不得已,或受而埋之。与之奴婢,则曰:"我家无食,不能饲也。"常著弊衣,自执劳苦。承祖遣车迎之,不肯起;强使人抱置车上,则大哭曰:"尔欲杀我!"由是苻氏内外号为"痴姨"。及承祖败,有司执其二姨至殿廷。其一姨伏法。帝见姚氏姨贫弊,特赦之。

28　当初,林邑国王范阳迈,世代承袭王位。后来,夷族首领范当根纯攻占了林邑国,接着,范当根纯又派使节向南齐进贡用金丝编织的席子等东西。武帝下诏任命范当根纯为都督缘海诸军事和林邑王。

29　北魏冀州刺史、咸阳王拓跋禧朝见孝文帝。有关部门上奏说:“冀州三千老百姓一致称赞拓跋禧清廉公正,施行德政,请求陛下允许他世代承袭冀州刺史的官职。”孝文帝颁下诏令说:“以前建立的世袭制度虽宜于古代,但用在今天,恐怕不一定合适。分疆割土,要由君王做主,按理说不是臣属的请求所能决定的。”于是,改命拓跋禧为司州牧,都督司、豫等六州诸军事。

30　当初,北魏冯太后宠爱信任宦官略阳人符承祖,官位一直做到了侍中和知都曹事,冯太后还赏赐给他一道免死的诏令。冯太后去世后,符承祖因为贪赃枉法应该处以死刑,孝文帝宽宥赦免了他,只是撤销了他的官职,将他关在自己的私宅里,还给了他一个悖义将军的官衔,封他为佞浊子,符承祖一个多月后就去世了。在符承祖当权时,他的亲戚争相跑来依附他,以此谋求自己的私利。符承祖的姨母杨氏嫁给了姚家,只有她不这样做,她经常对符承祖的母亲说:“姐姐你虽然有一时的荣华富贵,却不如妹妹我有无忧无虑的乐趣。”符承祖的母亲送给她衣服时,她多半都不肯收下。如果强行给她,她就说:“我丈夫家世代贫穷,穿上华丽的衣服会让我们内心不得安宁。”在迫不得已情况下,她收下来,但还是把它们用土埋了起来。符承祖的母亲又送给她奴仆和婢女,她就说:“我家没有多余的粮食,不能养活她们。”她经常穿着破旧的衣服,凡事总是自己亲自动手去做,不辞劳苦。符承祖有一次曾派车辆迎接她,她就是不肯上车。符承祖让婢女们强抱她上车,她就大哭着说:“你想要杀我!”从此,符家里外的人都叫她为“痴姨”。符承祖案发,有关部门将符承祖的两个姨妈抓了起来送到金銮殿。其中一位姨妈被斩首了。孝文帝看到姚家姨妈那么贫寒,特别赦免了她。

31 李惠之诛也,思皇后之昆弟皆死。惠从弟凤为安乐王长乐主簿,长乐坐不轨,诛,凤亦坐死。凤子安祖等四人逃匿获免,遇赦乃出。既而魏主访舅氏存者,得安祖等,皆封侯,加将军。既而引见,谓曰:"卿之先世,再获罪于时。王者设官以待贤才,由外戚而举者,季世之法也。卿等既无异能,且可还家。自今外戚无能者视此。"后又例降爵为伯,去其军号。时人皆以为帝待冯氏太厚,待李氏太薄。太常高闾尝以为言,帝不听。及世宗尊宠外家,乃以安祖弟兴祖为中山太守,追赠李惠开府仪同三司、中山公,谥曰庄。

**十年(壬申,492)**

1 春,正月戊午朔,魏主朝飨群臣于太华殿,悬而不乐。

2 己未,魏主宗祀显祖于明堂以配上帝,遂登灵台以观云物,降居青阳左个,布政事。自是每朔依以为常。

散骑常侍庾荜等聘于魏,魏主使侍郎成淹引荜等于馆南,瞻望行礼。

辛酉,魏始以太祖配南郊。

31　北魏诛杀李惠时,李惠的女儿思皇后李贵人的亲兄弟也都全被处死。李惠的堂弟李凤曾经任安乐王拓跋长乐的主簿,后来,拓跋长乐因图谋不轨罪被处死,李凤也受到牵连被诛杀。李凤的儿子李安祖等四人逃亡躲藏起来才免于一死,后来遇到朝廷大赦才得以露面。过了一阵,孝文帝寻访舅父家现在仍然活着的亲人,查出了李安祖等人,于是,给他们全都封了侯爵,加授将军官衔。不久,孝文帝又接见李安祖等四人,对他们说:"你们的先人,当年曾两次犯罪。君王设立官职是要任用贤能、有才干的人,因为皇亲国戚而被推举做官,是末朝乱世才有的情况。你们既然没有什么特别的才能,暂且可以回到故乡。从此以后,凡是皇亲国戚没有才能的人都要照此处理。"以后,将四人爵位降为伯,撤销他们将军的名号。当时的人们都认为,孝文帝待冯太后家过于优厚,而待李氏家过于刻薄。太常高闾也曾经为此提过意见,孝文帝没听从。直到宣武帝时期,才追尊、宠信外祖母娘家人,任命李安祖的弟弟李兴祖为中山太守,追赠李惠为开府仪同三司、中山公爵,谥号庄。

## 齐武帝永明十年(壬申,公元492年)

1　春季,正月戊午朔(初一),北魏孝文帝在太华殿大宴文武百官,乐器摆在那里,但未演奏。

2　己未(初二),北魏孝文帝在明堂祭祀献文帝,把献文帝的牌位放在上帝牌位旁边,共享香火。然后登上灵台,开始观察太阳四周云气。下来后,停留在东堂北部偏殿,处理国家大事。从此以后,每月初一都举行这项活动,形成惯例。

南齐散骑常侍庾荜等人出访北魏,孝文帝派侍郎成淹带着庾荜等人来到宾馆南边,在远处看孝文帝在明堂举行祭祀仪式。

辛酉(初四),北魏第一次把太祖道武帝的灵位作为南郊天神的配享,一同祭祀。

3　魏主命群臣议行次。中书监高闾议,以为:"帝王莫不以中原为正统,不以世数为与夺,善恶为是非。故桀、纣至虐,不废夏、商之历;厉、惠至昏,无害周、晋之录。晋承魏为金,赵承晋为水,燕承赵为木,秦承燕为火。秦之既亡,魏乃称制玄朔。且魏之得姓,出于轩辕。臣愚以为宜为土德。"秘书丞李彪、著作郎崔光等议,以为:"神元与晋武往来通好,至于桓、穆,志辅晋室,是则司马祚终于郏鄏,而拓跋受命于云代。昔秦并天下,汉犹比之共工,卒继周为火德;况刘、石、苻氏,地褊世促,魏承其弊,岂可舍晋而为土邪?"司空穆亮等皆请从彪等议。壬戌,诏承晋为水德,祖申、腊辰。

4　甲子,魏罢祖裸。

5　魏宗室及功臣子孙封王者众,乙丑,诏:"自非烈祖之胄,馀王皆降为公,公降为侯,而品如旧。"蛮王桓诞亦降为公;唯上党王长孙观,以其祖有大功,特不降。丹杨王刘昶封齐郡公,加号宋王。

6　魏旧制,四时祭庙皆用中节。丙子,诏始用孟月,择日而祭。

7　以竟陵王子良领尚书令。

8　魏主毁太华殿为太极殿。戊子,徙居永乐宫。以尚书李冲领将作大匠,与司空穆亮共营之。

3 孝文帝命令文武百官讨论水、木、金、火、土"五行"的顺序问题。中书监高闾发表见解,认为:"历代帝王没有不把中原作为立国的正统的,并不完全把传世多少作为努力竞争的对象,把君王的善恶作为是与非的标准。因此,夏桀和商纣王虽然那么暴虐,但并没有被排除在夏、商王朝之外;周厉王与晋惠帝虽然那么昏庸,也没有妨碍他们是周、晋的帝王之一。晋承继曹魏是金德,赵继承晋为水德,燕承继赵为木德,秦继燕为火德。秦灭亡之后,魏就在北方正式建立。而且,魏皇家拓跋这一姓氏,是出自轩辕帝那里。臣认为,魏应该是土德。"秘书丞李彪、著作郎崔光等人认为:"我们神元皇帝和晋武帝来往密切,关系不错,后来,到了桓帝和穆帝,他们仍然一心辅佐晋王朝,这就说明司马氏的命运在郏鄏已经告终,而拓跋是在云中、代郡接受天命兴起来的一支。以前,秦王朝统一天下,汉王朝把秦王比作共工,而最终直接继承了周王朝,为火德。何况刘渊、石勒、苻氏所建的王朝,国土狭小,世代短促,魏所接受的混乱局面比汉朝继承秦朝的情况都不如,怎么能够舍弃晋王朝,而定为土德呢?"司空穆亮等人都请求采纳李彪等人的建议。壬戌(初五),孝文帝下诏,规定北魏继承晋王朝为水德,年初第一个申日祭祀祖先,年终最后一个辰日举行腊祭。

4 甲子(初七),北魏下令严禁人们赤背、裸体。

5 北魏皇室以及功臣的子孙,被封为王爵的人有很多。乙丑(初八),孝文帝下诏说:"除了烈祖的后裔,其馀的所有王爵全都降为公,公爵则降为侯爵,品级一仍其旧。"蛮王桓诞也被降为公。只有上党王长孙观,因为他的祖先立过显赫的功劳,特别照顾不降爵位。丹杨王刘昶降为齐郡公,特别加号为宋王。

6 北魏旧制度规定,每年四季祭祀,都要在季中月份举行。丙子(十九日),孝文帝下诏,命令以后改为在每季度的第一个月中,选择吉祥的日子祭祀。

7 南齐任命竟陵王萧子良兼任尚书令。

8 魏孝文帝下令,拆毁太华殿,改建太极殿。戊子(初二),孝文帝迁居到永乐宫。任命尚书李冲兼任将作大匠,和司空穆亮一同主持建筑工程工事。

9 辛卯,魏罢寒食飨。

甲午,魏主始朝日于东郊。自是朝日、夕月皆亲之。

丁酉,诏祀尧于平阳,舜于广宁,禹于安邑,周公于洛阳,皆令牧守执事。其宣尼之庙,祀于中书省。丁未,改谥宣尼曰文圣尼父,帝亲行拜祭。

魏旧制,每岁祀天于西郊,魏主与公卿从二千馀骑,戎服绕坛,谓之踏坛。明日,复戎服登坛致祀,已又绕坛,谓之绕天。三月癸酉,诏尽省之。

10 辛巳,魏以高丽王云为督辽海诸军事、辽东公、高句丽王,诏云遣其世子入朝。云辞以疾,遣其从叔升干随使者诣平城。

11 夏,四月丁亥朔,魏班新《律令》,大赦。

12 辛丑,豫章文献王嶷卒,赠假黄钺、都督中外诸军事、丞相,丧礼皆如汉东平献王故事。嶷性仁谨廉俭,不以财贿为事。斋库失火,烧荆州还资,评直三千馀万,主局各杖数十而已。疾笃,遗令诸子曰:"才有优劣,位有通塞,运有贫富,此自然之理,无足以相陵侮也。"上哀痛特甚,久之,语及嶷,犹欷歔流涕。嶷卒之日,第库无见钱,上敕月给嶷第钱百万。终上之世乃省。

9　辛卯(初五),北魏废除寒食节祭祀祖先的仪式。

甲午(初八),孝文帝开始在平城东郊主持祭日仪式。从此以后,无论是祭日仪式,还是祭月仪式,孝文帝都亲自前来主持。

丁酉(十一日),孝文帝下诏,命令在平阳祭祀尧帝,在广宁祭祀舜帝,在安邑祭祀大禹,在洛阳祭祀周公,这些祭祀活动,都要由当地地方官员主持进行。至于孔子庙的祭礼,则要在中书省举行。丁未(二十一日),将孔子的谥号宣尼改称为文圣尼父,孝文帝亲自前来中书省祭拜。

北魏旧制度规定,每年要在平城西郊祭祀天神,皇帝和各公卿率领两千多骑兵,穿上武装环绕祭坛进行祭祀,这种祭祀活动称为踏坛。第二天,再次穿上武装,登上祭坛开始祭天,祭过之后,再次环绕祭坛行走,称为绕天。三月癸酉(十七日),下诏命令将这一活动全部免去。

10　辛巳(二十五日),北魏任命高句丽国王高云为督辽海诸军事、辽东公、高句丽王,诏令高云派他的世子到北魏平城朝见。高云以有病作借口加以推辞,而派堂叔高升干随同使节前往平城。

11　夏季,四月丁亥朔(初一),北魏朝廷颁布新修订的《律令》,实行大赦。

12　辛丑(十五日),南齐豫章文献王萧嶷去世,武帝下令,追赠萧嶷黄钺和都督中外诸军事、丞相,丧礼规模仪式,完全和汉东平献王刘苍的一样。萧嶷生性仁善、恭谨、廉洁、节俭,从来不追求金钱,不接受贿赂。他自己家的库房发生火灾时,将他从荆州带回家的资产全都烧光了,当时估计约有三千多万,但他最后不过责打了库房负责人各几十棍而已。他病得很厉害时,立下遗嘱,命令他的几个儿子说:"才能有优劣好坏之分,官位有亨通受阻之分,运气有贫穷富足之分,这是自然而然的道理,你们所处的位置还不足以让你们仗势欺人。"萧嶷去世,武帝万分伤心,直到很久以后,一提起萧嶷,还是抽泣流泪。萧嶷去世那天,他家里没有一点儿现钱,武帝下令每月接济萧嶷家一百万钱。直到武帝去世,这种接济才停止。

13 五月己巳，以竟陵王子良为扬州刺史。

14 魏文明太后之丧，使人告于吐谷浑。吐谷浑王伏连筹拜命不恭，群臣请讨之；魏主不许。又请还其贡物。帝曰："贡物乃人臣之礼。今而不受，是弃绝之，彼虽欲自新，其路无由矣。"因命归洮阳、泥和之俘。

秋，七月庚申，吐谷浑遣其世子贺虏头入朝于魏。诏以伏连筹为都督西垂诸军事、西海公、吐谷浑王，遣兼员外散骑常侍张礼使于吐谷浑。伏连筹谓礼曰："曩者宕昌常自称名而见谓为大王，今忽称仆，又拘执使人；欲使偏师往问，何如？"礼曰："君与宕昌皆为魏藩，比辄兴兵攻之，殊违臣节。离京师之日，宰辅有言，以为君能自知其过，则藩业可保；若其不悛，祸难将至矣。"伏连筹默然。

15 甲戌，魏遣兼员外散骑常侍广平宋弁等来聘。及还，魏主问弁："江南何如？"弁曰："萧氏父子无大功于天下，既以逆取，不能顺守。政令苛碎，赋役繁重；朝无股肱之臣，野有愁怨之民。其得没身幸矣，非贻厥孙谋之道也。"

13 五月己巳(十四日),武帝任命竟陵王萧子良为扬州刺史。

14 北魏文明太后冯太后去世时,派使节前往吐谷浑汗国报丧。吐谷浑可浑慕容伏连筹在接受北魏报丧的消息时,态度不恭谨,因此,文武百官们请求孝文帝出兵讨伐,孝文帝没有批准。文武百官们又请求将吐谷浑汗国进贡的东西退回去。孝文帝说:"进贡物品是作为臣属应该具有的礼节。如今我们不接受他们的进贡物品,这是断绝与他们的关系,这样一来,他们虽然打算改过自新,也无路可走了。"所以,孝文帝又下令,将在洮阳、泥和俘获的人全部还给吐谷浑汗国。

秋季,七月庚申(初六),吐谷浑可汗慕容伏连筹派他的世子慕容贺房头到北魏朝廷觐见。孝文帝下诏,任命慕容伏连筹为都督西垂诸军事、西海公、吐谷浑王,并派遣兼员外散骑常侍张礼出使吐谷浑汗国。慕容伏连筹对张礼说:"以前,宕昌国国王经常是自称名字,而称呼我为'大王'。现在,却突然自称'仆',而且又拘捕了我派去的使节。为此,我打算派一支军队前去宕昌国询问一下,你认为怎么样?"张礼说:"您和宕昌国国王都是魏的藩属,如果动不动就要出兵攻击,这实在是违犯了做藩属的礼节。在我离开平城那天,宰辅就告诉我,他认为您如果能自知自己的过错,那么,您作为吐谷浑可汗的大业就可以继续保存下去;如果您不改正错误的话,大祸灾难将会降临到您的头上。"慕容伏连筹听后,没有说话。

15 甲戌(二十日),北魏派遣兼员外散骑常侍、广平人宋弁等前来访问。宋弁等人回国后,孝文帝问宋弁说:"长江以南形势怎么样?"宋弁回答说:"萧家父子对国家没有大的贡献,既然他们是用不正当的手段获取的政权,那么,他们也当然不能用顺应人心的政策来保护他们的江山。他们政令苛刻而琐碎,赋税差役繁多而沉重。朝廷内没有德高望重可做柱石的大臣,田野上却充满了哀愁怨愤的老百姓。他能保持终身已经是万幸的了,他所采取的措施,也已经不是为子孙的长久考虑。"

16　八月乙未，魏以怀朔镇将阳平王颐、镇北大将军陆叡皆为都督，督十二将，步骑十万，分为三道以击柔然：中道出黑山，东道趣士卢河，西道趣侯延河。军过大碛，大破柔然而还。

17　初，柔然伏名敦可汗与其叔父那盖分道击高车阿伏至罗，伏名敦屡败，那盖屡胜。国人以那盖为得天助，乃杀伏名敦而立那盖，号候其伏代库者可汗，改元太安。

18　魏司徒尉元、大鸿胪卿游明根累表请老，魏主许之。引见，赐元玄冠、素衣，明根委貌、青纱单衣，及被服杂物等而遣之。魏主亲养三老、五更于明堂。己酉，诏以元为三老，明根为五更。帝再拜三老，亲袒割牲，执爵而馈。肃拜五更，且乞言焉，元、明根劝以孝友化民。又养庶老、国老于阶下。礼毕，各赐元、明根以步挽车及衣服，禄三老以上公，五更以元卿。

19　九月甲寅，魏主序昭穆于明堂，祀文明太后于玄室。辛未，魏主以文明太后再期，哭于永固陵左，终日不辍声，凡二日不食。甲戌，辞陵，还永乐宫。

20　武兴氐王杨集始寇汉中，至白马。梁州刺史阴智伯遣军主桓卢奴，阴冲昌等击破之，俘斩数千人。集始走还武兴，请降于魏。辛巳，入朝于魏。魏以集始为南秦州刺史、汉中郡侯、武兴王。

16　八月乙未(十一日)，北魏任命怀朔镇将、阳平王拓跋颐以及镇北大将军陆叡同时担任都督，督统十二位大将，十万名步兵、骑兵，分兵三路袭击柔然汗国。中路大军进攻黑山，东路大军直接进攻士卢河，西路大军奔向侯延河。北魏大军渡过大沙漠，大败柔然军队后返回。

17　当初，柔然汗国伏名敦可汗郁久间豆仑和他的叔父郁久间那盖分头袭击高车王阿伏至罗，但郁久间豆仑不断地打败仗，而郁久间那盖却是不断地取胜。当时柔然汗国的百姓认为郁久间那盖得到了上天的帮助，于是，就杀死了郁久间豆仑，立郁久间那盖为可汗，称他为候其伏代库者可汗，改年号为太安。

18　北魏司徒尉元和大鸿胪卿游明根多次上书，因年事已高，请求辞职，孝文帝批准了二人的请求。孝文帝接见他们，把黑色的冠帽和白色的衣服赏赐给尉元，把委貌冠帽和青纱单衣赏赐给游明根，又给了二人被褥行李等其他物品，然后让他们回家养老。孝文帝在明堂亲自主持了送三老、五更回乡养老的典礼。己酉(二十五日)，下诏任命尉元为三老，游明根为五更。孝文帝向三老尉元叩拜两次，亲自挽袖露臂，切割祭肉，举起酒杯向他敬酒。接着，又向五更游明根一揖，并且请求他们对国家大事提出意见，尉元和游明根建议孝文帝用孝敬父母、友爱兄弟之道教化百姓。然后，又在台阶下主持了敬老仪式，向庶老和国老行礼致敬。行礼结束后，分别赏赐了尉元和游明根人力拉的车辆和衣服，发给三老上公的俸禄，发给五更元卿的俸禄。

19　九月甲寅(初一)，北魏孝文帝在明堂排定祖先牌位顺序，又在北堂祭祀了文明太后冯太后。辛未(十八日)，孝文帝因为这天是冯太后去世二周年的祭日，在永固陵西侧悲哭起来，整天哭声不断，一连两天没有吃饭。甲戌(二十一日)，才辞别冯太后墓地，返回永乐宫。

20　武兴氐王杨集始进犯汉中，率军抵达白马。梁州刺史阴智伯派军主桓卢奴、阴冲昌等人率领大军迎击杨集始，俘虏及斩杀了杨集始军队几千名将士。杨集始逃回到武兴，向北魏请求投降。辛巳(二十八日)，杨集始朝见孝文帝，北魏任命杨集始为南秦州刺史、汉中郡侯、武兴王。

21 冬,十月甲午,上殷祭太庙。

22 庚戌,魏以安定王休为大司马,特进冯诞为司徒。诞,熙之子也。

23 魏太极殿成。

24 十二月,司徒参军萧琛、范云聘于魏。魏主甚重齐人,亲与谈论,顾谓群臣曰:"江南多好臣。"侍臣李元凯对曰:"江南多好臣,岁一易主;江北无好臣,百年一易主。"魏主甚惭。

25 上使太子家令沈约撰《宋书》,疑立《袁粲传》,审之于上。上曰:"袁粲自是宋室忠臣。"约又多载宋世祖、太宗诸鄙渎事。上曰:"孝武事迹,不容顿尔。我昔经事明帝,卿可思讳恶之义。"于是多所删除。

26 是岁,林邑王范阳迈之孙诸农,帅种人攻范当根纯,复得其国。诏以诸农为都督缘海诸军事、林邑王。

27 魏南阳公郑羲与李冲婚姻,冲引为中书令。出为西兖州刺史,在州贪鄙。文明太后为魏主纳其女为嫔,征为秘书监。及卒,尚书奏谥曰宣。诏曰:"盖棺定谥,激扬清浊。故何曾虽孝,良史载其缪丑;贾充有劳,直士谓之荒公。羲虽宿有文业,而治阙廉清。尚书何乃情违至公,愆违明典!依《谥法》:'博闻多见曰文;不勤成名曰灵。'可赠以本官,加谥文灵。"

21 冬季,十月甲午(十一日),南齐武帝在太庙举行大规模祭祀活动。

22 庚戌(二十七日),北魏任命安定王拓跋休为大司马,任命特进冯诞为司徒。冯诞是冯熙的儿子。

23 北魏太极殿建成。

24 十二月,南齐司徒参军萧琛、范云出使北魏。孝文帝对他们非常尊重,亲自和他们谈话,并回头对身边的文武百官说:"江南有很多优秀的官员。"他的侍臣李元凯回答说:"长江南边有很多优秀的官员,但他们几乎每年更换一次帝王;长江北边没有优秀的官员,但一百年左右才换一次帝王。"孝文帝非常惭愧。

25 南齐武帝命令太子家令沈约撰写《宋书》,沈约不能确定是否写《袁粲传》,请求武帝决定。武帝说:"袁粲当然是刘宋的忠臣。"沈约又记载了刘宋孝武帝和明帝许多卑鄙、荒淫的事。武帝说:"孝武帝的各种事情,不能这么写。我当过明帝的臣属,侍奉过他,你应该想到为尊者讳的《春秋》大义。"于是,沈约删去了很多。

26 这一年,林邑王范阳迈的孙子范诸农,率领自己部落的人进攻篡夺王位的范当根纯,夺回了政权,收回了自己的国土。南齐武帝任命范诸农为都督缘海诸军事、林邑王。

27 北魏南阳公爵郑羲和李冲结成姻亲关系,经李冲推荐任中书令。后来郑羲又任西兖州刺史,在任职期间,他贪婪卑鄙。文明太后冯太后曾为孝文帝纳娶郑羲的女儿为妃嫔,所以又把他调回任秘书监。郑羲去世时,尚书上奏追谥他为宣。孝文帝下诏说:"盖上棺材后决定谥号,显示逝者是清还是浊。晋武帝时的何曾虽然孝顺,但优秀的史官们却把他称为'缪丑';贾充对国家有功,但正直的人却称他为'荒公'。郑羲虽然在文学上很有造诣,但为政时却不廉洁清白。尚书怎么能这样只顾人情,而违背公理,触犯国家圣明的典章制度呢!按照《谥法》上所说的:'见多识广叫作文,不辛勤劳苦却有名声叫作灵。'可以追赠他临终前的官职秘书监,追加谥号为文灵。"

# 卷第一百三十八　齐纪四

癸酉（493）一年

**世祖武皇帝下**

**永明十一年（癸酉，493）**

1　春，正月，以骠骑大将军王敬则为司空，镇军大将军陈显达为江州刺史。显达自以门寒位重，每迁官，常有愧惧之色，戒其子勿以富贵陵人。而诸子多事豪侈，显达闻之，不悦。子休尚为邺府主簿，过九江。显达曰："麈尾蝇拂是王、谢家物，汝不须捉此！"即取于前烧之。

2　初，上于石头造露车三千乘，欲步道取彭城，魏人知之。刘昶数泣诉于魏主，乞处边戍，招集遗民，以雪私耻。魏主大会公卿于经武殿，以议南伐，于淮、泗间大积马刍。上闻之，以右卫将军崔慧景为豫州刺史以备之。

3　魏遣员外散骑侍郎邢峦等来聘。峦，颖之孙也。

4　丙子，文惠太子长懋卒。太子风韵甚和，上晚年好游宴，尚书曹事分送太子省之，由是威加内外。

太子性奢靡，治堂殿、园囿过于上宫，费以千万计，恐上望见之，乃傍门列修竹；凡诸服玩，率多僭侈。启于东田起小苑，使东宫将吏更番筑役，营城包巷，弥亘华远。

## 世祖武皇帝下

## 齐武帝永明十一年(癸酉,公元 493 年)

1 春季,正月,南齐任命骠骑大将军王敬则为司空,任命镇军大将军陈显达为江州刺史。陈显达总认为自己出身寒门,却担任这么显要的官职,所以,每次升官时,他都面带恐惧,表情羞愧,并且告诫他的儿子,不要依仗自己富贵尊荣而欺凌他人。但是,他的儿子们却常常追求豪华奢侈,陈显达听说后,非常不高兴。他的儿子陈休尚担任郢府主簿的官职,途经九江,陈显达说:"麈尾、蝇拂,这些都是王家、谢家那样人使用的东西,你不需要拿着它。"说完,就把这些东西拿过来,当着儿子的面烧掉了。

2 当初,武帝在石头城制造了三千辆没有篷帐的车辆,打算从陆路攻取彭城,北魏得知了这一情况。刘昶多次在北魏孝文帝面前哭泣、诉说,乞求派他到边界地带戍守,招收仍然怀念刘宋的百姓,向南齐报仇雪耻。孝文帝在经武殿招集文武官员,讨论南伐的事情,并在淮河、泗水之间贮备了很多喂马的草料。武帝听说了这一消息,任命右卫将军崔慧景为豫州刺史,防备北魏的入侵。

3 北魏派员外散骑侍郎邢峦等人来访。邢峦是邢颖的孙子。

4 丙子(二十五日),文惠太子萧长懋去世。萧长懋仪态风范都很温和,武帝晚年喜欢游乐欢宴,就将尚书曹中的一部分事情交给萧长懋处理,因此,萧长懋威望著称全国。

太子萧长懋生性奢靡,他修建自己的殿堂、花园,远远超过了武帝的宫殿,建筑费用都要以千万计算,他害怕武帝看见,就沿着殿门,种植了一排排修长的竹子。各种服饰、玩物,萧长懋大多都奢侈过分。他请求武帝在东田建造一个小规模的打猎游玩场所,让东宫的将士们轮番充当修筑的工匠,营造城墙,围住街巷,伸展辽远,异常华丽。

上性虽严,多布耳目,太子所为,人莫敢以闻。上尝过太子东田,见其壮丽,大怒,收监作主帅。太子皆藏之,由是大被诮责。

又使嬖人徐文景造辇及乘舆御物。上尝幸东宫,匆匆不暇藏辇,文景乃以佛像内辇中,故上不疑。文景父陶仁谓文景曰:"我正当扫墓待丧耳!"仍移家避之。后文景竟赐死,陶仁遂不哭。

及太子卒,上履行东宫,见其服玩,大怒,敕有司随事毁除。以竟陵王子良与太子善,而不启闻,并责之。

太子素恶西昌侯鸾,尝谓子良曰:"我意中殊不喜此人,不解其故,当由其福薄故也。"子良为之救解。及鸾得政,太子子孙无遗焉。

5　二月,魏主始耕藉田于平城南。

6　雍州刺史王奂恶宁蛮长史刘兴祖,收系狱,诬其构扇山蛮,欲为乱。敕送兴祖下建康,奂于狱中杀之,诈云自经。上大怒,遣中书舍人吕文显、直阁将军曹道刚将斋仗五百人收奂,敕镇西司马曹虎从江陵步道会襄阳。

奂子彪,素凶险,奂不能制。长史殷叡,奂之婿也,谓奂曰:"曹、吕来,既不见真敕,恐为奸变,正宜录取,驰启闻耳。"奂纳之。彪辄发州兵千馀人,开库配甲仗,出南堂,陈兵,闭门拒守。

武帝性情虽然严厉,到处都有自己的耳目,但太子萧长懋的所作所为,却没有人敢告诉他。一次,武帝曾偶然路过东田,看见那里的建筑非常壮观华丽,于是大怒,下令逮捕监作主帅。萧长懋听说后,马上把他们全都藏了起来,为此,萧长懋受到严厉斥责。

萧长懋又让自己宠爱的徐文景制造皇帝专用的辇车和其他专用物件。武帝曾经亲临东宫,萧长懋没来得及将辇车收藏起来,徐文景急中生智,就赶快把一尊佛像放在辇车里,所以,武帝也就没有怀疑。徐文景的父亲徐陶仁曾经对徐文景说:"我现在正在打扫墓地,等待为你办丧事!"徐陶仁将全家搬走,躲开徐文景。后来,徐文景真的被下令自杀,徐陶仁并没有为此而哭泣。

太子萧长懋去世时,武帝有一天步行到了东宫,看见了萧长懋过去的那些奢华的服饰、玩物,极为愤怒,下令有关部门随即全都毁掉。武帝认为,竟陵王萧子良平时和萧长懋关系最好,可他却没有把这些报告给自己,因此,他同时责备了萧子良。

太子萧长懋平时一直讨厌西昌侯萧鸾,他曾经对萧子良说:"我心里特别不喜欢这个人,不知道这是什么缘故,该是他福分浅吧。"萧子良替萧鸾解释辩白。等到后来萧鸾夺取政权后,就将萧长懋的子孙全都杀了,没留一个。

5 二月,北魏孝文帝开始在平城城南主持扶犁耕田典礼。

6 雍州刺史王奂讨厌宁蛮长史刘兴祖,将刘兴祖逮捕入狱,诬陷刘兴祖造谣煽动山中蛮族,打算发动叛乱。武帝命令王奂把刘兴祖押送到建康处理,王奂却在狱中害死了刘兴祖,谎称他是上吊自杀。武帝极为愤怒,派中书舍人吕文显和直阁将军曹道刚率领武装的禁卫军五百人前去雍州逮捕王奂。命令镇西司马曹虎从江陵出发,由陆路北上,与吕文显和曹道刚率领的军队在襄阳会师。

王奂的儿子王彪,平日凶狠险诈,连王奂都管不了。长史殷叡是王奂的女婿,他对王奂说:"曹道刚和吕文显来到这里,我们没有看到皇帝真正的诏书,恐怕这是什么阴谋诡计,我们正好逮捕他们,然后,再骑马去建康向皇上报告。"王奂接受了殷叡的建议。于是,王彪就派出一千多名雍州州府内的将士,打开武器库,给每人发放一套铠甲兵器,然后,走出南堂,分配兵力,关闭城门死守雍州城。

奂门生郑羽叩头启奂,乞出城迎台使,奂曰:"我不作贼,欲先遣启自申;正恐曹、吕等小人相陵藉,故且闭门自守耳。"彪遂出,与虎军战,兵败,走归。三月乙亥,司马黄瑶起、宁蛮长史河东裴叔业于城内起兵,攻奂,斩之,执彪及弟爽、弼、殷叡,皆伏诛。彪兄融、琛死于建康,琛弟秘书丞肃独得脱,奔魏。

7 夏,四月甲午,立南郡王昭业为皇太孙,东宫文武悉改为太孙官属,以太子妃琅邪王氏为皇太孙太妃,南郡王妃何氏为皇太孙妃。妃,戢之女也。

8 魏太尉丕等请建中宫,戊戌,立皇后冯氏。后,熙之女也。魏主以《白虎通》云"王者不臣妻之父母",下诏令太师上书不称臣,入朝不拜,熙固辞。

9 光城蛮帅征虏将军田益宗帅部落四千馀户叛,降于魏。

10 五月壬戌,魏主宴四庙子孙于宣文堂,亲与之齿,用家人礼。

11 甲子,魏主临朝堂,引公卿以下决疑政,录囚徒。常谓司空穆亮曰:"自今朝廷政事,日中以前,卿等先自论议;日中以后,朕与卿等共决之。"

12 丙子,以宜都王铿为南豫州刺史。先是庐陵王子卿为南豫州刺史,之镇,道中戏部伍为水军,上闻之,大怒,杀其典签,以铿代之。子卿还第,上终身不与相见。

王奂的学生郑羽向王奂叩头,请求王奂到城外迎接朝廷派来的官员,王奂说:"我并没有叛乱,打算预先派人去建康向皇上申诉。正是害怕遭到曹道刚和吕文显等一些奸诈小人的欺凌侮辱、随意践踏,因此,暂时关闭城门,自我防守罢了。"王彪于是走出城门,和曹虎率领的军队作战,结果被打败,逃回城里。三月乙亥(二十五日),司马黄瑶起和宁蛮长史河东人裴叔业在雍州城内发动兵变,进攻王奂,并斩杀了他,逮捕了王彪及王彪的弟弟王爽、王弼和殷叡,全部斩首。王彪的哥哥王融、王琛在建康被处死,只有王琛的弟弟、秘书丞王肃得以逃脱,投奔了北魏。

7 夏季,四月甲午(十四日),武帝立南郡王萧昭业为皇太孙,太子宫内的文武官属,全都改为太孙的官属。武帝又封太子妃琅邪人王氏为皇太孙太妃,南郡王妃何婧英为皇太孙妃。何婧英是何戢的女儿。

8 北魏太尉拓跋丕等人,请求孝文帝正式册封皇后,戊戌(十八日),册封冯清为皇后。冯皇后是冯熙的女儿。孝文帝根据《白虎通》上说"君王不可以把妻子的父母作为臣属",下诏命令太师冯熙呈递奏章时不再称臣,进入朝廷不用叩拜,但冯熙对此坚决辞谢。

9 光城蛮人首领、征虏将军田益宗率领自己部落四千多户人家反叛,向北魏投降。

10 五月壬戌(十三日),北魏孝文帝在宣文堂摆设酒席宴请太武帝以下四代皇帝的子孙,亲自和他们在一起谈年龄、论辈分,用对待家里人的礼节对待他们。

11 甲子(十五日),孝文帝来到金銮殿接见公卿以下官员,裁决政务上的疑难问题,审查记载囚犯的案情。孝文帝对司空穆亮说:"从现在开始,以后朝廷上的政务,在中午以前,由你们自己先商量讨论。中午过后,我和你们一块儿讨论裁决。"

12 丙子(二十七日),南齐任命宜都王萧铿为南豫州刺史。在这之前,曾任命庐陵王萧子卿为南豫州刺史,但萧子卿在前往任所的途中,把自己率领的军队假扮成水军模样取乐,武帝听说后,极为愤怒,下令杀了萧子卿的典签,又另派萧铿前往南豫接替萧子卿。萧子卿返回自己的家里,武帝直到去世,也不和他相见。

13 襄阳蛮酋雷婆思等帅户千馀求内徙于魏,魏人处之沔北。

14 魏主以平城地寒,六月雨雪,风沙常起,将迁都洛阳;恐群臣不从,乃议大举伐齐,欲以胁众。斋于明堂左个,使太常卿王谌筮之,遇《革》,帝曰:"'汤、武革命,应乎天而顺乎人。'吉孰大焉!"群臣莫敢言。尚书任城王澄曰:"陛下奕叶重光,帝有中土。今出师以征未服,而得汤、武革命之象,未为全吉也。"帝厉声曰:"繇云:'大人虎变',何言不吉!"澄曰:"陛下龙兴已久,何得今乃虎变?"帝作色曰:"社稷我之社稷,任城欲沮众邪?"澄曰:"社稷虽为陛下之有,臣为社稷之臣,安可知危而不言!"帝久之乃解,曰:"各言其志,夫亦何伤!"

既还宫,召澄入见,逆谓之曰:"向者《革》卦,今当更与卿论之。明堂之忿,恐人人竞言,沮我大计,故以声色怖文武耳。想识朕意。"因屏人谓澄曰:"今日之举,诚为不易。但国家兴自朔土,徙居平城。此乃用武之地,非可文治。今将移风易俗,其道诚难,朕欲因此迁宅中原,卿以为何如?"澄曰:"陛下欲卜宅中土以经略四海,此周、汉所以兴隆也。"帝曰:"北人习常恋故,必将惊扰,奈何?"澄曰:"非常之事,故非常人之所及。陛下断自圣心,彼亦何所能为!"帝曰:"任城,吾之子房也!"

13　襄阳蛮酋长雷婆思等人率领一千多户居民向北魏投降，请求迁移到北魏境内居住，北魏把他们安置在沔水以北。

14　魏孝文帝因为平城气候寒冷，夏季六月时还在下雪，而且经常狂风大作，飞沙漫天，所以，准备把京都迁到洛阳。但他又担心文武官员们不同意，于是，商议大规模进攻南齐，打算以这种名义胁迫大家。在明堂南厢东边的偏殿斋戒之后，让太常卿王谌占卜，得到《革》卦，孝文帝说："'商汤王和周武王进行变革，是适应上天之命，顺应百姓之心的。'没有比这更吉祥的了。"文武官员没有人敢说什么。尚书、任城王拓跋澄说："陛下继承几代累积下来的大业，并使之发扬光大，拥有了中原土地。如今却要讨伐还没有臣服的对象，在这时得到了商汤王和周武王变革成功的迹象，恐怕这并不全是吉利。"孝文帝立刻严厉地说："《繇辞》说：'大人物实施老虎一样的变革'，你为什么要说这不吉利呢！"拓跋澄说："陛下作为飞龙兴起已经很久了，怎么到今天又实施如同老虎一样的变革？"孝文帝立刻发怒说："国家，是我的国家，任城王打算要阻止大家吗？"拓跋澄说："国家虽然是陛下所有，而我是国家的臣属，怎么可以明知危险而不说出来呢！"孝文帝过了很长时间才缓和了气色，说："每个人都该说出自己的看法，这又有什么关系！"

孝文帝回到皇宫，立刻召见拓跋澄，劈头就说："刚才关于《革》卦的事，现在要进一步和你讨论一下。在明堂上，我之所以大发脾气，是因为害怕大家争先恐后地发言，破坏了我一个大的决策，所以，我就声色俱厉，以此吓唬那些文武官员罢了。我想，你会了解朕的用心。"于是命令左右侍从退下，对拓跋澄说："今天我所要做的这件事，确实是很不容易的。我们国家是在北方疆土上建立起来的，后来又迁都到平城。但是，平城只是用武力开疆拓土的地方，而不能进行治理教化。现在，我打算进行改变风俗习惯的重大变革，这条路走起来确实困难，朕只是想利用大军南下征伐的声势，将京都迁到中原，你认为怎么样？"拓跋澄说："陛下您打算把京都迁到中原，用以扩大疆土，征服四海，这一想法也正是以前周王朝和汉王朝兴盛不衰的原因。"孝文帝说："北方人习惯留恋于旧有的生活方式，那时，他们一定会惊恐骚动起来，怎么办？"拓跋澄回答说："不平凡的事，原来就不是平凡的人所能做得了的。陛下的决断，是出自您圣明的内心，他们又能有什么办法呢！"孝文帝高兴地说："任城王真是我的张子房呀！"

六月丙戌，命作河桥，欲以济师。秘书监卢渊上表，以为："前代承平之主，未尝亲御六军，决胜行陈之间。岂非胜之不足为武，不胜有亏威望乎！昔魏武以弊卒一万破袁绍，谢玄以步兵三千摧苻秦，胜负之变，决于须臾，不在众寡也。"诏报曰："承平之主，所以不亲戎事，或以同轨无敌，或以懦劣偷安。今谓之同轨则未然，比之懦劣则可耻，必若王者不当亲戎，则先王制革辂，何所施也？魏武之胜，盖由仗顺；苻氏之败，亦由失政。岂寡必能胜众，弱必能制强邪！"丁未，魏主讲武，命尚书李冲典武选。

15　建康僧法智与徐州民周盘龙等作乱，夜，攻徐州城，入之；刺史王玄邈讨诛之。

16　秋，七月癸丑，魏立皇子恂为太子。

17　戊子，魏中外戒严，发露布及移书，称当南伐。诏发扬、徐州民丁，广设召募以备之。

中书郎王融，自恃人地，三十内望为公辅。尝夜直省中，抚案叹曰："为尔寂寂，邓禹笑人！"行逢朱雀桁开，喧湫不得进，捶车壁叹曰："车前无八驺，何得称丈夫！"竟陵王子良爱其文学，特亲厚之。

六月丙戌(初七)，北魏孝文帝下令在黄河上修筑大桥，准备让南下大军由桥上渡过黄河。秘书监卢渊上书，认为："以前太平时代的君主，从来没有过亲自统率大规模军队作战，在双方交战阵地上决一胜负的。还不是因为胜利了并不足以显示勇敢，而失败了则会使自己的威望受到损失吗！以前，曹操统率一万名疲惫不堪的士卒打败了袁绍，谢玄率领三千名步兵摧毁了苻坚的大军，胜利与失败的变化，决定于转眼的工夫，而不在于人数多少。"孝文帝下诏回答说："太平时代的君主，之所以不亲自统率军队作战，有的是因为天下已经统一，不再存在敌人；有的是因为懦弱卑怯，苟且偷安。现在说是天下已经统一、太平，实际上并不是这样；与懦弱卑劣的人相比，又是十分可耻的。如果太平时期的君主一定不应该亲自统率军队作战，那么，古代的君王特别制造的战斗时使用的革车，又会有什么用呢？曹操之所以能取得胜利，是因为他依仗名正言顺；苻坚之所以失败，其根源也是由于他失德无道。怎么能是人数少就一定能战胜人数多，力量弱就一定能战胜力量强的呢！"丁未(二十八日)，孝文帝讲论武事，命令尚书李冲负责选拔将官。

15　南齐建康僧侣法智和徐州平民周盘龙等人一起发动叛乱，乘夜进攻徐州城，突入城中。徐州刺史王玄邈率军前来讨伐，杀了法智和周盘龙。

16　秋季，七月癸丑(初五)，魏孝文帝立皇子拓跋恂为太子。

17　戊子(初十)，北魏实行戒严管制，发表正式文告，并将文告转交各地，宣称要南伐。齐武帝立刻下诏，发动扬州、徐州男子入伍，同时在各地大肆征兵买马，用以防备北魏大军的入侵。

中书郎王融依仗自己的才能和门第，不到三十岁就打算做公辅。他有一次在中书省值夜，自己手抚桌子，叹息说："竟然孤寂到如此地步，被邓禹所耻笑啊！"有一次，他路过朱雀桥，正赶上有大船在朱雀桁下经过，吊桥起来，行人车马不能前进，喧闹拥挤，王融就用手捶打车厢，叹息说："车前没有八个骑兵开道，怎么能称得上是大丈夫！"竟陵王萧子良喜爱王融的文才，所以，对他特别优厚亲热。

　　融见上有北伐之志，数上书奖劝，因大习骑射。及魏将入寇，子良于东府募兵，版融宁朔将军，使典其事。融倾意招纳，得江西伧楚数百人，并有干用。

　　会上不豫，诏子良甲仗入延昌殿侍医药。子良以萧衍、范云等皆为帐内军主。戊辰，遣江州刺史陈显达镇樊城。上虑朝野忧遑，力疾召乐府奏正声伎。子良日夜在内，太孙间日参承。

　　戊寅，上疾亟，暂绝。太孙未入，内外惶惧，百僚皆已变服。王融欲矫诏立子良，诏草已立。萧衍谓范云曰："道路籍籍，皆云将有非常之举。王元长非济世才，视其败也。"云曰："忧国家者，惟有王中书耳。"衍曰："忧国，欲为周、召邪，欲为竖刁邪？"云不敢答。及太孙来，王融戎服绛衫，于中书省阁口断东宫仗不得进。顷之，上复苏，问太孙所在，因召东宫器甲皆入，以朝事委尚书左仆射西昌侯鸾。俄而上殂，融处分以子良兵禁诸门。鸾闻之，急驰至云龙门，不得进，鸾曰："有敕召我！"排之而入，奉太孙登殿，命左右扶出子良；指麾部署，音响如钟，殿中无不从命。融知不遂，释服还省，叹曰："公误我！"由是郁林王深怨之。

王融发现武帝有北上征伐的意思,于是,他多次上书,鼓动催促,并因此努力学习骑马射箭。北魏大军即将前来进犯时,萧子良就在东府开始招兵买兵,任命王融为宁朔将军,让他主持这件事。王融尽力去招收人马,召集了几百名长江以西古楚国地区的武人,他们每个人都很有才干,可以担当重任。

　　正赶上武帝身体不舒服,他命令萧子良全副武装去延昌殿,为他拿药治病。萧子良就任命萧衍、范云等人都担任帐内军主。戊辰(二十日),派江州刺史陈显达镇守樊城。武帝恐怕他的病情会引起朝廷内和民间的担忧恐惧,强挺着征召皇家乐队进宫演奏正统雅乐。萧子良日日夜夜守在禁宫,皇太孙萧昭业每隔一天就要进来问安、侍奉。

　　戊寅(三十日),武帝病势加重,忽然一时气闷晕倒。这时皇太孙萧昭业还没有入宫,宫内宫外人人惶恐不安,文武百官也都穿上了丧服。王融打算假传圣旨,命萧子良继承王位,他已将诏书草稿写好。萧衍对范云说:“民间已是议论纷纷,都说宫内可能要发生不一般的情况。王融并不是治理国家的人才,他眼看着就要出事了。”范云说:“忧国忧民的人,也只有王融一人了。”萧衍说:“忧国忧民,是想要当周公、召公呢,还是想当齐桓公的竖习呢?”范云不敢回答。等到萧昭业入宫,王融已是全副武装,穿着红色战服,站在中书省厅前要道截住东宫卫队不让他们进入。过了一会儿,武帝醒转过来,问皇太孙萧昭业在哪里,于是召东宫卫队全部入宫,武帝把国家大事全部托付给了尚书左仆射、西昌侯萧鸾。不一会儿,武帝就去世了,王融采取紧急措施,命令萧子良的军队接管宫城各门。萧鸾得到消息后,立刻上马飞奔到云龙门,但被守在那里的卫士挡住,不让他进去,萧鸾说:“皇上有诏令,让我觐见。”接着,他推开卫士,直接闯了进去,马上拥戴皇太孙萧昭业登基即位,命令左右侍从把萧子良搀扶出金銮殿。萧鸾指挥部属安排警卫戒备,声音洪亮如钟,殿内所有的官员侍从,没有一个不听他的命令的。王融知道自己的计划不能实现,也就只好脱下战服,返回中书省,叹息着说:“萧子良耽误了我。”从此以后,萧昭业对王融深为怨恨。

遗诏曰:"太孙进德日茂,社稷有寄。子良善相毗辅,思弘治道,内外众事,无大小悉与鸾参怀,共下意！尚书中事,职务根本,悉委右仆射王晏、吏部尚书徐孝嗣。军旅之略,委王敬则、陈显达、王广之、王玄邈、沈文季、张瓌、薛渊等。"

世祖留心政事,务总大体,严明有断,郡县久于其职,长吏犯法,封刃行诛。故永明之世,百姓丰乐,贼盗屏息。然颇好游宴,华靡之事,常言恨之,未能顿遣。

郁林王之未立也,众皆疑立子良,口语喧腾。武陵王晔于众中大言曰:"若立长,则应在我;立嫡,则应在太孙。"由是帝深凭赖之。直阁周奉叔、曹道刚素为帝心膂,并使监殿中直卫。少日,复以道刚为黄门郎。

初,西昌侯鸾为太祖所爱,鸾性俭素,车服仪从,同于素士,所居官名为严能,故世祖亦重之。世祖遗诏,使竟陵王子良辅政,鸾知尚书事。子良素仁厚,不乐世务,乃更推鸾,故遗诏云"事无大小,悉与鸾参怀",子良之志也。

帝少养于子良妃袁氏,慈爱甚著。及王融有谋,遂深忌子良。大行出太极殿,子良居中书省,帝使虎贲中郎将潘敞领二百人仗屯太极殿西阶以防之。既成服,诸王皆出,子良乞停至山陵,不许。

武帝遗嘱说:"皇太孙的品德一天比一天高尚,国家也就有所寄托了。萧子良要努力尽心辅佐皇太孙,考虑如何治理国家的大计,对于朝廷内外各种事情,无论是大是小,都要和萧鸾一起商量裁决,一起提出意见。尚书内的事务,是国家的根本,将它全都交给右仆射王晏、吏部尚书徐孝嗣处理。军事方面的大计,委托给王敬则、陈显达、王广之、王玄邈、沈文季、张瓌、薛渊等人。"

武帝在世时,对国家政治事务十分用心,总揽全局,严明果断,郡守县令都能长期任职,地方长官触犯法令,就封缄钢刀,派人执行诛杀。所以,在南齐永明时代,老百姓生活富足,祥和安乐,盗贼不敢横行。不过,武帝非常喜欢游乐饮宴,虽然对于奢华糜烂的生活,他经常说很痛恨,但是他自己也并没能避免。

郁林王萧昭业还没有登基即位时,大家都怀疑可能要册立萧子良,一时之间,传言很多。武陵王萧晔曾经在大庭广众之下大声说:"如果选择辈分高的继承王位,就应该是我;如果选择嫡系继承王位,就应该是皇太孙。"为此,萧昭业对萧晔深加依赖。直阁将军周奉叔和曹道刚二人平时就是萧昭业的心腹,于是命令二人同时主管殿中直卫。过了几天,又任命曹道刚为黄门郎。

当初,西昌侯萧鸾深受文帝的宠爱,萧鸾生性节俭朴素,他所乘坐的车马、所穿的衣服,以及他的仪仗随从,和平常人家一样,他对所担任的官职都能胜任,号称严厉能干,所以武帝对他也很重视。武帝在遗诏上说,竟陵王萧子良辅政,萧鸾做知尚书事。萧子良平素仁义宽厚,不喜欢处理朝廷各种各样的事务,于是特别推荐萧鸾,所以遗诏上说,"朝廷内外各种事情,无论是大是小,都要和萧鸾一起商讨决定",这一点是萧子良的主张。

萧昭业从小是由萧子良的正室袁氏抚养大的,袁氏对他非常慈爱关心。王融阴谋失败以后,萧昭业对萧子良也就深为忌恨起来。武帝的遗体移到太极殿时,萧子良住在中书省,萧昭业就派虎贲中郎将潘敞率领二百名士卒驻守在太极殿西阶,严防不测。等到武帝的遗体装入棺木,各位亲王都走出宫中后,萧子良请求能允许他在这儿等到下葬那天再离开,未被应允。

　　壬午,称遗诏,以武陵王晔为卫将军,与征南大将军陈显达并开府仪同三司;尚书左仆射、西昌侯鸾为尚书令,太孙詹事沈文季为护军。癸未,以竟陵王子良为太傅。蠲除三调及众通,省御府及无用池田、邸治,减关市征税。先是,蠲原之诏,多无事实,督责如故。是时西昌侯鸾知政,恩信两行,众皆悦之。


　　18　魏山阳景桓公尉元卒。

　　19　魏主使录尚书事广陵王羽持节安抚六镇,发其突骑。丁亥,魏主辞永固陵。己丑,发平城,南伐,步骑三十馀万;使太尉丕与广陵王羽留守平城,并加使持节。羽曰:"太尉宜专节度,臣正可为副。"魏主曰:"老者之智,少者之决,汝无辞也。"以河南王干为车骑大将军、都督关右诸军事,又以司空穆亮、安南将军卢渊、平南将军薛胤皆为干副,众合七万出子午谷。胤,辩之曾孙也。


　　20　郁林王性辩慧,美容止,善应对,哀乐过人;世祖由是爱之。而矫情饰诈,阴怀鄙愿,与左右群小共衣食,同卧起。

　　始为南郡王,从竟陵王子良在西州,文惠太子每禁其起居,节其用度。王密就富人求钱,无敢不与。别作钥钩,夜开西州后阁,与左右至诸营署中淫宴。师史仁祖、侍书胡天翼相谓曰:"若言之二宫,则其事未易;若于营署为异人所殴及犬物所伤,岂直罪止一身,亦当尽室及祸。年各七十,馀生岂足吝邪!"

壬午(初四),萧昭业声称奉武帝的遗诏,任命武陵王萧晔为卫将军,和征南大将军陈显达一同为开府仪同三司。尚书左仆射、西昌侯萧鸾为尚书令,太孙詹事沈文季为护军。癸未(初五),又任命竟陵王萧子良为太傅。下令免除三种捐税,对老百姓以前所欠的捐税也一律免除。减省皇室各府、署所占有而不使用的田庄、水池、宅第、冶炼铸造场,减少关卡税收。在这以前,虽然也有免除捐税的诏令,但它也不过是一纸空文,朝廷大多没有真正实施,还像以前一样严加征收。现在,西昌侯萧鸾当权执政,他恩德和信用一同实施,老百姓都非常高兴。

　　18　北魏山阳景桓公尉元去世。

　　19　魏孝文帝派录尚书事、广陵王拓跋羽手持皇帝的符节前去安抚六镇,并征调六镇的突击骑兵。丁亥(初九),孝文帝叩别永固陵。己丑(十一日),孝文帝亲自率领三十多万步、骑兵从平城出发,大规模向南征伐。命令太尉拓跋丕和广陵王拓跋羽留在平城镇守,并加授使持节。拓跋羽说:“太尉最好全权负责管理,臣可以做他的副手。”孝文帝说:“年纪大的人有经验,能深谋远虑;年纪轻的人有气魄,遇事坚决果断,你不要推辞了。”任命河南王拓跋幹为车骑大将军、都督关右诸军事,司空穆亮、安南将军卢渊、平南将军薛胤三人都担任拓跋幹的副手,率领各路人马共七万人,从子午谷南下。薛胤是薛辩的曾孙。

　　20　南齐郁林王生性聪明,反应迅速,容貌清秀,举止高雅,善于应对,无论是悲哀还是欢乐,都比别人强烈。因此,武帝很宠爱他。但是,他善于伪装矫饰,表面善良,内心却是阴狠卑鄙,他跟左右一些恶劣的小人混在一起,衣食不分,就连睡觉也挤在一块儿。

　　郁林王萧昭业担任南郡王时,跟随叔父、竟陵王萧子良住在西州。文惠太子萧子懋经常管束他的生活起居,限制他的花销费用。他就偷偷向富有人家要钱,没有人敢不给他。自己还另外制造了一把钥匙,夜里私自打开西州州府后门,和左右侍从一起到各个军营去荒淫欢宴。他的老师史仁祖和侍书胡天翼商议说:“如果我们把这件事报告给皇上或太子,事情就不会那么容易解决了。如果在军营中被别人打了,或者被狗什么的咬伤了,岂止是我们本身要获罪,我们全家都要被牵连进去。我们俩都年已七十,哪里还吝惜自己以后的岁月!”

数日间，二人相继自杀，二宫不知也。所爱左右，皆逆加官爵，疏于黄纸，使囊盛带之，许南面之日，依此施行。

侍太子疾及居丧，忧容号毁，见者呜咽。裁还私室，即欢笑酣饮。常令女巫杨氏祷祀，速求天位。及太子卒，谓由杨氏之力，倍加敬信。既为太孙，世祖有疾，又令杨氏祷祀。时何妃犹在西州，世祖疾稍危，太孙与何妃书，纸中央作一大喜字，而作三十六小喜字绕之。

侍世祖疾，言发泪下。世祖以为必能负荷大业，谓曰："五年中一委宰相，汝勿措意；五年外勿复委人。若自作无成，无所多恨。"临终，执其手曰："若忆翁，当好作！"遂殂。大敛始毕，悉呼世祖诸伎，备奏众乐。

即位十馀日，即收王融下廷尉，使中丞孔稚珪奏融险躁轻狡，招纳不逞，诽谤朝政。融求援于竟陵王子良，子良忧惧，不敢救，遂于狱赐死，时年二十七。

初，融欲与东海徐勉相识，每托人召之。勉谓人曰："王君名高望促，难可轻繫衣裾。"俄而融及祸。勉由是知名。太学生会稽魏准，以才学为融所赏。融欲立子良，准鼓成其事。太学生虞羲、丘国宾窃相谓曰："竟陵才弱，王中书无断，败在眼中矣。"及融诛，召准入舍人省诘问，惶惧而死，举体皆青，时人以为胆破。

于是，几天之内，史仁祖和胡天翼都先后自杀，但武帝和太子却不知道他们自杀的真正原因。萧昭业对他所宠爱的左右侍从，都预先封爵任官，写在黄纸上，让这些人装在口袋里，随身携带，答应他登基即位的时候，就照此执行。

萧昭业在侍奉太子养病及后来守丧期间，面带忧愁，悲泣哀号，甚至毁坏了身体，看见他的人也都被他的行为感动得哭泣起来。可是，一返回自己家里，就立刻笑逐颜开，大吃大喝起来。他经常命令女巫杨氏替他向上天祈祷，祈祷祖父和父亲快点死去。太子去世时，萧昭业认为是借杨氏巫祝的力量的结果，于是，更加敬重信任杨氏。等到被封为皇太孙以后，武帝有病，他又命令杨氏向上天祈祷。此时，他的正室何婧英还留在西州，武帝的病开始严重时，太孙给何婧英写信，就在信纸中间写了一个大喜字，又围绕着大喜字，在旁边写了三十六个小喜字。

侍奉武帝的病时，他每说一句话，眼泪就忍不住往下流。所以，武帝认为他一定能够承担起国家大业，就对他说："我死之后，五年之内，国家大事先全部托付给宰相，你不要过问。五年之后，你再亲自处理，不再交给别人。如果你自己执政没有干出什么成就来，也没有什么可遗憾的。"临去世之前，武帝又拉着他的手说："如果还想念你祖父的话，你就应该好好干！"说完，就去世了。武帝的遗体刚刚放入棺内，还没有安葬，萧昭业就将武帝的所有歌舞伎都叫来，让他们一个接一个地演奏各种音乐。

萧昭业登基即位刚十几天，就逮捕了王融，交付给廷尉审判，命令中丞孔稚珪控告王融阴险、浮躁、轻率、狡黠，招降纳叛没有成功，又批评攻击朝廷。王融向竟陵王萧子良求救，萧子良又忧又怕，不敢去救，于是萧昭业命令王融在狱中自杀，这年王融二十七岁。

当初，王融打算结识东海人徐勉，经常托人请徐勉到建康见面。徐勉对别人说："王融的名望很高，但轻浮狂躁，很难和他坦诚相待，荣辱与共。"不久，王融大祸及身。而徐勉也因此而出了名。太学生会稽人魏准因为才能和学问都很高，所以深为王融赏识。当时，王融打算拥戴萧子良登基即位，魏准就鼓动王融做成这件事。太学生虞羲和丘国宾二人私下里议论说："竟陵王萧子良才能弱，王融又没有决断能力，他们的失败就在眼前。"王融被杀后，萧昭业又命令中书把魏准叫到舍人监盘问，魏准竟因为极度惊慌恐惧而吓死了，他整个身子都是青色的，当时人们都认为他的胆被吓破了。

21 壬寅,魏主至肆州,见道路民有跛眇者,停驾慰劳,给衣食终身。

大司马安定王休执军士为盗者三人以徇于军,将斩之。魏主行军遇之,命赦之,休不可,曰:"陛下亲御六师,将远清江表,今始行至此,而小人已为攘盗,不斩之,何以禁奸!"帝曰:"诚如卿言。然王者之体,时有非常之泽。三人罪虽应死,而因缘遇朕,虽违军法,可特赦之。"既而谓司徒冯诞曰:"大司马执法严,诸君不可不慎。"于是军中肃然。

臣光曰:人主之于其国,譬犹一身,视远如视迩,在境如在庭。举贤才以任百官,修政事以利百姓,则封域之内无不得其所矣。是以先王黈纩塞耳,前旒蔽明,欲其废耳目之近用,推聪明于四远也。彼废疾者宜养,当命有司均之于境内;今独施于道路之所遇,则所遗者多矣,其为仁也,不亦微乎!况赦罪人以桡有司之法,尤非人君之体也。惜也!孝文,魏之贤君,而犹有是乎!

22 戊申,魏主至并州。并州刺史王袭,治有声迹,境内安静,帝嘉之。袭教民多立铭置道侧,虚称其美。帝闻而问之,袭对不以实。帝怒,降袭号二等。

21 壬寅(二十四日),北魏孝文帝抵达肆州,看见路上老百姓有腿瘸眼瞎的,就立刻让马车停下,慰问安抚这些人,又命令当地官府供给他们一生的穿衣、吃饭费用。

大司马、安定王拓跋休逮捕了三名当了强盗的士卒,把他们绑起来到各个军营中游行示众,然后就要将他们斩首。孝文帝御驾巡视军营经过这里,下令赦免,拓跋休认为不能这样做,他说:"陛下亲自统领六军,将要远征江南,而如今我们刚刚走到这里,这些奸诈小人就开始做起了强盗,不斩了他们,我们怎么能禁止人们干坏事!"孝文帝说:"的确像你所说的那样。不过,君王的本体,有时常有意外的恩泽。这三人犯了这样的罪,虽然理应被处死,可是,命运使他们遇到了朕,即便他们违犯了军事法令,也可以特别赦免他们。"接着,又对司徒冯诞说:"大司马拓跋休执行法令严肃认真,你们以后不能不小心谨慎地做事。"军队的纪律也为此森严起来。

臣司马光说:人主和国家的关系,就好像是同一个躯体,看远处就好像在看近处,在边境就好像是在朝廷里。推举贤能之才充任各种官职,修明政治为百姓谋求福利,疆界内的百姓就没有不各得其所的。因此,以前的君王总是用丝棉堵住耳朵、用帽穗遮住眼睛,目的就是想不让自己耳朵、眼睛只听近处的声音、只看眼前的东西,而把自己的听力和视力推到遥远的四面八方。那些残疾有病的人自然应该抚养,但更应该命令有关部门把这种恩泽平均到全国境内所有残疾有病人员的身上去。如今只是对在路上遇见的几个人施舍一下,那么被遗漏的就太多了,所施的这种仁爱不也是太轻微了吗?更何况,赦免犯罪的人,却破坏了有关部门颁布的法令,这更不是君王应该做的事。可惜啊!孝文帝是北魏的贤明君主,却还有这些不足!

22 戊申(三十日),孝文帝抵达并州。并州刺史王袭在当地很有声誉和成绩,州内平安宁静,孝文帝对他极为赞许。王袭下令全州百姓在道路两旁,竖起很多石碑,虚假地赞美王袭的德政。孝文帝听说后,就查问王袭,但王袭回答时却不说实话。孝文帝很生气,将王袭的称号贬降了两级。

23　九月壬子,魏遣兼员外散骑常侍勃海高聪等来聘。

24　丁巳,魏主诏车驾所经,伤民秋稼者,亩给谷五斛。

25　辛酉,追尊文惠太子为文皇帝,庙号世宗。

26　世祖梓宫下渚,帝于端门内奉辞。辒辌车未出端门,亟称疾还内。裁入阁,即于内奏胡伎,鞞铎之声,响震内外。丙寅,葬武皇帝于景安陵,庙号世祖。

27　戊辰,魏主济河;庚午,至洛阳。壬申,诣故太学观《石经》。

28　乙亥,邓至王像舒彭遣其子旧朝于魏,且请传位于旧,魏主许之。

29　魏主自发平城至洛阳,霖雨不止。丙子,诏诸军前发。丁丑,帝戎服,执鞭乘马而出。群臣稽颡于马前。帝曰:"庙算已定,大军将进,诸公更欲何云?"尚书李冲等曰:"今者之举,天下所不愿,唯陛下欲之;臣不知陛下独行,竟何之也! 臣等有其意而无其辞,敢以死请!"帝大怒曰:"吾方经营天下,期于混壹,而卿等儒生,屡疑大计。斧钺有常,卿勿复言!"策马将出,于是安定王休等并殷勤泣谏。帝乃谕群臣曰:"今者兴发不小,动而无成,何以示后! 朕世居幽朔,欲南迁中土;苟不南伐,当迁都于此,王公以为何如? 欲迁者左,不欲者右。"

23　九月壬子(初四),北魏派遣兼员外散骑常侍、勃海人高聪等人来访。

24　丁巳(初九),孝文帝下诏,规定皇帝乘车所经过的地方,如果给百姓秋季庄稼造成了伤害,对每亩被毁坏的田地要发给五斛稻谷作为补偿。

25　辛酉(十三日),南齐追尊文惠太子为文皇帝,庙号世宗。

26　武帝的棺木要在东府前秦淮河上船,萧昭业在皇城端门恭奉送别。丧车还没有走出端门,就立刻声称自己有病,回宫去了。他刚刚踏进宫内,就在殿内演奏起了胡人的音乐,皮鼓、铜铃之声响彻皇宫内外。丙寅(十八日),在景安陵将武帝的棺木下葬,庙号世祖。

27　戊辰(二十日),北魏孝文帝渡过黄河。庚午(二十二日),抵达洛阳。壬申(二十四日),又前往以前的太学参观《石经》。

28　乙亥(二十七日),邓至王像舒彭派他的儿子像旧到北魏朝廷觐见,请求允许他把王位传给自己的儿子像旧,孝文帝批准。

29　孝文帝从平城出发,直到抵达洛阳,天一直下雨,没有停过。丙子(二十八日),诏令各路大军继续向南进发。丁丑(二十九日),孝文帝身穿战服,手持马鞭,骑马出发。文武官员赶紧拦住马头,不断叩拜。孝文帝说:"作战计划已经决定,各路大军将要继续前进,你们还想要说什么呢?"尚书李冲等人说:"我们现在的行动,全国上下都不愿意,只有陛下您一个人想实现它。臣不知道陛下您一个人走,将要到什么地方去!我们有一心报国效忠皇上的心愿,却无法表达出来,只好冒死向陛下请求!"孝文帝勃然大怒,说:"我现在正要征服外邦,希望统一天下,治理国家,可你们这些文弱书生,却多次怀疑这一重大决策。杀人用的斧钺有它们使用的地方,你们不要再多说什么!"说完,又纵马要走,这时,安定王拓跋休等人一齐来好言劝谏,流泪阻止。孝文帝又告诉大家说:"这一次,我们出动军队的规模不小,出动而没有什么成就,我们将来拿什么让后人看!朕世世代代居住在幽朔,一直想要南迁到中原。如果我们不再向南征伐,那么,我们就应该把京都迁到这里,你们认为这样做怎么样?同意迁都的人站在左边,不同意迁都的人站在右边。"

南安王桢进曰:"'成大功者不谋于众。'今陛下苟辍南伐之谋,迁都洛邑,此臣等之愿,苍生之幸也。"群臣皆呼万岁。时旧人虽不愿内徙,而惮于南伐,无敢言者。遂定迁都之计。

李冲言于上曰:"陛下将定鼎洛邑,宗庙宫室,非可马上游行以待之。愿陛下暂还代都,俟群臣经营毕功,然后备文物、鸣和鸾而临之。"帝曰:"朕将巡省州郡,至邺小停,春首即还,未宜归北。"乃遣任城王澄还平城,谕留司百官以迁都之事,曰:"今日真所谓革也。王其勉之!"

帝以群臣意多异同,谓卫尉卿、镇南将军于烈曰:"卿意如何?"烈曰:"陛下圣略渊远,非愚浅所测。若隐心而言,乐迁之与恋旧,适中半耳。"帝曰:"卿既不唱异,即是肯同,深感不言之益。"使还镇平城,曰:"留台庶政,一以相委。"烈,栗䃅之孙也。

先是,北地民支酉聚众数千,起兵于长安城北石山,遣使告梁州刺史阴智伯。秦州民王广亦起兵应之,攻执魏刺史刘藻,秦、雍间七州民皆响震,众至十万,各守堡壁以待齐救。魏河南王干引兵击之,干兵大败。支酉进至咸阳北浊谷,穆亮与战,又败。阴智伯遣军主席德仁等将兵数千与相应接。酉等进向长安,卢渊、薛胤等拒击,大破之,降者数万口。渊唯诛首恶,馀悉不问,获酉、广,并斩之。

南安王拓跋桢靠近孝文帝说："'干成大事业的人并不向众人征询意见。'如今，陛下如果放弃向南征伐的计划，将京都迁到洛邑，这正是我们所希望的，是老百姓的幸运。"文武百官都高呼万岁。当时，鲜卑人虽然不愿意向南迁移，但是又害怕再向南征伐，所以也就没有人敢说些什么。北魏的迁都大计，于是确定了下来。

李冲对孝文帝说："陛下将要迁都洛邑，可是，皇家祖庙和皇宫、府宅都要重新建造，不是能在马上等待就能建成的。希望陛下暂时回到代都，等到文武百官把这一切事情做好之后，陛下再备齐仪仗，在宁静祥和的銮铃声中莅临新的京都。"孝文帝说："朕正要到各个州郡巡查，现在正好可以利用这个机会先到邺城暂作停留，明年一开春就返回，而不应该先回北方。"于是，派遣任城王拓跋澄返回平城，向留守在那里的官员们宣布迁都的情况，安抚他们说："如今才是《革》卦上真正的'革'。你们要努力把事情办好。"

由于文武官员的意见并不一致，孝文帝就对卫尉卿、镇南将军于烈说："你是怎么想的呢？"于烈回答说："陛下圣明的谋略，是为了国家长远的利益，这不是愚昧、肤浅的人所能预测得到的。但如果推测大家的心意，愿意迁都的人和依恋故土的人，正好各占一半。"孝文帝说："你既然没有公开说自己反对，那就是表示认同了，我深感到你不说话的好处。"派于烈回到平城镇守，说："留守在朝廷里的一切事情，全都托付给你了。"于烈是于栗碑的孙子。

在这之前，北地平民支酉聚集了几千人，在长安城城北石山发起武装暴动，并派使者向南齐梁州刺史阴智伯报告。秦州平民王广也聚众起来响应支酉，进攻并抓获了北魏秦州刺史刘藻，秦州、雍州之间七州的平民都受到震动，响应人数多达十万，他们分别据守在城堡里，等待南齐派兵救援。北魏河南王拓跋干率领大军袭击，结果大败。支酉率领军队乘胜进军到咸阳北边的浊谷，司空穆亮又与支酉大战，结果也大败。南齐梁州刺史阴智伯派遣军主席德仁等人率领几千名将士前来接应支酉、王广。支酉等人又率军向长安挺进，北魏安南将军卢渊、平南将军薛胤等人奋起抗击，大败支酉，有几万人投降。卢渊只杀了几个首要分子，其他人全不予以追究，并捕获了支酉、王广，将二人斩首。

30  冬,十月戊寅朔,魏主如金墉城,征穆亮,使与尚书李冲、将作大匠董尔经营洛都。己卯,如河南城。乙酉,如豫州。癸巳,舍于石济。乙未,魏解严,设坛于滑台城东,告行庙以迁都之意。大赦。起滑台宫。任城王澄至平城,众始闻迁都,莫不惊骇。澄援引古今,徐以晓之,众乃开伏。澄还报于滑台。魏主喜曰:"非任城,朕事不成。"

31  壬寅,尊皇太孙太妃为皇太后,立妃为皇后。

32  癸卯,魏主如邺城。王肃见魏主于邺,陈伐齐之策。魏主与之言,不觉促席移晷。自是器遇日隆,亲旧贵臣莫能间也。魏主或屏左右与肃语,至夜分不罢,自谓君臣相得之晚。寻除辅国将军、大将军长史。时魏主方议兴礼乐,变华风,凡威仪文物,多肃所定。

33  乙巳,魏主遣安定王休帅从官迎家于平城。

34  辛亥,封皇弟昭文为新安王,昭秀为临海王,昭粲为永嘉王。

35  魏主筑宫于邺西,十一月癸亥,徙居之。

30  冬季,十月戊寅朔(初一),孝文帝前往金墉城,召回穆亮,命令他和尚书李冲、将作大匠董尔一起负责建设新都洛阳。己卯(初二),前往河南城。乙酉(初八),前往豫州。癸巳(十六日),在石济住宿。乙未(十八日),下令北魏境内解除戒严,在滑台城东边兴筑祭台,向随行的祖宗牌位禀告迁都的想法。下令实行大赦。兴筑滑台宫。任城王拓跋澄回到平城,大家刚刚听到要迁都时,没有不感到震惊的。拓跋澄引经据典,慢慢地解释开导,让大家明白这样做的好处,大家终于接受了。拓跋澄回到滑台向孝文帝汇报了这一情况。孝文帝高兴地说:"没有你,朕的事就办不成。"

31  壬寅(二十五日),萧昭业尊皇太孙太妃王氏为皇太后,立正室何婧英为皇后。

32  癸卯(二十六日),孝文帝前往邺城。王肃在邺城觐见孝文帝,向他陈述讨伐南齐的策略。孝文帝和他谈着谈着,不知不觉地把自己的座位往前移,以便听得更仔细些,时间不知不觉过去了很久。从那以后,孝文帝对王肃的器重和待遇一天比一天隆厚,无论是亲信故旧、还是重臣,都无法动摇这君臣二人之间的感情。孝文帝有时就让左右侍从退下,单独和王肃谈话,谈到半夜,仍舍不得分开,他自认为和王肃相见太晚了。不久,任命王肃为辅国将军、大将军长史。这时,孝文帝正打算推广使用礼仪和雅乐,将鲜卑人传统的风俗习惯改变成和汉人的一样,所以,只要是展示帝王威严仪容的文物制度,大多都让王肃来确定。

33  乙巳(二十八日),孝文帝派安定王拓跋休率领侍从官员,到平城迎接眷属。

34  辛亥(初四),南齐萧昭业封皇弟萧昭文为新安王,萧昭秀为临海王,萧昭粲为永嘉王。

35  魏孝文帝在邺城城西兴建皇宫,十一月癸亥(十六日),搬入新皇宫。

36 御史中丞江淹劾奏前益州刺史刘悛、梁州刺史阴智伯赃货巨万,皆抵罪。初,悛罢广、司二州,倾赀以献世祖,家无留储。在益州,作金浴盆,馀物称是。及郁林王即位,悛所献减少。帝怒,收悛付廷尉,欲杀之。西昌侯鸾救之,得免,犹禁锢终身。悛,勔之子也。

36　御史中丞江淹,弹劾前益州刺史刘悛、梁州刺史阴智伯二人,指控他们贪污钱财巨万,都按律治罪。当初,刘悛在被免除广、司二州刺史时,将全部家产都变卖了,回来全部献给武帝,家里一点儿积蓄也没有。在益州时,刘悛又制作黄金的浴盆,其他物品也与此相称。郁林王登极即位后,刘悛进献的东西减少了。萧昭业很生气,就将刘悛逮捕,交给廷尉判罪,打算杀了他。幸亏西昌侯萧鸾说情相救,才使他免于一死,但仍然还是决定将他终身监禁。刘悛是刘勔的儿子。

# 卷第一百三十九　齐纪五

甲戌(494)一年

## 高宗明皇帝上
## 建武元年(甲戌,494)

1　春,正月丁未,改元隆昌;大赦。

2　雍州刺史晋安王子懋,以主幼时艰,密为自全之计,令作部造仗,征南大将军陈显达屯襄阳,子懋欲胁取以为将。显达密启西昌侯鸾,鸾征显达为车骑大将军,徙子懋为江州刺史,仍令留部曲助镇襄阳,单将白直、侠毂自随。显达过襄阳,子懋谓曰:"朝廷令身单身而返,身是天王,岂可过尔轻率! 今犹欲将二三千人自随,公意何如?"显达曰:"殿下若不留部曲,乃是大违敕旨,其事不轻;且此间人亦难可收用。"子懋默然。显达因辞出,即发去。子懋计未立,乃之寻阳。

3　西昌侯鸾将谋废立,引前镇西谘议参军萧衍与同谋。荆州刺史、随王子隆,性温和,有文才。鸾欲征之,恐其不从。衍曰:"随王虽有美名,其实庸劣。既无智谋之士,爪牙唯仗司马垣历生、武陵太守卞白龙耳。二人唯利是从,若啖以显职,无有不来。随王止须折简耳。"鸾

## 高宗明皇帝上
### 齐明帝建武元年(甲戌,公元494年)

1　春季,正月丁未(初一),郁林王萧昭业改年号为隆昌,大赦天下。

2　雍州刺史晋安王萧子懋考虑到皇帝年幼,时局不稳定,就暗中筹措,以便发生不测之事时能自我保全,他命令所辖兵器作坊打造兵器,又想胁迫当时驻扎在襄阳的征南大将陈显达担任自己的大将。陈显达把情况密告西昌侯萧鸾,萧鸾任命陈显达为车骑大将军,而调萧子懋为江州刺史,并且命令他把部曲留下来帮助镇守襄阳,仅仅带周围随从、侍卫人员随行。陈显达经过襄阳时,萧子懋对他说:"朝廷命令我单身而返,我身为皇室王爵,难道能过于轻率吗!现在我想要两三千人马随行,不知将军您意下如何呢?"陈显达回答道:"殿下您如果不把部曲留下,就是完全违抗圣旨,这可是罪过不轻的事情呀!况且,这个地方的人也难以收用,您带上他们也未必能尽听指挥。"萧子懋见目的难以达到,只好沉默不语了。于是,陈显达告辞而出,很快就出发走了。萧子懋因计谋未成,就去了寻阳。

3　西昌侯萧鸾将要谋划废除郁林王,另立新皇帝,因此叫来原镇西谘议参军萧衍一起密谋。担任荆州刺史的随王萧子隆性情温和,风雅而有文才。萧鸾想要调用他,又担心他不听从。萧衍说:"随王这个人虽然美名外传,其实非常平庸顽劣。他身边没有一个智谋人物,手下武将中他只依靠司马垣历生和武陵太守卞白龙。垣历生和卞白龙这两个家伙是唯利是从之徒,如果以显要的官职引诱他们,没有不来的道理。至于随王本人,仅用一封信即可请到。"萧鸾

从之。征历生为太子左卫率，白龙为游击将军；二人并至。续召子隆为侍中、抚军将军。豫州刺史崔慧景，高、武旧将，鸾疑之，以萧衍为宁朔将军，戍寿阳。慧景惧，白服出迎，衍抚安之。

4　辛亥，郁林王祀南郊。戊午，拜崇安陵。

5　癸亥，魏主南巡。戊辰，过比干墓，祭以太牢，魏主自为祝文曰："乌呼介士，胡不我臣！"

6　帝宠幸中书舍人綦毋珍之、朱隆之、直阁将军曹道刚、周奉叔、宦者徐龙驹等。珍之所论荐，事无不允。内外要职，皆先论价，旬月之间，家累千金。擅取官物及役作，不俟诏旨。有司至相语云："宁拒至尊敕，不可违舍人命。"帝以龙驹为后阁舍人，常居含章殿，著黄纶帽，被貂裘，南面向案，代帝画敕。左右侍直，与帝不异。

帝自山陵之后，即与左右微服游走市里，好于世宗崇安陵隧中掷涂、赌跳，作诸鄙戏，极意赏赐左右，动至百数十万。每见钱，曰："我昔思汝十枚不得，今日得用汝未？"世祖聚钱上库五亿万，斋库亦出三亿万，金银布帛不可胜计。郁林王即位未期岁，所用垂尽。入主衣库，令何后及宠姬以诸宝器相投击破碎之，用为笑乐。蒸于世祖幸姬霍氏，更其姓曰徐。朝事大小，皆决于西昌侯鸾。鸾数谏争，帝多不从，心忌鸾，欲除之。

听从了萧衍的计划。于是,就征召垣历生为太子左卫率,卞白龙为游击将军,垣、卞两人一起来了。接着,又征召萧子隆为侍中、抚军将军。豫州刺史崔慧景是齐高帝萧道成、齐武帝萧赜的旧将,萧鸾对他有疑心,就派遣萧衍为宁朔将军,戍守寿阳。崔慧景害怕了,穿着白色衣服出城迎接萧衍,萧衍对他大加安抚。

4 辛亥(初五),郁林王在南郊祭天。戊午(十二日),拜谒其父文惠太子墓崇安陵。

5 癸亥(十七日),北魏孝文帝南下巡视。戊辰(二十二日),经过比干的坟墓时,用牛、羊、猪三牲祭于墓前,孝文帝亲自撰写祭文,其中说道:"呜呼! 如此耿直之士,为何不生于当今成为朕的大臣呢!"

6 南齐郁林王宠幸偏爱中书舍人綦毋珍之、朱隆之、直阁将军曹道刚、周奉叔、宦官徐龙驹等人。凡是綦毋珍之所论定、荐举的事情和人选,没有得不到答应的。因此,綦毋珍之把朝廷内外的重要官职统统划定价格,然后交钱任命,一月之间,他就富得家累千金。他还擅自攫取朝中物品,占用差役人员供自己驱使,不等待朝廷的诏旨。朝中的官员在一起言谈时说:"宁可抗拒皇上的圣旨,也不可以违背綦毋珍之的命令。"郁林王任徐龙驹为后阁舍人,徐龙驹经常住在含章殿中,戴着黄纶帽,披着貂皮大衣,面朝南坐在案前,代替皇帝批阅文告。左右侍直人员,与皇帝没有什么两样。

郁林王自从登基之后,就与左右侍从们穿上民服在闹市中游走戏玩,还喜欢在文惠太子崇安陵的墓道中扔掷泥巴、比赛跳高,做种种粗鄙下流的游戏,使劲赏赐随从人员,动辄就是成千上万。一见到钱,他就说:"过去我想得到你十个都不行,现在我还用得着你吗?"齐武帝生前聚敛钱财,上库中存有五亿万之多,斋库中所存也多于三亿万,至于金银布帛更不可胜计。郁林王即位还不满一年,就挥霍将尽。他经常进入主衣库,让何皇后以及宠爱的妃子们用各种宝贵器具互相投击,直到把它们打成碎片,以此玩笑取乐。他还乱伦,与父亲文惠太子的宠姬霍氏通奸,让她改姓徐。朝廷中的大小事情,全部由西昌侯萧鸾来决定。萧鸾数次劝谏,可是郁林王不但不听从,反而心生忌怨,想把萧鸾除掉。

以尚书右仆射鄱阳王锵为世祖所厚,私谓锵曰:"公闻鸾于法身如何?"锵素和谨,对曰:"臣鸾于宗戚最长,且受寄先帝。臣等皆年少,朝廷所赖,唯鸾一人,愿陛下无以为虑。"帝退,谓徐龙驹曰:"我欲与公共计取鸾,公既不同,我不能独办,且复小听。"

卫尉萧谌,世祖之族子也,自世祖在郢州,谌已为腹心。及即位,常典宿卫,机密之事,无不预闻。征南谘议萧坦之,谌之族人也,尝为东宫直阁,为世宗所知。帝以二人祖父旧人,甚亲信之。谌每请急出宿,帝通夕不寐,谌还乃安。坦之得出入后宫,帝褒狎宴游,坦之皆在侧。帝醉后,常裸袒,坦之辄扶持谏谕。西昌侯鸾欲有所谏,帝在后宫不出,唯遣谌、坦之径进,乃得闻达。

何后亦淫泆,私于帝左右杨珉,与同寝处如伉俪。又与帝相爱狎,故帝恣之。迎后亲戚入宫,以耀灵殿处之。斋阁通夜洞开,外内淆杂,无复分别。西昌侯鸾遣坦之入奏诛珉,何后流涕覆面,曰:"杨郎好年少,无罪,何可枉杀!"坦之附耳语帝曰:"外间并云杨珉与皇后有情,事彰遐迩,不可不诛。"帝不得已许之。俄敕原之,已行刑矣。鸾又启诛徐龙驹,帝亦不能违,而心忌鸾益甚。萧谌、萧坦之见帝狂纵日甚,无复悛改,恐祸及己,

由于尚书右仆射鄱阳王萧锵曾被齐武帝所厚爱优待,郁林王就私下里对萧锵说:"您听说萧鸾对待我如何呢?"萧锵为人向来平和谨慎,就回答说:"萧鸾在皇室宗族中年岁最长,而且接受了先帝的托嘱。我们都年幼,朝廷中可以依赖之人唯有萧鸾,愿陛下您不要以他为虑。"郁林王回宫之后,对徐龙驹说:"我想与萧锵一起合计收拾掉萧鸾,萧锵不同意,而我独自一人又不能办到,那么只好让萧鸾继续专权一阵子了。"

卫尉萧谌是齐武帝的本家侄子,从武帝在郢州时起,萧谌就成为他的心腹之人。武帝登基即位之后,萧谌经常在宫中值宿,担任警卫,凡是机密的事情,他无不参与知晓。征南谘议萧坦之是萧谌的本家,曾经做过东宫直阁,为文惠太子所知遇。郁林王因为萧谌、萧坦之两人曾是祖父和父亲的人,所以就特别亲近、信赖他们。每当萧谌有急事请假不值宿,郁林王就通夜不寐,直到萧谌回来才能安下心来。萧坦之也可以出入于后宫,凡是郁林王亵狎宴游的场合,他都守在旁边侍奉。郁林王酒醉之后,常常脱光上衣,萧坦之经常扶持着他,并且进谏劝谕。西昌侯萧鸾想要进谏,郁林王就躲在后宫中不出来,萧鸾只好派遣萧谌、萧坦之直接进到后宫,才能把要说的话转告于他。

何皇后也非常淫荡,私通于郁林王的随从杨珉,与他同枕共寝就像夫妻一般。何后又对郁林王极尽狎昵亲热之能事,所以郁林王很是宠纵她。他还把何后的亲戚迎进宫中,安排住在耀灵殿里。门户彻夜洞开,内外清杂混处,没有任何分别。西昌侯萧鸾派遣萧坦之进宫去奏请诛杀杨珉,何皇后哭得泪流满面,对郁林王说:"杨郎多么年轻、多么英俊啊! 又没有什么罪,怎么可以无缘无故就杀掉呢?"萧坦之见状赶紧向郁林王悄悄耳语道:"外面纷纷传说杨珉同皇后有苟且之情,事实确凿,远近皆知,不可以不杀掉啊。"郁林王不得已,只好同意处死杨珉。不一会儿,郁林王又后悔了,诏令赦免杨珉,可是已经行刑完毕。萧鸾又启奏郁林王,请求诛死徐龙驹,郁林王亦不得不违心同意,但是从此对萧鸾的忌恨之心更加强烈了。萧谌、萧坦之见郁林王狂荡放纵一日甚于一日,已经到了无可悔改的地步,担心连累自己,祸害及身,

乃更回意附鸾,劝其废立,阴为鸾耳目,帝不之觉也。

周奉叔恃勇挟势,陵轹公卿。常翼单刀二十口自随,出入禁闼,门卫不敢诃。每语人曰:"周郎刀不识君!"鸾忌之,使萧谌、萧坦之说帝出奉叔为外援,己巳,以奉叔为青州刺史,曹道刚为中军司马。奉叔就帝求千户侯;许之。鸾以为不可,封曲江县男,食三百户。奉叔大怒,于众中攘刀厉色;鸾说谕之,乃受。奉叔辞毕,将之镇,部伍已出。鸾与萧谌称敕,召奉叔于省中,殴杀之,启云:"奉叔慢朝廷。"帝不获已,可其奏。

溧阳令钱唐杜文谦,尝为南郡王侍读,前此说綦毋珍之曰:"天下事可知,灰尽粉灭,匪朝伊夕。不早为计,吾徒无类矣。"珍之曰:"计将安出?"文谦曰:"先帝旧人,多见摈斥,今召而使之,谁不慷慨!近闻王洪范与宿卫将万灵会等共语,皆攘袂捶床。君其密报周奉叔,使万灵会等杀萧谌,则宫内之兵皆我用也。即勒兵入尚书,斩萧令,两都伯力耳。今举大事亦死,不举事亦死;二死等耳,死社稷可乎!若迟疑不断,复少日,录君称敕赐死,父母为殉,在眼中矣。"珍之不能用。及鸾杀奉叔,并收珍之、文谦,杀之。

就反过来一心依附萧鸾,劝说他把郁林王废掉,另立新皇帝。从此,他们两人就成了萧鸾安排在郁林王身边的耳目,而郁林王却丝毫没有觉察。

　　周奉叔倚仗自己的勇武和与皇帝亲近,有恃无恐,凌辱欺侮朝中公卿百官。常常以二十口单刀分挂在身体两侧,出入于皇宫禁门,门卫敢怒而不敢言。他还经常对人讲:"我周某人的刀可是不认人啊!"萧鸾对他特别忌恨,指使萧谌和萧坦之去游说郁林王,让把周奉叔弄出朝廷,安排到外地去。己巳(二十三日),下令周奉叔为青州刺史,曹道刚为中军司马。周奉叔来见郁林王,请求封自己为千户侯,郁林王准许了。萧鸾却不同意,只封他为曲江县男的爵位,食邑三百户。周奉叔大怒,站在人群中挥刀喊叫,表示不满,萧鸾反复劝谕告说,他才接受了。周奉叔辞谢完毕,将要去青州,部下人马已经出发了。萧鸾与萧谌称皇帝有令,把他召到官署中来,殴打他,直至丧命,并启奏皇帝说:"周奉叔轻视朝廷,因此处死。"郁林王不得已,只好认可他们的奏章。

　　溧阳令钱唐人杜文谦,曾经在郁林王初封南郡王时,陪伴他读过书。不久以前,杜文谦游说綦毋珍之,对他讲道:"天下之事至此已不难料知,朝廷危难将近,难以保全,这已是早晚之间的事情了。所以如果不及早做好打算,我们这些人将遭灭族之祸了。"綦毋珍之问道:"有什么办法呢?"杜文谦说:"先前皇帝的旧人,多数被排斥在一边,如今召他们回来加以重用,谁能不意气风发呢? 近来听说王洪范与宿卫将万灵会等人在一起议论时,都气得攘袖捶床,急忿万分。所以,您可密告周奉叔,让他派万灵会等人杀掉萧谌,这样的话,皇宫内的卫兵就可以掌握在我们手中。然后,派兵进入尚书省,斩掉萧鸾,只需两个刽子手就可以办到。如今,这样干一场是死,不干也是死。同样是死,还是为朝廷而死吧! 如果前瞻后顾,迟疑寡断,用不了许久,萧鸾就会以皇帝的名义赐我们死,父母也要受牵连而死,事情已经近在眼前了。"綦毋珍之没有采纳杜文谦的意见。等到萧鸾杀了周奉叔之后,就把綦毋珍之和杜文谦二人也抓了起来,一起杀掉了。

7 乙亥,魏主如洛阳西宫。中书侍郎韩显宗上书陈四事:其一,以为:"窃闻舆驾今夏不巡三齐,当幸中山。往冬舆驾停邺,当农隙之时,犹比屋供奉,不胜劳费。况今蚕麦方急,将何以堪命!且六军涉暑,恐生疠疫。臣愿早还北京,以省诸州供张之苦,成洛都营缮之役。"其二,以为:"洛阳宫殿故基,皆魏明帝所造,前世已讥其奢。今兹营缮,宜加裁损。又,顷来北都富室,竞以第舍相尚。宜因迁徙,为之制度。及端广衢路,通利沟渠。"其三,以为:"陛下之还洛阳,轻将从骑。王者于闱闼之内犹施警跸,况涉履山河而不加三思乎!"其四,以为:"陛下耳听法音,目玩坟典,口对百辟,心虞万机,景昃而食,夜分而寝;加以孝思之至,随时而深;文章之业,日成篇卷;虽睿明所用,未足为烦,然非所以啬神养性,保无疆之祚也。伏愿陛下垂拱司契而天下治矣。"帝颇纳之,显宗,麒麟之子也。

显宗又上言,以为:"州郡贡察,徒有秀、孝之名而无秀、孝之实。朝廷但检其门望,不复弹坐。如此,则可令别贡门望以叙士人,何假冒秀、孝之名也!夫门望者,乃其父祖之遗烈,亦何益于皇家!益于时者,贤才而已。苟有其才,虽屠钓奴虏,圣王不耻以为臣;苟非其才,虽三后之胤,坠于

7　乙亥(二十九日),北魏孝文帝到了洛阳西宫。中书侍郎韩显宗向孝文帝上书讲陈了四件事情:其一,认为:"我听说陛下今年夏天舆驾出行,不是去巡视三齐,就是临幸中山。往年冬天大驾停在邺城,虽然正当农闲之时,但仍使每家每户出资出力供奉,不胜辛劳破费。何况现在正是蚕麦刚熟的农忙时节,您大驾所至,百姓将如何忍受得住呢?而且六军冒着酷暑护驾,恐怕要生疠疫。臣希望早点回到北京平城,以便能节省各州张罗供奉的费用,这样就能使营建修缮洛阳都城的工程早日完成。"其二,认为:"洛阳宫殿的旧基,都是魏明帝所建造的,在那时人们就批评他太奢侈了。如今我们的营建,应该缩减规模。还有,近来北都平城的富室大户,竞相比逐宅舍屋宇的高下。应该借这次迁都搬移的机会,在这方面定出一个制度。同时,对于都城的道路交通要拓宽加直,水沟渠道也要加以疏通。"其三,认为:"陛下您往还洛阳,随从保卫的武器人员很少。皇帝平时住在宫中,还要施行警戒保护措施,何况出外巡察山河时,怎么能不加以三思呢!"其四,认为:"陛下耳听雅乐,眼观圣人典籍,口对百官言谈,心虑万机,日头偏西方才吃饭,午夜时分才能入寝;再加上自文明太后去世之后,陛下对她的孝思随着时日的推移而日日加深;陛下还撰写文章,每日都有篇章写成;虽然陛下聪明睿智,这些都不足以成为烦苦,但是终非修心养性、爱惜圣体,以保万寿无疆之良策。所以,俯请陛下无为而治,只管重要之事,不必事事躬亲。"孝文帝对上述建议基本采纳。韩显宗是韩麒麟的儿子。

韩显宗又上书皇帝,指出:"各州郡推举保荐的秀才、孝廉,徒有其名而无其实。朝廷只查他们的门第出身如何,而不弹劾其违实之罪。如果这样的话,那么以后可以命令下面另以门第资望为举荐标准,以此来品评、选拔读书人,何必又假冒秀才、孝廉之名呢?门第资望,是他们父、祖的功业,于朝廷皇家有何用处呢?有益于现时的是贤才。如果真正有才能,即使如姜太公那样屠牛于朝歌,钓于渭滨;又如箕子那样身为奴隶,周文王、武王也都礼遇而用为臣子,不以此为耻。如果没有才能,即便他是夏、商、周三代之王的后裔,也照样编入

皂隶矣。议者或云,'今世等无奇才,不若取士于门',此亦失矣。岂可以世无周、邵,遂废宰相邪!但当校其寸长、铢重者先叙之,则贤才无遗矣。

"又,刑罚之要,在于明当,不在于重。苟不失有罪,虽捶挞之薄,人莫敢犯;若容可侥幸,虽参夷之严,不足惩禁。今内外之官,欲邀当时之名,争以深刻为无私,迭相敦厉,遂成风俗。陛下居九重之内,视人如赤子;百司分万务之任,遇下如仇雠。是则尧、舜止一人而桀、纣以千百。和气不至,盖由于此。谓宜敕示百僚,以惠元元之命。

"又,昔周居洛邑,犹存宗周;汉迁东都,京兆置尹。察《春秋》之义,有宗庙曰都,无曰邑。况代京,宗庙山陵所托,王业所基,其为神乡福地,实亦远矣,今便同之郡国,臣窃不安。谓宜建畿置尹,一如故事,崇本重旧,光示万叶。

"又,古者四民异居,欲其业专志定也。太祖道武皇帝创基拨乱,日不暇给,然犹分别士庶,不令杂居,工伎屠沽,各有攸处。但不设科禁,久而混淆。今闻洛邑居民之制,专以官位相从,不分族类。夫官位无常,朝荣夕悴,则是衣冠、皂隶不日同处矣。借使一里之内,或调习歌舞,或

仆隶差役之列。有人可能会议论说：'当今世上实在没有奇才，所以不如以门第取士。'这也是不对的。难道可以因为世上没有周公、召公二人那样的相才，于是就废除掉宰相的位子吗？只要一个人比众人稍有一寸之长、一铢之重，就应当先选拔、录用他，这样就可以做到贤才没有遗漏。

"还有，刑罚的关键，在于运用得当，而不在于专门求重。如果执法严明，不使有罪者漏网，虽然捶挞得很轻，人们也不敢再犯；如果执法不严明，留有侥幸逃脱的馀地，虽然有夷杀三族的严厉刑法，也不足以完全惩禁犯罪行为。当今朝廷内外的官员，都想获得时下的名声，争着以严酷表示无私，于是互相比赛，不得不严上再严，遂成为一时之风气。陛下您住在深宫之内，看待人民如赤子；而百官分担着处理各种具体事务的职责，对待百姓则如仇敌。如尧、舜者只有陛下一人，而如桀、纣者则以成百上千计。官民不和，原因正在于此。所以，我认为陛下应该诏示内外官员注意，以有利于百姓的生息。

"还有，过去周成王居处洛阳，但仍保存丰镐为故都；东汉迁都洛阳，在长安仍置京兆尹。根据《春秋》大义，有宗庙的叫'都'，没有宗庙叫'邑'。况且平城这个地方，是宗庙和先帝陵墓所在之地，是朝廷王业的根基所在，其作为一块神奇福地，意义是非常久远的，如今就把它等同于一般的州郡，我私下里非常不安。所以，我认为应该如过去的惯例那样，在平城建置京兆尹，以示崇尚根本，重视过去，光昭万世。

"还有，古代士、农、工、商分别居处，不使杂混，以便他们能各专其业、各安其志。太祖道武皇帝创基立国之始，拨乱反正，日夜操劳，没有闲暇之时，然而仍然不忘区别士族与庶族，不让他们杂混居处，工匠、技人、屠夫、商贩等各有所处。但没有制定禁止措施，时间久了就混淆而住了。现在听说洛阳城居民居住制度专以官位来分划，而不以士族庶族分类。官职并非是永久不变的，有时早上显达而傍晚引退，所以以官位来划分居处，则势必使衣冠之士和仆隶之徒不日而相杂混处。假如同一里居之内，有的人家调教演习歌舞，有的人家

构肄诗书,纵群儿随其所之,则必不弃歌舞而从诗书矣。然则使工伎之家习士人风礼,百年难成;士人之子效工伎容态,一朝而就。是以仲尼称里仁之美,孟母勤三徙之训。此乃风俗之原,不可不察。朝廷每选人士,校其一婚一宦以为升降,何其密也!至于度地居民,则清浊连甍,何其略也!今因迁徙之初,皆是空地,分别工伎,在于一言,有何可疑而阙盛美!

"又,南人昔有淮北之地,自比中华,侨置郡县。自归附圣化,仍而不改,名实交错,文书难辨。宜依地理旧名,一皆厘革,小者并合,大者分置,及中州郡县,昔以户少并省,今民口既多,亦可复旧。

"又,君人者以天下为家,不可有所私。仓库之储,以供军国之用,自非有功德者不可加赐。在朝诸贵,受禄不轻。比来赐赉,动以千计。若分以赐鳏寡孤独之民,所济实多。今直以与亲近之臣,殆非周急不继富之谓也。"帝览奏,甚善之。

8　二月乙丑,魏主如河阴,规方泽。

9　辛卯,帝祀明堂。

10　司徒参军刘敩等聘于魏。

讲读诗书,在此情况之下,放任让孩子们选择自己的爱好,则必定不能弃歌舞而接近诗书。但是,让工匠、伎艺人家学习士人的礼仪习俗,一百年也难以学成;让士人的子弟仿效工匠、伎艺们的举止言谈,一朝半夕就可以学成。所以,孔子指出人选择居处,应居于仁者之里,如此就是美;孟母三次择邻而居,以便使孟子远下贱而近礼仪。这乃是风俗礼仪的根本所在,不可不加以明察。朝廷每次选拔人才,考察其婚姻和仕宦情况作为升降的标准,何其严密认真啊!可是,在安置民众居住事情上,却尊卑贵贱不辨,使他们杂混居住在一起,又是何等的疏略啊!如今正是迁徙初始之时,洛阳城中皆是空地,使工匠、伎艺等行当的人分别居住,甚为容易,一言之令即可以办到,有何疑难而不为,以致使如此盛美之事付之阙如呢?

"还有,南朝过去占有淮北之地时,自己比作是中华,在那里设置了侨郡侨县。但是,自从淮北归附本朝管辖之后,这一情况仍然沿而未改,以致名实交错,给文书方面带来诸多不便。所以,现在应该依照地理上的旧名,一一核实,重新加以规定,小的合并,大的分开设置。至于中原地区的郡县,过去我们因为户少人稀而合并撤销了一些,如今人口既然多起来了,就可以恢复旧有设置了。

"还有,国君以天下为家,不应该有所偏私。仓库之中的储藏,是供给军队和国家所用的,除非有大功大德者不可以随意加以赏赐。朝廷中的诸位大臣,已经享受不轻的俸禄了。但是近来对他们的赐予,动辄以千数计。如果把这些钱物分别赏赐给那些鳏寡孤独的老百姓,就一定能救济许多人。但是,现在只是一个劲地赏赐给那些亲近的大臣,这种做法不正与孔子所说的君子周济人以急需而不帮助富人使其更富背道而驰了吗?"孝文帝看了韩显宗的奏章,非常赞同他的意见。

8 二月乙丑,北魏孝文帝驾临河阴,勘测划定筑建夏至日祭地时所用方泽的地址。

9 辛卯(十六日),南齐郁林王在明堂举行祭祀仪式。

10 司徒参军刘敩等人出使北魏。

11　丙申,魏徙河南王幹为赵郡王,颍川王雍为高阳王。

12　壬寅,魏主北巡。癸卯,济河。三月壬申,至平城。使群臣更论迁都利害,各言其志。燕州刺史穆羆曰:"今四方未定,未宜迁都。且征伐无马,将何以克?"帝曰:"厩牧在代,何患无马!今代在恒山之北,九州之外,非帝王之都也。"尚书于果曰:"臣非以代地为胜伊、洛之美也。但自先帝以来,久居于此,百姓安之。一旦南迁,众情不乐。"平阳公丕曰:"迁都大事,当讯之卜筮。"帝曰:"昔周、召圣贤,乃能卜宅。今无其人,卜之何益!且'卜以决疑,不疑何卜'!黄帝卜而龟焦,天老曰'吉',黄帝从之。然则至人之知未然,审于龟矣。王者以四海为家,或南或北,何常之有!朕之远祖,世居北荒。平文皇帝始都东木根山。昭成皇帝更营盛乐,道武皇帝迁于平城。朕幸属胜残之运,而独不得迁乎!"群臣不敢复言。羆,寿之孙;果,烈之弟也。癸酉,魏主临朝堂,部分迁留。

13　夏,四月庚辰,魏罢西郊祭天。

14　辛巳,武陵昭王晔卒。

15　戊子,竟陵文宣王子良以忧卒。帝常忧子良为变,闻其卒,甚喜。

11　丙申(二十一日),北魏改任河南王拓跋幹为赵郡王,颍川王拓跋雍为高阳王。

12　壬寅(二十七日),北魏孝文帝到北方巡视。癸卯(二十八日),渡过黄河。三月壬申(二十七日),到了平城。孝文帝让诸大臣再次议论迁都的利害关系,各位臣子都表述了自己对此问题的看法。燕州刺史穆罴说:"如今天下四方没有安定,所以不宜于迁都。况且到战时军中缺少战马,这样如何能克敌取胜呢?"孝文帝回答说:"养马的地方在代郡地区,何愁没有马呢? 如今的都城代京地处恒山的北边,九州之外,并不是理想的帝王之都。"尚书于果接着说道:"我并不是认为代京这块地方就比洛阳好,但是自从道武皇帝以来,就一直居住在这里,老百姓已经安居于此。一旦让他们往南边搬迁,恐怕会产生不满情绪。"平阳公拓跋丕说:"迁都是一件大事,应当通过卜筮来决定。"孝文帝说:"古代的周公、召公是圣贤之人,所以才能卜问宅居。如今没有他们这样的圣贤了,卜筮又有什么用处呢? 况且古人曾言:'卜筮为了决疑,没有犹疑,何必占卜!'过去,黄帝灼龟甲卜吉凶,龟甲烧焦了,黄帝的臣子天老说是'吉',黄帝听从了。那么,至美至善的完人知晓未发生的事情,是通过龟兆而审悉的。但是,统治天下做王称帝的人以四海为家,南北不定,哪有常常居留一地而不动的呢? 朕的远祖,世世代代居住在北方荒凉之地。到平文皇帝之时方才建都于东木根山。其后,昭成皇帝又营建了盛乐而迁居,道武皇帝时又迁都于平城。朕很幸运遇上了能平定天下、施行教化的时运,为什么就不能迁都呢?"皇上如此一言,群臣百僚就都不敢再表示反对意见了。穆罴是穆寿的孙子。于果是于烈的弟弟。癸酉(二十八日),孝文帝驾临朝堂,主持部署了迁往新都洛阳和留在平城的人事、机构安排事项。

13　夏季,四月庚辰(初六),北魏免去了西郊祭天仪式。

14　辛巳(初七),南齐武陵昭王萧晔去世。

15　戊子(十四日),竟陵文宣王萧子良因忧郁成疾而去世。郁林王常常担忧萧子良谋反,听到他死了,大喜过望。

臣光曰:孔子称"鄙夫不可与事君,未得之,患得之;既得之,患失之。苟患失之,无所不至"。王融乘危徼幸,谋易嗣君。子良当时贤王,虽素以忠慎自居,不免忧死。迹其所以然,正由融速求富贵而已。轻躁之士,乌可近哉!

16 己亥,魏罢五月五日、七月七日飨祖考。

17 魏录尚书事广陵王羽奏:"令文:每岁终,州镇列属官治状,及再考,则行黜陟。去十五年京官尽经考为三等,今已三载。臣辄准外考,以定京官治行。"魏主曰:考绩事重,应关朕听,不可轻发;且俟至秋。"

18 闰月丁卯,镇军将军鸾即本号,开府仪同三司。

19 戊辰,以新安王昭文为扬州刺史。

20 五月甲戌朔,日有食之。

21 六月己巳,魏遣兼员外散骑常侍卢昶、兼员外散骑侍郎王清石来聘。昶,度世之子也。清石世仕江南,魏主谓清石曰:"卿勿以南人自嫌。彼有知识,欲见则见,欲言则言。凡使人以和为贵,勿迭相矜夸,见于辞色,失将命之体也。"

22 秋,七月乙亥,魏以宋王刘昶为使持节、都督吴越楚诸军事、大将军,镇彭城。魏主亲饯之。以王肃为昶府长史。昶至镇,不能抚接义故,卒无成功。

臣司马光说:孔子说"贪鄙的人不可以奉事君王,这种人对自己的利害得失斤斤计较,当他没有得到之时,处心积虑于如何得到;一旦得到了,又唯恐失去。如果担忧失去,就会不择手段,无所不用其极"。王融正是如此,他乘着危难之时,投机取巧,阴谋废君另立。萧子良是当时的贤王,虽然素来以忠心谨慎而自居,但是仍然不免忧郁而死。分析他之所以忧死的原因,正是由于王融急于贪求富贵所致。轻薄躁急的人,怎么可以接近呢?

16  己亥(二十五日),北魏免除五月五日、七月七日祭祀祖先的礼俗。

17  北魏录尚书事广陵王拓跋羽上奏说:"朝令规定:每年年终,各州镇要列出所属官员的政绩情况,经过考察核对之后,进行降免或提拔。自太和十五年京官们全部经过考评列为三等之后,到如今已经整整三年了。所以,我欲参照考评州镇属官的办法来考核京官,以便评定他们的政绩等级。"孝文帝说:"考评京官政绩事关重大,应该由朕来决定,不可轻率从事,且等到秋天再说吧。"

18  闰四月丁卯(二十三日),南齐镇军将军萧鸾以这个名号,开府仪同三司。

19  戊辰(二十四日),新安王萧昭文任扬州刺史。

20  五月甲戌朔(初一),发生日食。

21  六月己巳(二十六日),北魏派遣兼员外散骑常侍卢昶、兼员外散骑侍郎王清石来访。卢昶是卢度世的儿子。王清石世代于江南做官,北魏孝文帝告诉他说:"你不要因为是南方人而有顾忌。他们之中如果有谁与你相识,想见面就见面,想说什么就说什么。做使节出访别国,要以和为贵,不要一味地矜持夸耀,尤其不能从言谈举止中表现出来,否则就失去了奉命出使的大体。"

22  秋季,七月乙亥(初三),北魏任命宋王刘昶为使持节、都督吴越楚诸军事、大将军,镇守彭城。孝文帝亲自为他饯行。又派遣王肃为刘昶府署的长史。刘昶到了彭城之后,没有能安抚接收过去受过他的恩义的部属,所以未能取得成功。

23　壬午,魏安定靖王休卒。自卒至殡,魏主三临其第,葬之如尉元之礼,送之出郊,恸哭而返。

24　壬戌,魏主北巡。

25　西昌侯鸾既诛徐龙驹、周奉叔,而尼媪外入者,颇传异语。中书令何胤,以后之从叔,为帝所亲,使直殿省。帝与胤谋诛鸾,令胤受事。胤不敢当,依违谏说,帝意复止。乃谋出鸾于西州,中敕用事,不复关咨于鸾。

是时,萧谌、萧坦之握兵权,左仆射王晏总尚书事。谌密召诸王典签,约语之,不许诸王外接人物。谌亲要日久,众皆惮而从之。

鸾以其谋告王晏,晏闻之,响应。又告丹杨尹徐孝嗣,孝嗣亦从之。骠骑录事南阳乐豫谓孝嗣曰:“外传籍籍,似有伊、周之事。君蒙武帝殊常之恩,荷托付之重,恐不得同人此举。人笑褚公,至今齿冷。”孝嗣心然之而不能从。

帝谓萧坦之曰:“人言镇军与王晏、萧谌欲共废我,似非虚传。卿所闻云何?”坦之曰:“天下宁当有此,谁乐无事废天子邪!朝贵不容造此论,当是诸尼姥言耳,岂可信耶!官若无事除此三人,谁敢自保!”直阁将军曹道刚疑外间有异,密有处分,谋未能发。

23  壬午(初十),北魏安定靖王拓跋休去世。从去世到出殡,孝文帝三次驾临他的府上,安葬时的礼仪与拓跋尉元的一样,孝文帝亲自送灵柩到郊外,然后失声恸哭返宫。

24  壬戌,北魏孝文帝在北方巡视。

25  南齐西昌侯萧鸾诛杀徐龙驹、周奉叔之后,一些进宫的尼姑妇女纷纷传言,说萧鸾等人密谋叛乱。中书令何胤是何皇后的堂叔,郁林王非常亲信任他,让他在殿省入值。郁林王与何胤共同策划诛杀萧鸾,命令何胤承担这件事情。但是何胤不敢担当,不顾郁林王的意图而反复劝谏,郁林王只好作罢。于是,又谋划使萧鸾离开台城到西州去,诏令及朝廷事务等,不再咨问于萧鸾。

这时候,萧谌、萧坦之掌握着兵权,左仆射王晏总领尚书事。萧谌秘密召见诸王的典签官,对他们打招呼,不许诸王与外人接触。萧谌长时期以来一着受宠幸,所以大家都害怕他,没有不听从的。

萧鸾把自己的计谋告诉王晏,王晏听了之后,立即赞同迎合。萧鸾又告诉了丹杨尹徐孝嗣,徐孝嗣也赞成。骠骑录事南阳人乐豫对徐孝嗣说:"外界传言纷纷,说萧鸾要废掉郁林王,另立幼主,自己像伊尹、周公那样摄政,操持国事。您承蒙武帝超乎寻常的恩待,在遗诏中被委以统管尚书省的事务,既然担负着如此重大的托付,恐怕就不应该再随同别人一起做这种举动了。人们对于褚渊当年的所作所为,至今还嘲笑不已,这可是前车之鉴啊!"徐孝嗣心里完全同意乐豫说的,但是身不由己,不能听从。

郁林王对萧坦之说:"人们都说镇军将军萧鸾同王晏、萧谌一起想把我废掉,似乎并不是虚传谣言。你听到的是些什么呢?"萧坦之回答道:"岂能有这样的事情呢?谁喜欢没事找事废除天子呢?朝廷中的大臣们是不可能制造这种谣言的,一定是那些尼姑们瞎说的,岂能相信呢?陛下如果无故把他们三人除掉,谁还又能保全自身呢?"直阁将军曹道刚怀疑外面有异变,秘密地进行布置,然而没有能够执行。

时始兴内史萧季敞、南阳太守萧颖基皆内迁,谌欲待二人至,藉其势力以举事。鸾虑事变,以告坦之,坦之驰谓谌曰:"废天子,古来大事。比闻曹道刚、朱隆之等转已猜疑,卫尉明日若不就事,无所复及。弟有百岁母,岂能坐听祸败,正应作馀计耳!"谌惶遽从之。

壬辰,鸾使萧谌先入宫,遇曹道刚及中书舍人朱隆之,皆杀之。直后徐僧亮盛怒,大言于众曰:"吾等荷恩,今日应死报!"又杀之。鸾引兵自尚书入云龙门,戎服加朱衣于上,比入门,三失履。王晏、徐孝嗣、萧坦之、陈显达、王广之、沈文季皆随其后。帝在寿昌殿,闻外有变,犹密为手敕呼萧谌,又使闭内殿诸房阁。俄而谌引兵入寿昌阁,帝走趋徐姬房,拔剑自刺,不入,以帛缠颈,舆接出延德殿。谌初入殿,宿卫将士皆操弓楯欲拒战,谌谓之曰:"所取自有人,卿等不须动!"宿卫素隶服于谌,皆信之。及见帝出,各欲自奋,帝竟无一言。行至西弄,弑之。舆尸出殡徐龙驹宅,葬以王礼。徐姬及诸嬖幸皆伏诛,鸾既执帝,欲作太后令;徐孝嗣于袖中出而进之,鸾大悦。癸巳,以太后令追废帝为郁林王,又废何后为王妃,迎立新安王昭文。

当时,始兴内史萧季敞、南阳太守萧颖基都调迁朝中,萧谌想等待他们二人到后,凭借他们的势力而开始行动。萧鸾担心事情有变故,就把自己的忧虑告诉了萧坦之,萧坦之又骑马去急告萧谌说:"废除天子,自古以来就是一件大事。最近听说曹道刚、朱隆之等人反而已经猜疑我们了,您如果明天还不行动,就要失去机会,无法加以弥补了。我有百岁老母亲在堂,岂能坐视不动,眼看灾祸降临呢?所以不能不为以后想一想。"萧谌听了,也觉得事情危急,心中非常不安,就匆忙地答应了。

壬辰(二十日),萧鸾派萧谌先进入宫中,正遇上了曹道刚以及中书舍人朱隆之,就把二人一齐杀了。负责郁林王车舆后面侍卫任务的宿卫官徐僧亮见此情形,怒气冲天,大声对众人喊道:"我们承受皇恩,今日应当以死相报!"言未毕,也被杀掉。萧鸾带兵从尚书府进入云龙门,他在朝服外面又加穿了战服,武装披挂,但是心中难免恐惧紧张,才进入宫门,鞋子就掉了三次。王晏、徐孝嗣、萧坦之、陈显达、王广之、沈文季等人都紧随在萧鸾之后。这时,郁林王正在寿昌殿中,听得外面有变故,还秘密写诏令传唤萧谌前来相救,又让人把内殿的门窗全关闭了。不一会儿,萧谌就领兵进入寿昌阁,郁林王见状,匆忙跑进徐姬的房中,拔出宝剑抹脖子自杀,但所进不深,被萧谌制止,又用帛绸把他的脖子缠裹好,然后用轿把他抬出了延德殿。萧谌刚进入殿内时,侍卫将士们都操起兵器准备和他搏斗一场,萧谌对他们说:"我的目标是他人,与你们无关,请你们不要乱动!"这些侍卫向来属萧谌所管,因此都听他的话,就不再准备抗拒了。等到看见郁林王出来了,这些侍卫又都想解救他,但是郁林王竟然连一句话也没说。萧谌带郁林王到延德殿西边夹道,就把他杀了。尸体运出宫中,灵柩停在徐龙驹的府中,用亲王的礼仪安葬。徐姬和其他宠人统统被杀,萧鸾抓住郁林王之后,想假造太后的手令。这时徐孝嗣马上从衣袖中取出已准备好的太后手令递过去,于是萧鸾异常高兴。癸巳(二十一日),萧鸾以太后之令追封废帝萧昭业为郁林王,又废黜何皇后为王妃,另准备迎立新安王萧昭文为新皇帝。

　　吏部尚书谢瀹方与客围棋,左右闻有变,惊走报瀹。瀹每下子,辄云“其当有意”,竟局,乃还斋卧,竟不问外事。大匠卿虞惊窃叹曰:“王、徐遂缚裤废天子,天下岂有此理邪!”惊,啸父之孙也。朝臣被召入宫。国子祭酒江敩至云龙门,托药发,吐车中而去。西昌侯鸾欲引中散大夫孙谦为腹心,使兼卫尉给甲仗百人。谦不欲与之同,辄散甲士。鸾亦不之罪也。

　　丁酉,新安王即皇帝位,时年十五。以西昌侯鸾为骠骑大将军、录尚书事、扬州刺史、宣城郡公。大赦,改元延兴。

26　辛丑,魏主至朔州。

27　八月甲辰,以司空王敬则为太尉,鄱阳王锵为司徒,车骑大将军陈显达为司空,尚书左仆射王晏为尚书令。

28　魏主至阴山。

29　以始安王遥光为南郡太守,不之官。遥光,鸾之兄子也。鸾有异志,遥光赞成之,凡大诛赏,无不预谋。戊申,以中书郎萧遥欣为兖州刺史。遥欣,遥光之弟也。鸾欲树置亲党,故用之。

30　癸丑,魏主如怀朔镇。己未,如武川镇。辛酉,如抚宜镇。甲子,如柔玄镇。乙丑,南还。辛未,至平城。

31　九月壬申朔,魏诏曰:“三载考绩,三考黜陟。可黜者不足为迟,可进者大成赊缓。朕今三载一考,即行黜陟,

吏部尚书谢瀹正和客人下围棋,手下的人听说宫廷发生事变,惊慌地跑来报告。然而,谢瀹就像没听见一般,继续下棋,每下一子,就说声"恐怕里面含有深意",一局终了,就回室中躺下休息,始终没有问一下外面发生的事情。大匠卿虞悰私下里叹息说:"王晏、徐孝嗣如此轻易地就把皇帝废黜了,天底下哪有这样的道理呢?"虞悰是虞啸父的孙子。朝中大臣都被召进宫中。国子祭酒江敩来到云龙门时,借口药性发作,在车中呕吐不已,因而返回去了。西昌侯萧鸾想使中散大夫孙谦成为自己的心腹,就让他兼任卫尉,并且派给他披甲执兵的卫士一百人。然而,孙谦却不想与萧鸾同党,就把那些卫士统统打发走了。萧鸾也不因此怪罪孙谦。

丁酉(二十五日),新安王萧昭文即皇帝位,当时他十五岁。任命西昌侯萧鸾为骠骑大将军、录尚书事、扬州刺史、宣城郡公。大赦天下,改年号为延兴。

26 辛丑(二十九日),北魏孝文帝到达朔州。

27 八月甲辰(初二),南齐任命司空王敬则为太尉,鄱阳王萧锵为司徒,车骑大将军陈显达为司空,尚书左仆射王晏为尚书令。

28 北魏孝文帝到达阴山。

29 南齐又任命始安王萧遥光为南郡太守,但萧遥光没有去就任。萧遥光是萧鸾哥哥的儿子。萧鸾有了废立的意图,萧遥光十分赞同他,凡是有关重大的诛杀或赏赐事情,萧遥光都参加了预谋。戊申(初六),又任命中书郎萧遥欣为兖州刺史。萧遥欣是萧遥光的弟弟。萧鸾想树立亲信,广揽同党,所以重用他。

30 癸丑(十一日),北魏孝文帝来到怀朔镇。己未(十七日),到武川镇。辛酉,又到了抚宜镇。甲子(二十二日),到达柔玄镇。乙丑(二十三日),南下返回。辛未(二十九日),到了平城。

31 九月壬申朔(初一),北魏孝文帝下诏令说:"每三年考评一次官员们的政绩,考评三次后根据情况对他们进行罢免或提升,前后九年,时间太长了。这对于那些应该被罢免的人来说当然不会认为是太迟了,但是对于那些应该提升的人来说就大大地被拖延了。朕现在决定三年考评一次,考评完毕就进行罢黜或提升处理,

欲令愚滞无妨于贤者，才能不拥于下位。各令当曹考其优劣为三等，其上下二等仍分为三。六品已下，尚书重问；五品已上，朕将亲与公卿论其善恶，上上者迁之，下下者黜之，中者守其本任。"

魏主之北巡也，留任城王澄铨简旧臣。自公侯已下，有官者以万数，澄品其优劣能否为三等，人无怨者。

壬午，魏主临朝堂，黜陟百官，谓诸尚书曰："尚书，枢机之任，非徒总庶务，行文书而已。朕之得失，尽在于此。卿等居官，年垂再期，未尝献可替否，进一贤退一不肖，此最罪之大者。"又谓录尚书事广陵王羽曰："汝为朕弟，居机衡之右，无勤恪之声，有阿党之迹，今黜汝录尚书、廷尉，但为特进、太子太保。"又谓尚书令陆叡曰："叔翻到省之初，甚有善称。比来偏颇懈怠，由卿不能相导以义。虽无大责，宜有小罚，今夺卿禄一期。"又谓左仆射拓跋赞曰："叔翻受黜，卿应大辟。但以咎归一人，不复重责。今解卿少师，削禄一期。"又谓左丞公孙良、右丞乞伏义受曰："卿罪亦应大辟。可以白衣守本官，冠服禄恤尽从削夺。若三年有成，还复本任；无成，永归南亩。"又谓尚书任城王澄曰："叔神志骄傲，可解少保。"又谓长兼尚书于果曰："卿不勤职事，数辞以疾，可解长兼，削禄一期。"其馀守尚书尉羽、卢渊等，并以不职，

目的是为了使那些低能者不要妨碍了忠贤者的上进,使有才能的不要总是处在低位。分别命令负责考评的部门官员,把考评者分为优劣三等,其中上等和下等仍然再分为三等。六品以下的官员,由尚书复核审查;五品以上的官员,朕将亲自与各位公卿一起评议其好坏,上上者提升使用,下下者罢免不用,中等的原任不变。"

北魏孝文帝北巡期间,留下任城王拓跋澄考评百官。朝中从公侯以下,有官职的以万计数,拓跋澄评定他们的优劣和才能高低,划为三个等级,没有一个人有怨言。

壬午(十一日),北魏孝文帝亲临朝堂,宣布对众臣百官的罢黜或提升情况,他对诸位尚书说:"尚书是关键性的要害职位,并非仅仅是总管事务,处理一下文书而已。朕的成败得失,完全在于尚书。你们担任这职务,已经有两年了,但是从来没有向朕建议过什么事可为,什么事不可行,没有推荐过一个贤才,撤换过一个不称职的人,这是罪过中之最大者。"孝文帝又对录尚书事广陵王拓跋羽说:"你是朕的弟弟,处在执掌要害部门的位置上,但是,你没有勤勉为政、恪守本职的声誉,却有结党营私的行迹,现在,罢免你的录尚书、廷尉之职,只担任特进、太子太保。"又对尚书令陆叡说:"拓跋羽初到尚书省任职之时,人们对他的评价相当高。可是近来偏听偏信,论事不公,而且松懈懒惰,这完全是由于你不能以道义引导劝诫他的结果。你虽然没有大的责任,但是也应该受到小小的罚处,因此减去你一年的俸禄。"又对左仆射拓跋赞说:"拓跋羽被罢黜,你应处以死刑。但是,事情既然归咎于拓跋羽一人了,就不再处分他人了。所以只解除你少师之职,削去一年的俸禄。"接着又对左丞公孙良、右丞乞伏义受说:"你们的罪过也应该处以死刑。但是只对你们进行如下处罚:削去你们的官服和俸禄,以布衣身份继续留任本职。如果在三年之内有政绩,就官复原职;如果没有任何成就,那就永远削职为民,回去种地去。"又接着对尚书任城王拓跋澄说:"叔叔你趾高气扬,骄傲自大,所以解除少保官职。"还对长兼尚书于果说:"你不勤于职任之事,数次以疾病为借口,所以亦解除长兼,削去一年的俸禄。"其馀如守尚书尉羽、卢渊等人,均以不称职,

或解任,或黜官,或夺禄,皆面数其过而行之。渊,昶之兄也。

帝又谓陆叡曰:"北人每言:'北俗质鲁,何由知书!'朕闻之,深用忧然!今知书者甚众,岂皆圣人!顾学与不学耳。朕修百官,兴礼乐,其志固欲移风易俗。朕为天子,何必居中原!正欲卿等子孙渐染美俗,闻见广博。若永居恒北,复值不好文之主,不免面墙耳。"对曰:"诚如圣言。金日磾不入仕汉朝,何能七世知名。"帝甚悦。

32　郁林王之废也,鄱阳王锵初不知谋。及宣城公鸾权势益重,中外皆知其蓄不臣之志。锵每诣鸾,鸾常屣履至车后迎之;语及家国,言泪俱发,锵以此信之。宫台之内皆属意于锵,劝锵入宫发兵辅政。制局监谢粲说锵及随王子隆曰:"二王但乘油壁车入宫,出天子置朝堂,夹辅号令。粲等闭城门、上仗,谁敢不同!东城人正共缚送萧令耳。"子隆欲定计。锵以上台兵力既悉度东府,且虑事不捷,意甚犹豫。马队主刘巨,世祖时旧人,诣锵请间,叩头劝锵立事。锵命驾将入,复还内,与母陆太妃别,日暮不成行。典签知其谋,告之。癸酉,鸾遣兵二千人围锵第,杀锵,遂杀子隆及谢粲等。于时太祖诸子,子隆最壮大,有才能,故鸾尤忌之。

有的被解除职务,有的被罢黜官位,有的被削去俸禄,孝文帝当面指责了他们的过失,所受处罚立即执行。卢渊是卢昶的哥哥。

孝文帝又对陆叡说:"北方人常说:'北方风俗朴质、粗犷,怎么会变得知书识礼、文质彬彬呢?'朕听了之后,感到异常失望。现在好读书、有学识的人很多,难道他们都是圣人吗? 完全在于好学与不好学。朕整顿百官,大兴礼乐,全部心意在于移风易俗。朕身为天子,何必一定要去中原地区居住呢? 还不是为了使你们的子孙后代渐渐习染当地好的风俗习惯,能多闻多见,增加见识。如果永远住在恒山之北,再遇上一个不喜欢诗书礼乐的国君的话,那就难免会变得孤陋寡闻。"陆叡回答道:"确实如圣上所说。金日磾如果不到汉朝去做官,怎么能够七代知名于世呢?"孝文帝听了陆叡的话,心里十分喜悦。

32 南齐鄱阳王萧锵最初并不知道萧鸾有废掉郁林王的阴谋。后来,郁林王被废,宣城公萧鸾的权势日益增大,朝廷内外都知道他心里有觊觎皇位之意。但是,萧锵每次去拜见他时,萧鸾常常匆忙得连鞋都来不及穿好就到车子后面去迎接,说到国家大事,萧鸾无不声泪俱下,表现得非常忠贞,因此萧锵还是很信任他。朝中各方都倾向于萧锵,劝他入宫发兵,取代萧鸾,辅佐朝政。制局监谢粲游说萧锵和随王萧子隆,对二人说:"二位王爷只需乘着油壁车进入宫中,把皇帝带出来,挟持到朝堂之上,左右辅佐,发布号令。我和其他人关闭城门,带卫士前来声援,谁敢不听令呢? 只怕东府里的人会乖乖地把萧鸾缚送过来呢。"萧子隆想就按此办理,但是萧锵却因朝中兵力全控制在萧鸾手中,且考虑到事情不一定能成功,很是犹豫。马队头目刘巨是齐武帝时的旧人,他来见萧锵,要求和萧锵单独说话,跪下磕头,力劝萧锵采取行动。萧锵命令准备车马,将要进宫,但是又回到内室,与母亲陆太妃告别,结果天黑了还没有出发。萧锵身边的典签知道了这一计划,就向萧鸾告发了他。癸酉(初二),萧鸾派遣两千士兵围住萧锵的住处,把他杀了,接着又杀了萧子隆、谢粲等人。在当时,齐武帝的儿子中数萧子隆最强壮高大,且颇有才能,因此萧鸾尤其忌妒他。

　　江州刺史晋安王子懋闻鄱阳、随王死，欲起兵，谓防阁吴郡陆超之曰："事成则宗庙获安，不成犹为义鬼。"防阁丹阳董僧慧曰："此州虽小，宋孝武常用之。若举兵向阙以请郁林之罪，谁能御之！"子懋母阮氏在建康，密遣书迎之，阮氏报其同母兄于瑶之为计。瑶之驰告宣城公鸾。乙亥，假鸾黄钺，内外纂严，遣中护军王玄邈讨子懋，又遣军主裴叔业与于瑶之先袭寻阳，声云为郢府司马。子懋知之，遣三百人守湓城。叔业溯流直上，至夜，回袭湓城，城局参军乐贲开门纳之。子懋闻之，帅府州兵力据城自守。子懋部曲多雍州人，皆勇跃愿奋。叔业畏之，遣于瑶之说子懋曰："今还都必无过忧，正当作散官，不失富贵也。"子懋既不出兵攻叔业，众情稍沮。中兵参军于琳之，瑶之兄也，说子懋重赂叔业，可以免祸。子懋使琳之往，琳之因说叔业取子懋。叔业遣军主徐玄庆将四百人随琳之入州城，僚佐皆奔散。琳之从二百人，拔白刃入斋，子懋骂曰："小人！何忍行此！"琳之以袖鄣面，使人杀之。王玄邈执董僧慧，将杀之，僧慧曰："晋安举义兵，仆实预其谋，得为主人死，不恨矣！愿至大敛毕，退就鼎镬。"玄邈义之，具以白鸾，免死配东冶。子懋子昭基，九岁，以方二寸绢为书，参其消息，

江州刺史晋安王萧子懋闻知鄱阳王萧锵和随王萧子隆已被萧鸾杀死，准备起兵讨伐，他对防阁吴郡人陆超之说："事情如果能成功则朝廷获得安宁，如果失败我们死而犹荣。"防阁丹阳人董僧慧说："江州虽然地域狭小，但是宋孝武帝就曾从这里起兵讨伐杀死宋文帝而自立的刘劭。现在，我们如果发兵进朝，讨伐萧鸾杀害郁林王之罪，谁能够抵抗呢？"萧子懋的母亲阮氏住在建康，萧子懋派人秘密传书把她接来，阮氏把情况告诉了自己的同母哥哥于瑶之，与他商议。于瑶之立即派快马报告了宣城公萧鸾。乙亥(初四)，天子授萧鸾黄钺，内外戒严，派遣中护军王玄邈讨伐萧子懋，另又派遣军主裴叔业与于瑶之先去袭击寻阳，声称是郢府司马。萧子懋知道情况之后，派遣三百人守卫湓城。裴叔业溯江而上，到了夜间，又回过头来奔袭湓城，城局参军乐贲打开城门，迎接裴叔业进入城中。萧子懋知此情况后，率领府州的兵力据城自守。萧子懋的部曲大多是雍州人，都自告奋勇，跃跃欲试。裴叔业害怕了，派遣于遥之去说服萧子懋，说："你现在如果回到京城不会有什么过分担忧，正好可以做一个闲散之官，仍然不失富贵荣华啊。"萧子懋既然不出兵攻打裴叔业，部下的情绪就渐渐有几分沮丧低落。中兵参军于琳之是于瑶之的哥哥，他劝说萧子懋以重金贿赂裴叔业，可以免除灾祸。萧子懋派于琳之前去，但是于琳之却又劝说裴叔业捉拿萧子懋。裴叔业派军主徐玄庆带领四百兵士随于琳之进入江州城，萧子懋手下的官员纷纷奔散逃命。于琳之领着二百人，手执刀剑进入萧子懋的住处，萧子懋见此情形，大骂于琳之说："无耻小人，怎么能忍心干出这样的事呢？"于琳之用衣袖遮住自己的脸，让人杀死了萧子懋。王玄邈抓住了董僧慧，将要杀他，董僧慧说："晋安王萧子懋举义兵，讨逆贼，本人确实参与了策划，现在能为主人而死，死而无怨！但是，希望能在晋安王的大敛之礼完毕之后，再投身鼎镬。"王玄邈觉得董僧慧非常有义气，就把情况告诉了萧鸾，结果董僧慧免于处死，被发配到东冶做苦工。萧子懋的儿子萧昭基当时才九岁，他以二寸见方的丝绢写成一封书信，询问董僧慧的情况，

并遗钱五百,行金得达,僧慧视之曰:"郎君书也!"悲恸而卒。于琳之劝陆超之逃亡。超之曰:"人皆有死,此不足惧!吾若逃亡,非唯孤晋安之眷,亦恐田横客笑人!"玄邈等欲囚以还都,超之端坐俟命。超之门生谓杀超之当得赏,密自后斩之,头坠而身不僵。玄邈厚加殡敛。门生亦助举棺,棺坠,压其首,折颈而死。

鸾遣平西将军王广之袭南兖州刺史安陆王子敬。广之至欧阳,遣部将济阴陈伯之先驱。伯之因城开,独入,斩子敬。

鸾又遣徐玄庆西上害诸王。临海王昭秀为荆州刺史,西中郎长史何昌寓行州事。玄庆至江陵,欲以便宜从事。昌寓曰:"仆受朝廷意寄,翼辅外藩。殿下未有愆失,君以一介之使来,何容即以相付邪!若朝廷必须殿下,当自启闻,更听后旨。"昭秀由是得还建康。昌寓,尚之之弟子也。

鸾以吴兴太守孔琇之行郢州事,欲使之杀晋熙王銶。琇之辞不许,遂不食而死。琇之,靖之孙也。

裴叔业自寻阳仍进向湘州,欲杀湘州刺史南平王锐,防阁周伯玉大言于众曰:"此非天子意。今斩叔业,举兵匡社稷,谁敢不从!"锐典签叱左右斩之。乙酉,杀锐。又杀郢州刺史晋熙王銶,南豫州刺史宜都王铿。

并送去五百钱,用这些钱行贿管制人员,信才被转交给董僧慧。董僧慧看到绢书之后,说道:"这是小公子写的啊!"于是悲恸万分,气绝而死。于琳之劝说陆超之逃跑。陆超之说:"人迟早都有一死,这没有什么可畏惧的。我如果逃亡了,不但晋安王的家眷孤单而无人照料,而且恐怕还要遭田横门客的嘲笑。"王玄邈等人想把陆超之押送到京都,陆超之端坐不动,等待他们前来捕他。陆超之的门生以为杀了陆超之一定能得到重赏,就偷偷地从背后把陆超之斩了,陆超之的头虽落地,身子却还不倒下去。王玄邈以丰厚的物品装殓了陆超之。那个门生也来帮忙举棺入葬,棺材突然坠下,压住了门生的脑袋,折断了脖子,一命呜呼。

萧鸾派遣平西将军王广之去袭击南兖州刺史安陆王萧子敬。王广之到欧阳后,就派部下将领济阴人陈伯之为先驱,前去袭击。陈伯之到后,见城门大开,就率先而入,斩了萧子敬。

萧鸾又派遣徐玄庆去西边杀害诸位藩王。临海王萧昭秀为荆州刺史,西中郎长史何昌寓主持州中事务。徐玄庆到了江陵之后,想不经奏报直接做出处置杀了临海王。何昌寓义正词严地说道:"我受朝廷之委托,辅助临海王。殿下并没有什么过失,你只不过是别人派来的一个使臣,如何就能让我把殿下交给你呢?如果圣上一定索要殿下,我自己会启奏陈述,等待圣上的答复。"萧昭秀才得以回到建康。何昌寓是何尚之弟弟的儿子。

萧鸾派吴兴太守孔琇之主管郢州事务,想让他杀害晋熙王萧铢。孔琇之坚决拒绝而不干,于是就绝食而亡。孔琇之是孔靖的孙子。

裴叔业从寻阳出发,来到了湘州,想要杀掉湘州刺史南平王萧锐,南平王属下的防阁周伯玉对众人大声说道:"这并不是天子的命令。现在,我要斩掉裴叔业,举众发兵,匡扶社稷江山,哪个敢不听从呢?"萧锐的典签喝命周围的人斩了周伯玉。乙酉(十四日),杀害了南平王萧锐。郢州刺史晋熙王萧铢、南豫州刺史宜都王萧铿亦被杀害。

丁亥,以庐陵王子卿为司徒,桂阳王铄为中军将军、开府仪同三司。

冬,十月丁酉,解严。

33 以宣城公鸾为太傅、领大将军、扬州牧、都督中外诸军事,加殊礼,进爵为王。

宣城王谋继大统,多引朝廷名士与参筹策。侍中谢朏心不愿,乃求出为吴兴太守。至郡,致酒数斛,遗其弟吏部尚书瀹,为书曰:"可力饮此,勿豫人事!"

> 臣光曰:臣闻"衣人之衣者怀人之忧,食人之食者死人之事。"二谢兄弟,比肩贵近,安享荣禄,危不预知。为臣如此,可谓忠乎!

34 宣城王虽专国政,人情犹未服。王胛上有赤志,骠骑谘议参军考城江祐劝王出以示人。王以示晋寿太守王洪范曰:"人言此是日月相,卿幸勿泄!"洪范曰:"公日月在躯,如何可隐,当转言之!"王母,祐之姑也。

35 戊戌,杀桂阳王铄、衡阳王钧、江夏王锋、建安王子真、巴陵王子伦。

铄与鄱阳王锵齐名。锵好文章,铄好名理,时人称为鄱、桂。锵死,铄不自安,至东府见宣城王,还,谓左右曰:"向录公见接殷勤,流连不能已,而面有惭色,此必欲杀我。"是夕,遇害。

宣城王每杀诸王,常夜遣兵围其第,斩关逾垣,呼噪而入,家赀皆封籍之。江夏王锋,有才行,宣城王尝与之言:"遥光才力可委。"锋曰:"遥光之于殿下,犹殿下之于高皇。

丁亥(十六日),任命庐陵王萧子卿为司徒,桂阳王萧铄为中军将军、开府仪同三司。

冬季,十月丁酉,解除戒严。

33 任命宣城公萧鸾为太傅、领大将军、扬州牧、都督中外诸军事,并加以特殊的礼仪,进爵位为王。

宣城王萧鸾策划篡位当皇帝,因此广招朝廷名士参与筹谋。侍中谢朏心里不愿意,于是就请求出任吴兴太守。他到任之后,给担任吏部尚书的弟弟谢瀹送去好几斛酒,并且附信一封,信上说:"可以使劲饮酒,不要参与人事。"

> 臣司马光说:我听说:"穿了他人衣服的人要替他人分忧,吃了他人东西的人要为他人的事情而死。"谢朏、谢瀹弟兄二人,同时任皇帝身边的亲近大臣,但是他们只知道安享自己的荣华富贵,朝廷的危难竟然不参与不过问。如此做臣,可以说是忠良吗?

34 宣城王萧鸾虽然一手专权,独断国政,但是人们对他并不服气。他的肩胛处有一个红色的痣,骠骑谘议参军考城人江祏劝他出示给人看。宣城王就出示给晋寿太守王洪范看,并说道:"人们说这个痣是日月之相,你一定不要往外泄露。"王洪范回答:"大人您有日月在身上,怎么能隐而不宣呢? 应当转告别人。"宣城王萧鸾的母亲是江祏的姑姑。

35 戊戌,桂阳王萧铄、衡阳王萧钧、江夏王萧锋、建安王萧子真、巴陵王萧子伦被杀害。

萧铄与鄱阳王萧锵名气相当。萧锵爱好文学,萧铄爱好玄理,当时人们称之为鄱、桂。萧锵死后,萧铄即感到危机,他到东府去见宣城王萧鸾,回来之后,对手下的人说:"刚才萧鸾接见我时表现得十分殷勤周到,一副流连不舍的样子,但是面带愧色,这一定是想要杀掉我。"当天晚上,萧铄即被害。

宣城王萧鸾每当杀害掉哪一个藩王,总是于夜间派兵包围其住所,翻墙破门,喝喊而入,把他的家产全部抄封没收。江夏王萧锋,德才兼备,萧鸾曾经对他讲道:"始安王萧遥光极有才干,可以委以重任。"萧锋回答道:"萧遥光之于殿下您,正如殿下之于高皇帝一样。

卫宗庙,安社稷,实有攸寄。"宣城王失色。及杀诸王,锋遗宣城王书,诮责之;宣城王深惮之,不敢于第收锋,使兼祠官于太庙,夜,遣兵庙中收之。锋出,登车,兵人欲上车,锋有力,手击数人皆仆地,然后死。

宣城王遣典签柯令孙杀建安王子真,子真走入床下,令孙手牵出之,叩头乞为奴,不许而死。

又遣中书舍人茹法亮杀巴陵王子伦。子伦性英果。时为南兰陵太守,镇琅邪,城有守兵。宣城王恐不肯就死,以问典签华伯茂,伯茂曰:"公若以兵取之,恐不可即办。若委伯茂,一夫力耳。"乃手自执鸩逼之,子伦正衣冠,出受诏,谓法亮曰:"先朝昔灭刘氏,今日之事,理数固然。君是身家旧人,今衔此使,当由事不获已。此酒非劝酬之爵。"因仰之而死,时年十六。法亮及左右皆流涕。

初,诸王出镇,皆置典签,主帅一方之事,悉以委之。时入奏事,一岁数返,时主辄与之间语,访以州事,刺史美恶专系其口,自刺史以下莫不折节奉之,恒虑弗及。于是威行州部,大为奸利。武陵王晔为江州,性烈直,不可干。典签赵渥之谓人曰:"今出都易刺史!"及见世祖,盛毁之。晔遂免还。

卫护宗庙,安定社稷,他确实可以寄予厚望。"萧鸾大惊失色。等到萧鸾杀诸位藩王之时,萧锋派人给萧鸾送去一封信,在信中嘲讽、责斥他。萧鸾因此而非常害怕萧锋,不敢到萧锋的住所去抓获他,于是就让萧锋在太庙中兼任祠官之职,然后在夜里派兵去庙中捕获他。萧锋从太庙中出来,进到自己车中,那些前来杀他的兵士也要上车去,但是萧锋不让他们上来,他力气非常大,徒手与这些人搏击,使好几个人倒在地上起不来,然后被杀。

宣城王萧鸾派遣典签柯令孙去杀建安王萧子真,子真吓得钻进床底下藏起来,柯令孙用手把他拉出来,他给柯令孙下跪磕头,乞求为奴,但不被答应,照样被杀害。

萧鸾又派中书舍人茹法亮去杀巴陵王萧子伦。萧子伦性情英勇果敢。当时任南兰陵太守,镇守琅邪,琅邪城中有守兵,萧鸾担心萧子伦不肯轻易屈服,任人宰杀,就问典签华伯茂如何办,华伯茂说:"大人您如果派兵去收拾他,恐怕不能很快达到目的。如果把这事委托与我办理,只以一人之力就可以办妥。"于是,华伯茂就亲自手执毒酒,声称为御赐,逼萧子伦喝下去,萧子伦理好自己的衣服、帽子,出来接受诏书,并且对茹法亮说:"先前,太祖灭杀刘宋而自立。今天的情况,也是天数所定,在劫难逃。你是曾奉事过武帝的老人了,现在受指使而来,当是身不由己。这酒绝非是平常饮宴的酒。"说完接过酒杯,一饮而尽,受毒而死。死时他才十六岁。茹法亮以及周围的人无不流泪。

当初,各藩王出镇州郡,都配置典签官,凡地方之事全部委任其统管。典签官时不时地入朝奏告情况,一年之内数次往返于镇所与朝廷之间,皇帝经常与其单独谈话,询问州里的事情,因此,州刺史的好坏善恶全凭典签的一张嘴而定,于是从刺史到下属其他官员无不对其毕恭毕敬,曲意奉承,唯恐不及。所以,典签威行一州之内,干了许多奸邪不法之事。武陵王萧晔任江州刺史,他性情刚烈耿直,不可冒犯。典签赵渥之就对人讲:"我现在进朝见驾去,等我一到京城就会把他换掉。"赵渥之见了齐武帝,对萧晔大加毁谤。于是萧晔就被免去刺史之职,回到京都。

南海王子罕戍琅邪，欲暂游东堂，典签姜秀不许。子罕还，泣谓母曰："儿欲移五步亦不得，与囚何异！"邵陵王子贞尝求熊白，厨人答典签不在，不敢与。

永明中，巴东王子响杀刘寅等，世祖闻之，谓群臣曰："子响遂反！"戴僧静大言曰："诸王都自应反，岂唯巴东！"上问其故，对曰："天王无罪，而一时被囚，取一挺藕、一杯浆，皆谘签帅；签帅不在，则竟日忍渴。诸州唯闻有签帅，不闻有刺史。何得不反！"

竟陵王子良尝问众曰："士大夫何意诣签帅？"参军范云曰："诣长史以下皆无益，诣签帅立有倍本之价。不诣谓何！"子良有愧色。

及宣城王诛诸王，皆令典签杀之，竟无一人能抗拒者。孔珪闻之，流涕曰："齐之衡阳、江夏最有意，而复害之。若不立签帅，故当不至于此。"宣城王亦深知典签之弊，乃诏："自今诸州有急事，当密以奏闻，勿复遣典签入都。"自是典签之任浸轻矣。

　　萧子显论曰：帝王之子，生长富厚，朝出闺阃，暮司方岳，防骄翦逸，积代常典。故辅以上佐，简自帝心；劳旧左右，用为主帅，饮食起居，动应闻启，处地虽重，行己莫由。威不在身，恩未下及，一朝艰难总至，望其释位扶危，何可得矣！斯宋氏之馀风，至齐室而尤弊也。

南海王萧子罕戍守琅邪,他想去东堂游玩一次,但是典签姜秀不准许。萧子罕回到家中,哭着对母亲讲道:"我想移动五步都不能,这与被囚禁有什么两样呢?"邵陵王萧子贞一次想要吃熊白,但是厨子却说因典签不在,所以不敢私自给他。

在永明年间,巴东王萧子响杀死了刘寅等人,齐武帝听说了,对诸位大臣说:"子响是要谋反啊!"不料戴僧静在下面大声说道:"诸藩王本来都应该谋反,岂止巴东王一个呢?"齐武帝问这是什么原因,戴僧静接着讲道:"这些藩王何罪之有,但是时时被囚禁起来,他们要一截藕,一杯水,都要请示典签;如果典签不在,那就只好整日忍渴挨饿。各州郡只知道有典签,而不知道有刺史,这样他们怎么能不反呢?"

竟陵王萧子良曾经问众人:"士大夫们出于什么意图纷纷带着礼物往典签那里跑?"参军范云回答说:"到长史及以下的人那里都不会得到什么好处,而去典签那里很快就可以获得双倍于所送之礼的好处,如此好的买卖,为什么不去呢?"萧子良听了,颇有愧色。

到了宣城王诛杀诸藩王之时,都令典签去杀,竟然没有一个人能够抗拒。孔珪听到情况之后,流着眼泪说道:"齐国的衡阳王、江夏王非常有意于辅佐帝室,然而仍被杀害。如果不设立典签,肯定不至于此。"宣城王萧鸾也深深地知道给诸王设典签的弊端,因此发布诏令:"从今开始,各州有紧急事情,应当秘密地奏告朝廷,不要再派遣典签进都。"从此,典签这一职务的作用就渐渐弱小了。

萧子显评论道:帝王之子,生长在富贵之中,才刚刚离开后宫闺房,就去担任作为一州之长的刺史。为了预防和消除他们骄奢淫逸,特意要给他们制定出一些法规,这在历代均被看作常典。所以,皇帝就从自己的心腹中挑选一些人,去监督辅佐这些藩王;或者从身边旧人中挑选出来一些人,任命为藩王们的典签,凡饮食起居一应事项,都得告诉典签。所以,藩王虽然所处位置很高,但是都行不由己。藩王们由于威不在身,不能施恩于下属,所以一旦朝廷艰难危急之际,期望他们来扶危匡正,如何可能呢?藩王置典签之例始于刘宋,南齐沿袭而不变,弊端尤多。

36 癸卯,以宁朔将军萧遥欣为豫州刺史,黄门郎萧遥昌为郢州刺史,辅国将军萧诞为司州刺史。遥昌,遥欣之弟;诞,谌之兄也。

37 甲辰,魏以太尉东阳王丕为太傅、录尚书事,留守平城。

戊申,魏主亲告太庙,使高阳王雍、于烈奉迁神主于洛阳。辛亥,发平城。

38 海陵王在位,起居饮食,皆谘宣城王而后行。尝思食蒸鱼菜,太官令答无录公命,竟不与。辛亥,皇太后令曰:"嗣主冲幼,庶政多昧。且早婴尪疾,弗克负荷。太傅宣城王,胤体宣皇,钟慈太祖,宜入承宝命。帝可降封海陵王,吾当归老别馆。"且以宣城王为太祖第三子。癸亥,高宗即皇帝位,大赦,改元。以太尉王敬则为大司马,司空陈显达为太尉,尚书令王晏加骠骑大将军,左仆射徐孝嗣加中军大将军,中领军萧谌为领军将军。

度支尚书虞悰称疾不陪位。帝以悰旧人,欲引参佐命,使王晏赍废立事示悰。悰曰:"主上圣明,公卿戮力,宁假朽老以赞惟新乎!不敢闻命!"因恸哭。朝议欲纠之,徐孝嗣曰:"此亦古之遗直。"乃止。

帝与群臣宴会,诏功臣上酒。王晏等兴席,谢瀹独不起,曰:"陛下受命,应天顺人。王晏妄叨天功以为己力!"帝大笑,解之。座罢,晏呼瀹共载还令省。瀹正色曰:"卿巢窟在何处!"晏甚惮之。

36 癸卯(初二),任宁朔将军萧遥欣为豫州刺史,黄门郎萧遥昌为郢州刺史,辅国将军萧诞为司州刺史。萧遥昌是萧遥欣的弟弟。萧诞是萧谌的哥哥。

37 甲辰(初三),北魏任命太尉东阳王拓跋丕为太傅、录尚书事,并令其留守平城。

戊申(初七),北魏孝文帝亲自去太庙祝告,又责成高阳王拓跋雍和于烈奉命迁神主于洛阳。辛亥(初十),开始从平城出发。

38 南齐海陵王萧昭文虽然身居帝位,但起居饮食等事项,统统要取得宣城王萧鸾准许后才可以进行。一次,海陵王想要吃蒸鱼菜,太官令说没有萧鸾的命令,竟然不给他吃。辛亥(初十),皇太后发出诏令:"新继位的皇帝年龄幼小,不明国事,昧于朝政。况且,他从小就疾病缠身,体质羸弱,不能承受过重的负担。太傅宣城王萧鸾,是宣皇帝的嫡孙,又深得太祖皇帝的钟爱,所以应该入宫承受皇位。皇帝可降封为海陵王,我本人也因年老而告退,不再过问朝政。"并且,以宣城王萧鸾为齐太祖的第三子。癸亥(二十二日),明帝萧鸾即位,大赦天下,改换年号为建武。任命太尉王敬则为大司马,司空陈显达为太尉,尚书令王晏加封骠骑大将军,左仆射徐孝嗣加封中军大将军,中领军萧谌为领军将军。

度支尚书虞悰借口有病,不愿陪侍萧鸾。萧鸾因虞悰是过去的老人,想拉他参与朝政,所以就指使王晏把废除海陵王而自立的事告诉了他。不料虞悰听后却说道:"主上圣明睿智,公卿士大夫们自然会合力辅佐的,为何还要借用老朽我来赞助新皇帝呢?实在不敢从命!"言毕,恸哭不已。朝廷中议论要追究虞悰,徐孝嗣却说:"虞悰这样也是古代正直耿介之士之遗风啊!"于是,止而不议。

明帝与群臣百官欢宴庆贺,令有功之臣上来敬酒与他们对饮。王晏等人遵命离席,上前去祝酒助兴,唯独谢瀹安坐不起,说道:"陛下受命登基,上应天心,下顺人意。而王晏竟然贪天功以为己力!"明帝听了大笑,就不强使谢瀹给自己上酒了。宴会完毕,王晏招呼谢瀹与自己一同乘车回尚书省,谢瀹严厉地对他说:"您的巢窝在何处呢?"从此,王晏特别害怕谢瀹。

39 丁卯,诏:"藩牧守宰,或有荐献,事非任土,悉加禁断。"

40 己巳,魏主如信都。庚午,诏曰:"比闻缘边之蛮,多窃掠南土,使父子乖离,室家分绝。朕方荡壹区宇,子育万姓,若苟如此,南人岂知朝德哉!可诏荆、郢、东荆三州,禁勒蛮民,勿有侵暴。"

41 十一月癸酉,以始安王遥光为扬州刺史。

42 丁丑,魏主如邺。

43 庚辰,立皇子宝义为晋安王,宝玄为江夏王,宝源为庐陵王,宝寅为建安王,宝融为随郡王,宝攸为南平王。

44 甲申,诏曰:"邑宰禄薄,虽任土恒贡,自今悉断。"

45 乙酉,追尊始安贞王为景皇,妃为懿后。

46 丙戌,以闻喜公遥欣为荆州刺史,丰城公遥昌为豫州刺史。时上长子晋安王宝义有废疾,诸子皆弱小,故以遥光居中,遥欣镇抚上流。

47 戊子,立皇子宝卷为太子。

48 魏主至洛阳,欲澄清流品,以尚书崔亮兼吏部郎。亮,道固之兄孙也。

49 魏主敕后军将军宇文福行牧地。福表石济以西,河内以东,距河凡十里。魏主自代徙杂畜置其地,使福掌之。畜无耗失,以为司卫监。

初,世祖平统万及秦、凉,以河西水草丰美,用为牧地,畜甚蕃息,马至二百馀万匹,橐驼半之,牛羊无数。及高祖置牧场于河阳,常畜戎马十万匹,每岁自河西徙牧并州,

39　丁卯(二十六日),明帝诏令:"州郡长官时常给朝廷上贡礼品,今后除去当地的土产外,别的一概加以禁止。"

40　己巳(二十八日),北魏孝文帝到达信都。庚午(二十九日),发布诏令:"近来听说边境上的蛮人,经常抢劫掠夺南方人,使他们父子相离,家庭破碎。朕正要统一天下,像对子女一样安抚百姓,如果这样的话,南方人怎么能知道我们魏朝的仁德呢?所以,应该诏令荆州、郢州、东荆州三个地方,要对那些蛮民严加禁止,不许再对江南人进行强暴掠夺。"

41　十一月癸酉(初三),南齐任命始安王萧遥光为扬州刺史。

42　丁丑(初七),北魏孝文帝到了邺城。

43　庚辰(初十),齐明帝萧鸾封皇子萧宝义为晋安王,萧宝玄为江夏王,萧宝源为庐陵王,萧宝寅为建安王,萧宝融为随郡王,萧宝攸为南平王。

44　甲申(十四日),明帝诏令:"各县令俸薄禄少,从今开始,连田赋常贡,也悉加减免。"

45　乙酉(十五日),明帝追尊始安贞王为景皇帝,其妃子为懿后。

46　丙戌(十六日),任命闻喜公萧遥欣为荆州刺史,丰城公萧遥昌为豫州刺史。当时,明帝萧鸾的长子萧宝义有残疾不能做事,其他儿子又都幼小,所以就让萧遥光镇守扬州,萧遥欣镇守荆州。

47　戊子(十八日),明帝立皇子萧宝卷为太子。

48　北魏孝文帝到达洛阳。他想整理朝纲,澄清流品,就让尚书崔亮兼任吏部郎。崔亮是崔道固的哥哥的孙子。

49　北魏孝文帝令后军将军宇文福测量规划牧畜之地。宇文福奏称石济以西、河内以东,距黄河十里方圆之地为牧场。孝文帝又命令从代地移迁各种牲畜到此地牧养,由宇文福具体负责该事。一路上,由于牲口没有丢失减损,所以最后任宇文福为司卫监。

早先之时,北魏太武帝拓跋焘平定统万以及秦、凉等地,由于河西之地水草丰美,就开辟为牧地,牲畜繁殖甚为兴旺,马匹多至两百馀万匹,骆驼百万多,牛羊则多至无以计数。到孝文帝时,又设河阳牧场,时常畜养战马十万匹,每年从河西把马匹移迁到并州放牧一段时间,

稍复南徙,欲其渐习水土,不至死伤,而河西之牧愈更蕃滋。及正光以后,皆为寇盗所掠,无孑遗矣。

50 永明中,御史中丞沈渊表,百官年七十,皆令致仕,并穷困私门。庚子,诏依旧铨叙。上辅政所诛诸王,皆复属籍,封其子为侯。

51 上诈称海陵恭王有疾,数遣御师瞻视,因而殒之,葬礼并依汉东海恭王故事。

52 魏郢州刺史韦珍,在州有声绩,魏主赐以骏马、谷帛。珍集境内孤贫者,悉散与之,谓之曰:"天子以我能绥抚卿等,故赐以谷帛,吾何敢独有之!"

53 魏主以上废海陵王自立,谋大举入寇。会边将言,雍州刺史下邳曹虎遣使请降于魏,十一月辛丑朔,魏遣行征南将军薛真度督四将向襄阳,大将军刘昶、平南将军王肃向义阳,徐州刺史拓跋衍向钟离,平南将军广平刘藻向南郑。真度,安都从祖弟也。以尚书仆射卢渊为安南将军,督襄阳前锋诸军。渊辞以不习军旅,不许。渊曰:"但恐曹虎为周鲂耳。"

54 魏主欲变易旧风,壬寅,诏禁士民胡服。国人多不悦。

通直散骑常侍刘芳,缵之族弟也,与给事黄门侍郎太原郭祚,皆以文学为帝所亲礼,多引与讲论及密议政事。大臣贵戚皆以为疏己,怏怏有不平之色。帝使给事黄门侍郎陆凯私谕之曰:"至尊但欲广知古事,询访前世法式耳,终不亲彼而相疏也。"众意乃稍解。凯,馛之子也。

然后再移迁到南边牧场放牧,以便马匹能逐渐熟习水土,不致因水土不服而死伤。这样一来,河西的牧畜反而更加兴盛。到正光年间以后,这些牧畜全被寇盗掠夺而去,没有剩余。

50 南齐永明年间,御史中丞沈渊上表,凡百官中达到七十岁的,皆令其退休,这些人现都穷困家门之中。庚子(三十日),齐明帝发布诏令,依照旧例选拔百官。又把在摄政期间所杀害的诸位藩王,都重新列入皇室宗族,封他们的儿子为侯。

51 明帝诈称海陵王有疾病,几次派遣御医前去看视,终于害死海陵王,其葬礼依照东汉时曾让出皇位的东海恭王刘彊的葬礼举行。

52 北魏郢州刺史韦珍,在州内颇有政绩,声誉不错,孝文帝赐赏他骏马、谷物、布帛等物。韦珍把州内孤独贫困的人招集在一起,以孝文帝所赐之物散发给他们,并且对他们说:"天子因为我能安抚你们,所以赏赐我谷物、布帛,我怎么敢独自享有呢?"

53 北魏孝文帝因为萧鸾废掉海陵王而自立为帝,计划大举入侵南齐。恰在这时,边境将领又报告,南齐雍州刺史下邳人曹虎派遣使节送信,请求投降北魏。十一月辛丑朔(初一),北魏派遣行征南将军薛真度统领四个将领向襄阳进发,大将刘昶、平南将军王肃向义阳进发,徐州刺史拓跋衍向钟离进发,平南将军广平人刘藻向南郑进发。薛真度是薛安都的族弟。又任命尚书仆射卢渊为安南将军,督帅襄阳前锋诸军。卢渊以不熟习军旅事务而加以推辞,没有得到准许。卢渊说:"只恐怕曹虎是像周鲂一样诈降。"

54 北魏孝文帝想改革旧的风俗习惯,壬寅(初二),发布诏令,禁止士大夫与民众穿胡服。鲜卑族人大多不乐意。

通直散骑常侍刘芳是刘缵的族弟,他同给事黄门侍郎太原人郭祚,均以工于文学受到孝文帝的礼遇,经常招他们二人一起讲论义理,以及密议政事。大臣贵戚们都认为孝文帝疏远了自己,心中怏怏不乐,不平之色溢于言表。孝文帝让给事黄门侍郎陆凯私下里对这些人说:"皇上只是想通过这二人多知道些古代的事情,了解前代的法式罢了,并非是亲近他们而疏远你们。"这些人的情绪才渐渐宽解。陆凯是陆馝的儿子。

55 魏主欲自将入寇。癸卯，中外戒严。戊申，诏代民迁洛者复租赋三年。相州刺史高闾上表称："洛阳草创，曹虎既不遣质任，必无诚心，无宜轻举。"魏主不从。

久之，虎使竟不再来，魏主引公卿问行留之计，公卿或以为宜止，或以为宜行。帝曰："众人纷纭，莫知所从。必欲尽行留之势，宜有客主，共相起发。任城、镇南为留议，朕为行论，诸公坐听得失，长者从之。"众皆曰："诺。"镇军将军李冲曰："臣等正以迁都草创，人思少安。为内应者未得审谛，不宜轻动。"帝曰："彼降款虚实，诚未可知。若其虚也，朕巡抚淮甸，访民疾若，使彼知君德之所在，有北向之心；若其实也，今不以时应接，则失乘时之机，孤归义之诚，败朕大略矣。"任城王澄曰："虎无质任，又使不再来，其诈可知也。今代都新迁之民，皆有恋本之心。扶老携幼，始就洛邑，居无一椽之室，食无甔石之储。又冬月垂尽，东作将起，乃'百堵皆兴''俶载南亩'之时，而驱之使擐甲执兵，泣当白刃，殆非歌舞之师也。且诸军已进，非无应接。若降款有实，待既平樊、沔，然后銮舆顺动，亦何晚之有！今

55 北魏孝文帝想亲自挂帅入侵南齐。癸卯(初三),内外戒严。戊申(初八),孝文帝诏令由平城迁到洛阳的百姓免除三年赋税。相州刺史高闾上表孝文帝,建议:"刚刚迁都洛阳,尚处草创阶段,而曹虎既然不派遣人质,足见其没有诚心,所以不应该轻举妄动。"但是,孝文帝没有采纳他的意见。

很长时间,曹虎的使者再也没有来联系请降之事,孝文帝招集公卿士大夫议论行动与否的问题,他们有的认为不宜行动,有的则认为可以行动。孝文帝说:"众说纷纭,使朕不知所从。如果想把行动与否的利弊得失讨论明白,应该分立宾主,互相引发,共同探讨。以任城王和镇南将军为主张留下的一方,朕为主张行动一方,诸位听取各方意见之长短得失,哪方所见高明就听从哪方的。"众人都说:"很好。"于是,镇军将军李冲首先发表意见:"我们认为目前正是迁都伊始,诸事草创之际,大家都想有一段安定的时期。再加上我们对作为内应的曹虎并没有细加审查了解,情况多有不明,所以不宜轻率行动。"孝文帝紧接着反驳道:"曹虎投降一事虚实如何,确实还难以判定。如果曹虎投降是虚假的,朕也可以借此行巡视、抚慰淮水一带,访查探问一下民间疾苦,使那里的百姓知道朕的仁政善德之所在,以便让他们产生归顺本朝的心思;如果曹虎之降属实,我们若不及时加以接应,就会坐失时机,有负于他一片弃暗投明之诚心,无疑将毁坏朕的宏大计略。"这时,任城王拓跋澄发表了自己的不同看法,他说:"曹虎没有派人质,也没有再遣使者来联系,其中之诡诈是显而易见的。如今从代京新搬迁到这里来的民众,皆有留恋本土的心思。他们扶老携幼,长途跋涉,刚刚到达洛阳,居住房屋尚没有一间,食物储备没有一石。目前冬季将尽,春耕生产即将开始,正是《诗经》中所说的'兴建屋室''耕作南亩'之时,在这种情况之下,反而要驱使他们披坚执锐,出征打仗,被迫面向敌人的刀枪,流血冒死,这样的出征恐怕并非是当年武王伐纣、前歌后舞的正义之师。况且,各路军马已经进发,他们之间能够互相接应。如果曹虎投降属实,就等待平定了樊、沔之后,陛下您再顺势而动,到那时鸾舆前往,为时并不晚啊!如今

率然轻举,上下疲劳;若空行空返,恐挫损天威,更成贼气,非策之得者也。"司空穆亮以为宜行,公卿皆同之。澄谓亮曰:"公辈在外之时,见张旗授甲,皆有忧色,平居论议,不愿南征。何得对上即为此语!面背不同,事涉欺佞,岂大臣之义,国士之体乎!万一倾危,皆公辈所为也。"冲曰:"任城王可谓忠于社稷。"帝曰:"任城以从朕者为佞,不从朕者岂必皆忠!夫小忠者、大忠之贼,无乃似诸!"澄曰:"臣愚暗,虽涉小忠,要是竭诚谋国;不知大忠者竟何所据!"帝不从。

　　辛亥,发洛阳,以北海王详为尚书仆射,统留台事。李冲兼仆射,同守洛阳。给事黄门侍郎崔休为左丞,赵郡王干都督中外诸军事,始平王勰将宗子军宿卫左右。休,逞之玄孙也。戊辰,魏主至悬瓠。己巳,诏寿阳、钟离、马头之师所掠男女皆放还南。曹虎果不降。

　　魏主命卢渊攻南阳。渊以军中乏粮,请先攻赭阳以取叶仓,魏主许之。乃与征南大将军城阳王鸾、安南将军李佐、荆州刺史韦珍共攻赭阳。鸾,长寿之子;佐,宝之子也。北襄城太守成公期闭城拒守。薛真度军于沙堨,南阳太守房伯玉、新野太守刘思忌拒之。

　　56　先是,魏主遣中书监高闾治古乐。会闾出为相州刺史,是岁,表荐著作郎韩显宗、大乐祭酒公孙崇参知钟律,帝从之。

轻举妄动,只能使军中上下疲劳;如果徒劳而返,恐怕会有损于我朝的天威,反而使贼军的气势更为嚣张,所以万万不是妥善之计。"司空穆亮却认为宜于行动,其他臣僚们也都同意他的意见。拓跋澄质问穆亮:"各位在前不久之时,看见诸路军马出征,都流露出担忧之色,私下里议论时,都不同意南征。为什么面对皇上时就变了态度,言不由衷呢? 当面背后看法不一,这已经关涉欺君佞上之罪,难道这样就是大臣的忠义、国士的品格吗? 万一这次南征不利,就完全是诸位所造成的。"李冲说道:"任城王可以说是忠心耿耿于国家啊!"孝文帝说道:"任城王认为赞同朕的人都是佞上,可是与朕所见不同的人难道一定都忠诚吗? 常言说,小忠是大忠的敌人,这不正和眼前的情形十分相似吗?"拓跋澄又说道:"我愚昧无知,虽然属于'小忠'之列,归根到底是出于一片竭诚之心,为国家而计虑;不知道所谓'大忠'者,又出于哪一种根据?"孝文帝对他的意见没有听从。

辛亥(十一日),北魏从洛阳发兵,以北海王拓跋详为尚书仆射,留下来统管朝中之事。使李冲兼仆射,一同戍守洛阳。又以给事黄门侍郎崔休为左丞,使赵郡王拓跋幹都督中外诸军事,以始平王拓跋勰率领皇族子弟兵担任左右侍卫。崔休是崔逞的玄孙。戊辰(二十八日),孝文帝到达悬瓠。己巳(二十九日),孝文帝诏令寿阳、钟离、马头三地的军队把所掠夺的男女都放归江南去。曹虎果然是诈降。

孝文帝命令卢渊攻打南阳。卢渊以军队缺乏粮食为理由,请求先进攻赭阳,以便获取叶地粮仓,孝文帝同意。于是,卢渊与征南大将军咸阳王拓跋鸾、安南将军李佐、荆州刺史韦珍等一起攻打赭阳。拓跋鸾是拓跋长寿的儿子。李佐是李宝的儿子。南齐方面的北襄城太守成公期闭城拒守,难以攻克。薛真度驻扎在沙堨,而南齐的南阳太守房伯玉、新野太守刘思忌率兵抵抗。

56 早先,北魏孝文帝命令中书监高闾修治古乐。不久高闾出任相州刺史,这一年,高闾上表举荐著作郎韩显宗、大乐祭酒公孙崇参与制定钟律,孝文帝采纳了他的建议。

# 卷第一百四十　齐纪六

起乙亥(495)尽丙子(496)凡二年

**高宗明皇帝中**

**建武二年(乙亥,495)**

1　春,正月壬申,遣镇南将军王广之督司州、右卫将军萧坦之督徐州、尚书右仆射沈文季督豫州诸军以拒魏。

癸酉,魏诏:"淮北之人不得侵掠,犯者以大辟论。"乙未,拓跋衍攻钟离,徐州刺史萧惠休乘城拒守,间出袭击魏兵,破之。惠休,惠明之弟也。刘昶、王肃攻义阳,司州刺史萧诞拒之。肃屡破诞兵,招降万馀人。魏以肃为豫州刺史。刘昶性褊躁,御军严暴,人莫敢言。法曹行参军北平阳固苦谏。昶怒,欲斩之,使当攻道。固志意闲雅,临敌勇决,昶始奇之。

丁酉,中外纂严。以太尉陈显达为使持节、都督西北讨诸军事,往来新亭、白下以张声势。

己亥,魏主济淮。二月,至寿阳,众号三十万,铁骑弥望。甲辰,魏主登八公山,赋诗。道遇甚雨,命去盖。见军士病者,亲抚慰之。

## 高宗明皇帝中

### 齐明帝建武二年(乙亥,公元495年)

1  春季,正月壬申(初二),南齐派遣镇南将军王广之、右卫将军萧坦之、尚书右仆射沈文季分别督帅司州、徐州、豫州三地的军队,抵抗北魏的入侵。

癸酉(初三),北魏孝文帝颁发诏令:"不得抢劫掠夺淮河以北的居民,违犯者处以死刑。"乙未(二十五日),北魏拓跋衍率部进攻钟离,南齐徐州刺史萧惠休据城守卫,并且不时派兵出城袭击北魏军队,终于将其击败。萧惠休是萧惠明的弟弟。北魏刘昶、王肃率军进攻义阳,遇到司州刺史萧诞的抵抗。王肃多次击败萧诞的军队,招纳降兵一万馀人。北魏任命王肃为豫州刺史。刘昶性格暴躁,刚愎自用,对待下属官兵非常严酷残暴,部下都敢怒而不敢言。法曹行参军北平人阳固多次恳切地规劝刘昶。刘昶大怒,想杀掉阳固,便命令阳固做攻城先锋。阳固性格优雅,风度悠闲,临阵遇敌却十分勇猛果敢,刘昶感到非常惊奇。

丁酉(二十七日),南齐举国上下戒备森严,严防以待。又派遣太尉陈显达为使持节、都督西北讨诸军事,来往巡视于新亭、白下一带,以壮大声势。

己亥(二十九日),北魏孝文帝率大军渡过淮河。二月,抵达寿阳,号称三十万大军,铁甲骑兵多的一眼望不到头。甲辰(初五),孝文帝登上八公山,乘兴作诗。途中突然遇上倾盆大雨,孝文帝便命令去掉自己的伞盖,与兵士一起淋雨。他看到军队中有生病的士兵,还亲自去安抚慰问。

　　魏主遣使呼城中人,丰城公遥昌使崔庆远出应之。庆远问师故,魏主曰:"固当有故!卿欲我斥言之乎,欲我含垢依违乎?"庆远曰:"未承来命,无所含垢。"魏主曰:"齐主何故废立?"庆远曰:"废昏立明,古今非一,未审何疑?"魏主曰:"武帝子孙,今皆安在?"庆远曰:"七王同恶,已伏管、蔡之诛。其馀二十馀王,或内列清要,或外典方牧。"魏主曰:"卿主若不忘忠义,何以不立近亲,如周公之辅成王,而自取之乎?"庆远曰:"成王有亚圣之德,故周公得而相之。今近亲皆非成王之比,故不可立。且霍光亦舍武帝近亲而立宣帝,唯其贤也。"魏主曰:"霍光何以不自立?"庆远曰:"非其类也。主上正可比宣帝,安得比霍光!若尔,武王伐纣,不立微子而辅之,亦为苟贪天下乎?"魏主大笑曰:"朕来问罪。如卿之言,便可释然。"庆远曰:"'见可而进,知难而退',圣人之师也。"魏主曰:"卿欲吾和亲,为不欲乎?"庆远曰:"和亲则二国交欢,生民蒙福;否则二国交恶,生民涂炭。和亲与否,裁自圣衷。"魏主赐庆远酒淆、衣服而遣之。

　　戊申,魏主循淮而东,民皆安堵,租运属路。丙辰,至钟离。

北魏孝文帝派人去传唤寿阳城中的南齐官员出来对话,丰城公萧遥昌便派崔庆远前去应对。崔庆远先质问北魏出师来犯的理由,孝文帝回答说:"当然有原因。你想让我直接数落你们的罪过呢?还是顾及情面含含糊糊地说呢?"崔庆远说:"我实在不明白你们的来意,所以还是直截了当地说吧!"孝文帝便问道:"你们君主为什么要连续废去两个皇帝而自立为君呢?"崔庆远答道:"废去昏君,另立明主,并非只有我朝最近发生的这么一桩,不知道你对此又有何不理解之处?"孝文帝再问道:"武帝的子孙们,现在都在哪儿?"崔庆远答道:"七位藩王乱国同罪,已经和周朝的管叔鲜和蔡叔度一样被杀掉了。其馀的二十多位藩王,有的在朝廷中担任清要职位,有的在外面担任州郡长官。"孝文帝又问道:"你们现在的君主萧鸾如果没有忘掉忠义之德,为什么不从前帝近亲中选择一人立为新帝,如当年周公辅佐成王那样,而要自取皇位呢?"崔庆远回答:"周成王有亚圣的品德,所以周公立他为君而自己辅佐之。可是,如今本朝前帝近亲中没有能比得上周成王这样的人物,所以不能嗣立。况且,汉代霍光也曾经舍弃汉武帝的近亲而立汉宣帝刘询,只是因为他贤德啊。"孝文帝问道:"那么,霍光为什么不自己登上皇位呢?"崔庆远答道:"因为霍光是外姓,不是皇族。本朝当今皇上正可比作汉宣帝刘询,怎么能拿他与霍光比呢? 如果按照你说的那样,那么当年武王伐纣,没有立纣王庶兄微子为君而自己辅佐之,也就是贪求天下了吧?"孝文帝大笑着说道:"朕前来本是问罪于你们。但是听了你刚才所讲的那些,心里也就明白了。"崔庆远说:"'见可而进,知难而退',这样就是圣人之师。"孝文帝又问道:"您希望与我和睦友好呢?还是不希望?"崔庆远回答说:"和睦友好则两国互相庆贺,人民大众承受好处;否则的话,两国关系恶化,互相交战,致使生灵涂炭,流离失所。能否和睦友好,完全由您来决定。"孝文帝赏赐崔庆远酒菜和衣服,送他回寿阳城。

　　戊申(初九),北魏孝文帝放弃攻打寿阳城沿着淮河东下,所到之处,百姓安居,无有扰犯,前来纳供粮草的民众络绎不绝,挤满道路。丙辰(十七日),孝文帝到了钟离。

上遣左卫将军崔慧景、宁朔将军裴叔业救钟离。刘昶、王肃众号二十万,堑栅三重,并力攻义阳,城中负楯而立。王广之引兵救义阳,去城百馀里,畏魏强,不敢进。城中益急,黄门侍郎萧衍请先进,广之分麾下精兵配之。衍间道夜发,与太子右率萧诔等径上贤首山,去魏军数里。魏人出不意,未测多少,不敢逼。黎明,城中望见援军至,萧诞遣长史王伯瑜出攻魏栅,因风纵火,衍等众军自外击之,魏不能支,解围去。己未,诞等追击,破之。诔,谌之弟也。

先是,上以义阳危急,诏都督青、冀二州诸军事张冲出军攻魏以分其兵势。冲遣军主桑系祖攻魏建陵、驿马、厚丘三城,又遣军主杜僧护攻魏虎阮、冯时、即丘三城,皆拔之。青、冀二州刺史王洪范遣军主崔延袭魏纪城,据之。

魏主欲南临江水,辛酉,发钟离。司徒长乐元懿公冯诞病,不能从,魏主与之泣诀,行五十里,闻诞卒。时崔慧景等军去魏主营不过百里,魏主轻将数千人夜还钟离,拊尸而哭,达旦,声泪不绝。壬戌,敕诸军罢临江之行,葬诞依晋齐献王故事。诞与帝同年,幼同砚席,尚帝妹乐安长公主。虽无学术,而资性淳笃,故特有宠。丁卯,魏主遣使临江,数上罪恶。

南齐明帝派遣左卫将军崔慧景、宁朔将军裴叔业去援救钟离。刘昶、王肃二人号称率领二十万大军安营驻扎,在营盘周围挖掘树立三层堑沟栅栏,合力攻打义阳城,箭石齐发,使守城的南齐兵士不得不以盾牌来蔽身。王广之引兵来援救义阳,但是到了离义阳城百馀里的地方,因畏惧北魏兵力之强,就不敢再向前开进了。城中频频告急,黄门侍郎萧衍请求先去增援,王广之把自己麾下的精兵分给他一部分,由他率领前去。萧衍抄小道连夜出发,与太子右率萧诔等人径直登上贤首山,来到距北魏军队仅数里的地方。北魏军队没有料到这点,不知道萧衍一共有多少兵力,所以不敢逼近。黎明时分,义阳城中的守军望见援兵到了,士气大增。萧诞派遣长史王伯瑜出城攻击北魏阵营,借大风放火焚烧了周围的栅栏,而萧衍等率领的士兵则从外围合击之,北魏军队不能抵抗,只好解围撤退。己未(二十日),萧诞等率兵追击北魏军队,破敌获胜。萧诔是萧谌的弟弟。

早先,因为义阳情况危急,明帝特诏令都督青、冀二州诸军事张冲出兵攻打北魏本国,从而分散其兵力。张冲派遣军主桑系祖去攻打北魏的建陵、驿马、厚丘三城,又派遣军主杜僧护去攻打北魏的虎阮、冯时、即丘三城,都攻破占领了。青州和冀州刺史王洪范派遣军主崔延袭击北魏的纪城,也占领了。

北魏孝文帝要南去观看长江,辛酉(二十二日),从钟离出发。司徒长乐元懿公冯诞因重病在身,不能随驾前往,孝文帝特意去看他,流泪与他诀别,出发后走了约五十里,传来冯诞的死讯。这时崔慧景等路兵马离孝文帝的营地不过百里,孝文帝轻装率领数千人马连夜赶回钟离。孝文帝拊尸号啕大哭,一直哭到天亮,还声泪不绝。壬戌(二十三日),孝文帝命令各路兵马停止长江之行,依照晋代安葬齐献王的礼仪安葬了冯诞。冯诞与孝文帝同年生,小时候两人在一起读书,娶孝文帝的妹妹乐安长公主为妻。他虽然没有多少学术才干,但是品性忠厚质朴,所以特别受到孝文帝的宠爱。丁卯(二十八日),孝文帝派遣使节到达江边,向南齐守将数说了明帝废帝自立、杀戮诸王的罪恶。

魏久攻钟离不克，士卒多死。三月戊寅，魏主如邵阳，筑城于洲上，栅断水路，夹筑二城。萧坦之遣军主裴叔业攻二城，拔之。魏主欲筑城置戍于淮南，以抚新附之民，赐相州刺史高闾玺书，具论其状。闾上表，以为："《兵法》'十则围之，五则攻之'，向者国家止为受降之计，发兵不多，东西辽阔，难以成功。今又欲置戍淮南，招抚新附。昔世祖以回山倒海之威，步骑数十万，南临瓜步，诸郡尽降，而盱眙小城，攻之不克。班师之日，兵不戍一城，土不辟一廛。夫岂无人？以为大镇未平，不可守小故也。夫壅水者先塞其原，伐木者先断其本。本原尚在而攻其末流，终无益也。寿阳、盱眙、淮阴，淮南之本原也。三镇不克其一，而留守孤城，其不能自全明矣。敌之大镇逼其外，长淮隔其内；少置兵则不足以自固，多置兵则粮运难通。大军既还，士心孤怯。夏水盛涨，救援甚难。以新击旧，以劳御逸，若果如此，必为敌擒，虽忠勇奋发，终何益哉！且安土恋本，人之常情。昔彭城之役，既克大镇，城戍已定，

北魏军队久攻钟离而不能取胜,军中兵卒伤亡惨重。三月戊寅(初九),北魏孝文帝到达邵阳,在淮河中的洲岛上修筑城堡,又在南北两岸修筑了城堡,并且在河水中树立栅栏,以断绝南齐援兵之路。萧坦之派遣军主裴叔业攻打北魏新筑建的这两座城垒,都攻破摧毁。北魏孝文帝又想在淮河南边修筑城堡,置兵戍守,以便安抚新近归顺北魏的该地百姓。为此,孝文帝特意赏赐相州刺史高闾一封盖有玉玺印记的信,信中详细地讲述了自己对此事的看法。高闾上表谈了自己的观点,认为:"《孙子兵法》中讲:'如果有十倍于敌人的兵力就可以包围他,如果有五倍于敌人的兵力就可以进攻他。'起初朝廷仅仅从接受曹虎投降这一点来计划安排,所以出兵数量不多,然而东西战线拉得很长,故难以取得成功。如今,您又想在淮河南边筑城置守,以便招抚新归顺的百姓。过去,世祖皇帝以排山倒海之威势,率领步、骑兵数十万,南下瓜步,各州郡全都投降,然而唯有盱眙这个小城,却久攻不下。最后班师回朝,没有留下兵马守护任何一座城市,也没有开辟一亩土地。难道是没有人力吗?不是!只是因为那些重镇要地还没有夺取到手,所以不急于镇守那些不重要的小地方。堵水要先塞住水源,伐木要先断其根本。如果本源尚在而只攻其末流,到底也不会有什么成效。寿阳、盱眙、淮阴三个地方,是淮河之南的重镇要地。如果不攻克其中之一处,而要留守别的孤城,这很明显是不可能保全的事情。在外围有敌人据要冲之地而相逼,而淮河又隔断了我们和北方内地的联系;配置的兵力少了不足以自守,而兵力多了则粮食物品等又难以运到。再说大部队回去之后,留下来守城的兵士们一定会感到孤单、胆怯。夏天河水大涨,救援起来是非常难的。这样齐人一定会派兵攻打的,我方久守该城,齐人发兵攻取,这就是以新击旧;我方以孤军守孤城,劳于防御,齐人派兵轮番来攻,士气强盛,这就是以劳御逸。如果情况真的如此的话,那么最后的结果一定会是城被攻破,守兵被擒捉,就是将士们忠勇奋发,拼死而一战,也是无益于国事的。况且,安土恋本乃是人之常情。过去,彭城之战我方获胜,夺得了这座重镇之城,并且也得以稳固地戍守住了,

而不服思叛者犹逾数万。角城蕞尔,处在淮北,去淮阳十八里。五固之役,攻围历时,卒不能克。以今准昔,事兼数倍。天时尚热,雨水方降,愿陛下踵世祖之成规,旋辕返旆,经营洛邑,蓄力观衅,布德行化,中国既和,远人自服矣。"尚书令陆叡上表,以为:"长江浩荡,彼之巨防。又南土昏雾,暑气郁蒸,师人经夏,必多疾病。而迁鼎草创,庶事甫尔,台省无论政之馆,府寺靡听治之所,百僚居止,事等行路,沈雨炎阳,自成疠疫。且兵徭并举,圣王所难。今介胄之士,外攻寇仇,羸弱之夫,内勤土木,运给之费,日损千金。驱罢弊之兵,讨坚城之虏,将何以取胜乎!陛下去冬之举,正欲曜武江、汉耳。今自春儿夏,理宜释甲。愿早还洛邑,使根本深固,圣怀无内顾之忧,兆民休斤板之役,然后命将出师,何忧不服。"魏主纳其言。

崔慧景以魏人城邵阳,患之。张欣泰曰:"彼有去志,所以筑城者,外自夸大,惧我蹑其后耳。今若说之以两愿罢兵,彼无不听矣。"慧景从之,使欣泰诣城下语魏人,魏主乃还。

可是后来淮北那些不乐意归附我朝而思念归属江南的民众还有数万人之多。角城不过弹丸之地,况且还处于淮北,离淮阳不过十八里远近。可是五固之战,我们围攻了那么长时间,最终仍不能攻克。今昔对比一下,其难度要超出过去好几倍。现在天气开始转暖,雨季正要到来,盼望陛下像过去世祖皇帝做的那样,调转车辕,班师回朝,先经营好都城洛阳,蓄积力量,静观机会,广布仁德,施行教化,国内安定平和了,国外的人自然会信服而归附的。”尚书令陆叡也上表孝文帝,指出:“长江奔腾浩荡,天险要堑,是齐人的防守要地。同时,江南之地淫雨多雾,暑气郁盛,蒸热如笼,我们的军队如果在此过夏,一定会发生很多疾病。而且,我们又刚刚迁都不久,尚处于草创阶段,各项事务都刚刚开始,朝廷中枢机构还没有议事之处,下面的部门也没有办公场所,文武百官虽说已经住下来了,但实际情况与行路露宿没有什么区别,雨淋日晒,时间久了,难免发生瘟疫。再者,既要出兵打仗,又要招募民夫营造洛阳新都,如此兵徭并举,就是圣王也难以两者兼顾。如今,军队在外面攻敌作战,赢弱的民夫们在洛阳大修土木,后勤给养,每日耗损千金以上。如此,驱使疲惫之兵,攻打据守着坚城的敌人,将以什么来取胜呢? 陛下去年冬天的那次行动,正是想要炫耀武力于江、汉之地。今年从春到夏这段时间,就理应罢兵休整一下。所以,希望能早日撤兵返回洛阳,先把基础打好,做到本强根固,使圣上没有内顾之忧,亦等待百姓完成了修建洛阳城的劳役,然后再遣兵调将,出师征伐,所到之处,何愁不能征服呢?”孝文帝采纳了他们两人的建议。

南齐的崔慧景见北魏修筑邵阳城,心中非常忧虑。张欣泰告诉他说:“北魏实际上有撤退的想法,之所以还修筑邵阳城,只不过是在外表上做做样子,夸一下强大罢了,目的是害怕我们随后追击他们。现在如果派人去游说,提出愿罢兵休战的建议,他们不会不听从的。”崔慧景听从了这一建议,派遣张欣泰到邵阳城下与北魏交涉谈判,于是孝文帝撤兵返回本国。

济淮,馀五将未济,齐人据渚邀断津路。魏主募能破中渚兵者以为直阁将军,军主代人奚康生应募,缚筏积柴,因风纵火,烧齐船舰,依烟直进,飞刀乱斫,中渚兵遂溃。魏主假康生直阁将军。

魏主使前将军杨播将步卒三千、骑五百为殿。时春水方长,齐兵大至,战舰塞川。播结陈于南岸以御之,诸军尽济。齐兵四集围播,播为圆陈以御之,身自搏战,所杀甚众。相拒再宿,军中食尽,围兵愈急。魏主在北岸望之,以水盛不能救,既而水稍减,播引精骑三百历齐舰大呼曰:"我今欲渡,能战者来!"遂拥众而济。播,椿之兄也。

魏军既退,邵阳洲上馀兵万人,求输马五百匹,假道以归。崔慧景欲断路攻之,张欣泰曰:"归师勿遏,古人畏之,兵在死地,不可轻也。今胜之不足为武,不胜徒丧前功。不如许之。"慧景从之。萧坦之还,言于上曰:"邵阳洲有死贼万人,慧景、欣泰纵而不取。"由是皆不加赏。甲申,解严。

初,上闻魏主欲饮马于江,惧,敕广陵太守行南兖州事萧颖胄移居民入城,民惊恐,欲席卷南渡。颖胄以魏寇尚远,不即施行,魏兵竟不至。颖胄,太祖之从子也。

北魏撤退途中渡淮河之时，还有五个将领没有渡过河，南齐军队突然占据了河中之洲，断绝了水路，使得馀下的北魏兵将无法渡河。北魏孝文帝发令谁能击败河洲上的南齐兵，就封谁为直阁将军。担任军主的代京人奚康生应募而出，他缚扎一些木筏子，上面堆满柴草，顺风纵火，一起烧向南齐的船舰，后面紧跟而进的兵士借烟火掩护，挥刀乱砍，拼命杀向敌人，河洲上的南齐兵抵抗不住，遂纷纷溃逃。孝文帝给奚康生直阁将军的名号。

北魏孝文帝命令前将军杨播率领步兵三千、骑兵五百殿后。当时，正是春水方涨之际，南齐军队大批赶来，战船密布，挤塞河中。杨播在淮河南岸布下阵势抵抗南齐军队，终于使没有渡河的北魏军队全部渡了过去。南齐军队从四面把杨播团团围住，杨播布出圆阵来抵御，他自己亲自搏斗，所杀敌兵众多。一直抵抗到第三天，军中的食物已经吃光，而南齐围兵攻打得更厉害了。孝文帝站在淮河北岸观望，但是由于河水太急而不能派兵去相救。过一会儿，水势稍稍减弱，杨播带领精骑三百登上南齐停在河中的战船，对南齐围兵大声呼喊道："我现在要渡河，有能战者就上来。"于是率领众兵渡过淮河。杨播是杨椿的哥哥。

北魏军队撤退之后，在邵阳洲上还留有一万兵马，他们向南齐崔慧景请求给五百匹马，并且要求借道返归。崔慧景想断其归路进而攻打这些北魏馀兵，但是张欣泰不同意，他说："不要阻挡往回撤的军队，这一点古人也非常忌讳，因为那些将士们置身于死地，如果去追击，他们一定要以死相拼，所以不可以轻视。现在，我们去追击他们，即使取胜了也不足以说明我们善战；万一不能获胜，则白白地丧失了前面的功劳。所以，不如答应他们，让他们撤回去。"崔慧景听从了张欣泰的建议。萧坦之回朝以后，告诉明帝说："邵阳洲有被困的敌兵一万人，但是崔慧景和张欣泰二人听任他们逃走而不去追击。"因此，崔、张二人都没有得到朝廷的赏赐。甲申（十五日），南齐解除戒严。

原先，明帝听说北魏孝文帝要一直攻打到长江边上，饮马于长江，非常害怕，特命令主管南兖州事务的广陵太守萧颖胄把居民都移入城内，居民因此惊恐万分，纷纷打算收拾家产渡江南逃。萧颖胄认为北魏军队离得还很远，就没有立即执行齐明帝的旨令，后来北魏军队没有到达那里。萧颖胄是齐高帝的侄子。

上遣尚书左仆射沈文季助丰城公遥昌守寿阳。文季入城,止游兵不听出,洞开城门,严加守备。魏兵寻退。

魏之入寇也,卢昶等犹在建康,齐人恨之,饲以蒸豆。昶怖惧,食之,泪汗交横。谒者张思宁辞气不屈,死于馆下。及还,魏主让昶曰:"人谁不死,何至自同牛马,屈身辱国!纵不远惭苏武,独不近愧思宁乎!"乃黜为民。

2  戊子,魏太师京兆武公冯熙卒于平城。

3  乙未,魏主如下邳。夏,四月庚子,如彭城。辛丑,为冯熙举哀。太傅、录尚书事平阳公丕不乐南迁,与陆叡表请魏主还临熙葬。帝曰:"开辟以来,安有天子远奔舅丧者乎!今经始洛邑,岂宜妄相诱引,陷君不义!令、仆以下,可付法官贬之。"仍诏迎熙及博陵长公主之枢,南葬洛阳,礼如晋安平献王故事。

4  魏主之在钟离,仇池镇都大将、梁州刺史拓跋英请以州兵会刘藻击汉中,魏主许之。梁州刺史萧懿遣部将尹绍祖、梁季群等将兵二万,据险,立五栅以拒之。英曰:"彼帅贱,莫相统壹。我选精卒并攻一营,彼必不相救;若克一营,四营皆走矣。"

明帝派遣尚书左仆射沈文季去帮助丰城公萧遥昌防守寿阳城。沈文季到达寿阳城之后，禁止游兵随便出城，洞开城门，严加守备。北魏军队很快就撤退了。

北魏入侵南齐时，派去祝贺海陵王即位的使节卢昶等人还在建康，南齐人非常仇恨他们，因此就像喂牛马一样地把豆子蒸熟让他们吃。卢昶十分恐惧，就吃了，由于害怕和受辱，所以汗泪交流。但是，谒者张思宁却义正词严地加以拒绝，宁死而不受屈辱，最后死在所住的客馆之中。回到北魏之后，孝文帝责备卢昶说："人谁没有一死？为何贪生怕死到了把自己等同于牛马的地步，屈身辱国！即使不远愧于当年曾出使匈奴十九年而不屈节的苏武，难道同眼前的张思宁比较一下还不感到自羞吗？"于是，革除了卢昶的官职，贬为平民。

2　戊子（十九日），北魏太师京兆武公冯熙在平城去世。

3　乙未（二十六日），北魏孝文帝到达下邳。夏季，四月庚子（初二），孝文帝到达彭城。辛丑（初三），孝文帝为冯熙举行哀悼仪式。由于太傅、录尚书事平阳公拓跋丕不愿意南迁洛阳，所以与陆叡一起上表请求孝文帝返回平城参加冯熙的葬礼。孝文帝说："自从开天辟地以来，那里有天子老远地赶去给舅舅送葬的事呢？如今刚刚开始营建洛阳，你们岂可以妄自以此事诱引朕，陷朕于不义呢？凡是平城留守令、仆以下的官员，统统交付御史贬斥。"孝文帝仍然发出诏令，迎接冯熙以及博陵长公主的灵柩南下，安葬于洛阳，葬礼依照晋代安葬安平献王司马孚的礼仪而进行。

4　北魏孝文帝在钟离之时，仇池镇都大将、梁州刺史拓跋英请求率领州兵会同刘藻一起去袭击汉中，孝文帝准许了他的请求。南齐梁州刺史萧懿派遣部下将领尹绍祖、梁季群等率领两万兵马，占据险要之处，构筑了五座营栅，来抵抗北魏军队的进犯。拓跋英对部下说："他们的主帅出身低贱，不能统一协调作战。我如果挑选精兵集中力量攻打他们的一个营垒，其他的一定不会来援救；如果攻克一个营垒，其馀四个就都会不战而逃。"

乃引兵急攻一营,拔之,四营俱溃,生擒梁季群,斩三千馀级,
俘七百馀人,乘胜长驱,进逼南郑。懿又遣其将姜脩击英,英
掩击,尽获之。将还,懿别军继至。将士皆已疲,不意其至,
大惧,欲走。英故缓辔徐行,神色自若,登高望敌,东西指麾,
状若处分,然后整列而前,懿军疑有伏兵,迁延引退,英追击,
破之,遂围南郑。禁将士毋得侵暴,远近悦附,争供租运。懿
婴城自守,军主范絜先将三千馀人在外,还救南郑,英掩击,
尽获之。围城数十日,城中恟惧。录事参军新野庾域封题空
仓数十,指示将士曰:"此中粟皆满,足支二年,但努力固守!"
众心乃安。会魏主召兵还,英使老弱先行,自将精兵为后拒,
遣使与懿告别。懿以为诈,英去一日,犹不开门。二日,乃遣
将追之。英与士卒下马交战,懿兵不敢逼,行四日四夜,懿兵
乃返。英入斜谷,会天大雨,士卒截竹贮米,执炬火于马上炊
之。先是,懿遣人诱说仇池诸氐,使起兵断英运道及归路。
英勒兵奋击,且战且前,矢中英颊,卒全军还仇池,讨叛氐,平
之。英,桢之子;懿,衍之兄也。

于是,率领强悍之兵对一个营垒发起了急攻,一举而攻克,其他四营见状,纷纷溃逃,结果北魏军队生擒了梁季群,斩敌三千馀名,俘虏七百馀人,乘胜追击,长驱直入,逼近南郑。萧懿又派遣部将姜脩去抗击拓跋英,拓跋英以伏兵攻其不意,结果把姜脩及其部属全部擒获。拓跋英率部返回之时,萧懿手下的其他军队相继赶到。由于拓跋英部下的将士们连日攻杀,已经十分疲惫,根本没有料到萧懿的人马会追逼上来,所以非常惧怕,就准备逃跑。但是,拓跋英却镇定自若,故意骑马缓行,登上高处瞭望敌情,东指指,西划划,做出一副指挥部署的样子,然后整理好部队,列队前行。萧懿的军队见此情形,怀疑拓跋英设有伏兵,犹豫不进,并且掉头回撤,拓跋英见敌方中计,马上下令追击,破敌获胜,于是围困了南郑。拓跋英禁令部下将士不得侵犯、掠夺当地百姓,所以周围的老百姓纷纷投附,争着纳供粮草。萧懿据城固守,这时,萧懿属下的军主范絜先正率领三千多兵马在外面,赶回来援救南郑,被拓跋英以伏兵截击,全部被擒俘。南郑城被围困数十日,城中一片慌乱。录事参军新野人庾域把已经空了的数十个粮仓贴上封条,并且指给将士们看,对他们说:"这些仓中都装满了粮食,足够支用两年,只管努力固守。"这样,军心才暂时得到安定。恰恰在这时,北魏孝文帝命令拓跋英撤兵返回,拓跋英安排军中老弱病伤先行,自己率领精壮兵力殿后,并且派使者去向萧懿告别。萧懿以为拓跋英在使诡计,所以拓跋英撤走一天了,他还不敢打开城门。到了第二天,萧懿才派遣部将去追击。拓跋英与将士们一起下马交战,吓得萧懿的追兵不敢逼近,就这样尾随了拓跋英四天四夜,才不得不返回。拓跋英率领部队进入斜谷,恰遇天降大雨,将士们斩截竹子,把米装在竹筒之中,骑在马上手拿着火把烧烤竹筒,做成米饭。这以前,萧懿派人去诱说仇池的各支氏族部落,让他们起兵截断拓跋英运送粮草的道路和后撤时所经之道。由于归路被氏人所堵,拓跋英统率部下奋力反击,边战边进,氏人发箭射中了拓跋英的面颊,但是他带伤指挥,终于率领全军回到仇池,并且讨伐平定了反叛的氏族部落。拓跋英是拓跋桢的儿子。萧懿是萧衍的哥哥。

英之攻南郑也，魏主诏雍、泾、岐三州发兵六千人戍南郑，俟克城则遣之。侍中兼左仆射李冲表谏曰："秦川险厄，地接羌、夷。自西师出后，饷援连续，加氐、胡叛逆，所在奔命，运粮摆甲，迄兹未已。今复豫差戍卒，悬拟山外，虽加优复，恐犹惊骇。脱终攻不克，徒动民情，连胡结夷，事或难测。辄依旨密下刺史，待军克郑城，然后差遣，如臣愚见，犹谓未足。何者？西道险厄，单径千里，今欲深戍绝界之外，孤据群贼之中，敌攻不可猝援，食尽不可运粮。古人有言'虽鞭之长，不及马腹'，南郑于国，实为马腹也。且魏境所掩，九州过八；民人所臣，十分而九；所未民者，唯漠北之与江外耳。羁之在近，岂汲汲于今日也！宜待疆宇既广，粮食既足，然后置邦树将，为吞并之举。今寿阳、钟离，密迩未拔；赭城、新野，跬步弗降。东道既未可以近力守，西藩宁可以远兵固！若果欲置者，臣恐终以资敌也。又，建都土中，地接寇壤，方须大收死士，平荡江会，若轻遣单寡，弃令陷没，恐后举之日，众以留守致惧，

拓跋英攻打南郑之时，北魏孝文帝诏令雍、泾、岐三州发兵六千人准备去戍守南郑，等待拓跋英攻下南郑就派他们出发前去。但是，侍中兼左仆射李冲上表孝文帝，劝谏说："秦川一带地理形势险恶，并且和羌、夷部族接境。自从拓跋英所率西征之军出发之后，连接不断地给其部运送军饷，十分不易，再加上氐、胡部落反叛，所以左右受敌，疲于奔命，形势非常严峻，而后方为他们运送粮草的武装士兵，至今还忙个不停。如今，又准备差派戍守南郑的兵卒，预先设想秦岭山那边的情况，虽然到时对他们加以优厚待遇，但恐怕他们还是要担惊受怕的。万一最终不能攻克南郑，那么就会使当地民情产生动摇，使他们与胡、夷部族连结起来，串通一气，这样的话事情就难以预测了。所以，即使依照圣旨秘密命令这三州的刺史，等待我军攻克南郑城之后，再派遣戍守人员出发，但是依我之愚见，这样也不见得妥当。何以见得呢？因为西边的道路险恶万分，只能单车行走的路就有千里之遥，如今想要深入敌境，周围没有援助力量，陷于群敌包围之中，而孤据独守一座南郑城，敌人发起进攻我们不可以马上增援，粮食吃尽了不可以立即补给。古人说：'鞭子虽然长，但抽不到马肚子上去。'南郑对于我们而言，恰恰就是马肚子呀。况且，我们魏国所占的疆域，天下九州已超过了八个；已经臣服于我们的民众，达到了十分之九；还没有归顺于我朝的百姓，仅仅剩下大漠之北的柔然国和长江以南的齐国了。而且很快就可以征服的，所以又何必性急地现在就要占取南郑呢？应该等待我们的疆域拓展得更广，粮食准备得更加充足了，然后再遣兵派将，举而吞并之。如今，寿阳、钟离两地离得很近，却还没有夺取过来；赭城、新野两地也不过半步之近，却也没有占取。东边淮、汉一带离得近但还不能完全守得住，西边南郑隔得那么远又怎么可能派兵固守得住呢？如果一定要置兵戍守南郑，我认为最终会被敌方所破，戍兵尽俘，这岂不成了资助敌人吗？再者，我们迁都洛阳，而洛阳又与齐朝接壤，正应该大量招募敢死勇士，以平荡齐朝都会建康，如果现在轻率地派遣孤单的一支人马去戍守南郑，致使城陷之后全部覆没，恐怕以后再派人去戍守之时，众人要心存畏惧，

求其死效,未易可获。推此而论,不戍为上。"魏主从之。

5　癸丑,魏主如小沛。己未,如瑕丘。庚申,如鲁城,亲祠孔子。辛酉,拜孔氏四人、颜氏二人官,仍选诸孔宗子一人封崇圣侯,奉孔子祀,命兖州修孔子墓,更建碑铭。戊辰,魏主如碻磝,命谒者仆射成淹具舟楫,欲自泗入河,溯流还洛,淹谏,以为:"河流悍猛,非万乘所宜乘。"帝曰:"我以平城无漕运之路,故京邑民贫。今迁都洛阳,欲通四方之运,而民犹惮河流之险;故朕有此行,所以开百姓之心也。"

6　魏城阳王鸾等攻赭阳。诸将不相统壹,围守百馀日,诸将欲按甲不战以疲之。李佐独昼夜攻击,士卒死者甚众,帝遣太子右卫率垣历生救之。诸将以众寡不敌,欲退,佐独帅骑二千逆战而败。卢渊等引去,历生追击,大破之。历生,荣祖之从弟也。南阳太守房伯玉等又败薛真度于沙堨。

鸾等见魏主于瑕丘。魏主责之曰:"卿等沮辱威灵,罪当大辟。朕以新迁洛邑,特从宽典。"五月己巳,降封鸾为定襄县王,削户五百;卢渊、李佐、韦珍皆削官爵为民,佐仍徙瀛州。以薛真度与其从兄安都有开徐方之功,听存其爵及荆州刺史,馀皆削夺,曰:"进足明功,退足彰罪矣。"

担心留守不住,而朝廷要求他们以死相效,恐怕不能轻易办到了。根据上述种种情况,我认为不派兵戍守南郑为上策。"孝文帝采纳了李冲的建议。

5　癸丑(十五日),北魏孝文帝到达小沛。己未(二十一日),到达瑕丘。庚申(二十二日),到达鲁城,亲自去孔子庙祭祀。辛酉(二十三日),封孔子后代四人、颜渊后代两人官职,并且选择孔子的嫡系后代长子一人封为崇圣侯,奉掌祭祀孔子之务,又命令兖州修缮孔子的墓,重建碑铭。戊辰(三十日),北魏孝文帝到达碻磝,命令谒者仆射成淹准备舟船,想乘船从泗水进入黄河,溯流而上,返回洛阳。成淹劝谏孝文帝不要从水路返洛阳,说:"黄河水流湍急,容易出险,万乘之君不宜乘船通行。"孝文帝坚持己见,说:"我以为平城没有大河,漕运之路不通,所以京城的百姓贫穷。如今迁都洛阳,准备开通四方水路运输,但是百姓仍害怕黄河水流之险。所以,朕才准备有溯黄河而上返回洛阳之行,以此打消百姓心中的种种顾虑。"

6　北魏城阳王拓跋鸾等人进攻赭阳。各位将领之间不能统一行动,已经围攻了一百多日,但是还不能攻下,诸将领就准备不再攻城,而采取久围长困的办法使城内无法坚持下去而屈服。只有李佐独自率部昼夜攻城,将士死伤非常多,齐明帝派遣太子右卫率垣历生前去援救。北魏将领以为势寡不能胜敌,想要撤退,李佐独自率领二千骑兵迎战垣历生,大败。卢渊等人逃遁,垣历生乘胜追击,大获全胜。垣历生是垣荣祖的堂弟。南阳太守房伯玉等人又在沙堨打败了薛真度。

拓跋鸾等人在瑕丘觐见孝文帝。孝文帝指责他们说:"你们畏敌败逃,辱我军威,罪该处死。但是,朕因新迁都洛阳之故,特宽恕你们不死。"五月己巳(初一),孝文帝降封拓跋鸾为定襄县王,削夺禄户五百户;卢渊、李佐、韦珍等人皆被削去官职,贬黜为民,并且迁徙李佐到瀛州。又因薛真度与他的堂兄薛安都有献彭城而投降北魏之功,保留他的爵位和荆州刺史之职,其馀官职皆罢免,孝文帝就此而特作说明:"如此处理,进则足以表明他的功劳,退则足以彰示他的过罪。"

7　魏广川刚王谐卒。谐,略之子也。魏主曰:"古者,大臣之丧有三临之礼;魏、晋以来,王公之丧,哭于东堂。自今诸王之丧,期亲三临;大功再临;小功、缌麻一临;罢东堂之哭。广川王于朕,大功也。"将大敛,素服、深衣往哭之。

8　甲戌,魏主如滑台。丙子,舍于石济。庚申,太子出迎于平桃城。

赵郡王幹在洛阳,贪淫不法,御史中尉李彪私戒之,且曰:"殿下不悛,不敢不以闻。"幹悠然不以为意。彪表弹之。魏主诏幹与北海王详俱从太子诣行在。既至,见详而不见幹,阴使左右察其意色,知无忧悔,乃亲数其罪,杖之一百,免官还第。

癸未,魏主还洛阳,告于太庙。甲申,减冗官之禄以助军国之用。乙酉,行饮至之礼。班赏有差。

9　甲午,魏太子冠于庙。魏主欲变北俗,引见群臣,谓曰:"卿等欲朕远追商、周,为欲不及汉、晋邪?"咸阳王禧对曰:"群臣愿陛下度越前王耳。"帝曰:"然则当变风易俗,当因循守故邪?"对曰:"愿圣政日新。"帝曰:"为止于一身,为欲传之子孙邪?"对曰:"愿传之百世。"帝曰:"然则必当改作,卿等不得违也。"对曰:"上令下从,其谁敢违!"帝

7　北魏广川刚王拓跋谐去世。拓跋谐是拓跋略的儿子。孝文帝说："古时候，大臣去世，君主有亲临三次之礼；魏、晋以来，王公去世，国君哭于东堂。从今以后，凡诸王去世，凡按礼朕应服丧一年的亲属，朕均要三次亲临；应服九个月丧的亲临两次；应服五个月或三个月丧的亲临一次；停止哭于东堂的礼节。广川王去世，朕应服期限为九个月丧的大功之礼。"在将要为广川王举行大敛之礼时，孝文帝着素服、深衣前去哭吊。

8　甲戌(初六)，北魏孝文帝到达滑台。丙子(初八)，下榻于石济。庚申(十二日)，太子出迎孝文帝于平桃城。

北魏赵郡王拓跋幹在洛阳贪婪淫乱，不守法令，御史中尉李彪私下里戒谕他，并且对他说："殿下不思悔改，所以我不敢不向上报告。"可是拓跋幹一副悠然自得的样子，根本不把此放在心上。李彪上表弹劾拓跋幹。孝文帝诏令拓跋幹和北海王拓跋详随同太子一起来他的行宫。他们到了之后，孝文帝只召见了拓跋详而没有召见拓跋幹，并且暗中派遣身边的人去察看拓跋幹反应如何，得知他既无担忧之心，又无悔改之意，于是把他叫来，亲自数落了一番他的罪行，打了他一百杖，罢免了他的官职，令他回家去了。

癸未(十五日)，北魏孝文帝驾还洛阳，在太庙中向祖先报告。甲申(十六日)，孝文帝诏令减去多馀官员的俸禄，以便资助军队开支。乙酉(十七日)，孝文帝在太庙举行饮至仪式，对南伐有功之人论功行赏。

9　甲午(二十六日)，北魏皇太子在太庙举行了加冠之礼。孝文帝想要改变北方风俗，为此而特意召见文武群臣，问他们："各位爱臣希望朕远追商、周呢，还是想让朕连汉、晋都比不上呢?"咸阳王拓跋禧回答说："群臣们都愿陛下能超过前王。"孝文帝又问："那么应当改变风俗习惯呢？还是因循守旧呢?"拔跋禧回答："愿意移风易俗，圣政日新。"又问："只是愿意自身实行呢，还是希望传之于子孙后代呢?"回答说："愿意传之于百世万年。"于是，孝文帝说道："那么，朕一定下令开始进行，你们一定不得有违。"拓跋禧回答："上令而下从，有谁敢违抗呢?"孝文帝

曰:"夫'名不正,言不顺,则礼乐不可兴。'今欲断诸北语,一
从正音。其年三十已上,习性已久,容不可猝革。三十已下,
见在朝廷之人,语音不听仍旧;若有故为,当加降黜。各宜深
戒!王公卿士以为然不?"对曰:"实如圣旨。"帝曰:"朕尝与
李冲论此,冲曰:'四方之语,竟知谁是。帝者言之,即为正
矣。'冲之此言,其罪当死!"因顾冲曰:"卿负社稷,当令御史
牵下!"冲免冠顿首谢。又责留守之官曰:"昨望见妇女犹服
夹领小袖,卿等何为不遵前诏!"皆谢罪。帝曰:"朕言非是,
卿等当庭争。如何入则顺旨,退则不从乎!"六月己亥,下诏:
"不得为北俗之语于朝廷,违者免所居官。"

10　癸卯,魏主使太子如平城赴太师熙之丧。

11　癸丑,魏诏求遗书,秘阁所无,有益时用者,加以
优赏。

12　魏有司奏:"广川王妃葬于代都,未审以新尊从旧
卑,以旧卑就新尊?"魏主曰:"代人迁洛者,宜悉葬邙山。其
先有夫死于代者,听妻还葬;夫死于洛者,不得还代就妻。其
馀州之人,自听从便。"丙辰,诏:"迁洛之民死,葬河南,不得
还北。"于是代人迁洛者悉为河南洛阳人。

13　戊午,魏改用长尺、大斗,其法依《汉志》为之。

又说:"'名不正,言不顺,则礼乐不可兴。'现今朕想要禁止使用鲜卑语,全部改用汉语。年龄在三十岁以上的人,由于习性已久,可以宽容他们不能一下子就改换过来。但是,年龄在三十岁以下的人,凡在朝廷中任职者,不能允许他们仍然还讲过去的语言;如果有谁故意不改,就一定要降免其官职。所以,各位应当严加自戒。对此,各位王公卿士同意不同意呢?"拓跋禧回答:"无不遵从圣旨。"孝文帝接着讲道:"朕曾经与李冲谈过这件事,李冲说:'四方之人,言语不同,故不知应该以谁的为是。做皇帝的人说的,就是标准。'李冲此话,其罪行应当处死。"因此看着李冲又说道:"你有负于社稷,应当命令御史把你牵下去。"李冲摘下帽子磕头谢罪。孝文帝又指责出巡时留守洛阳的官员们:"昨天,朕望见妇女们还穿着夹领小袖衣服,你们为什么不遵行朕以前的诏令呢?"这些官员都磕头谢罪不已。孝文帝继续讲道:"如果朕讲得不对,你们可以当庭争辩,为什么上朝则顺从朕旨,退朝后就不听从呢?"六月己亥(初二),孝文帝下令:"在朝廷中不得讲鲜卑语,违背者免去所任官职。"

10  癸卯(初六),北魏孝文帝派遣太子到平城参加太师冯熙的丧礼。

11  癸丑(十六日),北魏孝文帝发布诏令,搜求民间藏书,凡是朝廷秘阁中所无而又有益于时用的书,献者加以赏赐。

12  北魏有关官吏上奏:"广川王的妃子埋葬在平城,而广川王今已去世,不知道是广川王随他的妻子回葬于平城呢?还是他妻子随广川王移葬于洛阳呢?"孝文帝说:"凡是代京人迁移来洛阳的,死后应该全部埋葬在邙山。如果丈夫先死在代京,那么妻子死后可以送回代京安葬;如果丈夫死在洛阳,不可以送回代京随他的妻子安葬。其他州的人,听从自便,不强作规定。"丙辰(十九日),孝文帝诏令:"迁移到洛阳的人死后,葬于河南,不得送回北边安葬。"于是,从代京迁居到洛阳的人全部成为河南洛阳人。

13  戊午(二十一日),北魏改用长尺、大斗,其度量法度依照《汉书》中的记载制定。

14　上之废郁林王也，许萧谌以扬州，既而除领军将军、南徐州刺史。谌恚曰："见炊饭，推以与人。"谌恃功，颇干预朝政，所欲选用，辄命尚书使为申论。上闻而忌之，以萧诞、萧谋方将兵拒魏，隐忍不发。壬戌，上游华林园，与谌及尚书令王晏等数人宴，尽欢。坐罢，留谌晚出，至华林阁，仗身执还省。上遣左右莫智明数谌曰："隆昌之际，非卿无有今日。今一门二州，兄弟三封，朝廷相报，止可极此。卿恒怀怨望，乃云炊饭已熟，合瓯与人邪！今赐卿死！"遂杀之，并其弟谋。以黄门郎萧衍为司州别驾，往执诞，杀之。谌好术数，吴兴沈文猷常语之曰："君相不减高帝。"谌死，文猷亦伏诛，谌死之日，上又杀西阳王子明，南海王子罕，邵陵王子贞。

15　乙丑，以右卫将军萧坦之为领军将军。

16　魏高闾上言："邺城密皇后庙颓圮，请更葺治。若谓已配飨太庙，即宜罢毁。"诏罢之。

17　魏拓跋英之寇汉中也，沮水氐杨馥之为齐击武兴氐杨集始，破之，秋，七月辛卯，以馥之为北秦州刺史、仇池公。

18　八月乙巳，魏选武勇之士十五万人为羽林、虎贲以充宿卫。

19　魏金墉宫成，立国子、太学、四门小学于洛阳。

14 南齐明帝废除郁林王时,曾许诺萧谌为扬州刺史,但是事后却任命他为领军将军、南徐州刺史。萧谌心怀不满,怨恨说:"饭做熟了,却推给别人吃了。"萧谌恃功自傲,常干预朝政事务,他想选用谁了,就命令尚书为其说话。明帝知道之后非常有意见,因为萧诞、萧诔正率兵抵抗北魏,所以隐藏在心头而不表示出来。壬戌(二十五日),明帝游赏华林园,与萧谌以及尚书令王晏等几个人一起宴饮,喝得非常尽兴。宴席结束之时,明帝留下萧谌,让他最后离开,当他达到华林阁时,被皇帝身边的武装卫士拘捕,押至官署。明帝派手下人莫智明去数说了萧谌的罪行,讲道:"隆昌之时,如果没有你,我不会有今天。现在你们兄弟三人都被封有爵位,有两人担任了州刺史,朝廷报答你,已经是到了极点。可是,你还是不满足,总是心怀怨恨,说什么饭做熟了,连锅送给别人去吃了。现在朝廷特赐你死。"于是,杀死了萧谌,他的弟弟萧诔也被杀。明帝又派遣黄门郎萧衍为司州别驾,去司州拘捕萧诞,并杀害了他。萧谌爱好方术,吴兴人沈文猷经常对他说:"您的命相不亚于高帝。"萧谌死后,沈文猷也被诛死。萧谌被杀害的那天,齐明帝又杀害了西阳王萧子明、南海王萧子罕、邵陵王萧子贞。

15 乙丑(二十八日),南齐任命右卫将军萧坦之为领军将军。

16 北魏高闾上书孝文帝说:"邺城供奉密皇后神位的庙已经倒塌,请求重新加以修缮。如果认为她已经附祭于太庙了,不必再单供神位,那么就应当把庙毁掉。"孝文帝诏令毁掉其庙。

17 北魏拓跋英侵犯汉中之时,沮水的氏族部落杨馥之帮助南齐,为南齐攻打武兴的氏族首领杨集始,打败了他。秋季,七月辛卯(二十四日),南齐任命杨馥之为北秦州刺史,并封他为仇池公。

18 八月乙巳(初九),北魏选拔勇猛的武士十五万人担任羽林、虎贲,以充实皇宫宿卫。

19 北魏的金墉宫修建完毕,并且在洛阳设立国子、太学、四门小学。

20　魏高祖游华林园，观故景阳山，黄门侍郎郭祚曰："山水者，仁智之所乐，宜复修之。"帝曰："魏明帝以奢失之于前，朕岂可袭之于后乎！"帝好读书，手不释卷，在舆、据鞍，不忘讲道。善属文，多于马上口占，既成，不更一字。自太和十年以后，诏策皆自为之。好贤乐善，情如饥渴，所与游接，常寄以布素之意，如李冲、李彪、高闾、王肃、郭祚、宋弁、刘芳、崔光、邢峦之徒，皆以文雅见亲，贵显用事。制礼作乐，郁然可观，有太平之风焉。

治书侍御史薛聪，辩之曾孙也，弹劾不避强御，帝或欲宽贷者，聪辄争之。帝每曰："朕见薛聪，不能不惮，何况诸人也！"自是贵戚敛手。累迁直阁将军，兼给事黄门侍郎、散骑常侍，帝外以德器遇之，内以心膂为寄，亲卫禁兵，悉聪管领，故终太和之世，恒带直阁将军。群臣罢朝之后，聪恒陪侍帷幄，言兼昼夜，时政得失，动辄匡谏，事多听允。而重厚沈密，外莫窥其际。帝欲进以名位，辄苦让不受。帝亦雅相体悉，谓之曰："卿天爵自高，固非人爵所能荣也。"

21　九月庚午，魏六宫、文武悉迁于洛阳。

22　丙戌，魏主如邺，屡至相州刺史高闾之馆，美其治效，赏赐甚厚。

20　北魏高祖孝文帝游赏华林园,观览过去曹魏明帝所筑的景阳山,黄门侍郎郭祚说道:"山水是仁者、智者所喜爱的,应该重新加以修复。"孝文帝回答说:"魏明帝以奢侈失之于前,朕怎么可以步其后尘呢?"孝文帝爱好读书,经常手不释卷,外出时在车中或者在马鞍之上仍不忘讲学论道。他又擅长吟诗作文,常常骑在马上口头作诗,作完之后,不用更改一个字。自从太和十年之后,各种诏令、策书都是自己撰写。他还爱好贤才、善士,求贤心切,如饥似渴。凡是与他交往接近的,他总是对他们寄以普通人的情意而不以帝王自居。比如李冲、李彪、高闾、王肃、郭祚、宋弁、刘芳、崔光、邢峦等人,都因资质文雅而得到他的亲近,并且担任了重要职位,因此而显贵。李冲等人为朝廷制礼作乐,成绩斐然,郁郁可观,有太平淳古之风。

　　北魏治书侍御史薛聪是薛辩的曾孙,他弹劾人不畏避强横之人,孝文帝有时想要宽容被弹劾者,薛聪就总是和他争辩。孝文帝经常说:"朕见了薛聪,也不能不害怕,何况其他人呢?"因此,那些贵戚们不得不有所收敛。薛聪升至直阁将军,并兼给事黄门侍郎、散骑常侍,孝文帝对外表明是重用他的德行才气,而在内心则把他视为心腹,皇宫中的卫士禁兵,全部交给他来统管,所以直到孝文帝去世,他一直担任直阁将军。每次上朝,群臣百官退朝之后,薛聪总是留下来陪侍孝文帝,两人在帷幕后面议论政事,有时能整整说上一昼夜,对于时事政治方面的得失利弊,薛聪动辄加以匡正劝谏,所见大多被采纳。薛聪为人做事厚重而谨慎,所以外界并不能窥见他的内心。孝文帝想要进升薛聪的名分地位,可是他总是苦苦辞让,不愿领受。孝文帝也能对他的态度体贴理解,对他说道:"您内秉仁义忠信之质,天爵自高,固然不必再以公卿大夫这些所谓人爵而荣身了。"

　　21　九月庚午(初四),北魏皇帝的后妃、夫人、嫔御等以及内外文武百官全部迁往洛阳。

　　22　丙戌(二十日),北魏孝文帝到达邺地。孝文帝多次来到相州刺史高闾的官舍,赞美他治理本州的成绩,并且给予特别丰厚的赏赐。

间数请本州,诏曰:"间以悬车之年,方求衣锦,知进忘退,有尘谦德;可降号平北将军。朝之老成,宜遂情愿,徙授幽州刺史,令存劝两修,恩法并举。"以高阳王雍为相州刺史,戒之曰:"作牧亦易亦难:'其身正,不令而行',所以易;'其身不正,虽令不从',所以难。"

23　己丑,徙南平王宝攸为邵陵王,蜀郡王子文为西阳王,广汉王子峻为衡阳王,临海王昭秀为巴陵王,永嘉王昭粲为桂阳王。

24　乙未,魏主自邺还。冬,十月丙辰,至洛阳。

25　壬戌,魏诏:"诸州精品属官,考其得失为三等以闻。"又诏:"徐、兖、光、南青、荆、洛六州,严纂戎备,应须赴集。"

26　十一月丁卯,诏罢世宗东田,毁兴光楼。

27　己卯,纳太子妃褚氏,大赦。妃,澄之女也。

28　庚午,魏主如委粟山,定圜丘。己卯,帝引诸儒议圜丘礼。秘书令李彪建言:"鲁人将有事于上帝,必先有事于泮宫。请前一日告庙。"从之。甲申,魏主祀圜丘,大赦。

29　十二月乙未朔,魏主见群臣于光极堂,宣下品令,为大选之始。光禄勋于烈子登引例求迁官,烈上表曰:"方今圣明之朝,理应廉让,而臣子登引人求进。是臣素无教训,乞行黜落!"

高闾数次请求孝文帝让他回到本土幽州去做官,孝文帝因此而发布诏令:"高闾以该告老退休的年龄,方才要求衣锦还乡,他这样只知进而不知退,实在有损于谦德,所以降其封号为平北将军。他是朝廷中年龄和资历都相当老的大臣,应当顺遂他的心愿,所以调任他为幽州刺史。这样做可以既满足了他的请求,以示朝廷之恩,又起到劝善存法的作用。"孝文帝又任命高阳王拓跋雍为相州刺史,并且告诫他说:"任一州之长也容易,也难。'自己言行端正,不用法令别人也会遵从',如此就容易;'自己立身不正,即使以法令强迫别人也不会听从',所以说难。"

23　己丑(二十三日),南齐调迁南平王萧宝攸为邵陵王,蜀郡王萧子文为西阳王,广汉王萧子峻为衡阳王,临海王萧昭秀为巴陵王,永嘉王萧昭粲为桂阳王。

24　乙未(二十九日),北魏孝文帝从邺返还洛阳。冬季,十月丙辰(二十一日),到达洛阳。

25　壬戌(二十七日),北魏孝文帝诏令:"各州认真考察官员们的政绩,根据得失,分为三等,上报朝廷。"又诏令:"徐、兖、光、南青、荆、洛六州,应当加强战备,一旦令下,应立即赴召。"

26　十一月丁卯(初二),南齐明帝诏令罢除文惠太子修治的东田,并拆毁兴光楼。

27　己卯(十四日),南齐明帝为太子纳妃子褚氏,大赦天下。太子的妃子是褚澄的女儿。

28　庚午(初五),北魏孝文帝到达委粟山,测定祭天的圜丘。己卯(十四日),孝文帝召集群儒商议祭天之礼。秘书令李彪建议说:"古代鲁国人如果有事要祈告上帝,必定先在学宫中祈祷。所以请提前一日祭告于太庙。"孝文帝采纳了他的建议。甲申(十九日),孝文帝祭天于圜丘,大赦天下。

29　十二月乙未朔(初一),北魏孝文帝在光极堂接见群臣,宣布在官员中实行九品之制,即将开始大选群臣。光禄勋于烈的儿子于登依照旧例请求升官,于烈上表孝文帝说:"如今正值圣明之朝,做臣子的理应清廉谦让,但是我儿子于登却援引旧例而要求晋升。这是我平素对他教训不严的结果,所以乞求朝廷罢黜我的官职。"

魏主曰："此乃有识之言,不谓烈能办此!"乃引见登,谓曰:"朕将流化天下,以卿父有谦逊之美、直士之风,故进卿为太子翊军校尉。"又加烈散骑常侍,封聊城县子。

魏主谓群臣曰："国家从来有一事可叹:臣下莫肯公言得失是也。夫人君患不能纳谏。人臣患不能尽忠。自今朕举一人,如有不可,卿等直言其失;若有才能而朕所不识,卿等亦当举之。如是,得人者有赏,不言者有罪,卿等当知之。"

30 丁酉,诏修晋帝诸陵,增置守卫。

31 甲子,魏主引见群臣于光极堂,颁赐冠服。

32 先是魏人未尝用钱,魏主始命铸太和五铢。是岁,鼓铸粗备,诏公私用之。

33 魏以光城蛮帅田益光为南司州刺史,所统守宰,听其铨置。后更于新蔡立东豫州,以益光为刺史。

34 氐王杨炅卒。

## 三年(丙子,496)

1 春,正月丁卯,以杨炅子崇祖为沙州刺史,封阴平王。

2 魏主下诏,以为:"北人谓土为拓,后为跋。魏之先出于黄帝,以土德王,故为拓跋氏。夫土者,黄中之色,万物之元也,宜改姓元氏。诸功臣旧族自代来者,姓或重复,皆改之。"于是始改拔拔氏为长孙氏,达奚氏为奚氏,乙旃氏为叔孙氏,丘穆陵氏为穆氏,步六孤氏为陆氏,贺赖氏为贺氏,独孤氏为刘氏,贺楼氏为楼氏,勿忸于氏为于氏,尉迟氏为尉氏。其馀所改,不

孝文帝说："这是有识之言,没有料到于烈能做到这样。"于是召见了于登,对他说:"朕将要广施教化于天下,因为你父亲有谦逊之美德、正直之品格,所以特晋升你为太子翊军校尉。"并且加任于烈为散骑常侍,封为聊城县子。

北魏孝文帝对群臣说:"一个国家从来都有一件事情让人感到可叹,就是臣子不肯公开地谈论得失是非。作为一国之君,患在不能采纳劝谏;作为臣子,患在不能尽忠竭力。从今以后朕推举一人,如有不妥之处,你们可以直言其失;如果有才能之士而朕不能发现,你们也应当加以举荐。这样,能举荐人才者有赏,知而不言者有罪,你们应当明白这一点。"

30  丁酉(初三),明帝诏令修缮晋代诸位皇帝的陵墓,并且增置了守护陵墓的卫士。

31  甲子(三十日),北魏孝文帝在光极堂召见群臣百官,给他们颁赐冠服,以易去胡服。

32  早先北魏人不使用钱币,从孝文帝开始才命令铸造太和五铢钱。到本年,已经铸造得大体齐备,因此孝文帝诏令公私方面一律开始使用钱币。

33  北魏任命光城的蛮人首领田益光为南司州刺史,所属的郡守县令,听任他自己设置、铨选。后来又在新蔡设立东豫州,任命田益光为刺史。

34  氐族首领杨炅去世。

### 齐明帝建武三年(丙子,公元 496 年)

1  春季,正月丁卯(初三),南齐任命杨炅的儿子杨崇祖为沙州刺史,封他为阴平王。

2  北魏孝文帝发布诏令,认为:"北方人称'土'为'拓',称'后'为'跋'。魏朝的祖先是黄帝的后代,以土德而称帝,所以姓拓跋。土,乃黄中之色,万物之元,所以应该改姓为'元'。诸位功臣旧族中凡从代京迁来的,其姓氏有的重复,要一律进行更改。"于是,开始改拔拔氏为长孙氏、达奚氏为奚氏、乙旃氏为叔孙氏、丘穆陵氏为穆氏、步六孤氏为陆氏、贺赖氏为贺氏、独孤氏为刘氏、贺楼氏为楼氏、勿忸于氏为于氏、尉迟氏为尉氏。其馀所改姓氏的,不

可胜纪。

魏主雅重门族，以范阳卢敏、清河崔宗伯、荥阳郑羲、太原王琼四姓，衣冠所推，咸纳其女以充后宫。陇西李冲以才识见任，当朝贵重，所结姻娅，莫非清望，帝亦以其女为夫人。诏黄门郎、司徒左长史宋弁定诸州士族，多所升降。又诏以："代人先无姓族，虽功贤之胤，无异寒贱。故宦达者位极公卿，其功、衰之亲仍居猥任。其穆、陆、贺、刘、楼、于、嵇、尉八姓。自太祖已降，勋著当世，位尽王公，灼然可知者，且下司州、吏部，勿充猥官，一同四姓。自此以外，应班士流者，寻续别敕。其旧为部落大人，而皇始已来三世官在给事已上及品登王公者为姓；若本非大人，而皇始已来三世官在尚书已上及品登王公者亦为姓。其大人之后而官不显者为族，若本非大人而官显者为族。凡此姓族，皆应审核，勿容伪冒。令司空穆亮、尚书陆琇等详定，务令平允。"琇，馛之子也。

魏旧制：王国舍人皆应娶八族及清修之门。咸阳王禧娶隶户为之，帝深责之，因下诏为六弟聘室："前者所纳，可为妾媵。咸阳王禧，可聘故颍川太守陇西李辅女；河南王幹，可聘故中散大夫代郡穆明乐女；广陵王羽，可聘骠骑谘议参军荥阳郑平城女；颍川王雍，可聘故中书博士范阳卢神宝女；始平王勰，可聘廷尉卿陇西李冲女；北海王详，可聘吏部郎中荥阳郑懿女。"懿，羲之子也。

时赵郡诸李，人物尤多，各盛家风，故世之言高华者，以五姓为首。

可胜数。

北魏孝文帝一向看重名门望族，~~……~~
伯、荥阳人郑羲、太原人王琼四姓门族，在士~~……~~
特意选他们的女儿进入后宫。陇西人李冲以才~~识河人崔宗~~所以
朝中显贵，他所结的姻亲，都是具有清白名望而为时人~~重，成为~~
门，孝文帝也娶了他的女儿为夫人。孝文帝诏令黄门郎、司徒~~左~~
史宋弁审定各州的士族，地位多有升降。孝文帝又诏令："代京人
早先没有姓族，虽然是功勋、贤士的后代，也与那些寒贱出身者没
有什么区别。所以，一些宦途通达者虽然位极公卿，但他们的亲族
却依然担任着地位卑下的官职。其中之穆、陆、贺、刘、楼、于、嵇、
尉八姓，从太祖皇帝以来，功勋卓越，著称于世，位至王公，无人不
知，通知司州和吏部，不要让他们充任卑微官职，而应当同卢、崔、
郑、王四姓一样对待。除这些大族之外，其他还应该班列士族之列
者，不久就继续由朝廷下令加以确认。那些过去为部落头人，而从
道武帝皇始年间以来三代官职在给事以上，以及爵位上至王公的
确定其姓；如果不是头人，而自皇始年间以来三代官职在尚书以上
以及爵位上至王公的也确定其姓。属头人之后代，但是官职不显
要的确定其族，或者本非头人而官职显要的也确定其族。凡此姓
与族，都应该加以审核，不允许其中有伪冒者。命令司空穆亮、尚
书陆琇等人详加审定，务必要做到公正合理。"陆琇是陆馥的儿子。

北魏过去的制度：各藩王的妃嫔都应选娶八大姓及有清望的
门第人家之女。咸阳王拓跋禧娶隶户人家之女为妃嫔，孝文帝严
厉地责备了他。于是下诏令为六个弟弟重新聘娶妻室，说："以前
所纳娶的，可以改作为小妾。咸阳王元禧，可以聘娶前颍川太守陇
西人李辅的女儿；河南王元幹，可以聘娶前中散大夫代郡人穆明乐
的女儿；广陵王元羽，可以聘娶骠骑谘议参军荥阳人郑平城的女
儿；颍川王元雍，可以聘娶故中书博士范阳人卢神宝的女儿；始平
王元勰，可以聘娶廷尉卿陇西人李冲的女儿；北海王元详，可以聘
娶吏部郎中荥阳人郑懿的女儿。"郑懿是郑羲的儿子。

当时，赵郡李姓诸门中，人物尤其多，都能发扬家风，所以世人
谈论门第高贵，均推卢、崔、郑、王、李五姓为首。

……河东茂族。帝曰:"薛氏,蜀也,岂可入郡姓!"……执戟在殿下,出次对曰:"臣之先人,汉末仕……河东,今六世相袭,非蜀人也。伏以陛下黄帝之……北土,岂可亦谓之胡邪!今不预郡姓,何以生为!"乃……戟于地。帝徐曰:"然则朕甲、卿乙乎!"乃入郡姓,仍曰:"卿非'宗起',乃'起宗'也!"

　　帝与群臣论选调曰:"近世高卑出身,各有常分,此果如何?"李冲对曰:"未审上古以来,张官列位,为膏粱子弟乎,为致治乎?"帝曰:"欲为治耳。"冲曰:"然则陛下何为专取门品,不拔才能乎?"帝曰:"苟有过人之才,不患不知。然君子之门,借使无当世之用,要自德行纯笃,朕故用之。"冲曰:"傅说、吕望,岂可以门地得之!"帝曰:"非常之人,旷世乃有一二耳。"秘书令李彪:"陛下若专取门地,不审鲁之三卿,孰若四科?"著作佐郎韩显宗曰:"陛下岂可以贵袭贵,以贱袭贱!"帝曰:"必有高明卓然、出类拔萃者,朕亦不拘此制。"顷之,刘昶入朝。帝谓昶曰:"或言唯能是寄,不必拘门,朕以为不尔。何者?清浊同流,混齐一等,君子小人,名器无别,此殊为不可。我今八族以上士人,品第有九;九品之外,小人之官复有七等。若有其人,可起家为三公。正恐贤才难得,不可止为一人浑我典制也。"

众议以薛氏为河东茂族。帝曰:"薛氏,蜀也,岂可入郡姓!"直阁薛宗起执戟在殿下,出次对曰:"臣之先人,汉末仕蜀,二世复归河东,今六世相袭,非蜀人也。伏以陛下黄帝之胤,受封北土,岂可亦谓之胡邪!今不预郡姓,何以生为!"乃碎戟于地。帝徐曰:"然则朕甲、卿乙乎!"乃入郡姓,仍曰:"卿非'宗起',乃'起宗'也!"

帝与群臣论选调曰:"近世高卑出身,各有常分,此果如何?"李冲对曰:"未审上古以来,张官列位,为膏粱子弟乎,为致治乎?"帝曰:"欲为治耳。"冲曰:"然则陛下何为专取门品,不拔才能乎?"帝曰:"苟有过人之才,不患不知。然君子之门,借使无当世之用,要自德行纯笃,朕故用之。"冲曰:"傅说、吕望,岂可以门地得之!"帝曰:"非常之人,旷世乃有一二耳。"秘书令李彪曰:"陛下若专取门地,不审鲁之三卿,孰若四科?"著作佐郎韩显宗曰:"陛下岂可以贵袭贵,以贱袭贱!"帝曰:"必有高明卓然、出类拔萃者,朕亦不拘此制。"顷之,刘昶入朝。帝谓昶曰:"或言唯能是寄,不必拘门,朕以为不尔。何者?清浊同流,混齐一等,君子小人,名器无别,此殊为不可。我今八族以上士人,品第有九;九品之外,小人之官复有七等。若有其人,可起家为三公。正恐贤才难得,不可止为一人浑我典制也。"

可胜数。

北魏孝文帝一向看重名门望族，由于范阳人卢敏、清河人崔宗伯、荥阳人郑羲、太原人王琼四姓门族，在士大夫中最受推重，所以特意选他们的女儿进入后宫。陇西人李冲以才识受到任用，成为朝中显贵，他所结的姻亲，都是具有清白名望而为时人所敬重的高门，孝文帝也娶了他的女儿为夫人。孝文帝诏令黄门郎、司徒左长史宋弁审定各州的士族，地位多有升降。孝文帝又诏令："代京人早先没有姓族，虽然是功勋、贤士的后代，也与那些寒贱出身者没有什么区别。所以，一些宦途通达者虽然位极公卿，但他们的亲族却依然担任着地位卑下的官职。其中之穆、陆、贺、刘、楼、于、嵇、尉八姓，从太祖皇帝以来，功勋卓越，著称于世，位至王公，无人不知，通知司州和吏部，不要让他们充任卑微官职，而应当同卢、崔、郑、王四姓一样对待。除这些大族之外，其他还应该班列士族之列者，不久就继续由朝廷下令加以确认。那些过去为部落头人，而从道武帝皇始年间以来三代官职在给事以上，以及爵位上至王公的确定其姓；如果不是头人，而自皇始年间以来三代官职在尚书以上以及爵位上至王公的也确定其姓。属头人之后代，但是官职不显要的确定其族，或者本非头人而官职显要的也确定其族。凡此姓与族，都应该加以审核，不允许其中有伪冒者。命令司空穆亮、尚书陆琇等人详加审定，务必要做到公正合理。"陆琇是陆馛的儿子。

北魏过去的制度：各藩王的妃嫔都应选娶八大姓及有清望的门第人家之女。咸阳王拓跋禧娶隶户人家之女为妃嫔，孝文帝严厉地责备了他。于是下诏令为六个弟弟重新聘娶妻室，说："以前所纳娶的，可以改作为小妾。咸阳王元禧，可以聘娶前颍川太守陇西人李辅的女儿；河南王元幹，可以聘娶前中散大夫代郡人穆明乐的女儿；广陵王元羽，可以聘娶骠骑谘议参军荥阳人郑平城的女儿；颍川王元雍，可以聘娶故中书博士范阳人卢神宝的女儿；始平王元勰，可以聘娶廷尉卿陇西人李冲的女儿；北海王元详，可以聘娶吏部郎中荥阳人郑懿的女儿。"郑懿是郑羲的儿子。

当时，赵郡李姓诸门中，人物尤其多，都能发扬家风，所以世人谈论门第高贵，均推卢、崔、郑、王、李五姓为首。

众人议论认为以薛氏为河东的望族。孝文帝则不同意，说："薛氏是蜀人，怎么可以成为一郡之大姓呢？"当时直阁薛宗起正执戟站在殿下，他站出来对孝文帝说："我的祖先于汉代末期在蜀地做官，两代之后又回到河东，如今已经六代相沿袭，所以不应该算作蜀人。我斗胆问一句，陛下是黄帝后代，而受封北方，难道也可以说是胡人吗？现今不认我们为郡中大姓，还有何脸面活下去呢？"于是，把手中之戟摔碎于地。孝文帝慢悠悠地说道："那么，朕为甲，你为乙吗？"于是，同意列薛姓为郡之大姓，并同薛宗起戏言道："你不是'宗起'，而是'起宗'呀！"

孝文帝与群臣议论选拔调派官员之事，他问道："近世以来，出身高卑贵贱，各有一定，这样划分如何呢？"李冲对道："不知道上古以来，分官列位，其目的是为了那些膏粱子弟们，还是为了治理国家呢？"孝文帝回答："当然是为了治理天下。"李冲又问："那么陛下为什么专门选取门第出身，而不注重才能方面的选拔呢？"孝文帝说："如果其人有过人的才能，不怕不为人所知。然而，君子门第出身，即使没有为当世所用之才能，但终归在德行方面要纯洁笃实一些，朕所以选用他们。"李冲道："难道傅说、吕望可以凭门第出身得到吗？"孝文帝答："这种不平常的人才，旷世才有一二。"这时，秘书令李彪也说道："陛下如果专以门第取士，那么对于鲁国的三卿季孙、孟孙、叔孙氏与孔门四科人才，是选择前者，还是选择后者呢？"著作佐郎韩显宗也说道："陛下岂能使贵者世袭为贵，贱者永远为贱呢？"孝文帝回答："如果遇有才识高明、卓然不凡，出类拔萃者，朕也不拘泥于这一制度。"一会儿，刘昶来到朝中。孝文帝对他说："有人说选拔官员要唯才能是重，不必拘于门第出身，朕则以为不然。为什么呢？因为这样则会清浊同流，混淆为一，以致使君子小人没有区别，名器不分，这无论如何是不可以的。我们现在八族以上的士人，品第分为九个级别；九品之外，出身低贱而做官者又分为七等。如果世有贤才，可以直接受封为三公。朕正担心贤才难得，但是也不可以仅为一个人而搞乱了我的典章制度。"

臣光曰:选举之法,先门地而后贤才,此魏、晋之深弊,而历代相因,莫之能改也。夫君子、小人,不在于世禄与侧微,以今日视之,愚智所同知也。当是之时,虽魏孝文之贤,犹不免斯蔽。故夫明辩是非而不惑于世俗者诚鲜矣。

3 壬辰,魏徙始平王勰为彭城王,复定襄县王鸾为城阳王。

4 二月壬寅,魏诏:"群臣自非金革,听终三年丧。"

5 丙午,魏诏:"畿内七十已上,暮春赴京师行养老之礼。"三月丙寅,宴群臣及国老、庶老于华林园。诏:"国老,黄耇已上,假中散大夫、郡守;耆年已上,假给事中、县令。庶老,直假郡县;各赐鸠杖、衣裳。"

6 丁丑,魏诏:"诸州中正各举其乡之民望,年五十以上守素衡门者,授以令、长。"

7 壬午,诏:"乘舆有金银饰校者,皆剔除之。"

8 上志慕节俭。太官尝进裹蒸,上曰:"我食此不尽,可四破之,馀充晚食。"又尝用皂荚,以馀沥授左右曰:"此可更用。"太官元日上寿,有银酒鎗,上欲坏之。王晏等咸称盛德,卫尉萧颖胄曰:"朝廷盛礼,莫若三元。此一器既是旧物,不足为侈。"上不悦。后预曲宴,银器满席。颖胄曰:"陛下前欲坏酒鎗,恐宜移在此器。"上甚惭。

臣司马光说：选拔举荐人才的制度，先门第而后贤才这是魏、晋时期的一大弊端，然而历代相因袭，不能改变。君子与小人之别，不在于出身世禄之家还是布衣贫贱之家，以今天的眼光来看，这是愚者和智者都能认识到的。然而，在当时，虽然以北魏孝文帝之贤，犹不能免于这一偏见。所以，能明辨是非而不受世俗之见影响的实在是稀少啊！

3　壬辰(二十八日)，北魏调迁始平王元勰为彭城王，恢复定襄县王元鸾为城阳王。

4　二月壬寅(初九)，北魏孝文帝诏令："群臣中如果不是武将，要实行守丧三年的制度。"

5　丙午(十三日)，北魏孝文帝诏令："国都附近七十岁以上者，于暮春之时到京师举行养老之礼。"三月丙寅(初三)，孝文帝在华林园宴请群臣以及国老、庶老。诏令："贵族退休的老年人，黄发高寿以上者，给予中散大夫、郡守的名誉职位；年龄在六十岁以上者，给予给事中、县令的名誉职位。士中的老者，直接给予郡、县的虚职；分别赏赐以鸠鸟为饰的玉杖和衣裳。"

6　丁丑(十四日)，北魏孝文帝诏令："各州的中正各自举荐本乡之有德行而为乡人所尊重者，年龄在五十岁以上而家境贫寒的，授以令、长之职。"

7　壬午(十九日)，明帝诏令："乘坐的车子上面有金银装饰的，全部去掉。"

8　南齐明帝一心要做到节俭朴素。负责膳食的太官有一次给他进献一种名叫裹蒸的食品，他对太官说："我一次吃不完，可以把它分成四块，剩下的晚上再吃。"还有一次，明帝使用皂荚洗浴，指着剩下的皂荚水对身边近侍说："这个还可以使用。"太官在正月初一给明帝上寿，温酒时使用了一个用银子制作的酒铛，明帝要把它毁掉。王晏等人都称颂他品德高尚，卫尉萧颖胄却说："朝廷中最隆重的节日，莫若正月初一。这个银制酒铛是旧物了，所以不足为奢侈。"明帝听了心中很不高兴。后来明帝又在宫中设宴，席上有许多银制器皿。萧颖胄又对齐明帝说道："陛下前次要毁掉酒铛，恐怕应该毁坏的是眼前这些银器呀。"说得明帝满面愧色。

　　上躬亲细务，纲目亦密。于是郡县及六署、九府常行职事，莫不启闻，取决诏敕。文武勋旧，皆不归选部，亲戚凭藉，互相通进，人君之务过繁密。南康王侍郎颍川锺嵘上书言："古者，明君揆才颁政，量能授职，三公坐而论道，九卿作而成务，天子唯恭己南面而已。"书奏，上不怿，谓太中大夫顾暠曰："锺嵘何人，欲断朕机务！卿识之不？"对曰："嵘虽位末名卑，而所言或有可采。且繁碎职事，各有司存。今人主总而亲之，是人主愈劳而人臣愈逸，所谓'代庖人宰而为大匠斲'也。"上不顾而言他。

9　夏，四月甲辰，魏广州刺史薛法护求降。

10　魏寇司州，栎城戍主魏僧珉拒破之。

11　五月丙戌，魏营方泽于河阴。又诏汉、魏、晋诸帝陵，百步内禁樵苏。丁亥，魏主有事于方泽。

12　秋，七月，魏废皇后冯氏。初，文明太后欲其家贵重，简冯熙二女入掖庭：其一早卒，其一得幸于魏主，未几，有疾，还家为尼。及太后殂，帝立熙少女为皇后。既而其姊疾愈，帝思之，复迎入宫，拜左昭仪，后宠浸衰。昭仪自以年长，且先入宫，不率妾礼。后颇愧恨，昭仪因谮而废之。后素有德操，遂居瑶光寺为练行尼。

明帝事无巨细,必须躬亲,要求很烦琐。因此连下面各郡县以及朝中六署、九府的日常事务,也必须全部向他报告,取得他的旨令才能办理。文武官员中功臣和旧臣的选拔、使用等,都不归于吏部管理,而是凭借亲戚关系互相提拔,以致使明帝陷于事务之中,负担过于繁重。南康王侍郎颍川人锺嵘上书明帝,指出:"古时候,圣明的国君根据下属的才干分派事情,量其能力授以官职,三公坐而论道,九卿具体分工执行,而天子则只是高高在上,无为而治。"锺嵘的上书被奏上,明帝心中不悦,问太中大夫顾暠:"锺嵘何许人也?想干涉朕的事务!你认识不认识他?"顾暠回答说:"锺嵘虽然地位卑微,没有名气,但是他所讲的或许有可采纳之处。确实,那些繁重琐碎的事务,都分别有职能部门来办理。现在陛下您全部包揽过来,亲自处理,结果弄得陛下越是劳累,臣子们则越是清闲,正所谓'代替庖人宰割,代替大匠斫削'。"但是,明帝不理睬顾暠所说,而另改换别的话题。

9 夏季,四月甲辰(十一日),北魏广州刺史薛法护向南齐请求投降。

10 北魏侵犯司州,南齐戍守栎城的首领魏僧珉率兵抵抗,击败了来犯的军队。

11 五月丙戌(二十四日),北魏在河阴掘筑夏至日祭地的方泽。孝文帝诏令禁止在汉、魏、晋各代皇帝陵百步之内打柴割草。丁亥(二十五日),孝文帝在方泽祭地。

12 秋季,七月,北魏废皇后冯氏。当初,文明太后想让他的家族富贵显赫,选择冯熙的两个女儿进宫做妃嫔,其中一个早早去世,另一个得到孝文帝的亲近,但是时间不久,身染疾病,只好回到家中削发为尼。等到文明太后死后,孝文帝又立冯熙的小女儿为皇后。不久,皇后的姐姐病好,孝文帝非常思念她,就又把她迎进宫中,拜为左昭仪,从此皇后渐渐失去了孝文帝的宠爱。左昭仪自认为年长于皇后,并且比她先入宫,所以不对皇后行妃妾之礼。皇后对此很愧恨,左昭仪于是诬陷中伤她,使她被废掉。皇后素来有德操,被废之后就居住在瑶光寺中为尼,修炼戒行。

13　魏主以久旱,自癸未不食至于乙酉,群臣皆诣中书省请见。帝在崇虚楼,遣舍人辞焉,且问来故。豫州刺史王肃对曰:"今四郊雨已沾洽,独京城微少。细民未乏一餐而陛下辍膳三日,臣下惶惶,无复情地。"帝使舍人应之曰:"朕不食数日,犹无所感。比来中外贵贱,皆言四郊有雨,朕疑其欲相宽勉,未必有实。方将遣使视之,果如所言,即当进膳;如其不然,朕何以生为,当以身为万民塞咎耳!"是夕,大雨。

14　魏太子恂不好学,体素肥大,苦河南地热,常思北归。魏主赐之衣冠,恂常私著胡服。中庶子辽东高道悦数切谏,恂恶之。八月戊戌,帝如嵩高,恂与左右密谋,召牧马轻骑奔平城,手刃道悦于禁中。中领军元俨勒门防遏,入夜乃定。诘旦,尚书陆琇驰以启帝,帝大骇,秘其事,仍至汴口而还。甲寅,入宫,引见恂,数其罪,亲与咸阳王禧更代杖之百馀下,扶曳出外,囚于城西,月馀乃能起。

15　丁巳,魏相州刺史南安惠王桢卒。

16　九月戊辰,魏主讲武于小平津。癸酉,还宫。

17　冬,十月戊戌,魏诏:"军士自代来者,皆以为羽林、虎贲。司州民十二夫调一,吏以供公私力役。"

18　魏吐京胡反,诏朔州刺史元彬行汾州事,帅并、肆之众以讨之。彬,桢之子也。

13 北魏孝文帝因为久旱无雨,自癸未(二十二日)至乙酉(二十四日)停止进食,群臣都来到中书省请见。孝文帝在崇虚楼,派遣中书舍人去推辞不见,并且让问清前来请见的缘故。豫州刺史王肃说:"现在郊外四周已经大雨连绵了,唯独京城之内下得很小。为此,平民百姓都没有少吃一餐,而陛下却绝食三天了,臣下们对此惶惶不安,无可自处。"中书舍人回去报告了孝文帝,孝文帝又派他去回答说:"朕几天不吃饭,上天还是没有什么感应。近来朝廷内外无论贵贱之人,都说郊外四面有雨了,朕怀疑他们之所以这样讲,为的是宽慰朕心,情况未必属实。现在准备派人去查看,如果与所说的相合,就立即用膳;如果不然,朕还有何理由继续活下去呢?就用自己的身体替万民百姓承担老天爷的责咎。"这天晚上,天降大雨。

14 北魏太子元恂不喜欢学习,长得身肥体胖,忍受不了河南夏天的炎热,经常想回到北方去。孝文帝赐予元恂汉人的衣服帽子,他却常常私下里穿着胡服。中庶子辽东人高道悦多次恳切地劝谏元恂,元恂非常厌恶他。八月戊戌(初七),孝文帝到达嵩高,元恂与心腹密谋策划,叫来马匹骑上直奔平城,亲手把高道悦杀死在宫殿之中。中领军元俨严守门禁,以防事态扩大,到了夜间才平定下来。次日天刚亮,尚书陆琇急忙骑马去向孝文帝汇报,孝文帝大吃一惊,但没有声张其事,仍然到了汴口,然后返回。甲寅(二十三日),孝文帝回宫,召见元恂,数说了他的罪过,并且亲自与咸阳王元禧轮番把元恂打了一百多棒,然后命人把他扶着拽出去,囚禁在城西,一个多月之后,元恂方才可以起床。

15 丁巳(二十六日),北魏相州刺史南安惠王元桢去世。

16 九月戊辰(初八),北魏孝文帝在小平津讲武。癸酉(十三日),孝文帝还宫。

17 冬季,十月戊戌(初八),北魏孝文帝诏令:"军士凡从代京迁来者,一律成为羽林、虎贲。司州民夫,十二个之中抽调一个,编为吏员,作为公家或私家的差役。"

18 北魏吐京胡反叛,孝文帝诏令朔州刺史元彬代管汾州事务,让他统领并州、肆州的人马去讨伐叛贼。元彬是元桢的儿子。

彬遣统军奚康生击叛胡,破之,追至车突谷,又破之,俘杂畜以万数。诏以彬为汾州刺史。胡去居等六百馀人保险不服,彬请兵二万以讨之,有司奏许之,魏主大怒曰:"小寇何有发兵之理!可随宜讨治。若不能克,必须大兵者,则先斩刺史,然后发兵!"彬大惧,督帅州兵,身先将士,讨去居,平之。

19　魏主引见群臣于清徽堂,议废太子恂。太子太傅穆亮、少保李冲免冠顿首谢。帝曰:"卿所谢者私也,我所议者国也。'大义灭亲',古人所贵。今恂欲违父逃叛,跨据恒、朔,天下之恶执大焉!若不去之,乃社稷之忧也。"闰月丙寅,废恂为庶人,置于河阳无鼻城,以兵守之,服食所供,粗免饥寒而已。

20　戊辰,魏置常平仓。

21　戊寅,太子宝卷冠。

22　初,魏文明太后欲废魏主,穆泰切谏而止,由是有宠。及帝南迁洛阳,所亲任者多中州儒士,宗室及代人往往不乐。泰自尚书右仆射出为定州刺史,自陈久病,土温则甚,乞为恒州。帝为之徙恒州刺史陆叡为定州,以泰代之。泰至,叡未发,遂相与谋作乱,阴结镇北大将军乐陵王思誉、安乐侯隆、抚冥镇将鲁郡侯业、骁骑将军超等,共推朔州刺史阳平王颐为主。思誉,天赐之子;业,丕之弟;隆、超,皆丕之子也。叡以为洛阳休明,劝泰缓之,泰由是未发。

元彬派遣统军奚康生攻打反叛的胡人,打败了他们,又追击至车突谷,又获胜,俘获各种牲畜上万头。孝文帝诏令元彬为汾州刺史。胡人去居等六百多人据险而不服,元彬请求朝廷拨兵两万去讨伐,有关部门上奏孝文帝请示批准,孝文帝勃然大怒,说:"小小的一股寇贼,那有朝廷发兵去讨伐的道理呢?可以根据实际情况讨伐整治。如果不能攻克,必须大兵去讨伐,那就先斩了刺史,然后再发兵!"元彬非常害怕,亲自督率州兵,身先士卒,去讨伐去居,终于获胜。

19　北魏孝文帝在清徽堂召见群臣百官,商议废去太子元恂之事。太子太傅穆亮、少保李冲摘去帽子,伏地磕头谢罪,请求宽宥太子。孝文帝说:"你们谢罪,请求宽宥,是出于私情,而我在这里所要商议的却是国家大事。'大义灭亲',为古人所看重。如今,元恂想要违抗父命而私自逃叛,跨据恒、朔两州,天底下还有比这更大的罪恶吗?如果不把他废掉,就会成为社稷的一大忧患。"闰十二月丙寅(初八),北魏废太子元恂为庶人,安置于河阳无鼻城,派兵看守,对其衣服饮食供应,仅仅免于饥寒罢了。

20　戊辰(初十),北魏设置常平仓。

21　戊寅(二十日),南齐太子萧宝卷加冠。

22　原先,北魏文明太后想要废去孝文帝,穆泰苦苦劝谏才得以中止,于是穆泰得到孝文帝的宠信。到了孝文帝南迁洛阳,其所亲近信任的大多是些中州的儒士,所以皇族内部以及代京人往往对此感到不高兴。穆泰从尚书右仆射出任定州刺史,但他不愿去上任,自陈长期有病,在气候暖湿的地方则更加严重,因此请求到恒州去。于是孝文帝为此调恒州刺史陆叡为定州刺史,另任穆泰为恒州刺史。穆泰到达恒州之后,陆叡还没有前去定州,于是就与他一起密谋反叛作乱,并且秘密勾结镇北大将军乐陵王元思誉、安乐侯元隆、抚冥镇将鲁郡侯元业、骁骑将军元超等人,共同推举朔州刺史阳平王元颐为主。元思誉是元天赐的儿子,元业是元丕的弟弟,元隆和元超俱为元丕的儿子。陆叡认为孝文帝是仁德之君,劝说穆泰迟缓进行,因此穆泰暂时没有叛乱。

颐伪许泰等以安其意，而密以状闻。行吏部尚书任城王澄有疾，帝召见于凝闲堂，谓之曰："穆泰谋为不轨，扇诱宗室。脱或必然，今迁都甫尔，北人恋旧，南北纷扰，朕洛阳不立也。此国家大事，非卿不能办。卿虽疾，强为我北行，审观其势。傥其微弱，直往擒之；若已强盛，可承制发并、肆兵击之。"对曰："泰等愚惑，正由恋旧，为此计耳，非有深谋远虑；臣虽驽怯，足以制之，愿陛下勿忧。虽有犬马之疾，何敢辞也！"帝笑曰："任城肯行，朕复何忧！"遂授澄节、铜虎、竹使符、御仗左右，仍行恒州事。

行至雁门，雁门太守夜告云："泰已引兵西就阳平。"澄遽令进发。右丞孟斌曰："事未可量，宜依敕召并、肆兵，然后徐进。"澄曰："泰既谋乱，应据坚城。而更迎阳平，度其所为，当似势弱。泰既不相拒，无故发兵，非宜也。但速往镇之，民心自定。"遂倍道兼行。先遣治书侍御史李焕单骑入代，出其不意，晓谕泰党，示以祸福，皆莫为之用。泰计无所出，帅麾下数百人攻焕，不克，走出城西，追擒之。澄亦寻至。穷治党与，收陆叡等百馀人，皆系狱，民间帖然。澄具状表闻，帝喜，召公卿，以表示之曰："任城可谓社稷臣也。观其狱辞，正复皋陶何以过之！"顾谓咸阳王禧等曰："汝曹当此，不能办也。"

元颐假装同意穆泰等人,以便稳住他们,而秘密地把情况写成奏状上报朝廷。行吏部尚书任城王元澄有病在身,孝文帝召见他于凝闲堂,对他说:"穆泰图谋不轨,煽动诱说宗室,策动叛乱。如果就是这样,如今迁都伊始,北方人恋旧,南北事务纷扰,朕在洛阳不能成功。这是国家大事,非您不能办理。所以,您虽然有病在身,但是还得勉强为我北行一次,审观形势。假若穆泰的势力还不太强的话,就直接把他擒拿了;如果他的势力已经强盛,您就秉承我的旨意发并、肆两州之兵讨伐他们。"元澄回答说:"穆泰等人愚蠢至极,正是由于恋旧使然,他们叛乱完全是为了这个,并非有什么深谋远虑。我虽然无能胆怯,但对付他们还是行的,完全可以制伏,希望陛下不要忧虑。我虽然患病,但怎么敢推辞呢?"孝文帝笑着说道:"任城王愿意北行,朕还有什么忧愁的呢?"于是,授予元澄节旄、铜虎、竹使符以及身边的卫兵,使其代理恒州事务。

　　元澄到达雁门时,雁门太守夜间来报告说:"穆泰已经带兵往西边投靠阳平王去了。"元澄立即命令出发。右丞孟斌对他说:"事情还难以估量,应该奉圣旨召集并州、肆州的兵力,然后再慢慢进发。"元澄说:"穆泰既然策谋叛乱,理应据守坚城。然而他却去投靠阳平王,思量他的行为,好像是势力不强。穆泰既然不与我们抗拒,那么无故发兵就不太合适了。所以,只需迅速前去镇压,民心自然会能安定。"于是,加快速度,日夜兼行,前往阳平。元澄首先派遣治书侍御史李焕单人匹马进入平城,使穆泰感到非常意外。李焕告谕穆泰的同伙,对他们讲明利害得失,结果这些人都不接受穆泰的指挥。穆泰无计可施,只得带领部下几百人攻打李焕,不能取胜,就从城西逃跑,李焕追上擒获了他。很快元澄也到了。接着肃清了参与叛乱的同党,拘捕了陆叡等一百多人,全部投入监狱,而民间安定无事。元澄把穆泰等人的罪行一项项地列出,上表奏告孝文帝,孝文帝阅后非常高兴,召集公卿大夫们到一起,把元澄的上表出示给他们看,并且说道:"任城王可以说是社稷功臣啊!看他写的这些判决之辞,除了古时候的皋陶氏,谁能超过他呢?"又看着咸阳王元禧等人继续说道:"如果让你们担当此事,一定办不到这样的。"

23　魏主谋入寇，引见公卿于清徽堂，曰："朕卜宅土中，纲条粗举。唯南寇未平，安能效近世天子下帷于深宫之中乎！朕今南征决矣，但未知早晚之期。比来术者皆云，今往必克，此国之大事，宜君臣各尽所见，勿以朕先言而依违于前，同异于后也。"李冲对曰："凡用兵之法，宜先论人事，后察天道。今卜筮虽吉而人事未备，迁都尚新，秋谷不稔，未可以兴师旅。如臣所见，宜俟来秋。"帝曰："去十七年，朕拥兵二十万，此人事之盛也，而天时不利。今天时既从，复云人事未备；如仆射之言，是终无征伐之期也。寇戎眎尺，异日将为社稷之忧，朕何敢自安！若秋行不捷，诸君当尽付司寇，不可不尽怀也。"

24　魏主以有罪徙边者多逋亡，乃制一人逋亡，阖门充役。光州刺史博陵崔挺上书谏曰："天下善人少，恶人多。若一人有罪，延及阖门，则司马牛受桓魋之罚，柳下惠婴盗跖之诛，岂不哀哉！"帝善之，遂除其制。

23　北魏孝文帝策划入侵南齐,召集公卿到清徽堂,对他们说:"朕择地迁都中原,现在各方面基本就绪。唯有南方之寇没有平定,如何能仿效近世以来的天子们安于深宫帷幕之中呢?现在朕南征的决策是不会改变的了,只是不知道时机的迟早。近来,方术之士们都说,当下就前往征伐,一定能够取胜,然而这是国家之大事,应该使君臣各抒己见,你们不要因为朕先说了,在朕前就模棱两可,下去以后又不同意。"李冲说:"凡是用兵之法,应该先论人事,然后再察验天道。现在占卜所得虽然为大吉,但是人事准备没有妥当,刚迁都不久,秋谷没有收成,所以不可以兴师动旅,出外征战。依我之见,应该等到来年秋天再行南征。"孝文帝说:"去年,朕拥兵二十万,这可以说是人事昌盛了,然而天时不利。如今既然天时有利于我们,又说人事未备。那么,照仆射所说,该是永远没有征伐的时候了。南寇近在我们咫尺,它日终将是社稷江山的一大忧患,朕怎么敢自安呢?如果明年秋天南征不能获捷取胜,就要把诸位全送到司寇那里治罪,所以你们不可不尽心尽力。"

24　北魏孝文帝因为流放到边远地方的罪犯多有逃亡,就制定法令,规定凡一人逃亡,全家充当劳役。光州刺史博陵人崔挺上书,劝谏说:"天底下善良之人少,恶人多。如果一人有罪而株连全家,那么司马牛就要因其兄桓魋而受到惩处,柳下惠也因其弟盗跖而牵连被杀,岂不悲哀吗!"孝文帝同意他的意见,于是废除了这一株连制度。

# 卷第一百四十一　齐纪七

起丁丑(497)尽戊寅(498)凡二年

### 高宗明皇帝下
### 建武四年(丁丑,497)

1　春,正月,大赦。

2　丙申,魏立皇子恪为太子。魏主宴于清徽堂,语及太子恂,李冲谢曰:"臣忝师傅,不能辅导。"帝曰:"朕尚不能化其恶,师傅何谢也!"

3　乙巳,魏主北巡。

4　初,尚书令王晏,为世祖所宠任。及上谋废郁林王,晏即欣然推奉。郁林王已废,上与晏宴于东府,语及时事,晏抵掌曰:"公常言晏怯,今定何如?"上即位,晏自谓佐命新朝,常非薄世祖故事。既居朝端,事多专决,内外要职,并用所亲,每与上争用人。上虽以事际须晏,而心恶之。尝料简世祖中诏,得与晏手敕三百馀纸,皆论国家事,又得晏启谏世祖以上领选事,以此愈猜薄之。始安王遥光劝上诛晏,上曰:"晏于我有功,且未有罪。"遥光曰:"晏尚不能为武帝,安能为陛下乎!"上默然。上遣腹心陈世范等出涂巷,采听异言。晏轻浅无防,意望开府,

## 高宗明皇帝下
## 齐明帝建武四年(丁丑,公元 497 年)

1  春季,正月,大赦天下。

2  丙申(初八),北魏立皇子元恪为太子。孝文帝在清徽堂欢宴,说到太子元恂,李冲谢罪说:"我愧为太子师傅,没有能教导好他,实在有罪。"孝文帝说:"朕尚且不能教化他的劣恶,你做师傅的何必谢罪呢?"

3  乙巳(十七日),北魏孝文帝去北方巡视。

4  早先,南齐尚书令王晏深得武帝的宠信。到了明帝谋划废去郁林王之时,王晏又立即欣然赞同,帮助进行。郁林王被废去之后,齐明帝与王晏在东府宴饮,谈到时事之时,王晏拍着手掌说道:"您经常说我王晏胆怯,今天又认定我如何呢?"明帝即位,王晏自以为对新朝有佐命之功,经常菲薄讥刺武帝在世时候的事情。他担任了尚书令,居于朝臣中的最高地位,处理事情非常专横独断,朝廷内外的重要职位,都任用自己的亲信之徒,经常与齐明帝在用人方面发生争执。明帝虽然因举事之际,不得不依赖、重用王晏,但是内心却十分厌恶他。明帝曾经整理检查武帝的诏书文告等材料,得到武帝写给王晏的手敕三百多张,都是谈论国家的事情,又获得王晏劝谏齐武帝不要让自己主管铨选之事的启奏,因此越发猜忌、冷淡王晏了。始安王萧遥光劝明帝杀掉王晏,明帝说:"王晏于我有功劳,况且没有罪过,所以不能杀他。"萧遥光又说:"王晏对武帝都不能忠心耿耿,怎么能忠于陛下呢?"明帝听了默然无言。明帝派遣心腹陈世范等人到街头小巷去采听关于王晏的传言异闻。王晏这个人轻率浅薄而没有防范,他想为自己开辟府署,

数呼相工自视,云当大贵,与宾客语,好屏人清闲。上闻之,疑晏欲反,遂有诛晏之意。

奉朝请鲜于文粲密探上旨,告晏有异志。世范又启上云:"晏谋因四年南郊,与世祖故主帅于道中窃发。"会虎犯郊坛,上愈惧。未郊一日,有敕停行,先报晏及徐孝嗣。孝嗣奉旨,而晏陈"郊祀事大,必宜自力"。上益信世范之言。丙辰,召晏于华林省,诛之,并北中郎司马萧毅、台队主刘明达,及晏子德元、德和。下诏云:"晏与毅、明达以河东王铉识用微弱,谋奉以为主,使守虚器。"晏弟诩为广州刺史,上遣南中郎司马萧季敞袭杀之。季敞,上之从祖弟也。萧毅奢豪,好弓马,为上所忌,故因事陷之。河东王铉先以年少才弱,故未为上所杀。铉朝见,常鞠躬俯偻,不敢平行直视。至是,年稍长,遂坐晏事免官,禁不得与外人交通。

郁林王之将废也,晏从弟御史中丞思远谓晏曰:"兄荷世祖厚恩,今一旦赞人如此事,彼或可以权计相须,未知兄将来何以自立!若及此引决,犹可保全门户,不失后名。"晏曰:"方啖粥,未暇此事。"及拜骠骑将军,集会子弟,谓思远兄思微曰:"隆昌之末,阿戎劝吾自裁。若从其语,岂有今日!"思远遽应曰:"如阿戎所见,今犹未晚也。"思远知上外待晏厚而内已疑异,乘间谓晏

几次传叫方术之士来查看风水,说是会大富大贵。王晏与宾客谈话时,总是喜欢把手下的杂人支开,然后与客人在清静中交谈。明帝知道了这些情况之后,怀疑王晏想谋反,于是产生了杀掉王晏的念头。

奉朝请鲜于文粲探知到了明帝的心思,就奏告了王晏有异图。陈世范又启奏明帝:"王晏密谋借建武四年南郊祭天之机,与武帝过去的主帅在道中起事。"正好遇上老虎闯入南郊祭坛,明帝愈加惧怕了。郊祭前一日,明帝敕令不去南郊祭祀,派人先告诉了王晏和徐孝嗣。徐孝嗣奉旨不言,而王晏则不同意明帝不去,陈述了自己的理由:"郊祀事关重大,圣上一定要亲自前去。"这样一来,明帝越加相信陈世范所说的了。丙辰(二十八日),明帝在华林省召见王晏,杀了他,一同诛死的还有北中郎司马萧毅、台队主刘明达,以及王晏的儿子王德元、王德和。明帝发出诏令:"王晏与萧毅、刘明达因为河东王萧铉识见低下、能力微弱,于是阴谋奉他为君主,让他守虚位,而他们自己操纵国政。"王晏的弟弟王诩担任广州刺史,明帝派遣南中郎司马萧季敞去突然杀掉了他。萧季敞是明帝的从祖弟。萧毅奢侈豪华,特别喜好弓箭、骏马,使明帝忌妒,因此借这件事陷害、杀害了他。河东王萧铉在早先因年龄小、才力弱,所以没有被明帝杀掉。萧铉在朝见明帝时总是保持鞠躬姿势,弯腰低头,不敢平行直视。至此时,年龄稍大了些,于是连坐王晏之事而被免官,并且被禁止与外面的人来往交接。

郁林王将被废黜之前,王晏的堂弟御史中丞王思远对王晏说:"兄长你承受武帝的厚恩,现在一旦帮助别人进行这样的事,在那个人来说或许可以暂时利用兄长,但不知兄长这样做了,将来何以自立呢?如果现在能拿起刀子自刎而死,还可以保全门户,不失后世英名。"王晏不予理会,回答说:"我正在喝粥,无暇顾及此事。"明帝即位之后,拜王晏为骠骑将军,王晏把弟弟和儿子们召集在一起,对王思远的哥哥王思微说:"隆昌之末,思远劝我自裁。如果听从了他的话语,哪里能有今天呢?"王思远随声应道:"如按照小弟所说的那样去做,现在尚未为晚。"王思远知道明帝外表上对待王晏十分优厚而内心已经开始怀疑他了,就乘机对王晏

曰:"时事稍异,兄亦觉不?凡人多拙于自谋而巧于谋人。"晏不应。思远退,晏方叹曰:"世乃有劝人死者!"旬日而晏败。上闻思远言,故不之罪,仍迁侍中。

晏外弟尉氏阮孝绪亦知晏必败,晏屡至其门,逃匿不见。尝食酱美,问知得于晏家,吐而覆之。及晏败,人为之惧,孝绪曰:"亲而不党,何惧之有!"卒免于罪。

5 二月壬戌,魏主至太原。
6 甲子,以左仆射徐孝嗣为尚书令,征虏将军萧季敞为广州刺史。
7 癸酉,魏主至平城,引见穆泰、陆叡之党问之,无一人称枉者。时人皆服任城王澄之明。穆泰及其亲党皆伏诛;赐陆叡死于狱,宥其妻子,徙辽西为民。

初,魏主迁都,变易旧俗,并州刺史新兴公丕皆所不乐。帝以其宗室耆旧,亦不之逼,但诱示大理,令其不生同异而已。及朝臣皆变衣冠,朱衣满坐,而丕独胡服于其间,晚乃稍加冠带,而不能修饰容仪,帝亦不强也。

太子恂自平城将迁洛阳,元隆与穆泰等密谋留恂,因举兵断关,规据陉北。丕在并州,隆等以其谋告之。丕外虑不成,口虽折难,心颇然之。及事觉,丕从帝至平城,帝每推问泰等,常令丕坐观。有司奏元业、元隆、元超罪当族,丕应从坐。

说:"眼下事情逐渐有异样,兄长觉察与否?人们大多拙于自谋而巧于谋算别人。"王晏听后没有吭声。王思远走了之后,王晏才叹息着说:"世上竟有劝人死的人。"十日之后,王晏被杀。明帝听说了王思远对王晏说过的话,所以没有定他的罪,并且升任他为侍中。

王晏的表弟尉氏人阮孝绪也知道王晏必定会败落,所以王晏屡次到他家去,他都躲而不见。一次,他吃酱觉得味道很香,一问才知道是从王晏家得来的,因此立即吐了出来,并且把其馀的全部倒掉。到了王晏被杀之后,人们都为阮孝绪担心,他却不以为然,说:"虽然是亲戚,但是并不是同党,有什么害怕的呢?"最后他被免于定罪。

5　二月壬戌(初五),北魏孝文帝到达太原。

6　甲子(初七),齐明帝任命左仆射徐孝嗣为尚书令,任命征虏将军萧季敞为广州刺史,分别代替王晏及其弟生前的职位。

7　癸酉(十六日),北魏孝文帝到达平城,提审了穆泰、陆叡之党,没有一个人说自己冤枉。当时,人们都认为任城王元澄公正、明察。穆泰及其亲信党徒都伏法,陆叡被赐死狱中,他的妻子得到宽宥,被流放到辽西,成为平民。

早先,北魏孝文帝迁都洛阳,改变旧的风俗习惯,但是并州刺史新兴公元丕一点也不高兴这样做。孝文帝因为他在家族中年辈较长,因此就不强行让他改换,只是用大道理加以诱导劝说,以便使他不公开反对。到了朝中大臣们都改换了衣服帽子,每天上朝殿内朱衣满座,但是唯独元丕还穿着胡服侧身其间,后来他才慢慢穿戴上了帽子和带子,可是仍旧不修饰外表仪容,孝文帝也不强迫他。

太子元恂将从平城迁往洛阳之时,元隆同穆泰等人密谋策划,要把元恂留在平城,因此出兵堵住雁门东陉、西陉二关,阴谋占据关北恒、朔二州。当时,元丕在并州,元隆等人把自己的计划告诉了他。元丕表面上忧虑事情难以成功,口头上虽然反对,但是心里却颇为赞同。等到穆泰等人叛乱之事败露之后,元丕随从孝文帝到了平城,孝文帝每次审问穆泰等人时,常常让元丕坐在旁边观看。有的官员奏告元业、元隆、元超罪该满门诛斩,元丕也应该连坐治罪。

帝以丕尝受诏许以不死,听免死为民,留其后妻、二子,与居于太原,杀隆、超、同产乙升,馀子徙敦煌。

初,丕、叡与仆射李冲、领军于烈俱受不死之诏。叡既诛,帝赐冲、烈诏曰:"叡反逆之志,自负幽冥。违誓在彼,不关朕也。反逆既异馀犯,虽欲矜恕,如何可得? 然犹不忘前言,听自死别府,免其拏戮。元丕二子、一弟,首为贼端,连坐应死,特恕为民,朕本期始终而彼自弃绝,违心乖念,一何可悲! 故此别示,想无致怪。谋反之外,皎如白日耳。"冲、烈皆上表谢。

臣光曰:夫爵禄废置,杀生予夺,人君所以驭臣之大柄也。是故先王之制,虽有亲、故、贤、能、功、贵、勤、宾,苟有其罪,不直赦也,必议于槐棘之下,可赦则赦,可宥则宥,可刑则刑,可杀则杀。轻重视情,宽猛随时。故君得以施恩而不失其威,臣得以免罪而不敢自恃。及魏则不然,勋贵之臣,往往豫许之以不死。彼骄而触罪,又从而杀之。是以不信之令诱之使陷于死地也。刑政之失,无此为大焉!

8　是时,代乡旧族,多与泰等连谋,唯于烈无所染涉,帝由是益重之。帝以北方酋长及侍子畏暑,听秋朝洛阳,春还部落,时人谓之"雁臣"。

孝文帝因为元丕曾经接受过许以不死的诏令,就免他一死,黜为平民,让他的后妻和两个儿子陪伴他居住在太原,而杀了元隆、元超及其同胞兄弟元乙升,其他的儿子流放敦煌。

原先,元丕、陆叡以及仆射李冲、领军于烈等人都受过皇帝的不死之诏。陆叡被杀之后,孝文帝在赐给李冲、于烈的诏书中说:"虽然朕曾经诏许陆叡在任何情况下都可以免于一死,可是他叛逆谋反的阴谋,自己有负于鬼神。是他违背了曾经发过的誓言,所以他的死与朕没有关系。他叛乱谋反既不同于其他诸犯,即使想要宽恕他,又怎么可能呢?然而朕犹不忘先前说过的话,所以让他自己在狱中自尽,并且免去他儿子的死罪。元丕的两个儿子、一个弟弟,最早策划叛乱,最先参与叛乱,理应连坐处死,朕特加恕免,只是黜为平民而已。朕本来期望与他们和衷共济,始终相善,但是他们自己弃绝情义,违背良心,产生不轨之念,这是多么令人感到可悲的啊!所以,特意告诉你们一下,想必不会令你们奇怪吧?除了谋反这件事情之外,朕对他们的一片真心皎如白日,历历可鉴。"李冲、于烈都上表致谢。

臣司马光说:给予或剥夺爵位、俸禄,掌管生杀予夺之权力,这是做皇帝的人驾驭臣下们的重要手段。所以先王们裁定的制度,虽然有亲、故、贤、能、功、贵、勤、宾等所谓"八议",但是如果臣下犯有罪行,并不直接赦免,而一定要通过刑法部门来商议,可以赦免则赦免,可以宽大则宽大,可以判刑则判刑,可以诛死则诛死。惩罚的轻与重根据实情而定,处理的宽与严随时机而有所不同。因此,国君得以施行仁恩而又不失其威严,臣子们既可以得到免罪而又不敢以此自恃。到了北魏却不是这样了,对于功勋显贵的大臣,往往预先许诺以终生不被处死。但是其人因此而自骄,触法犯罪,则又被处死。这正是以言而无信的允诺诱惑其人,使他陷于死地。刑法政治的失误过错,没有比这更大的了。

8 在这时候,平城的鲜卑族人,多数与穆泰等人一起策划,唯独于烈没有丝毫牵涉,因此孝文帝对他更加器重。孝文帝考虑到北方的酋长以及在身边侍奉自己的王子们害怕暑热,所以就准许他们秋天来到洛阳,春天再返回各自的部落去,当时的人们称他们为"雁臣"。

9　三月己酉,魏主南至离石。叛胡请降,诏宥之。夏,四月庚申,至龙门,遣使祀夏禹。癸亥,至蒲坂,祀虞舜。辛未,至长安。

10　魏太子恂既废,颇自悔过。御史中尉李彪密表恂复与左右谋逆,魏主使中书侍郎邢峦与咸阳王禧奉诏赍椒酒诣河阳,赐恂死,敛以粗棺、常服,瘗于河阳。

11　癸未,魏大将军宋明王刘昶卒于彭城,葬以殊礼。

12　五月己丑,魏主东还,泛渭入河。壬辰,遣使祀周文王于丰,武王于镐。六月庚申,还洛阳。

13　壬戌,魏发冀、定、瀛、相、济五州兵二十万,将入寇。

14　魏穆泰之反也,中书监魏郡公穆罴与之通谋,敕后事发,削官爵为民。罴弟司空亮以府事付司马慕容契,上表自劾,魏主优诏不许。亮固请不已,癸亥,听亮逊位。

15　丁卯,魏分六师以定行留。

16　秋,七月,魏立昭仪冯氏为皇后,后欲母养太子恪。恪母高氏自代如洛阳,暴卒于共县。

17　戊辰,魏以穆亮为征北大将军、开府仪同三司、冀州刺史。

18　八月丙辰,魏诏中外戒严。

19　壬戌,魏立皇子愉为京兆王,怿为清河王,怀为广平王。

9 三月己酉(二十二日),北魏孝文帝到达离石。反叛的胡人请求投降,孝文帝诏令宽恕了他们。夏季,四月庚申(初四),孝文帝到达龙门,派遣使者去祭祀夏禹。癸亥(初七),孝文帝到达蒲坂,祭祀虞舜。辛未(十五日),孝文帝到达长安。

10 北魏太子元恂被废之后,颇为悔恨自己过去的过失。御史中尉李彪秘密上表孝文帝,说元恂又与手下的人谋划叛逆,孝文帝派中书侍郎邢峦和咸阳王元禧奉着圣旨,带着用椒子浸制的酒去河阳,赐元恂死,用粗劣的棺材和平常衣服装殓了他,埋葬在河阳。

11 癸未(二十七日),北魏的大将军宋明王刘昶死于彭城,以特别的礼仪安葬。

12 五月己丑(初三),北魏孝文帝东行返回,乘船从渭河进入黄河。壬辰(初六),孝文帝派遣使者分别在丰、镐两处祭祀周文王和周武王。六月庚申(初五),孝文帝回到洛阳。

13 壬戌(初七),北魏发动冀、定、瀛、相、济等五州的二十万大军,即将入侵南齐。

14 北魏穆泰谋反时,中书监魏郡公穆罴曾与他一起策划,赦免之后事情被发现,从宽被削去官职和爵位,黜为平民。穆罴的弟弟担任司空的穆亮把府署中的事务交付给司马慕容契,上表孝文帝自行弹劾,孝文帝下诏抚慰,不许他辞职。但是穆亮再三请求,癸亥(初八),孝文帝只好同意穆亮辞去官职。

15 丁卯(十二日),北魏把军队分为六部分,以便决定哪些参加南征,哪些留守。

16 秋季,七月,北魏册立昭仪冯氏为皇后,冯皇后想做太子元恪的母亲,亲自来抚养他。元恪的生母高氏从代都来洛阳时,突然死于共县。

17 戊辰(十三日),北魏任命穆亮为征北大将军、开府仪同三司、冀州刺史。

18 八月丙辰(初一),北魏即将南伐,宣布内外戒严。

19 壬戌(初七),北魏封立皇子元愉为京兆王,元怿为清河王,元怀为广平王。

20 追尊景皇所生王氏为恭太后。

21 甲戌,魏讲武于华林园。庚辰,军发洛阳。使吏部尚书任城王澄居守;以御史中丞李彪兼度支尚书,与仆射李冲参治留台事。假彭城王勰中军大将军,勰辞曰:"亲疏并用,古之道也。臣独何人,频烦宠授!昔陈思求而不允,愚臣不请而得,何否泰之相远也!"魏主大笑,执勰手曰:"二曹以才名相忌,吾与汝以道德相亲。"

22 上遣军主、直阁将军胡松助北襄城太守成公期戍赭阳,军主鲍举助西汝南、北义阳二郡太守黄瑶起戍舞阴。

23 魏以氐帅杨灵珍为南梁州刺史。灵珍举州来降,送其母及子于南郑以为质,遣其弟波罗阿卜珍将步骑万馀袭魏武兴王杨集始,杀其二弟集同、集众;集始窘急,请降。九月丁酉,魏主以河南尹李崇为都督陇右诸军事,将兵数万讨之。

24 初,魏迁洛阳,荆州刺史薛真度劝魏主先取樊、邓。真度引兵寇南阳,太守房伯玉击败之。魏主怒,以南阳小郡,志必灭之,遂引兵向襄阳。彭城王勰等三十六军前后相继,众号百万,吹唇沸地。辛丑,魏主留诸将攻赭阳,自引兵南下。癸卯,至宛,夜袭其郛,克之。房伯玉婴内城拒守,魏主遣中书舍人孙延景谓伯玉曰:"我今荡壹六合,非如向时冬来春去,不有所克,终不还北。卿此城当我六龙之首,无容不

20　南齐明帝追尊景皇生母王氏为恭太后。

21　甲戌（十九日），北魏孝文帝在华林园讲习武事。庚辰（二十五日），北魏从洛阳发兵，进行南征。孝文帝使吏部尚书任城王元澄留守洛阳；让御史中丞李彪兼任度支尚书，并且让他与仆射李冲一道参与掌管留守事宜。孝文帝又授予彭城王元勰中军大将军的官衔，元勰辞而不受，对孝文帝说："亲疏远近一并用之，这是古代留下来的治国之道。我是什么人呢？频繁地劳烦圣上施授恩宠，实在于心不安。过去陈思王曹植上表魏文帝，自请攻打吴、蜀，魏文帝不答应。愚臣不请而自得，与陈思王相比较，为何命运的顺利和不顺利相差如此远呢？"孝文帝听了之后大笑不已，拉着元勰的手说道："曹丕、曹植兄弟二人以才气而互相忌妒，我与你则以道德而互相亲密。"

22　南齐明帝派遣军主、直阁将军胡松帮助北襄城太守成公期戍守赭阳，军主鲍举协助西汝南、北义阳二郡太守黄瑶起防守舞阴。

23　北魏任命氐族首领杨灵珍为南梁州刺史。杨灵珍率全州来投降南齐，并且把他的母亲以及儿子送到南郑作为人质，又派遣他的弟弟杨婆罗阿卜珍带领步兵、骑兵一万馀众袭击北魏武兴王杨集始，杀掉了杨集始的两个弟弟杨集同和杨集众，杨集始在危急无奈的情况之下请求投降。九月丁酉（十三日），北魏孝文帝任命河南尹李崇为都督陇右诸军事，命令他统领数万兵力讨伐杨灵珍。

24　当初，北魏迁都洛阳，荆州刺史薛真度劝孝文帝首先占取樊、邓两地。薛真度率兵攻打南阳，南齐的南阳太守房伯玉击败了他。北魏孝文帝见薛真度战败，勃然大怒，以为南阳不过区区一小郡，所以立志要灭掉它，于是就率兵向襄阳进发。彭城王元勰等三十六路军马前后相继，号称百万大军，浩浩荡荡，吹气震动大地。辛丑（十七日），孝文帝留下诸路将帅攻打赭阳，自己领兵南下。癸卯（十九日），到达宛城，乘夜攻打宛城外城，一举而攻克。房伯玉环守内城而顽抗拒守，孝文帝派遣中书舍人孙延景为使者去对房伯玉说："我如今要荡平统一天下，不会再像上一次那样冬天来春天去，这次如果不能克敌取胜，誓死不率师北返。你的这座城正在我的战车之前，不得不

先攻取，远期一年，近止一月。封侯、枭首，事在俯仰，宜善图之！且卿有三罪，今令卿知：卿先事武帝，蒙殊常之宠，不能建忠致命而尽节于其仇，罪一也。顷年薛真度来，卿伤我偏师，罪二也。今銮辂亲临，不面缚麾下，罪三也。"伯玉遣军副乐稚柔对曰："承欲攻围，期于必克。卑微常人，得抗大威，真可谓获其死所！外臣蒙武帝采拔，岂敢忘恩！但嗣君失德，主上光绍大宗，非唯副亿兆之深望，抑亦兼武皇之遗敕。是以区区尽节，不敢失坠。往者北师深入，寇扰边民，辄厉将士以修职业。反己而言，不应垂责。"

宛城东南隅沟上有桥，魏主引兵过之。伯玉使勇士数人，衣班衣，戴虎头帽，伏于窦下，突出击之，魏主人马俱惊。召善射者原灵度射之，应弦而毙，乃得免。

25　李崇槎山分道，出氐不意，表里袭之；群氐皆弃杨灵珍散归，灵珍之从减太半，崇进据赤土。灵珍遣从弟建屯龙门，自帅精勇一万屯鹫峡。龙门之北数十里中，伐树塞路，鹫硖之口，聚礌石，临崖下之，以拒魏兵。崇命统军慕容拒帅众五千从他路入，夜，袭龙门，破之。崇自攻鹫峡，灵珍连战败走，俘其妻子，遂克武兴，梁州刺史阴广宗、参军郑猷等将兵救灵珍。崇进击，大破之，斩杨婆罗阿卜珍，生擒猷等，灵珍奔还汉中。

首先攻取,远则一年,近则只一月,一定要占领。你是愿意归顺我朝以换得封侯加爵呢?还是执意顽抗到底,落个身首异处的下场呢?何去何从,俯仰之间即可决定,你应该好好地考虑一下。而且,你有三条罪状,现在说出来让你知道:你先前事奉武帝,得到了武帝特别的宠信,然而你却不能舍命尽忠而丧失节操,效力于他的仇人,这是罪状之一。近年薛真度奉我的旨令来讨伐,你给他们造成严重创伤,这是罪状之二。现在,我舆驾亲临,你不自缚投降,反而负隅顽抗,这是罪状之三。"房伯玉也派遣军副乐稚柔去对孝文帝说:"承蒙你们来围攻本城,并且期望一定攻克。我是一个地位卑微的平常之人,能得以与威严的陛下抗衡,真可以说是获得了一个理想的死亡之所。外臣我承蒙武帝提拔重用,岂敢忘记大恩呢?但是继位的君主没有仁德,因而我主上作为高帝第三子而即位,不但符合百姓之厚望,而且也兼合武帝之遗愿。所以,我只能竭力尽忠,不敢有所失误。上次你们的军队深入我边境,骚扰掠夺我边民,我只好命令将士们加以抵抗,这也是尽职尽责,如果你能反过来想一想,就不应该对我加以指责。"

宛城东南角的河沟上有一座桥,北魏孝文帝率兵从桥上经过,房伯玉预先指使几个勇士,身穿带有斑纹的衣服,头戴虎头帽,埋伏在桥底下,这时突然袭击,使得孝文帝本人与坐骑都大吃一惊,急忙叫射箭能手原灵度用箭射他们,箭无虚发,无不应弦而毙,方才免于一难。

25 孝文帝派李崇去征讨杨灵珍,李崇在山上砍斫树木,开道而行,里外夹击,打了个措手不及,使得那些氐人纷纷丢下杨灵珍而溃散逃命,杨灵珍的人马一下子减去了大半,于是李崇进而占领了赤土,杨灵珍派遣堂弟杨建驻守龙门,而自己则率领一万精锐兵力驻守鹫峡。命部下砍伐大树,堵塞在路上,把龙门往北数十里之内的路全堵了,使得李崇的人马无法行动。又在鹫峡口两边高崖上堆积了许多滚石,以防拒北魏军队通过。李崇命令统军慕容拒带领五千人马从另外一条路进去,夜袭龙门,破敌成功。李崇自己率众攻打鹫峡,杨灵珍连战而败,逃走活命,李崇俘获了他的妻儿,于是攻克了武兴。南齐梁州刺史阴广宗、参军郑猷等人率兵来援救杨灵珍。李崇迎而击之,大获全胜,杀死了杨婆罗阿卜珍,活捉了郑猷等人,杨灵珍逃回汉中。

魏主闻之,喜曰:"使朕无西顾之忧者,李崇也。"以崇为都督梁秦二州诸军事、梁州刺史,以安集其地。

26 丁未,魏主发南阳,留太尉咸阳王禧等攻之。己酉,魏主至新野,新野太守刘思忌拒守。冬,十月丁巳,魏军攻之不克,筑长围守之,遣人谓城中曰:"房伯玉已降,汝何为独取糜碎!"思忌遣人对曰:"城中兵食犹多,未暇从汝小虏语也!"魏右军府长史韩显宗将别军屯赭阳,成公期遣胡松引蛮兵攻其营,显宗力战,破之,斩其裨将高法援。显宗至新野,魏主谓曰:"卿破贼斩将,殊益军势。朕方攻坚城,何为不作露布?"对曰:"顷闻镇南将军王肃获贼二三人,驴马数匹,皆为露布。臣在东观,私常哂之。近虽仰凭威灵,得摧丑虏,兵寡力弱,擒斩不多。脱复高曳长缣,虚张功烈,尤而效之,其罪弥大。臣所以不敢为之,解上而已。"魏主益贤之。

上诏徐州刺史裴叔业引兵救雍州。叔业启称:"北人不乐远行,唯乐钞掠。若侵虏境,则司、雍之寇自然分矣。"上从之。叔业引兵攻虹城,获男女四千馀人。

甲戌,遣太子中庶子萧衍、右军司马张稷救雍州。十一月甲午,前军将军韩秀方等十五将降于魏。丁酉,魏败齐兵于沔北,将军王伏保等为魏所获。

北魏孝文帝听到捷报,高兴地说:"使朕解除西顾之忧的是李崇。"孝文帝任命李崇为都督梁秦二州诸军事、梁州刺史,以便安定这个地方。

26　丁未(二十三日),北魏孝文帝从南阳出发,留下太尉咸阳王元禧等人继续攻打该处。己酉(二十五日),孝文帝到达新野,南齐新野太守刘思忌据城抵抗。冬季,十月丁巳(初三),北魏军队攻打新野,但是不能攻克,就修筑工事,加以围困,并且派人对城中守军说:"房伯玉已经投降了,你们为什么还不献城出降,欲想落个粉身碎骨的下场呢?"刘思忌派人回答说:"城中的兵力和粮食还很多,现在我们还忙得没有时间跟你们这些小小的胡虏们说话了。"北魏右军府长史韩显宗率领另外一支军队驻守在赭阳,南齐襄城太守成公期派遣胡松带领蛮兵去攻打韩显宗的营地。韩显宗率部力战,击败了胡松的进攻,杀了胡松的副将高法援。韩显宗到新野,孝文帝对他说:"你击败敌人,斩其将领,大长了我军的威风气势。朕正在攻打新野这座坚城,你为什么不把捷报写于帛布之上,以高竿树之,以增加我军的斗志,动摇城中守军的信心呢?"韩显宗回答说:"过去听说镇南将军王肃才俘获敌贼二三人、驴马几匹,就书帛高挂。我当时正在宫中任著作郎,私下里常常讥笑王肃的这一做法。现在,我虽然凭借圣上的威灵,摧折敌虏,但是由于兵力寡少,力量不足,所以擒捉和斩杀敌贼不多。如果我也像王肃那样把本来不足道的小捷写于帛布之上,高竿挂起,以此虚张功劳,效法王肃,其罪则更大。所以,我不能那样做,只是告捷于圣上就行了。"由此,孝文帝更加认为韩显宗忠贤了。

南齐明帝诏令徐州刺史裴叔业领兵去援救雍州。裴叔业启奏齐明帝:"北方人不乐意远道而行,而只乐意掠抢,所以如果入侵敌人境内,则司州、雍州的敌寇自然会撤退。"明帝听从了这一建议。于是,裴叔业率兵攻打虹城,俘获男女四千多人。

甲戌(二十日),明帝派遣太子中庶子萧衍、右司马张稷去援救雍州。十一月甲午(十一日),前军将军韩秀方等十五个将领投降北魏。丁酉(十四日),北魏军队在沔北打败了南齐兵,将军王伏保等人被北魏俘获。

27　丙辰，以杨灵珍为北秦州刺史、仇池公、武都王。

28　新野人张腅帅万馀家据栅拒魏，十二月庚申，魏人攻拔之。雍州刺史曹虎与房伯玉不协，故缓救之，顿军樊城。

丁丑，诏遣度支尚书崔慧景救雍州，假慧景节，帅众二万、骑千匹向襄阳，雍州众军并受节度。

庚午，魏主南临沔水。戊寅，还新野。

将军王昙纷以万馀人攻魏南青州黄郭戍，魏戍主崔僧渊破之，举军皆没。将军鲁康祚、赵公政将兵万人侵魏太仓口，魏豫州刺史王肃使长史清河傅永将甲士三千击之。康祚等军于淮南，永军于淮北，相去十馀里。永曰："南人好夜斫营，必于渡淮之所置火以记浅。"乃夜分兵为二部，伏于营外。又以瓠贮火，密使人过淮南岸，于深处置之，戒曰："见火起，则亦然之。"是夜，康祚等果引兵斫永营，伏兵夹击之。康祚等走趣淮水，火既竞起，不知所从，溺死及斩首数千级，生擒公政，获康祚之尸以归。豫州刺史裴叔业侵魏楚王戍，肃复令永击之。永将心腹一人驰诣楚王戍，令填外堑，夜伏战士千人于城外，晓而叔业等至城东，部分将置长围。永伏兵击其后军，破之。叔业留将佐守营，自将精兵数千救之。永登门楼，

27 丙辰,南齐任命杨灵珍为北秦州刺史,并封他为仇池公、武都王。

28 新野人张腊率领一万多户人家据守栅垒抵拒北魏军队,十二月庚申(初七),北魏军队攻占栅垒。南齐雍州刺史曹虎与房伯玉不合,所以迟迟不去援救他,驻扎在樊城按兵不动。

丁丑(二十四日),明帝诏令度支尚书崔慧景去援救雍州,并且授予符节,崔慧景率领两万兵众、一千骑兵,直向襄阳奔去,雍州诸军全部受他指挥调度。

庚午(十七日),北魏孝文帝南行到达沔水。戊寅(二十五日),孝文帝回到新野。

南齐将军王昙纷率领一万多兵众攻打北魏南青州黄郭戍,北魏的戍军首领崔僧渊率兵抵抗,大获全胜,王昙纷全军覆没。南齐将军鲁康祚、赵公政率兵一万入侵北魏太仓口,北魏豫州刺史王肃命令长史清河人傅永率甲兵三千去袭击。鲁康祚、赵公政驻扎在淮水之南,傅永驻扎在淮水之北,彼此相距十多里远。傅永对部下说:"南方人喜欢夜间闯营攻击,他们一定要在渡河的地方放置火把,以便指示何处水浅可以涉渡。"于是,到了夜间,傅永把手下的兵力分成两部分,让他们埋伏在营盘外面。又在大瓢里装满易燃物,派人秘密地渡过淮河到达南岸,把大瓢放置于水深之处,并告诉说:"一见对岸火起,你们就点燃它。"这天夜里,鲁康祚等人果然率兵来破傅永的营盘,傅永的伏兵左右夹击。鲁康祚抵挡不住,慌忙回撤到淮河边上,这时傅永派往南岸的人点起了火,使得鲁康祚等不知何处水深、何处水浅,只好胡乱涉水而逃,结果被淹死和斩首好几千人,最后,傅永活捉了赵公政,并且获得了鲁康祚的尸体,胜利而归。南齐豫州刺史裴叔业入侵北魏楚王戍,王肃再次命令傅永去袭击。傅永带领心腹一人骑马疾奔楚王戍,命令他们填平戍所的外壕,夜里又在城外埋伏下战士千人。天亮之后,裴叔业率部到了城东边,安排部署兵力,准备围城攻打。傅永的伏兵对裴叔业的后军展开了袭击,败敌获胜。裴叔业留下其他将领守护营盘,自己率领精兵数千去援救后军。这时,傅永登上城门楼,

望叔业南行数里,即开门奋击,大破之,获叔业伞扇、鼓幕、甲仗万馀。叔业进退失据,遂走。左右欲追之,永曰:"吾弱卒不满三千,彼精甲犹盛,非力屈而败,自堕吾计中耳。既不测我之虚实,足使丧胆,俘此足矣,何更追之!"魏主遣谒者就拜永安远将军、汝南太守,封贝丘县男。永有勇力,好学能文。魏主常叹曰:"上马能击贼,下马作露版,唯傅修期耳!"

29　曲江公遥欣好武事,上以诸子尚幼,内亲则仗遥欣兄弟,外亲则倚后弟西中郎长史彭城刘暄、内弟太子詹事江祏。故以始安王遥光为扬州刺史,居中用事;遥欣为都督荆雍等七州诸军事、荆州刺史,镇据西面。而遥欣在江陵,多招材勇,厚自封殖,上甚恶之。遥欣侮南郡太守刘季连,季连密表遥欣有异迹。上乃以季连为益州刺史,使据遥欣上流以制之。季连,思考之子也。

30　是岁,高昌王马儒遣司马王体玄入贡于魏,请兵迎接,求举国内徙。魏主遣明威将军韩安保迎之,割伊吾之地五百里以居儒众。儒遣左长史顾礼、右长史金城麹嘉将步骑一千五百迎安保,而安保不至。礼、嘉还高昌,安保亦还伊吾。安保遣其属朝兴安等使高昌,儒复遣顾礼将世子义舒迎安保,至白棘城,去高昌百六十里。高昌旧人恋土,不愿东迁,相与杀儒,立麹嘉为王,复臣于柔然。安保独与顾礼、马义舒还洛阳。

望见裴叔业已经率兵往南走去数里地了,就命令打开城门,奋力出击,结果大败敌兵,缴获了裴叔业的伞扇、鼓幕,以及盔甲兵器一万馀件。裴叔业进退都失去凭借,只好逃跑。傅永手下的人要去追击,但是傅永不许,他说:"我们的兵力弱,还不足三千,而他们的兵力还很强大,并不是因为力量不足而败逃,而是落入了我的计谋圈套。他们不知道我们的虚实,经这么一击,就足以使他们闻风丧胆了,我们已经俘获了他们这么多的人和物,就相当满足了,何必再追击呢?"北魏孝文帝派遣谒者去任命傅永为安远将军、汝南太守,并封他为贝丘县男。傅永勇武有力,并且好学能文,孝文帝常常赞叹说:"上马能击贼,下马作文章,只有傅修期才能这样文武双全啊!"

29 南齐曲江公萧遥欣爱好武事,明帝因为自己的儿子尚且年幼,所以在内亲中依靠萧遥欣兄弟俩,在外戚中则倚仗皇后之弟西中郎长史彭城人刘暄,以及表弟太子詹事江祏。于是,明帝任命始安王萧遥光为扬州刺史,让他在建康主事;任命萧遥欣为都督荆、雍等七州诸军事及荆州刺史,让他坐镇西面。然而,萧遥欣却在江陵大量招收勇士,聚敛财物,使劲扩大自己的势力,明帝非常不满。萧遥欣又侮辱南郡太守刘季连,刘季连秘密上表明帝,说萧遥欣图谋不轨,并且有所举动。于是,明帝就任命刘季连为益州刺史,使刘季连据于萧遥欣的上游,以便牵制他。刘季连是刘思考的儿子。

30 这一年,高昌王马儒派遣司马王体玄来向北魏上贡,请求北魏派兵迎接,要求带领全国人内迁。孝文帝派遣明威将军韩安保前去迎接,并且割划伊吾方圆五百里地,以供马儒及其部属居住。马儒派遣左长史顾礼、右长史金城人麹嘉率领步、骑兵一千五百人去迎接韩安保,但是韩安保没有到达。顾礼、麹嘉只好返回高昌。顾、麹走后,韩安保才到,见没有人来接,也返回伊吾。韩安保派遣属下朝兴安等人出使高昌国,马儒又派遣顾礼率领世子马义舒到离高昌一百六十里的白棘城去迎接韩安保。高昌国的本地居民留恋故土,不愿意往东迁,就一起商量杀死了马儒,拥立麹嘉为国王,仍旧称臣于柔然国。韩安保只与顾礼、马义舒回到洛阳。

## 永泰元年(戊寅,498)

1 春,正月癸未朔,大赦。

2 加中军大将军徐孝嗣开府仪同三司,孝嗣固辞。

3 魏统军李佐攻新野,丁亥,拔之,缚刘思忌,问之曰:"今欲降未?"思忌曰:"宁为南鬼,不为北臣!"乃杀之。于是沔北大震。戊子,湖阳戍主蔡道福、辛卯,赭阳戍主成公期、壬辰,舞阴戍主黄瑶起、南乡太守席谦相继南遁。瑶起为魏所获,魏主以赐王肃,肃脔而食之。乙巳,命太尉陈显达救雍州。

4 上有疾,以近亲寡弱,忌高、武子孙。时高、武子孙犹有十王,每朔望入朝,上还后宫,辄叹息曰:"我及司徒诸子皆不长,高、武子孙日益长大!"上欲尽除高、武之族,以微言问陈显达,对曰:"此等岂足介虑!"以问扬州刺史始安王遥光,遥光以为当以次施行。遥光有足疾,上常令乘舆自望贤门入,每与上屏人久语毕,上索香火,呜咽流涕,明日必有所诛。会上疾暴甚,绝而复苏,遥光遂行其策。丁未,杀河东王铉、临贺王子岳、西阳王子文、永阳王子峻、南康王子琳、衡阳王子珉、湘东王子建、南郡王子夏、桂阳王昭粲、巴陵王昭秀,于是太祖、世祖及世宗诸子皆尽矣。铉等已死,乃使公卿奏其罪状,请诛之,下诏不许。再奏,然后许之。南康侍读济阳江泌哭子琳,泪尽,继之以血,亲视殡葬毕,乃去。

## 齐明帝永泰元年(戊寅,公元 498 年)

1 春季,正月癸未朔(初一),南齐大赦天下。

2 明帝要授中军大将军徐孝嗣开府仪同三司,徐孝嗣再三辞而不受。

3 北魏统军李佐攻打新野,丁亥(初五),攻破新野城,活捉了刘思忌,李佐问他:“如今你想不想投降?”刘思忌回答:“宁可做南方的鬼,不愿当北方的臣子!”于是,李佐就杀了刘思忌。刘思忌被杀之后,沔水之北的南齐守军大为震惊。戊子(初六),湖阳守军首领蔡道福,辛卯(初八),赭阳守军首领成公期,壬辰(初九),舞阳守军首领黄瑶起、南乡太守席谦等相继南逃而去。黄瑶起被北魏军队抓获,北魏孝文帝把黄瑶起赏赐王肃,王肃把他割成小片煮熟吃了。乙巳(二十二日),南齐命令太尉陈显达去援救雍州。

4 明帝患疾病,由于他自己的亲属人少力弱,所以特别防忌高帝和武帝的子孙。当时,高帝、武帝的子孙还有十个藩主,他们每月初一和十五都入朝拜见明帝,明帝见过他们回宫之后,常常叹息着说:“我和弟弟司徒的几个儿子都年龄幼小,而高帝和武帝的子孙却一天天地长大了。”明帝想把高帝和武帝的后代全部除掉,他以此事试探地问陈显达,陈显达回答说:“这些人何足以令圣上忧虑呢?”明帝又问扬州刺史始安王萧遥光,萧遥光认为应当一个一个地逐步除杀。萧遥光有脚病,明帝经常让他乘车从望贤门进入华林园,每次进园后明帝就和他在无人处长久商谈。谈话毕,明帝要是焚烧香火,鸣咽流涕,第二天必定有所诛杀。正好明帝病情突然加重,气绝而后又复苏过来,萧遥光就开始执行预先合谋好的计策。丁未(二十四日),杀害了河东王萧铉、临贺王萧子岳、西阳王萧子文、永阳王萧子峻、南康王萧子琳、衡阳王萧子珉、湘东王萧子建、南郡王萧子夏、桂阳王萧昭粲、巴陵王萧昭秀,于是齐高帝、武帝以及文惠太子的儿子们全被杀害。萧铉等人死后,明帝才让公卿们奏告他们的罪状,并请求诛杀他们,齐明帝假意下诏令不允许。公卿再次奏请,然后批准。南康王的侍读济阳人江泌恸哭萧子琳,泪水哭干之后,又流出了血,亲自看着萧子琳被殡葬完毕,方才离去。

5　庚戌，魏主如南阳。二月癸丑，诏左卫将军萧惠休等救寿阳，甲子，魏人拔宛北城，房伯玉面缚出降。伯玉从父弟思安为魏中统军，数为伯玉泣请，魏主乃赦之。庚午，魏主如新野。辛巳，以彭城王勰为使持节、都督南征诸军事、中军大将军、开府仪同三司。

三月壬午朔，崔慧景、萧衍大败于邓城。时慧景至襄阳，五郡已陷没，慧景与衍及军主刘山阳、傅法宪等帅五千馀人进行邓城，魏数万骑奄至，诸军登城拒守。时将士蓐食轻行，皆有饥惧之色。衍欲出战，慧景曰："虏不夜围人城，待日暮自当去。"既而魏众转至。慧景于南门拔军去，诸军不相知，相继皆遁。魏兵自北门入，刘山阳与部曲数百人断后死战，且战且却行。慧景过闹沟，军人相蹈藉，桥皆断坏。魏兵夹路射之，杀傅法宪，士卒赴沟死者相枕，山阳取袄仗填沟乘之，得免。魏主将大兵追之，晡时至沔。山阳据城苦战，至暮，魏兵乃退。诸军恐惧，是夕，皆下船还襄阳。庚寅，魏主将十万众，羽仪华盖，以围樊城，曹虎闭门自守。魏主临沔水，望襄阳岸，乃去，如湖阳。辛亥，如悬瓠。

魏镇南将军王肃攻义阳，裴叔业将兵五万围涡阳以救义阳。魏南兖州刺史济北孟表守涡阳，粮尽，食草木皮叶。叔业积所杀魏人高五丈以示城内。别遣军主萧璝等攻龙亢，

5 庚戌(二十七日),北魏孝文帝到达南阳。二月癸丑(初一),齐明帝诏令左卫将军萧惠休等人去援救寿阳,甲子(十二日),北魏军队攻破宛北城,房伯玉自缚出降。房伯玉的堂弟房思安是北魏的中统军,房思安数次哭泣着向孝文帝请求不要杀死房伯玉,于是孝文帝就赦免了房伯玉。庚午(十八日),孝文帝到达新野。辛巳(二十九日),孝文帝任命彭城王元勰为使持节、都督南征诸军事、中军大将军、开府仪同三司。

三月壬午朔(初一),崔慧景和萧衍在邓城被北魏军队打得大败。当崔慧景到达襄阳之时,南阳、新野等五郡已经陷落,崔慧景与萧衍以及军主刘山阳、傅法宪等人就率领五千多人马来到了邓城,北魏数万骑兵很快就追赶了上来,崔慧景等只好部署兵力,登城防守。其时,南齐的将士们由于早晨匆忙吃饭,再加上轻装快走,人人面呈饥饿、恐惧的神色。萧衍要出战,崔慧景不同意,说:"北魏军队从来不在夜间围城攻打,所以等天黑之后他们自然就会撤走的。"一会儿,北魏的大批军队全部到了。崔慧景在城南门带着自己的队伍逃走了,其他的队伍不知道,也相继逃遁而去。北魏军队从北门入城,刘山阳与部曲数百人断后死战,边战边退,以掩护前头的队伍撤逃。崔慧景带领队伍过闹沟,军士们和百姓互相拥挤踩踏,把桥都压断了。北魏军队乘势在路两旁发箭射杀,傅法宪中箭身亡,士卒们相继赴沟而死,尸体相枕,不计其数,刘山阳用衣袄和甲仗填在沟中乘势通过,方才得以幸免。北魏孝文帝率领大兵乘胜追击,午后申时追至沔水。刘山阳依据樊城拼力苦战,到天黑之时,北魏军队才撤退走了。南齐各路队伍都害怕了,当天晚上,全部坐船返回襄阳去了。庚寅(初七),北魏孝文帝率领十万大军,羽仪华盖,浩浩荡荡地开来围攻樊城,樊城守将曹虎闭门自守,不敢迎战。北魏孝文帝临近沔水,望了望对岸的襄阳,就离开了,然后到达湖阳。辛亥(三十日),孝文帝到了悬瓠。

北魏镇南将军王肃攻打义阳,裴叔业率兵五万围攻北魏涡阳以便援救义阳。北魏南兖州刺史济北人孟表固守涡阳,粮食吃尽之后,拿野草和树皮、树叶充饥。裴叔业把所杀死的北魏人堆积有五丈多高,让城中人观看,另外又派遣军主萧璝等人去攻打龙亢,

魏广陵王羽救之。叔业引兵击羽,大破之,追获其节。魏主使安远将军傅永、征虏将军刘藻、假辅国将军高聪救涡阳,并受王肃节度。叔业进击,大破之,聪奔悬瓠,永收散卒徐还。叔业再战,凡斩首万级,俘三千馀人,获器械杂畜财物以千万计。魏主命锁三将诣悬瓠;刘藻、高聪免死,徙平州;傅永夺官爵;黜王肃为平南将军。肃表请更遣军救涡阳,魏主报曰:"观卿意,必以藻等新败,故难于更往。朕今少分兵则不足制敌,多分兵则禁旅有阙,卿审图之!义阳当止则止,当下则下。若失涡阳,卿之过也!"肃乃解义阳之围,与统军杨大眼、奚康生等步骑十馀万救涡阳。叔业见魏兵盛,夜,引军退。明日,士众奔溃,魏人追之,杀伤不可胜数。叔业还保涡口。

6　初,魏中尉李彪,家世孤微,朝无亲援。初游代都,以清渊文穆公李冲好士,倾心附之。冲亦重其材学,礼遇甚厚,荐于魏主,且为之延誉于朝,公私汲引。及为中尉,弹劾不避贵戚,魏主贤之,以比汲黯。彪自以结知人主,不复藉冲,稍稍疏之,唯公坐敛袂而已,无复宗敬之意,冲浸衔之。

及魏主南伐,彪与冲及任城王澄共掌留务。彪性刚豪,意议多所乖异,数与冲争辩,形于声色。自以身为法官,他人

北魏广陵王元羽前来救援。裴叔业领兵迎击,大败元羽,追击中缴获了元羽的符节。北魏孝文帝又派遣安远将军傅永、征虏将军刘藻、代理辅国将军高聪等人援救涡阳,让他们全都接受王肃的指挥调动。裴叔业迎头进击,大败前来的北魏援军,高聪撤逃到了悬瓠,傅永收容了失散的兵卒,徐徐而返。裴叔业再次进击,斩敌一万馀人,俘虏三千多名,缴获器械、杂畜和各种财物以千万计数。北魏孝文帝命令把吃了败仗的三位将领锁起来押到悬瓠,刘藻、高聪免于处死,流放平州;傅永被夺去官职和爵位;王肃被降为平南将军。王肃上表孝文帝请求另外派遣军队去援救涡阳,孝文帝回答说:"看你的意思,一定认为刘藻等人刚刚打败,所以难以再去援救涡阳。但是,朕如今若分少量兵力前去则不足以制敌取胜,若多分兵力前去则身边担任禁卫的兵力就出现了空缺,你仔细考虑一下。义阳如果能攻下来就攻,如果攻不下来就停止围攻。如果失掉了涡阳,将是你的罪过。"于是,王肃就停止了攻打义阳,与统军杨大眼、奚康生等率步、骑兵十多万前去解救涡阳之危。裴叔业见北魏军队来的人多势众,就在夜间领兵撤退。到了第二天,裴叔业手下的士卒们蜂拥逃溃,北魏军队追击而进,南齐士兵伤亡不可胜数。裴叔业返回保卫涡口去了。

6 起先,北魏中尉李彪家世孤寒贫贱,在朝廷之中毫无亲援。李彪初次去代都,得知清渊文穆公李冲喜好才能之士,就一心一意地去投靠他。李冲也十分重视李彪的才学,对他礼遇甚厚,还把他推荐给孝文帝,并且又在朝廷同僚中广为宣传,为他树立声誉,从公私两方面引进他。李彪担任中尉之后,弹劾时毫不避畏贵戚权臣,孝文帝认为他十分忠贤,把他比作汲黯。可是,李彪自以为得到了孝文帝的赏识,无须再凭借李冲了,所以就对李冲渐渐有所疏远,只是在公开场合遇见李冲时整理一下衣袖,以示礼节,不再有遵从敬服之意了,李冲渐渐地对他产生了怨恨之情。

到了孝文帝南伐之时,李彪与李冲以及任城王元澄共同掌管留守事务。李彪性情刚强豪直,商议事情时所见常常与别人不合,数次同李冲发生争辩,并且发展到翻脸相争。李彪自以为身为司法官员,他人

莫能纠劾,事多专恣。冲不胜忿,乃积其前后过恶,禁彪于尚书省,上表劾彪:"违傲高亢,公行僭逸,坐舆禁省,私取官材,辄驾乘黄,无所惮慑。臣辄集尚书已下、令史已上于尚书都座,以彪所犯罪状告彪,讯其虚实,彪皆伏罪。请以见事免彪所居职,付廷尉治罪。"冲又表称:"臣与彪相识以来,垂二十载。见其才优学博,议论刚正,愚意诚谓拔萃公清之人。后稍察其人酷急,犹谓益多损少。自大驾南行以来,彪兼尚书,日夕共事,始知其专恣无忌,尊身忽物。听其言如振古忠恕之贤,校其行实天下佞暴之贼。臣与任城卑躬曲己,若顺弟之奉暴兄,其所欲者,事虽非理,无不屈从。依事求实,悉有成验。如臣列得实,宜殛彪于北荒,以除乱政之奸;所引无证,宜投臣于四裔,以息青蝇之谮。"冲手自作表,家人不知。

帝览表,叹怅久之,曰:"不意留台乃至于此!"既而曰:"道固可谓溢矣,而仆射亦为满也。"黄门侍郎宋弁素怨冲,而与彪同州相善,阴左右之,有司处彪大辟,帝宥之,除名而已。

冲雅性温厚,及收彪之际,亲数彪前后过失,瞋目大呼,投折几案,御史皆泥首面缚。冲詈辱肆口,遂发病荒悸,言语错缪,

不能举发、弹劾自己，所以行事非常专横。李冲不胜其忿，于是总计李彪的前后错误、罪恶，把他囚禁在尚书省，上表孝文帝弹劾李彪："傲逆不顺，趾高气扬，贪图安逸，敷衍公事，乘坐轿舆而入禁省，私自拿取官家财物，动辄驾用厩中御马，为所欲为，无有惮慑。我召集尚书以下、令史以上的官员于尚书省，把李彪所犯罪行告诉了他本人，并且审讯其虚实，李彪供认不讳，一一认罪。所以，请求圣上根据上述李彪所犯罪状免去其官职，并且交付廷尉治罪。"李冲在上表中还说："我与李彪自相识以来，至今已近二十年了。起初，我见他才干出众，学识渊博，议论不凡，刚正不阿，就认为他是一个出类拔萃、公正清廉的人才。后来，渐渐发现他性格急躁，心肠严酷，但是还认为益处多，坏处少。自从圣上大驾南行以来，李彪兼任尚书，我一天早晚与他在一起共事，方才知道他这人专断强横，无所忌惮，一味尊大自己，目中无有他人。如果听他的言论，好像是古代忠恕之贤士，但是对照一下他的行为，却实实在在是一个佞暴之贼徒。我与任城王卑躬曲己，对他就像温顺的弟弟奉事残暴的兄长一样。他所要干的事情，虽然不在理，我们也不敢不屈从。以上所讲，事实确凿，无不可以得到验证。如果我列举的事情属实，就应该把李彪杀死于北方荒野之地，以便清除掉他这个乱政之奸人；如果所列举的事情虚而无证，则可以把我流放于极远之地，以便惩处妄进谗言之佞人。"李冲亲笔写了这一上表，家中人丝毫不知。

孝文帝看过李冲的上表之后，怅然叹息了很久，说道："唉！没想到留守洛阳的几个人闹到如此地步。"接着又说道："李彪可以说是骄傲了，然而李冲又何尝没有自满哪？"黄门侍郎宋弁素来对李冲有怨气，而与李彪同是相州人，关系很好，因此就私下里对如何处分李彪加以操纵。有关部门建议处李彪以死刑，孝文帝宽宥了他，最后只对他做了除名的处理。

李冲性情雅闲，温良敦厚，但是在拘押李彪之时，他却一反常态，亲自数落了李彪前前后后的过失，他怒不可遏，瞋目而视，大喊大叫，扔出小桌子，敲碎大桌子，吓得御史们个个以泥涂面，反绑自己的双手，来向李冲谢罪。李冲骂不绝口，于是精神失常，言语错乱，颠三倒四，

时扼腕大骂,称"李彪小人",医药皆不能疗,或以为肝裂,旬余而卒,帝哭之,悲不自胜,赠司空。

冲勤敏强力,久处要剧,文案盈积,终日视事,未尝厌倦。职业修举,才四十而发白。兄弟六人,凡四母,少时每多忿竞,及冲贵,禄赐皆与共之,更成敦睦。然多援引族姻,私以官爵,一家岁禄万匹有余,时人以此少之。

7 魏主以彭城王勰为宗师,诏使督察宗室,有不帅教者以闻。

8 夏,四月甲寅,改元。

9 大司马会稽太守王敬则,自以高、武旧将,心不自安。上虽外礼甚厚,而内相疑备,数访问敬则饮食,体干堪宜。闻其衰老,且以居内地,故得少宽。前二岁,上遣领军将军萧坦之将斋仗五百人行武进陵,敬则诸子在都,忧怖无计。上知之,遣敬则世子仲雄入东安尉之。

仲雄善琴,上以蔡邕焦尾琴借之。仲雄于御前鼓琴作《懊侬歌》,曰:"常叹负情侬,郎今果行许。"又曰:"君行不净心,那得恶人题!"上愈猜愧。

上疾屡危,乃以光禄大夫张瑰为平东将军、吴郡太守,置兵佐以密防敬则。中外传言,当有异处分。敬则闻之,

时不时地扼腕大骂"李彪小人",吃药扎针都不能治疗,有人认为他是因怨气太盛而导致肝裂,十多天后就死了。李冲死后,孝文帝落泪痛哭,悲不自胜,并追赠他为司空。

李冲勤奋聪敏,性要强,肯用力,他长期处于重要职位,平时公文案卷总是盈积案头,只好一天到晚处理公务,然而从来不感到厌倦。他兢兢业业,恪尽职守,才四十岁就白了头发。他兄弟六人,系四个母亲所生,所以小时候弟兄之间常常争吵打架,然而,李冲富贵之后,却能把自己所得的俸禄、赏赐与兄弟们共同享受,从而兄弟和睦,全家安宁。但是,他大量提携家人和亲戚,并不通过公开选拔授以官职、爵位,光他一家一年的食禄就超过了一万匹,当时的人们都以此看不起他。

7 北魏孝文帝任命彭城王元勰为宗师,命令他监督检查皇室成员,如有谁不听从教导,就向自己汇报。

8 夏季,四月甲寅(初三),南齐明帝改年号为永泰。

9 大司马会稽太守王敬则因为自己是高帝、武帝的旧将,所以心中非常不安。明帝虽然表面上对王敬则礼遇优厚,但是内心却对他十分猜疑、提防,曾经数次打听询问他饮食情况如何,身体还能否胜任带兵打仗。听说王敬则衰老了,而且又待在离建康不远的地方,这才稍稍觉得心宽了一些。前两年,明帝派遣领军将军萧坦之率领斋阁侍卫武士五百人去武进武帝等皇上陵园,当时王敬则的儿子们都在京城,王敬则担心事情有变,儿子受累,所以心中忧恐万分,束手无策。明帝知道这一情况之后,立即派遣王敬则的大儿子王仲雄从建康去会稽安慰。

王仲雄擅长弹琴,明帝把蔡邕焦尾琴借他一用。于是,王仲雄就当着齐明帝的面弹琴唱了一首《懊侬歌》,歌中唱到:"常叹负情侬,郎今果许行。"又唱到:"君行不净心,那得恶人题!"明帝愈加猜疑、羞愧。

明帝屡次病危,于是就任命光禄大夫张瑰为平东将军、吴郡太守,并且秘密布置兵力,以便提防王敬则。朝廷内外传说纷纷,说明帝一定又有非常的举动了。王敬则听了传言之后,

窃曰:"东今有谁,只是欲平我耳。东亦何易可平! 吾终不受金罂!"金罂,谓鸩也。

敬则女为徐州行事谢朓妻,敬则子太子洗马幼隆遣正员将军徐岳以情告朓:"为计若同者,当往报敬则。"朓执岳,驰启以闻。敬则城局参军徐庶,家在京口,其子密以报庶,庶以告敬则五官掾王公林。公林,敬则族子也,常所委信。公林劝敬则急送启赐儿死,单舟星夜还都。敬则令司马张思祖草启,既而曰:"若尔,诸郎在都,要应有信,且忍一夕。"

其夜,呼僚佐文武樗蒲,谓众曰:"卿诸人欲令我作何计?"莫敢先答。防阁丁兴怀曰:"官祇应作尔!"敬则不应。明旦,召山阴令王询、台传御史锺离祖愿,敬则横刀跂坐,问询等:"发丁可得几人? 库见有几钱物?"询称"县丁猝不可集",祖愿称"库物多未输入"。敬则怒,将出斩之,王公林又谏曰:"凡事皆可悔,唯此事不可悔,官讵不更思!"敬则唾其面曰:"我作事,何关汝小子!"敬则举兵反,招集,配衣,二三日便发。

前中书令何胤,弃官隐居若邪山,敬则欲劫以为尚书令。长史王弄璋等谏曰:"何令高蹈,必不从;不从,便应杀之。

私下里说:"东边现在还有谁? 只不过是要除掉我罢了。但是,我又何尝可以那么容易地除掉呢? 我终究不会接受他的金罂的!"金罂,即指鸩酒。

王敬则的女儿是徐州行事谢朓的妻子,王敬则的儿子太子洗马王幼隆派遣正员将军徐岳把情况告诉了谢朓,邀他一起举事,并且对谢朓说:"你如果同意的话,我就去告诉王敬则。"谢朓非但不愿意,而且把徐岳抓起来,派人速向明帝报告。王敬则手下的城局参军徐庶家住在京口,徐庶的儿子把王敬则儿子要举事、徐岳被抓之事秘密告诉了父亲,徐庶又马上转告了王敬则手下的五官掾王公林。王公林是王敬则的族侄,深得王敬则信任,常常委以事务。王公林去劝说王敬则火速启奏明帝,让明帝赐自己的儿子一死,然后独自乘舟连夜赶回京城。王敬则命令司马张思祖起草对明帝的启奏,但一会儿又说:"情况如果真的这样的话,那么我的几个儿子都在京城,他们一定会来向我报信的,所以先不急,暂且再等一晚上吧。"

当天夜里,王敬则把手下的文武僚属召集来一起博戏,对大伙说:"你们大家想让我做何打算呢?"众人谁也不敢先说。这时,防阁丁兴怀突然说道:"长官您应该举事谋反,除此别无选择。"王敬则听了之后,没有表态。次日天刚亮,王敬则就把山阴令王询、台传御史钟离祖愿两人叫来,自己手横握刀,跪坐席上,向王询等人发问:"如果要发兵可以有多少人? 库中还有多少钱物?"王询言称"县里的壮丁一下子不能召集起来",祖愿则言称"该入库的财物大多还没有输入库中"。王敬则一听,勃然大怒,令人把他们二人推出斩首,王公林又劝谏王敬则说:"所有的事情都可以反悔,唯独这种事不可以反悔,您为什么不再考虑一下呢?"王敬则听了非常生气,唾了王公林一脸口水,并且恶狠狠地对他说:"我做事情,与你小子有什么关系呢?"于是,王敬则决定举兵造反,开始召集兵力,配给袍甲兵器,二三日之内便要动手了。

先前的中书令何胤,弃官而隐居在若邪山之中,王敬则想挟持他出任尚书令。长史王弄璋等人劝谏王敬则说:"何大人隐居深山,必定不会依从;他如果不依从的话,就应该杀掉他。

举大事先杀名贤，事必不济。"敬则乃止。胤，尚之之孙也。

10　庚午，魏发州郡兵二十万人，期八月中旬集悬瓠。

11　魏赵郡灵王幹卒。

12　上闻王敬则反，收王幼隆及其兄员外郎世雄、记室参军季哲、其弟太子舍人少安等，皆杀之。长子黄门郎元迁将千人在徐州击魏，敕徐州刺史徐玄庆杀之。前吴郡太守南康侯子恪，嶷之子也，敬则起兵，以奉子恪为名。子恪亡走，未知所在。始安王遥光劝上尽诛高、武子孙，于是悉召诸王侯入宫。晋安王宝义、江陵公宝览等处中书省，高、武诸孙处西省，敕人各从左右两人，过此依军法。孩幼者与乳母俱入。其夜，令太医煮椒二斛，都水办棺材数十具，须三更，当尽杀之。子恪徒跣自归，二更达建阳门，刺启。时刻已至，而上眠不起，中书舍人沈徽孚与上所亲左右单景隽共谋少留其事。须臾，上觉，景隽启子恪已至。上惊问曰："未邪？未邪？"景隽具以事对。上抚床曰："遥光几误人事！"乃赐王侯供馔，明日，悉遣还第。以子恪为太子中庶子。宝览，缅之子也。

然而，做大事情先杀害名贤高士，事情一定不会成功。"于是，王敬则就停止了这一想法。何胤是何尚之的孙子。

10　庚午(十九日)，北魏征召各州郡之兵二十万人，时间定于八月中旬，会集悬瓠，准备再行南伐。

11　北魏赵郡灵王元幹去世。

12　南齐明帝知道王敬则谋反了，就把王幼隆以及他的两个哥哥员外郎王世雄、记室参军王季哲、弟弟太子舍人王少安等人抓起来，全部杀掉了。王敬则的长子黄门郎王元迁率领一千兵马在徐州抗击北魏军队，明帝下令徐州刺史徐玄庆杀掉了他。前吴郡太守南康王萧子恪是萧嶷的儿子，王敬则以拥立萧子恪为名义而起兵造反。但是，萧子恪吓得逃跑了，不知逃到了什么地方。始安王萧遥光劝说明帝把高帝、武帝的子孙全部杀掉，于是明帝把诸位王侯全部召入宫中。晋安王萧宝义、江陵公萧宝览等人在中书省，高帝、武帝的孙子们在门下省，明帝命令他们每人只可以带随从两人，超过了以军法从事。诸位王侯中还是幼小的孩子，齐明帝命令由他们的乳母把他们带进宫来。这天夜里，明帝命令宫中的太医煮了两斛椒水，又命令都水官备署办棺材数十具，准备到三更之时，就把诸王侯全部毒死。萧子恪自己一个人赤脚步行赶回来了，二更时分到达建阳门，他把自己的姓名和所要启陈的事写于纸上，让人转达于齐明帝。三更时分已到，但明帝还睡眠未起，中书舍人沈徽孚就与明帝所信任的心腹单景隽一起商议，决定先不采取行动，等皇上起来之后再说。一会儿，齐明帝醒来了，单景隽就告诉他萧子恪已经来了。明帝一听，惊奇地问道："还没有动手吗？还没有动手吗？"单景隽就把萧子恪要向明帝启陈的王敬则如何想以拥立他为名义而谋反，他如何逃而不见王敬则，以及如何自动前来的情况转述了一遍。明帝听了之后，明白了事情的真相，边用手拍床边说道："萧遥光差点坏了大事，让我滥杀无辜。"于是，明帝马上改变了主意，设宴招待诸王侯，第二天，明帝让他们回到各自的府中去。任命萧子恪为太子中庶子。萧宝览是萧缅的儿子。

敬则帅实甲万人过浙江。张瓖遣兵三千拒敬则于松江，闻敬则军鼓声，一时散走，瓖弃郡，逃民间。敬则以旧将举事，百姓担篙荷锸，随之者十馀万众。至晋陵，南沙人范脩化杀县令公上延孙以应之。敬则至武进陵口，恸哭而过。乌程丘仲孚为曲阿令，敬则前锋奄至，仲孚谓吏民曰："贼乘胜虽锐，而乌合易离。今若收船舰，凿长冈埭，泻渎水以阻其路，得留数日，台军必至，如此，则大事济矣。"敬则军至，值渎涸，果顿兵不得进。

五月，诏前军司马左兴盛、后军将军崔恭祖、辅国将军刘山阳、龙骧将军马军主胡松筑垒于曲阿长冈；右仆射沈文季为持节都督，屯湖头，备京口路。恭祖，慧景之族也。敬则急攻兴盛、山阳二垒，台军不能敌，欲退，而围不开，各死战。胡松引骑兵突其后，白丁无器仗，皆惊散。敬则军大败，索马再上，不能得，崔恭祖刺之仆地，兴盛军客袁文旷斩之，乙酉，传首建康。

是时上疾已笃，敬则仓猝东起，朝廷震惧。太子宝卷使人上屋，望见征虏亭失火，谓敬则至，急装欲走。敬则闻之，喜曰："檀公三十六策，走为上策，计汝父子唯有走耳！"盖时人讥檀道济避魏之语也。敬则之来，声势甚盛，裁少日而败。

王敬则率领一万甲兵渡过了浙江。张瓌调遣三千兵力在松江岸上抵挡他，但是这些士兵们一听到王敬则部队的军鼓声音，马上四处逃散，张瓌只好弃郡署于不顾，自己逃到民间躲起来了。王敬则以老将的身份起兵谋反，老百姓们纷纷扛着竹竿，拿着锄头，前来投奔，追随的人有十多万。他们到晋陵时，南沙人范脩化杀了县令公上延孙，起来响应。经过武进齐高帝陵园所在地陵口之时，王敬则怀想起了齐高帝对自己的恩宠，不禁放声恸哭。乌程人丘仲孚是曲阿县令，王敬则的前锋部队刚到，丘仲孚就对治下的吏役、民众说："反贼们虽然一路乘胜，气焰嚣张，但是毕竟是乌合之众，一盘散沙。眼下我们如果把船舰收起来，并且把长冈水坝挖开，放出大水挡住他们的去路，如果能让他们停留几天的话，朝廷军队一定可以到达，这样的话，大功必定告成。"王敬则军队到达之后，因河渠干涸，果然停止不能前行。

五月，明帝诏令前军司马左兴盛、后军将军崔恭祖、辅国将军刘山阳、龙骧将军马军主胡松在曲阿长冈修筑战垒工事；又委任右仆射沈文季为持节都督，屯驻湖头，以守备京口大路。崔恭祖与崔慧景是同族。王敬则对左兴盛、刘山阳两处发起了猛烈攻击，朝廷军队不能抵挡，准备撤退，但是不能突围，只好死战。胡松带领骑兵从背后对王敬则军队发起攻击，那些追随王敬则的民众手中没有武器，纷纷惊慌而逃。王敬则的军队一败涂地，他想要找一匹马骑上再战，可没找到，被崔恭祖一枪刺倒在地，刘兴盛部下武士袁文旷将其斩首。乙酉（初五），王敬则的脑袋被送到了建康。

当时，明帝的病情已经非常沉重，而王敬则猝然在东边起兵举事，因此朝廷内部一片震惊，人人恐慌不已。太子萧宝卷让人上屋顶，望见征虏亭失火，一片火光，以为是王敬则率领军队打过来了，就急忙穿上戎装，将要逃走。王敬则知道此事之后，高兴地说："檀公三十六策，走为上策，我想你们父子也只有逃走这么一条路了。"所谓"檀公三十六策，走为上策"，是当时人们讥刺檀道济见了北魏军队只会逃跑的话语。王敬则起兵，其来头凶猛，声势甚大，但是仅在很短的时间内就以失败而告终。

　　台军讨贼党,晋陵民以附敬则应死者甚众。太守王瞻上言:"愚民易动,不足穷法。"上许之,所全活以万数。瞻,弘之从孙也。

　　上赏谢朓之功,迁尚书吏部郎。朓上表三让,上不许。中书疑朓官未及让,国子祭酒沈约曰:"近世小官不让,遂成恒俗。谢吏部今授超阶,让别有意。夫让出人情,岂关官之大小邪!"朓妻常怀刃欲杀朓,朓不敢相见。

　　13　秋,七月,魏彭城王勰表以一岁国秩、职俸、亲恤裨军国之用。魏主诏曰:"割身存国,理为远矣。职俸便停,亲、国听三分受一。"壬午,又诏损皇后私府之半,六宫嫔御、五服男女供恤亦减半,在军者三分省一,以给军赏。

　　14　癸卯,以太子中庶子萧衍为雍州刺史。

　　15　己酉,上殂于正福殿。遗诏:"徐令可重申前命。沈文季可左仆射,江祏可右仆射,江祀可侍中,刘暄可卫尉。军政可委陈太尉。内外众事,无大小委徐孝嗣、遥光、坦之、江祏,其大事与沈文季、江祀、刘暄参怀。心膂之任可委刘悛、萧惠休、崔慧景。"

　　上性猜多虑,简于出入,竟不郊天。又深信巫觋,每出先占利害。东出云西,南出云北。初有疾,甚秘之,听览不辍。

朝廷军队讨伐王敬则及其同伙,晋陵的百姓因投附王敬则而应该被处死者特别多。太守王瞻上奏明帝说:"百姓愚蠢,易被煽动,所以没有必要严加追究。"明帝准许了这一建议,使数万人得以活命。王瞻是王弘之的侄孙。

明帝奖赏谢朓的功劳,升任他为尚书吏部郎。谢朓三次上表于齐明帝表示辞让,但是明帝不准许。中书怀疑谢朓的官位还够不上照例辞让,国子祭酒沈约却说:"近世以来低级官员不辞让,这已经成为一种常例。但是,如今越级给谢吏部授官,他辞让是为了避免别人说他告发岳父而得官。他的辞让是出于人情世故方面的考虑,岂与官职大小有关?"谢朓的妻子经常怀中藏着刀子,要杀死谢朓,因此吓得谢朓不敢与妻子相见。

13 秋季,七月,北魏彭城王元勰上表孝文帝,提出献出自己一年的藩国食禄、朝职俸禄以及朝廷所给的恤亲财物,以助国家开支之用。孝文帝为此而特发诏令,说:"彭城王能舍弃自身利益而为国家安危着想,其行动之意义是十分重大的。那么,他的朝职俸禄就全部接受,但藩国食禄和恤亲财物则只接受三分之一。"壬午(初三),孝文帝又发诏令,命令减少皇后私人费用一半,六宫嫔妃、五服之内的男女的供给也减少一半,如果在军队中则减少三分之一,节约下来的全部用作给军队的赏赐。

14 癸卯(二十四日),明帝任命太子中庶子萧衍为雍州刺史。

15 己酉(三十日),明帝死于正福殿。明帝在遗诏中说:"前次曾授以尚书令徐孝嗣开府仪同三司,辞而不受,可以再次授之。沈文季可以担任左仆射,江祏可以担任右仆射,江祀可以担任侍中,刘暄可以担任卫尉。军政大事可以委托于太尉陈显达。朝廷内外众多事务,无论大小一并委托于徐孝嗣、萧遥光、萧坦之、江祏,其中重大事情与沈文季、江祀、刘暄三人商量决定。关键要害职务可以委托于刘悛、萧惠休、崔慧景三人。"

明帝性格猜疑多虑,深居而简出,竟然没有去南郊祭祀过上天。他又对筮占深信不疑,每次出外都要先占卜吉凶利害。去东边则告人说去西边,去南边则告人说去北边,不让人预先知道其行迹。刚有病之时,特别保密,害怕别人知道,所以照样听政、阅览公文不止。

久之,敕台省文簿中求白鱼以为药,外始知之。太子即位。

16 八月辛亥,魏太子自洛阳朝于悬瓠。

17 壬子,奉朝请邓学以齐兴郡降魏。

18 魏主之入寇也,遣使发高车兵。高车惮远役,奉袁
纥树者为主,相帅北叛。魏主遣征北将军宇文福讨之,大败
而还,福坐黜官。更命平北将军江阳王继都督北讨诸军事以
讨之,自怀朔以东悉禀节度,仍摄镇平城。继,熙之曾孙也。

19 八月,葬明皇帝于兴安陵,庙号高宗。东昏侯恶灵
在太极殿,欲速葬,徐孝嗣固争,得逾月。帝每当哭,辄云喉
痛。太中大夫羊阐入临,无发,号恸俯仰,帻遂脱地,帝辍哭
大笑,谓左右曰:"秃鹙啼来乎!"

20 九月己亥,魏主闻高宗殂,下诏称"礼不伐丧",引兵
还。庚子,诏北伐高车。

21 魏主得疾甚笃,旬日不见侍臣,左右唯彭城王勰等
数人而已。勰内侍医药,外总军国之务,远近肃然,人无异
议。右军将军丹阳徐謇善医,时在洛阳,急召之。既至,勰涕
泣执手谓曰:"君能已至尊之疾,当获意外之赏;不然,有不测
之诛。非但荣辱,乃系存亡。"勰又密为坛于汝水之滨,依周
公故事,告天地及显祖,乞以身代魏主。魏主疾有间,丙午,发
悬瓠,舍于汝滨,集百官,坐徐謇于上席,称扬其功,除鸿胪卿,

很久以后，他在下达给台省的文件中要白鱼来做药，外界这才知道他有病。太子萧宝卷登皇帝位。

16　八月辛亥(初二)，北魏太子从洛阳到悬瓠朝见孝文帝。

17　壬子(初三)，南齐奉朝请邓学投降北魏，献出齐兴郡。

18　北魏孝文帝入侵南齐时，派遣使者去向高车调兵。高车人害怕远途劳役，因此奉袁纥树者为头领，率众向北叛变。孝文帝派遣征北将军宇文福去讨伐，但是大败而回，宇文福因此而被黜官。孝文帝又命令平北将军江阳王元继为都督北讨诸军事，去讨伐高车，自怀朔以东全部归他掌管调遣，并摄镇平城。元继是拓跋熙的曾孙。

19　八月，南齐安葬明帝于兴安陵，庙号为高宗。东昏侯萧宝卷不喜欢明帝的灵柩停放在太极殿里，想快速安葬了事，因徐孝嗣一再坚持，才得以停放超过一月。新登基的皇帝萧宝卷每当该哭灵的时候，他就说自己喉咙痛。太中大夫羊阐进殿哭灵，他没有头发，号啕大哭，前仰后合，以致头巾都掉到了地上，这时萧宝卷停止哭泣而放声大笑，对左右的人说："秃鹜来啼叫了。"

20　九月己亥(二十一日)，北魏孝文帝知道明帝死去，就下诏令说："按礼，他国有丧，不加讨伐。"于是率兵而还。庚子(二十二日)，孝文帝诏令北伐高车。

21　北魏孝文帝得病非常严重，十来天不接见左右侍臣，只有彭城王元勰等几个人在身边照料。元勰既侍奉孝文帝看病吃药，同时又总管国家事务，内外用心，处理得非常周全，使得远近肃然，人无异议。右军将军丹阳人徐謇擅长医术，当时他正在洛阳，元勰就急忙把他召来。徐謇到了之后，元勰拉着他的手边哭边说道："您如果能医治好圣上的病，就可以获得意外的赏赐；如果医治不好，就会有不测之死临降于你。这不但关系着你的荣辱，而且关系到了你的生死存亡。"元勰又秘密地让人在汝水之滨筑了一座祭坛，依照当年周公所行那样，亲自去祷告天地及献文帝在天之灵，乞请以自己的身体代替孝文帝，让他快快痊愈。孝文帝的病稍有好转，丙午(二十八日)，从悬瓠出发，下榻于汝水之滨，并召集百官群臣，使徐謇坐在上席，赞扬了他的功劳，任命他为鸿胪卿，

封金乡县伯,赐钱万缗。诸王别饷赉,各不减千匹。冬,十一月辛巳,魏主如邺。

22 戊子,立妃褚氏为皇后。

23 魏江阳王继上言:"高车顽昧,避役遁逃,若悉追戮,恐遂扰乱。请遣使,镇别推检,斩魁首一人,自馀加以慰抚。若悔悟从役者,即令赴军。"诏从之。于是叛者往往自归。继先遣人慰谕树者。树者亡入柔然,寻自悔,相帅出降。魏主善之,曰:"江阳可大任也。"十二月甲寅,魏主自邺班师。

24 林邑王诸农入朝,海中值风,溺死,以其子文款为林邑王。

并且封为金乡县伯,赏钱一万缗。另外,对诸王侯们的赏赐,每个也不少于一千匹帛。冬季,十一月辛巳(初四),孝文帝到达邺城。

22 戊子(十一日),南齐萧宝卷立妃子褚氏为皇后。

23 北魏江阳王元继上书孝文帝说:"高车人冥顽不化,逃避差役,反叛远遁,但是如果把他们全部追究杀戮,恐怕要引起大的扰乱。所以,请朝廷为每一镇派遣一个使者,令其对本镇加以整顿,只斩罪魁祸首一人,其馀的加以抚慰。如果本人后悔而愿意服役,那么就立即令其赶赴南伐之军。"孝文帝发下诏令,准许了元继的这一做法。于是反叛的高车人许多又自动回来了。元继先派遣人去抚慰和劝谕袁纥树者。袁纥树者逃往柔然国,但是很快就后悔了,于是率众出降。孝文帝称赞元继的做法,说:"江阳王可以委以大任呀。"十二月甲寅(初七),孝文帝从邺城班师返京。

24 南齐林邑王范诸农入朝觐见,在海上遇到风暴,溺水而死,南齐封其子范文款为林邑王。

# 卷第一百四十二　齐纪八

己卯(499)一年

**东昏侯上**
**永元元年(己卯,499)**

1　春,正月戊寅朔,大赦,改元。

2　太尉陈显达督平北将军崔慧景军四万击魏,欲复雍州诸郡。癸未,魏遣前将军元英拒之。

3　乙酉,魏主发邺。

4　辛卯,帝祀南郊。

5　戊戌,魏主至洛阳,过李冲冢。时卧疾,望之而泣。见留守官,语及冲,辄流涕。

　　魏主谓任城王澄曰:"朕离京以来,旧俗少变不?"对曰:"圣化日新。"帝曰:"朕入城,见车上妇人犹戴帽、著小袄,何谓日新!"对曰:"著者少,不著者多。"帝曰:"任城,此何言也!必欲使满城尽著邪?"澄与留守官皆免冠谢。

　　甲辰,魏大赦。魏主之幸邺也,李彪迎拜于邺南,且谢罪。帝曰:"朕欲用卿,思李仆射而止。"慰而遣之。会御史台令史龙文观告:"太子恂被收之日,有手书自理,彪不以闻。"

## 东昏侯上
## 齐东昏侯永元元年(己卯,公元 499 年)

1 春季,正月戊寅朔(初一),南齐大赦天下,改年号为永元。

2 南齐太尉陈显达督平北将军崔慧景率领四万大军出击北魏,想要收复雍州诸郡。癸未(初六)北魏派遣前将军元英前去抵抗。

3 乙酉(初八),北魏孝文帝从邺城出发返回洛阳。

4 辛卯(十四日),南齐皇帝萧宝卷在南郊祀天。

5 戊戌(二十一日),北魏孝文帝回到洛阳,路过了李冲的坟墓。当时,孝文帝因病而不能起身,所以望着李冲的坟墓而哭泣。回宫之后,孝文帝见到当时与李冲一同留守洛阳的其他官员,说到李冲,他泪流满面,不胜思念。

孝文帝问任城王元澄:"朕离开京城以来,旧的风俗习惯多少得到改变没有?"元澄回答说:"在圣上的教化之下,风俗日新月异。"孝文帝又反问:"朕入城时,看见车上坐的妇女们还戴着帽子,穿着小袄,还是老习俗,这怎么能说是日新月异呢?"元澄又回答说:"穿戴的人少,不穿戴的人多。"孝文帝道:"任城王呀,你这说的是什么话呀?难道你还想让满城妇女都戴帽、穿小袄吗?"元澄和其他留守官们都免冠向孝文帝谢罪。

甲辰(二十七日),北魏大赦天下。孝文帝去邺城之时,李彪在邺城南边迎拜了他,并且表示服罪。孝文帝对李彪说:"朕想要重新使用你,但是一想起仆射李冲就不打算这样做了。"于是,安慰了几句,最后打发他走了。恰在这时,御史台令史龙文观报告说:"太子元恂被拘收之日,有一封亲笔信为自己申辩,但是李彪私自押下没有上报。"

尚书表收彪赴洛阳。帝以为彪必不然,以牛车散载诣洛阳,
会赦,得免。

6　魏太保齐郡灵王简卒。

7　二月辛亥,魏以咸阳王禧为太尉。

8　魏主连年在外,冯后私于宦者高菩萨。及帝在悬瓠
病笃,后益肆意无所惮,中常侍双蒙等为之心腹。

彭城公主为宋王刘昶子妇,寡居。后为其母弟北平公冯
夙求婚,帝许之。公主不愿,后强之。公主密与家僮冒雨诣
悬瓠,诉于帝,且具道后所为。帝疑而秘之。后闻之,始惧,
阴与母常氏使女巫厌祷,曰:"帝疾若不起,一旦得如文明太
后辅少主称制者,当赏报不赀。"

帝还洛,收高菩萨、双蒙等,案问,具伏。帝在含温室,夜
引后入,赐坐东楹,去御榻二丈馀,命菩萨等陈状。既而召彭
城王勰、北海王详入坐,曰:"昔为汝嫂,今是路人,但入勿
避!"又曰:"此妪欲手刃吾胁! 吾以文明太后家女,不能废,
但虚置宫中,有心庶能自死。汝等勿谓吾犹有情也。"二王
出,赐后辞诀,后再拜,稽首涕泣。入居后宫,诸嫔御奉之犹
如后礼,唯命太子不复朝谒而已。

尚书上表要求拘押李彪到洛阳来审理此事。孝文帝却认为李彪一定不会那样做的，所以让他坐牛车来洛阳，正好遇上大赦天下，李彪得以幸免。

6  北魏太保齐郡灵王元简去世。

7  二月辛亥(初五)，北魏任命咸阳王元禧为太尉。

8  北魏孝文帝连年在外奔忙，冯皇后私通于宦官高菩萨。到了孝文帝在悬瓠病重之时，冯皇后更加肆意淫乱，无所忌惮，中常侍双蒙等人是她的心腹。

北魏彭城公主是宋王刘昶的儿媳妇，守寡而居。冯皇后想要让彭城公主再嫁给她的胞弟北平公冯夙，特意求婚，孝文帝答应了。但是，彭城公主却不愿意，冯皇后就强迫她。彭城公主只好秘密地与家中的仆人一起冒雨赶到悬瓠，把冯皇后逼婚的情况告诉了孝文帝，并且还把冯皇后与人私通的事也讲了。孝文帝听后心有疑端，但秘而不宣。冯皇后知道风声之后，开始害怕了，因此私下里经常与自己的母亲常氏在一起让女巫祈祷鬼神降灾于孝文帝，诅咒他快快死去，许愿说："皇帝的病如果好不了，一旦我能像文明太后那样辅佐少帝垂帘听政的话，定将重加赏报，不计其量。"

孝文帝回到洛阳之后，收拘了高菩萨、双蒙等人，加以审问，全都招供认罪。于是，孝文帝坐在含温室，到了夜间让冯皇后进去，叫她坐在东边屋子里，离自己的坐榻有两丈多远，然后命令高菩萨等人坦白交代与皇后淫乱之事。然后，孝文帝又把彭城王元勰、北海王元详两人召进去，让他们坐下，并且指着冯皇后对他们说："过去她是你们的嫂子，从今开始就是路人了，所以只管进来无须回避。"接着又说："这老太婆想要拿刀刺我的胁下。我因她是文明太后家的女儿，不能废掉她，只是把她虚置在宫中，她如果有廉耻之心的话，或许能自取一死。所以，你们不要以为我还对她有什么情分。"彭城王和北海王出去了，孝文帝问冯皇后最后还有什么话要说，冯皇后再次向孝文帝行拜礼，跪地磕头，涕泣不已，然后离开了孝文帝。冯皇后回到后宫幽居，诸嫔妃们还照样对她施行皇后之礼，只是命令太子不再每天早晨去向她请安。

初,冯熙以文明太后之兄尚恭宗女博陵长公主。熙有三女,二为皇后,一为左昭仪,由是冯氏贵宠冠群臣,赏赐累巨万。公主生二子,诞,脩。熙为太保,诞为司徒,脩为侍中、尚书,庶子聿为黄门郎。黄门侍郎崔光与聿同直,谓聿曰:"君家富贵太盛,终必衰败。"聿曰:"我家何所负,而君无故诅我!"光曰:"不然。物盛必衰,此天地之常理。若以古事推之,不可不慎。"后岁馀而脩败。脩性浮竞,诞屡戒之,不悛,乃白于太后及帝而杖之。脩由是恨诞,求药,使诞左右毒之。事觉,帝欲诛之,诞自引咎,恳乞其生。帝亦以其父老,杖脩百馀,黜为平城民。及诞、熙继卒,幽后寻废,聿亦摈弃,冯氏遂衰。

9　魏以彭城王勰为司徒。

10　陈显达与魏元英战,屡破之。攻马圈城四十日,城中食尽,啖死人肉及树皮。癸酉,魏人突围走,斩获千计。显达入城,将士竞取城中绢,遂不穷追。显达又遣军主庄丘黑进击南乡,拔之。

魏主谓任城王澄曰:"显达侵扰,朕不亲行,无以制之。"三月庚辰,魏主发洛阳,命于烈居守,以右卫将军宋弁兼祠部尚书,摄七兵事以佐之。弁精勤吏治,恩遇亚于李冲。

起初,冯熙以文明太后哥哥的身份娶景穆太子的女儿博陵长公主为妻。冯熙有三个女儿,两个为皇后,一个是左昭仪,因此冯氏家族宠贵冠于群臣之上,仅朝廷所给的赏赐就累计在亿万之上。博陵长公主生了两个儿子,即冯诞和冯脩。冯熙本人任太保,其子冯诞任司徒,冯脩任侍中、尚书,冯熙的妾所生儿子冯聿任黄门郎。黄门侍郎崔光与冯聿一同在禁中当值,崔光对冯聿说:"您家荣华富贵太过头了,物极必反,最后一定要衰败。"冯聿一听不高兴了,回答说:"我家有何对不起您的地方,您为什么要这样无缘无故地诅咒我呢?"崔光又说:"哪里是诅咒你。世上万事万物,盛极而衰,这是天地的常理。如果以古事来推论,您对此不可不慎重。"果然,一年多之后,冯脩就出事垮台了。冯脩性情浮华,好争好斗,冯诞屡次告诫他,然而终无悔改之迹,于是就上告文明太后和孝文帝,用棍杖狠狠教训了他一顿。因此,冯脩非常记恨冯诞,于是找来毒药,让冯诞左右的人下药毒死冯诞。事情败露之后,孝文帝准备杀掉冯脩,冯诞却引咎自责,恳切地乞求孝文帝放他一条生路。孝文帝也考虑到他们的父亲年事已高,就饶冯脩不死,而只是打了他一百多杖,贬为平城平民。等到冯诞、冯熙相继去世之后,不久冯皇后被废,冯聿也被摒弃不用,于是冯氏家族从此衰落。

　　9　北魏任命彭城王元勰为司徒。

　　10　南齐陈显达与北魏元英交战,陈显达屡胜元英。南齐军队围攻马圈城,整整围困了四十天,城中粮食尽绝,只好吃死人肉和树皮。癸酉(二十七日),北魏人马突围逃走,被南齐军队斩获上千人。陈显达率部入城,将士们争相掠取城中的绢匹,因此没有去追击北魏逃兵。陈显达又派军主庄丘黑进击南乡,也占领了该地。

　　北魏孝文帝对任城王元澄说:"陈显达率兵来侵扰,朕如果不亲自出征,就无法抵制住他。"三月庚辰(初四),孝文帝率兵从洛阳出发,命令于烈留守洛阳,又任命右卫将军宋弁兼任祠部尚书,代理尚书七兵曹事,协助于烈。宋弁为人兢兢业业,尽职尽责,孝文帝对他的恩遇仅次于李冲。

癸未,魏主至梁城。崔慧景攻魏顺阳,顺阳太守清河张烈固守。甲申,魏主遣振威将军慕容平城将骑五千救之。

自魏主有疾,彭城王勰常居中侍医药,昼夜不离左右,饮食必先尝而后进,蓬首垢面,衣不解带。帝久疾多忿,近侍失指,动欲诛斩。勰承颜伺间,多所匡救。丙戌,以勰为使持节、都督中外诸军事。勰辞曰:“臣侍疾无暇,安能治军!愿更请一王,使总军要,臣得专心医药。”帝曰:“侍疾、治军,皆凭于汝。吾病如此,深虑不济。安六军、保社稷者,舍汝而谁!何容方更请人以违心寄乎!”

丁酉,魏主至马圈,命荆州刺史广阳王嘉断均口,邀齐兵归路。嘉,建之子也。

陈显达引兵渡水西,据鹰子山筑城。人情沮恐,与魏战,屡败。魏武卫将军元嵩免胄陷陈,将士随之,齐兵大败。嵩,澄之弟也。戊戌,军主崔恭祖、胡松以乌布幔盛显达,数人担之,间道自分碛山出均水口南走。己亥,魏收显达军资亿计,班赐将士,追奔至汉水而还。左军将军张千战死,士卒死者三万馀人。

显达之北伐,军入沵均口。广平冯道根说显达曰:“沵均水迅急,易进难退。魏若守隘,则首尾俱急。不如悉弃船于酂城,陆道步进,列营相次,鼓行而前,破之必矣。”显达不从。

癸未(初七),北魏孝文帝到达梁城。南齐崔慧景进攻北魏顺阳,顺阳太守清河人张烈顽强固守。甲申(初八),孝文帝派遣振威将军慕容平城率领骑兵五千去援救张烈。

自从孝文帝患病之后,彭城王元勰经常住在宫中,侍奉孝文帝看病吃药,昼夜不离其左右,凡是给孝文帝的饮食,他一定先尝一下然后才进上,如此日夜辛劳,以致蓬首垢面,衣不解带,不能好好地睡上一觉。孝文帝由于久病而脾气急躁,在身旁侍奉他的人稍稍有点不如意,动不动就让斩了。元勰瞅他情绪好的时候乘机言劝,救了不少人的性命。丙戌(初十),孝文帝任命元勰为使持节、都督中外诸军事。元勰辞而不受,说:"我要侍奉护理圣上养病,没有闲暇,怎么还能统管军队呢? 希望另外请一个藩王,让他来掌握军权,以便我能专心护理圣上。"孝文帝不同意,说:"护理、掌管军队两样事情,全都依托于你。我病到这个样子,深深地感到恐怕不行了。安定六军、保卫社稷者,除了你还能有谁呢? 你哪能让我违背自己的心意而另外再请别人来担当此重托呢?"

丁酉(二十一日),北魏孝文帝到达马圈,并命令荆州刺史广阳王元嘉截断均口,以阻拦南齐军队的退路。元嘉是元建的儿子。

陈显达领兵渡过均水,到达西岸,占据了鹰子山,并在山上修筑城堡。但是,由于士气不振,人人情绪沮丧,心存恐惧,所以与北魏军队交战,屡战屡败。北魏武卫将军元嵩除去甲胄,带头冲锋陷阵,其他将士们紧随而上,打得南齐军队溃不成军。元嵩是元澄的弟弟。戊戌(二十二日),南齐军主崔恭祖、胡松用乌布幔把陈显达装进去,几个人抬着,抄小道从分碛山出均水口向南逃去。己亥(二十三日),北魏收缴陈显达丢弃下的军用物资以亿计数,全部分赐给将士们,又追击南齐逃军至汉水,然后才返回。南齐左军将军张千战死,士卒阵亡的有三万多人。

陈显达率部北伐时,军队进入沩均口。广平人冯道根劝说陈显达:"沩均水水流湍急,前进容易,后退却难。北魏如果据守关隘,我们的部队首尾都会受挫。不如弃船于郿城,改由陆路步行前进,军营前后相次,擂鼓进军,一定能攻破对方。"然而,陈显达没有采纳。

道根以私属从军，及显达夜走，军人不知山路，道根每及险要，辄停马指示之，众赖以全。诏以道根为沔均口戍副。显达素有威名，至是大损。御史中丞范岫奏免显达官，显达亦自表解职。皆不许，更以显达为江州刺史。崔慧景亦弃顺阳走还。

11　庚子，魏主疾甚，北还，至谷塘原，谓司徒勰曰："后宫久乖阴德，吾死之后，可赐自尽，葬以后礼，庶免冯门之丑。"又曰："吾病益恶，殆必不起。虽摧破显达，而天下未平，嗣子幼弱，社稷所倚，唯在于汝。霍子孟、诸葛孔明以异姓受顾托，况汝亲贤，可不勉之！"勰泣曰："布衣之士，犹为知己毕命。况臣托灵先帝，依陛下之末光乎！但臣以至亲，久参机要，宠灵辉赫，海内莫及。所以敢受而不辞，正恃陛下日月之明，恕臣忘退之过耳。今复任以元宰，总握机政。震主之声，取罪必矣。昔周公大圣，成王至明，犹不免疑，而况臣乎！如此，则陛下爱臣，更为未尽始终之美。"帝默然久之，曰："详思汝言，理实难夺。"乃手诏太子曰："汝叔父勰，清规懋赏，与白云俱洁。厌荣舍绂，以松竹为心。吾少与绸缪，未忍暌离。百年之后，其听勰辞蝉舍冕，遂其冲挹之性。"以侍中、护军将军北海王详为司空，镇南将军王肃为尚书令，

冯道根是以陈显达的私属的身份随军,陈显达夜间逃跑,军人们不熟悉山路,每到险要地方,冯道根都要停下马来给他们指路,众人全凭他才得以生还。因此,朝廷诏令冯道根为沔均口戍副。陈显达素有威名,但是这次却一败涂地。御史中丞范岫上奏朝廷请求罢免陈显达的官职,陈显达也自动上表请求解除职务。都没有得到批准,改任陈显达为江州刺史。崔慧景也丢弃顺阳逃跑回来。

11 庚子(二十四日),北魏孝文帝病危,只好北还,到达谷塘原时,孝文帝对司徒元勰说:"冯皇后长久以来不守妇道,乖违后德,我死之后,可以赐她自尽,以皇后之礼仪加以安葬,庶可免去冯氏家门之丑。"又说道:"我的病越来越严重了,大约一定好不了。这次虽然打垮了陈显达,然而天下并没有平定,继位的儿子又年纪幼小,所以江山社稷就全依靠你了。当年霍光、诸葛孔明都以外姓人的身份而分别受到汉武帝、昭烈帝刘备之重托,况且你是骨肉之亲,能不勉力承担吗?"元勰哭着说道:"布衣之士,还能做到为知己而死。况且我又是先帝的儿子,又是陛下的兄弟呢!但是,我以至亲的身份,长期参与朝廷的机要大事,由于得到圣上不平常的宠遇,身重朝野,举国上下没有谁能比得上。之所以敢于接受圣上的重任而不加推辞,正是有恃于陛下之圣明,可以宽恕我知进忘退之过失。现在,圣上又委任我为朝臣之首,总握军机朝政大权。这样势必有人要议论我震主越上,一定会因此而获罪。过去周公是大圣之人,周成王也是圣明之君,但是犹不免对周公产生疑心,何况是我呢?这样的话,那么陛下虽然爱我,可是并不能自始至终一以贯之,最终怕要害了我呀。"孝文帝听了之后,沉思良久,最后说:"细细思量你说的话,从道理上实在难以反驳。"于是,孝文帝亲手给太子写下诏令:"你的叔父元勰,以自己的言行树立了一个很好的榜样,所以被授官以资勉励,其节操如白云一样纯洁。他不贪图荣华富贵,以官爵为身外之物,其素心如松柏翠竹。我自小与他一起相处,从来不忍心分离。我离开人世之后,你要准许元勰辞去官职,脱身俗务,以便顺从他谦虚自抑的性格。"孝文帝又任侍中、护军将军北海王元详为司空,镇南将军王肃为尚书令,

镇南大将军广阳王嘉为左仆射,尚书宋弁为吏部尚书,与侍中、太尉禧、尚书右仆射澄等六人辅政。夏,四月丙午朔,殂于谷塘原。

高祖友爱诸弟,终始无间。尝从容谓咸阳王禧等曰:"我后子孙邂逅不肖,汝等观望,可辅则辅之,不可辅则取之,勿为他人有也。"亲任贤能,从善如流,精勤庶务,朝夕不倦。常曰:"人主患不能处心公平,推诚于物。能是二者,则胡、越之人皆可使如兄弟矣。"用法虽严,于大臣无所容贷,然人有小过,常多阔略。尝于食中得虫,又左右进羹误伤帝手,皆笑而赦之。天地五郊、宗庙二分之祭,未尝不身亲其礼。每出巡游及用兵,有司奏修道路,帝辄曰:"粗修桥梁,通车马而已,勿去草刬令平也。"在淮南行兵,如在境内。禁士卒无得践伤粟稻。或伐民树以供军用,皆留绢偿之。宫室非不得已不修,衣弊,浣濯而服之,鞍勒用铁木而已。幼多力善射,能以指弹碎羊骨,射禽兽无不命中。及年十五,遂不复畋猎。常谓史官曰:"时事不可以不直书。人君威福在己,无能制之者。若史策复不书其恶,将何所畏忌邪!"

彭城王勰与任城王澄谋,以陈显达去尚未远,恐其覆相掩逼,乃秘不发丧,徙御卧舆,唯二王与左右数人知之。勰出入神色无异,奉膳,进药,可决外奏,一如平日。数日,至宛城,夜,进卧舆于郡听事,得加棺敛,还载卧舆内,

镇南大将军广阳王元嘉为左仆射,尚书宋弁为吏部尚书,令他们与侍中、太尉元禧以及尚书右仆射元澄等六人共同辅佐朝政。夏季,四月丙午朔(初一),孝文帝病死于谷塘原。

孝文帝对他的几个弟弟非常爱护,彼此始终没有产生隔阂。一次,他曾从容地对咸阳王元禧等说:"我死之后,子孙们如果不肖,你们看情况而办,可以辅佐则辅佐,不可辅佐则取而代之,千万不要让江山为他人所有。"孝文帝能亲近贤士,选用才能,从善如流,精勤庶务,朝夕不倦,常常说:"一国之主患在不能用心公平,以诚待人,如果能做到这两点的话,即使是胡、越之人也可以使他们成为兄弟。"他用法虽然严厉,对于大臣们,只要有罪,绝不姑且宽容,但是,如果别人有小过失,又常能宽大而不计较。有一次,他在饭中发现了虫子,又有一次手下人进羹时不小心烫了他的手,他都笑而宽恕,没有治罪。凡是天地五郊、宗庙二分的祭祀,他都亲自参加。每次出外巡游以及用兵讨伐,有关官员奏告要修筑道路,孝文帝总是说:"简单修理一下桥梁,能通过车马就行了,不要铲除杂草、填修平整。"他在淮南行军讨伐时,如在本国境内一样,严禁士卒们践踏损坏稻谷作物。如果要砍伐百姓的树木以供军用,都留下绢帛作为抵偿。他所住的宫室不到万不得已之时不许修理,衣服穿旧了,浆洗一下仍旧穿已,坐骑的鞍勒唯用铁木而已。他少年时候力气大,善于射箭,能用手指头弹碎羊的骨头,射猎禽兽没有不射中的。到了十五岁时,他就不再射猎了。常常对史官说:"当朝时事,不可不如实记载。皇帝的威福由己,没有能制止他的。如果史官再不记录下他的恶行的话,那他还有什么可畏惧的呢?"

彭城王元勰与任城王元澄商量,考虑到陈显达逃离还不太远,恐怕他知道孝文帝已死要回头攻击,决定不向外宣布孝文帝的死讯,照样把孝文帝的尸身置于他平时用的车舆之中赶路,只有彭城王、任城王以及左右的几个人知道。元勰出入其中神色如同平常,奉侍膳食,敬进药物,处理外面的各种启奏,一如平日那样。数日之后,到达宛城,乘着夜间,把载有其尸体的车舆拉到郡署中庭,才把他装殓入棺材之中,然后仍将棺材载于车舆之中,

外莫有知者。遣中书舍人张儒奉诏征太子，密以凶问告留守于烈。烈处分行留，举止无变。太子至鲁阳，遇梓宫，乃发丧。丁巳，即位，大赦。

彭城王勰跪授遗敕数纸。东宫官属多疑勰有异志，密防之，而勰推诚尽礼，卒无间隙。咸阳王禧至鲁阳，留城外以察其变，久之，乃入，谓勰曰："汝此行不唯勤劳，亦实危险。"勰曰："兄年长识高，故知有夷险。彦和握蛇骑虎，不觉艰难。"禧曰："汝恨吾后至耳。"

勰等以高祖遗诏赐冯后死。北海王详使长秋卿白整入授后药，后走呼，不肯饮，曰："官岂有此，是诸王辈杀我耳！"整执持强之，乃饮药而卒。丧至洛城南，咸阳王禧等知后审死，相视曰："设无遗诏，我兄弟亦当决策去之。岂可令失行妇人宰制天下、杀我辈也！"谥曰幽皇后。

12　五月癸亥，加抚军大将军始安王遥光开府仪同三司。
13　丙申，魏葬孝文帝于长陵，庙号高祖。
魏世宗欲以彭城王勰为相。勰屡陈遗旨，请遂素怀，帝对之悲恸。勰恳请不已，乃以勰为使持节、侍中、都督冀定等七州诸军事、骠骑大将军、开府仪同三司、定州刺史。勰犹固辞，帝不许，乃之官。

外人没有知道实情的。他们又派遣中书舍人张儒奉旨召太子前来，并且秘密地把孝文帝的死讯告知留守洛阳的于烈。于烈安排布置谁随同前去，谁留守洛阳，举止形态一如平常。太子到达鲁阳，遇上了孝文帝的灵柩，这才正式为孝文帝发丧。丁巳（十二日），太子元恪即位，大赦天下。

彭城王元勰跪着交给元恪数页写有孝文帝的遗敕的纸张。元恪为东宫太子时手下的属官们大都怀疑元勰有异心，因此严加防范，然而元勰对这些东宫官属们推诚布公，礼数周到，终于消除了相互之间的嫌隙。咸阳王元禧到达鲁阳，没有进城，留在城外观察有无事变，很久之后，见元勰不存异图，方才进入城内，对元勰说："你的这一次行动，不但操劳辛苦，而且实在危险。"元勰回答说："兄长年纪大、见识高，所以知道有危险。彦和我此番经历，不啻握蛇骑虎，然而不觉得有多么艰难。"元禧说："你这是怨恨我来得晚了吧。"

元勰等人以孝文帝的诏令赐冯皇后死。北海王元详派长秋卿白整进去给冯皇后送毒药，冯皇后一边跑一边大声呼喊，不肯饮药，说道："皇上哪里会有这样的诏令，这是诸王之辈们要谋杀我啊！"白整无奈，只好把她抓住，强迫她把毒药喝下去，即刻毙命。孝文帝的灵柩到达洛阳南郊之时，咸阳王元禧等人知道冯皇后确实已死，就互相对视着说道："假如没有先帝的遗诏，我们兄弟几个人也要想方设法把她除掉。岂可以让这个失去妇德的妇人宰制天下、杀害我辈呢？"冯皇后死后，谥号为幽皇后。

12　五月癸亥，南齐加封始安王萧遥光开府仪同三司。

13　丙申（二十一日），北魏安葬孝文帝于长陵，庙号为高祖。

北魏宣武帝元恪想任命彭城王元勰为宰相。元勰屡次陈述孝文帝的遗诏，请求能顺遂自己素来的志向，宣武帝对着他悲伤号哭。元勰一再恳切请求不担任朝职，于是宣武帝就任命他为使持节、侍中、都督冀、定等七州诸军事、骠骑大将军、开府仪同三司、定州刺史。元勰还一再推辞，但是宣武帝不准许，于是只好去上任。

14 魏任城王澄以王肃羁旅,位加己上,意颇不平。会齐人降者严叔懋告肃谋逃还江南,澄辄禁止肃,表称谋叛,案验无实。咸阳王禧等奏澄擅禁宰辅,免官还第,寻出为雍州刺史。

15 六月戊辰,魏追尊皇妣高氏为文昭皇后,配飨高祖,增修旧冢,号终宁陵。追赐后父飏爵勃海公,谥曰敬,以其嫡孙猛袭爵;封后兄肇为平原公,肇弟显为澄城公,三人同日受封。魏主素未识诸舅,始赐衣帻引见,皆惶惧失措。数日之间,富贵赫奕。

16 秋,八月戊申,魏用高祖遗诏,三夫人以下皆遣还家。

17 帝自在东宫,不好学,唯嬉戏无度,性重涩少言。及即位,不与朝士相接,专亲信宦官及左右御刀、应敕等。

是时,扬州刺史始安王遥光、尚书令徐孝嗣、右仆射江祏、右将军萧坦之、侍中江祀、卫尉刘暄更直内省,分日帖敕。雍州刺史萧衍闻之,谓从舅录事参军范阳张弘策曰:"一国三公犹不堪,况六贵同朝,势必相图,乱将作矣。避祸图福,无如此州。但诸弟在都,恐罹世患,当更与益州图之耳。"乃密与弘策修武备,他人皆不得预谋;招聚骁勇以万数,多伐材竹,沈之檀溪,积茅如冈阜,皆不之用。中兵参军东平吕僧珍觉其意,亦私具橹数百张。先是,僧珍为羽林监,徐孝嗣欲引置其府,僧珍知孝嗣不能久,固求从衍。是时,

14 北魏任城王元澄认为王肃本为江南之人而奔投北魏,官位却在自己之上,所以心中颇为不平。正好由南齐投降过来的严叔懋报告王肃密谋逃回江南去,于是元澄就把王肃拘禁起来,并且上表说王肃密谋反叛,经过立案查验,并非属实。因此,咸阳王元禧等人就上奏皇帝,告元澄擅自拘禁宰辅之臣,元澄被免官还府,不久出任雍州刺史。

15 六月戊辰(二十四日),北魏追封宣武帝之母高氏为文昭皇后,配享孝文帝,并且增修其旧墓,号为终宁陵。又追赐高氏之父高飏爵号为勃海公,谥号为敬,让其嫡孙高猛袭爵位;又封高氏之兄高肇为平原公,弟弟高显为澄城公,三个人同一天受封。宣武帝从来没有见过几位舅舅,这次才赐赏他们衣服头巾,并且接见了他们,弟兄三人都不免惶惧失措。然而,数日之间,富贵显赫一世。

16 秋季,八月戊申(初五),北魏依照孝文帝的遗诏,后宫中凡三夫人以下者全部遣送回家。

17 南齐皇帝萧宝卷在做东宫太子时就不好学,只喜欢玩耍,嬉戏无度,并且性格沉闷寡言。即位之后,他不爱与朝臣们接触往来,专门亲信宦官以及身边左右御刀和应敕侍从。

这时候,扬州刺史始安王萧遥光、尚书令徐孝嗣、右仆射江祏、右将军萧坦之、侍中江祀、卫尉刘暄等六人轮流在朝中内省当值,轮到谁当值,谁就在当天的敕令后面签署执行意见。雍州刺史萧衍知道了这一情况之后,对他的担任录事参军的堂舅、范阳人张弘策说:“一个国家有三位王公当政都不堪其乱,况且如今六贵同朝,他们之间势必要互相图谋,因此必定会发生动乱。要说避祸图福,那里也比不上这个州。但是我的几个弟弟都在京城,恐怕会遭受乱世之患,所以我还要与吾兄益州刺史萧懿有所计议。”于是,萧衍秘密地与张弘策加强武备,其他人则一律不得参与;又招集骁勇之夫上万人,大量砍伐树木、竹子,沉于檀溪中,茅草堆积得如山冈一般,然而都不使用。中兵参军东平人吕僧珍觉察出了萧衍的用意,也私自准备了船橹数百张。早先,吕僧珍任羽林监,徐孝嗣想让他参加自己的幕府,但是吕僧珍知道徐孝嗣不会久长,所以再三请求跟随萧衍。这时候,

衍兄懿罢益州刺史还，仍行郢州事，衍使弘策说懿曰："今六贵比肩，人自画敕，争权睚眦，理相图灭。主上自东宫素无令誉，媒近左右，慓轻忍虐。安肯委政诸公，虚坐主诺！嫌忌积久，必大行诛戮。始安欲为赵王伦，形迹已见，然性猜量狭，徒为祸阶。萧坦之忌克陵人，徐孝嗣听人穿鼻，江祏无断，刘暄暗弱。一朝祸发，中外土崩。吾兄弟幸守外藩，宜为身计。及今猜防未生，当悉召诸弟，恐异时拔足无路矣。郢州控带荆、湘，雍州士马精强，世治则竭诚本朝，世乱则足以匡济。与时进退，此万全之策也。若不早图，后悔无及。"弘策又自说懿曰："以卿兄弟英武，天下无敌，据郢、雍二州为百姓请命，废昏立明，易于反掌，此桓、文之业也。勿为竖子所欺，取笑身后。雍州揣之已熟，愿善图之！"懿不从。衍乃迎其弟骠骑外兵参军伟及西中郎外兵参军憺至襄阳。

初，高宗虽顾命群公，而多寄腹心在江祏兄弟。二江更直殿内，动止关之。帝稍欲行意，徐孝嗣不能夺，萧坦之时有异同，而祏执制坚确，帝深忿之。帝左右会稽茹法珍、吴兴梅虫儿

萧衍的哥哥萧懿被免去益州刺史之职而返回,但仍然掌管郢州事务,萧衍派张弘策去游说萧懿:"如今朝中六位权贵当朝,各自发号施令,互相争权夺利,反目成仇,理当会相互图灭。而皇上则从做太子起就没有好声誉,他狎昵身边的人,剽悍残忍。怎么肯把朝政委托于他们六人,而自己只有虚位,凡事但做允诺而已呢?时间一长,皇上猜忌之心必生,而猜忌积久,必定要大行诛戮。始安王萧遥光想充当晋代赵王司马伦的角色,其形迹已经可以看得出来,然而其性格猜疑、气量狭小,只能白白地成为祸害之由。萧坦之忌妒才能,处处想凌驾于别人之上,而徐孝嗣受人牵使,江祏则优柔寡断,刘暄则更是个糊涂软弱之人。有朝一日,祸乱爆发,朝廷内外必将土崩瓦解,支离破碎。我们兄弟幸好驻守外藩,应该为自身有所计谋。趁现在他们互相之间的猜忌、提防还没有开始,我们应当把几个弟弟全都叫到身边来,不然的话,恐怕到那时候就会拔足无路了。郢州在地理上可以辖控荆、湘,雍州则兵马精干强壮,如果天下太平,我们就竭诚为朝廷效力;如果天下大乱,凭我们的力量足以匡济天下。审时度势,该进则进,该退则退,这是确保万无一失的计策。如不及早打算,到时候后悔就来不及了。"张弘策自己又对萧懿说:"以你们兄弟二人的英武,天下没有人能够匹敌,如果依据郢、雍二州,为老百姓请命,废去昏庸之主,另立圣明之主,确实易如反掌,不愁不能成功,可以比得上历史上齐桓公、晋文公所创立的业绩。所以,应该立意创此大业,不要被竖子鼠辈所欺,以致在身后被人所取笑。雍州这一方面已经考虑成熟,希望您也好好地思谋一番。"萧懿不听从。于是,萧衍迎接其弟弟骠骑外兵参军萧伟以及西中郎外兵参军萧憺到了襄阳。

起初,齐明帝虽然在临终遗诏中把朝政委托于朝中诸大臣,但是最信任的是江祏兄弟二人,把更多的遗命嘱托于他们二人。所以,萧宝卷即位之后,江氏兄弟二人轮流在殿内当值,皇帝的一举一动都要通过他们的同意。萧宝卷渐渐想要自行其意,徐孝嗣不能加以制止,萧坦之有时也表示不同意,而江祏则坚决限制,不许其自作主张,萧宝卷对此非常忿恨。萧宝卷左右心腹会稽人茹法珍和吴兴人梅虫儿

等,为帝所委任,祏常裁折之,法珍等切齿。徐孝嗣谓祏曰:"主上稍有异同,讵可尽相乖反!"祏曰:"但以见付,必无所忧。"

帝失德寖彰,祏议废帝,立江夏王宝玄。刘暄尝为宝玄郢州行事,执事过刻。有人献马,宝玄欲观之,暄曰:"马何用观!"妃索煮胏,帐下谙暄,暄曰:"旦已煮鹅,不烦复此。"宝玄恚曰:"舅殊无渭阳情。"暄由是忌宝玄,不同祏议,更欲立建安王宝寅。祏密谋于始安王遥光,遥光自以年长,欲自取,以微旨动祏。祏弟祀亦以少主难保,劝祏立遥光。祏意回惑,以问萧坦之,坦之时居母丧,起复为领军将军,谓祏曰:"明帝立,已非次,天下至今不服。若复为此,恐四方瓦解,我期不敢言耳。"遂还宅行丧。

祏、祀密谓吏部郎谢朓曰:"江夏年少,脱不堪负荷,岂可复行废立! 始安年长,入纂乃乖物望。非以此要富贵,政是求安国家耳。"遥光又遣所亲丹阳丞南阳刘沨密致意于朓,欲引以为党,朓不答。顷之,遥光以朓兼知卫尉事,朓惧,即以祏谋告太子右卫率左兴盛,兴盛不敢发。朓又说刘暄曰:"始安一旦南面,则刘沨、刘晏居卿今地,但以卿为反覆人耳。"晏者,遥光城局参军也。暄阳惊,驰告遥光及祏。遥光

等人,受主上委任办理一些事情,江祏常对他们施以控制、阻挡,茹法珍等人对江祏恨得咬牙切齿。徐孝嗣对江祏说:"皇上稍微有些自己的主张,这也是正常的,怎么可以一概加以反对阻拦呢?"江祏不以为然,说:"只要把事情交给我,完全没有什么可忧虑的。"

皇帝失德作恶的情况越来越严重,江祏就商议要废去他,而另立江夏王萧宝玄为帝。刘暄曾经做过萧宝玄的郢州行事,处理事情过于死板、苛刻。有人向萧宝玄献了一匹马,萧宝玄想去观看一下,刘暄不准许他去,并说:"一匹马,有什么值得看呢?"萧宝玄的妃子要吃煮鸡膍,手下的人向刘暄请示,他却说:"早上已经吃了煮鹅,不必再麻烦做这个了。"气得萧宝玄骂道:"刘暄根本没有一点舅舅的情义。"由此,刘暄对萧宝玄非常怨恨,所以就不同意江祏的主张,而想立建安王萧宝寅为帝。江祏与始安王萧遥光秘密计谋,可是萧遥光自以为年长,想自己取而代之,把这个意思隐约地向江祏表示了。江祏的弟弟也认为年幼的皇帝难以保得住,就劝说江祏立萧遥光为帝。江祏一时也拿不定主意,就去同萧坦之商量,萧坦之当时正为其母守丧,仍让他担任领军将军。萧坦之对江祏说:"明帝自立为帝,已经是没有按照嗣立次序进行,至今天下还不服气。如果现在再这么来一次的话,恐怕天下要大乱,我是不敢对此表示意见的。"于是,又回到家中为其母守丧去了。

江祏和江祀暗中对吏部郎谢朓说:"江夏王萧宝玄年龄幼小,如果立他为帝,或许不堪承负此重任,但是岂能到时再把他废去呢?始安王萧遥光年长,如果由他继承大统,不会违背众望。我们并不是要以此来获得富贵,正是为了让国家获得安定。"萧遥光又派遣自己的亲信丹阳丞南阳人刘沨暗中向谢朓转达意思,想让谢朓作为同党,但是谢朓不回答。不久,萧遥光任命谢朓兼管卫尉的事务,谢朓害怕了,以为已经被萧遥光拉下水了,就把江祏的阴谋报告了太子右卫率左兴盛,左兴盛不敢再往上告发。谢朓又游说刘暄,对他说:"始安王萧遥光一旦南面称帝,则刘沨、刘晏就会居于你如今的地位,而把你当作变心之人。"刘晏是萧遥光手下的城局参军。刘暄听谢朓这么一说,假装十分惊讶,但实则马上报告了萧遥光和江祏。萧遥光

欲出朓为东阳郡,朓常轻祐,祐固请除之。遥光乃收朓付廷尉,与孝嗣、祐、暄等连名启:"朓扇动内外,妄贬乘舆,窃论宫禁,间谤亲贤,轻议朝宰。"朓遂死狱中。

暄以遥光若立,己失元舅之尊,不肯同祐议,故祐迟疑久不决。遥光大怒,遣左右黄昙庆刺暄于青溪桥。昙庆见暄部伍多,不敢发;暄觉之,遂发祐谋,帝命收祐兄弟。时祀直内殿,疑有异,遣信报祐曰:"刘暄似有异谋。今作何计?"祐曰:"政当静以镇之。"俄有诏召祐入见,停中书省。初,袁文旷以斩王敬则功当封,祐执不与。帝使文旷取祐,文旷以刀环筑其心曰:"复能夺我封不!"并弟祀皆死。刘暄闻祐等死,眠中大惊,投出户外,问左右:"收至未?"良久,意定,还坐,大悲曰:"不念江,行自痛也!"

帝自是无所忌惮,益得自恣,日夜与近习于后堂鼓叫戏马。常以五更就寝,至晡乃起。群臣节、朔朝见,晡后方前,或际暗遣出。台阁案奏,月数十日乃报,或不知所在。宦者以裹鱼肉还家,并是五省黄案。帝常习骑致适,顾谓左右曰:"江祐常禁吾乘马,小子若在,吾岂能得此!"因问:"祐亲戚馀谁?"对曰:"江祥今在冶。"帝于马上作敕,赐祥死。

想把谢朓弄出去到东阳郡做太守,但是因为谢朓常常轻视江祏,所以江祏坚决请求把谢朓除掉。于是,萧遥光就把谢朓抓起来送到了廷尉那里,并与徐孝嗣、江祏、刘暄等人联名上告:"谢朓在朝廷内外进行煽动,妄自贬低皇帝,私自议论宫禁,同时还诽谤亲贤,轻视议论朝中大臣。"于是,谢朓死于狱中。

刘暄认为萧遥光如果立为皇帝,自己就要失去皇舅之尊,所以不肯赞同江祏的意见,因此江祏也迟疑而久不能决定。为此,萧遥光大怒,派遣手下人黄昙庆在青溪桥刺杀刘暄。黄昙庆因见刘暄的部下特别多,不敢行动,而刘暄察觉了,于是告发了江祏的阴谋,皇帝命令拘捕江祏兄弟俩。当时,江祀正在内殿值守,怀疑情况有异常,派人报信给江祏说:"刘暄似乎有别的阴谋,现在作何计议呢?"江祏说:"正应该以静待不动而镇之。"一会儿,就有诏令传江祏入见皇帝,江祏进朝之后停在中书省等待。当初,袁文旷由于斩了王敬则有功,应当封官,但是江祏执意不给,皇帝就让袁文旷去杀江祏,袁文旷去执行,他用刀环去打江祏的心口,说道:"看你还能夺去我受封之官否?"江祏连其弟弟江祀一并被杀。刘暄知江祏等人已死,在床上大惊而起,奔出门外,问左右说:"抓捕的人来了没有?"过了许久才定下心来,重新回到屋中坐下,十分悲哀地说:"我并非是怀念江氏弟兄,而是自知祸将及身,故而痛心啊!"

从此以后,皇帝无所忌惮,越发放纵其意,日夜与亲近之人在后堂鼓吹弹唱、驰马作乐。常常闹至五更时分才就寝,睡到傍晚才起床。朝中群臣们按例于每月初一和其他固定的日子入朝参见皇帝,但是到傍晚方才前去入朝参见,就这样有时等到天黑皇帝还不出见,只好被遣退而出。尚书们的文案奏告,一个月或者更长时间才回报一次,而有的竟然不知去向。宦官们用来包裹鱼肉拿回家的纸,都是尚书五省的文案。皇帝以骑马为乐事,常常是一骑必求极意尽兴,忘乎所以。他还看着随从之人说道:"江祏经常禁止我骑马,这小子如果还在的话,我哪能像现在这样痛快呢?"因此又问道:"江祏的亲属还剩下谁呢?"随从者回答说:"江祥现在还在东冶。"皇帝就立刻在马背上发出诏令,赐江祥自杀。

　　始安王遥光素有异志，与其弟荆州刺史遥欣密谋举兵据东府，使遥欣引兵自江陵急下，刻期将发，而遥欣病卒。江祐被诛，帝召遥光入殿，告以祐罪，遥光惧，还省，即阳狂号哭，遂称疾不复入台。先是，遥光弟豫州刺史遥昌卒，其部曲皆归遥光。及遥欣丧还，停东府前渚，荆州众力送者甚盛。帝既诛二江，虑遥光不自安，欲迁为司徒，使还第，召入谕旨。遥光恐见杀，乙卯晡时，收集二州部曲于东府东门，召刘沨，刘晏等谋举兵，以讨刘暄为名。夜，遣数百人破东冶，出囚，于尚方取仗。又召骁骑将军垣历生，历生随信而至。萧坦之宅在东府城东，遥光遣人掩取之，坦之露祖逾墙走，向台。道逢游逻主颜端，执之，告以遥光反，不信。自往诇问，知实，乃以马与坦之，相随入台。遥光又掩取尚书左仆射沈文季于其宅，欲以为都督，会文季已入台。垣历生说遥光帅城内兵夜攻台，辇获烧城门，曰："公但乘舆随后，反掌可克！"遥光狐疑不敢出。天稍晓，遥光戎服出听事，命上仗登城行赏赐。历生复劝出军，遥光不肯，冀台中自有变。及日出，台军稍至。

始安王萧遥光向来心怀异意，觊觎皇位，与他的弟弟荆州刺史萧遥欣密谋策划，准备发兵拥据东府，争夺帝位，决定让萧遥欣率兵从江陵直下建康，但是就在按规定日期将要出发之时，萧遥欣却病死了。江祏被杀之后，皇帝召萧遥光进殿，把江祏的罪行告诉了他。萧遥光听了之后，心中惧怕了，回到中书省，就开始假装发疯，号哭狂闹，于是借口有病回到东府，从此不再入朝了。早先之时，萧遥光的弟弟豫州刺史萧遥昌死了，其部曲全部归属于萧遥光。萧遥欣的灵柩从荆州运回来之后，停于东府前秦淮河的河边上，荆州方面来送灵的人力特别多。皇帝杀了江祏兄弟之后，考虑到萧遥光难以自安，就准备把他升任为司徒，使他回到自己的府第中休养不问朝政，因此就召他进朝宣谕这一旨令。但是，萧遥光担心进朝后被杀，就于乙卯（十二日）傍晚，招集从荆州和豫州来的部曲到东府的东门之前，又叫来刘沨、刘晏等人一起谋划如何举兵起事，并决定以讨伐刘暄为名义。这天夜间，萧遥光派遣几百人打进东冶，放出狱中的囚徒，从尚方那里取出兵械。同时，又召骁骑将军垣历生前来，垣历生见信后随即到达。萧坦之的宅第在东府城东面，萧遥光派人乘其不备而迅速前去抓获他，萧坦之来不及戴上头巾，光着膀子，越墙而逃，跑向朝廷禁城中去报信。道上遇上了巡逻头目颜端，见他这副样子，以为有罪而逃窜，就抓住了他，萧坦之连忙把萧遥光反叛之事对颜端讲了。但是颜端不相信，就亲自前去刺探，知道萧坦之所说情况属实，于是就把马给了萧坦之，一块去朝廷中报告。萧遥光又派人出其不意地去尚书左仆射沈文季的府上抓他，想逼他做都督，恰巧沈文季已经到朝廷中去了，所以扑了个空。垣历生劝说萧遥光率城内之兵乘夜攻打朝廷宫禁，并且用车拉来芦苇焚烧城门，他对萧遥光说："大人您只管乘车随后而行，攻下禁城易如反掌，转眼之间即可成功。"但是，萧遥光心中没有把握，迟疑而不敢出军。天渐渐亮了，萧遥光穿着战服出来布置事情，命令安排仪仗，要登城对部下进行赏赐。这时，垣历生再次劝说萧遥光出兵攻打禁城，但是他仍旧不肯，只希望朝廷自身发生变故。到了日出之时，朝廷军队逐渐到来。

台中始闻乱,众情惶惑。向晓,有诏召徐孝嗣,孝嗣入,人心乃安。左将军沈约闻变,驰入西掖门,或劝戎服,约曰:"台中方扰攘,见我戎服,或者谓同遥光。"乃朱衣而入。

　　丙辰,诏曲赦建康,中外戒严。徐孝嗣以下屯卫宫城,萧坦之帅台军讨遥光。孝嗣内自疑惧,与沈文季戎服共坐南掖门上,欲与之共论世事,文季辄引以他辞,终不得及。萧坦之屯湘宫寺,左兴盛屯东篱门,镇军司马曹虎屯青溪大桥。众军围东城,三面烧司徒府。遥光遣垣历生从西门出战,台军屡败,杀军主桑天爱。遥光之起兵也,问谘议参军萧畅,畅正色不从。戊午,畅与抚军长史沈昭略潜自南门出,诣台自归,众情大沮。畅,衍之弟;昭略,文季之兄子也。己未,垣历生从南门出战,因弃矟降曹虎,虎命斩之。遥光大怒,于床上自踊,使杀历生子。其晚,台军以火箭烧东北角楼。至夜,城溃,遥光还小斋帐中。著衣帢坐,秉烛自照,令人反拒,斋阁皆重关,左右并逾屋散出。台军主刘国宝等先入,遥光闻外兵至,灭烛扶匐床下。军人排阁入,于暗中牵出,斩之。台军入城,焚烧室屋且尽。刘沨走还家,为人所杀。荆州将潘绍闻遥光作乱,谋欲应之。西中郎司马夏侯详呼绍议事,因斩之,州府以安。

朝中刚听到萧遥光叛乱的消息时，大伙情绪惶惑，不知所措。天快亮之时，皇帝有旨召徐孝嗣，直到徐孝嗣进来后，人心才安定下来。左将军沈约听到事变消息之后，骑马奔入西掖门，有人劝他穿上战服，他却说："朝廷中正乱成一窝蜂，要是看见我穿着战服进来，或者会把我当作萧遥光的同伙呢！"于是，沈约就穿着红色公服进朝。

丙辰（十三日），东昏侯诏令，因特殊情况而赦免建康的囚徒，朝廷内外戒严。从徐孝嗣以下都驻扎在宫城外保护，萧坦之率朝廷兵众讨伐萧遥光。徐孝嗣心中既疑虑，又惧怕，穿着战服，同沈文季一起坐在南掖门上面，徐孝嗣想同沈文季一起议论时局，但是沈文季总是用别的话题岔开，避而不谈，所以最终也没有谈成。萧坦之驻扎在湘宫寺，左兴盛驻扎在东篱门，镇军司马曹虎驻扎在青溪大桥。众路军队把东城围住，三面用火烧东府之侧的司徒府。萧遥光派遣垣历生从西门出战，朝廷军队屡战屡败，军主桑天爱被垣历生部所杀。萧遥光起兵之前，曾经问过谘议参军萧畅，请他一起行动，但萧畅义正词严地加以拒绝，坚决不从。戊午（十五日），萧畅与抚军长史沈昭略偷偷地从南门出去，去往朝廷，自动投归，由此而东府内众人的情绪一落千丈。萧畅是萧衍的弟弟。沈昭略是沈文季哥哥的儿子。己未（十六日），垣历生从南门出战，他借此机会而弃槊投降了曹虎，但是曹虎命令人把他斩了。萧遥光知道垣历生投降的消息之后，气得七窍生烟，从坐榻上跳起来，让人把垣历生的儿子杀掉。这天晚上，朝廷军队射发火箭烧了城东北的角楼。到了夜间，城被攻破，萧遥光回到自己的小斋帐中。穿着衣服，戴着便帽，坐着不动，点燃蜡烛照明，命令人抵抗朝廷军队，还把斋中的门全部关严，但是手下的人却跑出屋子而逃散了。朝廷军队中的军主刘国宝等人率先进入，萧遥光听到外面来兵了，熄灭蜡烛，爬进床底下躲起来。军人破门而入，黑暗中把他从床下拉出来，立即斩首。朝廷军队进城之后，放火把房屋全部焚烧了。刘沨逃回家中，也被人所杀。荆州将领潘绍知道萧遥光叛乱的消息之后，也策划想要响应。西中郎司马夏侯详传叫潘绍前来议事，借此而斩了他，荆州西中郎府因此得以安定。

己巳，以徐孝嗣为司空；加沈文季镇军将军，侍中、仆射如故；萧坦之为尚书右仆射、丹杨尹，右将军如故；刘暄为领军将军；曹虎为散骑常侍、右卫将军。皆赏平始安之功也。

18　魏南徐州刺史沈陵来降。陵，文季之族子也。时魏徐州刺史京兆王愉年少，府事皆决于长史卢渊。渊知陵将叛，敕诸城潜为之备。屡以闻于魏朝，魏朝不听。陵遂杀将佐，帅宿预之众来奔，滨淮诸戍以有备得全。陵在边历年，阴结边州豪杰。陵既叛，郡县多捕送陵党，渊皆抚而赦之，唯归罪于陵，众心乃安。

19　闰月丙子，立江陵公宝览为始安王，奉靖王后。

20　以沈陵为北徐州刺史。

21　江祏等既败，帝左右捉刀、应敕之徒皆恣横用事，时人谓之"刀敕"。萧坦之刚狠而专，嬖幸畏而憎之。遥光死二十馀日，帝遣延明主帅黄文济将兵围坦之宅，杀之，并其子秘书郎赏。坦之从兄翼宗为海陵太守，未发，坦之谓文济曰："从兄海陵宅故应无他。"文济曰："海陵宅在何处？"坦之以告。文济白帝，帝仍遣收之；检其家，至贫，唯有质钱帖数百，还以启帝，原其死，系尚方。

茹法珍等谮刘暄有异志，帝曰："暄是我舅，岂应有此？"直阁新蔡徐世标曰："明帝乃武帝同堂，恩遇如此，犹灭武帝之后。

己巳(二十六日),朝廷任命徐孝嗣为司空;加任沈文季为镇军将军,他原来所担任的侍中、仆射之职不变;又任命萧坦之为尚书右仆射、丹阳尹,原来的右将军官职照旧不动;又任命刘暄为领军将军,曹虎为散骑常侍、右卫将军。上述封官,都是为了奖赏他们在平定始安王萧遥光叛乱中的功劳。

　　18　北魏南徐州刺史沈陵前来投降南齐。沈陵是沈文季本家侄子。当时,北魏徐州刺史京兆王元愉年龄小,府中事情全部决定于长史卢渊。卢渊得知沈陵将要反叛,就告诫各城秘密加以防备。多次把沈陵要叛变的情报向朝廷报告,但是朝廷不予理睬。于是,沈陵杀了手下的将佐,带领宿预的部下投奔南齐,北魏在淮河边上的各个戍所由于有所防备而得以保全,没有丢失。沈陵在南徐州多年,秘密交结了州中的许多豪杰。沈陵叛变之后,州中各郡县捕送来大量沈陵的党徒,卢渊对他们都加以抚慰,赦免释放,只归罪于沈陵一人,众人之心于是安定下来。

　　19　闰八月丙子(初三),南齐封立江陵公萧宝览为始安王,并过继为始安靖王之后代。

　　20　南齐任命沈陵为北徐州刺史。

　　21　江祏等人失败之后,皇帝身边拿刀和应敕的一帮子人全都恣意纵横,想怎么办就怎么办,没有忌惮,当时人们称他们为"刀敕"。萧坦之刚愎自用,凶狠残忍,专横独断,皇帝周围的宠信之徒们因害怕而特别憎恨他。在萧遥光死后二十多天,皇帝派遣延明殿主帅黄文济率兵包围了萧坦之的住宅,将其杀掉,他的儿子秘书郎萧赏也一起被杀。萧坦之的堂兄萧翼宗做海陵太守,还没有去赴任,萧坦之对黄文济说:"我的堂兄在海陵的府中不应该有什么事吧?"黄文济问道:"他的住宅在什么地方?"萧坦之如实以告。黄文济报告皇帝,皇帝派遣黄文济去抓捕萧翼宗。黄文济去后搜查了萧翼宗的家,发现他穷得可怜,只有典当东西的质票数百张,就回去报告皇帝,于是皇帝免他不死,拘囚于尚方署中。

　　茹法珍等人诬陷刘暄有谋逆的意图,皇帝说:"刘暄是我的舅舅,哪里可能如此呢?"直阁新蔡人徐世标说:"明帝与武帝乃是堂兄弟,他受到武帝那样的恩待,但是还杀尽了武帝的后代。

舅焉可信邪!"遂杀之。

曹虎善于诱纳,日食荒客常数百人。晚节吝啬,罢雍州,有钱五千万,他物称是。帝疑虎旧将,且利其财,遂杀之。坦之、暄、虎所新除官,皆未及拜而死。

初,高宗殂,以隆昌事戒帝曰:"作事不可在人后。"故帝数与近习谋诛大臣,皆发于仓猝,决意无疑。于是大臣人人莫能自保。

22　九月丁未,以豫州刺史裴叔业为南兖州刺史,征虏长史张冲为豫州刺史。

23　壬戌,以频诛大臣,大赦。

24　丙戌,魏主谒长陵,欲引白衣左右吴人茹皓同车。皓奋衣将登,给事黄门侍郎元匡进谏,帝推之使下,皓失色而退。匡,新成之子也。

25　益州刺史刘季连闻帝失德,遂自骄恣,用刑严酷,蜀人怨之。是月,遣兵袭中水,不克。于是蜀人赵续伯等皆起兵作乱,季连不能制。

26　枝江文忠公徐孝嗣,以文士不显同异,故名位虽重,犹得久存。虎贲中郎将许准为孝嗣陈说事机,劝行废立。孝嗣持疑久之,谓必无用干戈之理。须帝出游,闭城门,召百官集议废之,虽有此怀,终不能决。诸嬖幸亦稍憎之。西丰忠宪侯沈文季自托老疾,不豫朝权,侍中沈昭略谓文季曰:"叔父行年六十,

舅舅哪里值得信任呢?"于是,杀掉了刘暄。

曹虎善于吸引、招纳人,每天供食好几百从蛮地或域外来的人。但是,他到晚年之时,却极其吝啬,结束雍州任时,敛集有钱五千万,其他财物合价也有这么多。皇帝因曹虎是前朝老将而对他有疑心,并且贪上了他的财富,于是也杀了他。至此,萧坦之、刘暄、曹虎这几位新被任命的官员,都没有来得及上任就被杀害。

当初,齐明帝临死之时,以隆昌年间的事件告诫皇帝:"做事行动不可以落在他人之后。"所以,皇帝数次同身边亲近密谋诛杀大臣之事,每次都突然行动,主意坚定,没有半点迟疑之心。于是,搞得大臣们人人自危,难能自我保全。

22　九月丁未(初五),南齐任命豫州刺史裴叔业为南兖州刺史,任命征虏长史张冲为豫州刺史。

23　壬戌(二十日),皇帝因频繁地诛杀大臣,为了稳定人心,诏令大赦天下。

24　丙戌,北魏宣武帝元恪谒拜长陵,元恪想使身边人、没有任命官职的江南人茹皓与自己同车而行。茹皓高兴地整理了一下衣服,赶紧上车,但给事黄门侍郎元匡谏言宣武帝不可这样,于是元恪又推茹皓让他下去,茹皓羞愧万分,气得脸色都变了,只好退下。元匡是元新成的儿子。

25　益州刺史刘季连听说皇帝没有君德,于是自己也骄横恣纵起来了,滥用刑法,异常严酷,蜀人对他特别怨恨。在本月,刘季连派兵去袭击中水,没有取胜。于是,蜀人赵续伯等人纷纷起兵叛乱,刘季连没有办法制服他们。

26　枝江文忠公徐孝嗣,由于是个文士,待人处事圆滑周到,不露棱角,因此虽然官高名显,但犹自得以久存,未被除去。虎贲中郎将许准给徐孝嗣讲述时事要害,劝说他废去皇帝,另立新帝。徐孝嗣长久迟疑难决,以为欲行此事一定不能动用干戈。必须是等待皇帝出游的机会,关闭城门,召集群臣百官在一起商议,把皇帝废掉,他虽然有这个想法,但是终究不能决策而行。东昏侯身边的那帮宠信之徒也对徐孝嗣渐渐厌憎。西丰忠宪侯沈文季以年纪大且有病在身为由,不参与朝政,侍中沈昭略对他说:"叔父你年纪才六十,

为员外仆射,欲求自免,岂可得乎!"文季笑而不应。冬,十月乙未,帝召孝嗣、文季、昭略入华林省。文季登车,顾曰:"此行恐往而不反。"帝使外监茹法珍赐以药酒,昭略怒,骂孝嗣曰:"废昏立明,古今令典。宰相无才,致有今日!"以瓯掷其面曰:"使作破面鬼!"孝嗣饮药酒至斗馀,乃卒。孝嗣子演尚武康公主,况尚山阴公主,皆坐诛。昭略弟昭光闻收至,家人劝之逃。昭光不忍舍其母,入,执母手悲泣,收者杀之。昭光兄子昙亮逃,已得免,闻昭光死,叹曰:"家门屠灭,何以生为!"绝吭而死。

27　初,太尉陈显达自以高、武旧将,当高宗之世,内怀危惧,深自贬损,常乘朽弊车,道从卤簿止用羸小者十数人。尝侍宴,酒酣,启高宗借枕,高宗令与之。显达抚枕曰:"臣年衰老,富贵已足,唯欠枕枕死,特就陛下乞之。"高宗失色曰:"公醉矣。"显达以年礼告退,高宗不许。及王敬则反,时显达将兵拒魏,始安王遥光疑之,启高宗欲追军还。会敬则平,乃止。及帝即位,显达弥不乐在建康,得江州,甚喜。尝有疾,不令治,既而自愈,意甚不悦。闻帝屡诛大臣,传云当遣兵袭江州,十一月丙辰,显达举兵于寻阳,令长史庾弘远等与朝贵书,数帝罪恶,

身为仆射而不管事,你想以此而免祸自保,岂能办得到呢?"沈文季笑着不吭声。冬季,十月乙未(二十三日),皇帝把徐孝嗣、沈文季、沈昭略三人召入华林省。沈文季上了车子,回过头来说:"此行恐怕有去无回了。"皇帝指使外监茹法珍赐他们毒酒,沈昭略愤怒不已,骂徐孝嗣说:"废掉昏君,另立明主,这是从古到今的宪章大法。全因你这做宰相的无能,以致我们才有今日。"接着把酒瓯砸到徐孝嗣脸上,并且说:"我让你死了也做一个破了面的鬼!"徐孝嗣喝药酒,一气喝了一斗多才死去。徐孝嗣的儿子徐演娶了武康公主为妻,另一个儿子徐况娶了山阴公主为妻,但是都受父亲牵连而被杀。沈昭略的弟弟沈昭光听说抓捕的人来了,家中人劝他逃走,但是他不忍心丢下自己的母亲,就进入屋中,拉着母亲的手悲声哭泣,抓捕者进来把他杀了。沈昭光哥哥的儿子沈昙亮逃走了,已经得以幸免,但是听说沈昭光死了,叹息地说:"家门遭受如此屠灭,我还活着干什么呢?"于是扼断自己的喉咙而死。

27　当初,太尉陈显达因自己是齐高帝、齐武帝时候的旧将,所以在齐明帝之时,心存危惧,自己使劲地贬损自己,经常乘坐一辆破破烂烂的车子,出外时扈从的仪仗队也只有又弱又小的十多个人。一次,他曾经陪侍齐明帝宴饮,酒酣之时,启奏齐明帝要借用一下枕头,齐明帝命令别人给他一个。枕头拿来后,陈显达用手摸着枕头说:"我年老体衰,享受的荣华富贵已经足够了,只欠一个枕头枕着而死,所以特意来向陛下乞求一个。"齐明帝听了陈显达这一番言语,不禁失色,对他说:"您喝醉了。"陈显达以自己已经年届七十,而请求辞官,但是齐明帝不予准许。在王敬则反叛之时,陈显达正率兵抵抗北魏,始安王萧遥光怀疑陈显达,就启奏齐明帝,想把陈显达的军队召回。恰好王敬则叛乱被平定,于是就没有进行。到了皇帝即位之后,陈显达越发不愿意住在建康,被派做江州刺史,他十分高兴。陈显达曾经得病,但是他不让医治,不久自己好了,可是他心中却非常不高兴。陈显达知道了皇帝多次诛杀大臣,并且听人传说朝廷肯定要派兵来袭击江州,所以,于十一月丙辰(十五日),陈显达在寻阳起兵,命令长史庾弘远等人给朝廷中的新贵们送去一封信,信中列举了皇帝的罪恶行径,

云：“欲奉建安王为主，须京尘一静，西迎大驾。”

乙丑，以护军将军崔慧景为平南将军，督众军击显达；后军将军胡松、骁骑将军李叔献帅水军据梁山；左卫将军左兴盛督前锋军屯杜姥宅。

28　十二月癸未，以前辅国将军杨集始为秦州刺史。

29　陈显达发寻阳，败胡松于采石，建康震恐。甲申，军于新林，左兴盛帅诸军拒之。显达多置屯火于岸侧，潜军夜渡，袭宫城。乙酉，显达以数千人登落星冈，新亭诸军闻之，奔还，宫城大骇，闭门设守。显达执马稍，从步兵数百，于西州前与台军战，再合，显达大胜，手杀数人，稍折。台军继至，显达不能抗，走，至西州后，骑官赵潭注刺显达坠马，斩之，诸子皆伏诛。长史庾弘远，炳之子也，斩于朱雀航。将刑，索帽著之，曰：“子路结缨，吾不可以不冠而死。”谓观者曰：“吾非贼，乃是义兵，为诸军请命耳。陈公太轻事，若用吾言，天下将免涂炭。”弘远子子曜，抱父乞代命，并杀之。

帝既诛显达，益自骄恣，渐出游走，又不欲人见之。每出，先驱斥所过人家，唯置空宅。尉司击鼓蹋围，鼓声所闻，便应奔走，不暇衣履，犯禁者应手格杀。一月凡二十馀出，出辄不言定所，东西南北，无处不驱。常以三四更中，鼓声四出，火光照天，幡戟横路。

并且说道:"准备拥立建安王萧宝寅为帝,待京中诸害一除,就西迎建安王登基。"

乙丑(二十四日),南齐任命护军将军崔慧景为平南将军,督帅诸路军队攻击陈显达;后军将军胡松、骁骑将军李叔献统领水军占据梁山,左卫将军左兴盛督率前锋军队驻扎在杜姥宅。

28  十二月癸未(十二日),南齐任命从前的辅国将军杨集始为秦州刺史。

29  陈显达从寻阳发兵,在采石打败了胡松,消息传到建康,朝中一片震惊,惶恐不安。甲申(十三日),陈显达率部到了新林,左兴盛统率诸路军队抵挡陈部。陈显达在长江岸边设置了许多火堆,夜间率军偷渡过江,去袭击宫城。乙酉(十四日),陈显达带领数千人马登上落星冈,驻守在新亭的诸路军队得知之后,拔腿往回跑,宫城之内大为恐惧,只好闭门设守。陈显达骑马执槊,带领几百名步兵,在西州前与朝廷军队开战,两次交战,陈显达大胜,亲手斩杀好几人,但是不幸的是手中的槊折断了。这时,朝廷军队开过来了,陈显达抵抗不住,只好逃跑。陈显达逃到西州之后,骑官赵潭用手中之槊投刺他,陈显达中槊坠马,被赵潭斩首。陈显达的几个儿子也都伏法被斩。长史庾弘远是庾炳之的儿子,在朱雀航被斩。将要行刑之时,庾弘远要来帽子戴上,说道:"当年子路把冠缨系好而死,我也不可以不戴帽子死去。"他又对观看的人说:"我不是反贼,而是义军,为的是替诸军请命。陈显达太轻率了,如果他采纳了我的意见的话,天下就可以免于陷入水火之中了。"庾弘远的儿子庾子曜,抱着他的父亲乞求代父一死,但是与其父一并遭杀害。

皇帝诛杀了陈显达之后,越发骄横恣意,他渐渐开始喜欢出外游走,但又不想让人看见。每次出外,总是事先把所要经过地方所住的人家赶走,只留下空房子。他出游时,先由尉司敲着鼓沿途走一大圈,居民们凡是听到鼓声,就应立即跑开,连衣服和鞋都来不及穿好,违反禁令的人就被随手格杀。一月之中,皇帝要出去二十多次,而且从来不说个具体去处,东西南北,无处不去。他还常常在夜间三四更时分出游,弄得鼓声四出,火光照天,幡仪兵戟横路。

士民喧走相随,老小震惊,啼号塞路,处处禁断,不知所过。四民废业,樵苏路断,吉凶失时,乳母寄产,或舆病弃尸,不得殡葬。巷陌悬幔为高郭,置仗人防守,谓之"屏除",亦谓之"长围"。尝至沈公城,有一妇人临产不去,因剖腹视其男女。又尝至定林寺,有沙门老病不能去,藏草间。命左右射之,百箭俱发。帝有膂力,牵弓至三斛五斗。又好担幢,白虎幢高七丈五尺,于齿上担之,折齿不倦。自制担幢校具,伎衣饰以金玉,侍卫满侧,逞诸变态,曾无愧色。学乘马于东冶营兵俞灵韵,常著织成袴褶,金薄帽,执七宝稍,急装缚裤,凌冒雨雪,不避坑阱。驰骋渴乏,辄下马,解取腰边蠡器,酌水饮之,复上马驰去。又选无赖小人善走者为逐马左右五百人,常以自随。或于市侧过亲幸家,环回宛转,周遍城邑。或出郊射雉,置射雉场二百九十六处,奔走往来,略不暇息。

30　王肃为魏制官品百司,皆如江南之制,凡九品,品各有二。侍中郭祚兼吏部尚书。祚清谨,重惜官位,每有铨授,虽得其人,必徘徊久之,然后下笔,曰:"此人便已贵矣。"人以是多怨之,然所用者无不称职。

这时，士人民众们喧叫奔跑，前后相随，老人小孩惊慌失措，哭喊成一片，拥挤在路上，但是处处禁止通行，所以都不知道何处可以经过。就这样，搞得士农工商所有民众无法从业，连去打柴割草都无路可行，红白喜事不能按时进行，一些孕妇不能把孩子生在家里，甚至有的人抱病躲逃，结果死在路上，不能得到殡葬。皇帝还让人在小巷和田间小道悬挂布幔以成为高高的屏障，并且布置人手执兵器守护，称作"屏除"，也叫做"长围"。有一次，皇帝来到沈公城，有一个妇人因临产而没有躲逃，于是剖开产妇的腹部看是男孩还是女孩。又有一次，皇帝来到定林寺，有一个老和尚因年老患病不能离去，藏在草丛中。他就命令随从用箭射老和尚，百名弓手一起发射。皇帝膂力过人，能拉开三斛五斗力的弓。皇帝还喜好顶方幡，高七丈五尺的白虎幡，放在牙齿上顶着，把牙齿折断了还没玩够。皇帝自己制作了顶幡器械，表演时穿的服装上饰以金玉，每次表演侍卫站满两侧，使出各种技能把戏，从来不感到不好意思。皇帝跟东冶营兵俞灵韵学骑马，经常穿着编织的衣裤，不穿外服，头戴薄金制的帽子，手执七宝槊，戎装束裤，冒着雨雪，遇上陷坑，也不避开，总是一跃而过。他纵马驰骋得渴乏了，就从马上下来，解下腰侧挂的马杓，盛水喝一通，又上马狂奔而去。皇帝又选择那些善于长跑的无赖痞子五百个，称为逐马左右，经常让他们随马而跑。他有时在市中自己亲近宠幸的人家中游玩，从这家转到那家，来回转悠，能转遍全城。他有时去郊外射野鸡，布置了射雉场二百九十六处，奔走往来，从一处到另一处，忙得没有暇息之时。

30　王肃为北魏制定官职品位和各种机构，全部按照江南的制度，共分九品，每一品又分正、从二品。侍中郭祚兼任吏部尚书。他清廉公正，办事谨慎，重惜官位，每次铨选授官，虽然发现有合适人选，一定还要反复考虑很久，然后才下笔签署，并且嘴里还说道："这个人便已经富贵了。"因此，人们对他多有怨心，但是经他所录用的官员没有不称职者。

# 卷第一百四十三　齐纪九

庚辰(500)一年

## 东昏侯下
### 永元二年(庚辰,500)

1　春,正月,元会,帝食后方出。朝贺裁竟,即还殿西序寝,自巳至申,百僚陪位,皆僵仆饥甚。比起就会,匆遽而罢。

2　乙巳,魏大赦,改元景明。

3　豫州刺史裴叔业闻帝数诛大臣,心不自安。登寿阳城,北望肥水,谓部下曰:"卿等欲富贵乎? 我能办之!"及除南兖州,意不乐内徙。会陈显达反,叔业遣司马辽东李元护将兵救建康,实持两端。显达败而还。朝廷疑叔业有异志,叔业亦遣使参察建康消息,众论益疑之。叔业兄子植、飏、粲皆为直阁,在殿中,惧,弃母奔寿阳,说叔业以朝廷必相掩袭,宜早为计。徐世檦等以叔业在边,急则引魏自助,力未能制,白帝遣叔业宗人中书舍人长穆宣旨,许停本任。叔业犹忧畏,而植等说之不已。

叔业遣亲人马文范至襄阳,问萧衍以自安之计,曰:"天下大势可知,恐无复自存之理。不若回面向北,不失作河南公。"

## 东昏侯下

### 齐东昏侯永元二年(庚辰,公元500年)

1　春季,正月,按例皇帝在大年初一接见群臣。但是皇帝直到吃过饭之后方才出来露面,朝贺之礼刚一完毕,就立即回殿内西厢屋就寝去了。从巳时到申时,群臣百僚们站着等待皇帝前来,都站得腰腿僵直,无法坚持而倒地,肚子也饿得咕咕叫。所以,等到起来朝见时,只好敷衍一通,匆匆收场。

2　乙巳(初五),北魏大赦天下,改年号为景明。

3　南齐豫州刺史裴叔业得知皇帝数番诛杀大臣,心中替自己不安。他登上寿阳城,朝北望着肥水,对部下们说:"你们想富贵吗? 我能替你们办到。"后来朝廷调他任南兖州刺史,他心里十分不乐意内调。陈显达反叛之后,裴叔业派遣司马辽东人李元护率领兵马去解救建康,而实质上则持骑墙观望态度。陈显达失败之后,李元护又回去了。朝廷怀疑裴叔业有异谋,裴叔业也派遣使者去建康观察消息动静,众人对他更加怀疑了。裴叔业哥哥的儿子裴植、裴飏、裴粲都任直阁,在朝廷殿内,为此而惧怕,就扔下母亲跑到了寿阳,告诉裴叔业朝廷必定要出其不意地前来袭剿,劝说他宜于早作准备。朝中徐世㯹等人认为裴叔业在边境上,情况紧急时他就会请北魏来帮助自己,以致使朝廷之力不能制服住他。所以,他们就告诉皇帝,使派遣裴叔业的同宗之人中书舍人裴长穆去宣告圣旨,准许裴叔业继续留任豫州刺史。但是,裴叔业还是感到忧虑害怕,而裴植等人则仍旧对他劝说个不停。

裴叔业派遣亲信马文范到襄阳,向萧衍讨问如何保住自己的计策,对萧衍讲道:"天下大势明显可知,我们恐怕再也不会有保得住自己的道理了,所以还不如回头投靠北魏,这样还不失可以做河南公。"

衍报曰:"群小用事,岂能及远! 计虑回惑,自无所成,唯应送家还都以安慰之。若意外相逼,当勒马步二万直出横江,以断其后,则天下之事,一举可定。若欲北向,彼必遣人相代,以河北一州相处,河南公宁可复得邪! 如此,则南归之望绝矣。"叔业沈疑未决,乃遣其子芬之入建康为质。亦遣信诣魏豫州刺史薛真度,问以入魏可不之宜。真度劝其早降,曰:"若事迫而来,则功微赏薄矣。"数遣密信,往来相应和。建康人传叔业叛者不已,芬之惧,复奔寿阳。叔业遂遣芬之及兄女婿杜陵韦伯昕奉表降魏。丁未,魏遣骠骑大将军彭城王勰、车骑将军王肃帅步骑十万赴之。以叔业为使持节、都督豫、雍等五州诸军事、征南将军、豫州刺史,封兰陵郡公。

庚午,下诏讨叔业。二月丙戌,以卫尉萧懿为豫州刺史。戊戌,魏以彭城王勰为司徒,领扬州刺史,镇寿阳。魏人遣大将军李丑、杨大眼将二千骑入寿阳,又遣奚康生将羽林一千驰赴之。大眼,难当之孙也。

魏兵未渡淮,己亥,裴叔业病卒,僚佐多欲推司马李元护监州,一二日谋不定。前建安戍主安定席法友等以元护非其乡曲,恐有异志,共推裴植监州,秘叔业丧问,教命处分,皆出于植。奚康生至,植乃开门纳魏兵,城库管籥,悉付康生。康生集城内耆旧,宣诏抚赉之。魏以植为兖州刺史,李元护为齐州刺史,席法友为豫州刺史,军主京兆王世弼为南徐州刺史。

萧衍回答说:"朝廷中这帮小人专权得势,岂能长远得了?翻来覆去地考虑,也实在想不出什么好招数,只是应当送家属回京都去,以便让他们对你感到安心些。如果他们意外地对你相逼,你就应率领步、骑兵两万直出横江,断掉他们的后路,如此,则天下之事一举而可定。如果去投降北魏,他们一定会派别人代替你,而只以淮河北边的一个州给你,哪里还能再做河南公呢? 这样一来,重新归回南方的希望就绝灭了。"裴叔业迟疑而不能决断,于是就遣送自己的儿子裴芬之到建康作为人质。同时又派人送信给北魏豫州刺史薛真度,询问他可否投奔北魏之事。薛真度劝裴叔业及早投降过来,说:"如果事情紧迫才来投降,那么功劳就小了,赏封也就不会多重了。"他们数次派人传送密信,互相往来商议。建康的人纷纷传说裴叔业要反叛,裴芬之惧害被杀,又跑回寿阳去了。于是,裴叔业就派遣裴芬之以及他的哥哥的女婿杜陵人韦伯昕带着降书去投降北魏。丁未(初七),北魏派遣骠骑大将军彭城王元勰和车骑将军王肃统领步、骑兵十万前去受降。任命裴叔业为使持节、都督豫、雍等五州诸军事、征南将军、豫州刺史,并封他为兰陵郡公。

庚午(三十日),下诏令讨伐裴叔业。二月丙戌(十六日),南齐任命卫尉萧懿为豫州刺史。戊戌(二十八日),北魏任命彭城王元勰为司徒,并且兼任扬州刺史,坐镇寿阳。北魏派遣大将军李丑、杨大眼率领两千骑兵入寿阳,又派遣奚康生率领羽林兵一千急驰赶赴寿阳。杨大眼是杨难当的孙子。

北魏军队没有渡过淮河,己亥(二十九日),裴叔业病死,僚佐们多数要推举司马李元护管理州事,一两天议决不定。从前的建安戍所的戍主安定人席法友等人认为李元护与其不是同乡,担心他有异心,所以一致推举由裴植来监管州务,并且对裴叔业的死讯保密,一切命令和布置安排,都由裴植来决定。奚康生到了,裴植于是打开城门接纳北魏军队入城,把城内仓库的钥匙全部交给奚康生。奚康生进城之后,召集城内年高望重的老人,宣布了皇帝圣旨,安抚赏赐了他们。北魏任命裴植为兖州刺史,李元护为齐州刺史,席法友为豫州刺史,军主京兆人王世弼为南徐州刺史。

4 巴西民雍道晞聚众万馀逼郡城,巴西太守鲁休烈婴
城自守。三月,刘季连遣中兵参军李奉伯帅众五千救之,与
郡兵合击道晞,斩之。奉伯欲进讨郡东馀贼,涪令李膺止之
曰:"卒惰将骄,乘胜履险,非完策也。不如少缓,更思后计。"
奉伯不从,悉众入山,大败而还。

5 乙卯,遣平西将军崔慧景将水军讨寿阳,帝屏除,出
琅邪城送之。帝戎服坐楼上,召慧景单骑进围内,无一人自
随者。裁交数言,拜辞而去。慧景既得出,甚喜。

豫州刺史萧懿将步军三万屯小岘,交州刺史李叔献屯合
肥。懿遣裨将胡松、李居士帅众万馀屯死虎。骠骑司马陈伯
之将水军溯淮而上,以逼寿阳,军于硖石。寿阳士民多谋应
齐者。

魏奚康生防御内外,闭城一月,援军乃至。丙申,彭城王
勰、王肃击松、伯之等,大破之,进攻合肥,生擒叔献。统军宇
文福言于勰曰:"建安,淮南重镇,彼此要冲。得之,则义阳可
图;不得,则寿阳难保。"勰然之,使福攻建安,建安戍主胡景
略面缚出降。

6 己亥,魏皇弟恌卒。
7 崔慧景之发建康也,其子觉为直阁将军,密与之约。慧
景至广陵,觉走从之。慧景过广陵数十里,召会诸军主曰:"吾荷三
帝厚恩,当顾托之重。幼主昏狂,朝廷坏乱。危而不扶,责在今日。

4　巴西百姓雍道晞聚集了一万多民众逼攻郡城,南齐巴西太守鲁休烈环城自守。三月,刘季连派遣中兵参军李奉伯率领五千人马去援救鲁休烈,与巴西郡的兵力合起来一道抗击雍道晞,斩了雍道晞。李奉伯还想进一步讨伐巴西郡东部的馀贼,涪令李膺制止他说:“兵卒懒惰,将领骄奢,乘胜而步入险地,这不是全胜之策。所以,不如稍微缓一步,重新思考下一步该如何办。”但是,李奉伯不听其劝,带领全部人马入山,结果一败涂地,狼狈逃回。

5　乙卯(十五日),南齐派遣平西将军崔慧景统率水军讨伐寿阳,皇帝令人在所经过之处两旁悬挂高幔,走出琅邪城为征军送行。皇帝身着武服,坐在楼上,传召崔慧景一人骑马进入他的所谓屏障长围之内,没有一人相随。崔慧景进去之后,只与皇帝说了几句话,就拜辞而出。崔慧景出来之后,心里异常得意。

豫州刺史萧懿统领步兵三万人屯驻小岘,交州刺史李叔献屯驻合肥。萧懿派遣裨将胡松、李居士率领一万多兵马驻守死虎。骠骑司马陈伯之统率水军溯淮河而上,以便逼近寿阳,驻扎在硖石。寿阳的民众大多数都计划如何接应南齐军队。

北魏奚康生内外防御,关闭城门一个多月,增援的军队才来到。丙申,彭城王元勰、王肃出击胡松、陈伯之等部,给他们以致命的打击,并且进攻合肥,活捉了李叔献。北魏统军宇文福对元勰说:“建安是淮南的军事重镇,是双方的要冲之地。如果能夺得此地,那么义阳就可以到手;如果夺不到,那么寿阳也就难以保得住了。”元勰同意这一看法,就派宇文福去攻打建安,南齐驻守建安的戍主胡景略自缚出城投降。

6　己亥,北魏皇弟元恌去世。

7　崔慧景从建康出发之时,他的儿子崔觉任直阁将军,崔慧景秘密地与儿子约定要发动事变。崔慧景到达广陵时,崔觉根据事先的约定,跑去追随父亲。崔慧景在过了广陵几十里之后,召集各位军主,对他们说:“我承受前面三代皇帝的厚恩,担负着明帝死前所托付的重任。但是,现在年幼的皇帝昏庸狂妄,搞得朝纲败坏,一片混乱。国家危难而不加匡扶,现在就要承受罪责。

欲与诸君共建大功以安社稷,何如?"众皆响应。于是还军向广陵,司马崔恭祖守广陵城,开门纳之。帝闻变,壬子,假右卫将军左兴盛节,都督建康水陆诸军以讨之。慧景停广陵二日,即收众济江。

初,南徐、兖二州刺史江夏王宝玄娶徐孝嗣女为妃,孝嗣诛,诏令离婚,宝玄恨望。慧景遣使奉宝玄为主,宝玄斩其使,因发将吏守城,帝遣马军主戚平、外监黄林夫助镇京口。慧景将渡江,宝玄密与相应,杀司马孔矜、典签吕承绪及平、林夫,开门纳慧景,使长史沈佚之、谘议柳憕分部军众。宝玄乘八扛舆,手执绛麾,随慧景向建康。台遣骁骑将军张佛护、直阁将军徐元称等六将据竹里,为数城以拒之。宝玄遣信谓佛护曰:"身自还朝,君何意苦相断遏?"佛护对曰:"小人荷国重恩,使于此创立小戍。殿下还朝,但自直过,岂敢断遏!"遂射慧景军,因合战。崔觉、崔恭祖将前锋,皆荒伧善战,又轻行不赍食,以数舫缘江载酒食为军粮,每见台军城中烟火起,辄尽力攻之。台军不复得食,以此饥困。元称等议欲降,佛护不可。恭祖等进攻城,拔之,斩佛护。徐元称降,馀四军主皆死。

乙卯,遣中领军王莹都督众军,据湖头筑垒,上带蒋山西岩实甲数万。莹,诞之从曾孙也。慧景至查硎,竹塘人万副兒说慧景曰:"今平路皆为台军所断,不可议进;唯宜从蒋山龙尾上,

所以，我要同诸君共同建立大功伟业，以便安定社稷江山，不知诸位意下如何呢？"众人都一致响应。于是，崔慧景挥师返回广陵，司马崔恭祖驻守广陵城，大开城门，接纳崔慧景进城。皇帝闻知事变，于壬子(十二日)临时授予右卫将军左兴盛符节，让他督帅建康水陆诸军讨伐崔慧景。崔慧景在广陵停驻了两天之后，就集合军队渡过长江，进逼建康。

当初，南齐的南徐州和兖州刺史江夏王萧宝玄娶徐孝嗣的女儿为妃子，徐孝嗣被诛杀之后，皇帝诏令萧宝玄与徐孝嗣的女儿离婚，萧宝玄心里对皇帝非常怨恨。崔慧景派遣使者去见萧宝玄，表示要奉立他为皇帝，萧宝玄斩掉了前来的使者，并且发动将士们守城，皇帝派遣马军主戚平、外监黄林夫协助萧宝玄镇守京口。崔慧景将要渡江之时，萧宝玄秘密与他联络，与他响应合作。萧宝玄杀了司马孔矜、典签吕承绪以及戚平、黄林夫，打开城门迎接崔慧景，并且使长史沈佚之、谘议柳憕调配布置军队。萧宝玄乘坐八人抬大轿，手执绛红色指挥旗，随着崔慧景向建康进发。朝廷派遣骁骑将军张佛护、直阁将军徐元称等六个将帅据守竹里，筑建了好几个城堡以抵抗崔慧景。萧宝玄派人送信给张佛护说："我自己回朝廷，你为何要如此费力地阻拦呢？"张佛护回答说："小人承蒙国家重恩，派我在这时略加设防，殿下回朝，只管径直通过，我岂敢加以阻截呢？"说着，张佛护就用箭射崔慧景的军队，于是双方混战开始。崔觉、崔恭祖率领前锋部队，士兵们都是江北人，十分英勇善战，又都轻装上阵，不带军粮煮饭吃，而用几只船沿着长江载送酒食为军粮，供士兵们食用。他们一看见朝廷军队所住的城堡升起烟火，就立即拼力攻击。使得朝廷士兵连顿饭也吃不成，因此都饿得饥肠辘辘，无力作战。徐元称等人在一起商议要投降，张佛护不允许。崔恭祖等人猛力攻城，一举成功，斩了张佛护。徐元称投降，其余四个军主都战死。

乙卯(十五日)，东昏侯派遣中领军王莹统领众路军马，据守湖头修筑堡垒，同时上连蒋山西岩一带，布置甲兵数万人。王莹是王诞的堂重孙。崔慧景到了查硎，竹塘人万副儿对崔慧景说："如今平坦大路全被朝廷军队拦断，不可以选择进兵；唯一可行的是应该从盘旋道登上蒋山，

出其不意耳。"慧景从之,分遣千馀人,鱼贯缘山,自西岩夜下,鼓叫临城中。台军惊恐,即时奔散。帝又遣右卫将军左兴盛帅台内三万人拒慧景于北篱门,兴盛望风退走。

甲子,慧景入乐游苑,崔恭祖帅轻骑十馀突入北掖门,乃复出。宫门皆闭,慧景引众围之。于是东府、石头、白下、新亭诸城皆溃。左兴盛走,不得入宫,逃淮渚荻舫中,慧景擒杀之。宫中遣兵出荡,不克。慧景烧兰台府署为战场。守御尉萧畅屯南掖门,处分城内,随方应拒,众心稍安。慧景称宣德太后令,废帝为吴王。

陈显达之反也,帝复召诸王入宫。巴陵王昭胄惩永泰之难,与弟永新侯昭颖诈为沙门,逃于江西。昭胄,子良之子也。及慧景举兵,昭胄兄弟出赴之。慧景意更向昭胄,犹豫未知所立。

竹里之捷,崔觉与崔恭祖争功,慧景不能决。恭祖劝慧景以火箭烧北掖楼。慧景以大事垂定,后若更造,费用功多,不从。慧景性好谈义,兼解佛理,顿法轮寺,对客高谈,恭祖深怀怨望。

时豫州刺史萧懿将兵在小岘,帝遣密使告之。懿方食,投箸而起,帅军主胡松、李居士等数千人自采石济江,顿越城举火,城中鼓叫称庆。恭祖先劝慧景遣二千人断西岸兵,令不得渡。慧景以城旦夕降,外救自然应散,不从。至是

以出其不意,攻其不备。"崔慧景采纳了他的意见,分派一千多人,一个紧随一个,鱼贯而上山,夜间从西岩而下,击鼓呐喊,降临城中。朝廷军队大为吃惊,惶恐万分,一时逃奔,如鸟兽散。皇帝又派遣右卫将军左兴盛统率朝廷内部兵士三万人在北篱门抵挡崔慧景,但是还未交战,左兴盛就撤退败逃。

甲子(二十四日),崔慧景开进了乐游苑,崔恭祖率领轻骑兵十多人闯进北掖门,然后又退了出来。由于宫门都关闭,崔慧景带领部下围住宫城。这时,东府、石头、白下、新亭几城人马溃散。左兴盛退逃,进不了宫城,只好逃进秦淮河边芦苇丛中的船里藏匿起来,被崔慧景擒获斩杀。宫中派遣兵力出城冲杀,但是没有获胜。崔慧景火烧了御史台府署,辟为战场。朝廷守御尉萧畅驻守南掖门,指挥布置城内兵力,根据战情,调兵遣将,应对抵抗,这样人心才稍微安定了一些。崔慧景以宣德太后名义发令,废皇帝为吴王。

陈显达反叛之后,皇帝两次召集诸王进宫。巴陵王萧昭胄有鉴于永泰元年王敬则反,齐明帝诏诸王入宫而欲行杀戮之事,与弟弟永新侯萧昭颖装扮成和尚,逃往江西。萧昭胄是萧子良的儿子。到崔慧景起兵之时,萧昭胄兄弟二人出来前去奔赴。崔慧景内心更倾向于立萧昭胄为帝,所以一直犹豫不决,不知到底立谁为帝。

竹里一战告捷,崔觉与崔恭祖互相争功,崔慧景也不能决断到底是谁的功劳。崔恭祖劝崔慧景用火箭射烧北掖楼。但是崔慧景却以为大功即将告成,以后若要重新修复,得花费很多的功力,所以不予听从。崔慧景生性爱好谈论义理,兼通佛理,他停留在法轮寺中,对着客人高谈阔论,崔恭祖对他深怀不满。

其时,豫州刺史萧懿率兵屯驻小岘,皇帝派遣密使去告诉他前来保驾。萧懿正在吃饭,他扔下筷子站起来,立即率军主胡松、李居士等几千人马,从采石渡过长江,驻扎在越城,燃起大火,朝廷宫城中见到火光,知道援兵到了,高兴得打鼓庆祝。在这之前,崔恭祖劝说崔慧景派遣两千人马阻挡西岸之兵,让他们不能渡江。然而,崔慧景却以为宫城早晚要投降,外来的援兵自然会散去,所以不予采纳。在这时,

恭祖请击懿军，又不许。独遣崔觉将精手数千人渡南岸。懿军昧旦进战，数合，士皆致死，觉大败，赴淮死者二千馀人。觉单马退，开桁阻淮。恭祖掠得东宫女伎，觉逼夺之。恭祖积忿恨，其夜，与慧景骁将刘灵运诣城降，众心离坏。

夏，四月癸酉，慧景将腹心数人潜去，欲北渡江，城北诸军不知，犹为拒战。城中出荡，杀数百人。懿军渡北岸，慧景馀众皆走。慧景围城凡十二日而败，从者于道稍散，单骑至蟹浦，为渔人所斩，以头内鳅篮，担送建康。恭祖系尚方，少时杀之。觉亡命为道人，捕获，伏诛。

宝玄初至建康，军于东城，士民多往投集。慧景败，收得朝野投宝玄及慧景人名，帝令烧之，曰："江夏尚尔，岂可复罪馀人！"宝玄逃亡数日乃出。帝召入后堂，以步障裹之，令左右数十人鸣鼓角驰绕其外，遣人谓宝玄曰："汝近围我亦如此耳。"

初，慧景欲交处士何点，点不顾。及围建康，逼召点，点往赴其军，终日谈义，不及军事。慧景败，帝欲杀点。萧畅谓茹法珍曰："点若不诱贼共讲，未易可量。以此言之，乃应得封！"帝乃止。点，胤之兄也。

崔恭祖请求攻击萧懿的军队,而崔慧景还是不同意。只派遣崔觉率领精锐兵力几千人渡过秦淮河,到达南岸。萧懿的军队在天快亮时发起进攻,交战了几个回合,萧懿的士兵们都英勇死战,崔觉一败涂地,部下跳进秦淮河里淹死的有两千多人。崔觉单人匹马逃跑,拆断秦淮河上的浮桥,以阻挡萧懿军队。崔恭祖掠抢到东宫的女伎,崔觉强夺了过来。崔恭祖积怨已久,于这天夜里,同崔慧景的骁将刘灵运来到城内投降,由此众心离散,战斗力锐减。

夏季,四月癸酉(初四),崔慧景带领心腹数人偷偷离去,想北渡长江,城北的各路军马尚不知道,还在拒战。城中兵力出来冲杀,杀死了数百人。萧懿的军队渡过秦淮河到达北岸,崔慧景馀下的人马都逃走了。崔慧景围攻了宫城十二天,最后失败而逃,跟随他的人在道上逐渐散逃,他单人匹马逃至蟹浦,被打鱼人斩首,把他的首级放在盛泥鳅的篮子中,担送到建康,献给朝廷。崔恭祖投降之后,被拘囚在尚方省,不久即被杀。崔觉装扮成道人逃亡,被捕获,最后被诛。

萧宝玄初到建康之时,驻扎在东府城,士人和民众纷纷前去投靠,集于东府城中。崔慧景失败之后,朝廷收集了朝野上下投靠萧宝玄以及崔慧景的人名,列为名册,准备一一追查,皇帝命令将它烧掉,说:"江夏王尚且还这样,岂可以治罪他人呢?"萧宝玄逃亡了好几天,然后才露面。皇帝把他召入后堂用布帐把他裹起来,命令左右好几十人擂鼓吹号,环绕着他跑动,并且派人对他说:"你近期围攻我也如同这个样子。"

起初,崔慧景想结交处士何点,但是何点不愿理睬他。到围攻建康时,崔慧景又强迫召何点前来,何点只好往赴其军中,但是整日与崔慧景谈论义理,毫不涉及军事方面的事情。崔慧景失败之后,皇帝要杀何点,萧畅就对茹法珍说:"何点如果不诱使贼首崔慧景一起讲论玄义,那么崔慧景专意攻城,朝廷安危就未可估量了。由此而言,何点不但不应被杀,反而应该给他封官。"于是,皇帝就不杀他了。何点是何胤的哥哥。

8　萧懿既去小岘,王肃亦还洛阳。荒人往来者妄云肃复谋归国。五月,乙巳,诏以肃为都督豫徐司三州诸军事、豫州刺史、西丰公。

9　己酉,江夏王宝玄伏诛。

10　壬子,大赦。

11　六月丙子,魏彭城王勰进位大司马,领司徒,王肃加开府仪同三司。

12　太阳蛮田育丘等二万八千户附于魏,魏置四郡十八县。

13　乙丑,曲赦建康、南徐兖二州。先是,崔慧景既平,诏赦其党。而嬖幸用事,不依诏书,无罪而家富者,皆诬为贼党,杀而籍其赀。实附贼而贫者皆不问。或谓中书舍人王咺之云:“赦书无信,人情大恶。”咺之曰:“正当复有赦耳。”由是再赦。既而嬖幸诛纵亦如初。

是时,帝所宠左右凡三十一人,黄门十人。直阁、骁骑将军徐世檦素为帝所委任,凡有杀戮,皆在其手。及陈显达事起,加辅国将军。虽用护军崔慧景为都督,而兵权实在世檦。世檦亦知帝昏纵,密谓其党茹法珍、梅虫儿曰:“何世天子无要人,但侬货主恶耳!”法珍等与之争权,以白帝。帝稍恶其凶强,遣禁兵杀之,世檦拒战而死。自是法珍、虫儿用事,并为外监,口称诏敕。王咺之专掌文翰,与相唇齿。

8　萧懿离开小岘,王肃也回洛阳去了。边境上的人胡乱传说王肃又计谋要回归南齐。五月乙巳(初六),北魏宣武帝元恪发出诏令,任命王肃为都督豫、徐、司三州诸军事及豫州刺史,并封他为西丰公。

9　己酉(初十),南齐江夏王萧宝玄伏法被诛。

10　壬子(十三日),南齐大赦天下。

11　六月丙子(初八),北魏彭城王元勰升任大司马,兼任司徒,王肃加授开府仪同三司。

12　太阳蛮人田育丘等两万八千户投附北魏,北魏设置四个郡十八个县。

13　乙丑,南齐特赦建康、南徐州、兖州三处追随崔慧景起兵民众。起先,崔慧景之乱被平定之后,皇帝诏令赦免他的同党。然而,皇帝身边的宠幸们专权,不依皇帝诏书办事,一些本无罪而家中富足的人,全被诬陷为崔慧景的党徒,统统杀掉,没收其财产。而实际上投附了崔慧景,但家中贫穷者却都不予问罪。有人对中书舍人王咺之说:“朝廷的赦令没有信用,人们大有意见。”王咺之回答说:“正应当有再次赦免。”因此,又发了特赦令。然而,特赦令发出之后,那伙宠幸之徒们照旧滥杀无辜。

这时,皇帝所宠幸的身边人共有三十一人,黄门有十人。直阁、骁骑将军徐世檦向来为皇帝所信任,凡有杀戮之事,都由他去执行。到陈显达举事之时,皇帝又加任他为辅国将军。虽然任用护军崔慧景为都督,然而朝廷兵权实际上掌握在徐世檦手中。徐世檦也知道皇帝昏庸狂纵,所以暗中对茹法珍、梅虫儿二人说:“哪一朝代的天子身边没有要人?但是我这是出售主上的恶行啊。”茹法珍等人与徐世檦争夺权力,因此就把徐世檦的话报告给皇帝。于是,皇帝就逐渐厌恶徐世檦的凶猛强悍,派遣宫中卫兵去杀他,徐世檦与卫兵们搏战,但最终被杀。从此之后,茹法珍、梅虫儿专权,一并担任外监,口头宣布皇帝的诏令。王咺之则专掌文书,与茹、梅二人相与勾结。

帝呼所幸潘贵妃父宝庆及茹法珍为阿丈,梅虫儿、俞灵韵为阿兄。帝与法珍等俱诣宝庆家,躬自汲水,助厨人作膳。宝庆恃势作奸,富人悉诬以罪,田宅赀财,莫不启乞。一家被陷,祸及亲邻。又虑后患,尽杀其男口。

帝数往诸刀敕家游宴,有吉凶辄往庆吊。

奄人王宝孙,年十三四,号为"倀子",最有宠,参预朝政,虽王咺之、梅虫儿之徒亦下之。控制大臣,移易诏敕,乃至骑马入殿,诋诃天子。公卿见之,莫不慑息焉。

14　吐谷浑王伏连筹事魏尽礼,而居其国,置百官,皆如天子之制,称制于其邻国。魏主遣使责而宥之。

15　冠军将军、骠骑司马陈伯之再引兵攻寿阳,魏彭城王勰拒之。援军未至,汝阴太守傅永将郡兵三千救寿阳。伯之防淮口甚固,永去淮口二十馀里,牵船上汝水南岸,以水牛挽之,直南趣淮,下船即渡。适上南岸,齐兵亦至。会夜,永潜入城,勰喜甚,曰:"吾北望已久,恐洛阳难可复见,不意卿能至也。"勰令永引兵入城,永曰:"永之此来,欲以却敌。若如教旨,乃是与殿下同受攻围,岂救援之意!"遂军于城外。秋,八月乙酉,勰部分将士,与永并势,击伯之于肥口,大破之,斩首九千,俘获一万,伯之脱身遁还,淮南遂入于魏。

皇帝呼所宠幸的潘贵妃的父亲潘宝庆以及茹法珍为阿丈,称梅虫儿、俞灵韵为阿兄。皇帝同茹法珍等人一起去潘宝庆家中,亲自去打水,帮助厨子做饭。潘宝庆仗势欺人,作奸犯科,对于富有之人,他都以罪名诬陷,对于人家的田产宅院以及财物,他都要启告皇上索取。某一人家被他陷害之后,还要祸及亲戚邻里。又害怕留有后患,因此把所有的男子全部杀掉。

皇帝数次去在他身边执刀和传达圣旨的人家中游玩吃喝,这些人家中有红白喜事,他都前去庆贺或吊唁。

太监王宝孙,年龄才十三四岁,外号叫"伥子",最受皇帝宠幸,他参预朝廷政事,就是王咺之、梅虫儿之辈也对他恭顺。他可以控制大臣,篡改圣旨,甚至骑着马进入殿内,敢于当面诋斥皇帝。所以,公卿大臣们见了他,都吓得连大气也不敢喘。

14　吐谷浑王伏连筹侍奉北魏能够尽藩臣之礼,但是在自己的国内,却设置百官,一切都同天子一模一样,并且对给邻国的公文像皇帝一样自称为"制"。所以,北魏国主派遣使节去既指责了他的这种做法,同时又宽恕了他。

15　南齐冠军将军、骠骑司马陈伯之再次率兵去攻打寿阳,北魏彭城王元勰率部抵抗。北魏增援部队没有到来,汝阳太守傅永率领郡中之兵三千人去援救寿阳。陈伯之防守淮口,十分坚固,傅永离开淮口二十多里,用水牛牵拉着船上了汝水南岸,直接往南去淮河,到了淮河,把船推入河中立即渡河而过。过河之后,刚上了淮河南岸,南齐军队也到了。正好是夜间,傅永偷偷进入寿阳城中,元勰见傅永前来增援,高兴万分,说道:"我一直向北边张望,盼望援兵快点到来,唯恐不能再见到洛阳,实在没想到您能前来。"元勰命令傅永领兵进城,但是傅永却说:"我此番前来,为的是抵挡敌兵。如果像您所吩咐的这样把部队带入城内,乃是与殿下一同受敌人围攻,哪里是来援救呢?"于是,把部队驻扎在城外。秋季,八月乙酉(十八日),元勰调遣、布置将士,同傅永协力作战,在肥口对陈伯之发起猛烈攻击,大获全胜,斩杀南齐兵将九千,停虏一万,陈伯之死里逃生,逃回去了,于是淮南被北魏占领。

魏遣镇南将军元英将兵救淮南，未至，伯之已败，魏主召飔还洛阳。飔累表辞大司马、领司徒，乞还中山，魏主不许。以元英行扬州事。寻以王肃为都督淮南诸军事、扬州刺史，持节代之。

16　甲辰，夜，后宫火。时帝出未还，宫内人不得出，外人不敢辄开。比及开，死者相枕，烧三十馀间。

时嬖幸之徒皆号为鬼。有赵鬼者，能读《西京赋》，言于帝曰："柏梁既灾，建章是营。"帝乃大起芳乐、玉寿等诸殿，以麝香涂壁，刻画装饰，穷极绮丽。役者自夜达晓，犹不副速。

后宫服御，极选珍奇，府库旧物，不复周用。贵市民间金宝，价皆数倍。建康酒租皆折使输金，犹不能足。凿金为莲华以帖地，令潘妃行其上，曰："此步步生莲华也。"又订出雉头、鹤氅、白鹭缞。嬖幸因缘为奸利，课一输十。又各就州县求为人输，准取见直，不为输送，守宰皆不敢言，重更科敛。如此相仍，前后不息，百姓困尽，号泣道路。

17　军主吴子阳等出三关侵魏，九月，与魏东豫州刺史田益宗战于长风城，子阳等败还。

18　萧懿之入援也，萧衍驰使所亲虞安福说懿曰："诛贼之后，则有不赏之功。当明君贤主，尚或难立。况于乱朝，何以自免！

北魏派遣镇南将军元英率兵援救淮南,还没有到达,陈伯之就失败了,宣武帝元恪诏令元勰返回洛阳。元勰屡次上表要辞去大司马兼司徒的官职,乞请回到中山去,元恪不批准。北魏派任元英代理扬州刺史,但是很快又任命王肃为都督淮南诸军事、扬州刺史,持朝廷所授符节取代了元英。

16 甲辰,夜间,南齐后宫失火。当时,皇帝去市里游走没有回宫,宫内之人不得出去,而外面的人又不敢擅自打开后宫门去救火。等到后宫门开了之后,烧死者尸体遍地,共烧毁房宇三十多间。

当时,皇帝周围的宠幸之徒都起号为鬼。有一个叫赵鬼的,能读《西京赋》,引用其中之言对皇帝说:"柏梁台既然被烧毁了,那么就营建章宫。"于是,皇帝就大兴土木,起建芳乐、玉寿等殿,并且用麝香涂在墙壁上,雕画装饰,富丽堂皇,豪华到了极点。参加营建的劳役白天黑夜不停地干,还不能达到皇帝所要求的速度。

后宫中的服饰用具,无不是尽意挑选的珍奇之品,如此奢侈,以致府库中旧有的物品,根本不能满足其用。皇帝派人以高价收买民间的金子宝器,价格皆高于正常价数倍。他又让把建康的酒税全都折合成银钱交入官库,就这样仍不能满足后宫之用。他命人把金子凿制成莲花贴在地上,让潘贵妃在上面行走,说:"这是步步生莲花呀。"他又命令交纳赋税的民众上贡锦鸡头、白鹤翎、白鹭羽毛。而宠幸们则借此机会大肆捞取,按应该交纳数目的十倍加以索取。他们又分别跑到各州县强迫人们交纳,并且折合成钱马上收取,但是并不上交,而中饱私囊。太守和县令们对此都不敢吭声,于是他们就更加贪得无厌,再次摊派敛取。如此翻来覆去地勒索敲诈,没完没了,使得老百姓倾家荡产,没有活路,无不呼号哭泣于道路之中。

17 南齐军主吴子阳等人率兵出三关侵扰北魏,九月,同北魏东豫州刺史田益宗交战于长风城,吴子阳等人败逃而归。

18 萧懿援助朝廷平定崔慧景反叛时,萧衍急忙派亲信虞安福去游说萧懿,对萧懿讲道:"如果诛杀了崔慧景,平定其乱之后,则你所立的功劳太大了,不是朝廷的封赏所能酬劳的。即使遇上一个圣明贤仁的君主,你尚且难以立得住脚。何况在现今混乱的朝廷之中,昏君奸臣们哪能容得了你,不知到时你将何以自全?

若贼灭之后，仍勒兵入宫，行伊、霍故事，此万世一时。若不欲尔，便放表还历阳，托以外拒为事，则威振内外，谁敢不从！一朝放兵，受其厚爵，高而无民，必生后悔。”长史徐曜甫苦劝之，懿并不从。

崔慧景死，懿为尚书令。有弟九人：敷、衍、畅、融、宏、伟、秀、憺、恢。懿以元勋居朝右，畅为卫尉，掌管龠。时帝出入无度，或劝懿因其出门，举兵废之，懿不听。嬖臣茹法珍、王咺之等惮懿威权，说帝曰：“懿将行隆昌故事，陛下命在晷刻。”帝然之。徐曜甫知之，密具舟江渚，劝懿西奔襄阳。懿曰：“自古皆有死，岂有叛走尚书令邪！”懿弟侄咸为之备。冬，十月己卯，帝赐懿药于省中。懿且死，曰：“家弟在雍，深为朝廷忧之。”懿弟侄皆亡匿于里巷，无人发之者。唯融捕得，诛之。

19　丁亥，魏以彭城王勰为司徒，录尚书事。勰固辞，不免。勰雅好恬素，不乐势利。高祖重其事干，故委以权任，虽有遗诏，复为世宗所留。勰每乖情愿，常凄然叹息。为人美风仪，端严若神，折旋合度，出入言笑，观者忘疲。敦尚文史，物务之暇，披览不辍。小心谨慎，初无过失。虽闲居独处，亦无惰容。爱敬儒雅，倾心礼待。清正俭素，门无私谒。

所以,如果把反贼歼灭之后,进一步再率兵进宫,如商代的伊尹放逐太甲、汉代的霍光废昌邑王那样,废掉昏君皇帝,此乃千载难逢之良机。如果你不愿意这样做,便以抵拒北魏为借口,上表请求放还历阳,则威震朝廷内外,谁敢不听从。如果一旦放弃了兵权,虽然所享受的官爵很高,但手中没有军队和民众,必将束手就死,到时后悔也来不及了。"长史徐曜甫对萧懿苦苦相劝,但萧懿并不为所动。

崔慧景死后,萧懿被任为尚书令。萧懿有九个弟弟:萧敷、萧衍、萧畅、萧融、萧宏、萧伟、萧秀、萧憺、萧恢。萧懿以朝廷元勋,位列朝班之首,萧畅任卫尉,掌握着宫门的钥匙。当时,皇帝时常出外游走玩嬉,有人就劝萧懿乘其出游之际,起兵废之,但是萧懿不听。宠臣茹法珍、王咺之等人忌惮萧懿的威望和权力,游说皇帝:"萧懿将要像隆昌年间废郁林王那样把你废掉,陛下命在旦夕。"皇帝听了表示同意。徐曜甫知道这一情况之后,秘密准备了船只,停在长江边上,力劝萧懿西奔襄阳。然而,萧懿却说:"自古以来,人谁无一死,岂有尚书令叛逃的呢?"萧懿的弟弟和侄子们都对将会发生的事变做了准备。冬季,十月己卯(十三日),皇帝派人到尚书省给萧懿赐送药酒。萧懿临死之前说道:"家弟萧衍在雍州,深为朝廷忧虑。"萧懿死后,他的弟弟和侄子们全都逃亡藏匿于里巷之中,没有人加以告发。只有萧融被捕获,遭到杀害。

19 丁亥(二十一日),北魏任命彭城王元勰为司徒,录尚书事。元勰坚决推辞,但是没有推辞掉。元勰性情恬淡素朴,不乐于追逐权势利益。北魏孝文帝特别看重他处理事情的才干,所以委以重任,虽然在遗诏中同意他引退,但是仍被宣武帝元恪留用。元勰因不能脱身政务,不得已而为之,有违于自己的意愿,所以常常内心感到凄然,叹息不已。他一表人才,风度甚佳,端庄肃穆,宛如神人,接人待物无不合度,走到哪里都谈笑风生,使在场的人乐而忘疲。他爱好文史,公务之馀,披阅浏览,手不释卷。他小心谨慎,从来没有过失之处。即使闲居独处,也没有懒散毛病,总是那么精力充沛。他还爱惜、敬重儒雅之士,对他们倾心礼待。他能做到清廉公正,府上从来没有为私事而托情的来访者。

20 十一月己亥，魏东荆州刺史桓晖入寇，拔下笮戍，归之者，二千馀户。晖，诞之子也。

21 初，帝疑雍州刺史萧衍有异志。直后荥阳郑植弟绍叔为衍宁蛮长史，帝使植以候绍叔为名，往刺衍。绍叔知之，密以白衍，衍置酒绍叔家，戏植曰："朝廷遣卿见图，今日闲宴，是可取良会也。"宾主大笑。又令植历观城隍、府库、士马、器械、舟舰，植退，谓绍叔曰："雍州实力未易图也。"绍叔曰："兄还，具为天子言之：若取雍州，绍叔请以此众一战！"送植于南岘，相持恸哭而别。

及懿死，衍闻之，夜，召张弘策、吕僧珍、长史王茂、别驾柳庆远、功曹吉士瞻等入宅定议。茂，天生之子；庆远，元景之弟子也。乙巳，衍集僚佐谓曰："昏主暴虐，恶逾于纣，当与卿等共除之！"是日，建牙集众，得甲士万馀人，马千馀匹，船三千艘。出檀溪竹木装舰，葺之以茅，事皆立办。诸将争橹，吕僧珍出先所具者，每船付二张，争者乃息。

是时，南康王宝融为荆州刺史，西中郎长史萧颖胄行府州事，帝遣辅国将军、巴西梓潼二郡太守刘山阳将兵三千之官，就颖胄兵使袭襄阳。衍知其谋，遣参军王天虎诣江陵，遍与州府书，声云："山阳西上，并袭荆、雍。"衍因谓诸将佐曰："荆州素畏襄阳人，加以唇亡齿寒，宁不暗同邪！我合荆、雍之兵，鼓行

20　十一月己亥(初三)，北魏东荆州刺史桓晖率兵入侵南齐，占取了下笮戍，归顺桓晖的有两千多户。桓晖是桓诞的儿子。

21　起初，皇帝怀疑雍州刺史萧衍有异谋。直后荥阳人郑植的弟弟郑绍叔担任了萧衍的宁蛮长史，皇帝就旨派郑植以探望弟弟郑绍叔为借口，去刺杀萧衍。郑绍叔知道了这一阴谋，秘密地报告了萧衍，萧衍在郑绍叔家中备办了酒席，以开玩笑的口吻对郑植说："朝廷派遣您来谋害我，今天我正得闲，与您宴饮，这正是下手的好机会。"说罢，宾主大笑不已。萧衍又让郑植把雍州的城墙壕沟、仓库、兵士、战马、器械、船舰等仔细观察一番，以便弄清萧衍的实力，郑植看过之后，对郑绍叔说："雍州的实力强大，是无法轻易解决的了。"郑绍叔对他说："哥哥回到朝廷之后，请一字不差地对天子说:如果要攻取雍州的话，我郑绍叔要率众决一死战!"郑植回朝去，郑绍叔把他送到南岘，兄弟二人执手相视，恸哭而别。

到萧懿死之后，萧衍知道噩耗，连夜召集张弘策、吕僧珍、长史王茂、别驾柳庆远、功曹吉士瞻等人到州府议定对策。王茂是王天生的儿子。柳庆远是柳元景弟弟的儿子。乙巳(初九)，萧衍把手下的僚佐们召集到一起，对他们说："昏乱的君主残暴，罪恶超过了纣王，我应当与你们一起把他除掉。"在这一天，萧衍树起大旗，召集兵马，共召聚兵士一万多人，战马一千多匹，船舰三千艘。萧衍又命令搬出檀溪中的竹子木料，装到战舰之上，上面盖上茅草，这些事情很快就都办妥了。各将领争抢船橹，吕僧珍把自己原先准备好的拿出来，每只船发给两张，才停止了争抢。

这时，南康王萧宝融任荆州刺史，西中郎长史萧颖胄具体负责州府事务，皇帝派遣辅国将军、巴西和梓潼两郡太守刘山阳率领三千兵士赴任，会同萧颖胄的兵力一起袭击襄阳。萧衍知道了这一计划，就派遣参军王天虎去江陵，给荆州和西中郎府的官员们每人送去一封书信，信中说："刘山阳率兵西进，要同时袭击荆州和雍州。"于是萧衍对部下的众位将领们说："荆州人向来害怕襄阳人，况且雍州和荆州地界相邻，唇亡而齿寒，所以岂能不与我们暗中联络，通力合作呢?我只要能合并荆州和雍州的兵力，大张旗鼓地

而东,虽韩、白复生,不能为建康计。况以昏主役刀敕之徒哉!"颖胄得书,疑未能决。山阳至巴陵,衍复令天虎赍书与颖胄及其弟南康王友颖达。天虎既行,衍谓张弘策曰:"用兵之道,攻心为上。近遣天虎往荆州,人皆有书。今段乘驿甚急,止有两函与行事兄弟,云'天虎口具'。及问天虎而口无所说,天虎是行事心膂,彼间必谓行事与天虎共隐其事,则人人生疑。山阳惑于众口,判相嫌贰,则行事进退无以自明,必入吾谋内。是持两空函定一州矣。"

山阳至江安,迟回十馀日,不上。颖胄大惧,计无所出,夜,呼西中郎城局参军安定席阐文、谘议参军柳忱,闭斋定议。阐文曰:"萧雍州畜养士马,非复一日,江陵素畏襄阳人,又众寡不敌,取之必不可制。就能制之,岁寒复不为朝廷所容。今若杀山阳,与雍州举事,立天子以令诸侯,则霸业成矣。山阳持疑不进,是不信我。今斩送天虎,则彼疑可释。至而图之,罔不济矣。"忱曰:"朝廷狂悖日滋,京师贵人莫不重足累息。今幸在远,得假日自安。雍州之事,且藉以相毙耳。独不见萧令君乎?以精兵数千,破崔氏十万众,竟为群邪所陷,祸酷相寻。'前事之不忘,后事之师也。'

东进，就是使韩信、白起再生，也无法为朝廷想出什么好招来。何况是昏君差使着一帮提刀传敕的宠幸之徒呢！"萧颖胄收到萧衍的信之后，心中迟疑而不能决断。刘山阳到了巴陵，萧衍再次命令王天虎送信与萧颖胄及其弟弟南康王萧宝融的僚友萧颖达。王天虎出发之后，萧衍又对张弘策说："用兵之道，攻心为上。前不久，我派遣王天虎去荆州，给每个人都送了信。近来驿使四出传信，忙个不停，但只有两封信给萧颖胄、萧颖达兄弟二人，信中只写：'王天虎口述。'他们问具体情况时，王天虎又一句也说不上来，因为我压根就没有向他交待过一句。王天虎是萧颖胄信得过的心腹之人，所以荆州方面一定以为萧颖胄与王天虎一起隐瞒着事情，于是人人心中疑虑丛生。刘山阳被众人的言说搞迷糊了，就一定要对萧颖胄产生疑心，他们互相之间将不信任。这样的话，萧颖胄将进退两难，无论如何也解释不清自己，因此就必定要落入我的圈套之中。这是以两封空函定一州之妙计啊。"

刘山阳到了江安，迟疑了十多日，不往前开进。萧颖胄对此大为恐惧，然而又想不出什么良策妙计来，夜里，他叫来西中郎城局参军安定人席阐文、谘议参军柳忱，关起门来一起商议对策。席阐文说："萧衍在雍州招兵买马，已经不是一天两天的事了。江陵人向来害怕襄阳人，又寡不敌众，要收拾他们必定办不到。即使能制服了他们，最终也不会为朝廷所容忍。如今，如果杀了刘山阳，与雍州方面一起起兵举事，立天子以令诸侯，则霸业可成。刘山阳迟疑而不进，这是不相信我们。现在，如果斩了王天虎，把首级送给刘山阳，那么他的疑虑就可以消除。等他来了之后，再把他收拾掉，一定可以成功的。"柳忱接着说道："朝廷的昏狂悖乱一天比一天严重，京城中的大臣们惴惴不安，人人吓得连大气也不敢出，只有垂首听命的份儿，哪敢稍有移动。现在，我们幸好远离朝廷，可以暂时安全。朝廷命令我们袭击雍州，只不过借此而让双方互相残杀罢了。难道忘记了尚书令萧懿了吗？他以几千精兵，打败了崔慧景的十万大军，然而竟被那帮邪恶的小人所陷害，很快就灾祸及身。'前事不忘，后事之师'，他的教训实在值得我们记取。

且雍州士锐粮多，萧使君雄姿冠世，必非山阳所能敌。若破
山阳，荆州复受失律之责，进退无可，宜深虑之。"萧颖达亦劝
颖胄从阐文等计。诘旦，颖胄谓天虎曰："卿与刘辅国相识，
今不得不借卿头！"乃斩天虎送示山阳，发民车牛，声云起步
军征襄阳。山阳大喜。甲寅，山阳至江津，单车白服，从左右
数十人诣颖胄。颖胄使前汶阳太守刘孝庆等伏兵城内，山阳
入门，即于车中斩之。副军主李元履收馀众请降。

柳忱，世隆之子也。颖胄虑西中郎司马夏侯详不同，以
告忱，忱曰："易耳！近详求婚，未之许也。"乃以女嫁详子夔，
而告之谋，详从之。乙卯，以南康王宝融教纂严，又教赦囚
徒，施惠泽，颁赏格。丙辰，以萧衍为使持节都督前锋诸军
事。丁巳，以萧颖胄为都督行留诸军事。颖胄有器局，既举
大事，虚心委己，众情归之。以别驾南阳宗央及同郡中兵参
军刘坦、谘议参军乐蔼为州人所推信，军府经略，每事谘焉。
颖胄、央各献私钱谷及换借富赀以助军。长沙寺僧素富，铸
黄金为金龙数千两，埋土中。颖胄取之，以资军费。

颖胄遣使送刘山阳首于萧衍，且言年月未利，当须明年二
月进兵。衍曰："举事之初，所藉者一时骁锐之心。事事相接，

再说雍州兵力精锐,粮草充足,萧衍雄姿英发,谋略过人,罕有人能匹敌,刘山阳一定不是他的对手。如果他击败了刘山阳,我们荆州也会因没有执行朝廷之令而受到责难,这真是进也不可,退也不可,所以应该认真加以考虑。"萧颖达也劝萧颖胄听从席阐文等人的计策。第二天早晨,萧颖胄对王天虎说:"您同刘山阳相识,现在不得不借您的头用一用。"于是,萧颖胄令人斩了王天虎,把他的脑袋送给刘山阳看,并且调用民众的车和牛,声称派遣步军去征讨襄阳。刘山阳见状欣喜若狂。甲寅(十八日),刘山阳到了江津,独自乘坐一辆车,穿着白色便服,只带了几十个随从,去见萧颖胄。萧颖胄指派曾经任过汶阳太守的刘孝庆等人在城内埋伏兵力,刘山阳进入城门之后,就在车中把他斩了,副军主李元履收集馀部,请求投降。

柳忱是柳世隆的儿子。萧颖胄顾虑西中郎司马夏侯详不合作,把心中之虑告诉了柳忱,柳忱说:"这再容易不过了。前不久,夏侯详曾来求婚,要娶我的女儿做儿媳妇,我没有答应他,现在为了成就大业,我就答应与他做亲家好了。"于是,柳忱就把自己的女儿嫁给了夏侯详的儿子夏侯夔,并且把密谋告诉夏侯详,夏侯详服从了。乙卯(十九日),萧颖胄以南康王萧宝融的名义发布戒严令,又赦放囚徒,施布恩惠,颁布奖赏标准。丙辰(二十日),以南康王的名义任命萧衍为使持节都督前锋诸军事。丁巳(二十一日),以南康王的名义任命萧颖胄为都督行留诸军事。萧颖胄有才识与度量,一旦已经开始谋举大业,就能做到虚心接人待物,处处委曲求全,所以众心都向着他。由于别驾、南阳人宗夬,以及同郡中兵参军刘坦、谘议参军乐蔼深得州人的推崇信任,所以萧颖胄在军府大事方面,常常向他们谘问。萧颖胄和宗夬各自捐献自己的钱粮,并且转借了大量的资金,以便资助军用。长沙寺的僧人向来富有,他们把黄金铸成金龙,约有数千金,埋藏在地下,萧颖胄取出来,用以资助军费开支。

萧颖胄派遣使者把刘山阳的首级送给萧衍,并且告诉萧衍说年月不吉利,应当等到明年二月再起兵出发。萧衍说:"起兵的开头,所凭藉的就是一时之骁锐的气势与信心。即使不停息地干下去,

犹恐疑怠。若顿兵十旬,必生悔吝。且坐甲十万,粮用自竭。若童子立异,则大事不成。况处分已定,安可中息哉!昔武王伐纣,行逆太岁,岂复待年月乎?"

戊午,衍上表劝南康王宝融称尊号,不许。十二月,颖胄与夏侯详移檄建康百官及州郡牧守,数帝及梅虫儿、茹法珍罪恶。颖胄遣冠军将军天水杨公则向湘州,西中郎参军南郡邓元起向夏口。军主王法度坐不进军免官。乙亥,荆州将佐复劝宝融称尊号,不许。夏侯详之子骁骑将军亶为殿中主帅,详密召之,亶自建康亡归。壬辰,至江陵,称奉宣德皇太后令:"南康王宜纂承皇祚,方俟清宫,未即大号。可封十郡为宣城王、相国、荆州牧,加黄钺,选百官,西中郎府、南康国如故。须军次近路,主者备法驾奉迎。"

竟陵太守新野曹景宗遣亲人说萧衍,迎南康王都襄阳,先正尊号,然后进军,衍不从。王茂私谓张弘策曰:"今以南康置人手中,彼挟天子以令诸侯,节下前进为人所使,此岂他日之长计乎!"弘策以告衍,衍曰:"若前涂大事不捷,故自兰艾同焚;若其克捷,则威振四海,岂碌碌受人处分者邪!"

初,陈显达、崔慧景之乱,人心不安。或问时事于上庸太守杜陵韦叡,叡曰:"陈虽旧将,非命世才;崔颇更事,懦而不武。其赤族宜矣。定天下者,殆必在吾州将乎?"乃遣二子自结于萧衍。及衍起兵,叡帅郡兵二千倍道赴之。华山太守

还要担心恐怕出现懈怠情绪。如果停兵等待三个来月,就会误事,那就悔恨也来不及了。何况聚集了十万大军,时间一长,粮食就要消耗光。如果那毛孩子再产生什么变化,那么大事就难以成功。况且现在已经一切安排就绪,怎么能中途停息呢? 过去周武王讨灭殷纣王,出发时间正好冲犯太岁星,岂能等待什么吉利的时间呢?"

戊午(二十二日),萧衍上表萧宝融,劝他称帝,但萧宝融不答应。十二月,萧颖胄同夏侯详向建康朝廷中的百官群臣以及各州郡的长官们传送了声讨皇帝以及梅虫儿、茹法珍罪恶的檄文。萧颖胄派遣冠军将军、天水人杨公则出发去湘州,派遣西中郎参军、南郡人邓元起向夏口进发。军主王法度因按兵不进而被免职。乙亥(初十),荆州的将领们再次劝萧宝融称帝,萧宝融仍旧没有答应。夏侯详的儿子骁骑将军夏侯亶任殿中主帅,夏侯详秘密召他前来,夏侯亶就从建康逃回来了。壬辰(二十七日),萧颖胄到达江陵,声称接奉宣德皇太后的命令:"南康王萧宝融应当继承皇位,但由于要等待清除宫中的昏君和奸臣,所以暂时不称帝。可以封地十郡,为宣城王、相国、荆州牧,并且授予黄钺,可以挑选任命百官,原有的西中郎府和南康国照旧不变。等待军队到了附近之时,负责者备办车驾前去奉迎他。"

竟陵太守、新野人曹景宗派遣亲属去游说萧衍,建议他去迎接南康王,以襄阳为首都,先称帝即位,然后再进军建康,萧衍没有采纳他的意见。王茂私下里对张弘策说:"现在,南康王被掌握在萧颖胄手中,他挟天子以令诸侯,使持节大人萧衍的前进后退都将受他驱使,这岂能是来日的长久之计呢?"张弘策把王茂的话告诉了萧衍,萧衍说:"假若下一步的大事不能成功,那么无论贵贱都将一块遭难而死;如果大事能告捷,那么我将威震四海,又岂能会碌碌无为而受他人摆布呢?"

当初,陈显达、崔慧景反叛之时,人心不安。有人向上庸太守、杜陵人韦叡讨问,韦叡说:"陈显达虽是一员老将,但不是治世之才;崔慧景略为懂些事理,但懦怯而缺少英武之气。结局恐怕是落个满门诛斩的下场。安定天下的人,大概必定是我们州的刺史萧衍吧?"于是,韦叡就派遣他的两个儿子自动前去结交萧衍。等到萧衍起兵之时,韦叡率领郡兵两千兼程而行,前去参加。华山太守

蓝田康绚帅郡兵三千赴衍。冯道根时居母丧,帅乡人子弟胜兵者悉往赴之。梁、南秦二州刺史柳惔亦起兵应衍。惔,忱之兄也。

　　帝闻刘山阳死,发诏讨荆、雍。戊寅,以冠军长史刘浍为雍州刺史,遣骁骑将军薛元嗣、制局监暨荣伯将兵及运粮百四十馀船送郢州刺史张冲,使拒西师。元嗣等惩刘山阳之死,疑冲,不敢进,停夏口浦。闻西师将至,乃相帅入郢城。前竟陵太守房僧寄将还建康,至郢,帝敕僧寄留守鲁山,除骁骑将军。张冲与之结盟,遣军主孙乐祖将数千人助僧寄守鲁山。

　　萧颖胄与武宁太守邓元起书,招之。张冲待元起素厚,众皆劝其还郢,元起大言于众曰:“朝廷暴虐,诛戮宰辅,群小用事,衣冠道尽。荆、雍二州同举大事,何患不克!且我老母在西,若事不成,正受戮昏朝,幸免不孝之罪。”即日治严上道,至江陵,为西中郎中兵参军。

　　湘州行事张宝积发兵自守,未知所附。杨公则克巴陵,进军白沙,宝积惧,请降,公则入长沙,抚纳之。

22　是岁,北秦州刺史杨集始将众万馀自汉中北出,规复旧地。魏梁州刺史杨椿将步骑五千出顿下辩,遗集始书,开以利害,集始遂复将其部曲千馀人降魏。魏人还其爵位,使归守武兴。

蓝田人田康绚也率领郡兵三千名去投附萧衍。冯道根当时正在为母亲守丧,也率领乡亲的子弟中可以行军打仗者前去加入萧衍的军队。梁州和南秦州两州的刺史柳惔也起兵响应萧衍。柳惔是柳忱的哥哥。

皇帝听说刘山阳死了,就发出诏书,命令讨伐荆州和雍州。戊寅(十三日),皇帝任命冠军长史刘浍为雍州刺史,并派遣骁骑将军薛元嗣、制局监暨荣伯率兵以及运粮一百四十余船,送给郢州刺史张冲,让张冲抵挡西边荆、雍二州的军队。薛元嗣等人有鉴于刘山阳之死,对张冲有怀疑,所以不敢前进,停在夏口浦。听说西边的军队将要开过来了,方才率兵进入郢城。原先的竟陵太守房僧寄将要回建康,到了郢州时,皇帝敕令房僧寄留守鲁山,授予他骁骑将军。张冲与房僧寄结盟,派遣军主孙乐祖率领数千人帮助房僧寄守护鲁山。

萧颖胄给武宁太守邓元起去信,让他前来。张冲对待邓元起向来优厚,众人都劝邓元起回郢州去,邓元起大声对众人说:“如今朝廷残暴肆虐,杀戮宰辅大臣,一帮小人们在朝中专权,士大夫之道完全被他们所抛弃。荆州和雍州共同谋举大事,何愁不能成功?况且我的老母亲在西边,如果事情不能成功,正好让昏庸的朝廷把我杀掉,这样反而可以免于我对老母亲的不孝之罪。”邓元起当日就收拾好,上道西行,到达江陵之后,被萧颖胄任命为西中郎中兵参军。

湘州行事张宝积发兵自守,不知道该依附哪一方。杨公则攻克巴陵之后,进军白沙,张宝积害怕了,请求投降,杨公则率部进入长沙,安抚、招纳了张宝积及其部下。

22　这一年,南齐北秦州刺史杨集始率领一万多人马从汉中北边进攻,收复了他的旧地。北魏梁州刺史杨椿率领步、骑兵五千来驻扎于下辩,派人给杨集始送去书信,晓以利害,于是杨集始就又率领部曲千余人投了北魏。北魏恢复了杨集始过去的爵位,让他回去驻守武兴。

# 卷第一百四十四　齐纪十

辛巳(501)一年

## 和皇帝

## 中兴元年(辛巳,501)

1　春,正月丁酉,东昏侯以晋安王宝义为司徒,建安王宝寅为车骑将军、开府仪同三司。

2　乙巳,南康王宝融始称相国,大赦。以萧颖胄为左长史,萧衍为征东将军,杨公则为湘州刺史。戊申,萧衍发襄阳,留弟伟总府州事,憺守垒城,府司马庄丘黑守樊城。衍既行,州中兵及储偫皆虚。魏兴太守裴师仁、齐兴太守颜僧都并不受衍命,举兵欲袭襄阳,伟、憺遣兵邀击于始平,大破之,雍州乃安。

3　魏咸阳王禧为上相,不亲政务,骄奢贪淫,多为不法,魏主颇恶之。禧遣奴就领军于烈求旧羽林虎贲,执仗出入。烈曰:"天子谅暗,事归宰辅。领军但知典掌宿卫,非有诏不敢违理从私。"禧奴惘然而返。禧复遣谓烈曰:"我,天子之□□□叔父,身为元辅,有所求须,与诏何异!"烈厉色曰:"烈非不知王之贵也,奈何使私奴索天子羽林! 烈头可得,羽林不可得!"禧怒,以烈为恒州刺史。烈不愿出外,固辞,不许。遂称疾不出。

### 和皇帝
### 齐和帝中兴元年(辛巳,公元501年)

1  春季,正月丁酉(初二),东昏侯任命晋安王萧宝义为司徒,任命建安王萧宝寅为车骑将军、开府仪同三司。

2  乙巳(初十),南康王萧宝融开始称相国,发令大赦天下。任命萧颖胄为左长史,任命萧衍为征东将军,任命杨公则为湘州刺史。戊申(十三日),萧衍率兵从襄阳出发,留下弟弟萧伟总管府州事务,萧憺防守襄阳城附近的堡寨,府司马庄丘黑防守樊城。萧衍出发之后,州中兵力以及物资储备都很空虚。魏兴太守裴师仁、齐兴太守颜僧都两人不服从萧衍的命令,率领兵马要袭击襄阳,萧伟和萧憺派遣部队在始平进行拦截阻击,大获全胜,于是雍州得以安定。

3  北魏咸阳王元禧以太尉辅政,位居群臣之上,但是他不亲理政务,骄奢淫侈,贪得无厌,干了许多违法之事,宣武帝对他特别不满。元禧派遣自己的奴仆到领军于烈那里要一些专为皇帝担任警卫任务的羽林虎贲,以便出入之时为他自己担任护卫。于烈对来者说:"皇上正在为先帝守丧,朝廷政事归于辅政大臣掌管。我身为领军,只知道负责皇上的警卫事情,所以没有皇上的诏令,我不敢违反规定私自给予。"元禧的奴仆怏怏不乐地回去了。元禧再次派奴仆去对于烈转达说:"我是皇上的叔父,身为辅政大臣,有所需求而向你提出,这与皇上的诏令有什么两样呢?"于烈严厉地回答道:"于烈我并非不知道王爷的高贵身份,但是您怎么能指使自己的奴仆来索要皇上的羽林!您可以要去我于烈的脑袋,但要羽林却一个也得不到。"元禧因此而恼羞成怒,依仗权力任命于烈为恒州刺史。于烈不愿意到外地去,坚决推辞,但是元禧不准许。于烈就借口有病而躲在家中不出来了。

烈子左中郎将忠领直阁,常在魏主左右。烈使忠言于魏主曰:"诸王专恣,意不可测,宜早罢之,自揽权纲。"北海王详亦密以禧过恶白帝,且言彭城王勰大得人情,不宜久辅政。帝然之。

时将祫祭,王公并齐于庙东坊。帝夜使于忠语烈:"明旦入见,当有处分。"质明,烈至。帝命烈将直阁六十馀人,宣旨召禧、勰、详,卫送至帝所。禧等入见于光极殿,帝曰:"恪虽寡昧,忝承宝历。比缠尩疢,实凭诸父,苟延视息,奄涉三龄。诸父归逊殷勤,今便亲摄百揆。且还府司,当别处分。"又谓勰曰:"顷来南北务殷,不容仰遂冲操。恪是何人,而敢久违先敕,今遂叔父高蹈之意。"勰谢曰:"陛下孝恭,仰遵先诏,上成睿明之美,下遂微臣之志,感今惟往,悲喜交深。"庚戌,诏勰以王归第;禧进位太保;详为大将军、录尚书事。尚书清河张彝、邢峦闻处分非常,亡走,出洛阳城,为御史中尉中山甄琛所弹。诏书切责之。复以于烈为领军,仍加车骑大将军,自是长直禁中,军国大事,皆得参焉。

魏主时年十六,不能亲决庶务,委之左右。于是幸臣茹皓、赵郡王仲兴、上谷寇猛、赵郡赵脩、南阳赵邕及外戚高肇等始用事,魏政浸衰。赵脩尤亲幸,旬月间,累迁至光禄卿。

于烈的儿子左中郎将于忠统管直阁,经常在宣武帝身边。于烈就让于忠对宣武帝说:"各位王爷专横恣意,其内心不可预测,宜于早点罢黜,而由圣上亲自临朝执政。"北海王元详也秘密地把元禧的罪过恶行告诉了宣武帝,并且说彭城王元勰深得人心,也不宜于长久地辅理朝政。宣武帝听了深表同意。

　　快到春季祭宗庙之时,王公们全都在宗庙的东坊斋戒。宣武帝在夜里指派于忠去对于烈说:"明天早晨进来见我,将对你有所吩咐。"第二天天刚亮,于烈到了。宣武帝命令于烈率领直阁六十多人,传达圣上旨意要召见元禧、元勰、元详三人,把他们护送到皇上的住所。元禧等三人进入光极殿去见皇上,宣武帝对他们说:"元恪我虽然孤陋寡闻,忝承皇位。到我患病之后,确实依靠几位叔父辅理朝政,才使我得以苟延残喘,不知不觉地就过去了三年。三位叔父一再表示要归政,殷勤谦逊之意不敢拂逆,所以现在我就亲自执掌朝政。各位叔父暂且回到各自的府邸去吧,至于下一步如何,我当分别安排。"元恪又对元勰说:"近来南北事务繁多,使您奔波辛劳,不能实现虚静之志节。元恪我是何人,怎么敢长久违背先帝的遗敕?今天我就顺从了叔父高蹈避世的心意吧。"元勰听后,感谢说:"陛下孝顺恭敬,仰遵先帝的遗诏,批准我脱身俗务,这真是对上成就圣明之美,对下遂顺微臣我的志向,抚今思往,如何不令我悲喜交织呢?"庚戌(十五日),宣武帝诏令元勰以王爷身份回府静养,元禧位进太保,元详担任大将军、录尚书事。尚书清河人张彝、邢峦知道了元恪对三位叔父的安置情况,觉得这样处理很不正常,就离朝逃走,逃出了洛阳城,于是被御史中尉、中山人甄琛弹劾。宣武帝发出诏书,狠狠地斥责了他们两人。宣武帝还是让于烈担任领军,又加封他为车骑大将军,从此以后,于烈常在皇宫内值班,国家军政大事,他都得以参与。

　　宣武帝元恪当时才十六岁,不能亲自处理断决朝政事务,就委托给身边人办理。于是,宠幸之臣茹皓、赵郡人王仲兴、上谷人寇猛、赵郡人赵脩、南阳人赵邕以及外戚高肇等人开始专权,北魏的朝政从此逐渐衰败。赵脩尤其受宣武帝宠幸,一个月之内,就升至光禄卿。

每迁官,帝亲至其宅设宴,王公百官皆从。

4 辛亥,东昏侯祀南郊,大赦。

5 丁巳,魏主引见群臣于太极前殿,告以亲政之意。壬戌,以咸阳王禧领太尉,广陵王羽为司徒。魏主引羽入内,面授之。羽固辞曰:"彦和本自不愿,而陛下强与之。今新去此官而以臣代之,必招物议。"乃以为司空。

6 二月乙丑,南康王以冠军长史王茂为江州刺史,竟陵太守曹景宗为郢州刺史,邵陵王宝攸为荆州刺史。

7 甲戌,魏大赦。
8 壬午,东昏侯遣羽林兵击雍州,中外纂严。

9 甲申,萧衍至竟陵,命王茂、曹景宗为前军,以中兵参军张法安守竟陵城。茂等至汉口,诸将议欲并兵围郢,分兵袭西阳、武昌。衍曰:"汉口不阔一里,箭道交至,房僧寄以重兵固守,与郢城为掎角。若悉众前进,僧寄必绝我军后,悔无所及。不若遣王、曹诸军济江,与荆州军合,以逼郢城。吾自围鲁山以通沔、汉,使郢城、竟陵之粟方舟而下,江陵、湘中之兵相继而至,兵多食足,何忧两城之不拔!天下之事,可以卧取之耳。"乃使茂等帅众济江,顿九里。

他每升一次官,宣武帝就亲自到他家去设宴庆贺一番,王公大臣们也都要随着一起去。

4 辛亥(十六日),南齐东昏侯在南郊举行祀天仪式,大赦天下。

5 丁巳(二十二日),北魏宣武帝元恪在太极前殿召见百官群臣,告诉了他们自己要亲自执政的意见。壬戌(二十七日),宣武帝命咸阳王元禧兼任太尉,任命广陵王元羽为司徒。宣武帝让元羽进入内殿,当面告诉了他这一任命。但是,元羽坚决推辞不受,他说:"当初元勰自己本来不愿意担任司徒,而陛下却强使他担任。如今刚免去了元勰的司徒之官而以我代替他,这样一来必定要遭到众人的议论。"于是,元恪就只好让他担任司空。

6 二月乙丑(初一),南齐南康王萧宝融任命冠军长史王茂为江州刺史,任命竟陵太守曹景宗为郢州刺史,任命邵陵王萧宝攸为荆州刺史。

7 甲戌(初十),北魏大赦天下。

8 壬午(十八日),南齐东昏侯派遣羽林兵袭击雍州,宣布朝廷内外实行戒严。

9 甲申(二十日),萧衍到达竟陵,命令王茂、曹景宗担任前军,又命令中兵参军张法安防守竟陵城。王茂等人到达汉口,众将领计议要合并兵力围攻郢,以及兵分两路袭击西阳和武昌。萧衍说:"汉口河道宽不到一里,我们在河中间,敌人在两岸射箭,箭雨交织,如何得了?再说房僧寄以重兵把守汉口,与郢城成互相呼应之势。我们如果出动全部兵力前去,房僧寄必定要派兵去断绝我军的后路,如此一来后悔也来不及了。所以,不如派王茂、曹景宗的军队渡过长江,与荆州方面的兵力会合,进逼郢城。我则亲自围攻鲁山,以便打通沔、汉水道,使郢城、竟陵的粮食能用舟船运下来,江陵和湘中的军队相继到来之后,兵多粮足,何愁攻不下这两座城池呢?夺取天下,无须力战,简直可以卧而取之。"于是,萧衍就指使王茂等人率兵渡过长江,驻扎在九里。

张冲遣中兵参军陈光静开门迎战,茂等击破之,光静死,冲婴城自守。景宗遂据石桥浦,连军相续,下至加湖。

荆州遣冠军将军邓元起、军主王世兴、田安之将数千人会雍州兵于夏首。衍筑汉口城以守鲁山,命水军主义阳张惠绍等游遏江中,绝郢、鲁二城信使。杨公则举湘州之众会于夏口。萧颖胄命荆州诸军皆受公则节度,虽萧颖达亦隶焉。

府朝议欲遣人行湘州事而难其人,西中郎中兵参军刘坦谓众曰:"湘土人情,易扰难信,用武士则侵渔百姓,用文士则威略不振。必欲镇静一州,军民足食,无逾老夫。"乃以坦为辅国长史、长沙太守,行湘州事。坦尝在湘州,多旧恩,迎者属路。下车,选堪事吏分诣十郡,发民运租米三十馀斛以助荆、雍之军,由是资粮不乏。

三月,萧衍使邓元起进据南堂西渚,田安之顿城北,王世兴顿曲水故城。丁酉,张冲病卒,骁骑将军薛元嗣与冲子孜及征房长史江夏内史程茂共守郢城。

乙巳,南康王即皇帝位于江陵,改元,大赦,立宗庙、南北郊,州府城门悉依建康宫,置尚书五省,以南郡太守为尹,以萧颖胄为尚书令,萧衍为左仆射,晋安王宝义为司空,庐陵王宝源为车骑将军、开府仪同三司,建安王宝寅为徐州刺史,散骑常侍夏侯详为中领军,冠军将军萧伟为雍州刺史。丙午,诏封庶人宝卷为涪陵王。乙酉,以尚书令萧颖胄行荆州刺史,

张冲派遣中兵参军陈光静出城迎战,王茂等率部破敌获胜,陈光静战死,张冲只好据城自守,不敢出战。于是,曹景宗便占据石桥浦,摆开战线,一直下至加湖。

荆州方面派遣冠军将军邓元起、军主王世兴、田安之率领数千人在夏首与雍州方面的兵力会合。萧衍筑建汉口城以便守护鲁山,并且命令水军主义阳人张惠绍等人在长江中游动阻截,以便断绝郢城和鲁山之间的信使往来。杨公则率领湘州兵力与其他军队在夏口会合。萧颖胄命令荆州方面的各部兵力全都接受杨公则的指挥调遣,即使是萧颖达也同样成为他的部下。

南康王萧宝融的相国府商议要派遣人去执管湘州,但是难以找到合适的人选,西中郎中兵参军刘坦对众人说:"湘州的风土人情不同一般,那里的人容易骚乱,难以取信,如果派一个武将去则会侵扰、鱼肉百姓,而派文官去则威略不够,不容易镇得住。所以,要想使湘州平定安稳,军民丰衣足食,没有人比老夫我更合适。"于是,就任命刘坦为辅国长史、长沙太守,主管湘州事务。刘坦曾经在湘州住过,当地有许多得过他好处的老熟人,所以迎接他到来的人挤满了道路。刘坦到任之后,选派能干的吏员分赴十郡,发动民众运送租米三十多万斛,以便资助荆州和雍州的军队,由此粮食物资再也不缺乏了。

三月,萧衍派邓元起前去占据南堂西边的长江岸,田安之驻扎在城北,王世兴驻扎在曲水旧城。丁酉(初三),张冲病逝,骁骑将军薛元嗣与张冲的儿子张孜,以及征虏长史、江夏内史程茂共同守护郢城。

乙巳(十一日),南康王在江陵称帝即位,改换年号为中兴,大赦天下,并且建立宗庙、南北郊祭祀天地场所,州府城门则全部依照建康宫的规模而改建,设置了尚书五省,任命南郡太守为尹,萧颖胄为尚书令,萧衍为左仆射,晋安王萧宝义为司空,庐陵王萧宝源为车骑将军、开府仪同三司,建安王萧宝寅为徐州刺史,散骑常侍夏侯详为中领军,冠军将军萧伟为雍州刺史。丙午(十二日),萧宝融发出诏书,宣布封庶人萧宝卷为涪陵王。乙酉,命令尚书令萧颖胄兼荆州刺史,

加萧衍征东大将军、都督征讨诸军事,假黄钺。时衍次杨口,和帝遣御史中丞宗夬劳军。宁朔将军新野庾域讽夬曰:"黄钺未加,非所以总帅侯伯。"夬返西台,遂有是命。薛元嗣遣军主沈难当帅轻舸数千乱流来战,张惠绍等击擒之。

癸丑,东昏侯以豫州刺史陈伯之为江州刺史、假节、都督前锋诸军事,西击荆、雍。

夏,四月,萧衍出沔,命王茂、萧颖达等进军逼郢城。薛元嗣不敢出。诸将欲攻之,衍不许。

10 魏广陵惠王羽通于员外郎冯俊兴妻,夜往,为俊兴所击而匿之。五月壬子,卒。

11 魏主既亲政事,嬖幸擅权,王公希得进见。斋帅刘小苟屡言于禧云,闻天子左右人言欲诛禧,禧益惧,乃与妃兄给事黄门侍郎李伯尚、氐王杨集始、杨灵祐、乞伏马居等谋反。会帝出猎北邙,禧与其党会城西小宅,欲发兵袭帝,使长子通窃入河内举兵相应。乞伏马居说禧:"还入洛城,勒兵闭门,天子必北走桑乾,殿下可断河桥,为河南天子。"众情前却不壹,禧心更缓,自旦至晡,犹豫不决,遂约不泄而散。杨集始既出,即驰至北邙告之。

直寝苻承祖、薛魏孙与禧通谋,是日,帝寝于浮图之阴,魏孙欲弑帝,承祖曰:"吾闻杀天子者身当病癫。"魏孙乃止。

又加封萧衍征东大将军、都督征讨诸军事,并且授予他黄钺。当时,萧衍正驻扎在杨口,和帝派遣御史中丞宗夬去犒劳军队,宁朔将军新野人庾域婉言对宗夬说:"皇上还没有授予萧衍黄钺,这样无法统率各路军队。"宗夬返回江陵把这一情况告诉了和帝,于是就有了上述的任命。薛元嗣派遣军主沈难当率领轻舟数千艘渡江前来交战,张惠绍等人迎战进去,擒获了沈难当。

癸丑(十九日),东昏侯委任豫州刺史陈伯之为江州刺史、假节、都督前锋诸军事,命令他西击荆、雍二州。

夏季,四月,萧衍率部出沔,命令王茂、萧颖达等部进军逼近郢城。薛元嗣据守城内,不敢出战,众将领准备攻城,萧衍不允许。

10 北魏广陵惠王元羽与员外郎冯俊兴的妻子私通,夜里前去寻欢,被冯俊兴堵住痛打了一顿,并且把他藏匿起来。五月,壬子(十九),元羽死去。

11 北魏宣武帝亲自执政以来,宠幸之徒们专权,而王公大臣们却很少有觐见的机会。斋帅刘小苟多次告诉元禧,说他听皇上身边的人讲要杀掉元禧,元禧越发害怕了,于是就与妃子的哥哥担任给事黄门侍郎的李伯尚、氐王杨集始、杨灵祐、乞伏马居等人一起谋反。恰逢宣武帝去北邙打猎,元禧与同党们在城西小宅内集会,准备发兵去袭击宣武帝,并且派长子元通偷偷去河内起兵响应。乞伏马居劝说元禧:"我立即回到洛阳城中去,率兵关闭城门,皇上必定会朝北向桑乾逃去,殿下可以把黄河桥拆断,割据一方,做黄河以南的皇帝。"但是,众人意见不统一,有的主张立即行动,有的主张暂缓一步,元禧心里更不急,从早晨到下午,尚犹豫不决,于是约定谁也不能泄露出去,大伙就散了。杨集始刚出来,就立即骑马到北邙向宣武帝报告去了。

担任直寝的符承祖、薛魏孙与元禧合谋,这一天,宣武帝在佛塔底下的阴凉处睡眠,薛魏孙想要杀死宣武帝,符承祖却对他说:"我听说杀皇帝的人身体要得癞疮。"于是,薛魏孙就没有下手。

俄而帝寤,集始亦至。帝左右皆四出逐禽,直卫无几,仓猝不知所出。左中郎将于忠曰:"臣父领军留守京城,计防遏有备,必无所虑。"帝遣忠驰骑观之,于烈已分兵严备,使忠还奏曰:"臣虽老,心力犹可用。此属猖狂,不足为虑,愿陛下清跸徐还,以安物望。"帝甚悦,自华林园还宫,抚于忠之背曰:"卿差强人意!"

禧不知事露,与姬妾及左右宿洪池别墅,遣刘小苟奉启,云检行田收。小苟至北邙,已逢军人,怪小苟赤衣,欲杀之。小苟困迫,言欲告反,乃缓之。或谓禧曰:"殿下集众图事,见意而停,恐必漏泄,今夕何宜自宽!"禧曰:"吾有此身,应知自惜,岂待人言!"又曰:"殿下长子已济河,两不相知,岂不可虑!"禧曰:"吾已遣人追之,计今应还。"时通已入河内,列兵仗,放囚徒矣。于烈遣直阁叔孙侯将虎贲三百人收禧。禧闻之,自洪池东南走,僮仆不过数人,济洛,至柏谷坞,追兵至,擒之,送华林都亭。帝面诘其反状,壬戌,赐死于私第。同谋伏诛者十馀人,诸子皆绝属籍,微给资产、奴婢,自馀家财悉分赐高肇及赵脩之家,其馀赐内外百官,逮于流外,

不一会儿,元恪睡醒了,杨集始也赶到了,向他报告了元禧的阴谋。宣武帝左右的人都四处出动去追逐禽兽去了,身边没有几个卫士,所以仓猝之间不知如何是好。这时,左中郎将于忠对宣武帝说道:"我父亲领军于烈留守在京城为了应付突然事变,必有所防备,所以一定不会有什么担忧的。"宣武帝马上派遣于忠骑马去京城观察情况,到后一看,见于烈已经分布兵力,严加守备,让于忠回去奏告宣武帝,说:"我虽然年纪老了,但是心力还够用。元禧这帮家伙虽然猖狂,但是完全不足为虑,希望陛下收拾车驾慢慢返宫,以便安定人心。"宣武帝听后喜悦万分,从华林园回到宫中,抚摸着于忠的后背说道:"您是比较令我满意的。"

　元禧还不知道事情已经败露,同姬妾以及身边的人住宿在洪池别墅里,而派遣刘小苟去向元恪启告,说自己在巡视检查田野收割情况。刘小苟到了北邙,已经遇上了军人,军人们见刘小苟穿着红衣服,觉得他不对劲,要杀他。刘小苟脱身不得,说自己要去报告元禧谋反之事,军人们才饶了他。有人对元禧说:"殿下召集众人图谋大事,事情已经挑明了,但是却中途而止,恐怕必定会有所泄露,今天晚上怎么可以如此宽心自在呢?"元禧说:"我的身子为自己所有,应该知道如何爱惜,难道还用得着别人来提醒吗?"这人又对他说:"殿下的长子已经渡过黄河了,但现在我们这里又停止行动了,这样互相不知情,难道不值得忧虑吗?"元禧回答说:"我已经派人去追他了,估计现在应该回来了。"这时元通已经到了河内,并且布置好兵力武器,放出了囚徒,开始行动了。于烈派遣直阁叔孙侯率领虎贲三百名去抓捕元禧,元禧知道之后,从洪池向东南逃跑,跟随的僮仆不过几人。元禧渡过了洛水,到达柏谷坞时,后面的追兵也赶上来了,捉住了他,押送到华林都亭。宣武帝元恪当面诘问了元禧谋反经过,壬戌(二十九日),赐元禧死于他本人的府中。元禧的同谋伏法被诛的有十多人,他的几个儿子都从皇族的名册中除去,留给他们少量的财产和奴婢,在此以外的部分家产赏赐给高肇以及赵脩,其余的分赏给朝廷内外百官,甚至不入品的候补官员也得到了一些赏赐,

多者百馀匹,下至十匹。禧诸子乏衣食,独彭城王勰屡赈给之。河内太守陆琇闻禧败,斩送禧子通首。魏朝以琇于禧未败之前不收捕通,责其通情,征诣廷尉,死狱中。帝以禧无故而反,由是益疏忌宗室。

12　巴西太守鲁休烈、巴东太守萧惠训不从萧颖胄之命。惠训遣子瑰将兵击颖胄,颖胄遣汶阳太守刘孝庆屯峡口,与巴东太守任漾之等拒之。

13　东昏侯遣军主吴子阳、陈虎牙等十三军救郢州,进屯巴口。虎牙,伯之之子也。

六月,西台遣卫尉席阐文劳萧衍军,赍萧颖胄等议谓衍曰:"今顿兵两岸,不并军围郢,定西阳、武昌,取江州,此机已失。莫若请救于魏,与北连和,犹为上策。"衍曰:"汉口路通荆、雍,控引秦、梁,粮运资储,仰此气息。所以兵压汉口,连结数州。今若并军围郢,又分兵前进,鲁山必沮沔路,扼吾咽喉。若粮运不通,自然离散,何谓持久?邓元起近欲以三千兵往取寻阳,彼若欢然知机,一说士足矣。脱距王师,固非三千兵所能下也。进退无据,未见其可。西阳、武昌,取之即得。然既得之,即应镇守。欲守两城,不减万人,粮储称是,卒无所出。脱东军有上者,以万人攻两城,两城势不得相救,若我分军应援,则首尾俱弱;如其不遣,孤城必陷,一城既没,诸城相次土崩,天下大事去矣。若郢州既拔,席卷沿流,西阳、

多的有绢帛一百多匹,少的则十匹。元禧的儿子们缺衣少食,只有彭城王元勰屡屡接济他们。河内太守陆琇闻知元禧谋反失败,便斩了元禧的儿子元通,把首级送往朝廷。但是,朝廷却认为陆琇在元禧没有失败之前不拘捕元通,指责他与元通串通合谋,把他征召到京城,经廷尉审理,最后死在狱中。宣武帝元恪由于元禧无缘无故而谋反,因此越发疏远、猜忌宗室成员了。

12 南齐巴西太守鲁休烈、巴东太守萧惠训不听从萧颖胄的命令。萧惠训派遣自己的儿子萧璝带兵去袭击萧颖胄,萧颖胄派汶阳太守刘孝庆驻扎峡口,同巴东太守任漾之等人一起抵挡萧璝。

13 东昏侯派遣军主吴子阳、陈虎牙等十三军去援救郢城,这些军队进驻了巴口。陈虎牙是陈伯之的儿子。

六月,江陵方面派遣卫尉席阐文去犒劳萧衍的军队,并且把萧颖胄等人的意见转达于萧衍:“如今您把兵力停在汉口两岸,而不合并诸军围攻郢城,平定西阳、武昌,夺取江州,这一机会已经失去了。所以不如求救于北魏,与他们联合起来,尚且不失为上策。”萧衍回答道:“汉口路通荆州、雍州,控制秦州、梁州,一切粮草物资的运输,全凭这里通过。所以我才决定兵压汉口,连结数州。现在如果合并各路军马围攻郢城,并且分兵前进,那么鲁山敌军必定要阻断沔水水路,这等于是扼住了我们的咽喉。如果粮草难以运到,军队自然会发生逃亡离散,这样的话,又如何能持久得了呢?邓元起近来想带三千兵力去攻取寻阳,寻阳那边如果能知道事态之发展,派一个说客去就够了。如果要抗拒我们的军队,那可远非三千兵就可以攻取得下来的。而到时必然会进退无所依据,所以不见得可行。西阳和武昌,如果要占取,很快就可以攻下来。然而,既然攻下来了,就应当驻兵镇守。但是,要想守住这两座城市,少于一万人是不行的,这就必须要有相应的粮食物资供应,但是仓促之下是难以筹措到的。如果东边军队前来,以一万人攻打这两座城,而两城之间势必不能互相援救,如果我分派军队去援救,则首尾兵力俱将削弱;如果不派遣的话,则孤城必然陷入敌手,只要一座城丢失了,其他城也会相继土崩瓦解,如此谋求天下之大业也就宣告失败了。如果在攻下郢州之后,沿江席卷而进,则西阳

武昌自然风靡。何遽分兵散众,自贻忧患乎!且丈夫举事欲清天步,况拥数州之兵以诛群小,悬河注火,奚有不灭!岂容北面请救戎狄,以示弱于天下!彼未必能信,徒取丑声,此乃下计,何谓上策!卿为我辈白镇军:前途攻取,但以见付,事在目中,无患不捷,但借镇军靖镇之耳。”

吴子阳等进军武口。衍命军主梁天惠等屯渔湖城,唐脩期等屯白阳垒,夹岸待之。子阳进军加湖。去郢三十里,傍山带水,筑垒自固。子阳举烽,城内亦举火应之。而内外各自保,不能相救。会房僧寄病卒,众复推助防孙乐祖代守鲁山。

14　萧颖胄之初起也,弟颖孚自建康出亡,庐陵民脩灵祐为之聚兵,得二千人,袭庐陵,克之,内史谢篡奔豫章。颖胄遣宁朔将军范僧简自湘州赴之,僧简拔安成,颖胄以僧简为安成太守,以颖孚为庐陵内史。东昏侯遣军主刘希祖将三千人击之,南康太守王丹以郡应希祖。颖孚败,奔长沙,寻病卒,谢篡复还郡。希祖攻拔安成,杀范僧简,东昏侯以希祖为安成内史。脩灵祐复合馀众攻射篡,篡败走。

15　东昏侯作芳乐苑,山石皆涂以五采。望民家有好树、美竹,则毁墙撤屋而徙之。时方盛暑,随即枯萎,朝暮相继。又于苑中立市,使宫人、宦者共为裨贩,以潘贵妃为市令,东昏侯自为市录事,小有得失,妃则予杖。乃敕虎贲不得进大荆、实中荻。

和武昌自然望风而披靡。所以，又何须眼下分兵散众去攻打，以致自己给自己造成忧患呢？而且，大丈夫举事是为了清理出通向朝廷之路，何况我们拥有数州的兵力来诛斩一帮小人，好比是悬河注火，哪里有不能熄灭的道理呢？所以，岂能求救于北方的戎狄，以致示弱于天下呢？北魏未必可以信任，我们只能是白白地落下个丑坏的名声，这实在是下策，怎么能说是上策呢？请您替我们转告镇军将军：下一步的攻取之事，只管交给我负责好了，事情明摆在那里，不要担心不能取胜，只是要借镇军将军之威名来镇定军心罢了。”

吴子阳等人进军武口。萧衍命令军主梁天惠等人驻兵渔湖城，又命令唐脩期等人驻兵白阳垒，在两岸严阵以待。吴子阳把军队开进加湖。他在离郢城三十里远近，选择地理形势依山傍水之处修筑战垒，自我固守。吴子阳点燃烽火，郢城之内也点火相应。但是城内与城外只愿各自保命，不能互相援救。这时房僧寄病死，众人推选原来协助房僧寄守城的孙乐祖代替他防守鲁山。

14　萧颖胄刚开始起兵之时，他的弟弟萧颖孚从建康逃出，庐陵百姓脩灵祐为他召集兵员，得到两千人，去袭击庐陵，攻下了庐陵，内史谢篡跑到了豫章。萧颖胄派遣宁朔将军范僧简从湘州赶赴豫章，范僧简攻下了安成，萧颖胄任命范僧简为安成太守，任命萧颖孚为庐陵内史。东昏侯派遣军主刘希祖率领三千人攻击萧颖孚，南康太守王丹率郡兵响应刘希祖。萧颖孚战败，跑到长沙，很快就病死了，谢篡又回到了郡中。刘希祖又去攻打安成，杀了范僧简，东昏侯任命刘希祖为安成内史。脩灵祐重新集合剩馀的人马攻打谢篡，谢篡败逃而去。

15　东昏侯修建了芳乐苑，山石全部涂上五彩之色。他看见百姓家有好树和美竹，就命人毁掉人家的院墙，拆掉房屋，把这树和竹子移栽在芳乐苑中。当时正值盛暑，竹、树栽上不久就枯萎了，于是另换，从早到晚忙个不停。东昏侯又在芳乐苑中建立了一个集市，让宫人、宦官们充当小贩，让潘贵妃做市令，他自己则自任集市的录事，如果谁稍有过失，潘贵妃就把其交给卫士杖责。于是，东昏侯命令虎贲们打时不得使用大鞭子和实心的荻杆。

又开渠立埭，身自引船，或坐而屠肉。又好巫觋，左右朱光尚诈云见鬼。东昏入乐游苑，人马忽惊，以问光尚，对曰："向见先帝大嗔，不许数出。"东昏大怒，拔刀与光尚寻之。既不见，乃缚菰为高宗形，北向斩之，县首苑门。

崔慧景之败也，巴陵王昭胄，永新侯昭颖出投台军，各以王侯还第，心不自安。竟陵王子良故防阁桑偃为梅虫儿军副，与前巴西太守萧寅谋立昭胄，昭胄许事克用寅为尚书左仆射、护军。时军主胡松将兵屯新亭，寅遣人说之曰："须昏人出，寅等将兵奉昭胄入台，闭城号令。昏人必还就将军，但闭垒不应，则三公不足得也。"松许诺。会东昏新作芳乐苑，经月不出游。偃等议募健儿百馀人，从万春门入，突取之，昭胄以为不可。偃同党王山沙虑事久无成，以事告御刀徐僧重。寅遣人杀山沙于路，吏于麝媵中得其事。昭胄兄弟与偃等皆伏诛。

雍州刺史张欣泰与弟前始安内史欣时，密谋结胡松及前南谯太守王灵秀、直阁将军鸿选等诛诸嬖幸，废东昏。东昏遣中书舍人冯元嗣监军救郢。秋，七月甲午，茹法珍、梅虫儿及太子右率李居士、制局监杨明泰送之中兴堂，欣泰等使人怀刀于座斫元嗣，头坠果柈中，又斫明泰，破其腹。虫儿伤数疮，手指皆堕。居士、法珍等散走还台。灵秀诣石头迎建康王宝寅，

东昏侯又命令人挖渠筑坝,自己亲自驾船,或者坐下做屠夫卖肉。东昏侯又喜好巫师,他的身边人朱光尚诈称说自己能看见鬼。一次,东昏侯进入乐游苑,人马突然受惊,就问朱光尚是怎么回事,朱光尚回答说:"刚才我曾看见先帝非常生气,不许圣上频繁出游。"东昏侯听了勃然大怒,拔出刀子,同朱光尚一起寻找明帝的鬼魂。找了半天没有找着,东昏侯又用菰草扎成明帝的形状,然后用刀斩下草人的脑袋,把它悬挂在乐游苑的门上。

崔慧景失败之后,巴陵王萧昭胄、永新侯萧昭颖投降了朝廷军队,后来各自以王侯身份回到府第,然而心中到底不能安然。竟陵王萧子良过去的防阁桑偃现在是梅虫儿的军副,他与从前的巴西太守萧寅合谋,要立萧昭胄为帝,萧昭胄许诺事成之后让萧寅做尚书左仆射和护军。这时,军主胡松率兵屯驻在新亭,萧寅派人去游说他:"等待这个昏君出外的机会,萧寅等人带兵奉送萧昭胄进入宫中,然后关闭城门,发号施令,宣布登基。昏君必然来投奔将军,您只管关闭寨垒不理他,只要您按此办理,那么到时位到三公是不在话下的。"胡松答应了。恰在这时,东昏侯刚建成芳乐苑,整日在苑中玩嬉,好几个月不出外游赏。桑偃等人就在一起商议,准备招募壮士一百多人,让他们从万春门进去,突然地去把东昏侯收拾掉,萧昭胄认为这样不可行。桑偃的同党王山沙考虑事情拖延太久了不会成功,就去把这件事报告了御刀徐僧重。萧寅派人在路上刺杀了王山沙,但是官吏在王山沙的香袋中发现了写有萧昭胄等人秘密计划的纸条,萧昭胄兄弟以及桑偃等人都伏法被诛。

雍州刺史张欣泰同其弟、前始安内史张欣时密谋策划,想勾结胡松以及从前的南谯太守王灵秀、直阁将军鸿选等人诛杀东昏侯身边的宠幸之徒,并且废去东昏侯。东昏侯派遣中书舍人冯元嗣监督军队去援救郢城。秋季,七月甲午(初二),茹法珍、梅虫儿以及太子右率李居士、制局监杨明泰在中兴堂为冯元嗣送行,张欣泰等派人怀中藏刀在座席上砍杀了冯元嗣,冯元嗣的脑袋坠落在装水果的盘子中,接着又砍向杨明泰,剖破了他的腹部。梅虫儿几处中伤,手指头全被砍掉。李居士、茹法珍等人则往宫中逃去。王灵秀去石头迎接建安王萧宝寅,

帅城中将吏见力,去车轮,载宝寅,文武数百唱警跸,向台城,百姓数千人皆空手随之。欣泰闻事作,驰马入宫,冀法珍等在外,东昏尽以城中处分见委,表里相应。既而法珍得返,处分闭门上仗,不配欣泰兵,鸿选在殿内亦不敢发。宝寅至杜姥宅,日已暝,城门闭。城上人射外人,外人弃宝寅溃去。宝寅亦逃,三日,乃戎服诣草市尉,尉驰以启东昏。东昏召宝寅入宫问之,宝寅涕泣称:"尔日不知何人逼使上车,仍将去,制不自由。"东昏笑,复其爵位。张欣泰等事觉,与胡松皆伏诛。

16 萧衍使征虏将军王茂、军主曹仲宗等乘水涨以舟师袭加湖,鼓噪攻之。丁酉,加湖溃,吴子阳等走免,将士杀溺死者万计,俘其馀众而还。于是郢、鲁二城相视夺气。

17 乙巳,柔然犯魏边。
18 鲁山乏粮,军人于矶头捕细鱼供食,密治轻船,将奔夏口,萧衍遣偏军断其走路。丁巳,孙乐祖窘迫,以城降。

己未,东昏侯以程茂为郢州刺史,薛元嗣为雍州刺史。是日,茂、元嗣以郢城降。郢城之初围也,士民男女近十万口。闭门二百馀日,疾疫流肿,死者什七八,积尸床下而寝其上,比屋皆满。茂、元嗣等议出降,使张孜为书与衍。张冲故吏青州治中房长瑜谓孜曰:"前使君忠贯昊天,郎君

他率领着城中的将吏们,以便展示兵力,又把车子去掉车轮,让萧宝寅坐在上面,命人抬着前行,文武官员数百名在前头喝唱开道,浩浩荡荡地向朝廷走去,数千名老百姓全都空着双手跟随在后面。张欣泰闻知已经开始行动了,急忙骑马入宫,希望乘茹法珍等人在外面,东昏侯能把城中布置防御的事情完全委托给他自己,以便里外相应。但是,不久茹法珍就从中兴堂逃回来了,他命令人关闭城门,配兵守护,但是没有交给张欣泰军队,鸿选在殿内也不敢行动。萧宝寅到达杜姥宅之时,天已经黑了,城门也已经关闭了。城门的守兵发箭射外面的人,这伙人就把萧宝寅扔下溃逃而去。萧宝寅也逃走了,三天之后,方才穿着武服来到草市尉司自首,草市尉驰马去报告东昏侯。东昏侯召萧宝寅进宫讯问他,萧宝寅痛哭流涕地说:"那天不知道什么人逼使我上车,就把我弄去了,实在是身不由己。"东昏侯听得笑了,没有为难萧宝寅,恢复了他的爵位。张欣泰等人在事情败露之后,同胡松一起伏法被诛。

16　萧衍命令征虏将军王茂、军主曹仲宗等人乘水涨用水军去袭击加湖,击鼓呼叫进攻。丁酉(初五),加湖方面溃败,吴子阳等人逃走得以免死,将士被杀或被淹死的数以万计,王茂、曹仲宗的水军俘虏了吴子阳的残馀兵将,凯旋。加湖失守之后,郢城和鲁山的守军顿时士气大泄。

17　乙巳(十三日),柔然国进犯北魏边境。

18　鲁山缺乏粮食,军人们在矶头捕捞小鱼充当食物,并且秘密地准备好轻便的船只,将要逃奔夏口,萧衍派遣一支部队断了他们的逃路。丁巳(二十五日),孙乐祖窘迫无奈,献城投降。

己未(二十七日),东昏侯任命程茂为荆州刺史,薛元嗣为雍州刺史。但是就在这一天,程茂、薛元嗣献出郢城,投降了萧衍。郢城刚被围之时,有士人百姓近十万人。关闭城门二百多天,城内瘟疫流行,人人浮肿,死亡的有十分之七八,尸体堆积在床底下,而活人睡在床上,家家户户都是这样。程茂、薛元嗣等人商议出城投降,让张孜写信给萧衍。青州人治中房长瑜过去曾在张冲幕府中任过吏员,他对张孜说:"令尊前使君赤胆忠心,气贯长虹,郎君您

但当坐守画一以荷析薪。若天运不与,当幅巾待命,下从使君。今从诸人之计,非唯郢州士女失高山之望,亦恐彼所不取也。"孜不能用。萧衍以韦叡为江夏太守,行郢府事,收瘗死者而抚其生者,郢人遂安。

诸将欲顿军夏口。衍以为宜乘胜直指建康,车骑谘议参军张弘策、宁远将军庾域亦以为然。衍命众军即日上道。缘江至建康,凡矶、浦、村落,军行宿次、立顿处所,弘策逆为图画,如在目中。

19 辛酉,魏大赦。

20 魏安国宣简侯王肃卒于寿阳,赠侍中、司空。初,肃以父死非命,四年不除丧。高祖曰:"三年之丧,贤者不敢过。"命肃以祥禫之礼除丧。然肃犹素服、不听乐终身。

21 汝南民胡文超起兵于溰阳以应萧衍,求取义阳、安陆等郡以自效。衍又遣军主唐脩期攻随郡,皆克之。司州刺史王僧景遣子为质于衍,司部悉平。

崔慧景之死也,其少子偃为始安内史,逃潜得免。及西台建,以偃为宁朔将军。偃诣公车门上书曰:"臣窃惟高宗之孝子忠臣而昏主之乱臣贼子者,江夏王与陛下,先臣与镇军是也,虽成败异术而所由同方。陛下初登至尊,与天合符。天下纤芥之屈,尚望陛下申之,况先帝之子陛下之兄,所行之道,即陛下所由哉! 此尚不恤,其馀何冀! 今

唯一应当做到的就是坐镇坚守,使该城不要丢失,以不负已故令尊大人的重托。如果天运不济,我们就只好脱去戎装,听候安排,到黄泉之下去找使君大人。现在,你听从其他人的计策,欲出城而降,这不但使郢州的男女老少对你失去景仰之情,恐怕萧衍也不会瞧得上你。"张孜不能听从房长瑜的劝告。萧衍任命韦叡为江夏太守,代理郢府事务,韦叡收埋死者,安抚还活着的人,于是郢人得以安定。

诸位将领想要把军队驻扎在夏口,稍事休整。萧衍则认为应该乘胜而进,直驱建康,车骑谘议参军张弘策、宁远将军庾域也认为萧衍的意见非常对。萧衍命令各路军队当日就开拔上路。沿长江至建康,凡是矶、浦、村落,军队行走途中可以住宿、停留的地方,张弘策早已绘成地图,一目了然,诸将可以按图前进。

19 辛酉(二十九日),北魏大赦天下。

20 北魏安国宣简侯王肃死于寿阳,朝廷追赠他侍中、司空。当初,王肃因为父亲死于非命,四年过去了还不除去丧服。孝文帝对他说:"守丧三年,贤者也不敢超过这个期限。"命令王肃以祥禫之礼除去丧服,然而王肃还是穿着素服,并且终生不听音乐。

21 汝南百姓胡文超在灄阳起兵,以响应萧衍,并且向萧衍要求攻取义阳、安陆等郡,以示效力。萧衍同意了胡文超的请求,并且又派军主唐脩期去攻打随郡,全都攻打下来了。司州刺史王僧景派遣儿子到萧衍那里做人质,司州所辖各郡全部归顺萧衍。

崔慧景死的时候,他的小儿子崔偃任始安内史,由于潜逃而幸免于一死。萧宝融的江陵政权建立之后,任命崔偃为宁朔将军。崔偃来到公车门上书说:"我自己认为江夏王与陛下、先父与镇军将军,都是高宗的孝子忠臣,同时又是昏君的乱臣贼子,虽然成功与失败的结局不同,但是所致力的方向却是相同的。陛下刚刚登上至尊宝座,符合天心。天下微小的冤屈,还望陛下能为之洗雪,况且江夏王作为先帝之子,陛下之兄,他所走的路,陛下如今也正在走着。所以,如果连他都得不到陛下体恤的话,其馀的还有何希望呢?如今

不可幸小民之无识而罔之。若使晓然知其情节,相帅而逃,陛下将何以应之哉!"事寝不报。偃又上疏曰:"近冒陈江夏之冤,非敢以父子之亲而伤至公之义,诚不晓圣朝所以然之意。若以狂主虽狂,实是天子,江夏虽贤,实是人臣,先臣奉人臣逆人君为不可,未审今之严兵劲卒直指象魏者,其故何哉!臣所以不死,苟存视息,非有他故,所以待皇运之开泰,申忠魂之枉屈。今皇运已开泰矣,而死社稷者返为贼臣。臣何用此生于陛下之世矣!臣谨按镇军将军臣颖胄、中领军臣详,皆社稷之臣也,同知先臣股肱江夏,匡济王室,天命未遂,主亡与亡。而不为陛下瞥然一言。知而不言,不忠;不知而不言,不智也。如以先臣遣使,江夏斩之。则征东之驿使,何为见戮?陛下斩征东之使,实诈山阳;江夏违先臣之请,实谋孔矜。天命有归,故事业不遂耳。臣所言毕矣,乞就汤镬!然臣虽万没,犹愿陛下必申先臣。何则?恻怆而申之,则天下伏;不恻怆而申之,则天下叛。先臣之忠,有识所知,南、董之笔,千载可期,亦何待陛下屈申而为褒贬!然小臣惓惓之愚,为陛下计耳。"诏报曰:"具知卿惋切之怀,今当显加赠谥。"偃寻下狱死。

22 八月丁卯,东昏侯以辅国将军申胄监豫州事。辛未,以光禄大夫张瑰镇石头。

不可以寄希望于小民的无知无识而欺罔他们。假如我使他们一下子知道了事情的真相，并且带领他们逃亡的话，陛下将用什么办法来应付呢？"但是，事情被搁了起来，没有得到任何回答。于是，崔偃又上书道："近来冒昧上书陈说了江夏王的冤案，这并非是敢以父子之亲而伤害至上至公之道义，实在不知道圣朝为什么要这样做。如果认为狂恶的主子虽然狂恶，但毕竟是天子，江夏王虽然贤德，可终究是臣子，所以先父拥奉臣子逆叛了天子是不对的，那么不明白如今以强兵勇卒直捣魏阙，其原因又是为的什么呢？我之所以没有死去，苟存人世，没有其他缘故，只是为了等待皇运开泰那一天，替死去的忠魂申冤报屈。如今皇运已经开泰，可为社稷而死者反倒成了贼臣。那么我还如何能以此生寄存于陛下之世呢？臣谨按：镇军将军萧颖胄、中领军萧详，都是社稷之臣，他们全都知道先父为江夏王之股肱，尽力辅助他，共同匡济王室，无奈天命不遂，先父随主而亡。但是，他们两人不就这件事情对陛下说一句话。知而不言，是为不忠；不知而不言，是为不智。如果认为先父派去的使者被江夏王斩了，就说先父并非见知于江夏王。那么征东将军的驿使王天虎又为何被杀戮呢？陛下斩王天虎，确实是为了欺骗刘山阳；而江夏王违背先父的请求，斩了先父派去的使者，实是为了谋取孔矜。天命有归，所以江夏王与先父的事业没有成功罢了。我所要陈说的说完了，冒昧言之，愿乞一死。然而，即使我死了，仍希望陛下一定为先父申冤。为什么呢？因为如果事情本身冤屈，人们同情悲伤，对此进行伸张正义，则天下归心；如果不值得同情悲伤而加以平反，则天下反叛。先父的忠心，有识之士皆知，像南史氏和董狐那样的史官将会将其载入史册，千载流传，又何须劳烦陛下特意对他做出褒贬呢？然而，小臣我如此情切意急的愚诚，完全是出于为陛下考虑。"和帝看了崔偃的第二次上书之后，回诏答复说："你的悲痛怨恨之心，我全知道了，现在应该特别赠给你父亲美好的谥号。"但崔偃很快就下狱而死。

22 八月丁卯(初五)，东昏侯命令辅国将军申胄监理豫州事务。辛未(初九)，命令光禄大夫张瓌镇守石头。

23 初，东昏侯遣陈伯之镇江州，以为吴子阳等声援。子阳等既败，萧衍谓诸将曰："用兵未必须实力，所听威声耳。今陈虎牙狼狈奔归，寻阳人情理当恟惧，可传檄而定也。"乃命搜俘囚，得伯之幢主苏隆之，厚加赐与，使说伯之，许即用为安东将军、江州刺史。伯之遣隆之返命，虽许归附，而云"大军未须遽下"。衍曰："伯之此言，意怀首鼠。及其犹豫，急往逼之，计无所出，势不得不降。"乃命邓元起引兵先下，杨公则径掩柴桑，衍与诸将以次进路。元起将至寻阳，伯之收兵退保湖口，留陈虎牙守溢城。选曹郎吴兴沈瑀说伯之迎衍。伯之泣曰："余子在都，不能不爱。"瑀曰："不然。人情匈匈，皆思改计。若不早图，众散难合。"丙子，衍至寻阳，伯之束甲请罪。初，新蔡太守席谦，父恭祖为镇西司马，为鱼复侯子响所杀。谦从伯之镇寻阳，闻衍东下，曰："我家世忠贞，有殒不二。"伯之杀之。乙卯，以伯之为江州刺史，虎牙为徐州刺史。

24 鲁休烈、萧璝破刘孝庆等于峡口，任漾之战死。休烈等进至上明，江陵大震。萧颖胄恐，驰告萧衍，令遣杨公则还援根本。衍曰："公则今溯流上江陵，虽至，何能及事！休烈等乌合之众，寻自退散，正须少时持重耳。良须兵力，两弟在雍，指遣往征，不为难至。"颖胄乃遣蔡道恭假节屯上明以拒萧璝。

23　当时,东昏侯派遣陈伯之镇守江州,以便增援吴子阳等人。吴子阳等人失败之后,萧衍对众位将领们说:"用兵不一定靠实力,只是凭借威声罢了。如今,陈虎牙狼狈逃奔而回,寻阳方面一定人心慌乱,惶恐不安,所以无须用兵,只传一道檄文即可平定。"于是,萧衍命令人去搜查被囚禁的俘虏,发现了陈伯之的幢主苏隆之,对他加以优厚的赏赐,派他去游说陈伯之,许诺只要陈伯之归顺,就任他为安东将军、江州刺史。陈伯之派苏隆之回来汇报,虽然答应归附,但要求:"大军不要突然到来。"萧衍听了之后,说:"陈伯之的这话,说明他心中还在迟疑不定。正由于他在犹豫难决,所以要急去逼他,大兵压去,他束手无策,势必不得不投降。"于是,萧衍命令邓元起领兵先下,杨公则抄近道袭取柴桑,萧衍自己则同其他将领前后而行。邓元起将要到达寻阳,陈伯之收兵退保湖口,留下陈虎牙防守湓城。选曹郎吴兴人沈瑀劝说陈伯之投降,出迎萧衍。陈伯之哭着说:"我的儿子都在京都,我如果投降了,他们怎么办? 我不能不爱他们呀!"沈瑀又说:"您说的其实不对。现在城内人心惶惶,都想另找出路。所以,您如果不早点有所考虑的话,部下之众就溃散难于聚集了。"丙子(十四日),萧衍到了寻阳,陈伯之投降请罪。原先,新蔡太守席谦的父亲席恭祖任镇西司马,被鱼复侯萧子响所杀。席谦跟随陈伯之镇守寻阳,闻知萧衍东下,说道:"我家世世代代忠贞,宁死不贰。"陈伯之杀害了他。乙卯,陈伯之被任命为江州刺史,陈虎牙被任命为徐州刺史。

24　鲁休烈和萧璝在峡口打败了刘孝庆等,任漾之战死。鲁休烈等前进至上明,江陵大为震惊。萧颖胄恐惧了,急告萧衍,令他派遣杨公则回来援救江陵大本营。萧衍回答说:"杨公则如今溯江而上,前往江陵,即使到了,怎能来得及呢? 鲁休烈等不过是一群乌合之众,很快就会自己退散,您现在所需要的正是暂时稳定自己,不可慌乱。如果实在需要兵力增援,我的两个弟弟都在雍州,您指派人去征召他们,他们很容易就会到达的。"于是,萧颖胄就派遣蔡恭祖持符节屯兵上明,以抵抗萧璝的进攻。

25　辛巳，东昏侯以太子左率李居士总督西讨诸军事，屯新亭。

26　九月乙未，诏萧衍若定京邑，得以便宜从事。衍留骁骑将军郑绍叔守寻阳，与陈伯之引兵东下，谓绍叔曰："卿，吾之萧何、寇恂也。前涂不捷，我当其咎；粮运不继，卿任其责。"绍叔流涕拜辞。比克建康，绍叔督江、湘粮运，未尝乏绝。

27　魏司州牧广阳王嘉请筑洛阳三百二十三坊，各方三百步，曰："虽有暂劳，奸盗永息。"丁酉，诏发畿内夫五万人筑之，四旬而罢。

28　己亥，魏立皇后于氏。后，征虏将军劲之女；劲，烈之弟也。自祖父栗磾以来，累世贵盛，一皇后，四赠公，三领军，二尚书令，三开国公。

29　甲申，东昏侯以李居士为江州刺史，冠军将军王珍国为雍州刺史，建安王宝寅为荆州刺史，辅国将军申胄监郢州，龙骧将军扶风马仙琕监豫州，骁骑将军徐元称监徐州军事。珍国，广之之子也。是日，萧衍前军至芜湖。申胄军二万人弃姑孰走，衍进军，据之。戊申，东昏侯以后军参军萧璝为司州刺史，前辅国将军鲁休烈为益州刺史。

30　萧衍之克江、郢也，东昏游骋如旧，谓茹法珍曰："须来至白门前，当一决。"衍至近道，乃聚兵为固守之计，简二尚方、二冶囚徒以配军。其不可活者，于朱雀门内日斩百馀人。

衍遣曹景宗等进顿江宁。丙辰，李居士自新亭选精骑一千至江宁。景宗始至，营垒未立，且师行日久，器甲穿弊。

25　辛巳(十九日),东昏侯命令太子左率李居士总督西讨诸军事,驻兵新事。

26　九月乙未(初四),和帝萧宝融诏令萧衍如果平定京城,自己可以根据具体情况而行事,不必每事必请示。萧衍留下骁骑将军郑绍叔驻守寻阳,自己与陈伯之率兵东下。对郑绍叔说:"您就是我的萧何和寇恂。如果前方战事不能取胜,我承当过失;如果粮草运输跟不上,您承担责任。"郑绍叔流泪向萧衍拜辞。一直到攻克建康,郑绍叔督管江、湘的粮食运送,从来没有断绝过。

27　北魏司州牧、广阳王元嘉请求在洛阳城内修筑三百二十三个坊,每坊周边三百步,他说道:"这样修筑,虽然暂时带来许多劳苦,但是可以使奸盗永远止息。"丁酉(初六),北魏宣武帝诏令征京畿之内民夫五万人筑坊,四十天就修筑完毕。

28　己亥(初八),北魏立于氏为皇后。于皇后是征虏将军于劲的女儿。于劲是于烈的弟弟。自从祖父于栗䃅以来,于家几代显贵兴盛,家门中出了一个皇后,四个人被封公爵,三个人任领军,两个人任尚书令,还有三个人是开国公。

29　甲申,南齐东昏侯委任李居士为江州刺史,冠军将军王珍国为雍州刺史,建安王萧宝寅为荆州刺史,辅国将军申胄监管郢州,龙骧将军、扶风人马仙琕监管豫州,骁骑将军徐元称监管徐州军事。王珍国是王广之的儿子。这一天,萧衍的前军到达芜湖。申胄的军队两万人放弃姑孰逃走,萧衍进军,占据了姑孰。戊申(十七日),东昏侯委任后军参军萧璝为司州刺史,前辅国将军鲁休烈为益州刺史。

30　萧衍攻克江、郢之后,东昏侯照样驰骋玩乐,他对茹法珍说:"等他来到白门前时,再与他决一胜负。"萧衍到了建康附近,东昏侯才召聚兵力,准备固守,他命人从建康的左、右尚方和东、西二冶当中挑选囚徒充配军队。对不能让其活着的囚徒,在朱雀门内一天就斩杀了百馀人。

萧衍派遣曹景宗等人进驻江宁。丙辰(二十五日),李居士从新亭挑选了精悍骑兵一千到达江宁。曹景宗刚到,营垒还没有来得及建立,而且由于行军日久,士兵们的甲衣都穿破了。

居士望而轻之，鼓噪直前薄之。景宗奋击，破之，因乘胜而前，径至卓莢桥。于是王茂、邓元起、吕僧珍进据赤鼻逻，新亭城主江道林引兵出战，众军擒之于陈。衍至新林，命王茂进据越城，邓元起据道士墩，陈伯之据篱门，吕僧珍据白板桥。李居士觇知僧珍众少，帅锐卒万人直来薄垒。僧珍曰："吾众少，不可逆战，可勿遥射，须至堑里，当并力破之。"俄而皆越堑拔栅。僧珍分人上城，矢石俱发，自帅马步三百人出其后，城上复逾城而下，内外奋击，居士败走，获其器甲不可胜计。居士请于东昏侯，烧南岸邑屋以开战场，自大航以西，新亭以北皆尽，衍诸弟皆自建康自拔赴军。

冬，十月甲戌，东昏侯遣征虏将军王珍国、军主胡虎牙将精兵十万馀人陈于朱雀航南，宦官王宝孙持白虎幡督战，开航背水，以绝归路。衍军小却，王茂下马，单刀直前，其甥韦欣庆执铁缠稍以翼之，冲击东军，应时而陷。曹景宗纵兵乘之，吕僧珍纵火焚其营，将士皆殊死战，鼓噪震天地。珍国等众军不能抗，王宝孙切骂诸将帅，直阁将军席豪发愤，突阵而死。豪，骁将也，既死，士卒土崩，赴淮死者无数，积尸与航等，后至者乘之而济。于是东昏侯诸军望之皆溃。衍军长驱至宣阳门，诸将移营稍前。

陈伯之屯西明门，每城中有降人出，伯之辄呼与耳语。衍恐其复怀翻覆，密语伯之曰："闻城中甚忿卿举江州降，欲遣刺客中卿，宜以为虑。"伯之未之信。会东昏侯将郑伯伦来降，

李居士望而轻敌,击鼓呐喊直冲上前。曹景宗奋而反击,大败李居士,因而乘胜前进,一直到了阜英桥。于是,王茂、邓元起、吕僧珍也进据赤鼻逻,新亭城主江道林领兵出战,众军在阵中生擒了江道林。萧衍到了新林,命令王茂向前推进,占据越城,邓元起占据道士墩,陈伯之占据篱门,吕僧珍占据白板桥。李居士窥探到吕僧珍的兵力少,就率领精锐士卒一万人径直逼近吕僧珍的营垒。吕僧珍对部下讲道:"我们的兵力少,不可出战,也不要远距离放箭,须等待他们到了我们的堑垒之中,再合力打败他们。"不一会儿,李居士的军队都越过堑壕,拔掉栅栏。吕僧珍派人上城,箭石一齐发射,自己则亲率步、骑兵三百人绕到敌人的背后,而城上的人又越城而下,这样内外奋力夹击,李居士溃败而逃,吕僧珍部缴获各种器物甲胄不可胜数。李居士请示东昏侯,要火烧长江南岸村舍的房屋以开辟战场,从大航以西,新亭以北的房屋全被烧光。萧衍的几个弟弟都从建康自动出来奔赴军队。

冬季,十月甲戌(十三日),东昏侯派遣征虏将军王珍国、军主胡虎牙率领精兵十万多人布阵于朱雀航南边,宦官王宝孙持白虎幡督战,他打开浮桥,断绝了后路,以做背水一战。萧衍的军队稍微后撤,王茂下了马,手持单刀,直向前去,他的外甥韦欣庆手执铁缠槊左右掩护,冲击东昏侯的军队,立刻就冲破了他们的阵营。曹景宗乘机纵兵攻进,吕僧珍放火焚烧了敌方的营地,将士们全部拼力死战,战鼓和杀喊之声震天动地。王珍国等众军抵抗不住,王宝孙狠骂诸位将帅,直阁将军席豪气红了眼,冲击敌阵而死。席豪是一员骁将,他阵亡之后,士卒们土崩瓦解,跳进秦淮河中死去的无以计数,尸体堆积得与桥面平齐,后面来到的踏着这些尸体过了河。于是,东昏侯的各路军队望见这一情形,全都溃散而逃。萧衍的军队长驱直进,到了宣阳门,各位将领把营地渐向前移。

陈伯之驻扎在西明门,每当城中有人出来投降,他都要叫来附着耳朵说话。萧衍恐怕他再生反复之心,偷偷地告诉他说:"听说城内特别气愤您率江州投降一事,要派刺客来刺杀您。所以,您应该小心为妙。"但是,陈伯之不相信。恰好东昏侯的将领郑伯伦来投降,

衍使伯伦过伯之,谓曰:"城中甚忿卿,欲遣信诱卿以封赏,须卿复降,当生割卿手足;卿若不降,复欲遣刺客杀卿。宜深为备。"伯之惧,自是始无异志。

戊寅,东昏宁朔将军徐元瑜以东府城降。青、冀二州刺史桓和入援,屯东宫。己卯,和诈东昏,云出战,因以其众来降。光禄大夫张瓌弃石头还宫。李居士以新亭降于衍,琅邪城主张木亦降。壬午,衍镇石头,命诸军攻六门。东昏烧门内营署、官府,驱逼士民,悉入宫城,闭门自守。衍命诸军筑长围守之。

杨公则屯领军府垒北楼,与南掖门相对,尝登楼望战。城中遥见麾盖,以神锋弩射之,矢贯胡床,左右失色。公则曰:"几中吾脚!"谈笑如初。东昏夜选勇士攻公则栅,军中惊扰。公则坚卧不起,徐命击之,东昏兵乃退。公则所领皆湘州人,素号怯懦,城中轻之,每出荡,辄先犯公则垒。公则奖厉军士,克获更多。

先是,东昏遣军主左僧庆屯京口,常僧景屯广陵,李叔献屯瓜步。及申胄自姑孰奔归,使屯破墩,以为东北声援。至是,衍遣使晓谕,皆帅其众来降。衍遣弟辅国将军秀镇京口,辅国将军恢镇破墩,从弟宁朔将军景镇广陵。

31 十一月丙申,魏以骠骑大将军穆亮为司空。丁酉,以北海王详为太傅,领司徒。初,详欲夺彭城王勰司徒,故谮而黜之。既而畏人议己,故但为大将军,至是乃居之。详贵盛翕赫,

萧衍指使郑伯伦去见陈伯之，告诉他："城中特别怨恨您，要送信来，对您以封赏为引诱，待您重又投降回去之后，就要活割掉您的手脚；您如果不投降，就要派遣刺客来杀您。所以，您要特别加以防备。"陈伯之害怕了，从此才开始没有异心了。

戊寅（十七日），东昏侯的宁朔将军徐元瑜献出东府城投降。青、冀两州的刺史桓和入城增援，驻扎在东宫。己卯（十八日），桓和欺骗东昏侯，声称出战，借机率部投降。光禄大夫张瓖放弃石头回宫。李居士献出新亭投降萧衍，琅邪城主张木也投降。壬午（二十一日），萧衍坐镇石头，命令各路军队攻打建康的六个城门。东昏侯命人放火烧了城内的营署、官府，驱逼士人和百姓全部进入宫城，关闭宫门，做最后的拒守。萧衍命令众军环绕宫城修筑工事包围起来。

杨公则驻扎在领军府垒北楼，与南掖门正好相对。他曾经登楼观战，城中远远望见了他的麾盖，用神锋弩射他，箭头穿透了胡床，身边的人都惊恐失色。他却不以为然地说道："差点儿射中我的脚。"面不改色，谈笑如初。东昏侯在夜间挑选勇士来攻打杨公则的栅垒，军中惊慌不已。杨公则却躺着不起身，慢慢地才命令打击来犯者，东昏侯的兵于是就撤退走了。杨公则所率领的兵士全是湘州人，素来被认为怯懦，城中轻视他们，每次出来冲荡，总是首先进犯杨公则的营垒。杨公则奖励军士们，所以克敌获胜的次数更多。

早先，东昏侯派遣军主左僧庆驻扎京口，常僧景驻扎广陵，李叔献驻扎瓜步。到申胄从姑孰跑回宫中之后，东昏侯又让他去驻守破墩，以便声援东北两边。到如今，萧衍派遣使者去劝谕上述各守将，他们都率部来降。萧衍派遣弟弟、辅国将军萧秀镇守京口，辅国将军萧恢镇守破墩，堂弟、宁朔将军萧景镇守广陵。

31　十一月丙申（初六），北魏任命骠骑将军穆亮为司空。丁酉（初七），任命北海王元详为太傅，兼任司徒。当初，元详想要夺取彭城王元勰的司徒之位，所以诬陷中伤元勰，使他被罢黜。后来他害怕别人议论，所以只担任大将军，到这时才担任司徒。元详大贵显赫，

将作大匠王遇多随详所欲,私以官物给之。司徒长史于忠责遇于详前曰:"殿下,国之周公,阿衡王室,所须材用,自应关旨。何至阿谀附势,损公惠私也!"遇既踧踖,详亦惭谢。忠每以鲠直为详所忿,尝骂忠曰:"我忧在前见尔死,不忧尔见我死时也!"忠曰:"人生于世,自有定分。若应死于王手,避亦不免;若其不尔,王不能杀!"忠以讨咸阳王禧功,封魏郡公,迁散骑常侍,兼武卫将军。详因忠表让之际,密劝魏主以忠为列卿,令解左右,听其让爵。于是诏停其封,优进太府卿。

32　巴东献武公萧颖胄以萧璝与蔡道恭相持不决,忧愤成疾,壬午,卒。夏侯详秘之,使似其书者假为教命,密报萧衍,衍亦秘之。详征兵雍州,萧伟遣萧憺将兵赴之。璝等闻建康已危,众惧而溃,璝及鲁休烈皆降。乃发颖胄丧,赠侍中、丞相,于是众望尽归于衍。夏侯详请与萧憺共参军国,诏以详为侍中、尚书右仆射,寻除使持节、抚军将军、荆州刺史。详固让于憺。乃以憺行荆州府州军。

33　魏改筑圜丘于伊水之阳。乙卯,始祀于其上。

34　魏镇南将军元英上书曰:"萧宝卷荒纵日甚,虐害无辜。其雍州刺史萧衍东伐秣陵,扫土兴兵,顺流而下。唯有孤城,更无重卫,乃皇天授我之日,旷世一逢之秋。此而不乘,将欲何待!臣乞躬帅步骑三万,直指沔阴,据襄阳之城,断黑水之路。

将作大匠王遇经常随元详所欲,私自把皇家物品给他。司徒长史于忠当着元详面责备王遇,说道:"殿下的身份,相当于周公,担负着辅导皇上、主持国政的重任,他所需要什么东西,你自然应该得到圣上的旨令以后才给予。何至于如此阿谀附势,损公惠私呢?"王遇听了这一指斥自然脸上露出不安的神色,元详也惭愧地承认过错。于忠经常因耿直使元详怨恨不已,元详曾经骂于忠:"我担心先看见你的死,而不担心你看见我死!"于忠回对道:"人生在世上,一切自有定分。如果我应当死在王爷手中,逃避也不能幸免;如果不是如此,王爷也不能杀了我。"于忠因为讨伐咸阳王元禧有功,被封为魏郡公,升任散骑常侍,兼任武卫将军。元详借于忠上表辞让之际,就密劝宣武帝任于忠为列卿,并且解除他可以常在天子左右的散骑常侍和武卫将军的官职,以及听任他辞让出爵位。于是,宣武帝诏令撤销对于忠的封赏,特升进他为太府卿。

32  巴东献武公萧颖胄因萧璝与蔡道恭相持不下,所以忧愤成疾,于壬午日病死。夏侯详封锁了萧颖胄的死讯,使与萧颖胄的笔迹相似的人假冒其名写成命令,秘密地送给萧衍,萧衍亦秘而不宣。夏侯详在雍州征兵,萧伟派遣萧憺率兵前去。萧璝闻知建康已经危在旦夕,部下惧怕而溃散,萧璝以及鲁休烈都投降了。江陵方面这才给萧颖胄发丧,追赠他侍中、丞相,于是天下众望全归于萧衍。夏侯详向和帝请求与萧憺一起参与军国事务,和帝诏令夏侯详为侍中、尚书右仆射,很快又任命他为使持节、抚军将军、荆州刺史。夏侯详再三辞让,把上述官职推让给了萧憺。于是,和帝就让萧憺掌管荆州府州军队。

33  北魏把祭天的圜丘改筑在伊水的北面。乙卯(二十五日),首次在上面祭祀。

34  北魏镇南将军元英上书宣武帝:"萧宝卷荒淫肆纵一日甚于一日,虐杀残害无辜。其雍州刺史萧衍东伐秣陵,倾巢兴兵,顺流而下。如今襄阳成了一座孤城,更没有重兵守护,这个机会是皇天授予我们的,旷世难逢。不乘此机会,还将等待什么呢?我请求亲自统率步、骑兵三万,直指沔水南岸,占据襄阳城,切断黑水之路。

昏虐君臣，自相鱼肉。我居上流，威震遐迩。长驱南出，进拔
江陵，则三楚之地一朝可收，岷、蜀之道自成断绝。又命扬、
徐二州声言俱举，建业穷蹙，鱼游釜中，可以齐文轨而大同，
混天地而为一。伏惟陛下独决圣心，无取疑议。此期脱爽，
并吞无日。"事寝不报。

车骑大将军源怀上言："萧衍内侮，宝卷孤危，广陵、淮阴
等戍皆观望得失。斯实天启之期，并吞之会。宜东西齐举，
以成席卷之势。若使萧衍克济，上下同心，岂唯后图之难，亦
恐扬州危逼。何则？寿春之去建康才七百里，山川水陆，皆
彼所谙。彼若内外无虞，君臣分定，乘舟藉水，倏忽而至，未
易当也。今宝卷都邑有土崩之忧，边城无继援之望，廓清江
表，正在今日。"魏主乃以任城王澄为都督淮南诸军事、镇南
大将军、开府仪同三司、扬州刺史，使为经略，既而不果。怀，
贺之子也。

东豫州刺史田益宗上表曰："萧氏乱常，君臣交争，江外
州镇，中分为两，东西抗峙，已淹岁时。民庶穷于转输，甲兵
疲于战斗，事救于目前，力尽于麾下，无暇外维州镇，纲纪庶
方，藩城棋立，孤存而已。不乘机电扫，廓彼蛮疆，恐后之经
略，未易于此。且寿春虽平，三面仍梗，镇守之宜，实须豫
设。义阳差近淮源，利涉津要，朝廷行师，必由此道。若江
南一平，有事淮外，须乘夏水泛长，列舟长淮。师赴寿春，须从

齐朝昏虐的君臣们自相鱼肉残杀。而我居于上流,威震远近。再长驱南出,进军攻拔江陵,那么三楚之地一下子就可以得到,这样一来,岷、蜀的道路自然被断绝了。再命令扬州和徐州方面声言一起举兵征伐,那么建康穷蹙无路,成为釜中的游鱼,于是就可以平定九州,统一天下。敬请陛下独自裁决确定,不要听取他人的异议。如果把这次机会错过的话,那么并吞齐朝就不知要等到什么时候了。"元英的上书没有得到回答。

车骑大将军源怀向宣武帝进言:"萧衍在国内大举进攻,萧宝卷孤危难保,广陵、淮阴等戍所都在观望得失。这实在是天授良机,并吞天下之时已经到来了。我们应该东西两面一起发兵,形成席卷之势。如果使萧衍成功,其上下同心,不但我们以后难以谋图取得天下,就是我国扬州也恐怕要受到威逼。为什么呢? 因为治所寿春离建康才七百里,山川水陆形势,全都是他们所熟悉的。他们如果内外无患、君臣之分定了之后,顺着水路乘舟突然而到,我们是不易抵挡得住的。如今,萧宝卷的京都有土崩瓦解之忧,自然边城没有得到援救的希望,所以廓清长江以南地区,正在今日。"于是,北魏宣武帝任命任城王元澄为都督淮南诸军事、镇南大将军、开府仪同三司、扬州刺史,使他具体部署实施元英和源怀所提出的南征计划,但是最后这一计划没有进行。源怀是源贺的儿子。

东豫州刺史田益宗上表说:"萧氏违乱常纲,君臣之间互相交战,江南的州镇,一分为二,东西对峙,已经一年之久了。庶民百姓由于输送转运粮草、物资而窘迫,士兵们疲于征战,忙于应付目前之事,为争战而投入了全部力量,此外再无眼顾及外面州镇的守护,管理众多地方。他们的藩镇虽然星罗棋布,但是只不过是孤存而已罢了。如果我方不乘机出征,如闪电一样扫去,开拓他们的疆域为我所有,恐怕以后再要筹划征伐,不易达到如此的效果。而且,寿春虽然平定,但三面仍然阻塞而不通,所以镇守事宜,确实需要预先安排妥当。义阳离淮源比较近,是渡河的津要之地,朝廷军队的行进,必由此道经过。如果江南平定,势必要用兵淮河之外,那么必定乘夏天淮河涨水,将战船排列在淮河中,由淮河进军。而我方要派军队赴寿春,须从

义阳之北，便是居我喉要，在虑弥深。义阳之灭，今实时矣。度彼不过须精卒一万二千。然行师之法，贵张形势。请使两荆之众西拟随、雍，扬州之卒顿于建安，得捍三关之援。然后二豫之军直据南关，对抗延头，遣一都督总诸军节度，季冬进师，迄于春末，不过十旬，克之必矣。"元英又奏称："今宝卷骨肉相残，藩镇鼎立。义阳孤绝，密迩王土，内无兵储之固，外无粮援之期，此乃欲焚之鸟，不可去薪，授首之寇，岂容缓斧！若失此不取，岂唯后举难图，亦恐更为深患。今豫州刺史司马悦已戒严垂发，东豫州刺史田益宗兵守三关，请遣军司为之节度。"魏主乃遣直寝羊灵引为军司。益宗遂入寇。建宁太守黄天赐与益宗战于赤亭，天赐败绩。

35　崔慧景之逼建康也，东昏侯拜蒋子文为假黄钺、使持节、相国、太宰、大将军、录尚书事、扬州牧、钟山王。及衍至，又尊子文为灵帝，迎神像入后堂，使巫祷祀求福。及城闭，城中军事悉委王珍国。兖州刺史张稷入卫京师，以稷为珍国之副。稷，瓖之弟也。

时城中实甲犹七万人，东昏素好军陈，与黄门、刀敕及宫人于华光殿前习战斗，诈作被创势，使人以板扛去，用为厌胜。常于殿中戎服、骑马出入，以金银为铠胄，具装饰以孔翠。昼眠夜起，一如平常。闻外鼓叫声，被大红袍，登景阳楼屋上望之，弩几中之。

始，东昏与左右谋，以为陈显达一战即败，崔慧景围城寻走，谓衍兵亦然，敕太官办樵、米为百日调而已。及大桁之败，

义阳之北经过,所以义阳便成为我方的咽喉要地,不得不深加担忧。夺取义阳,如今确是良机。要攻取义阳,估计一下,不过只需要精兵一万二千罢了。但是用兵之道,贵在张大声势,所以请让荆州和东荆州的军队在西边佯攻随、雍,扬州的军队驻扎在建安,以便保卫三关的增援道路。然后,豫州和东豫州的军队直接占据南关,与延头对抗。朝廷派遣一位都督统管各路军队的调遣部署,于冬末发兵,到春末,不过百日,一定能够取得胜利。"元英又上奏说:"如今萧宝卷骨肉兄弟互相残杀,各藩镇互相对峙。义阳孤绝无援,又和我国紧相接壤,但是内部没有兵力储备用以固守,外部没有粮食援军作为希望,这正是欲焚之鸟,不可以去掉薪火;把脑袋伸过来的贼寇,岂容迟缓下斧? 如果失去此次机会不去夺取,岂止以后难以到手,而且恐怕更要成为今后的隐患。现在,豫州刺史司马悦已经整装待发,东豫州刺史田益宗率兵镇守三关,请派遣军司去他那里具体调遣部署。"于是,宣武帝派遣直寝羊灵引为军司。田益宗入侵南齐。南齐建宁太守黄天赐在赤亭同田益宗交锋,黄天赐战败。

35　崔慧景攻逼建康之时,东昏侯拜蒋子文为假黄钺、使持节、相国、太宰、大将军、录尚书事、扬州牧、钟山王。到萧衍率兵到来之时,东昏侯又尊蒋子文为灵帝,迎接他的神像进入后堂,让巫师祈祷求福。到了城门关闭之后,东昏侯把城中的军事全部委托给王珍国。兖州刺史张稷来守卫京师,东昏侯又让张稷任王珍国的副手。张稷是张瓌的弟弟。

当时,城中的兵卒还有七万人,东昏侯向来喜好军阵,与身边的黄门、刀敕以及宫人们在华光殿前演习战斗,假作受伤的样子,让人用木板抬去,用这种形式来作为诅咒制胜。东昏侯还经常在殿中着戎服,骑着马出入,用金银做成铠甲和头盔,全都用孔雀翠鸟的羽毛装饰。他仍旧昼眠夜起,一如平常那样。他听到外面的击鼓呐喊之声,就披着大红袍,登上景阳楼的屋顶观望,差点被弩机射中。

开始,东昏侯与左右心腹一起合计,以为陈显达一战即败,崔慧景围城很快就逃走,于是认为萧衍的军队也会这样的,所以敕令太官备办柴火和粮米,够百日之用就行了。但是,在大桁之败以后,

众情凶惧。茹法珍等恐士民逃溃,故闭城不复出兵。既而长围已立,堑栅严固;然后出荡,屡战不捷。

东昏尤惜金钱,不肯赏赐。法珍叩头请之,东昏曰:"贼来独取我耶!何为就我求物!"后堂储数百具榜,启为城防。东昏欲留作殿,竟不与。又督御府作三百人精仗,待围解以拟屏除,金银雕镂杂物,倍急于常。众皆怨怠,不为致力。外围既久,城中皆思早亡,莫敢先发。

茹法珍、梅虫儿说东昏曰:"大臣不留意,使围不解,宜悉诛之。"王珍国、张稷惧祸,珍国密遣所亲献明镜于萧衍,衍断金以报之。兖州中兵参军张齐,稷之腹心也,珍国因齐密与稷谋,同弑东昏。齐夜引珍国就稷,造膝定计,齐自执烛。又以计告后阁舍人钱强。十二月丙寅夜,强密令人开云龙门,珍国、稷引兵入殿,御刀丰勇之为内应。东昏在含德殿作笙歌,寝未熟,闻兵入,趋出北户,欲还后宫,门已闭。宦者黄泰平刀伤其膝,仆地,张齐斩之。稷召尚书右仆射王亮等列坐殿前西钟下,令百僚署笺,以黄油裹东昏首,遣国子博士范云等送诣石头。右卫将军王志叹曰:"冠虽弊,何可加足!"取庭中树叶接服之,伪闷,不署名。衍览笺无志名,心嘉之。亮,

城中民心慌乱,人人自危。茹法珍等人担心士人和百姓们逃溃,所以关闭城门而不再出战。但是,等到萧衍的长围已经布置好,堑栅坚固之后,再派兵出城荡击,屡战屡败。

东昏侯尤其爱惜金钱,不肯赏赐。茹法珍磕头请他赏赐兵将,东昏侯竟说:"贼寇来只是为了收拾我一人吗?为什么向我要东西赏赐?"后堂之中储放了几百块木料,有人向东昏侯启奏要拿去做城防之用。他不给,想留下来盖殿时使用。东昏侯又督促御府制作了三百人使用的精制兵器,准备等萧衍之围解除之后,出外游玩时,卫士们用以驱赶士民。至于金银雕镂的杂项物品,东昏侯亦让赶制,并限定时间要比平时快出一倍。众人都心有怨气,消极怠工,根本不愿为他出力。外面围困的时间已经很久,城中的人都希望能早点逃走,只是谁也不敢先有所动作罢了。

茹法珍和梅虫儿跟东昏侯说:"大臣们不用心,以致使城围不能解除,所以应该把他们全部杀掉。"王珍国和张稷惧怕大祸临头,王珍国就派遣自己的亲信给萧衍献了一块明镜,以示自己的心意,萧衍则截断金子做回报,表示愿意和他同心共事。兖州中兵参军张齐是张稷的心腹,王珍国就通过张齐秘密地与张稷谋划,要一同杀掉东昏侯。张齐在夜间把王珍国带到张稷那里,两人凑在一起谋密定计,张齐亲自在旁边手执蜡烛。他们密谋好之后,又把计策告诉了后阁舍人钱强。十二月丙寅(初六)夜间,钱强秘密令人打开云龙门,王珍国和张稷带兵冲入殿中,御刀丰勇之做内应。这天晚上,东昏侯在含德殿笙歌弹唱,休息之后,还没有睡熟,听到兵进来了,就急忙从北门跑出去,想跑回后宫去,可是门已经关闭了。宦官黄泰平用刀砍伤了东昏侯的膝盖,他倒在了地上,张齐上来斩下了他的脑袋。张稷召集尚书右仆射王亮等人列坐在殿前西边的钟下,命令群僚们签名,又命令人在黄绢上涂油,裹住东昏侯的首级,然后派遣国子博士范云等人送到石头。右卫将军王志叹息着说道:"冠帽虽然破了,但怎能当鞋子穿呢?"他到庭中摘取树叶,用手搓成团吞服下去,假装气上不来闷过去了,不在册子上签名。萧衍阅看送来的百官群僚们的签名册,见上面没有王志的名字,心里十分嘉许他。王亮,

莹之从弟；志，僧虔之子也。衍与范云有旧，即留参帷幄。王亮在东昏朝，以依违取容。萧衍至新林，百僚皆间道送款，亮独不遣。东昏败，亮出见衍，衍曰："颠而不扶，安用彼相！"亮曰："若其可扶，明公岂有今日之举！"城中出者，或被劫剥。杨公则亲帅麾下陈于东掖门，卫送公卿士民，故出者多由公则营焉。衍使张弘策先入清宫，封府库及图籍。于时城内珍宝委积，弘策禁勒部曲，秋毫无犯。收潘妃及嬖臣茹法珍、梅虫儿、王咺之等四十一人皆属吏。

36　初，海陵王之废也，王太后出居鄱阳王故第，号宣德宫。乙巳，萧衍以宣德太后令追废涪陵王为东昏侯，褚后及太子诵并为庶人。以衍为中书监、大司马、录尚书事、骠骑大将军、扬州刺史，封建安郡公，依晋武陵王遵承制故事，百僚致敬。以王亮为长史。壬申，更封建安王宝寅为鄱阳王。癸酉，以司徒、扬州刺史晋安王宝义为太尉，领司徒。

己卯，衍入屯阅武堂，下令大赦。又下令："凡昏制谬赋、淫刑滥役外，可详检前原，悉皆除荡。其主守散失诸所损耗，精立科条，咸从原例。"又下令："通检尚书众曹，东昏时诸诤讼失理及主者淹停不时施行者，精加讯辩，依事议奏。"又下令："收葬义师，瘗逆徒之死亡者。"潘妃有国色，衍欲留之，以问侍中、领军将军王茂，茂曰："亡齐者此物，留之恐贻外议。"

是王莹的堂弟。王志是王僧虔的儿子。萧衍与范云过去就有交情,于是就把他留下来参加了自己的幕僚。王亮在东昏侯执政之时,靠要两面派而取悦于朝廷。萧衍到了新林,百官群僚们都抄小道去向他致意,唯独王亮没有派人去。东昏侯失败之后,王亮出见萧衍,萧衍对他说:"朝廷倾覆而不加以匡扶,用你这宰相有何用呢?"王亮回答:"如果东昏侯可以扶持的话,明公您哪里能有今日之举呢?"从宫城中出来的人,有的被抢劫。杨公则亲自率领部下列阵在东掖门,以便护送公卿士民们,所以出城者大多由杨公则的营地经过。萧衍派张弘策先进去清理宫中,封存了府库和各种图籍。其时,宫城中珍宝堆得到处都是,张弘策严加管束部曲,做到秋毫无犯。潘贵妃以及宠臣茹法珍、梅虫儿、王咺之等四十一人全被收拘,交给主管官吏处理。

36　当初,海陵王被废之后,王太后出宫居住在鄱阳王的旧宅中,号为宣德宫。乙巳,萧衍以宣德太后的名义,命令追封被废的涪陵王萧宝卷为东昏侯,褚皇后以及太子萧诵并黜为庶人。萧衍被任命为中书监、大司马、录尚书事、骠骑大将军、扬州刺史,封为建安郡公,并且依照晋代武陵王司马遵承制之例,行使皇帝的权力,百官群僚们向萧衍致敬。王亮被任命为长史。壬申(十二日),改封建安王萧宝寅为鄱阳王。癸酉(十三日),司徒、扬州刺史晋安王萧宝义被任命为太尉,兼任司徒。

己卯(十九日),萧衍进驻阅武堂,下令大赦天下。萧衍又下令:"凡是错误的规章,荒谬的税赋,过分的刑罚和劳役,可以详细考察当初制定的原因,全部废除。地方官吏负责掌管而造成散失和损耗,应精细地设立科目条例,一切都根据原来的惯例。"又下令:"对尚书省各部门的文案通检一遍,凡是在东昏侯时对各种诉讼案件处理不公道的,以及主办人拖延不及时办理的,认真地加以讯问辨查,根据事实论处并奏上。"又下令:"收葬阵亡将士,对东昏侯军队中的死亡者也加以掩埋。"潘贵妃的姿容极其美丽,萧衍想把她留下,就以这件事问侍中、领军将军王茂,王茂说:"使齐国亡掉的正是这个女人,您如果留下她,恐怕要招来外界的议论。"

乃缢杀于狱，并诛嬖臣茹法珍等。以宫女二千分赉将士。乙酉，以辅国将军萧宏为中护军。

衍之东下也，豫州刺史马仙琕拥兵不附衍，衍使其故人姚仲宾说之，仙琕先为设酒，乃斩于军门以徇。衍又遣其族叔怀远说之，仙琕曰"大义灭亲"，又欲斩之。军中为请，乃得免。衍至新林，仙琕犹于江西日抄运船。衍围宫城，州郡皆遣使请降，吴兴太守袁昂独拒境不受命。昂，颢之子也。衍使驾部郎考城江革为书与昂曰："根本既倾，枝叶安附？今竭力昏主，未足为忠；家门屠灭，非所谓孝。岂若翻然改图，自招多福！"昂复书曰："三吴内地，非用兵之所。况以偏隅一郡，何能为役！自承麾斾届止，莫不膝袒军门。唯仆一人敢后至者，政以内揆庸素，文武无施，虽欲献心，不增大师之勇。置其愚默，宁沮众军之威。幸藉将军含弘之大，可得从容以礼。窃以一餐微施，尚复投殒；况食人之禄而顿忘一旦，非唯物议不可，亦恐明公鄙之，所以踌躇，未遑荐璧。"昂问时事于武康令北地傅暎，暎曰："昔元嘉之末，开辟未有，故太尉杀身以明节。司徒当寄托之重，理无苟全，所以不顾夷险以徇名义。今嗣主昏虐，曾无悛改。荆、雍协举，乘据上流，天人之意可知。愿明府深虑，无取后悔。"及建康平，衍使豫州刺史李元履巡抚东土，敕元履曰："袁昂道素之门，

于是,萧衍下令把潘贵妃勒死在狱中,宠臣茹法珍等人也被诛杀。萧衍命令把两千宫女分赏给将士们。乙酉(二十五日),萧衍任命辅国将军萧宏为中护军。

萧衍东下之时,豫州刺史马仙琕拥兵自守,不归附萧衍,萧衍就指派马仙琕的熟人姚仲宾去游说他。马仙琕先为姚仲宾摆了酒席,然后把他斩于军门之前,以向众人宣示决不投附萧衍。萧衍又派遣马仙琕的族叔马怀远去游说,马仙琕对马怀远说:"我要大义灭亲。"又要斩马怀远。军中替马怀远请求,才得以幸免。萧衍到达新林之时,马仙琕还在长江西边每日拦截萧衍运粮的船只。萧衍围困宫城,各州郡都派遣使者来请求投降,只有吴兴太守袁昂在境内抗拒而不投降。袁昂是袁颛的儿子。萧衍让驾部郎考城人江革给袁昂写了一封信,信中写道:"树干已经倒了,枝叶还依附什么?现在你为昏君竭力效命,并非是忠;到时家门遭受屠灭,不是所谓的孝。所以,还不如幡然醒悟,另有所图,给自己多造些福呢!"袁昂回信说:"三吴邻近京畿,不是用兵的场所。况且以本郡如此偏隔之地,何能为麾下效力呢?自从承蒙麾下挥师前来京都之后,各州郡莫不遣使膝行肉袒于军门,请求投降。唯独在下一人敢于迟到,正是因为内心感到自己庸碌平常,文武缺欠,所以虽然想要献心投诚,但并不能为大军增勇。把我这愚騃之人放在一边,难道会败坏军威?幸好由于将军气度宏大,才能让我从容地遵守礼仪。我私下里以为接受他人一餐饭的微薄的施舍,尚且需投命殒身相报;况且本人享受朝廷食禄,而岂能一旦忘恩呢?我如果以身投附,不但要招来众议,亦恐怕明公您也要加以鄙视,所以我踌躇至今,没来得及进壁投诚。"袁昂向武康令北地人傅暎征求对当前时局的看法,傅暎说:"从前元嘉末年的事,开天辟地以来所未有,所以太尉袁淑杀身以表明节操。令尊司徒袁颛受重托之命,没有苟全之理,所以不顾安危而弘扬道义名节。如今继位皇帝昏庸虐暴,毫无悔改之可能。荆州和雍州共同举兵,占据着上流,天人之意由此而可知。愿明府大人深加思虑,不要它日而后悔。"在建康平定之后,萧衍派豫州刺史李元履巡抚东南一带,他命令李元履说:"袁昂出身于有道的门第,

世有忠节,天下须共容之,勿以兵威陵辱。"元履至吴兴,宣衍旨;昂亦不请降,开门撤备而已。仙琕闻台城不守,号泣谓将士曰:"我受人任寄,义不容降,君等皆有父母。我为忠臣,君为孝子,不亦可乎!"乃悉遣城内兵出降,馀壮士数十,闭门独守。俄而兵入,围之数十重。仙琕令士皆持满,兵不敢近。日暮,仙琕乃投弓曰:"诸君但来见取,我义不降。"乃槛送石头。衍释之,使待袁昂至俱入,曰:"令天下见二义士。"衍谓仙琕曰:"射钩、斩祛,昔人所美。卿勿以杀使断运自嫌。"仙琕谢曰:"小人如失主犬,后主饲之,则复为用矣。"衍笑,皆厚遇之。丙戌,萧衍入镇殿中。

37　刘希祖既克安成,移檄湘部,始兴内史王僧粲应之。僧粲自称湘州刺史,引兵袭长沙。去城百馀里,于是湘州郡县兵皆蜂起以应僧粲,唯临湘、湘阴、浏阳、罗四县尚全。长沙人皆欲泛舟走,行事刘坦悉聚其舟焚之,遣军主尹法略拒僧粲。战数不利,前湘州锺军钟玄绍潜结士民数百人,刻日翻城应僧粲。坦闻其谋,阳为不知,因理讼至夜,而城门遂不闭以疑之。玄绍未发,明旦,诣坦问其故。坦久留与语,密遣亲兵收其家书。玄绍在坐,而收兵已报,具得其文书本末。玄绍即

世代有忠节,对于这样的名节之士,天下必须宽容他,所以不要使用兵威凌辱他。"李元履到了吴兴,向袁昂宣读了萧衍的旨令,但袁昂还是不投降,只是打开城门,撤去守备而已。马仙琕闻知皇城失守,大哭着对将士们说:"我受朝廷委命,义不容降,而你们皆有父母,不可不顾及。所以我来做忠臣,你们做孝子,这样不也是可以的吗?"于是,他命令城内兵将全部出降,剩下的壮士几十人,闭门独守。不一会儿,外兵进来了,前后把他围了数十重,马仙琕命令壮士们都拉开弓箭,围兵们谁也不敢近前。如此对峙到天黑之时,马仙琕才投下手中之弓,说道:"各位只管来抓捕我,我义不投降。"于是,马仙琕被关在囚车中,押送到石头。萧衍释放了马仙琕,让他等袁昂到后一起进来,对他们二人说道:"二位之行为,让天下人见到了两位义士。"萧衍又时马仙琕说:"小白不记管仲射中带钩的旧仇,重耳亦不记寺人披斩断衣袖的旧怨,而为过去的人所赞美。您不要因杀了我派去的使者和阻断我的粮运的道路而自己见外。"马仙琕谢罪道:"小人我就像失去主人的狗一样,被后来的主人所饲养,那么只好为新主人所用了。"萧衍听得笑了,对马仙琕和袁昂二人都给以优厚的待遇。丙戌(二十六日),萧衍入镇殿中。

37　刘希祖攻克安成之后,给湘州送了一道檄文,始兴内史王僧粲对他加以响应。王僧粲自称为湘州刺史,带兵去袭击长沙。他来到了离长沙城还有一百多里的地方,于是湘州各郡县的兵众都蜂拥而起,响应王僧粲,唯有临湘、湘阴、浏阳、罗县四个县尚自保全。长沙人都想乘舟而逃,行事刘坦把所有的船只全部收聚在一起,放火焚烧了,并派遣军主尹法略去抵挡王僧粲。交战数次,都不能取胜,前湘州镇军锺玄绍偷偷地结集士人百姓数百人,约定日期,准备翻城策应王僧粲。刘坦知道了这一阴谋,但是他假装不知道,因此审理讼事案件一直到夜间,却不关闭城门,以便疑惑他们。这天夜里,锺玄绍没有行动,第二早晨,他到刘坦那里去问不关城门的缘故。刘坦把锺玄绍留下很久,与他谈话,而秘密派遣亲兵到他家中去抄收文书。锺玄绍还坐在刘坦那里,而派去抄收的亲兵已经回来报告,全部抄获了他的文书,查清了事情的全部经过。因此,锺玄绍只好

首服,于坐斩之。焚其文书,馀党悉无所问。众愧且服,州郡遂安。法略与僧粲相持累月,建康城平,杨公则还州。僧粲等散走。王丹为郡人所杀,刘希祖亦举郡降。公则克己廉慎,轻刑薄赋,顷之,湘州户口几复其旧。

低头认罪,并被斩于座上。刘坦烧毁了锺玄绍的文书,其他同党一概不加过问。众人既惭愧,又服膺,于是州郡得以安定。尹法略与王僧粲相持了好几个月。建康城平定之后,杨公则返回湘州,王僧粲等人四处逃散了。王丹被郡中人杀死,刘希祖也率郡投降。杨公则克己廉正,做事审慎。他减轻刑罚,少收赋税,很快,湘州的户口就差不多恢复到原来的数量了。

# 卷第一百四十五　梁紀一

起壬午(502)尽甲申(504)凡三年

## 高祖武皇帝
## 天监元年(壬午,502)

1　春,正月,齐和帝遣兼侍中席阐文等慰劳建康。

2　大司马衍下令:"凡东昏时浮费,自非可以习礼乐之容,缮甲兵之备者,馀皆禁绝。"

3　戊戌,迎宣德太后入宫,临朝称制。衍解承制。

4　己亥,以宁朔将军萧昞监南兖州诸军事。昞,衍之从父弟也。

5　壬寅,进大司马衍都督中外诸军事,剑履上殿,赞拜不名。

6　己酉,以大司马长史王亮为中书监、尚书令。

7　初,大司马与黄门侍郎范云、南清河太守沈约、司徒右长史任昉同在竟陵王西邸,意好敦密,至是,引云为大司马谘议参军、领录事,约为骠骑司马,昉为记室参军,与参谋议。前吴兴太守谢朏、国子祭酒何胤先皆弃官家居,衍奏征为军谘祭酒,朏、胤皆不至。

大司马内有受禅之志,沈约微扣其端,大司马不应;他日,又进曰:"今与古异,不可以淳风期物。士大夫攀龙附凤,皆望有尺寸之功。今童儿牧竖皆知齐祚已终,明公

## 高祖武皇帝
## 梁武帝天监元年(壬午,公元502年)

1 春季,正月,南齐和帝萧宝融派遣兼侍中席阐文等人到建康慰劳。

2 大司马萧衍下令:"凡是东昏侯时候的不必要的开支,除了用以操习礼乐法度、修缮军事装备的,其馀一概禁绝。"

3 戊戌(初九),萧衍迎宣德太后进宫,让她临朝摄政,行使皇帝的权力。萧衍停止执政。

4 己亥(初十),宣德太后任命宁朔将军萧昺监南兖州诸军事。萧昺是萧衍堂叔的弟弟。

5 壬寅(十二日),宣德太后提升大司马萧衍为都督中外诸军事,特许他可以佩剑穿鞋上殿,以及朝见赞拜可以不称名。

6 己酉(十九日),宣德太后任命大司马王亮为中书监、尚书令。

7 当初,大司马萧衍与黄门侍郎范云、南清河太守沈约、司徒长史任昉一同在竟陵王的西官邸,彼此情意甚笃,关系非常密切。到这时,萧衍就推荐范云为大司马谘议参军、领录事,沈约为骠骑司马,任昉为记室参军,遇事都让他们参与策谋计议。前吴兴太守谢朓、国子祭酒何胤先前都弃官回家,萧衍上奏宣德太后,征召他们为军谘祭酒,但是谢朓和何胤都没有来就任。

大司马萧衍心里有受禅登基的念头,沈约稍微加以挑明,但是萧衍没有吭声。有一天,沈约又向萧衍进言:"如今与古代不同了,不可以期望人人都能保持着淳古之风。士大夫们攀龙附凤,都希望能有尺寸之功劳。现在连小孩牧童都知道齐的国运已经终结了,明公

当承其运,天文谶记又复炳然。天心不可违,人情不可失。苟历数所在,虽欲谦光,亦不可得已。"大司马曰:"吾方思之。"约曰:"公初建牙樊、沔,此时应思。今王业已成,何所复思! 若不早定大业,脱有一人立异,即损威德。且人非金石,时事难保,岂可以建安之封遗之子孙! 若天子还都,公卿在位,则君臣分定,无复异心,君明于上,臣忠于下,岂复有人方更同公作贼!"大司马然之。约出,大司马召范云告之,云对略同约旨,大司马曰:"智者乃尔暗同。卿明早将休文更来!"云出,语约,约曰:"卿必待我!"云许诺,而约先期入。大司马命草具其事,约乃出怀中诏书并诸选置,大司马初无所改。俄而云自外来,至殿门,不得入,徘徊寿光阁外,但云"咄咄!"约出,问曰:"何以见处!"约举手向左,云笑曰:"不乖所望。"有顷,大司马召云入,叹约才智纵横,且曰:"我起兵于今三年矣,功臣诸将实有其劳,然成帝业者,卿二人也。"

甲寅,诏进大司马位相国,总百揆,扬州牧,封十郡为梁公,备九锡之礼,置梁百司,去录尚书之号,骠骑大将军如故。二月辛酉,梁公始受命。

您应当取而代之,而且天象预兆也非常显著了。天意不可违抗,人心不可失去。假如天道安排如此,您虽然想要谦逊礼让,而实际上也是办不到的。"大司马萧衍说:"我正在考虑这件事。"沈约又说道:"明公您刚开始在樊、沔兴兵举事,在那时是应该思考的。如今王业已经成功,还考虑什么呢?如果不早点完成大业,若有一人提出异议,就会有损于您的威德。况且人非金石,事情难测,万一您有个三长两短,难道就仅仅把建安郡公这么一个封爵留给子孙后代吗?如果天子回到京城,公卿们各得其位,那么君臣之间的名分已经定了,他们就不再会产生什么异心了,于是君明于上,臣忠于下,哪里还会有人再同您一起做反贼呢?"大司马萧衍对沈约所说的这些话深表同意。沈约出去之后,大司马萧衍又叫范云进来,告诉了他自己的心思,征求他的看法,范云的回答与沈约所说的意思差不多,至此,大司马萧衍才对范云讲道:"智者所见,不谋而合。您明天早晨带着沈休文再来这里。"范云出来之后,把萧衍的话告诉了沈约,沈约说:"您一定要等我呀!"范云答应了,但是第二天早晨沈约提前去了。大司马命令他起草关于受命登基的诏书,于是沈约从怀中取出已经写好的诏书以及人事安排名单,大司马看过之后,一点也没有改动。不一会儿,范云从外面来了,到了殿口门,由于要等待沈约,不能一个人先进去,而等来等去不见沈约前来,只好在寿光阁外徘徊,嘴中不停地发出"咄咄"表示奇怪的声音。沈约出来了,范云这才明白了原来沈约赶在自己之前已经进去了,就问他:"对我怎么安排了?"沈约举起手来向左一指,意思是安排范云为尚书左仆射,范云就笑了,说:"这才和我所希望的差不多。"过了一会儿,大司马传范云进去,他当着范云的面感叹了一番沈约如何才智纵横,并且说道:"我起兵至今已经三年了,各位功臣将领确实出了不少力气,但是成就帝业者,只是你们两人啊。"

甲寅(二十四日),宣德太后诏令大司马萧衍位进相国、总百揆、扬州牧,并封他十郡为梁公,加九锡之礼,在梁公国设置各种官员,免去录尚书的称号,但骠骑大将军的称号照样不变。二月辛酉(初二),梁公萧衍方才接受诏命。

齐湘东王宝晊,安陆昭王缅之子也,颇好文学。东昏侯死,宝晊望物情归己,坐待法驾。既而王珍国等送首梁公,梁公以宝晊为太常,宝晊心不自安。壬戌,梁公称宝晊谋反,并其弟江陵公宝览、汝南公宝宏皆杀之。

8 丙寅,诏梁国选诸要职,悉依天朝之制。于是以沈约为吏部尚书兼右仆射,范云为侍中。

梁公纳东昏余妃,颇妨政事,范云以为言,梁公未之从。云与侍中、领军将军王茂同入见,云曰:"昔沛公入关,妇女无所幸,此范增所以畏其志大也。今明公始定建康,海内想望风声,奈何袭乱亡之迹,以女德为累乎!"王茂起拜曰:"范云言是也。公必以天下为念,无宜留此。"梁公默然。云即请以余氏赉王茂,梁公贤其意而许之。明日,赐云、茂钱各百万。

丙戌,诏梁公增封十郡,进爵为王。癸巳,受命,赦国内及府州殊死以下。

9 辛丑,杀齐邵陵王宝攸、晋熙王宝嵩、桂阳王宝贞。

梁王将杀齐诸王,防守犹未急。鄱阳王宝寅家阉人颜文智与左右麻拱等密谋,穿墙夜出宝寅,具小船于江岸,著乌布襦,腰系千馀钱,潜赴江侧,蹑屩徒步,足无完肤。防守者至明追之,宝寅诈为钓者,随流上下十馀里,追者不疑。待散,乃渡西岸投民华文荣家,文荣与其族人天龙、惠连弃家将宝寅逃匿山涧,

南齐湘东王萧宝旺是安陆昭王萧缅的儿子,非常爱好文学。东昏侯死之后,萧宝旺看到人心都向着自己,皇位将非己莫属,所以就坐等即位。但是,到王珍国把东昏侯的首级送给梁公萧衍,梁公任命萧宝旺为太常,萧宝旺才心中不安了。壬戌(初三),梁公声称萧宝旺谋反,把萧宝旺以及其弟弟江陵公萧宝览、汝南公萧宝宏一起杀掉了。

8 丙寅(初七),宣德太后诏令梁国选任各种要职官员,全部依照朝廷之制。于是,任命沈约为吏部尚书兼右仆射,范云为侍中。

梁公萧衍纳取了东昏侯的余妃,对政事颇有妨害,范云加以劝说,但是梁公没有听从。范云又与侍中、领军将军王茂一同入见萧衍,范云对萧衍说:"过去沛公刘邦进关,不亲近女色,这正是范增敬畏其志向远大之处。如今明公您刚平定建康,海内之众对您的名声非常景仰,您如何可以沿袭那种乱身亡国的行迹,沉溺于女色呢?"王茂也下拜说道:"范云说的极对。您一定要以天下为念,不应该把这个女人留在身边。"梁公听了,默然无语。于是,范云就请求萧衍把余氏赏赐给王茂,梁公认为他们的意见正确,就同意了。次日,萧衍分别赏赐给范云、王茂各一百万钱。

丙戌(二十七日),宣德太后诏令给梁公增封十郡,进爵位为王。三月癸巳(初五),萧衍接受了诏命,并且下令赦免建康城内以及各府州死刑以下犯人。

9 辛丑(十三日),南齐邵陵王萧宝攸、晋熙王萧宝嵩、桂阳王萧宝贞被杀。

梁王萧衍将要杀害南齐诸王,但是监视看管措施还不甚严密。鄱阳王萧宝寅家中的宦官颜文智与左右心腹麻拱等人密谋,在夜间挖开墙壁,把萧宝寅送出去,又在长江岸边准备了一只小船。萧宝寅穿着黑布短衣,腰里系着一千多钱,偷偷地跑到江边。他穿着草鞋,徒步而行,以致两只脚全都磨破了。天亮之后,看管的人发现萧宝寅不见了,就去追赶,萧宝寅装作是钓鱼人,与追赶者一起在江中并舟而行了十多里,追赶者都没有对他产生怀疑。等到追赶的人离开之后,萧宝寅就在西边靠岸,投奔到百姓华文荣家中,华文荣与其同族之人华天龙、华惠连丢弃家业,带着萧宝寅逃到山沟里。

赁驴乘之,昼伏夜行,抵寿阳之东城。魏戍主杜元伦驰告扬州刺史任城王澄,以车马侍卫迎之。宝寅时年十六,徒步憔悴,见者以为掠卖生口。澄待以客礼,宝寅请丧君斩衰之服,澄遣人晓示情礼,以丧兄齐衰之服给之。澄帅官僚赴吊,宝寅居处有礼,一同极哀之节。寿阳多其义故,皆受慰唁。唯不见夏侯一族,以夏侯详从梁王故也。澄深器重之。

10 齐和帝东归,以萧憺为都督荆湘等六州诸军事、荆州刺史。荆州军旅之后,公私空乏,憺厉精为治,广屯田,省力役,存问兵死之家,供其乏困。自以少年居重任,谓佐吏曰:"政之不臧,士君子所宜共惜。吾今开怀,卿其无隐!"于是人人得尽意,民有讼者皆立前待符教,决于俄顷,曹无留事。荆人大悦。

11 齐和帝至姑孰,丙辰,下诏禅位于梁。

12 丁巳,庐陵王宝源卒。

13 鲁阳蛮鲁北燕等起兵攻魏颍州。

14 夏,四月辛酉,宣德太后令曰:"西诏至,帝宪章前代,敬禅神器于梁,明可临轩,遣使恭授玺绂,未亡人归于别宫。"壬戌,发策,遣兼太保、尚书令亮等奉皇帝玺绂诣梁宫。丙寅,梁王即皇帝位于南郊,大赦,改元。是日,追赠兄懿为丞相,封长沙王,谥曰宣武,葬礼依晋安平献王故事。

他们租了一匹毛驴,让萧宝寅骑着,昼伏而夜行,来到了寿阳的东城。驻守在这里的北魏戍主杜元伦急忙把情况报告了扬州刺史任城王元澄,元澄用车马侍卫迎接萧宝寅。当时,萧宝寅年纪十六岁,由于徒步而行,所以形容憔悴,见到的人还以为他是被掠卖来的人口。元澄以招待客人的礼节对待萧宝寅,萧宝寅向元澄要为皇帝守丧而穿的生麻布制的丧服,元澄派人对萧宝寅晓示了一番情理,最后只给了他为兄长守丧而穿的熟麻布制的丧服。元澄率领手下的官吏们亲赴萧宝寅住处去吊丧,萧宝寅的一举一动,表现得与居君父之丧完全一样。寿阳有许多受过南齐旧恩的故旧,都来萧宝寅处吊唁。唯独不见夏侯一姓的人来,这是由于夏侯详跟从了梁王萧衍的缘故。元澄非常器重萧宝寅。

10　南齐和帝萧宝融将东归建康,他任命萧憺为都督荆、湘等六州诸军事、荆州刺史。荆州经过战争之后,公私两方在财用方面都非常空乏,萧憺励精图治,广开屯田,省免劳役,抚问阵亡兵丁的家属,供应救济他们。他自以为年纪轻而居于重任,所以特别用心,对手下的官吏们说:"政事如果没有办好,大家都应该共同努力。我现在开诚布公,希望你们也不要有所隐瞒。"于是,人人都感到心情舒畅,办事效率大增,民众如有诉讼,就站在一旁等待处理,很快就可以得到判决结果,官署中没有积压的事情。因此,荆州人非常高兴。

11　南齐和帝到达姑孰,于丙辰(二十八日),下诏令禅让皇位给梁公。

12　丁巳(二十九日),庐陵王萧宝源去世。

13　鲁阳的蛮人鲁北燕等人起兵攻打北魏颍州。

14　夏季,四月辛酉(二十七日),宣德太后发令:"西边的诏令已经到了,皇帝效法前代,把皇位恭敬地禅让给梁,明天早晨我要来到殿前,派使者向梁公恭授玺绂,之后我将回到别宫去居住。"壬戌(二十八日),宣德太后发出策书,派遣兼太保、尚书令王亮等人奉送皇帝玺绂到梁宫。丙寅,梁王萧衍于南郊即位登基,大赦天下,改年号为天监。在这天,萧衍追赠其兄萧懿为丞相,封为长沙王,谥号为宣武,并且依照晋代安葬安平献王的先例重新安葬了萧懿。

丁卯，奉和帝为巴陵王，宫于姑孰，优崇之礼，皆仿齐初。奉宣德太后为齐文帝妃，王皇后为巴陵王妃。齐世王、侯封爵，悉从降省，唯宋汝阴王不在除例。

追尊皇考为文皇帝，庙号太祖；皇妣为献皇后。追谥妃郗氏曰德皇后。封文武功臣车骑将军夏侯详等十五人为公、侯。立皇弟中护军宏为临川王，南徐州刺史秀为安成王，雍州刺史伟为建安王，左卫将军恢为鄱阳王，荆州刺史憺为始兴王。以宏为扬州刺史。

丁卯，以中书监王亮为尚书令，相国左长史王莹为中书监，吏部尚书沈约为尚书仆射，长兼侍中范云为散骑常侍、吏部尚书。

15　诏凡后宫、乐府、西解、暴室诸妇女一皆放遣。

16　戊辰，巴陵王卒。时上欲以南海郡为巴陵国，徙王居之。沈约曰："古今殊事，魏武所云'不可慕虚名而受实祸。'"上颔之，乃遣所亲郑伯禽诣姑孰，以生金进王，王曰："我死不须金，醇酒足矣。"乃饮沉醉，伯禽就摺杀之。

王之镇荆州也，琅邪颜见远为录事参军，及即位，为治书侍御史兼中丞，既禅位，见远不食数日而卒。上闻之曰："我自应天从人，何预天下士大夫事，而颜见远乃至于此！"

17　庚午，诏："有司依周、汉故事，议赎刑条格，凡在官身犯鞭杖之罪，悉入赎停罚，其台省令史、士卒欲赎者听之。"

18　以谢沐县公宝义为巴陵王，奉齐祀。宝义幼有废疾，不能言，故独得全。

丁卯，萧衍诏令，奉南齐和帝为巴陵王，并为他在姑孰建了王宫，对他的待遇和敬礼仪，都仿照南齐开国之初对待汝阴王的方法。奉宣德太后为南齐文帝妃，王皇后为巴陵王妃。又对于南齐的王、侯们全部降低一级爵位，除去他们的封国，唯有宋汝阴王不在此例之内。

梁武帝萧衍追尊自己的父亲为文皇帝，庙号太祖；追尊母亲为献皇后。又追谥妃子郗氏为德皇后。萧衍还封文武功臣车骑将军夏侯详等十五人为公、侯。萧衍又立弟弟中护军萧宏为临川王，南徐州刺史萧秀为安成王，雍州刺史萧伟为建安王，左卫将军萧恢为鄱阳王，荆州刺史萧憺为始兴王。任命萧宏为扬州刺史。

丁卯，武帝任命中书监王亮为尚书令，相国左长史王莹为中书监，吏部尚书沈约为尚书仆射，长兼侍中范云为散骑常侍、吏部尚书。

15　武帝诏令，凡是后宫、乐府、西解、暴室中的妇女全部放还回家。

16　戊辰，巴陵王萧宝融去世。当时，武帝想以南海郡为巴陵国，迁巴陵王去居住。沈约却对武帝说："古今不同，当年魏武帝曾经说过：'不可以慕虚名而受实祸。'"武帝听了点头同意，于是就派遣亲信郑伯禽到了姑孰，把生金子给了巴陵王，让他吞下去，巴陵王说道："我死不须用金子，有醇酒就足够了。"于是，就喝得烂醉，郑伯禽上前将其折杀。

巴陵王萧宝融镇守荆州之时，琅邪人颜见远做他的录事参军，即位之后，又担任治书侍御史兼中丞。巴陵王让位之后，颜见远绝食数日而死。武帝闻知此事之后，说："我受禅让而登基是顺应天心人愿，与天下士大夫们有什么关系呢？颜见远何至于如此呢？"

17　庚午，武帝诏令："官吏们依照周代、汉代的先例，议定赎刑条例，凡是身居官位而犯有该受鞭杖之刑的人，全部可以出赎金而停止惩罪，各台省的令史以及士卒犯罪而愿意赎刑者，亦听任其便。"

18　武帝封谢沐县公萧宝义为巴陵王，让他奉祀南齐祖先。萧宝义自幼有残疾，是个哑巴，所以才得以保全。

齐南康侯子恪及弟祁阳侯子范尝因事入见,上从容谓曰:"天下公器,非可力取,苟无期运,虽项籍之力终亦败亡。宋孝武性猜忌,兄弟粗有令名者皆鸩之,朝臣以疑似枉死者相继。然或疑而不能去,或不疑而卒为患,如卿祖以材略见疑,而无如之何。湘东以庸愚不疑,而子孙皆死其手。我于时已生,彼岂知我应有今日!固知有天命者非人所害。我初平建康,人皆劝我除去卿辈以壹物心,我于时依而行之,谁谓不可!正以江左以来,代谢之际,必相屠灭,感伤和气,所以国祚不长。又,齐、梁虽云革命,事异前世,我与卿兄弟虽复绝服,宗属未远,齐业之初亦共甘苦,情同一家,岂可遽如行路之人!卿兄弟果有天命,非我所杀;若无天命,何忽行此!当足示无度量耳。且建武涂炭卿门,我起义兵,非唯自雪门耻,亦为卿兄弟报仇。卿若能在建武、永元之世拨乱反正,我岂得不释戈推奉邪!我自取天下于明帝家,非取之于卿家也。昔刘子舆自称成帝子,光武言:'假使成帝更生,天下亦不可复得,况子舆乎!'曹志,魏武帝之孙,为晋忠臣。况卿今日犹是宗室,我方坦然相期,卿无复怀自外之意!小待,当自知我寸心。"子恪兄弟凡十六人,皆仕梁,子恪、子范、子质、子显、子云、子晖并以才能知名,历官清显,各以寿终。

南齐南康侯萧子恪以及其弟祁阳侯萧子范曾经因事入见武帝，武帝从容地对他们说："天下的名位、爵禄，不可以力取，假如没有运气，即使有项羽之力，终究还是要失败。宋孝武帝性情猜忌，兄弟中稍有些好名声的，都被他用毒药害死，朝廷中的臣子们因被猜疑而冤枉死去的一个接着一个。然而，有的虽然怀疑却不能把他除去，有的虽然不疑却终于成为后患，比如你们的祖父高帝因才能谋略而被猜疑，但是却拿他一点也没有办法。湘东王刘彧以平庸愚笨而未遭猜疑，但是孝武帝的子孙却最后都死在他手中。我在那时已经出生，刘彧他岂知我会有今天呢？因此而可知有天命的人是别人害不了的。我刚平定建康之时，人们都劝我除掉你们以便统一人心，我当时如果依照这一建议而行事，谁会说不可以呢？我之所以没有这样做，正是由于考虑到江南每到改朝换代的时候，总是要进行残杀屠灭，以致有伤和气，所以国运都不能长久。另外，由齐而梁，虽然说是改换天命，但是事情与前代不同，我与你们兄弟虽然出了五服，但是宗属关系并不太远，而且齐国创业之初，也曾经同甘共苦，感情上如同一家，所以怎么可以一下子就变成好像是行路之人，互相不相认了呢？你们兄弟果然有天命的话，就不是我所能杀得了的；如果没有天命，我又何必忽然要那样做呢？那样做只能向世人显示我无度量罢了。况且，明帝在建武年间诛杀高帝、武帝的子孙，使你们家门遭殃，所以我起义兵，不但是自雪家耻，也是为你们兄弟报仇。你们如果能在建武、永元年间拨乱反正的话，我哪里能不放下干戈而推奉拥戴呢？我是自明帝家取来的天下，并非是从你们家取来的。过去，刘子舆自称为是汉成帝的儿子，汉光武帝说：'就是使成帝重生，天下也不可能会重新得到，何况刘子舆呢？'曹志是魏武帝的孙子，成为晋朝的忠臣。更何况你们现在仍然是皇家宗室呢？我坦诚地讲了以上这些，希望你们不要再有见外之意。很快，你们就会知道我的方寸之心了。"萧子恪兄弟一共十六人，都在梁朝做官，萧子恪、萧子范、萧子质、萧子显、萧子云、萧子晖一并以才能而知名，历任清高而显要的官职，各人都能得天年而善终。

19　诏征谢朏为左光禄大夫、开府仪同三司,何胤为右光禄大夫,何点为侍中。胤、点终不就。

20　癸酉,诏"公车府谤木、肺石傍各置一函,若肉食莫言,欲有横议,投谤木函;若以功劳才器冤沈莫达,投肺石函。"

上身服浣濯之衣,常膳唯以菜蔬。每简长吏,务选廉平,皆召见于前,勖以政道。擢尚书殿中郎到溉为建安内史,左户侍郎刘霁为晋安太守,二人皆以廉洁著称。溉,彦之曾孙也。又著令:"小县令有能,迁大县,大县有能,迁二千石。"以山阴令丘仲孚为长沙内史,武康令东海何远为宣城太守,由是廉能莫不知劝。

21　鲁阳蛮围魏湖阳,抚军将军李崇将兵击破之,斩鲁北燕,徙万馀户于幽、并诸州及六镇,寻叛南走,所在追讨,比及河,杀之皆尽。

22　闰月丁巳,魏顿丘匡公穆亮卒。

23　齐东昏侯嬖臣孙文明等,虽经赦令,犹不自安,五月乙亥夜,帅其徒数百人,因运荻炬,束仗入南、北掖门作乱,烧神虎门、总章观,入卫尉府,杀卫尉洮阳愍侯张弘策。前军司马吕僧珍直殿内,以宿卫兵拒之,不能却。上戎服御前殿,曰:"贼夜来,是其众少,晓则走矣。"命击五鼓,领军将军王茂、骁骑将军张惠绍闻难,引兵赴救,盗乃散走,讨捕,悉诛之。

19　武帝诏征谢朏为左光禄大夫、开府仪同三司,何胤为右光禄大夫,何点为侍中。但是何胤与何点到底也没有就任。

20　癸酉,武帝诏令:"在公车府谤木和肺石旁边各放置一个盒子,如果布衣处士欲对朝政提出议论,而在官位的人又没有谈到,就把其意见投入谤木旁边的盒子里;如果有谁因功劳或才识被冤沉而没有上报,如欲申诉,把申诉书投入肺石旁边的盒子中。"

武帝身穿洗过的衣服,平时的用膳只是菜蔬之类。每次任命高级官员,他都挑选那些廉正公平者,把他们都召到面前,以治政之道勉励他们。他提拔尚书殿中郎到溉为建安内史,左户侍郎刘馥为晋安太守,这两人都以廉洁而著称。到溉是到彦之的曾孙子。武帝又诏令:"小县的县令如果有能力,就升到大县任县令,大县的县令有能力,升任郡守。"并任命山阴县令丘仲孚为长沙内史,武康县令东海人何远为宣城太守,因此官吏们无不致力于廉政勤勉。

21　鲁阳的少数民族围攻北魏湖阳,抚军将军李崇率兵击败了他们,斩了鲁北燕,迁移一万馀户到幽、并等州以及六镇,但不久这些人就纷纷叛逃南归,他们所到之处都派兵追捕,追到黄河边时,把他们全部杀害了。

22　闰四月丁巳(三十日),北魏顿丘匡公穆亮去世。

23　南齐东昏侯的宠臣孙文明等人,虽然被赦免,但是仍然感到不安,于五月乙亥(十八日)夜间,带领同伙几百人,借口运交芦苇火把,把兵器藏在柴中,乘机进入南、北掖门,暴动作乱,放火烧了神虎门、总章观,闯入卫尉府,杀了卫尉洮阳愍侯张弘策。前军司马吕僧珍在殿内当值,以宿卫兵抵抗暴徒们,但是抵挡不了。这时,武帝身穿戎服来到前殿,说道:"反贼们乘夜间而来,是因为他们的人数少,天亮了就会逃跑的。"他命令击响五鼓,领军将军王茂、骁骑将军张惠绍知道天子有难,即刻带兵前来解救,贼盗们纷纷逃散,经过搜捕,全部杀掉了他们。

24　江州刺史陈伯之,目不识书,得文牒辞讼,唯作大诺而已,有事,典签传口语,与夺决于主者。豫章人邓缮、永兴人戴永忠有旧恩于伯之,伯之以缮为别驾,永忠为记室参军。河南褚緭居建康,素薄行,仕宦不得志,频造尚书范云,云不礼之。緭怒,私谓所亲曰:"建武以后,草泽下族悉化成贵人,吾何罪而见弃!今天下草创,饥馑不已,丧乱未可知。陈伯之拥强兵在江州,非主上旧臣,有自疑之意。且荧惑守南斗,讵非为我出邪!今者一行事若无成,入魏不失作河南郡守。"遂投伯之,大见亲狎。伯之又以乡人朱龙符为长流参军,并乘伯之愚暗,恣为奸利。

　　上闻之,使陈虎牙私戒伯之,又遣人代邓缮为别驾,伯之并不受命,表云:"龙符骁勇,邓缮有绩效,台所遣别驾,请以为治中。"缮于是日夜说伯之云:"台家府藏空竭,复无器仗,三仓无米,东境饥流,此万世一时也。机不可失!"緭、永忠共赞成之。伯之谓缮:"今启卿,若复不得,即与卿共反。"上敕伯之以部内一郡处缮,于是伯之集府州僚佐谓曰:"奉齐建安王教,帅江北义勇十万,已次六合,见使以江州见力运粮速下。我荷明帝厚恩,誓死以报。"即命纂严,使緭诈为萧宝寅书以示僚佐,于听事前为坛,歃血共盟。

24　江州刺史陈伯之目不识丁,收到文件和诉讼材料,只会核批画行,有何事情,都是通过典签口头来传达,所以予夺大权实际上完全掌握在典签手中。豫章人邓缮、永兴人戴永忠过去有恩于陈伯之,陈伯之就委任邓缮为别驾,戴永忠为记室参军。河南人褚緭住在建康,向来品行不端正,所以仕途很不得志,他就频繁地去拜访尚书范云,但是范云不礼遇他。因此,褚緭很生气,私下里对自己的亲信说:“自从建武年间以来,身处草泽的低贱家族都变成了贵人,而我却因什么罪过被弃之不用呢?如今天下草创,饥荒不停,所以再次发生大乱也未可知。陈伯之拥有强大的兵权,坐镇江州,而他又不是皇上的旧臣,所以有自疑的心理。况且火星又出现在南斗位置上,预示将有天子之事,岂知不是为我而出现的吗?如今,我们就去奔投陈伯之,以便行事,假若事情不能成功,就去投靠北魏,也不失能做河南郡守。”于是,褚緭就去投靠了陈伯之,得到陈伯之异常的亲近。陈伯之又委任同乡人朱龙符为长流参军,于是褚緭和朱龙符两人一起乘着陈伯之愚昧不明,肆意而为,恶行不断。

　　武帝知道了情况,让陈虎牙私下里告诫陈伯之,又派人取代邓缮而为别驾,陈伯之既不听告诫,也不执行撤换掉邓缮的命令,上表武帝:“朱龙符骁勇不凡,邓缮成绩突出,朝廷所派遣来的别驾,特请任为治中。”于是,邓缮日夜游说陈伯之,对他说:“朝廷中库藏空竭,也没有兵器,三个仓中没有米了,东边一带又饥荒流行,这是万世难遇的一时良机。时机不可丧失!”褚緭和戴永忠也一同赞成邓缮的意见。陈伯之对邓缮说:“现在我就为你的事再次启奏朝廷,如果还是不行的话,就与你一起谋反。”武帝敕令陈伯之把邓缮安置在州内的一个郡中,于是陈伯之就召集府州僚佐,对他们说:“今奉齐建安王的命令,率领长江之北的十万义勇,已经到了六合,让我们见到使者之后,动用江州现有力量,速运送粮食东下。我承受过明帝的厚恩,誓死相报。”于是就命令戒严,让褚緭伪造萧宝寅的书信出示给僚佐们看,并且在厅堂前设坛,歃血为盟。

缙说伯之曰:"今举大事,宜引众望。长史程元冲,不与人同心。临川内史王观,僧虔之孙,人身不恶,可召为长史以代元冲。"伯之从之,仍以缙为寻阳太守,永忠为辅义将军,龙符为豫州刺史。观不应命。豫章太守郑伯伦起郡兵拒守。程元冲既失职于家,合帅数百人,乘伯之无备,突入至听事前。伯之自出格斗,元冲不胜,逃入庐山。伯之密遣信报虎牙兄弟,皆逃奔盱眙。

戊子,诏以领军将军王茂为征南将军、江州刺史,帅众讨之。

25 魏扬州小岘戍主党法宗袭大岘戍,破之,虏龙骧将军邾菩萨。

26 陈伯之闻王茂来,谓褚缙等曰:"王观既不就命,郑伯伦又不肯从,便应空手受困。今先平豫章,开通南路,多发丁力,益运资粮,然后席卷北向,以扑饥疲之众,不忧不济。"六月,留乡人唐盖人守城,引兵趣豫章,攻伯伦,不能下。王茂军至,伯之表里受敌,遂败走,间道渡江,与虎牙等及褚缙俱奔魏。

27 上遣左右陈建孙送刘季连子弟三人入蜀,使谕旨慰劳。季连受命,饬还装,益州刺史邓元起始得之官。

初,季连为南郡太守,不礼于元起。都录朱道琛有罪,季连欲杀之,逃匿得免。至是,道琛为元起典签,说元起曰:"益州乱离已久,公私虚耗。刘益州临归,岂办远遣迎候!道琛请先使检校,缘路奉迎,不然,万里资粮,未易可得。"元起许之。道琛既至,言语不恭,又历造府州人士,见器物,辄夺之,有不获者,语曰:"会当属人,何须苦惜!"于是军府大惧,

褚緭游说陈伯之:"如今举大事,宜争取民心。长史程元冲很不得人心。临川内史王观是王僧虔的孙子,他人品不坏,可以召他为长史以便代替程元冲。"陈伯之听从了褚緭的建议,并且委任褚緭为寻阳太守,戴永忠为辅义将军,朱龙符为豫州刺史。王观没有应命前来。豫章太守郑伯伦发动郡兵抗拒陈伯之。程元冲既然丢掉了官职回到家中,就纠合、率领数百人,乘陈伯之没有防备之际,突然攻到厅堂之前。陈伯之亲自出来格斗,程元冲力不能胜,逃入庐山。陈伯之秘密地派人送信给陈虎牙兄弟,兄弟们一起逃奔到盱眙。

戊子,武帝诏令委任领军将军王茂为征南将军、江州刺史,率兵讨伐陈伯之。

25 北魏扬州小岘戍戍主党法宗袭击梁朝大岘戍,克敌获胜,俘虏了梁朝龙骧将军郑菩萨。

26 陈伯之闻知王茂前来讨伐,对褚緭等人说:"王观不来就命,郑伯伦又不肯顺从,我们将会空手受困。现在,我们先占取豫章,开通南边的道路,多加发动丁役,增运粮食物资,然后以卷席之势北上,直扑饥饿疲劳之众,不愁不得成功。"六月,陈伯之留下同乡人唐盖人防守寻阳城,自己领兵向豫章进发,攻打郑伯伦,但是不能攻下。王茂的军队到了,陈伯之里外受敌,力不能支,于是败逃而去,抄小道渡过了长江,与陈虎牙等人以及褚緭一起奔投北魏。

27 武帝派遣身边人陈建孙送刘季连子弟三人入蜀,使他们宣谕圣旨,加以慰劳。刘季连接受了使命,收拾准备回去时的行装,因此,益州刺史邓元起始得去赴任。

起初,刘季连任南郡太守,对邓元起不礼貌。都录朱道琛有罪,刘季连要杀他,他逃匿而免于一死。到现在,朱道琛担任邓元起的典签,他劝说邓元起:"益州动乱已久,官方和私人的资财都耗损一空。现在,刘益州季连就要回去了,当地岂能置办得起送远迎候之事呢?所以,我请求先去核查,沿路奉迎,不然的话,万里长途所用的粮资,确实不可轻易得到。"邓元起准许了朱道琛的请求。朱道琛到达之后,言语非常不恭,又遍访府州人士,见到器物,就夺取过来,有谁如果不给,他就对人家说:"反正你这东西迟早是别人的,何必苦苦珍惜呢?"于是,军府之中都很恐惧,

谓元起必诛季连,祸及党与,竞言之于季连。季连亦以为然,且惧昔之不礼于元起,乃召兵算之,有精甲十万,叹曰:"据天险之地,握此强兵,进可以匡社稷,退不失作刘备,舍此安之!"遂召佐史,矫称齐宣德太后令,聚兵复反,收朱道琛,杀之。召巴西太守朱士略及涪令李膺,并不受命。是月,元起至巴西,士略开门纳之。

先是,蜀民多逃亡,闻元起至,争出投附,皆称起义兵应朝廷,军士新故三万馀人。元起在道久,粮食乏绝,或说之曰:"蜀土政慢,民多诈疾,若检巴西一郡籍注,因而罚之,所获必厚。"元起然之。李膺谏曰:"使君前有严敌,后无继援,山民始附,于我观德。若纠以刻薄,民必不堪,众心一离,虽悔无及。何必起疾可以济师!膺请出图之,不患资粮不足也。"元起曰:"善。一以委卿!"膺退,帅富民上军资米,得三万斛。

28  秋,八月丁未,命尚书删定郎济阳蔡法度损益王植之集注旧律,为《梁律》,仍命与尚书令王亮、侍中王莹、尚书仆射沈约、吏部尚书范云等九人同议定。

29  上素善钟律,欲厘正雅乐,乃自制四器,名之为"通"。每通施三弦,黄钟弦用二百七十丝,长九尺,应钟弦用一百四十二丝,长四尺七寸四分差强,中间十律,以是为差。因以通声转推月气,悉无差违,而还得相中。又制十二笛,黄钟笛长三尺八寸,

说邓元起必定要杀刘季连,并且会祸及党翼,都竞相去告诉刘季连。刘季连也信以为然,并且害怕过去对邓元起失礼之事,于是召集兵士,总计一下,共有精兵十万,因此叹息道:"我据守天险之地,手中握有这十万强兵,进可以匡扶社稷江山,退不失为作刘备,舍此而何往呢?"于是,刘季连叫来佐史,假称南齐宣德太后之令,聚兵造反,抓获了朱道琛,杀掉了他。刘季连又召巴西太守朱士略以及涪令李膺前来,两人没有受命。这个月,邓元起到达巴西,朱士略打开城门,迎其入内。

早先,蜀民大多逃亡,听说邓元起到了,纷纷出来投附他,都言称要起义兵以便响应朝廷,因此邓元起新得的和原有的兵士加起来共有三万多人。邓元起在路途时间久了,粮食断绝,有人劝说他:"蜀地的政令不严,老百姓大多装病,以逃避征役,如果核查一下巴西一郡的户口,因此而加以处罚,所获一定非常丰厚。"邓元起同意了。李膺劝谏说:"使君您前面有强大的敌人,而后面没有增援力量,山民们刚刚投附,还要对我们加以观望,看我们对他们到底如何。如果对待他们过于刻薄,民众一定不堪忍受,而众心一旦离散,我们虽然后悔也来不及了。何必一定要使他们无法忍受,为今后的治理种下病端,而来补益目前军队的缺粮呢?李膺我请求出面去解决这一问题,不愁粮食资用不足。"邓元起说道:"很好。一切都委托给您了。"李膺回去之后,带领富足之民给邓元起的军队送去大米,总共收得了三万斛。

28　秋季,八月丁丑(二十二日),武帝命令尚书删定郎济阳人蔡法度审定王植之集注的旧律,定为《梁律》,又命令其与尚书令王亮、侍中王莹、尚书仆射沈约、吏部尚书范云等九人一同议定。

29　武帝素来精通钟律,想要整理、订正雅乐,于是自己制四件乐器,起名为"通"。每通施用三弦,黄钟弦用二百七十丝,长九尺;应钟弦用一百四十二丝,长四尺七寸四分多,中间的十律,以此而递减。于是,用通声转过来推算月气,一点差错也没有,而反过来再一推算,也能相合。武帝又制了十二笛,黄钟笛长三尺八寸,

应钟笛长二尺三寸,中间十律以是为差,以写通声,饮古钟玉律,并皆不差。于是被以八音,施以七声,莫不和韵。先是,宫悬止有四镈钟,杂以编钟、编磬、衡钟凡十六虡。上始命设十二镈钟,各有编钟、编磬,凡上三十六虡,而去衡钟,四隅植建鼓。

30 魏高祖之丧,前太傅平阳公丕自晋阳来赴,遂留洛阳。丕年八十馀,历事六世,位极公辅,而还为庶人。魏主以其宗室耆旧,矜而礼之。乙卯,以丕为三老。

31 魏扬州刺史任城王澄表请攻钟离,魏主使羽林监敦煌范绍诣寿阳,共量进止。澄曰:"当用兵十万,往来百日,乞朝廷速办粮仗。"绍曰:"今秋已向末,方欲调发,兵仗可集,粮何由致!有兵无粮,何以克敌!"澄沈思良久曰:"实如卿言。"乃止。

32 九月丁巳,魏主如邺。冬,十月庚子,还至怀,与宗室近侍射远,帝射三百五十馀步,群臣刻铭以美之。甲辰,还洛阳。

33 十一月己未,立小庙以祭太祖之母,每祭太庙毕,以一太牢祭之。

34 甲子,立皇子统为太子。

35 魏洛阳宫室始成。

36 十二月,将军张嚣之侵魏淮南,取木陵戍。魏任城王澄遣辅国将军成兴击之,嚣之败走,魏复取木陵。

37 刘季连遣其将李奉伯等拒邓元起,元起与战,互有胜负。久之,奉伯等败,还成都,元起进屯西平。季连驱略居民,闭城固守。元起进屯蒋桥,去成都二十里,留辎重

应钟笛长二尺三寸,中间的十律以此而递减,以十二笛之声对校于通声,并且酌对于古钟玉律,都互相符合一致,没有差误。于是,以此被以金、石、丝、竹、匏、土、革、木八音,施以宫、商、角、徵、羽、变宫、变徵七声,无不合韵。早先,四面只有四镈钟,杂以编钟、编磬、衡钟等共十六虡。武帝最早命令设置十二镈钟,各有编钟、编磬,总共三十六虡,而去掉衡钟,在四个角上安放建鼓。

30　北魏孝文帝举行丧礼时,前太傅、平阳公元丕从晋阳来参加,于是留居洛阳。元丕年届八十多岁,历事六世,位极三公和辅相,而回家之后成为平民。北魏宣武帝因元丕是宗室中的遗老,尊敬而礼待他。乙卯(三十日),宣武帝以元丕为三老。

31　北魏扬州刺史、任城王元澄上表宣武帝,请求攻打钟离,宣武帝派遣羽林监敦煌人范绍到达寿阳,与元澄共同商量如何具体行动。元澄说:"应当用兵十万,来去一百天,请求朝廷迅速备办军粮和兵器。"范绍说:"今年的秋天已经快过去了,你方才要调兵出发,兵器可以收集得到,但是粮食上哪里去找呢? 有兵而无粮,如何克敌取胜呢?"元澄沉思了很久,说道:"确实如您讲的这样,是不好办。"于是,就停止了这一行动。

32　九月丁巳(初二),北魏宣武帝到达邺城。冬季,十月庚子(十六日),返回到怀地,同宗室近侍比赛射箭,看谁射得远,宣武帝射了三百五十多步远,群臣们刻铭树碑来赞美这件事。甲辰(二十日),宣武帝回到洛阳。

33　十一月己未(初五),梁武帝立小庙以祭祀太祖的母亲,即他的祖母,每当在太庙祭祀完毕,均以牛、羊、猪三牲祭此小庙。

34　甲子(初十),梁朝立皇子萧统为太子。

35　北魏洛阳的宫室方始建成。

36　十二月,梁朝将军张嚣之入侵北魏淮南,占领了木陵戍。北魏任城王元澄派遣辅国将军成兴去攻击,张嚣之败逃,北魏收复了木陵。

37　刘季连派遣其将领李奉伯等人抵御邓元起,邓元起与他们交战,双方互有胜负。许久之后,李奉伯等战败,回到成都,邓元起进驻西平。刘季连驱赶掠夺居民,闭城固守。邓元起进驻蒋桥,离成都二十里,把辎重物资留

于埤。奉伯等间道袭埤,陷之,军备尽没。元起舍埤,径围州城;城局参军江希之谋以城降,不克而死。

38 魏陈留公主寡居,仆射高肇、秦州刺史张彝皆欲尚之,公主许彝而不许肇。肇怒,谮彝于魏主,坐沈废累年。

39 是岁,江东大旱,米斗五千,民多饿死。

**二年(癸未,503)**

1 春,正月乙卯,以尚书仆射沈约为左仆射,吏部尚书范云为右仆射,尚书令王亮为左光禄大夫。丙辰,亮坐正旦诈疾不登殿,削爵,废为庶人。

2 乙亥,魏主耕籍田。

3 魏梁州氐杨会叛,行梁州事杨椿等讨之。

4 成都城中食尽,升米三千,人相食。刘季连食粥累月,计无所出。上遣主书赵景悦宣诏受季连降,季连肉袒请罪。邓元起迁季连于城外,俄而造焉,待之以礼。季连谢曰:"早知如此,岂有前日之事!"埤城亦降。元起诛李奉伯等,送季连诣建康。初,元起在道,惧事不集,无以为赏,士之至者皆许以辟命,于是受别驾、治中檄者将二千人。

季连至建康,入东掖门,数步一稽颡,以至上前。上笑曰:"卿欲慕刘备,而曾不及公孙述,岂无卧龙之臣邪!"赦为庶人。

5 三月己巳,魏皇后蚕于北郊。

6 庚辰,魏扬州刺史任城王澄遣长风城主奇道显入寇,取阴山、白藁二戍。

在㻌城。李奉伯等人抄小道袭击㻌城，攻下了㻌城，邓元起的军备全部丧失。邓元起放弃㻌城，径直去围攻州城，城局参军江希之打算献城投降，但是没有实现而死去。

38　北魏陈留公主守寡，仆射高肇和秦州刺史张彝都想娶她，公主答应了张彝而没答应高肇。高肇恼羞成怒，就在宣武帝面前陷害张彝，因此而获罪，被废官数年。

39　这一年，江东大旱成灾，一斗米卖到五千钱，百姓饿死很多。

### 梁武帝天监二年(癸未,公元503年)

1　春季,正月乙卯(初二),梁武帝任命尚书仆射沈约为左仆射,吏部尚书范云为右仆射,尚书令王亮为左光禄大夫。丙辰(初三),王亮因在正月初一假称有病不登殿朝贺而获罪,被削去爵位,黜为平民。

2　乙亥(二十二日),北魏宣武帝到籍田举行亲耕仪式。

3　北魏梁州氐人杨会反叛,行梁州事杨椿等人讨伐他。

4　成都城中的粮食吃光了,一升米价格暴涨到三千钱,人们开始互相残食。刘季连连着几个月喝粥,没有一点办法。武帝派遣主书赵景悦宣谕诏令,可以接受刘季连投降,刘季连只好投降,他光着上身来请罪。邓元起把刘季连移到城外,很快又去看他,对他以礼相待。刘季连对邓元起谢罪说:"早知道这样的话,岂有前头的事情呢?"㻌城也投降了。邓元起杀了李奉伯等人,送刘季连去建康。起初,邓元起在途中,担心事情不能成功,没有什么可以奖赏,因此凡是来投附的士人都许诺成功之后给封官,于是接受被征召为别驾、治中的简书的人将近两千人。

刘季连到了建康,进入东掖门,他每走几步就跪在地上磕一次头,一直到了武帝面前。梁武帝笑着对他说:"你想追慕刘备,但是连公孙述都比不上,岂不是因为没有像诸葛孔明这样的臣子吗?"刘季连被赦为平民。

5　三月己巳(十七日),北魏皇后在北郊举行养蚕仪式。

6　庚辰(二十八日),北魏扬州刺史任城王元澄派遣长风城城主奇道显入侵梁朝,占取了阳山、白菡两个城堡。

7　萧宝寅伏于魏阙之下,请兵伐梁,虽暴风大雨,终不暂移。会陈伯之降魏,亦请兵自效。魏主乃引八坐、门下人定议。夏,四月癸未朔,以宝寅为都督东扬等三州诸军事、镇东将军、扬州刺史、丹杨公、齐王,礼赐甚厚,配兵一万,令屯东城。以伯之为都督淮南诸军事、平南将军、江州刺史,屯阳石,俟秋冬大举。宝寅明当拜命,自夜恸哭至晨。魏人又听宝寅募四方壮勇,得数千人,以颜文智、华文荣等六人皆为将军、军主。宝寅志性雅重,过期犹绝酒肉,惨形悴色,蔬食粗衣,未尝嬉笑。

8　癸卯,蔡法度上《梁律》二十卷,《令》三十卷,《科》四十卷。诏班行之。

9　五月丁巳,霄城文侯范云卒。

云尽心事上,知无不为,临繁处剧,精力过人。及卒,众谓沈约宜当枢管,上以约轻易,不如尚书左丞徐勉,乃以勉及右卫将军周捨同参国政。捨雅量不及勉,而清简过之,两人俱称贤相,常留省内,罕得休下。勉或时还宅,群犬惊吠。每有表奏,辄焚其稿。捨豫机密二十馀年,未尝离左右,国史、诏诰、仪体、法律、军旅谋谟皆掌之,与人言谑,终日不绝,而竟不漏泄机事,众尤服之。

10　壬申,断诸郡县献奉二宫,惟诸州及会稽许贡任土,若非地产,亦不得贡。

7　萧宝寅跪伏在北魏朝廷阙门之下，请求出兵讨伐梁朝，虽然来了暴风大雨，他也不暂时去避躲一下。恰在这时，陈伯之投降了北魏，也请兵伐梁，愿为北魏效力。于是，北魏宣武帝就召集令、仆和诸曹尚书等八坐，以及侍中、散骑常侍等门下省大臣们进去议定其事。夏季，四月癸未朔(初一)，北魏委任萧宝寅为都督东扬州等三州诸军事、镇东将军、扬州刺史、丹杨公、齐王，对他的赏赐十分丰厚，并且配兵一万，令他驻守东城。又委任陈伯之为都督淮南诸军事、平南将军、江州刺史，令他驻守阳石，等待到了秋冬时间就大举讨伐梁朝。萧宝寅在第二天早晨就要接受北魏的拜官封爵，从夜里一直恸哭到次日早晨。北魏人又允许萧宝寅招募四方的勇壮之士，得到数千人，颜文智和华文荣等六人都成了将军，军主。萧宝寅意志庄重性情文雅，虽然过了为东昏侯服丧一年的期限，但是犹拒食酒肉。他形容憔悴，饮食粗劣，身着粗布之衣，从来不嬉笑。

8　癸卯(二十一日)，梁朝蔡法度向朝廷献上《梁律》二十卷、《令》三十卷、《科》四十卷。武帝诏令颁布实行。

9　五月丁巳(初六)，霄城文侯范云去世。

范云全心全意地侍奉武帝，凡是所知道的事情没有不办理的，总处于繁忙紧张之中，而精力过人。范云去世之后，众人认为应当由沈约来掌管朝廷枢要，但是梁武帝却认为沈约办事轻率而不慎重，不如尚书左丞徐勉，于是就让徐勉和右卫将军周捨一同参理国政。周捨的气量比不上徐勉，但是在清简方面却超过徐勉，两人都被称为是贤相，经常留在朝中理事，很少有出去休息的时间。徐勉有时回自己的宅第，院子中的狗见了他惊叫狂吠。每次起草上表奏启，抄毕马上就把初稿烧掉。周捨参与朝廷机密大事二十多年，从来没有离开武帝身边，凡国史、诏诰、仪礼、法律、军旅筹谋策划等，他都亲自掌管，同别人言谈逗笑，终日不停，但是始终没有泄露一点机密，众人尤其佩服他。

10　壬申(二十一日)，梁武帝敕令停止各郡县为上宫和东宫贡献物品，只准许各州以及会稽郡可以根据本土的具体情况制定贡奉物品种类，但是如果不是本地所产的，也不得上贡。

11　甲戌,魏杨椿等大破叛氐,斩首数千级。

12　六月壬午朔,魏立皇弟悦为汝南王。

13　魏扬州刺史任城王澄表称:"萧衍频断东关,欲令濊湖泛溢以灌淮南诸戍。吴、楚便水,且灌且掠,淮南之地将非国有。寿阳去江五百馀里,众庶惶惶,并惧水害,脱乘民之愿,攻敌之虚,豫勒诸州,纂集士马,有秋大集,应机经略,虽混壹不能必果,江西自是无虞矣。"丙戌,魏发冀、定、瀛、相、并、济六州二万人,马一千五百匹,令仲秋之中毕会淮南,并寿阳先兵三万,委澄经略;萧宝寅、陈伯之皆受澄节度。

14　谢朏轻舟出诣阙,诏以为侍中、司徒、尚书令。朏辞脚疾不堪拜谒,角巾自舆诣云龙门谢。诏见于华林园,乘小车就席。明旦,上幸朏宅,宴语尽欢。朏固陈本志,不许。因请自还东迎母,许之。临发,上复临幸,赋诗钱别。王人送迎,相望于道。及还,诏起府于旧宅,礼遇优异。朏素惮烦,不省职事,众颇失望。

15　甲午,以中书监王莹为尚书右仆射。

16　秋,七月乙卯,魏平阳平公丕卒。

17　魏既罢盐池之禁,而其利皆为富强所专。庚午,复收盐池利入公。

11 甲戌(二十三日),北魏杨椿等人大败叛乱的氐族部落,斩首数千人。

12 六月壬午朔(初一),北魏封立宣武帝的弟弟元悦为汝南王。

13 北魏扬州刺史、任城王元澄上表讲道:"萧衍频频地阻断东关,想使巢湖泛滥,以便淹灌淮河南边的各个城堡。吴、楚之地有水域之便,他们可以一边淹灌,一边掠夺,这样淮河南边的地盘将非我国所有了。寿阳离长江五百多里,民众惶惶不安,都害怕水害到来,如果乘民众担心梁朝水淹其地的机会,攻打敌人于不备,预先勒令各州,准备兵士和战马,到秋天汇齐集中,根据情况部署决定行动方案,虽然统一天下不一定必能成功,但是长江之西却从此没有什么可忧虑的了。"丙戌(初五),北魏调发冀、定、瀛、相、并、济六个州的两万人,一千五百匹马,令于仲秋中期全部在淮南会合,加上寿阳原有的三万兵力,一并交给元澄指挥调遣,萧宝寅和陈伯之也受元澄指挥。

14 谢朏乘坐轻舟出门来到建康,梁武帝诏令他为侍中、司徒、尚书令。谢朏推辞说有脚疾,不堪拜谒之事,头戴方巾,自己驾车,来到云龙门谢恩。武帝在华林园诏见谢朏,他乘着小车去赴席。次日早晨,武帝临幸谢朏在建康的宅第,两人边饮边谈,非常欢快。谢朏再三陈述自己的心愿,不想出仕,但武帝不答应。谢朏无奈,只好请求自己回东面去迎接母亲前来,然后再就任,武帝同意了。谢朏临出发之前,武帝再次临幸,为他赋诗饯别。谢朏离京东还时,送行和迎接的使者络绎不绝,后一拨可以看到前一拨。谢朏回到建康之后,武帝诏令在他的旧宅起造新府,对他的各种礼遇就更优异于他人了。谢朏向来害怕麻烦,不过问职务内之事,因此众人对他颇为失望。

15 甲午(十三日),任命中书监王莹为尚书右仆射。

16 秋季,七月乙卯(初五),北魏平阳公元丕去世。

17 北魏撤销了关于盐池的禁令之后,盐池的利益都被富豪们所夺去。庚午(二十日),北魏重新宣布收盐池之利入公。

18 辛未，魏以彭城王勰为太师，勰固辞。魏主赐诏敦谕，又为家人书，祈请恳至。勰不得已，受命。

19 八月庚子，魏以镇南将军元英都督征义阳诸军事。司州刺史蔡道恭闻魏军将至，遣骁骑将军杨由帅城外居民三千馀家保贤首山，为三栅。冬，十月，元英勒诸军围贤首栅，栅民任马驹斩由降魏。

任城王澄命统军党法宗、傅竖眼、太原王神念等分兵寇东关、大岘、淮陵、九山，高祖珍将三千骑为游军，澄以大军继其后。竖眼，灵越之子也。魏人拔关要、颍川、大岘三城，白塔、牵城、清溪皆溃。徐州刺史司马明素将兵三千救九山，徐州长史潘伯邻救淮陵，宁朔将军王燮保焦城。党法宗等进拔焦城，破淮陵，十一月壬午，擒明素，斩伯邻。

先是，南梁太守冯道根戍阜陵，初到，修城隍，远斥候，如敌将至，众颇笑之。道根曰："怯防勇战，此之谓也。"城未毕，党法宗等众二万奄至城下，众皆失色。道根命大开门，缓服登城，选精锐二百人出与魏兵战，破之。魏人见其意思闲暇，战又不利，遂引去。道根将百骑击高祖珍，破之。魏诸军粮运绝，引退。以道根为豫州刺史。

20 武兴安王杨集始卒。己未，魏立其世子绍先为武兴王。绍先幼，国事决于二叔父集起、集义。

21 乙亥，尚书左仆射沈约以母忧去职。

18 辛未(二十一日),北魏任命彭城王元勰为太师,元勰坚决推辞而不接受。北魏宣武帝赐给元勰诏书,谆谆劝谕,以小辈身份给他写了家信,一再祈请,恳切至备。元勰不得已,只好受命。

19 八月庚子(二十日),北魏委任镇南将军元英都督征义阳诸军事。梁朝司州刺史蔡道恭闻知北魏军队将要到了,派遣骁骑将军杨由率领城外的居民三千多家去保卫贤首山,杨由建立了三重栅垒进行防守。冬季,十月,元英统率各部兵众围住了贤首栅,栅内的民众任马驹斩了杨由,投降北魏。

任城王元澄命令统军党法宗、傅竖眼、太原人王神念等人分别率领兵众入侵东关、大岘、淮陵、九山,高祖珍率领三千骑兵为游动兵力,元澄统领大军随后而进。傅竖眼是傅灵越的儿子。北魏军队攻破了关要、颍川、大岘三城,而白塔、牵城、清溪也都溃败了。梁朝徐州刺史司马明素率兵三千去援救九山,徐州长史潘伯邻去援救淮陵,宁朔将军王燮去保焦城。党法宗等人去进攻并打下焦城,攻破淮陵。十一月壬午,北魏军队擒获了司马明素,斩了潘伯邻。

早先,梁朝南梁太守冯道根戍守阜陵,刚到之时,他就修筑城壕,派人四出侦察放哨,就好像敌人将要到了一样,众人多讥笑他。冯道根却说道:"防御若怯,临战则勇,说的正是这个。"城防还没有修筑完毕,党法宗等人就率兵两万突然来到城下,众人全都大惊失色。冯道根命令大开城门,穿着宽大的便服登上城门,并挑选二百名精锐兵士出城与北魏兵交战,打败了敌手。北魏人见冯道根神态悠闲,初次交锋又不顺利,于是就撤走了。冯道根率领百名骑兵去袭击高祖珍,破敌获胜。北魏的各路军队粮食运送阻断,只好撤军而退。梁武帝任命冯道根为豫州刺史。

20 北魏武兴安王杨集始去世。己未(十一日),北魏封立杨集始的世子杨绍先为武兴王。杨绍先年龄幼小,所以封国中的事情都决定于他的两个叔父杨集起、杨集义。

21 乙亥(二十七日),梁朝尚书左仆射沈约因为母亲去世而离职。

22 魏既迁洛阳,北边荒远,因以饥馑,百姓困弊。魏主加尚书左仆射源怀侍中、行台,使持节巡行北边六镇、恒燕朔三州,赈给贫乏,考论殿最,事之得失皆先决后闻。怀通济有无,饥民赖之。沃野镇将于祚,皇后之世父,与怀通婚。时于劲方用事,势倾朝野,祚颇有受纳。怀将入镇,祚郊迎道左,怀不与语,即劾奏免官。怀朔镇将元尼须与怀旧交,贪秽狼籍,置酒请怀,谓怀曰:"命之长短,系卿之口,岂可不相宽贷!"怀曰:"今日源怀与故人饮酒之坐,非鞫狱之所也。明日,公庭始为使者检镇将罪状之处耳。"尼须挥泪无以对,竟按劾抵罪。怀又奏:"边镇事少而置官猥多,沃野一镇自将以下八百馀人,请一切五分损二。"魏主从之。

23 乙酉,将军吴子阳与魏元英战于白沙,子阳败绩。

24 魏东荆州蛮樊素安作乱,乙酉,以左卫将军李崇为镇南将军、都督征蛮诸军事,将步骑讨之。

25 冯翊吉翂父为原乡令,为奸吏所诬,逮诣廷尉,罪当死。翂年十五,枹登闻鼓,乞代父命。上以其幼,疑人教之,使廷尉卿蔡法度严加诱胁,取其款实。法度盛陈拷讯之具,诘翂曰:"尔求代父,敕已相许,审能死不?且尔童騃,若为人所教,亦听悔异。"翂曰:"囚虽愚幼,岂不知死之可惮!

22 北魏迁都洛阳之后,北边逐渐荒废,因此而出现饥荒,老百姓生活困顿破败。北魏宣武帝加任尚书左仆射源怀侍中、行台,让他持符节巡视北方六镇以及恒、燕、朔三个州,救济贫困之民,考核官吏,事情之得失都由他先做处理,然后再上报。源怀到达之后,普济民众,饥民们对他非常感激信赖。沃野镇的守将于祚是皇后的伯父,与源怀是亲家。当时于劲刚当权不久,势倾朝野,而于祚颇有受贿行为。源怀快到沃野镇时,于祚特意到郊外道左去迎接,但是源怀不与于祚搭话,当即就检举弹劾了他的罪状,免去了他的官职。怀朔镇的守将元尼须与源怀有旧交,他十分贪秽,声名狼藉,置办了酒席宴请源怀,对源怀说:"我性命的长短,完全取决于您的一句话,既为旧交,岂能不加以宽容呢?"源怀回答:"今天是源怀与过去的老相识坐在一起饮酒,这里也不是审讯犯人的地方。明天,公庭才是我检举揭发你的罪状的地方呢。"元尼须听源怀这么一说,挥泪不已,无言以对。最后,源怀查证了所揭发的罪行,处置了元尼须。源怀又上奏朝廷:"边镇事情不多而设置的官职过多,比如沃野一镇从镇将以下就有八百多人,请减去五分之二。"宣武帝听从了这一建议。

23 乙酉,梁朝将军吴子阳与北魏元英交战于白沙,吴子阳败北。

24 北魏东荆州蛮人樊素安作乱,乙酉,北魏委任左卫将军李崇为镇南将军、都督征蛮诸军事,率领步、骑兵去讨伐樊素安。

25 梁朝冯翊人吉翂的父亲为原乡县县令,被奸吏所诬陷,逮捕押送到廷尉,罪当处死。吉翂时年十五岁,他去响了悬挂在朝堂外的登闻鼓,乞求代父亲一死。武帝见他年龄幼小,怀疑是别人教他这么干的,就让廷尉卿蔡法度对他严加诱导威胁,让他说出实情来。蔡法度把各种拷讯刑具都摆出来,诘问吉翂:"你乞求为父抵命,圣旨已经准许了,你真的能去死吗?况且你只不过是一个儿童,如果是别人教你这样做的,那么你要反悔也可以。"吉翂回答:"囚犯我虽然愚鲁年幼,但是岂能不知道死之可怕呢?

顾不忍见父极刑,故求代之。此非细故,奈何受人教邪!明诏听代,不异登仙,岂有回贰!"法度乃更和颜诱之曰:"主上知尊侯无罪,行当得释,观君足为佳童,今若转辞,幸可父子同济。"翙曰:"父挂深劾,必正刑书。囚瞑目引领,唯听大戮,无言复对。"时翙备加杻械,法度愍之,命更著小者,翙不听,曰:"死罪之囚,唯宜益械,岂可减乎!"竟不脱。法度具以闻,上乃宥其父罪。

丹杨尹王志求其在廷尉事,并问乡里,欲于岁首举充纯孝。翙曰:"异哉王尹,何量翙之薄乎!父辱子死,道固当然。若翙当此举乃是因父取名,何辱如之!"固拒而止。

26　魏主纳高肇兄偃之女为贵嫔。

27　魏散骑常侍赵脩,寒贱暴贵,恃宠骄恣,陵轹王公,为众所疾。魏主为脩治第舍,拟于诸王,邻居献地者或超补大郡。脩请告归葬其父,凡财役所须,并从官给。脩在道淫纵,左右乘其出外,颇发其罪恶。及还,旧宠小衰。高肇密构成其罪,侍中、领御史中尉甄琛、黄门郎李凭、廷尉卿阳平王显,素皆谄附于脩,至是惧相连及,争助肇攻之。帝命尚书元绍检讯,下诏暴其奸恶,免死,鞭一百,徙敦煌为兵。而脩愚疏,初不之知,方在领军于劲第樗蒲,

完全是出于不忍心看父亲遭受极刑,所以乞求代他一死。这不是小事,怎么是受他人的教唆呢! 知道圣旨准许我代父而死,真是不异于登仙,岂有反悔之说呢?"蔡法度于是更加和颜悦色地诱导吉翂说:"皇上知道令尊没有罪,很快就会释放,看你实在是一个好孩子,现在你如果能改变一下所说的话,你们父子就可以一同活命。"吉翂又回答:"父亲的案子非常严重,必定以法论处。囚犯我唯有闭目伸头,听任一斩,再没有什么要说的了。"当时,吉翂给加上了手铐脚镣,蔡法度怜悯他,命令给他另换成轻一些的刑具,但是吉翂却不让换,说:"我是死罪犯人,只应该加重刑具,岂可以减轻呢?"竟然不肯脱去手铐与脚镣。蔡法度把这一切情况上奏武帝,于是武帝就宽恕了吉翂父亲的罪过。

丹杨尹王志了解了吉翂在廷尉受审的经过,并且询问他的乡里,准备在下年初举荐吉翂为纯孝之士。吉翂对王志说:"奇怪呀,王尹! 为什么要把我吉翂看得如此之薄呢? 父亲受辱,儿子代死,理当如此。如果我吉翂接受这一举荐,就是凭借自己的父亲而博取名声,还有什么耻辱可以比得上这一耻辱呢?"因此,坚决加以拒绝,王志只好作罢。

26 北魏宣武帝纳高肇的哥哥高偃的女儿为贵嫔。

27 北魏散骑常侍赵脩,出身微贱而突然显贵,恃宠骄恣,欺压王公,被众人所忌恨。宣武帝为赵脩建造宅第,规模与诸王的一样。邻居们向赵脩献出土地,有的竟然被破格补到大郡去做郡守。赵脩请假回去埋葬父亲,凡是所用财物劳役,全部由官家提供。赵脩曾在路上纵淫,身边的人乘他外出,向朝廷告发了他的罪恶。因此到他回京城之后,在皇帝那里得到的宠幸就比过去有所减少。高肇秘密地收集、上告了赵脩的罪状,侍中、领御史中尉甄琛、黄门郎李凭、廷尉卿阳平人王显等人,平时都巴结投靠赵脩,到这时则特别害怕把自己牵连进去了,因此争着帮助高肇攻击赵脩。宣武帝命令尚书元绍核查审讯了案情,下诏公布了赵脩的奸恶行径,免去他死罪,鞭挞一百,贬谪到敦煌充军。但是,赵脩这个人十分愚蠢粗心,始终一点也不知情,正在领军于劲的宅第中赌博,

羽林数人称诏呼之,送诣领军府。甄琛、王显监罚,先具问事有力者五人,迭鞭之,欲令必死。脩素肥壮,堪忍楚毒,密加鞭至三百不死。即召驿马,促之上道,出城不自胜,举缚置鞍中,急驱之,行八十里,乃死。帝闻之,责元绍不重闻,绍曰:"脩之佞幸,为国深蠹,臣不因衅除之,恐陛下受万世之谤。"帝以其言正,不罪也。绍出,广平王怀拜之曰:"翁之直过于汲黯。"绍曰:"但恨戮之稍晚,以为愧耳。"绍,素之孙也。明日,甄琛、李凭以脩党皆坐免官,左右与脩连坐死黜者二十馀人。散骑常侍高聪与脩素亲狎,而又以宗人诣事高肇,故独得免。

三年(甲申,504)

1 春,正月庚戌,征虏将军赵祖悦与魏江州刺史陈伯之战于东关,祖悦败绩。

2 癸丑,以尚书右仆射王莹为左仆射,太子詹事柳惔为右仆射。

3 丙辰,魏东荆州刺史杨大眼击叛蛮樊季安等,大破之。季安,素安之弟也。

4 丙寅,魏大赦,改元正始。

5 萧宝寅行及汝阴,东城已为梁所取,乃屯寿阳栖贤寺。二月戊子,将军姜庆真乘魏任城王澄在外,袭寿阳,据其外郭。长史韦缵仓猝失图。任城太妃孟氏勒兵登陴,先守要便,激厉文武,安慰新旧,将士咸有奋志。太妃亲巡城守,

来了几个羽林奉圣旨叫他,送他到了领军府。甄琛和王显监督刑
罚,两人事先准备了五个力气大的打手,让他们轮流鞭打赵脩,一定
要让他死。赵脩向来身体肥胖强壮,能忍受得住痛打,所以暗中增
加鞭挞到三百下,他仍不死。于是,甄琛等立即叫来驿马,催促赵脩
即刻上路充军,出城之后,赵脩在马上坚持不住了,就用绳子把他捆
绑在马鞍之上,驱马急行,走了八十里路,赵脩就死了。宣武帝知道
了情况,责备元绍为什么不再次奉请就把赵脩弄死了,元绍回答说:
"赵脩以谄媚而得宠幸,对国家的危害实在太大了,我如果不乘机除
掉了他,恐怕陛下要因他而遭受万世之指责。"宣武帝觉得元绍的话
正直不阿,就没有加罪于他。元绍从殿中出来后,广平王元怀向他
施礼,并且说道:"您老人家的刚直超过了汲黯。"元绍回答:"我只恨
杀他稍微晚了一些,为此而感到惭愧。"元绍是元素的孙子。次日,
甄琛和李凭因系赵脩的同党受牵连而被免去官职,左右因受赵脩牵
连而被诛死或贬黜的有二十多人。散骑常侍高聪与赵脩向来关系
亲密,但是他以同族人之身份讨好巴结高肇,所以独得幸免。

### 梁武帝天监三年(甲申,公元504年)

1　春季,正月庚戌(初三),梁朝征虏将军赵祖悦与北魏江州
刺史陈伯之战于东关,赵祖悦战败。

2　癸丑(初六),梁朝任命尚书右仆射王莹为左仆射,太子詹
事柳恽为右仆射。

3　丙辰(初九),北魏东荆州刺史杨大眼攻击反叛的蛮人樊季
安等人,大获全胜。樊季安是樊素安的弟弟。

4　丙寅(十九日),北魏大赦天下,改年号为正始。

5　萧宝寅行到汝阳之时,东城已经被梁朝军队占取了,于是
就改驻在寿阳的栖贤寺。二月戊子(十一日),梁朝将军姜庆真乘
北魏任城王元澄在外,袭击寿阳城,占据了寿阳城的外城。北魏长
史韦缵仓促之中不知如何才好。任城太妃孟氏率兵登上女墙,先据
守了要害之处,她勉励文武官员,安慰新投附来的寿阳兵民和旧有
的将士,所以将士们都有奋勇之志,士气高昂。太妃亲自巡察城防,

不避矢石。萧宝寅引兵至，与州军合击之，自四鼓战至下哺，庆真败走。韦缵坐免官。

任城王澄攻钟离，上遣冠军将军张惠绍等将兵五千送粮诣钟离，澄遣平远将军刘思祖等邀之。丁酉，战于邵阳，大败梁兵，俘惠绍等十将，杀虏士卒殆尽。思祖，芳之从子也。尚书论思祖功，应封千户侯。侍中、领右卫将军元晖求二婢于思祖，不得，事遂寝。晖，素之孙也。

上遣平西将军曹景宗、后军王僧炳等帅步骑三万救义阳。僧炳将二万人据凿岘，景宗将万人为后继，元英遣冠军将军元逞等据樊城以拒之。三月壬申，大破僧炳于樊城，俘斩四千馀人。

魏诏任城王澄，以"四月淮水将涨，舟行无碍，南军得时，勿昧利以取后悔"。会大雨，淮水暴涨，澄引兵还寿阳。魏军还既狼狈，失亡四千馀人。中书侍郎齐郡贾思伯为澄军司，居后为殿，澄以其儒者，谓之必死，及至，大喜曰："'仁者必有勇'，于军司见之矣。"思伯托以失道，不伐其功。有司奏夺澄开府，仍降三阶。上以所获魏将士请易张惠绍于魏，魏人归之。

6　魏太傅、领司徒、录尚书北海王详，骄奢好声色，贪冒无厌，广营第舍，夺人居室，嬖昵左右，所在请托，中外嗟怨。魏主以其尊亲，恩礼无替，军国大事皆与参决，所奏请无不开允。魏主之初亲政也，以兵召诸叔，详与咸阳、彭城王共车而入，防卫严固。高太妃大惧，乘车随而哭之。既得免，

不避敌方飞箭流石。萧宝寅领兵到了,与州军合力奋战,从四更激战到夕阳西下之时,姜庆真败逃而去。韦缵因临阵失措而被免去官职。

北魏任城王元澄攻打钟离,梁武帝派遣冠军将军张惠绍等人率兵五千运送粮食到钟离,元澄派遣平远将军刘思祖等人去阻截。丁酉(二十日),双方在邵阳交战,刘思祖大败梁军,俘虏了张惠绍等十个将领,斩杀、俘虏了几乎全部士卒。刘思祖是刘芳的侄子。尚书省议论刘思祖的功劳应当封为千户侯。但是因侍中、领右卫将军元晖向刘思祖要两个婢女,没有得到,于是封赏刘思祖一事就不再提起了。元晖是元素的孙子。

梁武帝派遣平西将军曹景宗、后军王僧炳等人统率步、骑兵三万援救义阳。王僧炳率领两万兵力据守凿岘,曹景宗率领一万兵力为后援,元英派遣冠军将军元逞等人据守樊城以抵挡他们。三月壬申(初一),北魏军队在樊城大败王僧炳,俘虏和斩首四千多人。

北魏诏令任城王元澄,告诉他"四月份淮河水将涨,船行无阻,南方军队得其天时,所以不要贪功而后悔不及"。恰好天降大雨,淮水暴涨,元澄领兵回到寿阳。北魏军队回撤时十分狼狈,丢失和逃亡的有四千多人。中书侍郎、齐郡人贾思伯是元澄的军司,殿后而行,元澄因他是个儒生,以为他必死无疑,等他回来之后,元澄大喜过望,说道:"孔子说'仁者必有勇',这正好在军司身上表现出来了。"贾思伯借口说自己迷路了,不愿意夸耀功劳。有关部门奏请朝廷夺去元澄开府之封,并降三级。梁武帝向北魏请求用所俘获的北魏将士换回张惠绍,北魏人归还了张惠绍。

6　北魏太傅、领司徒、录尚书北海王元详,骄奢淫逸,喜好声色,贪图财利,永远没有满足之时。他为自己到处营造宅第,夺占别人的房屋,宠爱身边的人,对他们的各种请托无不许应,以致朝廷内外怨声载道。宣武帝因为他是叔父,所以对他的恩宠礼遇没有衰减,朝政大事都让他参与决策,对他的各种奏请也无不答应。宣武帝刚开始亲自执政时,派兵去传召几位叔父,元详与咸阳王、彭城王乘一辆车入见皇上,里面防卫的特别严密。高太妃见状恐惧万分,她乘车跟随在元详他们后面啼哭了一路。三人得免之后,

谓详曰："自今不愿富贵，但使母子相保，与汝扫市为生耳。"及详再执政，太妃不复念前事，专助详为贪虐。冠军将军茹皓，以巧思有宠于帝，常在左右，传可门下奏事，弄权纳贿，朝野惮之，详亦附焉。皓娶尚书令高肇从妹，皓妻之姊为详从父安定王燮之妃。详烝于燮妃，由是与皓益相昵狎。直阁将军刘胄，本详所引荐，殿中将军常季贤以善养马，陈扫静掌栉，皆得幸于帝，与皓相表里，卖权势。

高肇本出高丽，时望轻之。帝既黜六辅，诛咸阳王禧，专委事于肇。肇以在朝亲族至少，乃邀结朋援，附之者旬月超擢，不附者陷以大罪。尤忌诸王，以详位居其上，欲去之，独执朝政，乃谮之于帝，云"详与皓、胄、季贤、扫静谋为逆乱。"夏，四月，帝夜召中尉崔亮入禁中，使弹奏详贪淫奢纵，及皓等四人怙权贪横，收皓等系南台，遣虎贲百人围守详第。又虑详惊惧逃逸，遣左右郭翼开金墉门驰出谕旨，示以中尉弹状，详曰："审如中尉所纠，何忧也！正恐更有大罪横至耳。人与我物，我实受之。"诘朝，有司奏处皓等罪，皆赐死。

帝引高阳王雍等五王入议详罪。详单车防卫，送华林园，母妻随入，给小奴弱婢数人，围守甚严，内外不通。五月丁未朔，下诏宥详死，免为庶人。顷之，徙详于太府寺，围禁

高太妃对元详说:"从今以后不愿富贵,只要能使我们母子平安地在一起,哪怕与你一同以打扫街道为生也满足了。"但是,元详再次执政之后,高太妃再也想不起以前的事情了,一味帮助元详进行贪求、暴虐之事。冠军将军茹皓因为心眼灵巧而得宠于宣武帝,经常在宣武帝身边,为宣武帝传达和答复门下省的奏事,因此他就弄权作弊,收受贿赂,朝野上下无不害怕他,元详也对他不得不投靠巴结。茹皓娶了尚书令高肇的堂妹为妻,茹皓妻子的姐姐又是元详的堂叔安定王元燮的妃子。元详与元燮的妃子私通,因此元详与茹皓就越发亲近了。直阁将军刘胄本为元详所引荐,殿中将军常季贤擅长养马,陈扫静则专为宣武帝梳头,三人都得宠于宣武帝,他们与茹皓串通一气,相为表里,一起耍弄权势。

高肇的祖上是高丽人,一般人很轻视他。宣武帝罢黜了六位辅政大臣,诛杀了咸阳王元禧之后,就把政事全部委托给高肇一人。高肇在朝廷中的亲戚同宗甚少,于是招揽交结朋党,凡是阿附他的人,十天半月就可以破格提升,而对于不愿投靠者则动辄陷以重罪。高肇尤其忌妒各个藩王,由于元详地位在自己上面,就想把他除掉,以便自己独掌朝政,于是高肇便在宣武帝面前诬陷元详,说:"元详与茹皓、刘胄、常季贤、陈扫静等人密谋叛乱。"夏季,四月,宣武帝夜里召中尉崔亮进入宫中,让崔亮弹劾元详贪婪淫乱、奢侈放纵,以及茹皓等四人依仗权势,贪赃枉法,宣武帝下令拘捕了茹皓等人,关押在御史台,又派遣一百名武士包围了元详的府第。宣武帝又担心元详惊怕而逃脱,就派遣身边人郭翼打开金墉门,骑马出去向元详宣谕圣旨,并向他出示了中尉崔亮的弹劾状,元详说道:"确实如中尉所举发的那样,我有什么可担心的呢? 正害怕还有更大的罪从天而降呢。别人给我东西,我确实收下了。"天亮之后,有关部门奏请处置茹皓等人的罪行,结果四人全部赐死。

宣武帝召集高阳王元雍等五个藩王进去商议对元详罪行的处理决定。元详乘单车,前后警卫,被押送入华林园,母亲和妻子也随他进入园中,只给了他几个弱小的奴婢,他被围守的特别严密,与外面完全断绝了联系。五月丁未朔(初一),宣武帝诏令宽宥元详不死,贬为平民。很快,元详就被移送到太府寺,看管得

弥急，母妻皆还南第，五日一来视之。

初，详娶宋王刘昶女，待之疏薄。详既被禁，高太妃乃知安定高妃事，大怒曰："汝妻妾盛多如此，安用彼高丽婢，陷罪至此！"杖之百馀，被创脓溃，旬馀乃能立。又杖刘妃数十，曰："妇人皆妒，何独不妒！"刘妃笑而受罚，卒无所言。

详家奴数人阴结党辈，欲劫出详，密书姓名，托侍婢通于详。详始得执省，而门防主司遥见，突入就详手中揽得，奏之，详恸哭数声，暴卒。诏有司以礼殡葬。

先是，典事史元显献鸡雏，四翼四足，诏以问侍中崔光。光上表曰："汉元帝初元中，丞相府史家雌鸡伏子，渐化为雄，冠距鸣将。永光中，有献雄鸡生角，刘向以为：'鸡者小畜，主司时起居人，小臣执事为政之象也。竟宁元年，石显伏辜，此其效也。'灵帝光和元年，南宫寺雌鸡欲化为雄，但头冠未变，诏以问议郎蔡邕，对曰：'头为元首，人君之象也。今鸡一身已变，未至于头，而上知之，是将有其事而不遂成之象也。若应之不精，政无所改，头冠或成，为患滋大。'是后黄巾破坏四方，天下遂大乱。今之鸡状虽与汉不同，而其应颇相类，诚可畏也。臣以向、邕言推之，翼足众多，亦群下相扇助之象；雏而未大，足羽差小，亦其势尚微，易制御也。臣闻灾异之见，

也更加严紧了,他的母亲和妻子都回到南宅去了,每五天来看视他一次。

起初,元详娶了宋王刘昶的女儿,对待她十分疏远薄情。元详被囚禁之后,高太妃才知道了他与安定王的高妃私通之事,非常生气,骂元详说:"你的妻妾成群,为何还要那个下贱的高丽女人,以致陷罪到这个地步!"高太妃命人把元详打了一百多板,打得皮开肉绽,流血化脓,十多天后才能站立起来。高太妃又令人打了刘妃几十下,并且问她:"妇人家都妒忌,你为什么不妒忌呢?"刘妃笑着接受了惩罚,从头到尾没说一句话。

元详的几个家奴秘密勾结,想把元详抢劫出来,因此秘密书写了姓名,托侍婢交给元详。元详刚拿在手上要看,被看守头目老远地发现了,突然跑进来从元详手上抢夺过来,上奏给宣武帝,元详悯哭了几声,突然气绝而死。宣武帝诏令有关部门以礼殡葬了元详。

早先,典事史元显向宣武帝进献了一只小鸡,这只鸡有四个翅膀,四条腿,非常奇怪,宣武帝就诏问侍中崔光,让他加以解释。崔光上表讲道:"汉元帝初元年间,丞相府史家的母鸡孵小鸡,渐渐地变成了公鸡,冠子又红又大,爪子后面长出尖骨,开始打鸣,成了群中之帅。永光年间,有人进献了一只长角的公鸡,刘向认为:'鸡是小家禽,其职责是到时鸣叫,唤醒主人起床,这是地位低贱的下臣掌权当政的征兆。竟宁元年,石显服罪,就是其应验啊。'汉灵帝光和元年,南宫寺的母鸡快变成公鸡了,只有头上的冠子还没变,灵帝就这件事诏问议郎蔡邕,蔡邕回答说:'头是元首,是皇帝之象征。如今鸡的全身都变了,只是头还没有变,而圣上知道了,这是天下将要出事而不会成功的征兆。倘若应对不妥当,朝政方面没有什么改善,头冠如果也变成了的话,为患就更加大了。'之后,黄巾起义,破坏四方,天下因此大乱。现在这只鸡的形状虽然与汉代的不同,但是显示的预兆颇相类似,确实可怕啊。我用刘向、蔡邕的说法推论这件事:其翅膀和脚众多,这是一群下贱小人互相勾结,鼓动生事的征象;其雏小而未大,脚趾和羽翼尚小,这说明群小们的势力还弱微,易于制服。我听说灾异现象出现,

皆所以示吉凶,明君睹之而惧,乃能致福,暗主睹之而慢,所以致祸。或者今亦有自贱而贵,关预政事,如前世石显之比者邪！愿陛下进贤黜佞,则妖弭庆集矣。"后数日,皓等伏诛,帝愈重光。

高肇说帝,使宿卫队主帅羽林虎贲守诸王第,殆同幽禁,彭城王勰切谏,不听。勰志尚高迈,不乐荣势,避事家居,而出无山水之适,处无知己之游,独对妻子,常郁郁不乐。

7　魏人围义阳,城中兵不满五千人,食才支半岁。魏军攻之,昼夜不息,刺史蔡道恭随方抗御,皆应手摧却,相持百馀日,前后斩获不可胜计。魏军惮之,将退。会道恭疾笃,乃呼从弟骁骑将军灵恩,兄子尚书郎僧勰及诸将佐,谓曰:"吾受国厚恩,不能攘灭寇贼,今所苦转笃,势不支久。汝等当以死固节,无令吾没有遗恨！"众皆流涕。道恭卒,灵恩摄行州事,代之城守。

8　六月癸未,大赦。

9　魏大旱,散骑常侍兼尚书邢峦奏称:"昔者明王重粟帛,轻金玉,何则？粟帛养民而安国,金玉无用而败德故也。先帝深鉴奢泰,务崇节俭,至以纸绢为帐扆,铜铁为辔勒,府藏之金,裁给而已,不复买积以费国资。逮景明之初,承升平之业,四境清晏,远迩来同,于是贡篚相继,商估交入,诸所献纳,倍多于常,金玉恒有馀,国用恒不足。苟非为之分限,

都是显示着吉凶之兆,圣明的君主见了引起警惕,于是能带来福气;而昏暗的君主见了不以为然,所以导致灾祸。或许如今也有从低贱而显贵的小人参与干涉政事,如前代石显那样呢?愿陛下引进贤才,黜免佞臣,如此则妖祸消失,吉庆降临啊。"其后几天,茹皓等人伏法被诛,宣武帝因此而越发看重崔光了。

高肇游说宣武帝,让宿卫队的头领率领羽林虎贲监守各藩王的宅第,差不多把他们幽禁起来了,彭城王元勰再三劝谏不要这样做,但是宣武帝根本不听。元勰志向远大,不热衷于荣华权势,他避事住在家中,出外不游山玩水,处在家中没有知己相陪伴,只同妻子儿子在一起,心中常常郁郁寡欢。

7 北魏人围攻义阳,而义阳城中的兵力不足五千人,粮食才够支持半年。北魏军队攻城甚急,昼夜不停,刺史蔡道恭随机应变抵抗防御,都可以出手得胜,挡住了敌人的进攻,就这样相持了一百多天,前后斩获敌人不可数计。北魏军队害怕了,准备撤退。恰在这时,蔡道恭病危,他把担任骁骑将军的堂弟蔡灵恩、担任尚书郎的侄子蔡僧勰以及其他将佐们叫来,对他们说:"我受国家的厚恩,但不能抵御消灭寇贼,现在苦于病情转危,势必不会支持长久了。你们应当以死来捍卫自己的名节,不要让我死有遗恨。"大家都伤心流泪。蔡道恭病逝,蔡灵恩代管州务,替蔡道恭去指挥守城。

8 六月癸未(初八),梁朝大赦天下。

9 北魏大旱,散骑常侍兼尚书邢峦上奏说:"过去的圣明天子重视粮食和布帛而轻视金子和玉石,为什么呢?因为粮食布帛可以养民而安国,金玉则无用而败损道德。先帝深深地以奢侈安逸为鉴戒,致力推崇勤俭节约,以至于用纸绢做帷帐和屏风,马的辔头和勒口也都是铜铁的,府库所藏之金,仅够维持开支而已,不再浪费国家的资金而买来积存。到了景明之初,承先帝所开创的升平之业,四境安宁,远近都来归附、通好,于是入贡的贵重之物一箱一箱地相继而来,商贾们也纷纷前来,各种进献纳贡,比平常多了一倍。但是,金玉总是有馀,国家财用却常常不足。假如不做出一定的限制,

但恐岁计不充,自今请非要须者一切不受。"魏主纳之。

10 秋,七月癸丑,角城戍主柴庆宗以城降魏,魏徐州刺史元鉴遣淮阳太守吴秦生将千馀人赴之。淮阴援军断其路,秦生屡战,破之,遂取角城。

11 甲子,立皇子综为豫章王。

12 魏李崇破东荆叛蛮,生擒樊素安,进讨西荆诸蛮,悉降之。

13 魏人闻蔡道恭卒,攻义阳益急,短兵日接。曹景宗顿凿岘不进,但耀兵游猎而已。上复遣宁朔将军马仙琕救义阳,仙琕转战而前,兵势甚锐。元英结垒于上雅山,分命诸将伏于四山,示之以弱。仙琕乘胜直抵长围,掩英营。英伪北以诱之,至平地,纵兵击之。统军傅永擐甲执槊,单骑先入,唯军主蔡三虎副之,突陈横过。梁兵射永,洞其左股,永拔箭复入。仙琕大败,一子战死,仙琕退走。英谓永曰:"公伤矣,且还营。"永曰:"昔汉高扪足不欲人知,下官虽微,国家一将,奈何使贼有伤将之名!"遂与诸军追之,尽夜而返。时年七十馀矣,军中莫不壮。仙琕复帅万馀人进击英,英又破之,杀将军陈秀之。仙琕知义阳危急,尽锐决战,一日三交,皆大败而返。蔡灵恩势穷,八月乙酉,降于魏。三关戍将闻之,辛酉,亦弃城走。

只恐怕年度预算不足,请从今开始,凡不是国家重要而必需的,一概不接受。"宣武帝采纳了这一建议。

10 秋季,七月癸丑(初八),梁朝角城戍主柴庆宗献出城池投降北魏,北魏徐州刺史元鉴派遣淮阳太守吴秦生率领一千多人赶赴角城。梁朝派遣淮阴的军队去增援角城不愿意降魏的人,阻断了吴秦生的去路,吴秦生屡次交战,打败了梁朝的援军,于是占取了角城。

11 甲子(十九日),梁朝封立皇子萧综为豫章王。

12 北魏李崇攻破东荆州叛乱的蛮人,活捉了樊素安,进而讨伐西荆州各部蛮人,使各部都投降归顺。

13 北魏军队知道蔡道恭死了,对义阳城攻打得更加猛烈了,短兵相接,日日不停。曹景宗驻扎在凿岘按兵不动,只是率兵四处打猎。武帝又派遣宁朔将军马仙琕去援救义阳,马仙琕转战前进,兵势十分勇锐。元英在上雅山修筑战垒,命令诸位将领分别埋伏在山的四周,装出力量弱小的样子,以使梁朝军队上当。马仙琕乘胜而进,直抵北魏军队的长围,袭击了元英的营地。元英假装败逃,引诱敌方,到了平地,纵兵回击马仙琕。北魏统军傅永身着铁甲,手执矛槊,单骑先冲入对方军阵,只有军主蔡三虎随后助战,他们二人横穿敌阵而过。梁朝的兵用箭射傅永,射穿了他的左大腿,傅永拔出箭,再次冲入敌阵。马仙琕一败涂地,一个儿子阵亡,他自己撤退逃走。元英对傅永说:"您受伤了,且回营地去吧。"傅永不肯,说:"昔日汉高祖刘邦胸部受伤,但是他用手掬住脚,不让别人知道他的伤势。下官我虽然地位微贱,但也是国家的一员将领,岂能让贼人有伤了我方一员将领的说辞呢?"说毕,他就与部队一起去追击,天亮才返回。傅永当时年纪已七十多岁,所以军中无人不夸他为壮士。马仙琕又率领一万多人进攻元英,元英又打败了他,杀了将军陈秀之。马仙琕知道义阳危在旦夕,倾力决战,一日交锋三次,都大败而回。蔡灵恩走投无路了,就于八月乙酉(十一日),投降了北魏。梁朝在三关的戍守将领知道蔡灵恩已经投降了,辛酉,也弃城而逃。

英使司马陆希道为露版,嫌其不精,命傅永改之。永不增文彩,直为之陈列军事处置形要而已,英深赏之,曰:"观此经算,虽有金城汤池,不能守矣。"初,南安惠王以预穆泰之谋,追夺爵邑,及英克义阳,乃复立英为中山王。

御史中丞任昉奏弹曹景宗,上以其功臣,寝而不治。

14 卫尉郑绍叔忠于事上,外所闻知,纤豪无隐。每为上言事,善则推功于上,不善则引咎归己,上以是亲之。诏于南义阳置司州,移镇关南,以绍叔为刺史。绍叔立城隍,缮器械,广田积谷,招集流散,百姓安之。

魏置郢州于义阳,以司马悦为刺史。上遣马仙琕筑竹敦、麻阳二城于三关南,司马悦遣兵攻竹敦,拔之。

15 九月壬子,以吐谷浑王伏连筹为西秦河二州刺史、河南王。

16 柔然侵魏之沃野及怀朔镇,诏车骑大将军源怀出行北边,指授方略,随须征发,皆以便宜从事。怀至云中,柔然遁去。怀以为用夏制夷,莫如城郭,还,至恒、代,按视诸镇左右要害之地,可以筑城置戍之处,欲东西为九城,及储粮积仗之宜,犬牙相救之势,凡五十八条,表上之,曰:"今定鼎成周,去北遥远,代表诸国颇或外叛,仍遭旱饥,戎马甲兵十分阙八。谓宜准旧镇,东西相望,令形势相接,筑城置戍,分兵要害,劝农积粟,警急之日,

元英令司马陆希道撰写告捷文书,陆希道写完后,他嫌文书写得不好,又命令傅永修改。傅永并没有增加文章的文采,只是一一列举军事处置上的重要措施,元英非常欣赏傅永的修改,说:"让人看到这样的谋略措施,城池即使固若金汤,也守不住了。"当初,元英的父亲南安惠王元桢因参与穆泰谋反,被追削爵位和封地,元英攻克义阳之后,于是又重新封元英为中山王。

梁朝御史中丞任昉向朝廷弹劾曹景宗按兵不前,梁武帝因他是功臣,把事情压下去了,没有治他的罪。

14 卫尉郑绍叔忠心耿耿奉侍梁武帝,凡在外面听到什么,毫无隐瞒地讲给武帝。每次给武帝汇报事情,如果是好事,他就把功绩归结于武帝;如果不是好事,他则把责任归结于自身,因此武帝特别亲近他。武帝诏令在南义阳设置司州,州治所移于关南,任命郑绍叔为刺史。郑绍叔到任之后,筑建城壕,修缮器械,增广农田,积储谷物,招集流散人口,因此百姓安居乐业。

北魏在义阳设置郢州,任命司马悦为刺史。梁武帝派遣马仙琕在三关南边修筑了竹敦、麻阳两座城堡,司马悦派兵去攻打竹敦,占领了它。

15 九月壬子(初八),梁朝任命吐谷浑王慕容伏连筹为西秦州和河州刺史、河南王。

16 柔然国入侵北魏的沃野和怀朔镇,北魏宣武帝诏令车骑大将军源怀出征北方,凡是指挥布置、军需物品的调发等,都授权他全权处理。源怀到达云中,柔然人远遁而去。源怀认为用中原的方法制服蛮夷,最好是修建城池,所以返回后,到了恒、代之地,视察了各镇周围的要害之地,选定可以修城筑寨之处,准备从东到西共修建九座城池,以及选定适合于储备粮食兵器而呈犬牙交错之势可以互相援救的据点,共五十八处,表奏朝廷,讲道:"现在迁都洛阳,离开北边非常遥远,故都代京以北的各部落多有外叛,同时又遭受旱灾,出现饥荒,以致戎马甲兵十分中缺去八分。所以,我建议应该依照旧镇那样,为了做到可以东西相望,形势相连,在此修筑城堡,分兵把守要害之地,平时令他们屯田积粮,紧急之时,

随便蒭讨。彼游骑之寇,终不敢攻城,亦不敢越城南出。如此,北方无忧矣。"魏主从之。

17  魏太和之十六年,高祖诏中书监高闾与给事中公孙崇考定雅乐,久之,未就。会高祖殂,高闾卒。景明中,崇为太乐令,上所调金石及书。至是,世宗始命八座已下议之。

18  冬,十一月戊午,魏诏营缮国学。时魏平宁日久,学业大盛,燕、齐、赵、魏之间,教授者不可胜数,弟子著录多者千馀人,少者犹数百,州举茂异,郡贡孝廉,每年逾众。

19  甲子,除以金赎罪之科。

20  十二月丙子,魏诏殿中郎陈郡袁翻等议立律令,彭城王勰等监之。

21  己亥,魏主幸伊阙。

22  上雅好儒术,以东晋、宋、齐虽开置国学,不及十年辄废之,其存亦文具而已,无讲授之实。

可以随时应战。柔然的游动骑兵入寇,终究不敢攻城,也不敢越过城堡南下。如此,北方就可以无忧了。"宣武帝同意了这一建议。

17  北魏太和十六年时,高祖孝文帝曾诏令中书监高闾和给事中公孙崇考定雅乐,但很长时间还没有完成。恰恰高祖孝文帝驾崩,高闾去世。景明年间,高崇担任了太乐令,他向朝廷献上了所调金石乐器以及书。至此,世宗宣武帝方才命令八座,即五曹尚书、左右二仆射以及一令以下的官员们审议鉴定之。

18  冬季,十一月戊午(十五日),北魏宣武帝诏令营建修缮国学。当时,北魏国内平静安宁日久,兴学之风大盛,燕、齐、赵、魏等地,讲学授业的人不可胜数,其弟子登记在册者多的有一千多人,少的也有几百名,州里举荐"茂材异等"的卓越人才,郡里举贡孝廉,人数一年比一年多。

19  甲子(二十一日),梁朝废除用钱赎罪的法令。

20  十二月丙子(初四),北魏诏令殿中郎陈郡人袁翻等人议定设立法规律令,彭城王元勰等人担任总监。

21  己亥(二十七日),北魏宣武帝到达伊阙。

22  梁武帝一向喜好儒术,认为东晋、宋、齐虽然开办了国学,但是不及十年都废止了,即使存在,也仅仅是形式而已,没有讲授之实。

# 卷第一百四十六　梁纪二

起乙酉(505)尽丁亥(507)凡三年

## 高祖武皇帝二
## 天监四年(乙酉,505)

1　春,正月癸卯朔,诏曰:"二汉登贤,莫非经术,服膺雅道,名立行成。魏、晋浮荡,儒教沦歇,风节罔树,抑此之由。可置《五经》博士各一人,广开馆宇,招内后进!"于是以贺场及平原明山宾、吴兴沈峻、建平严植之补博士,各主一馆,馆有数百生,给其饩廪,其射策通明者即除为吏。期年之间,怀经负笈者云会。场,循之玄孙也。又选学生,往会稽云门山从何胤受业,命胤选门徒中经明行修者,具以名闻。分遣博士祭酒巡州郡立学。

2　初,谯国夏侯道迁以辅国将军从裴叔业镇寿阳,为南谯太守,与叔业有隙,单骑奔魏。魏以道迁为骁骑将军,从王肃镇寿阳,使道迁守合肥。肃卒,道迁弃戍来奔,从梁、秦二州刺史庄丘黑镇南郑,以道迁为长史,领汉中太守。黑卒,诏以都官尚书王珍国为刺史,未至,道迁阴与军主考城江悆之等谋降魏。

先是,魏仇池镇将杨灵珍叛魏来奔,朝廷以为征虏将军、假武都王,助戍汉中,有部曲六百人,道迁惮之。上遣左右吴公之等

## 高祖武皇帝二
## 梁武帝天监四年(乙酉,公元505年)

1 春季,正月癸卯朔(初一),武帝发布诏令:"两汉时期的读书人登贤入仕,莫不是通过经术之业,他们都信奉大雅之道,个个饱学,因此能立功名、成大业。魏、晋以来,士人浮华放荡,而儒教衰败,风节得不到树立,当是其根本原因。所以,可以设置《五经》博士各一人,广开馆宇,招纳后进。"于是,将贺玚及平原人明山宾、吴兴人沈峻、建平人严植之补为博士,让他们各主持一馆,讲学执教,每馆有好几百名学生,由朝廷供给口粮等生活资用,其中在射策考试时应对自如、见解深刻透彻者,即被任为官吏。因此,一年之间,天下士子怀经负笈,云集而至。贺玚是贺循的玄孙。朝廷又挑选学生,送他们去会稽云门山跟从何胤接受学业,命令何胤选拔门徒中通晓经学、品行优秀者,把他们的姓名上报朝廷。朝廷又分遣博士祭酒巡视各州郡的立学情况。

2 原先,谯国人夏侯道迁以辅国将军的身份随从裴叔业镇守寿阳,担任南谯太守,因与裴叔业不合,于是就一个人骑马奔投了北魏。北魏任命夏侯道迁为骁骑将军,随从王肃镇守寿阳,王肃指派夏侯道迁驻守合肥。王肃去世,夏侯道迁丢下戍所来投靠梁朝,随从梁、秦二州刺史庄丘黑镇守南郑,庄丘黑任命夏侯道迁为长史,兼汉中太守。庄丘黑死后,朝廷诏令都官尚书王珍国为刺史,没有到任,夏侯道迁便私下里与军主考城人江悆之等人密谋投降北魏。

早先,北魏镇守仇池的将领杨灵珍反叛北魏来投奔南齐,南齐朝廷任命他为征虏将军、假武都王,让他协助戍守汉中,手下共有部曲六百人,夏侯道迁很害怕他。梁武帝派遣左右心腹吴公之等人

使南郑,道迁杀使者,发兵击灵珍父子,斩之,并使者首送于魏。白马戍主尹天宝闻之,引兵击道迁,败其将庞树,遂围南郑。道迁求救于氐王杨绍先、杨集起、杨集义,皆不应,集义弟集朗引兵救道迁,击天宝,杀之。魏以道迁为平南将军、豫州刺史、丰县侯。又以尚书邢峦为镇西将军、都督征梁汉诸军事,将兵赴之。道迁受平南,辞豫州,且求公爵,魏主不许。

3　辛亥,上祀南郊,大赦。

4　乙丑,魏以骠骑大将军高阳王雍为司空,加尚书令广阳王嘉仪同三司。

5　二月丙子,魏以宕昌世子梁弥博为宕昌王。

6　上谋伐魏,壬午,遣卫尉卿杨公则将宿卫兵塞洛口。

7　壬辰,交州刺史李凯据州反,长史李畟讨平之。

8　魏邢峦至汉中,击诸城戍,所向摧破。晋寿太守王景胤据石亭,峦遣统军李义珍击走之。魏以峦为梁、秦二州刺史。巴西太守庞景民据郡不下,郡民严玄思聚众自称巴州刺史,附于魏,攻景民,斩之。杨集起、集义闻魏克汉中而惧,闰月,帅群氐叛魏,断汉中粮道,峦屡遣军击破之。

9　夏,四月丁巳,以行宕昌王梁弥博为河凉二州刺史、宕昌王。

10　冠军将军孔陵等将兵二万戍深杭,鲁方达戍南安,任僧褒等戍石同,以拒魏。邢峦遣统军王足将兵击之,所至皆捷,遂入剑阁。陵等退保梓潼,足又进击,破之。梁州十四郡地,东西七百里,南北千里,皆入于魏。

出使南郑,夏侯道迁便杀害了使者,又发兵袭击杨灵珍父子,斩了他们,把他们的首级连同武帝派来的使者的首级一并送到北魏。白马的戍主尹天宝得知这一消息之后,带兵去袭击夏侯道迁,打败了夏侯道迁的将领庞树,于是围困南郑。夏侯道迁向氐王杨绍先、杨集起、杨集义求救,都不予理睬,只有杨集义的弟弟杨集朗带兵去援救夏侯道迁,向尹天宝发起了攻击,杀了他。北魏任命夏侯道迁为平南将军、豫州刺史、丰县侯。又任命尚书邢峦为镇西将军和都督梁、汉诸军事,并让他率兵前去赴任。夏侯道迁接受了平南将军一职,辞掉了豫州刺史之职,并且要求封为公爵,宣武帝不准许。

3 辛亥(初九),梁武帝在南郊祭祀,并诏令大赦天下。

4 乙丑(二十三日),北魏任命骠骑大将军高阳王元雍为司空,加封尚书令广阳王元嘉仪同三司。

5 二月丙子(初五),北魏封宕昌世子梁弥博为宕昌王。

6 武帝策谋讨伐北魏,壬午(十一日),派遣卫尉卿杨公则率领宿卫兵堵塞了洛口。

7 壬辰(二十一日),交州刺史李凯占据了州城反叛朝廷,长史李畟讨伐并平定了李凯的反叛。

8 北魏邢峦到达汉中,对各城堡发起了攻击,所向无敌,无坚不摧。晋寿太守王景胤占据着石亭,邢峦派遣统军李义珍打跑了他。北魏任命邢峦为梁、秦二州刺史。巴西太守庞景民占据郡城,拒不投降,郡中之民严玄思聚集群众,自封为巴州刺史,投附于北魏,攻打庞景民并将他斩首。杨集起、杨集义得知北魏攻克汉中的消息之后害怕了,于闰三月,率领氐族部落反叛了北魏,切断了汉中的粮道,邢峦多次派遣军队去袭击、打败了他们。

9 夏季,四月丁巳(十七日),梁朝任命行宕昌王梁弥博为河、凉二州刺史和宕昌王。

10 梁朝冠军将军孔陵等人率兵两万戍守深杭,鲁方达戍守南安,任僧褒等人戍守石同,以便抵拒北魏。邢峦派遣统军王足带兵去袭击,所到之处无不告捷,于是进入剑阁。孔陵等人只好退保梓潼,王足又进攻,打败了他们。于是,梁州十四郡之地,东西七百里,南北一千里,全部归入北魏版图。

初，益州刺史邓元起以母老乞归，诏征为右卫将军，以西昌侯渊藻代之。渊藻，懿之子也。夏侯道迁之叛也，尹天宝驰使报元起。及魏寇晋寿，王景胤等并遣告急，众劝元起急救之，元起曰："朝廷万里，军不猝至，若寇贼侵淫，方须扑讨，董督之任，非我而谁，何事匆匆救之！"诏假元起都督征讨诸军事，救汉中，而晋寿已陷。萧渊藻将至，元起营还装，粮储器械，取之无遗。渊藻入城，恨之。又求其良马，元起曰："年少郎子，何用马为！"渊藻恚，因醉，杀之。元起麾下围城，哭，且问故，渊藻曰："天子有诏。"众乃散。遂诬以反，上疑焉。元起故吏广汉罗研诣阙讼之，上曰："果如我所量也。"使让渊藻曰："元起为汝报雠，汝为雠报雠，忠孝之道如何！"乃贬渊藻号为冠军将军，赠元起征西将军，谥曰忠侯。

李延寿论曰：元起勤乃胥附，功惟辟土，劳之不图，祸机先陷。冠军之贬，于罚已轻，梁之政刑，于斯为失。私戚之端，自斯而启，年之不永，不亦宜乎！

11　益州民焦僧护聚众作乱，萧渊藻年未弱冠，集僚佐议自击之。或陈不可，渊藻大怒，斩于阶侧。乃乘平肩舆巡行贼垒，贼弓乱射，矢下如雨，从者举盾御矢，渊藻命去之。由是人心大安，击僧护等，皆平之。

起初,益州刺史邓元起因母亲年老而乞求归还故里,朝廷下诏征调他为右卫将军,另以西昌侯萧渊藻取代他益州刺史之职。萧渊藻是萧懿的儿子。夏侯道迁反叛之时,尹天宝派使者驰告邓元起。等到北魏侵犯晋寿之时,王景胤等人也遣使去向邓元起告急,众人都劝说邓元起急速前去援救,邓元起却说:"朝廷离这里万里之遥,军队不会很快就会来到的,如果入侵的寇贼进一步成势,方才须前去讨伐夷荡,而督帅之任,除了我还有谁呢? 所以,何必现在就匆匆忙忙地前去救援呢?"朝廷诏令邓元起代理都督征讨诸军事,让他去援救汉中,但是此时晋寿已经沦陷了。萧渊藻将要抵达,邓元起整理回去时的行装,他把粮资储备和各种器械兵仗搜罗一空,些微不剩。萧渊藻入城之后,见到这一情形,对邓元起怀恨在心。萧渊藻要邓元起的良马,邓元起却对他说:"你一个年少郎君,要马干什么呢!"萧渊藻无比忿怒,借邓元起酒醉之机,杀了他。邓元起的部下把城围住,痛哭主帅,且问主帅被杀之缘故,萧渊藻对他们说:"天子有诏令。"众人才散去了。于是,萧渊藻就诬告邓元起反叛,武帝对此疑而不信。邓元起的故吏广汉人罗研来到朝廷告状,武帝说:"果然同我所思量的一样。"武帝派使者斥责萧渊藻说:"邓元起为你报了父仇,你却为仇人而报仇,杀害了他,忠孝之道在哪里呢!"于是贬萧渊藻号为冠军将军,赠邓元起征西将军,谥号为忠侯。

　　　　李延寿评论说:邓元起勤勉于事,能体贴下属,能奉事朝廷,开辟疆土,功不可没,功劳没有受到赏赐,却先陷祸遇难。萧渊藻仅仅被贬为冠军将军,所受的惩罚实在是太轻了,梁朝的政治、刑律,在这件事上出现了大的失误。由此而开启了朝廷庇护亲族的弊端,所以不能长久立国,不也是很相宜的吗!

　　11　益州的百姓焦僧护聚众造反,萧渊藻年纪还不满二十岁,他召集手下的僚佐们商议要亲自去歼击叛民。有人说他不可以亲自去,萧渊藻勃然大怒,就把说话的人斩于庭阶的侧旁。于是,萧渊藻乘坐着平肩舆,在叛民的营垒周围巡行,叛民用弓箭乱射,箭雨纷至,随从们举着盾牌为他挡箭,他却命令把盾牌拿开。因此,人心大安,争相出击焦僧护等,把他们都平定了。

12 六月庚戌,初立孔子庙。

13 豫州刺史王超宗将兵围魏小岘。丁卯,魏扬州刺史薛真度遣兼统军李叔仁等击之,超宗兵大败。

14 冠军将军王景胤、李畋、辅国将军鲁方达等与魏王足战,屡败,秋,七月,足进逼涪城。

15 八月壬寅,魏中山王英寇雍州。

16 庚戌,秦、梁二刺史鲁方达与魏王足统军纪洪雅、卢祖迁战,败,方达等十五将皆死。壬子,王景胤等又与祖迁战,败,景胤等二十四将皆死。

17 杨公则至洛口,与魏豫州长史石荣战,斩之。甲寅,将军姜庆真与魏战于羊石,不利,公则退屯马头。

18 雍州蛮沔东太守田青喜叛降魏。

19 魏有芝生于太极殿之西序,魏主以示侍中崔光,光上表,以为"此《庄子》所谓'气蒸成菌'者也。柔脆之物,生于墟落秽湿之地,不当生于殿堂高华之处。今忽有之,厥状扶疏,诚足异也。夫野木生朝,野鸟入庙,古人皆以为败亡之象,故太戊、高宗惧灾修德,殷道以昌,所谓'家利而怪先,国兴而妖豫'者也。今西南二方,兵革未息,郊甸之内,大旱逾时,民劳物悴,莫此之甚,承天育民者所宜矜恤。伏愿陛下侧躬耸意,惟新圣道,节夜饮之乐,养方富之年,则魏祚可以永隆,皇寿等于山岳矣。"于是魏主好宴乐,故光言及之。

12　六月庚戌(十一日),梁朝初立孔子庙。

13　豫州刺史王超宗率兵围攻北魏小岘。丁卯(十八日),北魏扬州刺史薛真度派遣兼统军李叔仁等人出击,王超宗的军队一败涂地。

14　冠军将军王景胤、李畎、辅国将军鲁方达等同北魏的王足交战,屡战屡败,秋季,七月,王足进逼涪城。

15　八月壬寅(初四),北魏中山王元英入侵雍州。

16　庚戌(十二日),梁朝秦、梁二州刺史鲁方达与北魏王足手下的统军纪洪雅、卢祖迁交战,战败,鲁方达等十五员将领都战死。壬子(十四日),王景胤等人又与卢祖迁交战,也战败,王景胤等二十四位将领全部战死。

17　杨公则到达洛口,与北魏豫州长史石荣交战,将石荣斩首。甲寅(十六日),将军姜庆真与北魏军队在羊石交战,没有取胜,杨公则只好退驻于马头。

18　担任沔东太守的雍州蛮人田青喜反叛梁朝,投降了北魏。

19　北魏朝廷太极殿内的西墙下生长出了灵芝,北魏宣武帝拿来给侍中崔光看,崔光就此事而上表皇上,认为:"这只是《庄子》一书中所讲的'气蒸成菌'罢了。这种柔脆的菌类之物,一般生长在废墟角落污秽潮湿的地方,不应当生长在殿堂这样高贵华丽之处。如今忽然生长出来了,而且其形状繁茂,实在是奇怪之事。野木生于朝庭,野鸟飞入宗庙,古人都认为这是败亡的征兆,所以商王太戊、高宗有惧于祥桑、谷共生于朝内以及野鸡飞在鼎上之异兆而修德积善,国运因此而得以复兴昌盛,这正是所谓'家族吉利而怪异先行,国家兴盛而妖异预见'。如今西方和南方兵戈未息,京郊周围大旱已久,百姓劳苦,万物憔悴,已经到了万分严重的地步,而承受上天旨意养育万民的天子在此之际正应该加以体恤。所以恳请陛下关心朝廷内外之事,亲身过问,弘扬圣道,节制夜间饮酒的娱乐,保养正值年轻的身体,如此则魏的国祚可以永远兴隆,皇寿与山岳等齐。"此时,北魏宣武帝喜好宴饮欢乐,所以崔光在上表中特意提到这点。

20　九月己巳，杨公则等与魏扬州刺史元嵩战，公则败绩。

21　冬，十月丙午，上大举伐魏，以扬州刺史临川王宏都督北讨诸军事，尚书右仆射柳惔为副，王公以下各上国租及田谷以助军。宏军于洛口。

22　杨集起、集义立杨绍先为帝，自皆称王。十一月戊辰朔，魏遣光禄大夫杨椿将兵讨之。

23　魏王足围涪城，蜀人震恐，益州城戍降魏者什二三，民自上名籍者五万馀户。邢峦表于魏主，请乘胜进取蜀，以为“建康、成都，相去万里，陆行既绝，惟资水路，水军西上，非周年不达，益州外无军援，一可图也。顷经刘季连反，邓元起攻围，资储空竭，吏民无复固守之志，二可图也。萧渊藻裙屐少年，未洽治务，宿昔名将，多见囚戮，今之所任，皆左右少年，三可图也。蜀之所恃，唯在剑阁，今既克南安，已夺其险，据彼竟内，三分已一。自南安向涪，方轨无碍，前军累败，后众丧魄，四可图也。渊藻是萧衍骨肉至亲，必无死理，若克涪城，渊藻安肯城中坐而受困，必将望风逃去。若其出斗，庸、蜀士卒弩怯，弓矢寡弱，五可图也。臣内省文吏，不习军旅，赖将士竭力，频有薄捷，既克重阻，民心怀服，瞻望涪、益，旦夕可图，正以兵少粮匮，未宜前出，今若不取，后图便难。况益州殷实，户口十万，比寿春、义阳，其利三倍。朝廷若欲进取，

20　九月己巳(初一)，杨公则等人与北魏扬州刺史元嵩交战，杨公则败北。

21　冬季，十月丙午(初九)，武帝发动军队大举征伐北魏，任命扬州刺史临川王萧宏为都督北讨诸军事，尚书右仆射柳惔为副，王公以下者各上交封国所收之租和职田所收之谷以便资助军队。萧宏驻军于洛口。

22　杨集起、杨集义拥立杨绍先为帝，自己都称王。十一月戊辰朔(初一)，北魏派遣光禄大夫杨椿率兵讨伐杨集起等。

23　北魏王足围攻涪城，蜀人大为震惊、恐惧，益州的城堡有十分之二三投降了北魏，百姓自动报上名籍的有五万多户。邢峦上表北魏宣武帝，请求乘胜而进取蜀地，认为："建康与成都相离万里之遥，陆路已经阻断，唯一可依靠的就是水路了，但是水军西上，没有一年的时间是到不了的，益州外无援军，这是可以攻取的第一点理由。蜀地前不久经历了刘季连反叛，邓元起攻打围困之事，物资储备空竭，官方和百姓都失去了固守的信心，这是可以攻占的第二点理由。萧渊藻不过是一个衣装华丽而无真才实学的少年，完全不懂治理之道，过去的名将，大多数都被他囚禁杀戮了，现在所任用的，都是他左右的一些少年人，这是可以攻取的第三点理由。蜀地所依恃的只有剑阁，现在既攻克了南安，已经夺取了其险要之地，据此天险而向内推进，已占取了境内三分之一的地方。从南安向涪陵，道路宽展，可以双车并行，蜀军前军屡战屡败，后头的闻风而丧胆，这是可以攻取的第四点理由。萧渊藻是萧衍的骨肉至亲，必定不愿以死固守，若果攻克涪城，萧渊藻怎肯待在城中坐而受困，必将望风而逃跑。他如果出战，无奈庸、蜀之地的士卒们才能低下而胆怯，弓箭缺少而无力，这是可以攻取的第五点理由。我本为朝中文官，不熟习军旅之事，但是幸赖将士们尽心竭力，以致频有捷报传来，尽管是那么微小而不足道。现在已经攻克重重险阻，民心归顺，观望涪、益两城，旦夕可得，只是因兵少粮缺，不宜于前去攻打，但现在如不夺取，以后再攻打就难了。况且益州殷富，有十万户人家，与寿春、义阳相比，其利益高出三倍。朝廷如果想要攻取该地，

时不可失；若欲保境宁民，则臣居此无事，乞归侍养。"魏主诏以"平蜀之举，当更听后敕。寇难未夷，何得以养亲为辞"！峦又表称："昔邓艾、锺会帅十八万众，倾中国资储，仅能平蜀，所以然者，斗实力也。况臣才非古人，何宜以二万之众而希平蜀！所以敢者，正以据得要险，士民慕义，此往则易，彼来则难，任力而行，理有可克。今王足已逼涪城，脱得涪，则益州乃成擒之物，但得之有早晚耳。且梓潼已附民户数万，朝廷岂可不守！又，剑阁天险，得而弃之，良可惜矣。臣诚知战伐危事，未易可为。自军度剑阁以来，鬓发中白，日夜战惧，何可为心！所以勉强者，既得此地而自退不守，恐负陛下之爵禄故也。且臣之意算，正欲先取涪城，以渐而进。若得涪城，则中分益州之地，断水陆之冲，彼外无援军，孤城自守，何能复持久哉！臣今欲使军军相次，声势连接，先为万全之计，然后图功，得之则大利，不得则自全。又，巴西、南郑，相距千四百里，去州迢遰，恒多扰动。昔在南之日，以其统绾势难，曾立巴州，镇静夷、獠，梁州藉利，因而表罢。彼土民望，严、蒲、何、杨，非唯一族，虽率居山谷，而豪右甚多，文学风流，亦为不少，但以去州既远，不获仕进，至于州纲，无由厕迹，是以郁怏，多生异图。比道迁建义之始，严玄思自号巴州刺史，克城以来，仍使行事。巴西广袤千里，

就不应该失去这次机会；如果想要保护境内安宁百姓，则我待在这里实无事可做，因此乞求归家侍养双亲。"宣武帝给邢峦的诏令中说："关于平定蜀地之举，你应当等着听取后面的敕令。现在寇难还没有平定，你怎么能以侍养亲人为借口而引退呢！"邢峦又上表说："过去邓艾、钟会统领十八万大军，倾尽中原的资财储备，才能平定蜀地，之所以如此，是以实力相斗啊。何况我的才能比不上古人，哪里可以靠两万兵力而希求平定蜀地呢！之所以敢如此，正因为占据了险要之地，士人和百姓们都倾慕向往大义，我们由此而前进则容易，他们前来抵挡则难，只要我们根据力量而行事，理应攻克。现在王足已经逼近涪城，假如取得了涪陵，则益州就可以手到擒来，只是得到手有早晚之别罢了。何况梓潼已经归附的民户有好几万，朝廷岂可以不加以镇守呢！还有，剑阁天险，如得而放弃，实在是可惜。我诚然知道征战讨伐是危险的事情，不可轻易进行。自从我军越过剑阁以来，我的鬓发已经斑白，日日夜夜为战事情况而焦虑不安，心情紧张得都无法忍受下去了。之所以能勉强坚持着，只是因为考虑到既然已经得到了该地而又自动撤退不加驻守，恐怕有负于陛下所给予的爵位俸禄。而且我心中打算，正想先攻取涪城，然后渐次而进。如果得到涪城，就可以把蜀地分为两半，阻断水陆交通的要道，他们没有外面来的援军，以孤城而自守，怎么能够持久得了呢？我现在想让各支队伍相次而进，前后连接，互相声援，首先做到万无一失，然后图取大功，如能得到则有大利，不得则可以做到自我保全。另外，巴西与南郑相距一千四百里，离州城遥远，经常发生骚乱。过去属南朝占领之时，由于这里难以统辖管理，曾经设立过巴州，以便镇领夷、獠，而梁州图利，所以上表请求罢撤了该州。这个地方的大户人家有严、蒲、何、杨等姓，不仅仅是一族，他们虽然居住在山谷之中，可是豪强大族很多，文章风流之士也为数不少，但因离州城很远，因此不能获得仕进机会，甚至州里地位较高的佐吏，也无法跻身其中，因此愤愤不平，多生异图之心。到夏侯道迁建举大义之初，严玄思自称为巴州刺史，攻克州城以来，仍然让他任刺史之职。巴西这个地方广袤千里，

户馀四万,若于彼立州,镇摄华、獠,则大帖民情,从垫江已还,不劳征伐,自为国有。"魏主不从。

先是,魏主以王足行益州刺史。上遣天门太守张齐将兵救益州,未至,魏主更以梁州军司泰山羊祉为益州刺史。王足闻之,不悦,辄引兵还,遂不能定蜀。久之,足自魏来奔。邢峦在梁州,接豪右以礼,抚小民以惠,州人悦之。峦之克巴西也,使军主李仲迁守之。仲迁溺于酒色,费散兵储,公事谘承,无能见者。峦忿之切齿,仲迁惧,谋叛,城人斩其首,以城来降。

24 十二月庚申,魏遣骠骑大将军源怀讨武兴氐,邢峦等并受节度。

25 司徒、尚书令谢朏以母忧去职。

26 是岁,大穰,米斛三十钱。

**五年(丙戌,506)**

1 春,正月丁卯朔,魏于后生子昌,大赦。

2 杨集义围魏关城,邢峦遣建武将军傅竖眼讨之,集义逆战,竖眼击破之;乘胜逐北,壬申,克武兴,执杨绍先,送洛阳。杨集起、杨集义亡走,遂灭其国,以为武兴镇,又改为东益州。

3 乙亥,以前司徒谢朏为中书监、司徒。

4 冀州刺史桓和击魏南青州,不克。

5 魏秦州屠各王法智聚众二千,推秦州主簿吕苟儿为主,改元建明,置百官,攻逼州郡。泾州民陈瞻亦聚众称王,改元圣明。

户口还馀下四万之多,如果在这里设置州,震慑华、獠,则可以大大地安定民心,从垫江以西,不用征伐,就自然为我国所有了。"宣武帝没有听从邢峦的建议。

早先,北魏宣武帝任命王足兼益州刺史。梁武帝派遣天门太守张齐率兵去援救益州,还没有到达,北魏皇帝又改任梁州军司泰山人羊祉为益州刺史。王足知道这一消息之后,十分不悦,便带兵返回了,于是北魏没有能够平定蜀地。许久之后,王足从北魏来投靠了梁朝。邢峦在梁州之时,对当地的豪强大族以礼相接,对小民百姓抚之以恩惠,因此全州之人都很欢喜。邢峦攻克巴西,让军主李仲迁镇守。李仲迁沉溺于酒色,私自挪用耗散军费,有关公事需要向他请示报告之时,却找不到他的人影。邢峦对此气得咬牙切齿,李仲迁害怕了,密谋反叛,城中的人将李仲迁斩首,献城投降了梁朝。

24 十二月庚申(二十四),北魏派遣骠骑大将军源怀讨伐武兴的氐族部落,邢峦等人一并接受源怀的指挥调遣。

25 梁朝司徒、尚书令谢朏因为母亲守丧而去职。

26 这一年,大丰收,米价每斛三十钱。

## 梁武帝天监五年(丙戌,公元506年)

1 春季,正月丁卯朔(初一),北魏于皇后生下儿子元昌,大赦天下。

2 杨集义围攻北魏关城,邢峦派遣建武将军傅竖眼去讨伐,杨集义迎战,傅竖眼击败了杨集义,并乘胜追逐败军,壬申(初六),攻克了武兴,抓获了杨绍先,押送往洛阳。杨集起、杨集义逃跑了,于是灭掉了他们所建之国,改为武兴镇,其后又改为东益州。

3 乙亥(初九),梁朝任命前司徒谢朏为中书监、司徒。

4 梁朝冀州刺史桓和攻打北魏的南青州,没有攻克。

5 北魏秦州匈奴屠各部落的王法智聚集两千人,推举秦州主簿吕苟兒为首领,改年号为"建明",设置了百官,攻逼州郡。泾州的百姓陈瞻也聚众称王,改年号为"圣明"。

6　己卯,杨集起兄弟相帅降魏。

7　甲申,封皇子纲为晋安王。

8　二月丙辰,魏主诏王公以下直言忠谏。治书侍御史阳固上表,以为:"当今之务,宜亲宗室,勤庶政,贵农桑,贱工贾,绝谈虚穷微之论,简桑门无用之费,以救饥寒之苦。"时魏主委任高肇,疏薄宗室,好桑门之法,不亲政事,故固言及之。

9　戊午,魏遣右卫将军元丽都督诸军讨吕苟兒。丽,小新成之子也。

10　乙丑,徐州刺史历阳昌义之与魏平南将军陈伯之战于梁城,义之败绩。

11　将军萧昞将兵击魏徐州,围淮阳。

12　三月丙寅朔,日有食之。

13　己卯,魏荆州刺史赵怡、平南将军奚康生救淮阳。

14　魏咸阳王禧之子翼,遇赦求葬其父,屡泣请于魏主,魏主不许。癸未,翼与其弟昌、晔来奔。上以翼为咸阳王,翼以晔嫡母李妃之子也,请以爵让之,上不许。

15　辅国将军刘思效败魏青州刺史元系于胶水。

16　临川王宏使记室吴兴丘迟为书遗陈伯之曰:"寻君去就之际,非有他故,直以不能内审诸己,外受流言,沈迷猖蹶,以至于此。主上屈法申恩,吞舟是漏,将军松柏不翦,亲戚安居,高台未倾,爱妾尚在。而将军鱼游于沸鼎之中,燕巢于

6　己卯(十三日)，杨集起兄弟一起投降了北魏。

7　甲申(十八日)，梁朝封皇子萧纲为晋安王。

8　二月丙辰(二十一日)，北魏宣武帝诏令王公以下的官员对自己直言忠谏。治书侍御史阳固上表，认为："圣上当今所应做的是要亲近宗室，勤于庶政，鼓励农桑，抑制工商，杜绝一切不切合实际的谈论玄虚之理，压缩佛门无用的费用，用以救济饥寒之苦。"当时宣武帝把政事委任于高肇，疏远皇室宗亲，热衷于佛法，不亲自过问朝廷政事，所以阳固才有上述之言。

9　戊午(二十三日)，北魏派遣右卫将军元丽督率各路军队讨伐吕苟儿。元丽是小新成的儿子。

10　乙丑(三十日)，梁朝徐州刺史历阳人昌义之同北魏平南将军陈伯之在梁城交战，昌义之战败。

11　梁朝将军萧昞率兵攻打北魏徐州，围攻淮阳。

12　三月丙寅朔(初一)，发生日食。

13　己卯(十四日)，北魏荆州刺史赵怡、平南将军奚康生前去援救淮阳。

14　北魏咸阳王元禧的儿子元翼，遇赦后请求安葬父亲，数次在宣武帝面前哭着请求，宣武帝没有准许。癸未(十八日)，元翼同其弟弟元昌、元晔前来奔投梁朝。武帝封元翼为咸阳王，元翼因为元晔是正室母亲李妃所生，所以请求把爵位让给元晔，但是武帝没有准许。

15　梁朝的辅国将军刘思效在胶水击败了北魏青州刺史元系。

16　临川王萧宏让记室吴兴人丘迟写信送给陈伯之，信中说道："思量您投降北魏之时，没有别的原因，只是因为内心不能自审，外受流言的影响，迷乱而猖狂，以至于到了这样的地步。当今皇上不惜不按法律以申恩德，即使再大的罪过也能宽宥，所以将军您的祖坟没有被毁，松柏茂盛；您留在江南的亲戚都没有以叛党连坐，而安居自若；您的宅第没有受损，池台如故；您的爱妾还守在家中，没有被官家收去或流落于其他人家。可是，将军您却如鱼游于沸鼎之中，如燕筑巢于

飞幕之上，不亦惑乎！想早励良图，自求多福。"庚寅，伯之
自寿阳梁城拥众八千来降，魏人杀其子虎牙。诏复以伯之
为西豫州刺史。未之任，复以为通直散骑常侍。久之，卒
于家。

17　初，魏御史中尉甄琛，表称："《周礼》，山林川泽有
虞、衡之官，为之厉禁，盖取之以时，不使戕贼而已，故虽置有
司，实为民守之也。夫一家之长，必惠养子孙，天下之君，必
惠养兆民，未有为人父母而吝其醯醢，富有群生而榷其一物
者也。今县官鄣护河东盐池而收其利，是专奉口腹而不及四
体也。盖天子富有四海，何患于贫！乞弛盐禁，与民共之！"
录尚书事顺、尚书邢峦奏，以为："琛之所陈，坐谈则理高，行
之则事阙。窃惟古之善治民者，必污隆随时，丰俭称事，役养
消息以成其性命。若任其自生，随其饮啄，乃是刍狗万物，何
以君为！是故圣人敛山泽之货以宽田畴之赋，收关市之税以
助什一之储，取此与彼，皆非为身，所谓资天地之产，惠天地
之民也。今盐池之禁，为日已久，积而散之，以济军国，非专
为供太官之膳羞，给后宫之服玩。既利不在己，则彼我一也。
然自禁盐以来，有司多慢，出纳之间，或不如法。是使细民嗟
怨，负贩轻议，此乃用之者无方，非作之者有失也。一旦罢
之，恐乖本旨。一行一改，法若弈棋，参论理要，宜如旧式。"
魏主卒从琛议，夏，四月乙未，罢盐池禁。

飞动的幕布之上,至今身在敌营,这不是非常糊涂的事吗!希望您能早日替自己谋一条好的出路,以便获得日后的幸福。"庚寅(二十五日),陈伯之从寿阳梁城率领八千人马来投降梁朝,北魏人杀了他的儿子陈虎牙。武帝诏令仍以陈伯之为西豫州刺史。陈伯之还没有到任,又任命他为通直散骑常侍。后来,陈伯之在家中去世。

17 起初,北魏御史中尉甄琛上表讲道:"《周礼》中制定了专管山林川泽的山虞、林衡、川衡、泽虞之官,制定了关于山林川泽的严厉禁令,这是使百姓在规定的时令内获取利益,而不让随意乱砍滥取,所以虽然设置了这样的官员,实际上却是百姓自己守护。一家之长,必须抚养他的子孙,天下之君,必须惠养万民,没有做父母吝啬醋酱、富有天下万物而专占一物的。如今朝廷独霸河东的盐池而坐收其利,这是专奉口腹而不及四体。天子富有四海,何患于贫!所以,乞请放松盐禁,与民共享其利。"录尚书事元勰和尚书邢峦也上奏,认为:"甄琛所讲的,坐着谈论则高明合理,而实际执行则行不通。我们认为古来善于统治百姓的,必定升降依时,丰俭随事,役使养育互为消长以成全他们性命。如果任其自生自长,随其饮水啄食,那是把百姓当作草狗一样卑微无用之物,还要君主做什么呢?所以,圣人获取山泽之货,收取关市之税,来补助田亩什一之赋之不足,以供国用,此处取来用到彼处,都不是为了自己,正所谓利用天地的出产,施惠于天下之民。如今禁止私人采盐,已经实行了很长时间了,集中其财富而使用,是为了维持国家和军队的开支,并不是专门为了供给皇宫的饮食,以及后宫的服饰玩物。既然不是为了皇上一人享乐,那么让老百姓获利同让国家获利都是一样的。然而,自从禁盐以来,官员们多有不经心的,收支出纳中间,或者有不按照法令执行的行为。因此,使老百姓抱怨在心,商贩们非议在口,这只不过是管理者无方,并非是制定禁令的人有过失。一旦撤销盐池禁令,恐怕有违于本初之意。一行一改,没有定法,正如弈棋者那样举棋不定,所以按理而论,应该维持过去的样子而不变。"宣武帝最终采纳了甄琛的建议,夏季,四月乙未(初一),撤销了盐池禁令。

18　庚戌,魏以中山王英为征南将军、都督扬徐二州诸军事,帅众十馀万以拒梁军,指授诸节度,所至以便宜从事。

江州刺史王茂将兵数万侵魏荆州,诱魏边民及诸蛮更立宛州,遣其所署宛州刺史雷豹狼等袭取魏河南城。魏遣平南将军杨大眼都督诸军击茂,辛酉,茂战败,失亡二千馀人。大眼进攻河南城,茂逃还。大眼追至汉水,攻拔五城。

魏征虏将军宇文福寇司州,俘千馀口而去。

五月辛未,太子右卫率张惠绍等侵魏徐州,拔宿预,执城主马成龙。乙亥,北徐州刺史昌义之拔梁城。

豫州刺史韦叡遣长史王超等攻小岘,未拔。叡行围栅,魏出数百人陈于门外,叡欲击之,诸将皆曰:"向者轻来,未有战备,徐还授甲,乃可进耳。"叡曰:"不然。魏城中二千馀人,足以固守,今无故出人于外,必其骁勇者也,苟能挫之,其城自拔。"众犹迟疑,叡指其节曰:"朝廷授此,非以为饰,韦叡法不可犯也!"遂进击之,士皆殊死战,魏兵败走,因急攻之,中宿而拔,遂至合肥。

先是,右军司马胡景略等攻合肥,久未下,叡按山川,夜,帅众堰肥水,顷之,堰成水通,舟舰继至。魏筑东、西小城夹合肥,叡先攻二城,魏将杨灵胤帅众五万奄至。众惧不敌,请奏益兵,叡笑曰:"贼至城下,方求益兵,将何所及!且吾求益兵,彼亦益兵,兵贵用奇,岂在众也!"遂

18　庚戌(十六日),北魏任命中山王元英为征南将军,都督扬、徐二州诸军事,统率十多万大军抵抗梁朝军队,指挥各路军队,所到之处随机而行事。

梁朝江州刺史王茂率兵数万入侵北魏荆州,诱使北魏边境上的民众以及各蛮族部落另立宛州,并派遣自己所任命的宛州刺史雷豹狼等去袭取北魏河南城。北魏派遣平南将军杨大眼督率各路军马抗击王茂,辛酉(二十七日),王茂战败,失散伤亡两千多人。杨大眼进而攻打河南城,王茂逃返。杨大眼追至汉水,攻占了五城。

北魏征虏将军宇文福侵犯梁朝司州,掠夺了一千多人口而离去。

五月辛未(初二),梁朝太子右卫率张惠绍等人入侵北魏徐州,攻占宿预,抓住了城主马成龙。乙亥(初六),北徐州刺史昌义之攻占了梁城。

豫州刺史韦叡派遣长史王超等去攻打小岘,没有攻下来。韦叡将要围栅栏,北魏派出数百人排阵在城门外,韦叡想要攻击他们,诸位将领们都说:“前次轻装而来,没有很好地备战,应该慢慢回去给士兵发授甲衣,方才可以进击。”韦叡回答:“不对。北魏城中有两千多人,足以固守,现在无缘无故而把人马安排在外面,这些人一定是特别骁勇善战者,如果能挫败他们,这座城就自然能攻下来。”众人还迟疑不定,韦叡指着旌节说道:“朝廷给了我这东西,不是用来做装饰的,我韦叡的军法是不容违反的。”于是开始向北魏的军队发起攻击,兵士们都殊死作战,北魏的兵士败逃,因此便对小岘发起了猛烈攻击,次日夜间攻下了小岘,于是到达了合肥。

原先,右军司马胡景略等攻打合肥,久攻不下,韦叡巡视了山川地理形势,夜间,率领众人修堰阻拦肥水,很快,堰坝筑成水路连通,舟船相继而至。北魏修筑了东、西小城以便夹护合肥,韦叡先攻打下这两座小城,北魏将领杨灵胤率领五万军队忽然而至。众人害怕不能抵挡得住,请求上奏朝廷派兵增援,韦叡笑着说:“贼寇来到了城下,方才请求增兵,哪里还能来得及呢?况且我请求增兵,对方也增兵,用兵之法贵在出奇制胜,岂在人数众多呢!”于是

击灵胤,破之。叡使军主王怀静筑城于岸以守堰,魏攻拔之,城中千馀人皆没。魏人乘胜至堤下,兵势甚盛,诸将欲退还澡湖,或欲保三叉,叡怒曰:"宁有此邪!"命取伞扇麾幢,树之堤下,示无动志。魏人来凿堤,叡亲与之争,魏兵却,因筑垒于堤以自固。叡起斗舰,高与合肥城等,四面临之,城中人皆哭,守将杜元伦登城督战,中弩死。辛巳,城溃,俘斩万馀级,获牛羊以万数。

叡体素羸,未尝跨马,每战,常乘板舆督厉将士,勇气无敌。昼接宾旅,夜半起,算军书,张灯达曙。抚循其众,常如不及,故投募之士争归之。所至顿舍,馆宇藩墙,皆应准绳。

诸军进至东陵,有诏班师,去魏城既近,诸将恐其追蹑,叡悉遣辎重居前,身乘小舆殿后,魏人服叡威名,望之不敢逼,全军而还。于是迁豫州治合肥。

壬午,魏遣尚书元遥南拒梁兵。

19 癸未,魏遣征西将军于劲节度秦、陇诸军。

20 丁亥,庐江太守闻喜裴邃克魏羊石城,庚寅,又克霍丘城。

六月庚子,青、冀二州刺史桓和克朐山城。

21 乙巳,魏安西将军元丽击王法智,破之,斩首六千级。

22 张惠绍与假徐州刺史宋黑水陆俱进,趣彭城,围高冢戍,魏武卫将军奚康生将兵救之,丁未,惠绍兵不利,黑战死。

出击杨灵胤,打败了他。韦叡派军主王怀静在岸边修筑城堡来守护堰坝,北魏攻占了城堡,城中一千多人全部淹死。北魏军队乘胜来到堤下,兵势特别凶猛,韦叡手下的诸位将领想要退回到巢湖去,有人提出想回保三叉,韦叡怒不可遏,说:"哪里有这样的道理呢!"他命令人取来自己的伞扇麾幢,树立在堤下,以表示毫无撤退之意。北魏人来凿堤,韦叡亲自与其搏斗,北魏兵撤退了,于是韦叡又在堤上修筑了城垒,以便固守。韦叡起造战舰,其高低与合肥城相等,从四面逼近合肥城,城里的人都怕得哭了,守将杜元伦登城督战,被弩机射中而身亡。辛巳(十二日),合肥城溃破,俘虏和斩杀了一万多人,抓获的牛羊以万计数。

韦叡的体质向来羸弱,从来没有骑过马,每次战斗,都乘坐在板舆上监督激励将士们,勇气十足,所向无敌。他白天接待宾客来访者,夜半起来,谋算军书,直到清晨,没有倦意。他对部下爱护备至,常恐不及,所以投奔他的人士争相前来。他所到达之处住的地方,房屋围墙,都合乎规定。

各路军马抵达东陵,有诏令传来让班师而返,众将领们担心北魏军队随后追击,韦叡安排全部辎重在前而行,自己乘坐小车殿后,北魏军队慑服于韦叡的威名,眼望着却不敢逼近,梁朝军队全部安然而返。于是,梁朝把豫州治所迁到合肥。

壬午(十三日),北魏派遣尚书元遥南下抵抗梁朝军队。

19 癸未(十四日),北魏派遣征西将军于劲指挥秦、陇之地的军队。

20 丁亥(十八日),庐江太守闻喜人裴邃攻克了北魏的羊石城,庚寅(二十一日),又攻克了霍丘城。

六月庚子(初七),青、冀二州刺史桓和攻克了朐山城。

21 乙巳(十二日),北魏安西将军元丽进攻王法智,打败了他,斩首六千多。

22 张惠绍与代理徐州刺史的宋黑水陆并进,直抵彭城,围攻高冢戍,北魏武卫将军奚康生率兵前去援救,丁未(十四日),张惠绍出兵失利,宋黑战死。

23 太子统生五岁,能遍诵《五经》。庚戌,始自禁中出居东宫。

24 丁巳,魏以度支尚书邢峦都督东讨诸军事。

25 魏骠骑大将军冯翊惠公源怀卒。怀性宽简,不喜烦碎,常曰:"为贵人当举纲维,何必事事详细! 譬如为屋,但外望高显,楹栋平正,基壁完牢,足矣。斧斤不平,斫削不密,非屋之病也。"

26 秋,七月丙寅,桓和击魏兖州,拔固城。

27 吕苟儿率众十馀万屯孤山,围逼秦州,元丽进击,大破之。行秦州事李韶掩击孤山,获其父母妻子,庚辰,苟儿帅其徒诣丽降。

兼太仆卿杨椿别讨陈瞻,瞻据险拒守。诸将或请伏兵山蹊,断其出入,待粮尽而攻之,或欲斩木焚山,然后进讨,椿曰:"皆非计也。自官军之至,所向辄克,贼所以深窜,正避死耳。今约勒诸军,勿更侵掠,贼必谓我见险不前。待其无备,然后奋击,可一举平也。"乃止屯不进。贼果出抄掠,椿复以马畜饵之,不加讨逐。久之,阴简精卒,衔枚夜袭之,斩瞻,传首。秦、泾二州皆平。

28 戊子,徐州刺史王伯敖与魏中山王英战于阴陵,伯敖兵败,失亡五千馀人。

己丑,魏发定、冀、瀛、相、并、肆六州十万人以益南行之兵。上遣将军角念将兵一万屯蒙山,招纳兖州之民,降者甚众。是时,将军萧及屯固城,桓和屯孤山。魏邢峦遣统军樊鲁攻和,别将元恒攻及,统军毕祖朽攻念。壬寅,鲁大破和于孤山,恒拔固城,祖朽击念,走之。

23 太子萧统年方五岁,就能完整地诵读《五经》。庚戌(十七日),萧统始从皇宫中搬出入住东宫。

24 丁巳(二十四日),北魏委派度支尚书邢峦都督东讨诸军事。

25 北魏骠骑大将军冯翊惠公源怀去世。源怀性格宽容直率,不喜欢烦琐之事,常常说:"做贵人应当举纲执要,何必事事俱到呢?譬如建房屋,只要从外面望去高大突出,梁柱平正,地基和墙壁完好坚固,就足够了。刀斧不平,砍削不细,并非是房屋的毛病。"

26 秋季,七月丙寅(初三),桓和攻打北魏兖州,攻占了固城。

27 梁朝吕苟儿率领十多万人驻扎在孤山,围逼秦州,元丽进攻,大败吕苟儿。代理秦州刺史李韶偷袭孤山,抓获了吕苟儿的父母、妻子和儿女,庚辰(十七日),吕苟儿率领部下向元丽投降。

北魏兼太仆卿杨椿另外去讨伐陈瞻,陈瞻据险拒守。将领中有人请求在山涧中埋藏伏兵,阻断陈瞻的出入之道,等待他粮食耗尽之后再攻打,有人主张伐木烧山,然后再攻打,杨椿说:"这都不是良策。自从官军出发以来,所到之处,无不攻克,贼寇们之所以窜入深山之中,正是为了逃避死亡。现在命令各路军队暂时按兵不动,不要进攻,贼寇们一定认为我们见险不前。我们乘其不备之时,奋力攻击,就可以一举平定他们。"于是,让部队驻扎下来,不再前进了。贼寇们果然出来抢掠,杨椿又以马匹牲畜作为诱饵,不加以追击。许久,杨椿悄悄地挑选精悍兵卒,让他们口中衔着木片以免弄出声响,乘夜偷袭陈瞻,斩了陈瞻,传送首级到洛阳。于是,秦、泾两州都平定了。

28 戊子(二十五日),徐州刺史王伯敖与北魏中山王元英在阴陵交战,王伯敖兵败,失散伤亡五千多人。

己丑(二十六日),北魏征发定、冀、瀛、相、并、肆六州十万人以增加南进之兵。梁武帝派遣将军角念率兵一万驻扎蒙山,招纳兖州的百姓,前来投降的人很多。这时,将军萧及驻守在固城,桓和驻守在孤山。北魏邢峦派遣统军樊鲁攻打桓和,别将元恒攻打萧及,统军毕祖朽攻打角念。壬寅(初十),樊鲁大败桓和于孤山,元恒攻下了固城,毕祖朽进攻角念,赶跑了他。

己酉,魏诏平南将军安乐王诠督后发诸军赴淮南。诠,长乐之子也。

将军蓝怀恭与魏邢峦战于睢口,怀恭败绩,峦进围宿预。怀恭复于清南筑城,峦与平南将军杨大眼合攻之,九月癸酉,拔之,斩怀恭,杀获万计。张惠绍弃宿预,萧昞弃淮阳,遁还。

临川王宏以帝弟将兵,器械精新,军容甚盛,北人以为百数十年所未之有。军次洛口,前军克梁城,诸将欲乘胜深入,宏性懦怯,部分乖方。魏诏邢峦引兵渡淮,与中山王英合攻梁城,宏闻之,惧,召诸将议旋师,吕僧珍曰:"知难而退,不亦善乎!"宏曰:"我亦以为然。"柳恢曰:"自我大众所临,何城不服,何谓难乎!"裴邃曰:"是行也,固敌是求,何难之避!"马仙琕曰:"王安得亡国之言!天子扫境内以属王,有前死一尺,无却生一寸!"昌义之怒,须发尽磔,曰:"吕僧珍可斩也!岂有百万之师出未逢敌,望风遽退,何面目得见圣主乎!"朱僧勇、胡辛生拔剑而退,曰:"欲退自退,下官当前向取死。"议者罢出,僧珍谢诸将曰:"殿下昨来风动,意不在军,深恐大致沮丧,故欲全师而返耳。"宏不敢遽违群议,停军不前。魏人知其不武,遗以巾帼,且歌之曰:"不畏萧娘与吕姥,但畏合肥有韦虎。"虎,谓韦叡也。僧珍叹曰:"使始兴、吴平为帅而佐之,岂有为敌人所侮如是乎!"欲遣裴邃分军取寿阳,大众停洛口,宏固执不听,令军中曰:"人马有前行者斩!"

己酉,北魏诏令平南将军安乐王元诠督率后出发的各路军队赶赴淮南。元诠是元长乐的儿子。

将军蓝怀恭与北魏邢峦在睢口交战,蓝怀恭战败,邢峦进而围攻宿预。蓝怀恭又在清水之南修筑城堡,邢峦与平南将军杨大眼合攻蓝怀恭,九月癸酉(十一日),攻克城堡,斩了蓝怀恭,斩杀俘获梁军以万计数。张惠绍放弃了宿预,萧昞放弃了淮阳,逃跑了回来。

临川王萧宏以皇上弟弟的身份率兵出发,武器装备精良崭新,军容甚壮,北方人认为百十来年所没有见过。军队到达洛口,前军攻克了梁城,诸位将领想乘胜而深入,但是萧宏生性懦怯,安排部署失当。北魏诏令邢峦领兵渡过淮河,同中山王元英合师攻打梁城,萧宏知道此消息后,大为惊恐,召集各位将领商议撤兵,吕僧珍说道:"知难而退,不是非常对的吗?"萧宏说:"我也认为应该这样。"柳惔却说:"自从我大军出征以来,所到之处,哪座城池不被征服,怎么能说难呢!"裴邃也说道:"这次出征,就是找敌人来打,有什么难可避呢?"马仙琕更说道:"大王您怎么能说出这样的亡国之言呢!天子把境内所有精兵都付给大王您,应该向前一尺死,而不可退后一寸生!"昌义之怒不可遏,气得头发和胡须都竖起来了,叫道:"吕僧珍应当斩首!哪里有百万之师出来还没有遇上敌人,就望风而匆匆撤退,有什么脸面去见圣上呢!"朱僧勇、胡辛生两人拔剑而起,说道:"谁要想撤退,自己撤退好了,下官我当前进决一死战。"参加议论的将领结束后退了出来,吕僧珍向诸将谢罪说:"殿下从昨天开始心神不定,无意于战,深深担心战事失利,所以想军队无损而返。"萧宏不敢立即违背众人的建议,只好按兵不动。北魏人知道萧宏缺乏英武之气,就给他送来了妇女用的头巾和发饰,并且编了一首歌唱道:"不畏萧娘与吕姥,但畏合肥有韦虎。"歌中之"虎"指韦叡。吕僧珍叹息着说:"这次行动,如果让始兴王和吴平侯为统帅,而我辅佐他们,哪里会让敌人这样地侮辱呢?"吕僧珍想要派遣裴邃带领一部分兵力攻取寿阳,而让大部队停在洛口,但是萧宏固执不听,对军中下命令:"凡是人马有前行者,一律斩首!"

于是将士人怀愤怒。魏奚康生驰遣杨大眼谓中山王英曰：“梁人自克梁城已后，久不进军，其势可见，必畏我也。王若进据洛水，彼自奔败。”英曰：“萧临川虽呆，其下有良将韦、裴之属，未可轻也。宜且观形势，勿与交锋。”

张惠绍号令严明，所至独克，军于下邳，下邳人多欲降者，惠绍谕之曰：“我若得城，诸卿皆是国人，若不能克，徒使诸卿失乡里，非朝廷吊民之意也。今且安堵复业，勿妄自辛苦。”降人咸悦。

己丑，夜，洛口暴风雨，军中惊，临川王宏与数骑逃去。将士求宏不得，皆散归，弃甲投戈，填满水陆，捐弃病者及羸老，死者近五万人。宏乘小船济江，夜至白石垒，叩城门求入。临汝侯渊猷登城谓曰：“百万之师，一朝鸟散，国之存亡，未可知也。恐奸人乘间为变，城不可夜开。”宏无以对，乃缒食馈之。渊猷，渊藻之弟。时昌义之军梁城，闻洛口败，与张惠绍皆引兵退。

魏主诏中山王英乘胜平荡东南，逐北至马头，攻拔之，城中粮储，魏悉迁之归北。议者咸曰：“魏运米北归，当不复南向。”上曰：“不然，此必欲进兵，为诈计耳。”乃命修钟离城，敕昌义之为战守之备。

冬，十月，英进围钟离，魏主诏邢峦引兵会之。峦上表，以为“南军虽野战非敌，而城守有馀，今尽锐攻钟离，得之则所利无几，

于是，将士们人人满腔愤怒。北魏奚康生派杨大眼火速赶去对中山王元英说："梁朝人自从攻克梁城以后，久久不再进军，其情形可以看得清楚，必定是害怕我们。大王若是进而占据洛水，他们一定会逃跑的。"元英说："萧临川虽然愚笨，但他手下却有良将韦叡、裴邃等人，不可以轻敌。应该先观察一下形势，不要与他们交战。"

张惠绍号令严明，所到之处无不取胜，驻军于下邳，下邳人很多都想投降他，张惠绍劝谕这些人说："我如果攻下了这座城，你们就自然都成了圣上治下的臣民了，如果不能攻克，白白地使各位丧失家园，这不是朝廷怜悯百姓的本意。现在你们且安居乐业，不要妄自辛苦。"想要投降的人都心悦诚服。

己丑(二十七日)，夜间，洛口有暴风雨，军中一片惊慌，临川王萧宏带着几个人骑马逃跑了。将士们四处找不着他，就全跑散而归，所丢弃的盔甲兵器，水中和地上到处都是，有病者和年老体弱者都被扔下不顾，死亡者近五万人。萧宏乘坐小船渡过长江，在夜间到了白石垒，叩打城门请求入内。临汝侯萧渊猷登上城楼对萧宏说："你统领百万之师，一朝作鸟兽散，国家的生死存亡，还未可预料。我担心奸人乘机生变，所以不能在夜间打开城门。"萧宏听了无言以对，于是萧渊猷就用绳子把食物从城上吊下去让萧宏吃了。萧渊猷是萧渊藻的弟弟。当时，昌义之驻军梁城，听说洛口方面失败，就与张惠绍领兵撤退了。

北魏宣武帝诏令中山王元英乘胜平荡东南，元英一直追逐至马头，攻下了马头城，城中的粮食储备，全部被北魏人运还北方。人们都议论说："北魏人运米北归，一定不再南下了。"梁武帝说："不对，这一定是他们还想进兵，而特意做此伪诈之计。"于是命令修筑钟离城，并命令昌义之做好守卫钟离城的准备。

冬季，十月，元英进而围攻钟离，北魏宣武帝诏令邢峦带领部队与元英会合。邢峦上表，认为："梁朝军队虽然在野战方面不是我们的敌手，但是在守城方面对付我们却绰绰有馀，如今我们使出全部力量攻打钟离，即使攻下来了所得到的好处也没有多少，

不得则亏损甚大。且介在淮外,借使束手归顺,犹恐无粮难守,况杀士卒以攻之乎!又,征南士卒从戎二时,疲弊死伤,不问可知。虽有乘胜之资,惧无可用之力。若臣愚见,谓宜修复旧戍,抚循诸州,以俟后举,江东之衅,不患其无。"诏曰:"济淮掎角,事如前敕,何容犹尔盘桓,方有此请!可速进军!"峦又表,以为:"今中山进军钟离,实所未解。若为得失之计,不顾万全,直袭广陵,出其不备,或未可知。若正欲以八十日粮取钟离城者,臣未之前闻也。彼坚城自守,不与人战,城堑水深,非可填塞,空坐至春,士卒自弊。若遣臣赴彼,从何致粮!夏来之兵,不赍冬服,脱遇冰雪,何方取济!臣宁荷怯懦不进之责,不受败损空行之罪。钟离天险,朝贵所具,若有内应,则所不知;如其无也,必无克状。若信臣言,愿赐臣停;若谓臣惮行求还,臣所领兵,乞尽付中山,任其处分,臣止以单骑随之东西。臣屡更为将,颇知可否,臣既谓难,何容强遣!"乃召峦还,更命镇东将军萧宝寅与英同围钟离。

侍中卢昶素恶峦,与侍中、领右卫将军元晖共谮之,使御史中尉崔亮弹峦在汉中掠人为奴婢。峦以汉中所得美女赂晖,晖言于魏主曰:"峦新有大功,不当以赦前小事案之。"魏主以为然,遂不问。

晖与卢昶皆有宠于魏主而贪纵,时人谓之"饿虎将军""饥鹰侍中"。晖寻迁吏部尚书,用官皆有定价,大郡二千匹,次郡下郡递减其半,馀官各有等差,选者谓之"市曹"。

万一攻不下来则所受的损失是巨大的。而且钟离在淮南,假使该城束手归顺我们,尚且担心没有粮食难以驻守,更何况用众多士卒的生命来攻取呢!还有,南征的士卒从夏到秋连续两个季度作战,疲惫伤亡情况,不问自知。所以,虽有乘胜之勇,恐怕却无可用之力。如果依我的愚见,应该修复旧的寨堡,安抚各州,以便等待下一步行动,江东的空子,不愁找不到。"宣武帝诏令:"你渡过淮河,与元英形成互相援助之势,事情已如前次的命令所说,哪能再让你犹豫徘徊,再作请求!应迅速进军!"邢峦又上表,指出:"现在中山王进军钟离,实在是不知其所以然。如果不从得失方面来考虑,不顾一切,直接去奔袭广陵,出其不备,或许说不定还可以攻得下来。如果想以八十天为期攻取钟离城,我是闻所未闻。他们坚城自守,不与我们交战,城壕里水很深,无法填塞,而我们空坐到春天,士卒们将不战而自己败溃。如果派遣我前去那里,从何处获得粮食呢?我们的军队是从夏天出发的,没有准备冬装,如果遇上冰雪,从什么地方得到救济呢?我宁可承担怯懦而不敢前进的责任,也不愿意领受失败损伤、白白行动一场的罪名。钟离地处天险,这一点朝中的大臣们都知晓,如果有内部策应,说不定或许还可以得手;如果没有内应,则一定无法攻克。如果陛下相信我的话,那么希望恩赐我停止前进;如果认为我害怕此行而要求返回,那么乞求把我所领的军队全部交付给中山王,听任他指挥部署,而我只以单骑随他东西奔走。我多次率兵出征,颇知事情之可否,我既然认为此行难成,何必还要强迫遣派呢!"于是,诏令邢峦返回,另命令镇东将军萧宝寅与元英一同围攻钟离。

侍中卢昶向来忌恨邢峦,于是就乘机与侍中、领右卫将军元晖一道中伤邢峦,让御史中尉崔亮弹劾邢峦在汉中曾经抢掠当地人为奴婢。邢峦用在汉中所得的美女贿赂元晖,元晖就对宣武帝说:"邢峦新近有大功,不应当以大赦天下之前的一件小事来追查他。"宣武帝同意此言,于是就不再追问了。

元晖与卢昶都得宠于北魏宣武帝,而又特别贪婪放纵,当时人称他们两人分别是"饿虎将军""饥鹰侍中"。元晖很快就升为吏部尚书,他任用官员都有定价,大郡为两千匹绢帛,次郡、下郡递减其半,其馀官位各有等差,选官的人称为"市曹"。

29　丁酉，梁兵围义阳者夜遁，魏郢州刺史娄悦追击，破之。

30　柔然库者可汗卒，子伏图立，号佗汗可汗，改元始平。戊申，佗汗遣使者纥奚勿六跋如魏请和。魏主不报其使，谓勿六跋曰："蠕蠕远祖社苍，乃魏之叛臣，往者包容，暂听通使。今蠕蠕衰微，不及畴昔，大魏之德，方隆周、汉，正以江南未平，少宽北略，通和之事，未容相许。若修藩礼，款诚昭著者，当不尔孤也。"

31　魏京兆王愉、广平王怀国臣多骄纵，公行属请，魏主诏中尉崔亮穷治之，坐死者三十馀人，其不死者悉除名为民。惟广平右常侍杨昱、文学崔楷以忠谏获免。昱，椿之子也。

32　十一月乙丑，大赦。诏右卫将军曹景宗都督诸军二十万救钟离。上敕景宗顿道人洲，俟众军齐集俱进。景宗固启求先据邵阳洲尾，上不许。景宗欲专其功，违诏而进，值暴风猝起，颇有溺者，复还守先顿。上闻之曰："景宗不进，盖天意也。若孤军独往，城不时立，必致狼狈，今破贼必矣。"

33　初，汉归义侯势之末，群獠始出，北自汉中，南至邛、筰，布满山谷。势既亡，蜀民多东徙，山谷空地皆为獠所据。其近郡县与华民杂居者，颇输租赋，远在深山者，郡县不能制。梁、益二州岁伐獠以自润，公私利之。及邢峦为梁州，獠近者皆安堵乐业，远者不敢为寇。峦既罢去，魏以羊祉为梁州刺史，傅竖眼为益州刺史。祉性酷虐，不得物情。獠王赵清荆引梁兵入州境为寇，祉遣

29 丁酉(初六),梁朝围攻义阳的军队听说洛口的军队溃逃,于夜间逃遁,北魏郢州刺史娄悦追击,击败了梁朝的逃兵。

30 柔然国库者可汗去世,其子伏图继立,号称佗汗可汗,改年号为始平。戊申(十七日),佗汗可汗派遣使节纥奚勿六跋来到北魏求和。宣武帝不愿和解,没有派使节回访,对勿六跋说:"柔然的远祖社苍,乃是北魏的叛臣,过去我们容纳它,暂时允许互通使节。现在柔然衰落了,比不上从前了,而我们大魏国的仁德,正和周朝、汉朝一样方兴未艾,只是因为江南尚未平定,所以对北方稍微有所宽容,和好的事情,是不会答应的。如果你们能对我们执藩国之礼,而且能明显地表示诚意,我们一定不会对不起你们的。"

31 北魏京兆王元愉、广平王元怀的藩国中臣子大多骄奢纵肆,公然地营私舞弊,宣武帝诏令中尉崔亮彻底整治他们,结果获罪而被处死的有三十多人,那些没有被处死的全部除名为民。只有广平王的右常侍杨昱、文学崔楷因忠谏而获免。杨昱是杨椿的儿子。

32 十一月乙丑(初四),梁朝大赦天下。武帝诏令右卫将军曹景宗督率各路军队二十万援救钟离。武帝命令曹景宗停在道人洲,等待各路军马汇集后一齐进发。曹景宗坚决启奏请求先据邵阳洲尾,但是武帝不准许。曹景宗想独得其功,就违反诏令而独进,恰遇暴风骤起,许多人被刮到水中淹死,就返回道人洲先驻扎下来。武帝知道这一情况之后,说:"曹景宗没有前进,这是天意呀。如果他孤军独往,城堡不能及时修筑起来,必定会一败涂地,现在击败寇贼是一定的了。"

33 起初,成汉归义侯李势的后期,獠人各部落才开始扩展,北自汉中,南至邛、筰,布满山谷。李势死后,蜀地之民大多东迁,山谷空地全被獠人所占据。那些靠近郡县与汉族民众杂居的獠人,还交纳赋税,至于那些远住在深山之中的,郡县根本管不着他们。梁、益两州每年都讨伐獠人,无论公私都从中得到了好处。邢峦做梁州刺史时,住在近处的獠人都安居乐业,住得远的也不敢出来抢掠。邢峦被调走之后,北魏任命羊祉为梁州刺史,傅竖眼为益州刺史。羊祉这个人性格残暴,不得人心。獠王赵清荆带梁朝兵进入州境侵掠,羊祉派

兵击破之。竖眼施恩布信,大得獠和。

34　十二月癸卯,都亭靖侯谢朏卒。
35　魏人议乐,久不决。

## 六年(丁亥,507)

1　春,正月,公孙崇请委卫军将军、尚书右仆射高肇监其事;魏主知肇不学,诏太常卿刘芳佐之。

2　魏中山王英与平东将军杨大眼等众数十万攻钟离。钟离城北阻淮水,魏人于邵阳洲两岸为桥,树栅数百步,跨淮通道。英据南岸攻城,大眼据北岸立城,以通粮运。城中众才三千人,昌义之督帅将士,随方抗御。魏人以车载土填堑,使其众负土随之,严骑蹙其后,人有未及回者,因以土迮之,俄而堑满。冲车所撞,城土辄颓,义之用泥补之,冲车虽入而不能坏。魏人昼夜苦攻,分番相代,坠而复升,莫有退者。一日战数十合,前后杀伤万计,魏人死者与城平。

二月,魏主召英使还,英表称:“臣志殄逋寇,而月初已来,霖雨不止,若三月晴霁,城必可克,愿少赐宽假!”魏主复诏曰:“彼土蒸湿,无宜久淹。势虽必取,乃将军之深计,兵久力殆,亦朝廷之所忧也。”英犹表称必克,魏主遣步兵校尉范绍诣英议攻取形势。绍见钟离城坚,劝英引还,英不从。

上命豫州刺史韦叡将兵救钟离,受曹景宗节度。叡自合肥取直道,由阴陵大泽行,值涧谷,辄飞桥以济师。人畏魏兵盛。多劝叡缓行,叡曰:“钟离今凿穴而处,负户而汲,车驰卒奔,

兵击败了他们。傅竖眼广施恩惠，立信于众，结果与獠人之间取得了和解。

34  十二月癸卯(十二日)，都亭侯谢朏去世。

35  北魏人议定乐律，久而不决。


## 梁武帝天监六年(丁亥,公元507年)

1  春季，正月，北魏公孙崇奏请委任卫军将军、尚书右仆射高肇监督制定乐律之事，宣武帝知道高肇不学无术，诏令太常卿刘芳辅佐他。

2  北魏中山王元英与平东将军杨大眼等数十万人马攻打钟离。钟离城北边有淮水为阻，北魏人在邵阳洲两岸架桥，树立栅栏数百步长，跨过淮水连通了南北道路。元英占据南岸攻城，杨大眼占据北岸修筑城堡，以便粮运畅通。钟离城中才有三千人，昌义之督率将士，随机应变地守卫。北魏人用车载土填入城壕之中，让大伙背着土跟随车后，又派骑兵紧跟在后面，那些来不及返回来的人，就被土埋进去了，不一会儿城壕就被填满了。北魏人用冲车撞城墙，所撞之处城墙上的土就掉下来一大片，昌义之用泥巴涂补，因此冲车虽然能撞入但不能撞毁城墙。北魏军队昼夜苦攻，轮班相替，从云梯上掉下来再上去，没有人后退。每天交战数十次，前后杀伤的人以万计数，北魏死去的人的尸体堆得与城墙一般高。

二月，宣武帝诏令元英返回，元英上表说："我矢志歼灭寇敌，然而月初以来，天气淫雨不止，如果三月里天气放晴的话，钟离城就一定可以攻克，希望圣上恩赐，再稍微宽限些时日。"宣武帝又诏令元英："那里的地气蒸湿，不宜于久住长留。钟离城虽然势在必取，但这只是将军的深入考虑，而用兵时间久长力量耗尽，这也是朝廷所担忧的。"元英再上表言称钟离城必定能攻克，宣武帝就派遣步兵校尉范绍到达元英那里商议攻取的形势。范绍见钟离城非常坚固，就劝说元英撤兵返回，但是元英不听从。

梁武帝命令豫州刺史韦叡率兵去援救钟离，接受曹景宗的指挥。韦叡从合肥取直道，经阴陵大泽前行，遇上涧谷，就架起飞桥让部伍过去。人们害怕北魏兵势强盛，很多人都劝说韦叡缓行，韦叡却说："钟离城眼下正挖洞居住，背着门板汲水，情况异常危急，就是车驰卒奔，

犹恐其后,而况缓乎!魏人已堕吾腹中,卿曹勿忧也。"旬日至邵阳,上豫敕曹景宗曰:"韦叡,卿之乡望,宜善敬之!"景宗见叡,礼甚谨,上闻之曰:"二将和,师必济矣。"

景宗与叡进顿邵阳洲,叡于景宗营前二十里夜掘长堑,树鹿角,截洲为城,去魏城白馀步。南梁太守冯道根,能走马步地,计马足以赋功,比晓而营立。魏中山王英大惊,以杖击地曰:"是何神也!"景宗等器甲精新,军容甚盛,魏人望之夺气。景宗虑城中危惧,募军士言文达等潜行水底,赍敕入城,城中始知有外援,勇气百倍。

杨大眼勇冠军中,将万馀骑来战,所向皆靡。叡结车为陈,大眼聚骑围之,叡以强弩二千一时俱发,洞甲穿中,杀伤甚众。矢贯大眼右臂,大眼退走。明旦,英自帅众来战,叡乘素木舆,执白角如意以麾军,一日数合,英乃退。魏师复夜来攻城,飞矢雨集,叡子黯请下城以避箭,叡不许。军中惊,叡于城上厉击呵之,乃定。牧人过淮北伐刍藁者,皆为杨大眼所略。曹景宗募勇敢士千馀人,于大眼城南数里筑垒,大眼来攻,景宗击却之。垒成,使别将赵草守之,有抄掠者,皆为草所获,是后始得纵刍牧。

上命景宗等豫装高舰,使与魏桥等,为火攻之计,令景宗与叡各攻一桥,叡攻其南,景宗攻其北。三月,淮水暴涨六七尺,叡使冯道根与庐江太守裴邃、秦郡太守李文钊等乘斗舰竞发,击魏洲上军尽殪。别以小船载草,灌之以膏,从而焚其桥,风怒火盛,烟尘晦冥,敢死之士,拔栅斫桥,水又

还恐怕来不及,何况缓慢而行呢!北魏人已经落入我的腹中了,各位不必担忧。"十日之间到达邵阳,武帝预先告诫曹景宗说:"韦叡是你们州里的望族出身,应该好好地敬重他。"曹景宗见了韦叡,礼节甚为恭谨,武帝得知其情后说:"两个将领和好,军队一定能取胜。"

曹景宗与韦叡进驻邵阳洲,韦叡连夜在曹景宗营地前二十里之处挖掘长沟,把带枝杈的树木,竖立其中,截邵阳洲筑城,离北魏军队的城堡仅百馀步远近。南梁太守冯道根,能走马量地,计算马的步数而分配每人的工作量,天亮城垒就建成了。北魏中山王元英大吃一惊,用杖击打着地面说道:"这是哪位神灵的保佑啊!"曹景宗等人的武器甲盔精新,军容特别强盛,北魏军队看见就气馁了。曹景宗忧虑城中危惧,招募军士言文达等人潜水而行,把圣旨送入城中,城中方才知道外面援军到了,因此勇气百倍。

杨大眼勇冠军中,率领一万多骑兵来交战,所向披靡,不可抵挡。韦叡把战车连接起来组成阵势,杨大眼聚集骑兵围攻,韦叡用强弩两千一起发射,穿透铠甲射中人,杀伤了大批北魏人马。箭射穿了杨大眼的右臂,杨大眼退走了。第二天早晨,元英亲自率部来交战,韦叡乘坐没有加漆的木车,手执白角如意来指挥军队,一日之内交战了数次,元英才被迫撤退。北魏军队在夜里又来攻城,箭雨密集而至,韦叡的儿子韦黯请求下城墙去避箭,韦叡不准许。军中惊惧扰乱,韦叡站在城墙上厉声呵斥,人心才安定下来。放牧人到淮水北岸去割蒿草,全被杨大眼掠抢走了。曹景宗招募勇敢之士一千馀人,在杨大眼的城堡之南数里之处筑建堡垒,杨大眼来攻打,曹景宗打退了他。堡垒修成了,曹景宗派别将赵草守着,北魏人再有抄掠者,全都被赵草抓获,从此之后方才可以放牧打草了。

武帝命令曹景宗等人事先装修高大的船舰,使其与北魏的桥一样高,实行火攻之计,命令曹景宗和韦叡各攻一座桥,韦叡攻南桥,曹景宗攻北桥。三月,淮水暴涨六七尺,韦叡指派冯道根与庐江太守裴邃、秦郡太守李文钊等人乘战舰一时竞发,差不多把北魏在邵阳洲上的军队全歼灭光。又用小船载草,草上灌上膏油,纵船放火烧桥,风劲火盛,烟尘遮天蔽日,敢死之士奋勇出击,拔栅砍桥,水流又

漂疾,倏忽之间,桥栅俱尽。道根等皆身自搏战,军人奋勇,呼声动天地,无不一当百,魏军大溃。英见桥绝,脱身弃城走,大眼亦烧营去。诸垒相次土崩,悉弃其器甲争投水,死者十馀万,斩首亦如之。叡遣报昌义之,义之悲喜,不暇答语,但叫曰:"更生,更生!"诸军逐北至淮水上,英单骑入梁城,缘淮百馀里,尸相枕藉,生擒五万人,收其资粮、器械山积,牛马驴骡不可胜计。

义之德景宗及叡,请二人共会,设钱二十万,官赌之。景宗掷得雉。叡徐掷得卢,遽取一子反之,曰:"异事!"遂作塞。景宗与群帅争先告捷,叡独居后,世尤以此贤之。诏增景宗、叡爵邑,义之等受赏各有差。

3　夏,四月己酉,以江州刺史王茂为尚书右仆射,安成王秀为江州刺史。秀将发,主者求坚船以为斋舫,秀曰:"吾岂爱财而不爱士乎!"乃以坚者给参佐,下者载斋物,既而遭风,斋舫遂破。

4　丁巳,以临川王宏为骠骑将军、开府仪同三司,建安王伟为扬州刺史,右光禄大夫沈约为尚书左仆射,左仆射王莹为中军将军。

5　六月丙午,冯翊等七郡叛降魏。

6　秋,七月丁亥,以尚书右仆射王茂为中军将军。

7　八月戊子,大赦。

8　魏有司奏:"中山王英经算失图,齐王萧宝寅等守桥不固,皆处以极法。"己亥,诏英、宝寅免死,除名为民,杨大眼徙

特别湍急,倏忽之间,桥和栅栏就全不见了。冯道根等人都亲自搏战,战士们人人奋勇争先,呼喊声震天动地,个个一以当百,锐不可当,北魏军队大崩溃。元英见桥断了,就脱身弃城而逃跑,杨大眼也放火烧了营盘而去。北魏军队的营垒相次而土崩瓦解,兵士们都扔下器甲争相投水而逃,结果死去的有十多万,被斩首的也有这么多。韦叡派人报告昌义之,昌义之悲喜交加,激动地连话都说不上来,只是叫道:"得以再生,得以再生!"各路军队追击魏军到洨水边上,元英单骑进入梁城,沿着淮水一百多里范围内,尸体相互枕藉,梁朝军队生擒北魏军队五万人,收缴其物资粮食以及各种器械堆得像山一样,牛马驴骡则不可胜计。

昌义之非常感激曹景宗和韦叡,请他们二人聚会,设下二十万钱,在徐州官厅上掷樗蒲赌博。曹景宗掷得"雉"。韦叡慢慢地掷得"卢",立即取一子翻过来,说道:"怪事!"于是变成了"塞"。曹景宗同其他将帅争先告捷,只有韦叡独居其后,世人尤其因这一点而赞扬他。武帝诏令增加曹景宗和韦叡的爵邑,昌义之等人所受赏赐多少不等。

3  夏季,四月己酉(二十日),梁朝任命江州刺史王茂为尚书右仆射,安成王萧秀为江州刺史。萧秀将要出发赴任,管事的人要求用坚固船只装载库中财物,萧秀说:"我怎么能爱财物而不爱士呢?"于是把坚固船只让给参佐人士们乘坐,用差的船载运物资,途中遇上大风,装运物资的船只破而沉没了。

4  丁巳(二十八日),梁朝任命临川王萧宏为骠骑将军、开府仪同三司,建安王萧伟为扬州刺史,右光禄大夫沈约为尚书左仆射,左仆射王莹为中军将军。

5  六月丙午(十八日),冯翊等七个郡反叛投降了北魏。

6  秋季,七月丁亥(三十日),梁朝任命尚书右仆射王茂为中军将军。

7  八月戊子(初一),梁朝大赦天下。

8  北魏主管官员因围攻钟离的战役失败上奏说:"中山王元英谋算失策,齐王萧宝寅等人守桥不固,都应处以极刑。"己亥(十二日),宣武帝诏令免元英、萧宝寅死,从朝廷中除名而为民,杨大眼流放到

营州为兵。以中护军李崇为征南将军、扬州刺史。崇多事产业，征南长史狄道辛琛屡谏不从，遂相纠举。诏并不问。崇因置酒谓琛曰："长史后必为刺史，但不知得上佐何如人耳。"琛曰："若万一叨忝，得一方正长史，朝夕闻过，是所愿也。"崇有惭色。

9　九月己亥，魏以司空高阳王雍为太尉，尚书令广阳王嘉为司空。

10　甲子，魏开斜谷旧道。

11　冬，十月壬寅，以五兵尚书徐勉为吏部尚书。勉精力过人，虽文案填积，坐客充满，应对如流，手不停笔。又该综百氏，皆为避讳。尝与门人夜集，客虞暠求詹事五官，勉正色曰："今夕止可谈风月，不可及公事。"时人咸服其无私。

12　闰月乙丑，以临川王宏为司徒、行太子太傅，尚书左仆射沈约为尚书令、行太子少傅，吏部尚书袁昂为右仆射。

13　丁卯，魏皇后于氏殂。是时高贵嫔有宠而妒，高肇势倾中外，后暴疾而殂，人皆归咎高氏，宫禁事秘，莫能详也。

14　甲申，以光禄大夫夏侯详为尚书左仆射。

15　乙酉，魏葬顺皇后于永泰陵。

16　十二月丙辰，丰城景公夏侯详卒。

17　乙丑，魏淮阳镇都军主常邕和以城来降。

营州充军。朝廷任命中护军李崇为征南将军、扬州刺史。李崇购置的产业很多,征南长史狄道人辛琛屡次劝谏他而不听,于是便产生了纠纷,闹到了皇帝那里。宣武帝诏令对他们二人都不予追究。李崇因此而置办酒席,对辛琛说:"长史你今后必定能升为刺史,但是不知道你选用什么样的人做上佐。"辛琛回答说:"如果有幸能承担此任,将选用一个刚直方正的长史,以便一早一晚能经常闻悉自己的过错,这就是我所盼望的。"李崇听了,满面愧色。

9 九月己亥,北魏任命司空高阳王元雍为太尉,尚书令广阳王元嘉为司空。

10 甲子(初八),北魏开通了斜谷旧道。

11 冬季,十月壬寅(十六日),梁朝任命五兵尚书徐勉为吏部尚书。徐勉这个人精力过人,虽然文案上堆满要处理的公文,宾客满座,他却可以应对如流,而手中的笔还不停止批阅公文。他还熟悉各个家族的情况,在和他们应对交往时避免触犯他们的家讳。有一天夜里,徐勉与门人们会集在一起,有个客人虞暠向他请求詹事五官的职位,徐勉严肃地说道:"今晚只可以谈论风月,不可以涉及公事。"当时的人都佩服他无私心。

12 闰十月乙丑(初十),梁朝任命临川王萧宏为司徒、行太子太傅,尚书左仆射沈约为尚书令、行太子少傅,吏部尚书袁昂为右仆射。

13 丁卯(十二日),北魏皇后于氏去世。这时,高贵嫔得宠而妒心十足,高肇权倾朝廷内外,于皇后暴疾而死,人们都归咎于高氏,宫闱中的事情隐秘,不能知道详情。

14 甲申(二十九日),梁朝任命光禄大夫夏侯详为尚书左仆射。

15 乙酉(三十日),北魏安葬顺皇后于永泰陵。

16 十二月丙辰(初二),梁朝丰城景公夏侯详去世。

17 乙丑(十一日),北魏淮阳镇都军主常邕和献城投降梁朝。

# 卷第一百四十七　梁纪三

起戊子(508)尽甲午(514)凡七年

## 高祖武皇帝三
### 天监七年(戊子,508)

1　春,正月,魏颍川太守王神念来奔。

2　壬子,以卫尉吴平侯昞兼领军将军。

3　诏吏部尚书徐勉定百官九品为十八班,以班多者为贵。二月乙丑,增置镇、卫将军以下为十品,凡二十四班;不登十品,别有八班。又置施外国将军二十四班,凡一百九号。

4　庚午,诏置州望、郡宗、乡豪各一人,专掌搜荐。

5　乙亥,以南兖州刺史吕僧珍为领军将军。领军掌内外兵要,宋孝建以来,制局用事,与领军分兵权,典事以上皆得呈奏,领军拱手而已。及吴平侯昞在职峻切,官曹肃然。制局监皆近幸,颇不堪命,以是不得久留中,丙子,出为雍州刺史。

6　三月戊子,魏皇子昌卒,侍御师王显失于疗治,时人皆以为承高肇之意也。

7　夏,四月乙卯,皇太子纳妃,大赦。

8　五月己亥,诏复置宗正、太仆、大匠、鸿胪,又增太府、太舟,仍先为十二卿。

9　癸卯,以安成王秀为荆州刺史。先是,巴陵马营蛮缘江为寇,州郡不能讨,秀遣防阁文炽帅众燔其林木,蛮失其险,

## 高祖武皇帝三
## 梁武帝天监七年(戊子,公元508年)

1　春季,正月,北魏颍川太守王神念来投奔梁朝。

2　壬子(二十八日),梁朝任命卫尉吴平侯萧昞兼领军将军。

3　武帝诏令吏部尚书徐勉定百官九品为十八班,以班多者为贵。二月乙丑(十一日),增置镇、卫将军以下为十品,一共二十四班;不入十品之内的,另有八班。又设置用于外国的将军二十四班,一共一百零九号。

4　庚午(十六日),武帝诏令设置州望、郡宗、乡豪各一人,专门掌管搜求人才向上举荐。

5　乙亥(二十一日),梁朝任命南兖州刺史吕僧珍为领军将军。领军掌握内外兵权,但自从宋孝建年间以来,制局专权,与领军分享兵权,典事以上皆得呈奏,而领军则大权旁落,无所事事。到了吴平侯萧昞担任领军一职时,由于他认真负责,执法严厉,所以官曹肃然听命。制局监们都是皇帝的宠幸之人,很受不了萧昞的那一套,因此萧昞不能久留于朝廷之中,丙子(二十二日),出任雍州刺史。

6　三月戊子(初五),北魏皇子元昌去世,侍御师王显疗治有失,当时的人们都认为他是秉承了高肇的旨意而行事的。

7　夏季,四月乙卯(初二),梁朝皇太子纳妃子,大赦天下。

8　五月己亥(十七日),武帝又设置宗正、太仆、大匠、鸿胪,并增设太府、太舟,加上原先的共为十二卿。

9　癸卯(二十一日),梁朝任命安成王萧秀为荆州刺史。原先,巴陵的马营蛮沿长江为寇,州郡无法讨平,萧秀派遣防阁文炽率领一帮人马烧掉了江边的林木,蛮人失去了天险,不敢再出来抢掠,

州境无寇。

10 秋,七月甲午,魏立高贵嫔为皇后。尚书令高肇益
贵重用事。肇多变更先朝旧制,减削封秩,抑黜勋人,由是怨
声盈路。群臣宗室皆卑下之,唯度支尚书元匡与肇抗衡,先
自造棺置听事,欲舆棺诣阙论肇罪恶,自杀以切谏。肇闻而
恶之。会匡与太常刘芳议权量事,肇主芳议,匡遂与肇喧竞,
表肇指鹿为马。御史中尉王显奏弹匡诬毁宰相,有司处匡死
刑。诏恕死,降为光禄大夫。

11 八月癸丑,竟陵壮公曹景宗卒。

12 初,魏主为京兆王愉纳于后之妹为妃,愉不爱,爱姜
李氏,生子宝月。于后召李氏入宫,棰之。愉骄奢贪纵,所为
多不法。帝召愉入禁中推按,杖愉五十,出为冀州刺史。愉
自以年长,而势位不及二弟,潜怀愧恨。又,身与姜屡被顿
辱,高肇数谮愉兄弟,愉不胜忿。癸亥,杀长史羊灵引、司马
李遵,诈称得清河王怿密疏,云"高肇弑逆"。遂为坛于信都
之南,即皇帝位,大赦,改元建平,立李氏为皇后。法曹参军
崔伯骥不从,愉杀之。在北州镇皆疑魏朝有变,定州刺史安
乐王诠具以状告之,州镇乃安。乙丑,魏以尚书李平为都督
北讨诸军、行冀州事以讨愉。平,崇之从父弟也。

13 丁卯,魏大赦,改元永平。

14 魏京兆王愉遣使说平原太守清河房亮,亮斩其使。
愉遣其将张灵和击之,为亮所败。李平军至经县,诸军大集,夜,

从此州境内没有寇患。

10　秋季,七月甲午(十三日),北魏立高贵嫔为皇后。尚书令高肇因此越发贵重而专权了。高肇变更了许多先朝的旧制度,减削封秩,抑黜功勋之臣,因此而怨声载道。群臣宗室都俯首听命于高肇,唯有度支尚书元匡同高肇抗衡,他先自己做了一副棺材置于听事之处,准备用车把棺材装上运到殿上去讲论高肇的罪恶,然后自杀以对皇上进行死谏。高肇知道之后非常憎恨元匡。恰遇元匡与太常刘芳议定度量衡之事,高肇同意刘芳的意见,元匡便同高肇争执吵闹,把高肇比作是指鹿为马的赵高。御史中尉王显在奏章中弹劾元匡诋毁宰相高肇,有关部门判处元匡死刑。皇上诏令恕免元匡不死,降为光禄大夫。

11　八月癸丑(初二),梁朝竟陵壮公曹景宗去世。

12　起初,北魏宣武帝为京兆王元愉纳于皇后的妹妹为妃子,元愉不喜爱她,而喜爱妾李氏,生下儿子宝月。于皇后把李氏召入宫中,用棒打她。元愉骄奢贪纵,所做的大多是不法之事。宣武帝把元愉召入宫中询问调查,打了他五十大棍,让他出任冀州刺史。元愉自以为年长,但权势位置都比不上两个弟弟,因此心中暗怀愧恨。同时,由于自己和妾屡次被侮辱,高肇又数次谗言陷害自己兄弟三人,所以元愉内心不胜忿恨。癸亥(十二日),元愉杀了长史羊灵引、司马李遵,假称获得清河王元怿的秘密报告,报告中有"高肇弑君叛逆"之言。于是,元愉就在信都的南郊筑坛祭天,登上了皇帝位,发出大赦令,改年号为建平,并且立李氏为皇后。法曹参军崔伯骥不顺从,元愉就杀了他。冀州之北的州镇都怀疑北魏朝廷有变故,定州刺史安乐王元诠把真实情况一一告诉他们,各州镇才安心了。乙丑(十四日),北魏任命尚书李平为都督北讨诸军、行冀州事,让他去讨伐元愉。李平是李崇叔父的弟弟。

13　丁卯(十六日),北魏大赦天下,改年号为永平。

14　北魏京兆王元愉派遣使者去游说平原太守清河人房亮,房亮斩了来使。元愉派遣他的将领张灵和去攻打房亮,被房亮打败。李平的军队到了经县,各路军队汇集一起,夜间,

有蛮兵数千斫平营,矢及平帐,平坚卧不动,俄而自定。九月辛巳朔,愉逆战于城南草桥,平奋击,大破之,愉脱身走入城,平进围之。壬辰,安乐王诠破愉兵于城北。

15 癸巳,立皇子绩为南康王。

16 魏高后之立也,彭城武宣王勰固谏,魏主不听。高肇由是怨之,数谮勰于魏主,魏主不之信。勰荐其舅潘僧固为长乐太守,京兆王愉之反,胁僧固与之同,肇因诬勰北与愉通,南招蛮贼。彭城郎中令魏偃、前防阁高祖珍希肇提擢,构成其事。肇令侍中元晖以闻,晖不从,又令左卫元珍言之。帝以问晖,晖明勰不然;又以问肇,肇引魏偃、高祖珍为证,帝乃信之。戊戌,召勰及高阳王雍、广阳王嘉、清河王怿、广平王怀、高肇俱入宴。勰妃李氏方产,固辞不赴。中使相继召之,不得已,与妃决而登车。入东掖门,度小桥,牛不肯进,击之良久,更有使者责勰来迟,乃去牛,人挽而进。宴于禁中,至夜,皆醉,各就别所消息。俄而元珍引武士赍毒酒而至,勰曰:“吾无罪,愿一见至尊,死无恨!”元珍曰:“至尊何可复见!”勰曰:“至尊圣明,不应无事杀我,乞与告者一对曲直!”武士以刀镮筑之,勰大言曰:“冤哉,皇天! 忠而见杀。”武士又筑之,勰乃饮毒酒,武士就杀之,向晨,以褥裹尸载归其第,云王因醉而薨。李妃号哭大言曰:“高肇枉理杀人,天道有灵,汝安得良死!”魏主举哀于东堂,赠官、葬礼皆优厚加等。

有数千名蛮兵来冲击李平的营地，飞箭射到了李平的帐内，但是李平坚卧不动，不一会儿就自行平定下来了。九月辛巳朔(初一)，元愉在城南草桥迎战李平，李平奋力攻击，大败敌军，元愉脱身逃入城中，李平进军围城。壬辰(十二日)，安乐王元诠在城北打败了元愉的军队。

15　癸巳(十三日)，梁朝立皇子萧绩为南康王。

16　北魏立高皇后之时，彭城武宣王元勰再三劝谏不可，宣武帝不听。高肇由此怨恨元勰，数次在宣武帝面前进谗言诋毁元勰，宣武帝不听信。元勰推荐自己的舅舅潘僧固为长乐太守，京兆王元愉反叛，胁迫潘僧固与他同伙，高肇因此诬告元勰北与元愉勾结，南招蛮贼。彭城郎中令魏偃、原先的防阁高祖珍希望高肇提拔他们，就与高肇勾结一起陷害元勰。高肇命令侍中元晖上报宣武帝，元晖不从，又命令左卫元珍去报告了。宣武帝就此事询问元晖，元晖说明元勰不会做这种事；宣武帝又以此事问高肇，高肇叫来魏偃和高祖珍做证，宣武帝就相信了高肇的诬陷。戊戌(十八日)，宣武帝召元勰以及高阳王元雍、广阳王元嘉、清河王元怿、广平王元怀、高肇一起入宴。元勰的妃子李氏正在生产，因此他再三推辞不去赴宴。中使相继宣召，元勰万不得已，只好与李氏诀别，然后登车而去。进入东掖门，过小桥，拉车的牛不肯向前，打了它很久还是不向前迈进，又有使者责备元勰来得迟了，于是只好去掉牛，由人把车拉进去。宴会在宫中举行，到了夜间，全都喝醉了，宣武帝令他们各就方便之处休息。不一会儿，元珍带着武士送毒酒来了，元勰说："我没有罪，希望能一见圣上，死而无恨！"元珍说："圣上怎么可以复见呢？"元勰说："皇上圣明，不应该没有事就把我杀掉，乞求与诬告我的人当面对质！"武士用刀环向元勰打去，元勰大声呼喊道："冤枉啊！老天爷！我如此忠心耿耿反而被杀！"武士又打，元勰只好喝下毒酒，武士上前杀了元勰，天亮之后，用褥子裹了尸体装在车上送回他的府第，声称大王因酒醉而死去。李妃放声大哭，高声喊道："高肇冤枉杀人，伤天害理，老天爷有灵，你怎么能得到好死呢？"宣武帝在东堂为元勰举哀，赠官和葬礼莫不优厚加倍。

在朝贵贱,莫不丧气,行路士女皆流涕曰:"高令公枉杀贤王。"由是中外恶之益甚。

京兆王愉不能守信都,癸卯,烧门,携李氏及其四子从百馀骑突走。李平入信都,斩愉所置冀州牧韦超等,遣统军叔孙头追执愉,置信都,以闻。群臣请诛愉,魏主不许,命锁送洛阳,申以家人之训。行至野王,高肇密使人杀之。诸子至洛,魏主皆赦之。

魏主将屠李氏,中书令崔光谏曰:"李氏方妊,刑至刳胎,乃桀、纣所为,酷而非法。请俟产毕,然后行刑。"从之。

李平捕愉馀党千馀人,将尽杀之,录事参军高颢曰:"此皆胁从,前既许之原免矣,宜为表陈。"平从之,皆得免死。颢,祐之孙也。

济州刺史高植帅州军击愉,有功当封,植不受,曰:"家荷重恩,为国致效,乃其常节,何敢求赏!"植,肇之子也。

加李平散骑常侍。高肇及中尉王显素恶平,显弹平在冀州隐截官口,肇奏除平名。

初,显祖之世,柔然万馀口降魏,置之高平、薄骨律二镇,及太和之末,叛走略尽,唯千馀户在。太中大夫王通请徙置淮北以绝其叛,诏太仆卿杨椿持节往徙之,椿上言:"先朝处之边徼,所以招附殊俗,且别异华、戎也。今新附之户甚众,若

朝廷之内的大小官员，无不丧气叹息，行路男女都流着眼泪说："高令公冤枉地杀害了贤德的彭城王。"从此朝廷内外对高肇更加憎恨得厉害了。

京兆王元愉不能守住信都，于癸卯（二十三日）之日，烧掉城门，携带着李氏以及四个儿子，在一百多名骑兵的护送下突围而逃。李平进入信都，斩了元愉所设置的冀州牧韦超等人，派遣统军叔孙头去追捕元愉，抓住了他，押在信都，并报告朝廷。群臣们请求诛杀元愉，宣武帝不同意，命令把他锁住送来洛阳，要以家法来训责他。当元愉走到野王之时，高肇秘密派人杀掉了他。元愉的几个儿子到了洛阳，宣武帝全赦免了他们。

北魏宣武帝要杀李氏，中书令崔光劝谏说："李氏正在怀孕，剖胎之刑，乃是桀、纣所为，太残酷而不合法。请等她产毕，然后再行刑。"宣武帝听从了崔光的意见。

李平拘捕了元愉的馀党一千多人，将要全部杀掉，录事参军高颢说："这些人都是胁从，前头既然已经许诺免他们不死，就应该上表说明情况。"李平听从了高颢的意见，因此这些人都得以免死。高颢是高祐的孙子。

济洲刺史高植率领州军攻打元愉，有功劳，应当加封，但是高植不接受，说："我家承受朝廷重恩，为国家致身而效死，乃是应尽的大节，哪里还敢求赏呢！"高植是高肇的儿子。

李平被提升为散骑常侍。高肇以及中尉王显向来忌恨李平，王显就弹劾李平在冀州偷偷地截留叛党男女而不输入官府为奴，高肇上奏把李平从朝廷中除名。

当初，在献文帝之世，柔然国有一万多户投降北魏，被安置在高平、薄骨律二镇，到了太和末期，差不多叛逃殆尽，仅剩下了一千多户。太中大夫王通请示要把这些柔然人迁置到淮北去以便使他们再也无法叛逃，朝廷诏令太仆卿杨椿持节去那里负责迁移他们，杨椿上表说："先朝之所以把这些柔然人安置在边境之地，是为了招附异族，并且区别汉、戎。现在，新归附的人口特别多，如果

旧者见徙,新者必不自安,是驱之使叛也。且此属衣毛食肉,乐冬便寒,南土湿热,往必歼尽。进失归附之心,退无藩卫之益,置之中夏,或生后患,非良策也。"不从,遂徙于济州,缘河处之。及京兆王愉之乱,皆浮河赴愉,所在抄掠,如椿之言。

17　庚子,魏郢州司马彭珍等叛魏,潜引梁兵趋义阳,三关戌主侯登等以城来降。郢州刺史娄悦婴城自守,魏以中山王英都督南征诸军事,将步骑三万出汝南以救之。

18　冬,十月,魏悬瓠军主白早生杀豫州刺史司马悦,自号平北将军,求救于司州马仙琕。时荆州刺史安成王秀为都督,仙琕签求应赴。参佐咸谓宜待台报,秀曰:"彼待我以自存,援之宜速,待敕虽旧,非应急也。"即遣兵赴之。上亦诏仙琕救早生。仙琕进顿楚王城,遣副将齐苟兒,以兵二千助守悬瓠。诏以早生为司州刺史。

19　丙寅,以吴兴太守张稷为尚书左仆射。
20　魏以尚书邢峦行豫州事,将兵击白早生。魏主问之曰:"卿言,早生走也,守也?何时可平?"对曰:"早生非有深谋大智,正以司马悦暴虐,乘众怒而作乱,民迫于凶威,不得已而从之。纵使梁兵入城,水路不通,粮运不继,亦成禽耳。早生得梁之援,溺于利欲,必守而不走。若临以王师,士民必翻然归顺,不出今年,当传首京师。"魏主悦,命峦先发,使中山王英继之。

他们见过去归附的人被迁移,必定不能自安,这是驱赶着让他们叛逃。而且,这些人衣毛食肉,喜欢冬天不怕寒冷,南方气候潮湿闷热,把他们迁到那里去,一定会使他们全部病死。这事如果实行的话,不但会失去境外的归附之心,而且也失去让他们在边地卫护的益处,再说把他们安置在中夏,或许会生后患,所以并非良策。"建议不被采纳,于是这些柔然人就被迁移到济州,让他们沿黄河边居住。京兆王元愉叛乱之时,这些人都渡过黄河投奔元愉,一路抢劫掠夺,正如杨椿所预料的那样。

17 庚子(二十日),北魏郢州司马彭珍等人叛国,偷偷地带领梁朝兵赶往义阳,三关戍主侯登等人献城投降了梁朝。郢州刺史娄悦环城自守,北魏任命中山王元英为都督南征诸军事,统率步、骑兵三万出汝南前去援救。

18 冬季,十月,北魏悬瓠军主白早生杀了豫州刺史司马悦,自称为平北将军,向梁朝司州的马仙琕求救。当时,荆州刺史安成王萧秀为都督,马仙琕把情况写在简上送给萧秀请求前去帮忙。萧秀手下的参佐们都认为这事要上报朝廷批准后方可行事,萧秀说:"白早生等待着我们去援救,方可自存,所以应该火速去援救,等待朝廷批准虽是旧制,但并非是应急之策。"因此便派兵前去救援白早生。梁武帝也诏令马仙琕去援救白早生。马仙琕进驻楚王城,派遣副将齐苟兒带兵两千帮助守悬瓠。梁武帝任命白早生为司州刺史。

19 丙寅(十六),梁朝任命吴兴太守张稷为尚书左仆射。

20 北魏委任尚书邢峦兼管豫州事务,率兵攻打白早生。宣武帝问邢峦:"你说,白早生是逃跑呢,还是顽守呢?何时可以讨平他?"邢峦回答:"白早生没有远谋大智,只因司马悦暴虐残忍,因此利用众人之愤怒而反叛作乱,百姓迫于他的凶威,不得已而顺从了他。即使梁朝军队入城了,但是水路不通,粮运跟不上,也会被我们抓住的。白早生得到梁朝的援助,被利欲冲昏头脑,必定死守而不跑。如果派朝廷军队前去讨伐,士民大众们必定幡然归顺,不出今年,一定能把白早生的首级送到京师来。"宣武帝听得十分高兴,命令邢峦先出发,使中山王元英随后出发。

峦帅骑八百,倍道兼行,五日至鲍口。丙子,早生遣其大将胡孝智将兵七千,离城二百里逆战,峦奋击,大破之,乘胜长驱至悬瓠。早生出城逆战,又破之,因渡汝水,围其城。诏加峦都督南讨诸军事。

丁丑,魏镇东参军成景儁杀宿豫戍主严仲贤,以城来降。时魏郢、豫二州,自悬瓠以南至于安陆诸城皆没,唯义阳一城为魏坚守。蛮帅田益宗帅群蛮以附魏,魏以为东豫州刺史,上以车骑大将军、开府仪同三司、五千户郡公招之,益宗不从。

十一月庚寅,魏遣安东将军杨椿将兵四万攻宿豫。

魏主闻邢峦屡捷,命中山王英趣义阳,英以众少,累表请兵,弗许。英至悬瓠,辄与峦共攻之。十二月己未,齐苟兒等开门出降,斩白早生及其党数十人。英乃引兵前趋义阳。宁朔将军张道凝先屯楚王城,癸亥,弃城走,英追击,斩之。

魏义阳太守狄道辛祥与娄悦共守义阳,将军胡武城、陶平虏攻之,祥夜出袭其营,擒平虏,斩武城,由是州境获全。论功当赏,娄悦耻功出其下,间之于执政,赏遂不行。

21　壬申,魏东荆州表“桓晖之弟叔兴前后招抚太阳蛮,归附者万馀户,请置郡十六,县五十”。诏前镇东府长史郦道元案行置之。道元,范之子也。

22　是岁,柔然佗汗可汗复遣纥奚勿六跋献貂裘于魏,魏主弗受,报之如前。

邢峦率领八百骑兵,快速赶路,五天光景就到了鲍口。丙子(二十六日),白早生派遣他的大将胡孝智率领七千兵卒,在离城二百里的地方迎战邢峦,邢峦奋勇出击,大败敌军,乘胜长驱直入,直抵悬瓠。白早生出城迎战,邢峦又打败了他,因此渡过汝水,围住了悬瓠城。北魏宣武帝诏令邢峦为都督南讨诸军事。

丁丑(二十七日),北魏镇东参军成景隽杀了宿豫戍主严仲贤,献城投降梁朝。当时,北魏的郢、豫二州,从悬瓠以南直到安陆诸城全部丧失,只有义阳一城还坚守着。蛮族将帅田益宗率领群蛮投附北魏,北魏任命他为东豫州刺史,梁武帝以封为车骑大将军、开府仪同三司、五千户郡公的好处招还田益宗,但是田益宗不接受。

十一月庚寅(十一日),北魏派遣安东将军杨椿统兵四万攻打宿豫。

北魏宣武帝得知邢峦屡屡获捷,命令中山王元英前去义阳,元英因兵少,多次上表请求增兵,朝廷不同意。元英到了悬瓠,就与邢峦一起攻城。十二月己未(初十),齐苟兒等人打开城门出降,斩了白早生及其党羽几十人。元英带兵前去义阳。宁朔将军张道凝先驻扎在楚王城,癸亥(十四日),弃城逃跑,元英追击,斩了张道凝。

北魏义阳太守狄道人辛祥与娄悦共同防守义阳,将军胡武城、陶平虏攻打他们,辛祥夜间出来袭击胡、陶二人的营盘,擒获了陶平虏,斩了胡武城,从此州境获得完整。论功劳辛祥应当得赏,但是娄悦耻于自己的功劳在辛祥之下,便向执政的高肇陷害辛祥,于是便没有奖赏辛祥。

21 壬申(二十三日),北魏东荆州上表称"桓晖的弟弟桓叔兴前后招抚太阳蛮,前来归附的有一万多户,请求设置十六个郡,五十个县"。朝廷诏令前镇东府长史郦道元具体实施。郦道元是郦范的儿子。

22 这一年,柔然佗汗可汗又派遣纥奚勿六跋向北魏进献貂裘,宣武帝不受,仍如前次那样做了答复。

初,高车侯倍穷奇为厌哒所杀,执其子弥俄突而去,其众分散,或奔魏,或奔柔然。魏主遣羽林监河南孟威抚纳降户,置于高平镇。高车王阿伏至罗残暴,国人杀之,立其宗人跋利延。厌哒奉弥俄突以伐高车,国人杀跋利延,迎弥俄突而立之。弥俄突与佗汗可汗战于蒲类海,不胜,西走三百馀里。佗汗军于伊吾北山。会高昌王麴嘉求内徙于魏,时孟威为龙骧将军,魏主遣威发凉州兵三千人迎之,至伊吾,佗汗见威军,怖而遁去。弥俄突闻其离骇,追击,大破之,杀佗汗于蒲类海北,割其发送于威,且遣使入贡于魏。魏主使东城子于亮报之,赐遗甚厚。高昌王嘉失期不至,威引兵还。

佗汗可汗子丑奴立,号豆罗伏跋豆伐可汗,改元建昌。

23　宋、齐旧仪,祀天皆服衮冕,兼著作郎高阳许懋请造大裘,从之。

24　上将有事太庙,诏以"斋日不乐,自今舆驾始出,鼓吹从而不作,还宫,如常仪。"

### 八年(己丑,509)

1　春,正月辛巳,上祀南郊,大赦。时有请封会稽、禅国山者,上命诸儒草封禅仪,欲行之。许懋建议,以为"舜柴岱宗,是为巡狩。而郑引《孝经钩命决》云:'封于太山,考绩柴燎;禅乎梁甫,刻石纪号',此纬书之曲说,非正经之通义也。舜五载一巡狩,春夏秋冬周遍四岳,若为封禅,何其数也!又如管夷吾所说七十二君,燧人之前,世质民淳,安得泥金检玉!结绳而治,安得镂文告成!夷吾又云:'唯受命之君然后得封禅',周成王非受命之君,云何得封太山禅社首!神农即

起初，高车侯倍穷奇被嚈哒所杀，抓了他的儿子弥俄突而去，其众分散，有的投奔了北魏，有的投靠了柔然。宣武帝派遣羽林监河南人孟威安抚、接纳前来投降的人口，把他们安置在高平镇。高车王阿伏至罗十分残暴，高车国人杀了他，立他的同族之人跋利延为王。嚈哒带上弥俄突讨伐高车，高车国人杀了跋利延，迎接弥俄突回国并立为王。弥俄突与伦汗可汗在蒲类海交战，没有取胜，向西逃到三百多里远的地方去了。伦汗驻军于伊吾北山。正好高昌王麴嘉请求内迁到北魏去，当时孟威为龙骧将军，宣武帝派遣孟威带领三千凉州兵去迎接，到达伊吾之时，伦汗见到孟威的军队，就害怕得逃跑了。弥俄突知道伦汗吓跑了，立即追击，大败敌方，在蒲类海的北边杀了伦汗，割下他的头发送给孟威，并且派遣使者到北魏进贡。宣武帝指派东城子于亮接待使者，赐送特别丰厚。高昌王麴嘉没有在约定的时间到来，孟威带兵返回。

伦汗可汗的儿子丑奴继位而立，号为豆罗伏跋豆伐可汗，改年号为建昌。

23　刘宋、南齐时期的旧仪式，祀天时都穿戴衮冕，兼著作郎高阳人许懋奏请裁制大裘，得到采纳。

24　梁武帝将祭太庙，诏令："斋日禁止音乐，从现在开始舆驾出发，乐队跟从但不吹奏，还宫之时，仍按平常的仪式鼓吹奏乐。"

## 梁武帝天监八年（己丑，公元 509 年）

1　春季，正月辛巳（初三），梁武帝在南郊祭天，大赦天下。当时有人奏请在会稽和国山封禅，梁武帝命令诸儒生草拟封禅仪式，准备进行封禅。许懋提出建议，认为："舜帝在泰山烧柴祭天，是为了巡狩。而郑玄引《孝经钩命决》说：'在泰山大祭，烧柴祭天把政绩报告；在梁甫山祭地，刻石记载年号。'这是纬书的曲说，不是正式经书的本来意思。舜帝五年巡狩一次，春夏秋冬巡遍四岳，如果为了封禅，为何这么频繁！又如管夷吾所说的七十二君，燧人氏之前，世风质朴百姓淳厚，怎么能够把金粉书写在竹筒上呢？当时结绳而治，怎么能够镌刻文字报告成功呢？管夷吾又说：'只有受命之君，然后才能封禅。'周成王不是受命之君，从何谈起封太山禅社首呢？神农即是

炎帝也,而夷吾分为二人,妄亦甚矣。若圣主,不须封禅;若凡主,不应封禅。盖齐桓公欲行此事,夷吾知其不可,故举怪物以屈之。秦始皇尝封太山,孙皓尝遣兼司空董朝至阳羡封禅国山,皆非盛德之事,不足为法。然则封禅之礼,皆道听所说,失其本文,由主好名于上,而臣阿旨于下也。古者祀天祭地,礼有常数,诚敬之道,尽此而备,至于封禅,非所敢闻。"上嘉纳之,因推演懋议,称制旨以答请者,由是遂止。

2　魏中山王英至义阳,将取三关,先策之曰:"三关相须如左右手,若克一关,两关不待攻而破。攻难不如攻易,宜先攻东关。"又恐其并力于东,乃使长史李华帅五统向西关,以分其兵势,自督诸军向东关。

先是,马仙琕使云骑将军马广屯长薄,军主胡文超屯松岘。丙申,英至长薄,戊戌,长薄溃,马广遁入武阳,英进围之。上遣冠军将军彭瓮生、骠骑将军徐元季将兵援武阳,英故纵之使入城,曰:"吾观此城形势易取。"瓮生等既入,英促兵攻之,六日而拔,虏三将及士卒七千馀人。进攻广岘,太子左卫率李元履弃城走。又攻西关,马仙琕亦弃城走。

上使南郡太守韦叡将兵救仙琕,叡至安陆,增筑城二丈馀,更开大堑,起高楼。众颇讥其示怯,叡曰:"不然,为将当有怯时,不可专勇。"中山王英急追马仙琕,将复邵阳之耻,闻叡至,乃退。上亦有诏罢兵。

炎帝,然而管夷吾却说成是两个人,实在是荒唐。如果是圣主,无须封禅;如果是凡主,不应该封禅。大概齐桓公想进行封禅,管夷吾知道不可以进行,所以有意列举许多奇异物象出现时才可以封禅的事例,以便难住齐桓公,使他打消了念头。秦始皇曾经封禅太山,孙晧曾经派遣兼司空董朝到达阳美封禅国山,都不是盛德之事,不足以效法。那么封禅的礼仪,全都是道听途说的事,失去了其本来的意义,完全是因为君主在上喜好名声,而臣子们在下曲意逢迎。古代的祀祭天地,礼仪有常规,诚敬之道,至此而完备,至于封禅,实在是不敢妄说。"武帝表扬和采纳了许懋的意见,于是进一步扩充了许懋的建议,作为圣旨回答请求封禅的人,因此便中止了这一计划。

2 北魏中山王元英抵达义阳,将要攻取三关,先进行策划,他说:"三关相互依赖如左右手一般,如果攻克一关,其他两关便不攻而自破。攻难不如攻易,应该先攻打东关。"又担心对方合并力量于东关,就指派长史李华率领五统军的兵力去西关,以便分散对方的兵力,他自己则亲自督率各路军队去东关。

起初,马仙琕派云骑将军马广屯驻长薄,军主胡文超屯驻松岘。丙申(十八日),元英到了长薄,戊戌(二十日),长薄被攻破,马广逃到武阳,元英又进兵围住了该城。梁武帝派遣冠军将军彭甕生、骠骑将军徐元孝率兵援救武阳,元英故意让他们入城,说:"我察看这座城的形势,很容易攻取。"彭甕生等人入城之后,元英便催促兵士发起急攻,六天就攻打下来了,俘虏了三个将领以及士卒七千多人。元英又挥师进攻广岘,太子左卫率李元履弃城逃跑。元英又攻打西关,马仙琕也弃城逃跑了。

梁武帝指派南郡太守韦叡率兵援救马仙琕,韦叡到达安陆,把城墙加高到两丈多,又挖了大壕沟,起造高楼。众人颇为讥笑韦叡这是显示怯懦,韦叡说:"不对,做将领当有胆怯的时候,不可以一味地逞勇猛。"中山王元英急追马仙琕,要报复邵阳之耻,听说韦叡到了,就撤退了。武帝也下达诏令罢兵。

初,魏主遣中书舍人铜阳董绍慰劳叛城,白早生袭而囚之,送于建康。魏主既克悬瓠,命于齐苟兒等四将之中分遣二人,敕扬州为移,以易绍及司马悦首。移书未至,领军将军吕僧珍与绍言,爱其文义,言于上,上遣主书霍灵超谓绍曰:"今听卿还,令卿通两家之好,彼此息民,岂不善也!"因召见,赐衣物,令舍人周捨慰劳之,且曰:"战争多年,民物涂炭,吾是以不耻先言与魏朝通好,比亦有书全无报者,卿宜备申此意。今遣传诏霍灵秀送卿至国,迟有嘉问。"又谓绍曰:"卿知所以得不死不? 今者获卿,乃天意也。夫立君以为民也,凡在民上,岂可以不思此乎! 若欲通好,今以宿豫还彼,彼当以汉中见归。"绍还魏言之,魏主不从。

3  三月,魏荆州刺史元志将兵七万寇潺沟,驱迫群蛮,群蛮悉渡汉水来降,雍州刺史吴平侯昺纳之。纲纪皆以蛮累为边患,不如因此除之,昺曰:"穷来归,我诛之不祥。且魏人来侵,吾得蛮以为屏蔽,不亦善乎!"乃开樊城受其降,命司马朱思远等击志于潺沟,大破之,斩首万馀级。志,齐之孙也。

4  夏,四月戊申,以临川王宏为司空,加车骑将军王茂开府仪同三司。

5  丁卯,魏楚王城主李国兴以城降。

6  秋,七月癸巳,巴陵王萧宝义卒。

7  九月辛巳,魏封故北海王详子颢为北海王。

原先,北魏宣武帝派遣中书舍人鲖阳人董绍招抚慰劳反叛之城,白早生袭击并囚禁了董绍,把他送到了建康。悬瓠攻克之后,宣武帝命令从齐苟兒等四个将领之中分派两人,令扬州给梁朝送去移文,以这两人换回董绍和司马悦的首级。移文还没有到来,领军将军吕僧珍与董绍谈话,爱慕他的文才,告诉了梁武帝,梁武帝派主书霍灵超对董绍说:"现在让你回去,令你沟通两家之好,彼此休生养民,岂不是好事一桩!"于是召见了董绍,赐给他衣物,又令舍人周捨慰劳了他,并且对他说:"战争多年,百姓生灵涂炭,财物毁坏,我们因此不以先提出与魏朝和好为耻辱,近来也有信给贵国,但是一点答复也没有,您应该把我们的这个意思完整地转达一下。现在派遣传诏霍灵秀送您回国,等待您的好消息。"又对董绍说:"您知道不知道自己何以没有死呢? 现在得到您,这是天意。建立君主完全是为了百姓大众,凡在君主之位者,岂可以不想到这个呢? 如果贵国想和好,我们就立即把宿豫还给你们,你们也应当把汉中归还我们。"董绍回到北魏后把梁朝请求和好的事讲了,但是宣武帝不同意。

　　3　三月,北魏荆州刺史元志统率七万大军入寇潺沟,驱赶威迫各蛮族,群蛮全都渡过汉水来投降梁朝,雍州刺史吴平侯萧昺接纳了他们。州郡里身份地位较高的官员们都认为蛮人每每带来边患,不如乘此机会把他们除掉,萧昺却说:"他们走投无路来投归我们,我如杀掉他们,实在是不祥之事。况且北魏人来侵犯之时,我有这些蛮人做屏障,不也是很好吗!"于是打开樊城接受了这些前来投降的蛮人,又命令司马朱思远等人在潺沟攻击元志,大获全胜,斩首一万多名。元志是元齐的孙子。

　　4　夏季,四月戊申(初一),梁朝任命临川王萧宏为司空,加封车骑将军王茂开府仪同三司。

　　5　丁卯(二十日),北魏楚王城主李国兴献城投降梁朝。

　　6　秋季,七月癸巳(十七日),梁朝巴陵王萧宝义去世。

　　7　九月辛巳(初六),北魏封已故北海王元详的儿子元颢为北海王。

8　魏公孙崇造乐尺，以十二黍为寸。刘芳非之，更以十黍为寸。尚书令高肇等奏："崇所造八音之器及度量皆与经传不同，诘其所以然，云'必依经文，声则不协'。请更令芳依《周礼》造乐器，俟成集议并呈，从其善者。"诏从之。

9　冬，十月癸丑，魏以司空广阳王嘉为司徒。

10　十一月己丑，魏主于式乾殿为诸僧及朝臣讲《维摩诘经》。时魏主专尚释氏，不事经籍，中书侍郎河东裴延儁上疏，以为"汉光武、魏武帝，虽在戎马之间，未尝废书，先帝迁都行师，手不释卷，良以学问多益，不可暂辍故也。陛下升法座，亲讲大觉，凡在瞻听，尘蔽俱开。然《五经》治世之模楷，应务之所先，伏愿经书互览，孔、释兼存，则内外俱周，真俗斯畅矣"。

时佛教盛于洛阳，沙门之外，自西域来者三千馀人，魏主别为之立永明寺千馀间以处之。处士南阳冯亮有巧思，魏主使与河南尹甄琛、沙门统僧暹择嵩山形胜之地立闲居寺，极岩壑土木之美。由是远近承风，无不事佛，比及延昌，州郡共有一万三千馀寺。

11　是岁，魏宗正卿元树来奔，赐爵邺王。树，翼之弟也。时翼为青、冀二州刺史，镇郁洲，久之，翼谋举州降魏，事泄而死。

### 九年(庚寅,510)

1　春，正月乙亥，以尚书令沈约为左光禄大夫，右光禄大夫王莹为尚书令。约文学高一时，而贪冒荣利，用事十馀年，政之得失，唯唯而已。自以久居端揆，有志台司，论者亦以为宜，而上终不用。及求外出，又不许。徐勉为之请三司之仪，上不许。

8　北魏公孙崇造乐尺,以十二黍为一寸。刘芳说他定的不对,改成以十黍为一寸。尚书令高肇等人上奏:"公孙崇所造的八音之器以及度量标准全都与经传所载不同,反问他为什么这样,他说'一定依照经文的话,则声音就不协调'。请求另外命令刘芳依照《周礼》造乐器,待制成之后集体议论鉴定并上呈,采用其中好的。"宣武帝诏令同意。

9　冬季,十月癸丑(初九),北魏任命司空广阳王元嘉为司徒。

10　十一月己丑(十五日),北魏宣武帝在式乾殿为众僧以及朝臣们讲解《维摩诘经》。当时,宣武帝专门崇尚佛教,不读经籍,中书侍郎河东人裴延儁上疏,指出:"汉光武帝、魏武帝,虽然忙于戎马征战,但是未曾废弃书籍,先帝迁都行军,手不释卷,正因为学问多有益处,不可以临时中断。陛下升上法座,亲自讲解佛法奥义,在场的人瞻听之际,内心尘蔽俱开。然而《五经》是治世的楷模,处理世务应首先研读,所以恭敬地希望圣上佛经与儒书互读,孔学与释教兼存,如此则内外都能周全,教义和世务都能通畅。"

当时,佛教盛于洛阳,除本国和尚而外,从西域来的和尚还有三千多名,北魏宣武帝另外建立了永明寺一千多间禅房,来安置他们。处士南阳人冯亮很聪明,宣武帝指派他同河南尹甄琛、沙门统僧暹选择嵩山地形好的地方建立了闲居寺,修建得非常好,极尽岩壑土木之美。于是远近受影响,无不信奉佛教,到了延昌之时,各州郡共有一万三千多处寺院。

11　这一年,北魏宗正卿元树来投奔梁朝,武帝赐予他邺王的爵位。元树是元翼的弟弟。当时,元翼是青、冀二州的刺史,坐镇郁洲,很久之后,元翼密谋率全州投降北魏,因事情泄露而被杀。

### 梁武帝天监九年(庚寅,公元510年)

1　春季,正月乙亥(初二),梁朝任命尚书令沈约为左光禄大夫,右光禄大夫王莹为尚书令。沈约的文章名高一时,然而贪求荣华之利,掌权十多年,对政治方面的得失,唯唯诺诺,只会顺从。他自以为久为尚书省长官,因此有意于三公之位,人们的议论也认为他合适,但是梁武帝终究没任用他。他请求到外地去做官,也不准许。徐勉为他请求开府同三司之仪的官衔,武帝也不同意。

2　庚寅，新作缘淮塘，北岸起石头迄东冶，南岸起后渚篱门迄三桥。

3　三月丙戌，魏皇子诩生。诩母胡充华，临泾人，父国珍袭武始伯。充华初选入掖庭，同列以故事祝之："愿生诸王、公主，勿生太子。"充华曰："妾之志异于诸人，奈何畏一身之死而使国家无嗣乎！"及有娠，同列劝去之，充华不可，私自誓曰："若幸而生男，次第当长，男生身死，所不憾也。"既而生诩。

先是，魏主频丧皇子，年渐长，深加慎护，择良家宜子者以为乳保，养于别宫，皇后、充华皆不得近。

4　己丑，上幸国子学，亲临讲肆。乙未，诏皇太子以下及王侯之子年可从师者皆入学。

5　旧制：尚书五都令史皆用寒流。夏，四月丁巳，诏曰："尚书五都，职参政要，非但总领众局，亦乃方轧二丞。可革用士流，秉此群目。"于是以都令史视奉朝请，用太学博士刘纳兼殿中都，司空法曹参军刘显兼吏部都，太学博士孔虔孙兼金部都，司空法曹参军萧轨兼左右户都，宣毅墨曹参军王颛兼中兵都，并以才地兼美，首膺其选。

6　六月，宣城郡吏吴承伯挟妖术聚众，癸丑，攻郡杀太守朱僧勇，转屠旁县。闰月己丑，承伯逾山，奄至吴兴。东土人素不习兵，吏民恇扰奔散，或劝太守蔡撙避之，撙不可，募勇敢闭门拒守。承伯尽锐攻之，撙帅众出战，大破之，临陈，斩承伯。撙，兴宗之子也。承伯馀党入新安，攻陷黟、歙诸县，太守谢览遣兵拒之，不胜，逃奔会稽，台军讨贼，平之。览，瀹之子也。

2　庚寅(十七日)，梁朝新筑缘淮塘，北岸从石头起到东冶，南岸从后渚篱门起到三桥。

3　三月丙戌(十四日)，北魏皇子元诩出生。元诩的母亲胡充华是临泾人，胡充华的父亲胡国珍袭位武始伯。胡充华初被选入后宫之时，和她身份一样的嫔妃们照惯例替她祝告说："愿生诸王、公主，不要生太子。"胡充华却说："我的志向与你们不同，岂能害怕一身之死而让国家没有继承人呢？"到她怀孕之后，嫔妃们劝她把胎儿打掉，她却不干，并私下里发誓说："如果有幸生下男孩，排行应该是长子，儿子生下来后我死去，没有丝毫遗憾之处。"很快就生下了元诩。

早先，北魏宣武帝屡丧皇子，他年纪渐渐大了，所以对元诩特别重视，谨慎护理，选择良家妇女中适宜的人做乳母，在别宫中哺养元诩，皇后和胡充华都不得接近。

4　己丑(十七日)，梁武帝临幸国子学，亲自进入讲堂察视。乙未(二十三日)，武帝诏令皇太子以下以及王侯之子年龄可以从师学习的都入学。

5　旧制规定：尚书五都令史全都选用寒门出身者担任。夏季，四月丁巳(十六日)，武帝诏令："尚书五都，是参与朝政的重要职位，不但总领全局，而且与左右丞相并驾。可以择用士族门第出身的来担任，以操持全盘。"于是以都令史的地位等同于奉朝请，任命太学博士刘纳兼殿中都，司空法曹参军刘显兼吏部都，太学博士孔虔孙兼金部都，司空法曹参军萧轨兼左右户都，宣毅将军府墨曹参军王颙兼中兵都，上述几人都因才能和门第俱属上流而首先被选中。

6　六月，宣城郡的吏员吴承伯以妖术召聚众人，癸丑(十三日)，攻进郡城杀了太守朱僧勇，转而又去旁边的县攻击屠杀。闰六月己丑(十九日)，吴承伯超过山岭，突然来到吴兴。东边的人向来不操兵演武，所以官吏和老百姓们都担惊受怕，四处奔散，有人劝太守蔡撙躲避一下，蔡撙不愿意，他招募勇敢者关闭城门坚决拒守。吴承伯竭尽全力攻城，蔡撙率众出战，大败敌手，亲自出阵，斩了吴承伯。蔡撙是蔡兴宗的儿子。吴承伯的残部进入新安，攻陷了黟、歙等县，太守谢览派兵抵抗，没有取胜，逃跑到会稽，朝廷军队前来讨伐贼寇，平定了他们。谢览是谢瀹的儿子。

7　冬，十月，魏中山献武王英卒。

8　上即位之三年，诏定新历，员外散骑侍郎祖暅奏其父冲之考古法为正，历不可改。至八年，诏太史课新旧二历，新历密，旧历疏，是岁，始行冲之《大明历》。

9　魏刘芳奏"所造乐器及教义、武二舞、登歌、鼓吹曲等已成，乞如前敕集公卿群儒议定，与旧乐参呈。若臣等所造，形制合古，击拊会节，请于来年元会用之"。诏："舞可用新，馀且仍旧。"

## 十年(辛卯,511)

1　春，正月辛丑，上祀南郊，大赦。

2　尚书左仆射张稷，自谓功大赏薄，尝侍宴乐寿殿，酒酣，怨望形于辞色。上曰："卿兄杀郡守，弟杀其君，有何名称！"稷曰："臣乃无名称，至于陛下，不得言无勋。东昏暴虐，义师亦来伐之，岂在臣而已！"上将其须曰："张公可畏人！"稷既惧且恨，乃求出外，癸卯，以稷为青、冀二州刺史。

王珍国亦怨望，罢梁、秦二州刺史还，酒后于坐启云："臣近入梁山便哭。"上大惊曰："卿若哭东昏，则已晚；若哭我，我复未死！"珍国起拜谢，竟不答，坐即散，因此疏退，久之，除都官尚书。

3　丁巳，魏汾州山胡刘龙驹聚众反，侵扰夏州，诏谏议大夫薛和发东秦、汾、华、夏四州之众以讨之。

4　辛酉，上祀明堂。

5　三月，琅邪民王万寿杀东莞、琅邪二郡太守刘晰，据朐山，召魏军。

7　冬季,十月,北魏中山献武王元英去世。

8　梁武帝即位三年时,诏定新的历法,员外散骑侍郎祖暅上奏称他的父亲祖冲之考定古法正确,历法不可以改。到了八年之时,武帝又诏令太史核定新旧两种历法,新历法密,旧历法疏,这一年,开始实行祖冲之的《大明历》。

9　北魏刘芳上奏:"所制造的乐器以及教的文武二舞、登歌、鼓吹曲等已经完成,请求如以前圣旨所命令的那样召集公卿群儒们议定,与旧乐一起上呈。如果我们几人所制造的乐器形制符合古式,敲奏起来合节奏的话,请于来年元旦朝会之时使用。"皇帝诏令:"舞蹈可以采用新的,其馀的暂且仍用旧的。"

## 梁武帝天监十年(辛卯,公元511年)

1　春季,正月辛丑(初四),梁武帝在南郊祭天,大赦天下。

2　尚书左仆射张稷,自认为功劳大,奖赏却少,一次他侍宴于乐寿殿,酒酣之际,怨气不满表露于言语表情之中。梁武帝说:"你的哥哥杀了郡太守,你的弟弟杀了他的君主,你有什么值得夸耀的呢!"张稷回答:"我是没什么值得炫耀的地方,但是为陛下效力以来,不能说没有功劳。东昏侯残暴肆虐,义师也来讨伐他,何况我呢!"武帝捋着他的胡须,说:"张公让人感到害怕呀!"张稷心里既惧害又怨恨,于是请求外放,癸卯(初六),武帝任命他为青、冀二州刺史。

王珍国也有怨气,他被罢去梁、秦二州刺史还京后,于酒后在座位上启奏武帝说:"我前不久进入梁山便哭了。"武帝听了大吃一惊,说道:"你如果哭东昏侯,则已经晚了;如果哭我,我还没有死!"王珍国站起来拜谢,竟然不回答,酒席当即就散了,王珍国因此被疏远了,很久之后,王珍国被任命为都官尚书。

3　丁巳(二十日),北魏汾州山胡刘龙驹聚众造反,侵扰夏州,北魏宣武帝诏令谏议大夫薛和征调东秦、汾、华、夏四州的兵力讨伐刘龙驹。

4　辛酉(二十四),武帝在明堂祭祀。

5　三月,琅邪百姓王万寿杀了东莞、琅邪二郡太守刘晰,占据了朐山,召请北魏军队前来。

6　壬戌，魏广阳懿烈王嘉卒。

7　魏徐州刺史卢昶遣郯城戍副张天惠、琅邪戍主傅文骥相继赴朐山，青、冀二州刺史张稷遣兵拒之，不胜。夏，四月，文骥等据朐山，诏振远将军马仙琕击之。魏又遣假安将军萧宝寅、假平东将军天水赵遐将兵据朐山，受卢昶节度。

8　甲戌，魏薛和破刘龙驹，悉平其党，表置东夏州。

9　五月丙辰，魏禁天文学。

10　以国子祭酒张充为尚书左仆射。充，绪之子也。

11　马仙琕围朐山，张稷权顿六里以督馈运，上数发兵助之。秋，魏卢昶上表请益兵六千，米十万石，魏主以兵四千给之。冬，十一月己亥，魏主诏扬州刺史李崇等治兵寿阳，以分朐山之势。卢昶本儒生，不习军旅。朐山城中粮樵俱竭，傅文骥以城降。十二月庚辰，昶引兵先遁，诸军相继皆溃，会大雪，军士冻死及堕手足者三分之二，仙琕追击，大破之。二百里间，僵尸相属，魏兵免者什一二，收其粮畜器械，不可胜数。昶单骑而走，弃其节传、仪卫俱尽。至郯城，借赵遐节以为军威。魏主命黄门侍郎甄琛驰驲锁昶，穷其败状，及赵遐皆免官。唯萧宝寅全军而归。

卢昶之在朐山也，御史中尉游肇言于魏主曰："朐山蕞尔，僻在海滨，卑湿难居，于我非急，于贼为利。为利，故必致死以争之；非急，故不得已而战。以不得已之众击必死之师，恐稽延岁月，所费甚大。假令得朐山，徒致交争，

6　壬戌(二十六日),北魏广阳懿烈王元嘉去世。

7　北魏徐州刺史卢昶派遣郯城的戍副张天惠、琅邪的戍主傅文骥相继赶赴朐山,梁朝青、冀二州刺史张稷派兵抵挡他们,没有取胜。夏季,四月,傅文骥等人占据了朐山,武帝诏令振远将军马仙琕去攻打。北魏又派遣代理安南将军萧宝寅、代理平东将军天水人赵遐率兵据守朐山,接受卢昶的指挥调遣。

8　甲戌(初九),北魏薛和打败了刘龙驹,把他的党羽全部铲平,并上表设置了东夏州。

9　五月丙辰(二十一日),北魏禁止了天文学。

10　梁朝任命国子祭酒张充为尚书左仆射。张充是张绪的儿子。

11　马仙琕围住了朐山,张稷临时驻扎六里以便监督粮运,梁武帝几次发兵协助他们。秋季,北魏卢昶上表朝廷请求增兵六千,米十万石,宣武帝给他增派了四千兵力。冬季,十一月己亥(初七),宣武帝诏令扬州刺史李崇等人在寿阳操练军队,以便分散梁朝在朐山的兵势。卢昶本是一个儒生,不熟悉军旅事务。朐山城中的粮食和柴火全都用尽了,傅文骥献城投降。十二月庚辰(十九日),卢昶带兵先逃跑了,其他各路军马都相继溃散,正好天下大雪,兵士冻死以及冻掉手脚的有三分之二,马仙琕追击,大获全胜。二百里之间,僵尸遍地,北魏兵卒幸免于难者仅占十分之一二,梁朝军队收缴到的粮食、牲口以及各种器械,不可胜数。卢昶单人匹马逃跑,丢弃了节传、仪卫之具。到了郯城,他借用了赵遐的节传显自己的军威。宣武帝命令黄门侍郎甄琛骑驿马去把卢昶锁拿到洛阳,仔细查问他惨败的状况,最后卢昶和赵遐全被免官。只有萧宝寅把军队完整地带回。

卢昶在朐山时,御史中尉游肇对北魏宣武帝说:"朐山弹丸之地,偏处海滨,地势低下,异常潮湿,难以居住,对我们不是急用之处,而对贼敌则是非常有用的。正因为对他们有用处,所以必定要拼死相争;对我们用处不大,所以不得已而交战。以不得已之众抵抗拼命的军队,恐怕拖延时日,耗费甚大。假使能得到朐山,徒然导致双方互相争夺,

终难全守,所谓无用之田也。闻贼屡以宿豫求易朐山,若必如此,持此无用之地,复彼旧有之疆,兵役时解,其利为大。”魏主将从之,会昶败,迁肇侍中。肇,明根之子也。

马仙琕为将,能与士卒同劳逸,所衣不过布帛,所居无帏幕衾屏,饮食与厮养最下者同。其在边境,常单身潜入敌境,伺知壁垒村落险要处,所攻战多捷,士卒亦乐为之用。

12 魏以甄琛为河南尹,琛表曰:“国家居代,患多盗窃,世祖发愤,广置主司、里宰,皆以下代令长及五等散男有经略者乃得之。又多置吏士为其羽翼,崇而重之,始得禁止。今迁都已来,天下转广,四远赴会,事过代都,五方杂沓,寇盗公行,里正职轻任碎,多是下材,人怀苟且,不能督察。请取武官八品将军已下干用贞济者,以本官俸恤领里尉之任,高者领六部尉,中者领经途尉,下者领里正。不尔,请少高里尉之品,选下品中应迁者进而为之,督责有所,辇毂可清。”诏曰:“里正可进至勋品,经途从九品,六部尉正九品,诸职中简取,不必武人。”琛又奏以羽林为游军,于诸坊巷司察盗贼,于是洛城清静,后常踵焉。

13 是岁,梁之境内有州二十三,郡三百五十,县千二十二。是后州名浸多,废置离合,不可胜记。魏朝亦然。

14 上敦睦九族,优借朝士,有犯罪者,皆屈法申之。百姓有罪,则案之如法,其缘坐则老幼不免,一人逃亡,举家

终将难以保全,正所谓无用之地。听说贼寇屡次提出要以宿豫交换朐山,如果真是这样的话,用这块无用之地,换回来那块过去就属我们所有的疆域,兵戈之争顿时化解,其益处是非常大的。"宣武帝准备要照此行事,恰恰卢昶战败,就提升游肇为侍中。游肇是游明根的儿子。

马仙琕作为将帅,能同士卒们同甘共苦,穿的衣服都是布帛制成,住的地方没有帷幕衾屏,饮食与仆人马侍等最低下者同样。他镇守边境,常常只身潜入敌境,偷偷察看壁垒村落险要之处,打仗大多能获胜,士卒们也乐于为他卖力。

12 北魏任命甄琛为河南尹,甄琛上表说:"国家在代京建都之时,盗窃成患,世祖皇帝为此而发愤,广置主司、里宰,全都让代令长以下及五等散男中有谋略者来担任。又多置吏士做他们的羽翼,非常重视他们,盗贼方才得到禁止。自从迁都以来,交往扩大,四方来会,已经远远超过了代都,而五方杂沓,寇盗公然行事,里正职位轻,事务琐碎,担任其职的大多是才能低下者,人人抱着苟且之心,不能起到督察的作用。请求挑选武官中八品将军以下而又有才干且品行端正热心办事的人,让他们享受原来官职的俸禄和恤亲之禄而担任里尉的职务,高者领六部尉,中者领经途尉,下者领里正。不然的话,也可以稍微提高里尉的品级,选下品中应该提拔者晋升担任,只要有人专门负责督管,京城的治安即可好转。"宣武帝诏令:"里正的品级可以升到勋官初品,经途尉为从九品,六部尉为正九品,从诸职中选拔,不必由军人来担任。"甄琛又上奏请把禁卫军作为游军,让他们在各坊巷中巡逻检查盗贼,于是洛阳城马上变得清静了,这种办法在后代也得到因袭。

13 这一年,梁朝境内有二十三个州,三百五十个郡,一千零二十二个县。这以后州名越来越多,废置离合,不可胜记。北魏也同样如此。

14 梁武帝对同姓的亲族非常亲近宽厚,对朝廷官员也非常优待爱护,其中有犯法的,他都超越法律而替他们开脱。而百姓有罪,则一律按照法律处置,并且株连犯罪,不管老幼一概不免,一人逃亡,全家

质作,民既穷窘,奸宄益深。尝因郊祀,有秣陵老人遮车驾言曰:"陛下为法,急于庶民,缓于权贵,非长久之道。诚能反是,天下幸甚。"上于是思有以宽之。

**十一年(壬辰,512)**

1　春,正月壬辰,诏:"自今逋谪之家及罪应质作,若年有老小,可停将送。"

2　以临川王宏为太尉,骠骑将军王茂为司空、尚书令。

3　丙辰,魏以车骑大将军、尚书令高肇为司徒,清河王怿为司空,广平王怀进号骠骑大将军,加仪同三司。肇虽登三司,犹自以去要任,怏怏形于言色,见者嗤之。尚书右丞高绰、国子博士封轨,素以方直自业,及肇为司徒,绰送迎往来,轨竟不诣肇。绰顾不见轨,乃遽归,叹曰:"吾平生自谓不失规矩,今日举措,不如封生远矣。"绰,允之孙;轨,懿之族孙也。

清河王怿有才学闻望,惩彭城之祸,因侍宴,谓肇曰:"天子兄弟讵有几人,而翦之几尽!昔王莽头秃,藉渭阳之资,遂篡汉室。今君身曲,亦恐终成乱阶。"会大旱,肇擅录囚徒,欲以收众心。怿言于魏主曰:"昔季氏旅于泰山,孔子疾之。诚以君臣之分,宜防微杜渐,不可渎也。减膳录囚,乃陛下之事。今司徒行之,岂人臣之义乎!明君失之于上,奸臣窃之于下,祸乱之基,于此在矣。"帝笑而不应。

以身抵押服劳役,百姓既然被逼迫得走投无路,各种作奸犯科的窃盗反乱案件就更严重了。有一次,梁武帝去郊祀,有一个秣陵老头借此机会拦住御驾讲道:"陛下执法,对庶民太严酷,对权贵则太宽松,这不是长久之道。如果能打一个颠倒,则天下大幸。"武帝于是考虑对百姓执法加以放宽。

### 梁武帝天监十一年(壬辰,公元512年)

1　春季,正月壬辰(初一),武帝诏令:"自今开始,流放之家以及罪该以身抵押服劳役者,如果有老人或小孩,可以把他们除外。"

2　梁朝任命临川王萧宏为太尉,骠骑将军王茂为司空、尚书令。

3　丙辰(二十五日),北魏任命车骑大将军、尚书令高肇为司徒,清河王元怿为司空,广平王元怀进封号为骠骑大将军,加封为仪同三司。高肇虽然位登三司,但犹自认为去掉了尚书令的要职,心里不痛快流露于言语颜色之间,见到的人都因此而嗤笑他。尚书右丞高绰、国子博士封轨,向来以方正刚直为行事准则,到高肇当上司徒之后,高绰迎送往来行礼如仪,而封轨竟然不去拜见高肇。高绰在高肇那里不见封轨前来,于是马上起身返回,叹息着说道:"我平生自认为不失规矩,但是今天的举动,不如封生太远了。"高绰是高允的孙子,封轨是封懿的族孙。

清河王元怿有才学,外界声望也不错,有鉴于彭城王元勰无罪而被杀之祸,一次借侍宴机会,他对高肇说:"天子的兄弟能有几人,而差不多翦除尽了!过去王莽是个秃头,凭借国舅的地位,便篡夺了汉室的天下。现在你是个驼背,也恐怕最终会成为祸乱之端。"正遇大旱,高肇擅自重新审理囚徒,想以此而收拢人心。元怿向北魏宣武帝进言:"过去季氏超越名分在泰山祭祀,孔子对此非常愤慨。确实从君臣名分来考虑,应该防微杜渐,不可以冒犯。减少膳食之费,重新审理囚徒,这是陛下的事情。现在则让司徒去干了,这哪里是做人臣的本分呢!明君失之于上,奸臣窃之于下,祸乱的根子,就在这里了。"宣武帝听了,笑而不答。

4　夏,四月,魏诏尚书与群司鞫理狱讼,令饥民就谷燕、恒二州及六镇。

5　乙酉,魏大赦,改元延昌。

6　冬,十月乙亥,魏立皇子诩为太子,始不杀其母。以尚书右仆射郭祚领太子少师。祚尝从魏主幸东宫,怀黄𤠔以奉太子。时应诏左右赵桃弓深为帝所信任,祚私事之,时人谓之"桃弓仆射""黄𤠔少师"。

7　十一月乙未,以吴郡太守袁昂兼尚书右仆射。

8　初,齐太子步兵校尉平昌伏曼容表求制一代礼乐,世祖诏选学士十人修五礼,丹杨尹王俭总之。俭卒,以事付国子祭酒何胤。胤还东山,齐明帝敕尚书令徐孝嗣掌之。孝嗣诛,率多散逸,诏骠骑将军何佟之掌之。经齐末兵火,仅有在者。帝即位,佟之启审省置之宜,敕使外详。时尚书以为庶务权舆,宜俟隆平,欲且省礼局,并还尚书仪曹,诏曰:"礼坏乐缺,实宜以时修定。但顷之修撰不得其人,所以历年不就,有名无实。此既经国所先,可即撰次。"于是尚书仆射沈约等奏:"请五礼各置旧学士一人,令自举学古一人相助抄撰,其中疑者,依石渠、白虎故事,请制旨断决。"乃以右军记室明山宾等分掌五礼,佟之总其事。佟之卒,以镇北谘议参军伏暅代之。暅,曼容之子也。至是,《五礼》成,列上之,合八千一十九条,诏有司遵行。

9　己酉,临川王宏以公事左迁骠骑大将军。

4 夏季,四月,北魏朝廷命令尚书与各官署审理狱讼案件,又令饥民到燕、恒二州以及六镇去度灾。

5 乙酉(二十五日),北魏大赦天下,改换年号为延昌。

6 冬季,十月乙亥(十八日),北魏立皇子元诩为太子,并开了不杀其母的先例。又让尚书右仆射郭祚兼任太子少师。郭祚一次随宣武帝临幸太子东宫,怀中特意装着黄甗瓜给太子吃。当时应诏左右赵桃弓深受宣武帝的信任,郭祚私下里巴结他,时人称他为"桃弓仆射""黄甗少师"。

7 十一月乙未(初九),梁朝任命吴郡太守袁昂兼尚书右仆射。

8 当初,南齐太子步兵校尉平昌人伏曼容上表请示制定一代的礼乐,齐武帝诏令挑选学士十人修定五礼,由丹杨尹王俭总负责。王俭去世之后,这件事情交付给了国子祭酒何胤。何胤隐居东山之后,齐明帝命令尚书令徐孝嗣掌管其事。徐孝嗣被诛之后,材料大多散失,又诏令骠骑将军何佟之掌管。经过齐末的兵火,留存下极少数。武帝即位之后,何佟之启奏皇上,请示这一工作应该省去,还是应该继续,武帝旨令让下面先详细议定好再报上来。当时,尚书认为开国伊始,王业初创,应该等到国势兴盛、天下承平之时再制礼定乐,所以想要暂且裁减礼乐官署,把事情退还给尚书仪曹,武帝诏令:"礼坏乐缺,确实应该及时修定。但是一下子得不到合适的修撰之人,所以历年没有完成,以致有名无实。礼乐之制既然是治国安邦的头等大事,那么就应该立即开始修撰。"于是,尚书仆射沈约等人上奏:"请五礼各置旧学士一人,命令他们自己推荐学古一人相助抄撰,其中有疑惑者,依照汉代石渠阁、白虎观的旧例,由圣上断决。"于是让右军记室明山宾等人分掌五礼,何佟之全面负责此事。何佟之去世以后,又由镇北谘议参军伏暅代替他。伏暅是伏曼容的儿子。到了现在,《五礼》修成,一起呈于武帝,合起来共有八千零一十九条,武帝诏令有关部门遵照施行。

9 己酉(二十三日),临川王萧宏因公事而降职为骠骑大将军。

10　是岁,魏以桓叔兴为南荆州刺史,治安昌,隶东荆州。

**十二年(癸巳,513)**

1　春,正月辛卯,上祀南郊,大赦。

2　二月辛酉,以兼尚书右仆射袁昂为右仆射。

3　己卯,魏高阳王雍进位太保。

4　郁洲迫近魏境,其民多私与魏人交市,朐山之乱,或阴与魏通,朐山平,心不自安。青、冀二州刺史张稷不得志,政令宽弛,僚吏颇多侵渔。庚辰,郁洲民徐道角等夜袭州城,杀稷,送其首降魏,魏遣前南兖州刺史樊鲁将兵赴之。于是魏饥,民饿死者数万,侍中游肇谏,以为:"朐山滨海,卑湿难居,郁洲又在海中,得之尤为无用。其地于贼要近,去此间远,以间远之兵攻要近之众,不可敌也。方今年饥民困,唯宜安静,而复劳以军旅,费以馈运,臣见其损,未见其益。"魏主不从,复遣平西将军奚康生将兵逆之。未发,北兖州刺史康绚遣司马霍奉伯讨平之。

5　辛巳,新作太极殿。

6　上尝与侍中、太子少傅建昌侯沈约各疏栗事,约少上三事,出,谓人曰:"此公护前,不则羞死!"上闻之怒,欲治其罪,徐勉固谏而止。上有憾于张稷,从容与约语及之,约曰:"左仆射出作边州,已往之事,何足复论!"上以约与稷昏家相为,怒曰:"卿言如此,是忠臣邪!"乃辇归内殿。

10 这一年,北魏任命桓叔光为南荆州刺史,治所在安昌,附属于东荆州。

### 梁武帝天监十二年(癸巳,公元513年)

1 春季,正月辛卯(初六),梁武帝在南郊祭天,大赦天下。

2 二月辛酉(初六),梁朝任命兼尚书右仆射袁昂为右仆射。

3 己卯(二十四日),北魏高阳王元雍进位为太保。

4 郁洲挨近北魏边境,该地的民众大多私自同北魏人做买卖,朐山之乱时,有的人暗中与北魏勾结,朐山之乱平定之后,这些人心中非常不安。青、冀二州刺史张稷由于仕途不得志,政令松弛,以致僚属们多侵夺百姓。庚辰(二十五日),郁洲百姓徐道角等人夜袭州城,杀了张稷,送上他的首级投降了北魏,北魏派遣前南兖州刺史樊鲁率兵赶赴郁洲。此时,北魏发生饥荒,百姓饿死的有几万人,侍中游肇进谏宣武帝,认为:"朐山靠着海,地势低下潮湿,难以居住,郁洲更在海中,得到它尤其没有用处。该地对于梁朝既是海道要冲,而离我们却非常遥远,为了这闲远之地而派兵去攻打据守要冲近地的梁朝军队,是抵挡不过的。方今饥荒流行,百姓困苦,只应安宁,但是又要烦劳军旅,耗费粮食,对于出兵之事,我只看到它的损失,看不到他的益处。"宣武帝没有听从游肇的劝谏,又派遣平西将军奚康生率兵去迎战梁朝军队。但是,奚康生还没有出发,梁朝北兖州刺史康绚就派遣司马霍奉伯讨平了郁洲之乱。

5 辛巳(二十六日),梁朝新建成太极殿。

6 武帝曾经同侍中、太子少傅建昌侯沈约各自写出关于栗子的典故,沈约有意少写三点,出来之后,他对人说:"此公自护其所短,忌讳别人比他强,否则会羞死的!"武帝知道之后十分生气,要治沈约的罪,徐勉一再劝谏才止住。武帝对张稷抱怨自己感到很遗憾,就从容地与沈约谈到了张稷的事,沈约说:"左仆射出任边境上的青、冀二州刺史,已经是过去的事情了,何足再加议论!"武帝认为沈约与张稷是亲家,袒护张稷,就生气地说道:"你说出这样的话,是忠臣吗!"于是乘辇回到内殿去了。

約惧,不觉上起,犹坐如初。及还,未至床而凭空,顿于户下,因病。梦齐和帝以剑断其舌,乃呼道士奏赤章于天,称"禅代之事,不由己出"。上遣主书黄穆之视疾,夕还,增损不即启闻,惧罪,乃白赤章事。上大怒,中使谴责者数四。约益惧,闰月乙丑,卒。有司谥曰"文",上曰:"情怀不尽曰隐",改谥隐侯。

7　夏,五月,寿阳久雨,大水入城,庐舍皆没。魏扬州刺史李崇勒兵泊于城上,水增未已,乃乘船附于女墙,城不没者二板。将佐劝崇弃寿阳保北山,崇曰:"吾忝守藩岳,德薄致灾,淮南万里,系于吾身,一旦动足,百姓瓦解,扬州之地,恐非国物,吾岂爱一身,取愧王尊! 但怜此士民无辜同死,可结筏随高,人规自脱,吾必与此城俱没,幸诸君勿言!"

扬州治中裴绚帅城南民数千家泛舟南走,避水高原,谓崇还北,因自称豫州刺史,与别驾郑祖起等送任子来请降。马仙琕遣兵赴之。

崇闻绚叛,未测虚实,遣国侍郎韩方兴单舸召之。绚闻崇在,怅然惊恨,报曰:"比因大水颠狈,为众所推。今大计已尔,势不可追,恐民非公民,吏非公吏,愿公早行,无犯将士。"崇遣从弟宁朔将军神等将水军讨之,绚战败,神追拔其营。绚走,为村民所执,还,至尉升湖,曰:"吾何面见李公乎!"

沈约由于害怕,竟没有觉察到武帝已经起身走了,还像原来那样一动不动地坐着。回到家之后,没有走到胡床跟前而坐空了,脑袋着地倒在了窗户下面,于是就病了。沈约梦见齐和帝用剑割断了他的舌头,于是就叫来道士用赤色奏章向天神祈祷,说"禅代的事情,不是我的主意"。武帝派遣主书黄穆之来探视沈约的病情,天黑时返回,瞒下了沈约让道士用赤章祈天之事,又害怕获罪,最终还是把这件事对武帝讲了。武帝知道后勃然大怒,多次派人去谴责了沈约。沈约越发害怕了,于闰月乙丑(十一日),病故。有关部门给沈约的谥号为"文",梁武帝说:"心事不尽曰隐。"于是又改谥号为隐侯。

7 夏季,五月,寿阳久雨成灾,大水入城,房舍全被淹没。北魏扬州刺史李崇指挥军队停在城墙上,水继续往上涨,于是又乘船爬到城墙上的矮墙上面,城墙只差两板宽没有被淹。将佐们劝李崇放弃寿阳而保北山,李崇说:"我受朝廷之命镇守一方之地,由于仁德不足而致使天降大灾,淮南万里之地,安危系于我一身,我若一旦离开,百姓就会瓦解奔散,扬州之地,恐怕就不属我国所有了,我岂能爱惜自己的身子,而有愧于汉代黄河泛滥时不顾一己之安危而宿于堤上的王尊呢!我只是怜悯这里的士人百姓们要无辜而与我同死,所以可以让他们扎筏子乘坐其上,随水而高,各人去求一条生路,我一定同这座城一起淹没,请各位不要再说了!"

扬州治中裴绚带领城南民众数千家划船往南逃跑,到高地上避水,他认为李崇一定回北方去了,因此就自称为豫州刺史,同别驾郑祖起等人送人质到梁朝请求投降。马仙琕派兵前去应援裴绚。

李崇听说裴绚叛变了,但不测虚实,就派遣自己封国中的侍郎韩方兴单人乘船去召裴绚。裴绚知道李崇还在此地,怅然惊慌悔恨,只好回答说:"日前因大水引起了流离颠沛,受众人的推举,方有此举。现在大计已成,无可追回了,恐怕这里的百姓已经不是大人治下的百姓了,官吏也不是大人手下的官吏了,希望大人早日动身回去,不要冒犯我的将士们。"李崇派遣堂弟宁朔将军李神等人率领水军讨伐裴绚,裴绚战败,李神追击,占领了他的营盘。裴绚逃跑,被村民抓获,送回来时,到了尉升湖,裴绚说:"我有何脸面见李公呢!"

乃投水死。绚,叔业之兄孙也。郑祖起等皆伏诛。崇上表以水灾求解州任,魏主不许。

崇沉深宽厚,有方略,得士众心,在寿春十年,常养壮士数千人,寇来无不摧破,邻敌谓之"卧虎"。上屡设反间以疑之,又授崇车骑大将军、开府仪同三司、万户郡公,诸子皆为县侯;而魏主素知其忠笃,委信不疑。

8　六月癸巳,新作太庙。

9　秋,八月戊午,以临川王宏为司空。

10　魏恒、肆二州地震、山鸣,逾年不已,民覆压死伤甚众。

11　魏主幸东宫,以中书监崔光为太子少傅,命太子拜之。光辞不敢当,帝不许。太子南面再拜,詹事王显启请从太子拜,于是宫臣皆拜;光北面立,不敢答,唯西面拜谢而出。

### 十三年(甲午,514)

1　春,二月丁亥,上耕籍田,大赦。宋、齐籍田皆用正月,至是始用二月,及致斋祀先农。

2　魏东豫州刺史田益宗衰老,与诸子孙聚敛无厌,部内苦之,咸言欲叛。魏主遣中书舍人刘桃符慰劳益宗,桃符还,启益宗侵扰之状。魏主赐诏曰:"桃符闻卿息鲁生在淮南贪暴,为尔不已,损卿诚效。可令鲁生赴阙,当加任使。"鲁生久未至,诏徙益宗为镇东将军、济州刺史。又虑其不受代,遣后将军李世哲与桃符帅众袭之,奄入广陵。鲁生

于是投水而死。裴绚是裴叔业的哥哥的孙子。郑祖起等人都伏法被诛。李崇上表朝廷因水灾而请求解除自己州刺史的职位，北魏宣武帝不准许。

李崇深沉宽厚，有谋略，很得士庶之心，他在寿春十年，经常养着几千壮士，贼寇来犯无不被摧破，邻近的梁朝敌手称他为"卧虎"。梁武帝多次设反间计以便使北魏朝廷对李崇产生怀疑，又授予他车骑大将军、开府仪同三司、万户郡公，他的几个儿子都被封为县侯。然而北魏宣武帝素知李崇忠诚老实，对他非常信任而毫不怀疑。

8　六月癸巳(初十)，梁朝新建成太庙。

9　秋季，八月戊午，梁朝任命临川王萧宏为司空。

10　北魏恒、肆二州发生地震，山发出鸣啸之声，一年多还没停止，民众被埋压死伤的特别多。

11　北魏宣武帝临幸东宫，任命中书监崔光为太子少傅，命令太子向崔光下拜。崔光辞让而不敢承当，宣武帝不许，坚持让太子拜。太子面向南拜了两次，詹事王显启请圣上允许他跟随太子一起拜，于是东宫僚属一起下拜。崔光朝北面立着，不敢答礼，只朝西面拜谢后离去。

## 梁武帝天监十三年(甲午，公元514年)

1　春季，二月丁亥(初八)，梁武帝行籍田礼，大赦天下。宋、齐时代都在正月行籍田礼，至此方改为二月行籍田礼，以太牢祀先农也改在二月。

2　北魏东豫州刺史田益宗年老体衰，同儿子和孙子们聚敛无厌，部下深受其苦，都说要反叛。北魏宣武帝派遣中书舍人刘桃符去慰劳田益宗，刘桃符回朝之后，向宣武帝启奏了田益宗侵扰当地的情状。宣武帝向田益宗赐诏说："刘桃符听说你的儿子田鲁生在淮南贪敛暴虐，如果这样下去不停止，会损害你对朝廷的诚意效忠。可令田鲁生前来朝廷，对他当另加任用。"田鲁生长久未至，朝廷诏令田益宗调任镇东将军、济州刺史。又考虑到他不会接受别人来代替自己东豫州刺史之位，就派遣后将军李世哲与刘桃符率众去袭击田益宗，李世哲等人迅速地进入了广陵。田鲁生

与其弟鲁贤、超秀皆奔关南,招引梁兵,攻取光城已南诸戍。上以鲁生为北司州刺史,鲁贤为北豫州刺史,超秀为定州刺史。三月,魏李世哲击鲁生等,破之,复置郡戍。以益宗还洛阳,授征南将军、金紫光禄大夫。益宗上表称为桃符所谮,及言"鲁生等为桃符逼逐使叛,乞摄桃符与臣对辩虚实"。诏不许,曰:"既经大宥,不容方更为狱。"

3　秋,七月乙亥,立皇子纶为邵陵王,绎为湘东王,纪为武陵王。

4　冬,十月庚辰,魏主遣骁骑将军马义舒慰谕柔然。

5　魏王足之入寇也,上命宁州刺史涪人李略御之,许事平用为益州。足退,上不用,略怨望,有异谋,上杀之。其兄子苗奔魏,步兵校尉泰山淳于诞尝为益州主簿,自汉中入魏,二人共说魏主以取蜀之策,魏主信之。辛亥,以司徒高肇为大将军、平蜀大都督,将步骑十五万寇益州。命益州刺史傅竖眼出巴北,梁州刺史羊祉出庾城,安西将军奚康生出绵竹,抚军将军甄琛出剑阁。乙卯,以中护军元遥为征南将军,都督镇遏梁、楚。游肇谏,以为"今频年水旱,百姓不宜劳役。往昔开拓,皆因城主归款,故有征无战。今之陈计者真伪难分,或有怨于彼,不可全信。蜀地险隘,镇戍无隙,岂得虚承浮说而动大军!举不慎始,悔将何及!"不从,以淳于诞为骁骑将军,假李苗龙骧将军,皆领乡导统军。

6　魏降人王足陈计,求堰淮水以灌寿阳。上以为然,使水工陈承伯、材官将军祖暅视地形,咸谓:"淮内沙土漂轻不坚实,功

与弟弟田鲁贤、田超秀都奔到关南，招引梁朝军队，攻取了光城以南的各个寨堡。武帝任命田鲁生为北司州刺史，田鲁贤为北豫州刺史，田超秀为定州刺史。三月，北魏李世哲进攻田鲁生等人，打败了他们，重新设置了郡戍。田益宗被命令回到洛阳，授予他征南将军、金紫光禄大夫之职。田益宗上表自称被刘桃符谗言所陷，并说"鲁生等人被刘桃符逼迫而反叛，请求令刘桃符与我当面对质，以明虚实"。皇帝诏令不准许，对田益宗说："既然已经宽宥了你的谋叛之罪，不允许你再打官司了。"

3　秋季，七月乙亥（二十九日），梁朝立皇子萧纶为邵陵王，萧绎为湘东王，萧纪为武陵王。

4　冬季，十月庚辰（初五），北魏宣武帝派遣骁骑将军马义舒召慰宣谕柔然国。

5　北魏王足入侵之时，武帝命令宁州刺史涪人李略抵抗，许诺事平之后任用他为益州刺史。王足撤退之后，武帝不用李略，李略颇有怨忿，产生了反叛之心，武帝杀了他。李略哥哥的儿子李苗投奔北魏，步兵校尉泰山人淳于诞曾任益州主簿，从汉中投奔北魏，两人一起游说北魏宣武帝攻取蜀地，并献计献策，宣武帝深信不疑。辛亥（初六），北魏任命司徒高肇为大将军、平蜀大都督，统率步、骑兵十五万入侵益州。又命令益州刺史傅竖眼出巴郡之北，梁州刺史羊祉兵发庾城，安西将军奚康生兵发绵竹，抚军将军甄琛兵发剑阁。乙卯（初十），任命中护军元遥为征南将军，让他都督、摄镇梁、楚。游肇劝谏，认为："现在连年水涝旱灾，老百姓不宜于再劳役了。过去开拓疆域，都因为城主归顺投降，所以有征而无战。现在对出谋划策的人真伪难辨，有的人因为对梁朝有怨气，借我们出气，所以不可全信。蜀地险隘，镇戍没有疏漏，怎么能听信他人的一番浮言就轻易地出动大军呢！有所举动不在开始时谨慎，后悔哪里能来得及呢！"宣武帝不听从，任命淳于诞为骁骑将军，又让李苗代理龙骧将军，两人都兼任向导统军。

6　北魏降将王足献策，请求拦堵淮水以淹灌寿阳。梁武帝同意这一计策，命令水工陈承伯、材官将军祖暅视察地形，陈承伯、祖暅二人都说："淮水中沙土松软流动不坚实，工程

不可就。"上弗听,发徐、扬民率二十户取五丁以筑之,假太子
右卫率康绚都督淮上诸军事,并护堰作于钟离。役人及战士
合二十万,南起浮山,北抵巉石,依岸筑土,合脊于中流。

    7   魏以前定州刺史杨津为华州刺史,津,椿之弟也。先
是,官受调绢,尺度特长,任事因缘,共相进退,百姓苦之。津
令悉依公尺,其输物尤善者,赐以杯酒;所输少劣,亦为受之,
但无酒以示耻。于是人竞相劝;官调更胜旧日。

    8   魏太子尚幼,每出入东宫,左右乳母而已,宫臣皆不
知之。詹事杨昱上言:"乞自今召太子必降手敕,令臣等翼
从。"魏主从之,命宫臣在直者从至万岁门。

    9   魏御史中尉王显谓治书侍御史阳固曰:"吾作太府
卿,府库充实,卿以为何如?"固曰:"公收百官之禄四分之一,
州郡赃赎,悉输京师,以此充府,未足为多。且'有聚敛之臣,
宁有盗臣',可不戒哉!"显不悦,因事奏免固官。

不可能完成。"武帝不听,征调徐、扬之地的民夫,每二十户中征五丁,拦水筑堰,命令太子右卫率康绚都督淮上诸军事,并且守护筑堰工程,设置官属于钟离。筑堰的劳伕和兵士共二十万人,南起浮山,北抵巇石,依岸筑土,合龙于淮水中流。

7 北魏任命前定州刺史杨津为华州刺史,杨津是杨椿的弟弟。早先之时,官家征收调绢,所用的尺子很长,主管征收调绢的人就见机行事,前来交纳的税户谁给贿赂就给谁量的多,谁不给贿赂就给谁量的短,老百姓苦不堪言。杨津下令一律按照标准尺子来丈量,对于交送的物品质量好的人,赐以一杯酒;交送的物品稍微差的,也收下,但没有酒,以示耻辱。于是,人们竞相勉励,官家调赋收入更加胜于往日。

8 北魏的皇太子还幼小,每次出入东宫,相伴的只有乳母,东宫的臣子们都不知道。詹事杨昱上言:"请求从今开始圣上召见太子一定要亲下手敕,命令我们护从。"北魏宣武帝采纳了他的建议,命令东宫臣子中值班的护送到万岁门。

9 北魏御史中尉王显对治书侍御阳固说:"我当太府卿之时,府库充实,您以为怎么样呢?"阳固回答说:"大人把百官的俸禄扣去四分之一,各州郡收缴的赃款和赎金,也全部运到京师,以此来充府库,不足为多。况且'与其有聚敛之臣,宁可有盗窃之臣',难道不应该引以为戒吗!"王显听了很不高兴,就借故上奏免了阳固的官。

# 卷第一百四十八　梁纪四

起乙未(515)尽戊戌(518)凡四年

**高祖武皇帝四**
**天监十四年(乙未,515)**

1　春,正月乙巳朔,上冠太子于太极殿,大赦。

2　辛亥,上祀南郊。

3　甲寅,魏主有疾。丁巳,殂于式乾殿。侍中中书监太子少傅崔光、侍中领军将军于忠、詹事王显、中庶子代人侯刚迎太子诩于东宫,至显阳殿。王显欲须明行即位礼,崔光曰:"天位不可暂旷,何待至明!"显曰:"须奏中宫。"光曰:"帝崩,太子立,国之常典,何须中宫令也!"于是,光等请太子止哭,立于东序。于忠与黄门郎元昭扶太子西面哭十馀声止。光摄太尉,奉策进玺绶,太子跪受,服衮冕之服,御太极殿,即皇帝位。光等与夜直群官立庭中,北面稽首称万岁。昭,遵之曾孙也。

高后欲杀胡贵嫔,中给事谯郡刘腾以告侯刚,刚以告于忠。忠问计于崔光,光使置贵嫔于别所,严加守卫,由是贵嫔深德四人。戊午,魏大赦。己未,悉召西伐、东防兵。

骠骑大将军广平王怀扶疾入临,径至太极西庑,哀恸,呼侍中、领军、黄门、二卫,云"身欲上殿哭大行,又须入见主上"。众皆愕然相视,无敢对者。崔光攘衰振杖,引

## 高祖武皇帝四
## 梁武帝天监十四年(乙未,公元515年)

1　春季,正月乙巳朔(初一),梁武帝在太极殿给太子举行冠礼,并且大赦天下。

2　辛亥(初七),梁武帝在南郊举行祭祀活动。

3　甲寅(初十),北魏宣武帝患病。丁巳(十三日),在式乾殿病故。侍中中书监太子少傅崔光,以及侍中领军将军于忠、詹事王显、中庶子代京人侯刚等人从东宫迎接太子元诩来到显阳殿。王显想等天亮以后再为太子举行即位仪式,崔光说:"皇位不可以片刻无主,为什么要等到天亮呢?"王显说:"因为必须报告中宫皇后。"崔光说:"皇上病逝,太子即位,这是国家正常的规定,何必要等待中宫的旨令呢!"于是,崔光等人请求太子停止哭泣,站在东面。于忠和黄门侍郎元昭搀扶太子面向西哭了十多声后停止了哭泣。崔光代理太尉的职务,捧着策书献上印玺和绶带,太子跪着接受了,穿戴衮冕礼服,登上太极殿,即了帝位。崔光等人和夜间值勤的官员站立在庭中,向北叩头高呼万岁。元昭是北魏略阳公元遵的重孙子。

高后想杀掉胡贵嫔,中给事谯郡人刘腾把这件事告诉了侯刚,侯刚又告诉给于忠。于忠向崔光请教计策,崔光就让他将胡贵嫔搬到别的住所,严加守卫,因此胡贵嫔深深地感激这四个人。戊午(十四日),北魏国大赦天下。己未(十五日),召回全部在西面讨伐蜀国和在东面防范淮地的军队。

骠骑大将军广平王元怀抱病入朝,径直来到太极殿的西殿,悲愤欲绝,叫来侍中、领军、黄门、左右二卫将军,对他们说"我要亲自上殿哭悼,并要去见圣上"。众人都愕然相视,没有敢答话的。崔光整衣举杖,引用

汉光武崩赵熹扶诸王下殿故事,声色甚厉,闻者莫不称善。怀声泪俱止,曰:"侍中以古义裁我,我敢不服!"遂还,仍频遣左右致谢。

先是高肇擅权,尤忌宗室有时望者,太子太傅任城王澄数为肇所谮,惧不自全,乃终日酣饮,所为如狂,朝廷机要无所关豫。及世宗殂,肇拥兵于外,朝野不安。于忠与门下议,以肃宗幼,未能亲政,宜使太保高阳王雍入居西柏堂省决庶政,以任城王澄为尚书令,总摄百揆,奏皇后请即敕授。王显素有宠于世宗,恃势使威,为众所疾,恐不为澄等所容,与中常侍孙伏连等密谋寝门下之奏,矫皇后令,以高肇录尚书事,以显与勃海公高猛同为侍中。于忠等闻之,托以侍疗无效,执显于禁中,下诏削爵任。显临执呼冤,直阁以刀镮撞其掖下,送右卫府,一宿而死。庚申,下诏如门下所奏,百官总己听于二王,中外悦服。

二月庚辰,尊皇后为皇太后。

魏主称名为书告哀于高肇,且召之还。肇承变忧惧,朝夕哭泣,至于羸悴,归至瀍涧,家人迎之,不与相见。辛巳,至阙下,衰服号哭,升太极殿尽哀。高阳王雍与于忠密谋,伏直寝邢豹等十馀人于舍人省下,肇哭毕,引入西庑,清河诸王皆窃言目之。肇入省,豹等扼杀之,下诏暴其罪恶,称肇自尽,自馀亲党悉无所问,削除职爵,葬以士礼。逮昏,于厕门出尸归其家。

汉光武帝死后赵熹扶持诸位藩王下殿的旧事来加以说明,他的声音和脸色都很激动,听的人没有不说好的。元怀的喊声和眼泪都停了下来,说:"侍中您用古代的事理来教导我,我怎敢不服气!"于是就回去了,回去后仍然多次派手下人来谢罪。

起初高肇专权,他特别忌恨宗室里面有名气的人,太子太傅任城王元澄多次被高肇诋毁、陷害,害怕不能保全自己,就整天纵酒,做一些像疯子一样的举止,朝廷里的重要事务都不参与。等到魏宣武帝病故,高肇统兵在外,朝廷内外都很不安。于忠和门下省的官员们商议,由于魏孝明帝年幼,不能亲自执政,建议要让太保高阳王元雍住进西柏堂处理一般政务,并且任命任城王元澄为尚书令,总揽各样政务,而且上报皇后,请她当即用手书授职。王显一向受魏宣武帝的宠信,凭借权势滥施淫威,被众人忌恨,他怕不被元澄等人所容纳,就和中常侍孙伏连等人密谋停止门下省的奏议,伪造皇后的命令,任命高肇管理尚书事务,任命王显和勃海公高猛等人共同作为侍中。于忠等人听到这件事,假借服侍皇上治疗无效的罪名,在宫中把王显抓获,诏令剥夺他的爵位、官职。王显在被抓时大声喊冤,门卫就用刀环撞击他的腋下,将他送到右卫府,一夜就丧了命。庚申(十六日),朝廷下令批准了门下省的奏议,百官各安己职,听命于二位王爷,朝廷内外都衷心信服。

二月庚辰(初七),北魏尊封皇后为皇太后。

魏孝明帝称名道姓写信给高肇诉说哀痛,并且召他回朝。高肇承受着这种变故非常忧伤、惊惧,整日哭泣,甚至越来越瘦弱憔悴,回到瀍涧时,家里人迎接他,他却不与他们见面。辛巳(初八),他来到皇宫前,穿着丧服大声号哭,登上太极殿表达哀悼之情。高阳王元雍和于忠秘密商议,将值寝邢豹等十多人埋伏在舍人省内,等到高肇哭完,把他引入西殿,清河王等众王都偷偷交谈着看着他。高肇进了舍人省,邢豹等人掐死了他,接着,下令公布高肇的罪恶,假称高肇自杀,对他剩下的亲友全都没有加以追究,又剥夺了他的职务、爵位,用士大夫的礼节安葬他。到了黄昏,从侧门把他的尸体运回他家。

4　魏之伐蜀也,军至晋寿,蜀人震恐。傅竖眼将步兵三万击巴北,上遣宁州刺史任太洪自阴平间道入其州,招诱氐、蜀,绝魏运路。会魏大军北还,太洪袭破魏东洛、除口二戍,声言梁兵继至,氐、蜀翕然从之。太洪进围关城,竖眼遣统军姜喜等击太洪,大破之,太洪弃关城走还。

5　癸未,魏以高阳王雍为太傅、领太尉,清河王怿为司徒,广平王怀为司空。

6　甲午,魏葬宣武皇帝于景陵,庙号世宗。己亥,尊胡贵嫔为皇太妃。三月甲辰朔,以高太后为尼,徙居金墉瑶光寺,非大节庆,不得入宫。

7　魏左仆射郭祚表称:"萧衍狂悖,谋断川渎,役苦民劳,危亡已兆;宜命将出师,长驱扑讨。"魏诏平南将军杨大眼督诸军镇荆山。

8　魏于忠既居门下,又总宿卫,遂专朝政,权倾一时。初,太和中,军国多事,高祖以用度不足,百官之禄四分减一,忠悉命归所减之禄。旧制:民税绢一匹别输绵八两,布一匹别输麻十五斤,忠悉罢之。乙丑,诏文武群官各进位一级。

9　夏,四月,浮山堰成而复溃,或言蛟龙能乘风雨破堰,其性恶铁,乃运东、西冶铁器数千万斤沉之,亦不能合。乃伐树为井干,填以巨石,加土其上。缘淮百里内木石无巨细皆尽,负檐者肩上皆穿,夏日疾疫,死者相枕,蝇虫昼夜声合。

4 北魏的军队攻打蜀地,大军开到晋寿,蜀人非常恐惧。傅竖眼率领三万步兵攻打巴北,梁武帝派宁州刺史任太洪从阴平抄小路进入州城,招诱氐人、蜀人,并且断绝了北魏军队的运输线路。正赶上北魏大部队向北返回,任太洪袭击了北魏的东洛、除口二戍,并且声称梁朝军队紧接着就会到来,氐人、蜀人都归顺了他。任太洪进军包围了关城,傅竖眼派统军姜喜等人攻打任太洪,击败了他的部队,任太洪放弃关城逃了回来。

5 癸未(初十),北魏任命高阳王元雍担任太傅、领太尉,清河王元怿为司徒,广平王元怀为司空。

6 甲午(二十一日),北魏将宣武帝安葬在景陵,庙号为世宗。己亥(二十六日),尊封胡贵嫔为皇太妃。三月甲辰朔(初一),使高太后做了尼姑,把她迁居到金墉瑶光寺,不遇到大的节庆之日,不许入宫。

7 北魏左仆射郭祚上书宣称:"萧衍狂妄无道,谋划切断山川沟渠,以致国内劳役繁重,百姓疲弊,灭亡的征兆已显露出来,我国应当派将出兵,长驱直入,讨伐敌人。"于是朝廷诏令平南将军杨大眼率领军队镇守荆山。

8 北魏的于忠既占居侍中之位,又担任领军之职,于是他独揽朝政,权倾一时。起初,在太和年间,国家频繁用兵,魏高祖为了用度不足的原因,把百官的俸禄减少了四分之一,于忠下令全部恢复了减少的俸禄。旧法规定:百姓每织一匹绢要交八两棉,一匹布要交十五斤麻作为税收,于忠都加以免除。乙丑(二十二日),朝廷诏令使文武百官每人晋升一级。

9 夏季四月,梁朝浮山堰修成后却又崩溃,有人说蛟龙能乘风雨破坏渠堰,但它本性厌恶铁,于是就运来东方、西方几千万斤铁器沉在江里,但是也没能使坝合拢。于是,又伐木做成井栏,把大石头填进去,在上面加上土,以此截流筑坝。因此,沿着淮河一百里内的树木石头无论大小都被用光,扛担的人肩膀都磨烂了,夏天里疾病成疫,死掉的人互枕藉,遍地都是,苍蝇蚊虫聚集不散,日夜轰鸣。

10　魏梁州刺史薛怀吉破叛氐于沮水。怀吉,真度之子也。五月甲寅,南秦州刺史崔暹又破叛氐,解武兴之围。

11　六月,魏冀州沙门法庆以妖幻惑众,与勃海人李归伯作乱,推法庆为主。法庆以尼惠晖为妻,以归伯为十住菩萨、平魔军司、定汉王,自号大乘。又合狂药,令人服之,父子兄弟不复相识,唯以杀害为事。刺史萧宝寅遣兼长史崔伯骥击之,伯骥败死。贼众益盛,所在毁寺舍,斩僧尼,烧经像,云"新佛出世,除去众魔"。秋,七月丁未,诏假右光禄大夫元遥征北大将军以讨之。

12　魏尚书裴植,自谓人门不后王肃,以朝廷处之不高,意常怏怏,表请解官隐嵩山,世宗不许,深怪之。及为尚书,志气骄满,每谓人曰:"非我须尚书,尚书亦须我。"每入参议论,好面讥毁群官,又表征南将军田益宗,言:"华、夷异类,不应在百世衣冠之上。"于忠、元昭见之切齿。

尚书左仆射郭祚,冒进不已,自以东宫师傅,望封侯、仪同,诏以祚为都督雍岐华三州诸军事、征西将军、雍州刺史。

祚与植皆恶于忠专横,密劝高阳王雍使出之。忠闻之,大怒,令有司诬奏其罪。尚书奏:"羊祉告植姑子皇甫仲达云'受植旨,诈称被诏,帅合部曲欲图于忠。'臣等穷治,辞不伏引;然众证明晓,准律当死。众证虽不见植,皆言'仲达为植所使,植召仲达责问而不告列'。推论情状,不同之理不可分明,不得同之常狱,有所降减,计同仲达处植死刑。

10  北魏梁州刺史薛怀吉在沮水打败了叛乱的氐人。薛怀吉是薛真度的儿子。五月甲寅（十二日），南秦州刺史崔暹又大败叛乱的氐人，从而解除了对武兴的围困。

11  六月，北魏冀州僧人法庆用妖术迷惑百姓，与勃海人李归伯一同作乱，并推举法庆做道领。法庆以尼姑惠晖为妻，让李归伯当十住菩萨、平魔军司、定汉王，自己则号称"大乘"。他又配置迷幻药，让人服用了这种药后，父子兄弟不再相认，只以杀人害命为业。刺史萧宝寅派兼长史崔伯骥攻打法庆的叛军，崔伯骥战败而死。众叛贼气焰更加嚣张，所到之处烧毁寺庙，斩杀僧尼，烧毁经像，还说："新佛出世，除去众魔。"秋季，七月丁未（初五），朝廷诏令代理右光禄大夫元遥作为征北大将军去讨伐法庆。

12  北魏尚书裴植，自以为门第不比王肃低，因在朝廷里官位不高而常常怏怏不乐，就上书请求辞去官职，退隐到嵩山，魏宣武帝不同意，并且认为他很怪。等他做了尚书，志高气傲，常常对人说："不是我想做尚书，是尚书要由我来做。"每次他入朝见皇上，议论政治时，他都喜欢当面讥讽伤害众位官员。他还在给征南将军田益宗的信中说道："汉人、夷人种类不同，不应当让夷人位在百世衣冠的汉人之上。"于忠和元昭见了他都恨得咬牙切齿。

尚书左仆射郭祚，连续升迁，自认为是太子的师傅，就希望也被封侯和封为开府仪同三司，于是朝廷诏令郭祚为都督雍、岐、华三州诸军事，征西将军及雍州刺史。

郭祚和裴植都妒恨于忠专权霸道，暗中劝高阳王元雍让他离开朝廷。于忠听后万分愤恨，命令有关部门诬告郭祚、裴植犯了罪。尚书诬告说："羊祉报告裴植的表弟皇甫仲达说：'我受了裴植的命令，假称受圣上的旨令，率领部下想要图谋于忠。'我们已经审理完毕，他们虽然不认罪，但是各种证据都很清楚，按法律应判死刑。这些证据中虽没有直接是裴植的，但大家都说：'皇甫仲达是被裴植指挥，裴植曾叫来皇甫仲达责问他，但没有告发他。'按常理推算，看不出来他们之间有什么明显的区别，因此不能和其他案子一样，减轻他的罪过，所以一致提议对裴植处以和皇甫仲达一样的死刑。

植亲帅城众,附从王化,依律上议,乞赐裁处。"忠矫诏曰:"凶谋既尔,罪不当恕。虽有归化之诚,无容上议,亦不须待秋分。"八月己亥,植与郭祚及都水使者杜陵韦儁皆赐死。儁,祚之婚家也。忠又欲杀高阳王雍,崔光固执不从,乃免雍官,以王还第。朝野冤愤,莫不切齿。

13　丙子,魏尊胡太妃为皇太后,居崇训宫。于忠领崇训卫尉,刘腾为崇训太仆,加侍中,侯刚为侍中抚军将军。又以太后父国珍为光禄大夫。

14　庚辰,定州刺史田超秀帅众三千降魏。

15　戊子,魏大赦。

16　己丑,魏清河王怿进位太傅,领太尉,广平王怀为太保,领司徒,任城王澄为司空。庚寅,魏以车骑大将军于忠为尚书令,特进崔光为车骑大将军,并加开府仪同三司。

17　魏江阳王继,熙之曾孙也,先为青州刺史,坐以良人为婢夺爵。继子又娶胡太后妹,壬辰,诏复继本封,以乂为通直散骑侍郎,又妻为新平郡君,仍拜女侍中。

群臣奏请太后临朝称制,九月乙未,灵太后始临朝听政,犹称令以行事,群臣上书称殿下。太后聪悟,颇好读书属文,射能中针孔,政事皆手笔自决。加胡国珍侍中,封安定公。

自郭祚等死,诏令生杀皆出于忠,王公畏之,重足胁息。太后既亲政,乃解忠侍中、领军、崇训卫尉,止为仪同三司、尚书令。后旬馀,太后引门下侍官于崇训宫,问曰:"忠

裴植曾经亲自率领全城的人马归顺我王,因此,我们按法律条文请求您做出裁决。"于忠假传圣旨说:"罪行已经犯下,他的罪恶不能宽恕。虽然也有过诚心归顺我们的行为,但不必再经审理,也不用等秋分过后再判死刑。"八月己亥(初五),裴植和郭祚以及都水使者杜陵、韦儁都被赐死。韦儁是郭祚的亲家。于忠又想杀高阳王元雍,崔光坚决不同意,于是就罢免了元雍的官职,以亲王的身份回到了他的王府。朝廷内外都含冤忍愤,没有人不咬牙切齿。

13 丙子(初六),北魏尊封胡太妃为皇太后,让她住进崇训宫,于忠担任崇训宫的卫尉,刘腾担任崇训宫的太仆,并增设了侍中的职务,侯刚做了侍中抚军将军。又让胡太后的父亲胡国珍做了光禄大夫。

14 庚辰(初十),定州刺史田超秀率领三千兵马投降了北魏。

15 戊子(十八日),北魏颁布大赦令。

16 己丑(十九日),北魏清河王元怿晋升太傅的职位,兼任太尉,广平王元怀做了太保,兼任司徒,任城王元澄做了司空。庚寅(二十日),北魏孝明帝任命车骑大将军于忠做尚书令。特别晋升崔光为车骑将军,并加封开府仪同三司。

17 北魏江阳王元继是元熙的曾孙。他原来是青州刺史,因为犯了把良民的女孩当作婢女的罪被剥夺了爵位。元继的儿子元义(即元叉)娶了胡太后的妹妹,壬辰(二十二日),北魏孝明帝下令恢复了元继的原封位,让元义做了通值散骑侍郎。元义的妻子是新平郡君,担任了女侍中的职务。

众大臣上书请求太后临朝听政,九月乙未,胡太后开始临朝听政,仍然以皇帝的名义来处理事务,大臣们上书仍称呼她为殿下。太后聪明机智,非常喜爱读书写作,射箭能射中针孔,一切政务都亲手批阅处理。她提拔胡国珍为侍中,封为安定公。

自从郭祚等人死后,诏书、命令、生杀予夺的大权都由于忠操纵,王臣公卿们都畏惧他,人人蹑手蹑脚、敛声屏气。太后亲政以后,就解除了于忠侍中、领军、崇训卫尉的职务,只让他做仪同三司、尚书令。过了十几天,太后把门下侍官叫到崇训宫,问道:"于忠

在端揆,声望何如?"咸曰:"不称厥任。"乃出忠为都督冀定瀛三州诸军事、征北大将军、冀州刺史,以司空澄领尚书令。澄奏:"安定公宜出入禁中,参谋大务",诏从之。

18 甲寅,魏元遥破大乘贼,擒法庆并渠帅百馀人,传首洛阳。

19 左游击将军赵祖悦袭魏西硖石,据之以逼寿阳。更筑外城,徙缘淮之民以实城内。将军田道龙等散攻诸戍,魏扬州刺史李崇分遣诸将拒之。癸亥,魏遣假镇南将军崔亮攻西硖石,又遣镇东将军萧宝寅决淮堰。

20 冬,十月乙酉,魏以胡国珍为中书监、仪同三司,侍中如故。

21 甲午,弘化太守杜桂举郡降魏。

22 初,魏于忠用事,自言世宗许其优转。太傅雍等皆不敢违,加忠车骑大将军。忠又自谓新故之际有定社稷之功,讽百僚令加己赏,雍等议封忠常山郡公。忠又难于独受,乃讽朝廷,同在门下者皆加封邑,雍等不得已复封崔光为博平县公,而尚书元昭等上诉不已。太后敕公卿再议,太傅怿等上言:"先帝升遐,奉迎乘舆,侍卫省闼,乃臣子常职,不容以此为功。臣等前议授忠茅土,正以畏其威权,苟免暴戾故也。若以功过相除,悉不应赏,请皆追夺。"崔光亦奉送章绶茅土,表十馀上,太后从之。

高阳王雍上表自劾,称"臣初入柏堂,见诏旨之行一由门下,臣出君行,深知其不可而不能禁。于忠专权,生杀自恣,而臣不能

在朝廷中的声望如何?"众人都说:"他不适合在朝中任职。"于是就让于忠出朝任都督冀、定、瀛三州诸军事、征北大将军、冀州刺史,让司空元澄兼任尚书令。元澄上书说:"安定公应当可以出入宫禁,并参议重大事务。"诏令批准了他的请求。

18 甲寅(十四),北魏将领元遥击败了大乘贼,擒获法庆和他手下一百多人,将他们斩首并把首级送往洛阳。

19 左游击将军赵祖悦在西硖石一带袭击了北魏军队,并以西硖石为根据地逼近寿阳。又筑起外城,将淮河周围的百姓都迁进来充实内城。将军田道龙等人分别去攻打北魏的各个寨堡,北魏扬州刺史李崇分别派遣众将领去抵抗。癸亥(二十三日),北魏派遣代理镇南将军崔亮攻打西硖石,又派镇东将军萧宝寅掘开淮河堰。

20 冬季,十月乙酉(十六日),北魏任命胡国珍为中书监、仪同三司,并保留侍中的职务。

21 甲午(二十五日),弘化太守杜桂率领全郡投降北魏。

22 当初,北魏的于忠掌握朝中权力,自己说魏宣武帝答应加封他。太傅元雍等人都不敢违背,于是加封于忠为车骑大将军。于忠又自认为在新旧交替时有安定国家政权的功劳,暗示官员们给他增加奖赏,因此元雍等议封于忠为常山郡公。于忠却又不敢独享,就暗示朝臣们给在门下省的人一同增加封地,元雍等人不得已只好又封崔光为博平县公,而尚书元昭等人不断地上书投诉。胡太后就命令大臣们再次商议,太傅元怿等人上书说:"先帝升天后,迎接新王、保护防卫,本是做臣子的正常职务,不应当把这个当作功劳。我们从前商议授予于忠封地,正因为畏惧他的威风和权势,不过想暂时免除残暴的行为。如果把功劳和过失相抵,全不应当奖赏,请求全部追还封赏。"崔光也送还封地和官爵,书表递上了十几份,太后终于采纳了。

高阳王元雍上书自责,说道:"我刚刚进入柏堂时,看到圣上的诏书旨令都由门下省做主,臣子做出国君的行为,深知这种事不该发生但却不能禁止。于忠独揽朝权,随意生杀予夺,而我又不敢

违。忠规欲杀臣,赖在事执拒。臣欲出忠于外,在心未行,返为忠废。忝官尸禄,孤负恩私,请返私门,伏听司败。"太后以忠有保护之功,不问其罪。十二月辛丑,以忠为太师,领司州牧,寻复录尚书事,与太傅怿、太保怀、侍中胡国珍入居门下,同厘庶政。

23　己酉,魏崔亮至硖石,赵祖悦逆战而败,闭城自守,亮进围之。

24　丁卯,魏主及太后谒景陵。

25　是冬,寒甚,淮、泗尽冻,浮山堰士卒死者什七八。

26　魏益州刺史傅竖眼,性清素,民、獠怀之。龙骧将军元法僧代竖眼为益州刺史,素无治干,加以贪残。王、贾诸姓,本州士族,法僧皆召为兵。葭萌民任令宗因众心之患魏也,杀魏晋寿太守,以城来降,民、獠多应之;益州刺史鄱阳王恢遣巴西、梓潼二郡太守张齐将兵三万迎之。法僧,熙之曾孙也。

27　魏岐州刺史赵王谧,干之子也,为政暴虐。一旦,闭城门大索,执人而掠之,楚毒备至,又无故斩六人,阖城凶惧。众遂大呼,屯门,谧登楼毁梯以自固。胡太后遣游击将军王靖驰驲谕城人,城人开门谢罪,奉送管龠,乃罢谧刺史。谧妃,太后从女也。至洛,除大司农卿。

太后以魏主尚幼,未能亲祭,欲代行祭事,礼官博议以为不可。太后以问侍中崔光,光引汉和熹邓太后祭守庙故事,太后大悦,遂摄行祭事。

违抗。于忠一心想杀掉我,幸亏在位任事的崔光坚持不允许。我想把于忠逐出宫外,又怕心愿还没达到就被于忠破坏。我这样不理政务空食俸禄,辜负了圣上对我的恩惠,请将我除掉职位遣返回家,心甘情愿地听从司寇的处置。"太后因为于忠有过保护她的功劳,没有查问他的罪过。十二月辛丑(初三),任命于忠为太师,兼任司州牧,不久又重任录尚书事,和太傅元怿、太保元怀、侍中胡国珍一同居住在门下省,一同治理朝政。

23 己酉(十七日),北魏崔亮来到硖石,赵祖悦迎战崔亮却失败了,只好闭城坚守,崔亮就包围了他们。

24 丁卯,北魏国主和太后参拜景陵。

25 这一年冬季,异常寒冷,淮河、泗水都结了冰,浮山堰的兵士死掉十分之七八。

26 北魏益州刺史傅竖眼,生性清静无为,汉民、獠民都依附他。龙骧将军元法僧代替傅竖眼做益州刺史后,平日不治理政务,而且还非常贪婪残暴。姓王和姓贾的人,都是这个州的士族大户,元法僧都招收他们当兵。葭萌人任令宗因为众人心中都怨恨北魏,就杀了北魏晋寿太守,献城投降了梁朝,百姓、獠人大部分都响应他。益州刺史鄱阳王元恢派巴西、梓潼二郡太守张齐率领三万兵马迎战敌人。元法僧是元熙的曾孙。

27 北魏岐州刺史赵王元谧是元幹的儿子,他执政暴虐无道。一天,他命令关闭城门大肆搜捕,抓到人就拷打,施展各种酷刑,并且无故杀了六个人,全城人都惊恐万分。百姓就大声呼喊,攻占城门,元谧登上城楼毁坏了梯子来保护自己。胡太后派游击将军王靖骑着驿马晓谕城中百姓,城中百姓打开城门请罪,交还锁匙,于是罢免了元谧刺史的职务。元谧的妃子是胡太后的侄女儿。元谧到了洛阳,被任命为大司农卿。

胡太后因为孝明帝年龄尚幼,不能亲行祭祀之礼,便想代替他进行祭祀之事,礼官多次议论后认为不可以。太后以这事询问侍中崔光,崔光引用汉朝和熹邓太后祭宗庙的旧事,认为可以,太后非常高兴,于是代行祭祀的事务。

28　魏南荆州刺史恒叔兴表请不隶东荆州,许之。

**十五年(丙申,516)**

1　春,正月戊辰朔,魏大赦,改元熙平。

2　魏崔亮攻硖石未下,与李崇约水陆俱进,崇屡违期不至。胡太后以诸将不壹,乃以吏部尚书李平为使持节、镇军大将军兼尚书右仆射,将步骑二千赴寿阳,别为行台,节度诸军,如有乖异,以军法从事。萧宝寅遣轻车将军刘智文等渡淮,攻破三垒。二月乙巳,又败将军垣孟孙等于淮北。李平至硖石,督李崇、崔亮等水陆进攻,无敢乖互,战屡有功。

上使左卫将军昌义之将兵救浮山,未至,康绚已击魏兵,却之。上使义之与直阁王神念溯淮救硖石。崔亮遣将军博陵崔延伯守下蔡,延伯与别将伊瓮生夹淮为营。延伯取车轮去辋,削锐其辐,两两接对,揉竹为绲,贯连相属,并十馀道,横水为桥,两头施大鹿卢,出没随意,不可烧斫。既断赵祖悦走路,又令战舰不通,义之、神念屯梁城不得进。李平部分水陆攻硖石,克其外城。乙丑,祖悦出降,斩之,尽俘其众。

胡太后赐崔亮书,使乘胜深入。平部分诸将,水陆并进,攻浮山堰。亮违平节度,以疾请还,随表辄发。平奏处亮死刑,太后令曰:"亮去留自擅,违我经略,虽有小捷,岂免大咎!但吾摄御万机,庶几恶杀,可听特以功补过。"魏师遂还。

3　魏中尉元匡奏弹于忠:"幸国大灾,专擅朝命,裴、郭受冤,宰辅黜辱;又自矫旨为仪同三司、尚书令,领崇训卫尉,原其

28　北魏南荆州刺史桓叔兴上书请求不再隶属东荆州,被批准。

## 梁武帝天监十五年(丙申,公元516年)

1　春季,正月戊辰朔(初一),北魏大赦天下,改年号为熙平。

2　北魏崔亮攻打硖石城没能攻下来,就和李崇约定水陆并进,李崇多次违反约定时间不来。胡太后因为众将不团结的原因,就委任吏部尚书李平为使持节、镇军大将军兼尚书右仆射,率领步兵、骑兵两千人赶到寿阳,另立帅营,指挥调遣各部队,如果有违抗不听命令的人,便用军法来制裁。萧宝寅派轻车将军刘智文等人渡过淮河,攻破了三座营垒。二月乙巳(初八),又在淮北打败了将军垣孟孙等人。李平来到硖石,督促李崇、崔亮等军队水陆并进,没有人敢违背命令,几次作战都获胜。

梁武帝派左卫将军昌义之领兵去解救浮山,军队没有赶到时,康绚已经开始攻打北魏军队,击退了他们。梁武帝派昌义之和直阁王神念逆淮而上以便援救硖石。崔亮派遣将军博陵人崔延伯驻守下蔡,崔延伯和副将伊瓮生沿着淮河两岸扎营。崔延伯把车轮的外周去掉,把轮辐削尖,每两辆车对接在一起,用柔软的竹子做成竹索,连贯并列起来,十多辆车并在一起,横在水里作为桥梁,两头设置大辘轳,使桥可以随意出没,不容易烧毁。既切断了赵祖悦的逃路,又使战船不能通行,昌义之、王神念驻扎在梁城不能够前进。李平指挥军队分水陆攻打硖石,攻克了外城。乙丑(二十八日),赵祖悦出城投降,被杀掉,他的部下都被俘获。

胡太后赐给崔亮书信,命令他乘胜深入。李平分派各将领从水旱两路一同出发,攻打浮山堰。崔亮违抗李平的指挥,借口患病请求撤还,并且刚刚上书就撤军了。李平上书建议判处崔亮死刑,太后下命令说:"崔亮进退自作主张,违背了我的战略计划,虽然获得了一些小的胜利,怎么能免除大的罪过!但是我日理万机,十分讨厌杀戮,可以听任他将功赎罪。"于是北魏军队就返回了。

3　北魏中尉元匡上书揭发于忠说:"于忠借着国家有难,独揽朝权,使裴植、郭祚蒙受冤屈,宰相受到被罢黜的污辱,并且又自己假造圣旨当了仪同三司、尚书令,还兼任崇训卫尉。推论他的

此意,欲以无上自处。既事在恩后,宜加显戮,请遣御史一人就州行决。自去岁世宗晏驾以后,皇太后未亲览,以前诸不由阶级,或发门下诏书,或由中书宣敕,擅相拜授者,已经恩宥,正可免罪,并宜追夺。"太后令曰:"忠已蒙特原,无宜追罪,馀如奏。"

匡又弹侍中侯刚掠杀羽林。刚本以善烹调为尚食典御,凡三十年,以有德于太后,颇专恣用事,王公皆畏附之。廷尉处刚大辟,太后曰:"刚因公事掠人,邂逅致死,于律不坐。"少卿陈郡袁翻曰:"'邂逅',谓情状已露,隐避不引,考讯以理者也。今此羽林,问则具首,刚口唱打杀,挝筑非理,安得谓之'邂逅'!"太后乃削刚户三百,解尝食典御。

    4  三月戊戌朔,日有食之。

    5  魏论西硖石之功,辛未,以李崇为骠骑将军,加仪同三司,李平为尚书右仆射,崔亮进号镇北将军。亮与平争功于禁中,太后以亮为殿中尚书。

    6  魏萧宝寅在淮堰,上为手书诱之,使袭彭城,许送其国庙及室家诸从还北,宝寅表上其书于魏朝。

    7  夏,四月淮堰成,长九里,下广一百四十丈,上广四十五丈,高二十丈,树以杞柳,军垒列居其上。

或谓康绚曰:"四渎,天所以节宣其气,不可久塞,若凿黎东注,则游波宽缓,堰得不坏。"绚乃开黎东注。又纵反间于魏曰:"梁人所惧开黎,不畏野战。"萧宝寅信之,凿山深五丈,开黎北注,水日夜分流犹不减,魏军竟罢归。水之所及,

这番心意,是想夺取王位。既然事情发生在大赦之后,应当杀头,请求派一位御史到州里去执行处决。自从去年世宗去世以后,皇太后没能亲理朝政,因此以前的事务都不按规定,有的由门下省发出诏书,有的由中书宣布赦令,擅自相互封任,已经受到皇恩宽恕的,确实应当免罪,但也应当追回封授。"皇太后说:"于忠已经受到了特别的宽恕,不好再追究罪责了,其他的都同意你的意见。"

元匡又弹劾侍中侯刚掠杀羽林卫士。侯刚本来凭着善于烹调做了尚食典御,大约做了三十年。因为对太后有恩,非常专横霸道,王公大臣都害怕他并且依附他。廷尉判处侯刚死刑,太后说:"侯刚是为公事抓人,不经意使人死掉了,按法律不应处死。"少卿陈郡人袁翻说:"您所谓的'不经意'是指罪证已经暴露,却掩藏起来不肯招认,于是就按法律拷问他们。现在被侯刚打死的这个羽林,问他什么就供认什么,侯刚却嘴里大叫打死他,无理拷打,怎能说是'不经意'!"于是太后才削除了侯刚三百户封邑,解除了他尚食典御的职务。

4 三月戊戌朔(初一),出现日食。

5 北魏朝廷议论给西硖石之战中的将领行赏,辛未(初四),任命李崇为骠骑将军,加封仪同三司,李平为尚书右仆射,崔亮增加镇北将军的封号,崔亮和李平在朝廷中争夺功劳,最后太后让崔亮做了殿中尚书。

6 北魏萧宝寅驻扎在淮河坝上,梁武帝写了亲笔信招诱他,让他攻打彭城,答应把他的国庙和家室仆从们送到北方,萧宝寅把梁武帝的信呈交给北魏朝廷。

7 夏季,四月,淮河堰修成,长九里,下宽一百四十丈,上宽四十五丈,高二十丈,种上了杞柳树,军营就扎在坝上。

有人对康绚说:"四渎,是天用来宣泄它的'真气'的设施,不能够长久地阻塞它,如果凿开黎水向东灌,那么流水宽缓,堰才能不破坏。"康绚就凿开黎水东灌。又对北魏使用反间计,说:"梁朝人怕的是掘开黎水,不怕攻城野战。"萧宝寅相信了,凿山五丈多深,掘开黎水向北灌注,水日夜分流仍然不见减少,北魏军队最后撤军回去了。水到之处,

夹淮方数百里。李崇作浮桥于硖石戍间,又筑魏昌城于八公山东南,以备寿阳城坏,居民散就冈陇,其水清彻,俯视庐舍冢墓,了然在下。

初,堰起于徐州境内,刺史张豹子宣言,谓己必掌其事。既而康绚以他官来监作,豹子甚惭。俄而敕豹子受绚节度,豹子遂谮绚与魏交通,上虽不纳,犹以事毕征绚还。

8 魏胡太后追思于忠之功,曰:"岂宜以一谬弃其馀勋!"复封忠为灵寿县公,亦封崔光为平恩县侯。

9 魏元法僧遣其子景隆将兵拒张齐,齐与战于葭萌,大破之,屠十馀城,遂围武兴。法僧婴城自守,境内皆叛,法僧遣使间道告急于魏。魏驿召镇南军司傅竖眼于淮南,以为益州刺史、西征都督,将步骑三千以赴之。竖眼入境,转战三日,行二百馀里,九遇皆捷。五月,竖眼击杀梁州刺史任太洪。民、獠闻竖眼至,皆喜,迎拜于路者相继。张齐退保白水,竖眼入州,白水以东民皆安业。

魏梓潼太守苟金龙领关城戍主,梁兵至,金龙疾病,不堪部分,其妻刘氏帅厉城民,乘城拒战,百有馀日,士卒死伤过半。戍副高景谋叛,刘氏斩景及其党与数千人,自馀将士,分衣减食,劳逸必同,莫不畏而怀之。井在城外,为梁兵所据,会天大雨,刘氏命出公私布绢及衣服悬之,绞而取水,城中所有杂物悉储之。竖眼至,梁兵乃退,魏人封其子为平昌县子。

10 六月庚子,以尚书令王莹为左光禄大夫、开府仪同三司,尚书右仆射袁昂为左仆射,吏部尚书王暕为右仆射。暕,俭之子也。

沿淮河方圆数百里都成了泽国。李崇在硖石戍之间搭起浮桥,又在八公山东南筑起魏昌城,来防备寿阳城被毁坏,居民们分散到山丘上。水非常清澈,向下俯视,房屋墓穴都清晰可见。

起初,淮河堰从徐州境内建起,刺史张豹子宣称,认为自己一定能掌管这件事。等到后来康绚以其他的官衔来监督建堰,张豹子非常恼怒。不久,张豹子受令由康绚管辖,他就诬告康绚和北魏勾通,梁武帝虽然没有听信他的话,却用工程完毕为理由召回了康绚。

8 北魏胡太后追忆于忠的功劳,说:"怎么能凭着一次错误就不承认他的其他功绩!"便重新封于忠为灵寿县公,也封崔光为平恩县侯。

9 北魏元法僧派他的儿子元景隆带兵抗击张齐,张齐与景隆在葭萌作战,大败景隆,在十多个城市进行屠杀,最后包围了武兴。元法僧闭城固守,境内军民都背叛了他,元法僧派使节从小路去向北魏国主告急。北魏用驿车从淮南召回镇南军司傅竖眼,让他做益州刺史、西征都督,率领步兵、骑兵三千人开赴武兴。傅竖眼进入武兴境内,转战三天,走了二百多里,作战九次都取得胜利。五月,傅竖眼杀死了梁州刺史任太洪。百姓、獠人听说傅竖眼来到,都很高兴,在路上欢迎接待的人络绎不绝。张齐退回去保卫白水,傅竖眼进了城,白水城以东的百姓都安居乐业了。

北魏梓潼太守苟金龙兼任关城戍主,梁朝军队来到时,苟金龙病重,不能指挥。他的妻子刘氏率领激励城中百姓,凭借城池抗击敌兵,打了一百多天,兵士大部分战死、负伤。副将高景阴谋叛变,刘氏杀掉高景以及他的同党几十人,对剩下的将士,平分粮食和衣物,劳逸同享,众人莫不既畏惧她又依赖她。水井位于城外,被梁兵把守,正赶上天下大雨,刘氏命令拿出公家和私人的布、绢和衣服接雨,然后绞布取水,用城里所有的器具储存水。傅竖眼来到,梁兵才撤退,北魏封她的儿子为平昌县子。

10 六月庚子(初五),梁朝任命尚书令王莹为左光禄大夫、开府仪同三司,任命尚书右仆射袁昂为左仆射,吏部尚书王暕为右仆射。王暕是王俭的儿子。

11　张齐数出白水,侵魏葭萌,傅竖眼遣虎威将军强虬攻信义将军杨兴起,杀之,复取白水。宁朔将军王光昭又败于阴平,张齐亲帅骁勇二万馀人与傅竖眼战,秋,七月,齐军大败,走还,小剑、大剑诸戍皆弃城走,东益州复入于魏。

12　八月乙巳,魏以胡国珍为骠骑大将军、开府仪同三司、雍州刺史。国珍年老,太后实不欲令出,止欲示以方面之荣;竟不行。

13　康绚既还,张豹子不复修淮堰。九月丁丑,淮水暴涨,堰坏,其声如雷,闻三百里,缘淮城戍村落十馀万口皆漂入海。初,魏人患淮堰,以任城王澄为大将军、大都督南讨诸军事,勒众十万,将出徐州来攻堰,尚书右仆射李平以为“不假兵力,终当自坏。”及闻破,太后大喜,赏平甚厚,澄遂不行。

14　壬辰,大赦。

15　魏胡太后数幸宗戚勋贵之家,侍中崔光表谏曰:“《礼》,诸侯非问疾吊丧而入诸臣之家,谓之君臣为谑。不言王后夫人,明无适臣家之义。夫人,父母在有归宁,没则使卿宁。汉上官皇后将废昌邑,霍光,外祖也,亲为宰辅,后犹御武帐以接群臣,示男女之别也。今帝族方衍,勋贵增迁,祗请遂多,将成彝式。愿陛下简息游幸,则率土属赖,含生仰悦矣。”

任城王澄以北边镇将选举弥轻,恐贼虏窥边,山陵危迫,奏求重镇将之选,修警备之严,诏公卿议之。廷尉少卿袁翻议,以为

11　张齐多次出兵白水,侵犯北魏的葭萌,傅竖眼派虎威将军强虬攻打信义将军杨兴起,杀死了他,重新夺取了白水。宁朔将军王光昭又在阴平被打败,张齐亲自率领二万多勇士和傅竖眼作战。秋季,七月,张齐的军队大败,逃了回去,小剑、大剑两地的驻军都弃城逃跑,东益州重新回归北魏。

12　八月乙巳(十一日),北魏任命胡国珍为骠骑大将军、开府仪同三司、雍州刺史。胡国珍年老,太后实际上不想让他出朝外任,只不过想给他方面大员的荣誉,所以最终也没有出朝。

13　康绚回去之后,张豹子不再修建淮河堰。九月丁丑(十三日),淮河水急剧上涨,河堰被冲毁,决堤声像雷鸣一样,三百里以内都能听到。沿着淮河的城镇村庄有十多万人被漂入海中。当初,北魏人担心淮河堰的修建会造成危害,就任命任城王元澄为大将军、大都督南讨诸军事,统率十万大军,即将从徐州出兵来攻打淮河堰,尚书右仆射李平认为:"不需要动用兵力,淮河堰最后也会自己毁掉。"等到听说淮河堰已冲毁,太后非常高兴,赏赐李平很多东西,元澄于是也没有出兵。

14　壬辰(二十八日),梁朝颁布大赦令。

15　北魏胡太后多次驾临皇室贵戚以及功臣显贵的家中,侍中崔光上书劝谏说:"《礼记》上讲,诸侯如果不是为了慰问病人或追悼死人而进入大臣的家中,就叫作君臣之间失礼戏谑。没有提到王后夫人,是为了表明她们根本没有去大臣家的意义。诸侯的夫人,父母在时可以回家问候,父母不在就派手下人去问候。汉朝的上官皇后将要废掉昌邑王时,霍光是她的外祖父,担任宰相,皇后仍然悬挂武帐来接见众大臣,是为了表明男女要加以区分。现在皇族正当繁衍兴盛之时,宗戚勋贵升官的很多,请您的人就多起来了,快要成为常规了。希望您减少和停止出游探视,如此则天下归心,众生仰戴。"

任城王元澄认为对北部边境守将的选用太轻率,恐怕敌人会觊觎边境,国土受到危害,于是上书请求注重守边将领的选派,严整防守的纪律,胡太后下令让百官商议。廷尉少卿袁翻认为:

"比缘边州郡,官不择人,唯论资级。或值贪污之人,广开戍逻,多置帅领,或用其左右姻亲,或受人货财请属,皆无防寇之心,唯有聚敛之意。其勇力之兵,驱令抄掠,若遇强敌,即为奴虏,如有执获,夺为己富。其羸弱老小之辈,微解金铁之工,少闲草木之作,无不搜营穷垒,苦役百端。自馀或伐木深山,或芸卤平陆,贩贸往还,相望道路。此等禄既不多,赀亦有限,皆收其实绢,给其虚粟,穷其力,薄其衣,用其功,节其食,绵冬历夏,加之疾苦,死于沟渎者什常七八。是以邻敌伺间,扰我疆场,皆由边任不得其人故也。愚谓自今已后,南北边诸藩及所统郡县府佐、统军至于戍主,皆令朝臣王公已下各举所知,必选其才,不拘阶级;若称职及败官,并所举之人随事赏罚。"太后不能用。及正光之末,北边盗贼群起,遂逼旧都,犯山陵,如澄所虑。

16 冬,十一月,交州刺史李畟斩交州反者阮宗孝,传首建康。

17 初,魏世宗作瑶光寺,未就,是岁,胡太后又作永宁寺,皆在宫侧。又作石窟寺于伊阙口,皆极土木之美。而永宁尤盛,有金像高丈八者一,如中人者十,玉像二。为九层浮图,掘地筑基,下及黄泉。浮图高九十丈,上刹复高十丈,每夜静,铃铎声闻十里。佛殿如太极殿,南门如端门。僧房千间,珠玉锦绣,骇人心目。自佛法入中国,塔庙之盛,未之有也。扬州刺史李崇上表,以为"高祖迁都垂三十年,明堂

"那些边境州郡中,封官从不按照人才选择,只是论资排辈。有时碰上贪污的官员,大量开设哨所,过多地设置将领,有的人重用他的亲属,有的人接受别人求官的贿赂,全无防范敌人的意识,只有聚敛钱财的贪心。那些勇猛有力的兵士,就被驱赶着去抢劫掠夺,如果碰到强大的敌兵,就被俘虏,如果捕获到东西,就变成自己的财富。那些瘦弱年老和年少的人,稍微懂一些冶炼技艺以及耕种本领的,都被从营垒中搜寻出来,让他们遭受百般的苦役。其馀的人有的在深山中伐木,有的在陆地锄草,来回贩运作买卖的人在路上川流不息。这些人的钱饷不足,供给也有限,都收他们实绢,不给他们现粮,用尽他们的精力,减少他们的衣物,使用他们立功,却限制他们饮食,让他们一年四季不止息地干,再加上疾病劳苦,死在沟壑中的人十个里常有七八个。因此,境外的敌人寻找时机来侵扰我们的边境,这都是由于边境官员的任用不能称职造成的。我认为从现在开始,南北边境各藩镇以及所管辖的各郡县府佐、统军到戍主,都应由朝廷大臣中王公以下的人举荐他们所了解的人来担任,一定要选拔合适的人才,不拘于出身等级,如果所推荐的人称职或渎职,就连同举荐的人一同赏或罚。"太后没有采纳他的建议。到了正光末年,北部边郡的强盗蜂拥而起,终于逼近旧都,侵犯国土,正像元澄所担心的那样。

16 冬季,十一月,交州刺史李畟杀死了交州叛乱的阮宗孝,将他的首级送到了国都建康。

17 当初,魏世宗修建瑶光寺,没能建成。这一年,胡太后又修建永宁寺,都建在宫殿旁边。又在伊阙口修筑了石窟寺,都穷尽了土木建筑的华美。其中永宁寺尤其壮丽,有一座高八丈的金像,十座普通人高的金像,两座玉像。还建了一座九层佛塔,挖筑地基时,把地下的泉水都挖出来了。佛塔高九十丈,上面的柱子还有十丈高,每当夜深人静,塔上的铃铎声十里以外都听得到。佛殿如同太极殿,南门如同端门。其中有一千间僧人住房,珍珠玉石锦绣琳琅,使人心摇目眩。自从佛教传入中国,这样壮观的塔庙从未有过。扬州刺史李崇上书认为:"高祖迁都将近三十年了,明堂

未修，太学荒废，城阙府寺颇亦颓坏，非所以追隆堂构，仪刑万国者也。今国子虽有学官之名，而无教授之实，何异兔丝、燕麦、南箕、北斗！事不两兴，须有进退，宜罢尚方雕靡之作，省永宁土木之功，减瑶光材瓦之力，分石窟镌琢之劳，及诸事役非急者，于三时农隙修此数条，使国容严显，礼化兴行，不亦休哉！"太后优令答之，而不用其言。

太后好事佛，民多绝户为沙门，高阳王友李瑒上言，"三千之罪莫大于不孝，不孝之大无过于绝祀，岂得轻纵背礼之情，肆其向法之意，一身亲老，弃家绝养，缺当世之礼而求将来之益！孔子云：'未知生，焉知死？'安有弃堂堂之政而从鬼教乎！又，今南服未静，众役仍烦，百姓之情，实多避役，若复听之，恐捐弃孝慈，比屋皆为沙门矣。"都统僧暹等忿瑒谓之"鬼教"，以为谤佛，泣诉于太后。太后责之，瑒曰："天曰神，地曰祇，人曰鬼。《传》曰：'明则有礼乐，幽则有鬼神。'然则明者为堂堂，幽者为鬼教。佛本出于人，名之为鬼，愚谓非谤。"太后虽知瑒言为允，难违暹等之意，罚瑒金一两。

18　魏征南大将军田益宗求为东豫州刺史，以招二子，太后不许，竟卒于洛阳。

19　柔然伏跋可汗，壮健善用兵，是岁，西击高车，大破之，执其王弥俄突，系其足于驽马，顿曳杀之，漆其头为饮器。邻国先羁属柔然后叛去者，伏跋皆击灭之，其国复强。

没能加以修筑，太学也荒废了，城楼衙属也很多都残破了，这不是发扬光大祖宗的基业，治理万民之国的样子。现在国子监虽然有学官的名义，却没有教授学生的实际效用，这与那不能纺织的兔丝、不能收获的燕麦、不能簸扬的南箕、不能盛酒的北斗有什么不同呢？事情不能两全其美，应当有进有退，所以应当停止正在进行的奢侈无用的建筑，节减永宁寺土木修建的事情，减少瑶光寺木材砖瓦的费用，分散修筑石窟的劳力，连同那些不急用的劳役一同都加以减省，等到农闲时节再修建上面所说那些急需修缮的建筑，使国家威严显赫，礼仪教化大兴，不也就行了吗？"太后宽容地回答了他的建议，却没有采用他的意见。

胡太后喜欢从事佛事，因此百姓很多都绝了后代使自己的独生子成为和尚，高阳王的朋友李玚上书说："三千种罪过没有比不孝更大的，最大的不孝又没有超过断绝香火后代的，怎么能轻易地纵容百姓们违反礼法，让他们一个个放弃家业停止奉养双亲，用违背现世的礼法去求得来世的善报呢！孔子说：'不知什么是生，怎么知道什么是死？'怎么能放弃光明正大的礼政去听信那鬼邪之教呢！并且，现在南面的兵戈还没有平息，各种劳役仍然不断，百姓的心思实际上是想逃避劳役，如果再听任他们这样下去，恐怕会丢弃孝道慈爱，家家户户都做和尚了。"都统僧暹等人气愤于李玚所说的"鬼教邪说"，认为他是在诽谤佛教，对胡太后哭泣着控诉他。太后责备李玚，李玚说："天叫神，地叫祇，人叫鬼。《左传》中说：'明则有礼乐，幽则有鬼神。'因此明者称为堂堂，幽者称为鬼教。佛是由人变成的，叫它是鬼，我认为不能说是诽谤。"胡太后虽然明白李玚的话正确，却难以违背僧暹等人的心愿，便罚了李玚一两黄金。

18　北魏征南大将军田益宗请求去做东豫州刺史，以便去招降他的两个叛乱的儿子，胡太后不答应，最后他死在了洛阳。

19　柔然国的伏跋可汗，身体壮实高大，善于作战。这一年，他西攻高车，攻破高车城，抓获高车王弥俄突，把他的脚拴在马后面，拖死了他，又把他的头做了饮酒的器皿。旁边的国家中凡是从前归属柔然后来又叛变的，都被伏跋消灭，伏跋的国家重新强大起来。

十六年(丁酉,517)

1　春,正月辛未,上祀南郊。

2　魏大乘馀贼复相聚,突入瀛州,刺史宇文福之子员外散骑侍郎延帅奴客拒之。贼烧斋阁,延突火抱福出外,肌发皆焦,勒众苦战,贼遂散走,追讨,平之。

3　甲戌,魏大赦。

4　魏初,民间皆不用钱,高祖太和十九年,始铸太和五铢钱,遣钱工在所鼓铸。民有欲铸钱者,听就官炉,铜必精练,无得淆杂。世宗永平三年,又铸五铢钱,禁天下用钱不依准式者。既而洛阳及诸州镇所用钱各不同,商货不通。尚书令任城王澄上言,以为:"不行之钱,律有明式,指谓鸡眼、镮凿,更无馀禁。计河南诸州今所行悉非制限,昔来绳禁,愚窃惑焉。又河北既无新钱,复禁旧者,专以单丝之缣、疏缕之布,狭幅促度,不中常式,裂匹为尺,以济有无,徒成杼轴之劳,不免饥寒之苦,殆非所以救恤冻馁,子育黎元之意也。钱之为用,贯襁相属,不假度量,平均简易,济世之宜,谓为深允。乞并下诸方州镇,其太和与新铸五铢及古诸钱方俗所便用者,但内外全好,虽有大小之异,并得通行,贵贱之差,自依乡价。庶货环海内,公私无壅。其鸡眼、镮凿及盗铸、毁大为小、生新巧伪不如法者,据律罪之。"诏从之。然河北少钱,民犹用物交易,钱不入市。

## 梁武帝天监十六年(丁酉,公元517年)

1  春季,正月辛未(初九),梁武帝在南郊祭祀。

2  北魏大乘的流匪重新聚集起来,冲入瀛州,刺史宇文福的儿子员外散骑侍郎宇文延率领手下的奴隶和门客抗拒敌兵。流匪烧了斋门,宇文延冲入火中抱出宇文福,他的身体头发都被烧焦,仍然督促众人苦战,流匪终于逃散,他又率兵追杀,消灭了流匪。

3  甲戌(十二日),北魏大赦天下。

4  北魏初建立时,民间都不使用钱币,魏高祖太和十九年时,开始铸造太和五铢钱,派钱工在工场铸造。百姓中有想铸钱的人,就让他们到国家的铸炉去铸造,铜一定要精炼,不能混杂。魏世宗永平三年,又铸造五铢钱,禁止国内使用不合标准的钱。这样不久,由于洛阳和各州镇所用钱各不相同,商品货物不能交换、流通。尚书令任城王元澄上书,认为:"不通行的钱,法律有明文规定,指那些薄小、无芯的钱,再没有其他的限禁。估计河南各州现在所通行的钱都不是禁止行列里的,从前发生禁止的事,我感到很困惑。另外,河北既没有新钱,又禁止使用旧钱,只好专用单丝织成的细绢以及疏线织成的粗布,它们幅面狭窄,尺度也不足,不合常规。把一匹布分成几尺,来救济没有的人,白白地费了机织的辛苦,却不能避免饥寒的困扰,这大概不是救济扶助冻饿之人的办法,也不符合养育百姓的本意吧。钱的使用,用绳子穿起来,不用凭借度量工具,既公平又简易,是方便百姓的好办法,确实是再合适不过了的。请求同时命令各个州镇,不管是太和钱还是新铸的五铢钱,以及古时通行的钱币,凡是地方上一直使用的,只要里外都好,即使有大小的区别,也都一起通行,贵贱的差别,分别按乡里的物价折合。这样,货物在海内都可流通,公家、私人都可以开展贸易,财物再也不会积压了。那些专铸薄小之钱、空芯之钱、盗铸钱币、将大钱化成小钱以及用各种花招造假钱的人,一律按法律制裁。"胡太后下令同意他的做法。但由于河北缺少钱币,百姓仍然以物易物,钱币不能在市面流通。

5 魏人多窃冒军功，尚书左丞卢同阅吏部勋书，因加检核，得窃阶者三百馀人，乃奏："乞集吏部、中兵二局勋簿，对句奏案，更造两通，一关吏部，一留兵局。又，在军斩首成一阶以上者，即令行台军司给券，当中竖裂，一支付勋人，一支送门下，以防伪巧。"太后从之。同，玄之族孙也。中尉元匡奏取景明元年已来，内外考簿、吏部除书、中兵勋案、并诸殿最，欲以案校窃阶盗官之人，太后许之。尚书令任城王澄表以为："法忌烦苛，治贵清约。御史之体，风闻是司，若闻有冒勋妄阶，止应摄其一簿，研检虚实，绳以典刑。岂有移一省之案，寻两纪之事，如此求过，谁堪其罪！斯实圣朝所宜重慎也。"太后乃止。又以匡所言数不从，虑其辞解，欲奖安之，乃加镇东将军。二月丁未，立匡为东平王。

6 三月丙子，敕织官，文锦不得为仙人鸟兽之形，为其裁翦，有乖仁恕。

7 丁亥，魏广平文穆王怀卒。

8 夏，四月戊申，魏以中书监胡国珍为司徒。

9 诏以宗庙用牲，有累冥道，宜皆以面为之。于是朝野喧哗，以为宗庙去牲，乃是不复血食，帝竟不从。八坐乃议以大脯代一元大武。

10 秋，八月丁未，诏魏太师高阳王雍入居门下，参决尚书奏事。

11 冬，十月，诏以宗庙犹用脯脩，更议代之，于是以大饼代大脯，其馀尽用蔬果。又起至敬殿、景阳台，置七庙座，

5　北魏很多人假冒军功,尚书左丞卢同查阅吏部的功绩簿,并加以审核,发现了三百多个冒取官位的人,于是上奏说:"请求集中吏部、中兵二局的功劳簿,核对审查上报的文书,抄写二份,一份放在吏部、一份存放兵局。另外,在军队里杀敌可升一级以上的人,就命令行台军司颁发证书,证书从中间竖着分开,一份交给立功的人,一份送交门下省,以便防止耍花招作假。"胡太后听从了他的建议。卢同是卢玄的族孙。中尉元匡上书请求把景明元年以来内外考核的账簿、吏部授官的文书、中兵的功劳簿,以及历次考核录取的从首至尾的名单都取出来,以便核查冒功盗官的人,胡太后批准了他的请求。尚书令任城王元澄上书认为:"律法最怕繁杂苛刻,治政贵在清平简约。御史台的任务是根据传闻进谏或弹劾官吏,如果知道有冒取功劳官职的人,只需取一本簿籍,调查检验出真假,绳之以法便可。怎能取尚书省的书案到御史台去审查,查找十八年的账目,像这样追查过失,谁能受得了这种罪责! 这实在是贤圣的王朝应当慎重对待的事。"胡太后这才停止追究。胡太后又因为元匡的多次建议都没有被采纳,怕他提出辞职,想要奖励安慰他,就加封他为镇东将军。二月丁未(十六日),又封元匡为东平王。

6　三月丙子(十五日),梁朝下令织官,命令锦纹不能织仙人鸟兽的形状,因为这样剪裁起来,违背了仁爱。

7　丁亥(二十六日),北魏广平文穆王元怀去世。

8　夏季,四月戊申(十八日),北魏任命中书监胡国珍为司徒。

9　梁武帝在诏书中认为宗庙中祭祀用牲畜,对鬼神有妨害,应当都用面粉。于是朝廷内外议论纷纷,认为宗庙中不用牲畜,就是不再杀牲祭祀了,武帝最终不肯听从。朝中的高级官员们就商议用大肉干代替牛。

10　秋季,八月丁未(十八日),北魏诏令太师高阳王元雍入居门下省,参决尚书奏事。

11　冬季,十月,因为宗庙仍然用干肉,梁武帝又下诏令制止,于是朝官们又商议替代之物,因此决定用大饼取代肉干,其余的都使用蔬菜水果。又修建至敬殿,景阳台,设置七庙供奉七代祖先,

每月中再设净馔。

12　乙卯,魏诏,北京士民未迁者,悉听留居为永业。

13　十一月甲子,巴州刺史牟汉宠叛,降魏。

14　十二月,柔然伏跋可汗遣俟斤尉比建等请和于魏,用敌国之礼。

15　是岁,以右卫将军冯道根为豫州刺史。道根谨厚木讷,行军能检敕士卒;诸将争功,道根独默然。为政清简,吏民怀之。上尝叹曰:"道根所在,令朝廷不复忆有一州。"

16　魏尚书崔亮奏请于王屋等山采铜铸钱,从之。是后民多私铸,钱稍薄小,用之益轻。

## 十七年(戊戌,518)

1　春,正月甲子,魏以氐酋杨定为阴平王。

2　魏秦州羌反。

3　二月癸巳,安成康王秀卒。秀虽与上布衣昆弟,及为君臣,小心畏敬过于疏贱,上益以此贤之。秀与弟始兴王憺尤相友爱,憺久为荆州,常中分其禄以给秀,秀称心受之,亦不辞多也。

4　甲辰,大赦。

5　己酉,魏大赦,改元神龟。

6　魏东益州氐反。

7　魏主引见柔然使者,让之以藩礼不备,议依汉待匈奴故事,遣使报之。司农少卿张伦上表,以为:"太祖经启帝图,日有不暇,遂令竖子游魂一方,亦由中国多虞,急

每月里又设置素食。

12 乙卯(二十七日),北魏朝廷下诏令,凡在北京代都没有迁徙的士民,都听任他们留作长久居民。

13 十一月甲子(初七),巴州刺史牟汉宠反叛,投降了北魏。

14 十二月,柔然国的伏跋可汗派侯斤尉比建等人向北魏求和,北魏用对待敌对国家使节的礼节接待了柔然使者。

15 这一年,梁朝任命右卫将军冯道根为豫州刺史。冯道根憨厚口拙,行军作战能督促士兵;众将争夺功劳时,只有冯道根一个人不说话。他为政清廉,官吏、百姓都感激他。梁武帝曾经赞叹说:"冯道根在的地方,一切无不放心,能让朝廷想不起来还有这个州。"

16 北魏尚书崔亮上书请求在王屋山等地采掘铜铸造钱币,建议被采纳。从此以后,百姓常常私自铸钱,钱稍稍薄小,使用过一阵子就更轻了。

### 梁武帝天监十七年(戊戌,公元518年)

1 春季,正月甲子(初八),北魏任命氐族酋长杨定为阴平王。

2 北魏秦州的羌人造反。

3 二月癸巳(初七),安成康王萧秀去世。萧秀虽然和梁武帝在贫贱时是兄弟,等到成为君臣关系之后,对梁武帝的谨慎小心、恭恭敬敬超过了朝中那些关系疏远、出身低贱的臣子,梁武帝也更因此而认为他贤良。萧秀和弟弟始兴王萧憺相互友爱,萧憺一直作荆州刺史,常常把他的俸禄给萧秀一半,萧秀实心实意地接受,也不认为给的太多而不受。

4 甲辰(十八日),梁朝大赦天下。

5 己酉(二十三日),北魏大赦天下,改年号为神龟。

6 北魏东益州的氐人造反。

7 北魏孝明帝召见柔然国的使者,责备他们没有尽到藩国的礼节,商议按汉朝对待匈奴的办法,派使者回复他们。司农少卿张伦上书,认为:"太祖开辟国土,日理万机,无暇顾及,于是使社苍这小子在大漠之北割据一方。这也是因为我们国内不安定,急着

诸华而缓夷狄也。高祖方事南辕,未遑北伐。世宗遵述遗志,虏使之来,受而弗答。以为大明临御,国富兵强,抗敌之礼,何惮而为之,何求而行之! 今虏虽慕德而来,亦欲观我强弱。若使王人衔命虏庭,与为昆弟,恐非祖宗之意也。苟事不获已,应为制诏,示以上下之仪,命宰臣致书,谕以归顺之道,观其从违,徐以恩威进退之,则王者之体正矣。岂可以戎狄兼并,而遽亏典礼乎!”不从。伦,白泽之子也。

8　三月辛未,魏灵寿武敬公于忠卒。

9　魏南秦州氐反,遣龙骧将军崔袭持节谕之。

10　夏,四月丁酉,魏秦文宣公胡国珍卒,赠假黄钺、相国、都督中外诸军事、太师,号曰太上秦公,葬以殊礼,赠襚仪卫,事极优厚。又迎太后母皇甫氏之枢与国珍合葬,谓之太上秦孝穆君。谏议大夫常山张普惠以为前世后父无称“太上”者,“太上”之名不可施于人臣,诣阙上疏陈之,左右莫敢为通。会胡氏穿圹,下有磐石,乃密表,以为:“天无二日,土无二王,‘太上’者因‘上’而生名也,皇太后称‘令’以系‘敕’下,盖取三从之道,远同文母列于十乱,今司徒为‘太上’,恐乖系敕之意。孔子称‘必也正名乎!’比克吉定兆,而以浅改卜,亦或天地神灵所以垂至戒、启圣情也。伏愿停逼上之号,以邀谦光之福。”太后乃亲至国珍宅,召集

对付汉人而放松了对这些夷狄之族的辖制。高祖正应付南部的事,没来得及向北讨伐。世宗遵从先王遗志,所以前次敌虏的使节来到,只接受他们的觐见却不回复他们的求和之请。这是因为圣人当政,国富兵强,拒绝敌人的礼节,有什么可怕的呢? 对他们有什么可求的呢? 现在敌虏虽然仰慕德行前来觐见,也是想看看我们是强是弱。如果让圣上的使者受命去敌虏那里,与他们结成兄弟,恐怕不是祖宗的愿望。如果事情不能完结,应当给他们下一个诏令,显示上下君臣间的意思,再命令宰相给他们写信,告诉他们归顺的道理,看他们是听还是不听,慢慢地或进而用恩,或退而用威,这才是王者应有的样子。怎能因为戎狄之间发生了吞并,就立刻亏损了礼节呢!"张伦的建议没被采纳。张伦是张白泽的儿子。

8 三月辛未(十六日),北魏灵寿武敬公于忠去世。

9 北魏南秦州的氐人造反,朝廷派龙骧将军崔袭持符节去晓谕他们。

10 夏季,四月丁酉(十二日),北魏秦文宣公胡国珍去世,朝廷赠予他假黄钺、相国、都督中外诸军事、太师等职,号为太上秦公,用隆重的礼仪安葬了他,赠他仪卫的衣服入葬,丧事极端优厚。又把胡太后母亲皇甫氏的灵柩迎来和胡国珍合葬,称作太上秦孝穆君。谏议大夫常山人张普惠认为前代皇后的父亲没有称作"太上"的,"太上"的名字不能加在臣子身上。于是,就去朝殿上书陈述自己的看法,侍从们没人敢给他通报。正赶上为胡国珍挖墓穴时碰上了坚固的石头,于是张普惠秘密上表,认为:"天无二日,国无二主,'太上'这个词是从'上'而产生的名称,皇太后称自己的命令为'令'而置于皇上的'敕'之下,是为了顺从'三从'之道理,同远古的文母那样地被列在十大顺德的行列。现在封司徒为'太上',恐怕会有违于置'令'于'敕'之下的道理。孔子说:'一定要正名!'这一次出现了先兆,于是因墓穴浅而不得不改换地点,也许是天地神灵以此来劝诫、启发圣人。希望能停止使用与帝王一样的封号,来博取因谦让而带来荣耀的福分。"于是,胡太后就亲自来到胡国珍的住宅,召集

五品以上博议。王公皆希太后意,争诘难普惠;普惠应机辩析,无能屈者。太后使元义宣令于普惠曰:"朕之所行,孝之子志。卿之所陈,忠臣之道。群公已有成议,卿不得苦夺朕怀。后有所见,勿难言也。"

太后为太上君造寺,壮丽埒于永宁。

尚书奏复征民绵麻之税,张普惠上疏,以为:"高祖废大斗,去长尺,改重称,以爱民薄赋。知军国须绵麻之用,故于绢增税绵八两,于布增税麻十五斤,民以称尺所减,不啬绵麻,故鼓舞供调。自兹以降,所税绢布,浸复长阔,百姓嗟怨,闻于朝野。宰辅不寻其本在于幅广度长,遽罢绵麻。既而尚书以国用不足,复欲征敛。去天下之大信,弃已行之成诏,追前之非,遂后之失。不思库中大有绵麻,而群臣共窃之也。何则?所输之物,或斤羡百铢,未闻有司依律以罪州郡;或小有滥恶,则坐户主,连及三长。是以在库绢布,逾制者多,群臣受俸,人求长阔厚重,无复准极,未闻以端幅有馀还求输官者也。今欲复调绵麻,当先正称、尺,明立严禁,无得放溢,使天下知二圣之心爱民惜法如此,则太和之政复见于神龟矣。"

普惠又以魏主好游骋苑囿,不亲视朝,过崇佛法,郊庙之事多委有司,上疏切谏,以为:"殖不思之冥业,损巨费于生民,减禄削力,近供无事之僧,崇饰云殿,远邀未然之报,昧爽之臣稽首于外,玄寂之众遨游于内,慢礼忤时,

五品以上的官员广泛讨论。王公大臣都阿顺太后的心意,争相指责张普惠,张普惠随机分辩,没有人能说服他。胡太后派元义向张普惠宣布命令说:"朕所做的,是孝子的心意。你所说的,是忠臣的道理。众大臣已经有了定议,你不能这么狠心地剥夺朕的一片心意。以后有什么见解,不要有顾忌而不讲出来。"

胡太后给太上君建造了寺庙,其雄伟华丽胜过永宁寺。

尚书奏请再向百姓收缴棉麻税,张普惠上书,认为:"高祖废弃了大斗,去掉长尺,修改了重秤,是为了爱护百姓,减轻赋税。因为军队、国家需要棉麻用品,因此在绢税中增收八两绵,在税中增收十五斤麻,百姓因为秤尺都减少了,不在乎棉麻,因此踊跃交纳。但是从这以后,所收缴的绢和布,又重新增长增宽,以致百姓一片抱怨之声,传遍朝廷内外。宰相于忠不了解这个根本原因在于幅宽、度长,就罢免了棉麻税。接着尚书因为国家用度不够,又想重新征收。这样的做法无疑是丢掉百姓的信任,放弃已经实行的命令,继续从前的错误,又犯下今后的过失。不去想想国库中棉麻很多,却正在被众臣们盗为己有。为什么这么说?因为百姓交纳货物,有的一斤要多交一百铢,但没听说有关部门按法律惩处州郡官员;而百姓稍微犯点错误,一家之主就被判罪,还株连地方三长。因此库中的绢布,超出规定尺寸的多,众大臣接受俸禄时,人人都愿要尺长幅宽、耐用结实的,再也没有什么发放的标准了,从没听说有谁因为尺幅多出而送回官府。现在如果要重新征收棉麻税,首先必须校准秤和尺子,明确规定严禁使用大秤大尺,不许放任,以使天下人知道二位圣人爱护百姓、尊重法律的心意是这样坚定,那么高祖太和年间的德政就又在陛下的神龟年间出现了。"

张普惠又因为孝明帝喜爱在园苑中游猎玩乐,不亲自处理朝政,过分地尊崇佛术,把国事大多委派给有关部门,就上书恳切地劝诫他,认为:"做没有理智的死后的功德,损耗百姓巨大的财物,减少臣子们的俸禄,剥夺权力,亲自供奉无所事事的僧人,大肆修建寺庙宫殿,追求缥缈不实的回报,让入朝的大臣在外面叩头,这些僧人却在里面游玩,这是对礼教的犯罪,对时势的触犯,

人灵未穆。愚谓修朝夕之因，求祇劫之果，未若收万国之欢心以事其亲，使天下和平，灾害不生也。伏愿淑慎威仪，为万邦作式，躬致郊庙之虔，亲纡朔望之礼，释奠成均，竭心千亩，量撤僧寺不急之华，还复百官久折之秩，已造者务令简约速成，未造者一切不复更为，则孝弟可以通神明，德教可以光四海，节用爱人，法俗俱赖矣。"寻敕外议释奠之礼，又自是每月一陛见群臣，皆用普惠之言也。

普惠复表论时政得失，太后与帝引普惠于宣光殿，随事诘难。

11　临川王宏姬弟吴法寿杀人而匿于宏府中，上敕宏出之，即日伏辜。南司奏免宏官，上注曰："爱宏者兄弟私亲，免宏者王者正法；所奏可。"五月戊寅，司徒、骠骑大将军、扬州刺史临川王宏免。

宏自洛口之败，常怀愧愤，都下每有窃发，辄以宏为名，屡为有司所奏，上每赦之。上幸光宅寺，有盗伏于骠骑航，待上夜出。上将行，心动，乃于朱雀航过。事发，称为宏所使，上泣谓宏曰："我人才胜汝百倍，当此犹恐不堪，汝何为者？我非不能为汉文帝，念汝愚耳！"宏顿首称无之，故因匿法寿免宏官。

宏奢僭过度，殖货无厌。库屋垂百间，在内堂之后，关龠甚严，有疑是铠仗者，密以闻。上于友爱甚厚，殊不悦。他日，

以致天下人心不能安宁。我认为整天修行，来乞求不受劫难，不如去关心爱护百姓以获得他们的欢心，使天下和平，不产生灾害。希望圣上好好地珍视自己的威仪，为天下做出榜样，亲自向天地和祖先之灵献出虔诚的敬意，亲身参加朔望之礼，祭奠先圣先师，竭心营种藉田，酌量撤掉那些不急需的僧庙的华丽之饰，恢复百官长久以来被削减了的俸禄，对已经开始建造的寺庙一定要简单节省，快快建成，没有建造的都不要再修建了。这样，圣上的孝悌可以通于神明，道德教化可以光耀天下。节省用度，爱护百姓，法令风俗都依赖这个啊。"不久，魏孝明帝下令商议供奉先师的礼节，并从此每月接见大臣们一次，这都是采纳了张普惠的劝谏的结果。

张普惠又上书评论时政得失，胡太后和孝明帝将张普惠接入宣光殿，以便他随时对时政提出批评。

11 临川王萧宏的小妾的弟弟吴法寿杀人之后藏在萧宏府内，梁武帝命令萧宏交出他，当天就把吴法寿依法治罪。南司奏请免去萧宏官职，梁武帝在奏折上批示："爱萧宏是兄弟的私情，免除萧的官职是帝王的法律，批准南司的奏请。"五月戊寅（二十四日），司徒、骠骑大将军、扬州刺史临川王萧宏被免职。

萧宏自从兵败洛口之后，常常怀着羞愧、愤恨之心，京城中每当发生了偷盗案件，都打着萧宏的名号，因此多次被有关部门汇报，梁武帝宽恕了他。梁武帝临幸光宅寺，有强盗埋伏在萧宏府前以萧宏的官名命名的浮桥骠骑航上，等待梁武帝夜晚出来。梁武帝刚要出发，忽然心中一阵惊悸，于是便从另一座叫朱雀航的桥上过河。事情暴露后，贼人口称是受萧宏指使，梁武帝哭着对萧宏说："我的人品才能胜过你百倍，但是处在皇位上还感到力不从心，你能做什么？我不是不能如同汉文帝诛杀淮南王刘长那样把你杀掉，而是可怜你愚蠢啊！"萧宏叩头说没有这事，但是终于因为藏匿吴法寿被免了官。

萧宏奢侈无度，暴敛无厌。他有库房将近一百间，位于内堂的后面，平时看守、防备得非常严密，有人怀疑里面是兵器，便秘密上报了梁武帝。梁武帝对兄弟友爱看得很重，所以很不高兴。有一天，

送盛馔与宏爱妾江氏曰："当来就汝懽宴。"独携故人射声校
尉丘佗卿往,与宏及江大饮,半醉后,谓曰："我今欲履行汝后
房。"即呼舆径往堂后,宏恐上见其货贿,颜色怖惧。上意益
疑之,于是屋屋检视,每钱百万为一聚,黄榜标之,千万为一
库,悬一紫标,如此三十馀间。上与佗卿屈指计,见钱三亿馀
万,馀屋贮布绢丝绵漆蜜纻蜡等杂货,但见满库,不知多少。
上始知非仗,大悦,谓曰:"阿六,汝生计大可!"乃更剧饮至
夜,举烛而还。兄弟方更敦睦。

宏都下有数十邸,出悬钱立券,每以田宅邸店悬上文契,
期讫,便驱券主夺其宅,都下、东土百姓,失业非一。上后知
之,制悬券不得复驱夺,自此始。

侍中、领军将军吴平侯昺,雅有风力,为上所重,军国大
事皆与议决,以为安右将军,监扬州。昺自以越亲居扬州,涕
泣恳让,上不许。在州尤称明断,符教严整。

辛巳,以宏为中军将军、中书监,六月乙酉,又以本号行
司徒。
　　臣光曰:宏为将则覆三军,为臣则涉大逆,高祖贷其
　死罪可矣。数旬之间,还为三公,于兄弟之恩诚厚矣,王
　者之法果安在哉!

梁武帝送给萧宏的爱妾江氏丰盛的酒菜,并说:"我要来你家畅饮。"到时他只带了老部下射声校尉丘佗卿前去,和萧宏以及江氏开怀畅饮,半醉之后,梁武帝说:"我现在要去你的后房走走。"就叫车一直来到后堂,萧宏恐怕皇帝看到他的财物,脸色十分惊恐。于是梁武帝心中更加怀疑他了,便把每间房子都检查了一遍,发现萧宏把每一百万钱堆为一处,用黄榜作为标志,每一千万钱存在一间库房之中,挂一个紫包标志,共有三十多间。梁武帝和丘佗卿屈指计算,算出共有三亿多万钱,其他的房间贮存着布、绢、丝、绵、漆、蜜、纻麻、蜡等杂货,只见满库都是,不知有多少。梁武帝这才知道库里放的不是兵器,于是非常高兴,说:"阿六,你的生计真可以啊!"于是再行痛饮直到深夜,点着蜡烛回宫。从此,兄弟俩才重归于好了。

萧宏在京城里有数十处府第,他放债立债券时,总是让借债者把自己的田宅或店铺作为抵押写在文契之上,过了期,就把借债者驱赶走,从而夺取了人的住宅,京城内和东边的百姓不止一个人失去产业。梁武帝后来知道了这事,下令不得再以债券侵夺欠债者的产业,这一规定就是从此而开始的。

侍中、领军将军吴平侯萧昺,文雅而有风度,有骨气,被梁武帝所看重,因此军队、国家的大事都和他商量处理,让他做安右将军,监督扬州。萧昺认为让自己驻守扬州不合适,扬州是京邑之地,应当由皇上的亲兄弟来镇守,而自己是皇上的堂弟,不能超越皇上兄弟之亲。因此便流着泪恳切地推辞,但梁武帝不许他推辞。萧昺治理扬州尤其称得上明察果断、政令严整。

辛巳(二十七日),梁武帝任命萧宏为中军将军、中书监,六月乙酉(初一),又任命他以中军将军之衔行司徒之职。

臣司马光说:萧宏做将领则覆没三军,做臣子则涉嫌大逆不道,梁武帝饶恕他的死罪是可以的。但是几十天里,又重新让他位列王公,这从兄弟的恩情讲是非常诚厚的了,可是帝王的法度又在哪里呢?

12 初,洛阳有汉所立《三字石经》,虽屡经丧乱而初无损失。及魏,冯熙、常伯夫相继为洛州刺史,毁取以建浮图精舍,遂大致颓落,所存者委于榛莽,道俗随意取之。侍中领国子祭酒崔光请遣官守视,命国子博士李郁等补其残缺,胡太后许之。会元义、刘腾作乱,事遂寝。

13 秋,七月,魏河州羌却铁忽反,自称水池王。诏以主客郎源子恭为行台以讨之。子恭至河州,严勒州郡及诸军,毋得犯民一物,亦不得轻与贼战,然后示以威恩,使知悔惧。八月,铁忽等相帅诣子恭降,首尾不及二旬。子恭,怀之子也。

14 魏宦者刘腾,手不解书,而多奸谋,善揣人意。胡太后以其保护之功,累迁至侍中、右光禄大夫,遂干预政事,纳赂为人求官,无不效者。河间王琛,简之子也。为定州刺史,以贪纵著名,及罢州还,太后诏曰:"琛在定州,唯不将中山宫来,自馀无所不致,何可更复叙用!"遂废于家。琛乃求为腾养息,赂腾金宝钜万计。腾为之言于太后,得兼都官尚书,出为秦州刺史。会腾疾笃,太后欲及其生而贵之,九月癸未朔,以腾为卫将军,加仪同三司。

15 魏胡太后以天文有变,欲以崇宪高太后当之。戊申夜,高太后暴卒。冬,十月丁卯,以尼礼葬于北邙,谥曰顺皇后。百官单衣邪巾送至墓所,事讫而除。

16 乙亥,以临川王宏为司徒。

12 当初,洛阳有汉朝立下的《三字石经》,虽然多次遭受战乱却并没有在当时受到损坏。到了北魏时期,冯熙、常伯夫先后任洛阳刺史,破坏了石碑,将其用来修建佛塔寺庙,于是大部分经文脱落,剩下的堆在野草丛中。僧人、俗家人便随意拿走。侍中领国子祭酒崔光奏请朝廷派官吏去看守,并让国子博士李郁等人补上残缺的部分,胡太后同意了。但是正赶上元义、刘腾谋反,于是事情便没有得到落实。

13 秋季,七月,北魏河州的羌人却铁忽造反,自称为"水池王"。魏孝明帝下令任命主客郎源子恭为行台去讨伐他。源子恭来到河州,严格命令州郡以及各路军队,不许侵占百姓一件东西,也不许轻易同敌兵作战,然后向叛军示以威力和恩德,使他们有所悔恨、惧怕。八月,却铁忽等人来到源子恭处投降,前后不到二十天即平定了河州之乱。源子恭是源怀的儿子。

14 北魏宦官刘腾,目不识丁,却很有奸计,善于揣摩别人的心意。胡太后因为他有保护自己的功劳,多次升迁他,直到当了侍中、右光禄大夫,于是他便开始干预政事,收取贿赂替人求官,行贿者没有达不到目的的。河间王元琛是元简的儿子,做定州刺史,以贪婪放纵而闻名,他卸任回来之后,胡太后诏令说:"元琛在定州时,只没把中山宫带回来,其他没有不弄到手的,怎么可以再任用他!"于是就把他闲置在家中。元琛就请求刘腾,做了他的养子,贿赂了刘腾上万的金子珠宝。刘腾替他在太后那里说情,使他兼任了都官尚书,出京做了秦州刺史。恰在这时,刘腾病得很厉害,胡太后想在他活着时让他富贵,便于九月癸未朔(初一),让刘腾当了卫将军,并加封仪同三司。

15 北魏胡太后因为天象有变化,便想让崇宪高太后承担凶兆。戊申(二十六日)夜间,高太后暴死。冬季,十月丁卯(十五日),用安葬尼姑的礼节将她安葬在北邙,谥号为顺皇后。百官们都没有穿着丧服而只是穿着单衣服,头上还都加有驱邪的符,送丧到墓地,丧事完毕之后,便除换了服装。

16 乙亥(二十三日),梁朝任命临川王萧宏为司徒。

17　魏胡太后遣使者宋云与比丘惠生如西域求佛经。司空任城王澄奏："昔高祖迁都,制城内唯听置僧尼寺各一,馀皆置于城外。盖以道俗殊归,欲其净居尘外故也。正始三年,沙门统惠深,始违前禁,自是卷诏不行,私谒弥众,都城之中,寺逾五百,占夺民居,三分且一,屠沽尘秽,连比杂居。往者代北有法秀之谋,冀州有大乘之变。太和、景明之制,非徒使缁素殊途,盖亦以防微杜渐。昔如来阐教,多依山林,今此僧徒,恋著城邑,正以诱于利欲,不能自已,此乃释氏之糟糠,法王之社鼠,内戒所不容,国典所共弃也。臣谓都城内寺未成可徙者,宜悉徙于郭外,僧不满五十者,并小从大,外州亦准此。"然卒不能行。

18　是岁,魏太师雍等奏："盐池天藏,资育群生,先朝为之禁限,亦非苟与细民争利。但利起天池,取用无法,或豪贵封护,或近民吝守,贫弱远来,邈然绝望。因置主司,令其裁察,强弱相兼,务令得所。什一之税,自古有之,所务者远近齐平,公私两宜耳。及甄琛启求禁集,乃为绕池之民尉保光等擅自固护;语其障禁,倍于官司,取与自由,贵贱任口。请依先朝禁之为便。"诏从之。

17　北魏胡太后派使者宋云和僧人惠生到西域去求取佛经。司空任城王元澄上书说:"从前高祖迁都时,规定城内只允许设置僧、尼寺庙各一座,其馀的都放在城外。这主要是因为僧人和世人不同,想使他们清静地居住在尘世之外的缘故。正始三年时,沙门统领惠深,开始违犯从前的禁令,从那以后帝令便不得实行,偷偷谒拜的人越来越多,都城里面,寺庙超过了五百座,将近三分之一的民房被侵占,以致寺庙与那些屠房、酒肆等污秽之地紧挨混杂在一块。从前代北有法秀谋反,冀州有过大乘叛乱。太和、景明年间的规定,不只是为了使僧俗分开,大概也为了防微杜渐,以免再出现僧人之乱。从前佛徒立寺传教,大多依傍山林而居,现在的僧人们却恋着城市,这正是因为他们被利欲诱惑,不能约束自己的结果,这是释氏的糟粕,佛祖的败类,为佛教戒律所不容,国家制度所难许。我认为凡是都城里没修好、可以搬迁的寺庙,应该都迁到城外去,不足五十个僧人的寺庙,统统合并到大寺庙去,外地各州也按此办理。"然而,他的建议到底也没有准行。

18　这一年,北魏太师元雍等人上书说:"盐池是上天的宝藏,用来养育众生,前代都特此制定了一定的禁令,这并不是为了和百姓争利。但是由于人们都想通过盐池来获利,因此取用没有法度,有的被豪门贵族封占,有的被临近的百姓独自把守,以致那些贫弱之人和远道而来的人都望池兴叹,不能获其利。因此应当设置一个主管部门,令其裁决、督察采盐事务,使强弱都一样,务必使大众都得到利益。征收十分之一的税收方法,自古以来就有,其目的是为了使远近平均,对公对私都有好处。等到甄琛启请解除了盐池禁令之后,盐池就被绕池而住的百姓尉保光等人擅自霸占起来,据说他们所立的限禁,加倍地超过了官府的限禁,取与由他们定,盐价贵贱由他们说。请求按前朝的做法对此加以限禁才好。"北魏孝明帝诏令采纳了这一建议。

# 卷第一百四十九　梁纪五

起己亥(519)尽癸卯(523)凡五年

**高祖武皇帝五**

**天监十八年(己亥,519)**

1　春,正月甲申,以尚书左仆射袁昂为尚令,右仆射王暕为左仆射,太子詹事徐勉为右仆射。

2　丁亥,魏主下诏,称"太后临朝践极,岁将半纪,宜称'诏'以令宇内。"

3　辛卯,上祀南郊。

4　魏征西将军张彝之子仲瑀上封事,求铨削选格,排抑武人,不使豫清品。于是喧谤盈路,立榜大巷,克期会集,屠害其家。彝父子晏然,不以为意。二月庚午,羽林、虎贲近千人,相帅至尚书省诟骂,求仲瑀兄左民郎中始均不获,以瓦石击省门。上下慑惧,莫敢禁讨。遂持火掠道中薪蒿,以杖石为兵器,直造其第,曳彝堂下,捶辱极意,焚其第舍。始均逾垣走,复还拜贼,请其父命,贼就殴击,生投之火中。仲瑀重伤走免,彝仅有馀息,再宿而死。远近震骇。胡太后收掩羽林、虎贲凶强者八人斩之,其馀不复穷治。乙亥,大赦以安之,因令武官得依资入选。识者知魏之将乱矣。

## 高祖武皇帝五
## 梁武帝天监十八年(己亥,公元519年)

1　春季,正月甲申(初四),梁朝任命尚书左仆射袁昂为尚书令,右仆射王暕为左仆射,太子詹事徐勉为右仆射。

2　丁亥(初七),北魏国主颁布诏令,宣布:"胡太后临朝执政已经将近六年,应当用'诏书'的名义来向全国发令。"

3　辛卯(十一日),梁武帝在南郊祭祀。

4　北魏征西将军张彝的儿子张仲瑀上书,请奏修订选官的规定,以限制武将,不让他们在朝中的地位超过士大夫。因此,议论和抗议之声到处都是,这些人在大街上张榜,约定集合时间,要去屠灭张家。张彝父子却平静自如,不把这件事放在心上。二月庚午(二十日),羽林、虎贲等将近一千人,一同来到尚书省叫骂,寻找张仲瑀的哥哥左民郎中张始均,没有找到,就用瓦片、石块砸尚书省的大门。尚书省的官吏们都很害怕,没有人敢去阻挡他们。于是这些武士们又手执火把引燃了路上的蒿草,用石头、木棍作为兵器,一直攻入张家住宅,将张彝拖到堂下,尽情地捶打污辱,并且烧毁了他的住房。张始均跳墙逃跑了,但又赶回来向贼兵求饶,请求他们饶他父亲不死,贼兵们趁势殴打他,将他活活投到火里。张仲瑀受重伤逃脱了,张彝被打得只剩一丝游气,过了三天就死掉了。远近都因这件事而受到震惊。但是胡太后只抓了闹事的羽林、虎贲中的八个首恶分子,杀掉了他们,其他的就不再追究了。乙亥(二十五日),又颁布了赦令来安抚他们,于是命令武官可以按资格入选。有识之士都感到北魏将要发生动乱了。

　　时官员既少，应选者多，吏部尚书李韶铨注不行，大致怨嗟。更以殿中尚书崔亮为吏部尚书。亮奏为格制，不问士之贤愚，专以停解月日为断，沈滞者皆称其能。亮甥司空谘议刘景安与亮书曰："殷、周以乡塾贡士，两汉由州郡荐才，魏、晋因循，又置中正，虽未尽美，应什收六七。而朝廷贡才，止求其文，不取其理，察孝廉唯论章句，不及治道，立中正不考才行，空辩氏姓，取士之途不博，沙汰之理未精。舅属当铨衡，宜改张易调，如何反为停年格以限之，天下士子谁复修厉名行哉！"亮复书曰："汝所言乃有深致。吾昨为此格，有由而然。古今不同，时宜须异。昔子产铸刑书以救弊，叔向讥之以正法，何异汝以古礼难权宜哉！"洛阳令代人薛琡上书言："黎元之命，系于长吏，若以选曹唯取年劳，不简能否，义均行雁，次若贯鱼，执簿呼名，一吏足矣，数人而用，何谓铨衡！"书奏，不报。后因请见，复奏"乞令王公贵臣荐贤以补郡县"，诏公卿议之，事亦寝。其后甄琛等继亮为吏部尚书，利其便己，踵而行之，魏之选举失人，自亮始也。

当时官员名额已经很少，应选的人很多，吏部尚书李韶停止选择录用工作，遭到很多埋怨。于是朝廷便另外任命殿中尚书崔亮为吏部尚书。崔亮奏请制定了新的录用标准。规定不管应选者是贤是愚，只以其待选的时间为依据，时间长者优选录用，因此那些长时间待选的人都称赞他有才能。崔亮的外甥司空谘议刘景安给崔亮写信说："商周时期由乡间学校选拔官员，两汉时期由州郡推荐人才，魏晋两代因循汉代旧例，又在各州郡设置了中正的职位主管这件事，虽然没达到尽善尽美的程度，但是所选的人才每十人中也有六七人得其选。然而朝廷选拔人才，只要求他们文采好，而不考察他们的文理如何，考察孝廉只根据他们的章句学问如何，而不看他们有无治理国家的方法。设立中正官职只辨识他们的姓氏，而不考察应选者的才能、品行，选取士人的路途不广，淘汰的办法不严密。舅舅您被委任来主管铨选官员之事，本应改换掉那些不妥的章程，为什么反而以年资长短为任用的标准，这样一来，天下的士人谁还会再注意修励自己的名节和品行呢！"崔亮回信说："你所说的的确有深刻的道理，但是我前不久采取的那种办法，也有它的道理。古今不同，时机合适时便应当加以变革。从前子产设置刑法来挽救时弊，但是叔向以不合先王之法来讥刺他，这和你用古代礼法却难以适应当今的变化有什么不同！"洛阳令代京人薛琡上书说："百姓的性命，掌握在官吏的手上，如果选拔官吏只按他们的年资，而不问他们的能力大小，像排队飞行的大雁一样按顺序来，或像穿在一起的鱼一样由先而后地拿着名册叫名字，那么吏部只需一名官吏就足够了，按顺序用人，怎能叫做铨选人才呢！"薛琡的上书交上之后，没有呈于孝明帝。后来薛琡又因此而请求拜见皇上，再次上奏："请求陛下命令王公大臣推荐贤才来补任郡县长官的职务。"因此北魏孝明帝下令让大臣们议定这件事，但是事情亦没有下文。后来，甄琛等人接替崔亮做了吏部尚书，因论资排辈这种办法对自己有便利，就继续奉行，北魏的选拔任用官员不得当，是从崔亮开始的。

初,燕燕郡太守高湖奔魏,其子谧为侍御史,坐法徙怀朔镇,世居北边,遂习鲜卑之俗。谧孙欢,沈深有大志,家贫,执役在平城,富人娄氏女见而奇之,遂嫁焉。始有马,得给镇为函使,至洛阳,见张彝之死,还家,倾赀以结客。或问其故,欢曰:"宿卫相帅焚大臣之第,朝廷惧其乱而不问,为政如此,事可知矣,财物岂可常守邪!"欢与怀朔省事云中司马子如、秀容刘贵、中山贾显智、户曹史咸阳孙腾、外兵史怀朔侯景、狱掾善无尉景、广宁蔡儁特相友善,并以任侠雄于乡里。

5　夏,四月丁巳,大赦。

6　五月戊戌,魏以任城王澄为司徒,京兆王继为司空。

7　魏累世强盛,东夷、西域贡献不绝,又立互市以致南货,至是府库盈溢。胡太后尝幸绢藏,命王公嫔主从行者百馀人各自负绢,称力取之,少者不减百馀匹。尚书令、仪同三司李崇、章武王融,负绢过重,颠仆于地,崇伤腰,融损足,太后夺其绢,使空出,时人笑之。融,太洛之子也。侍中崔光止取两匹,太后怪其少,对曰:"臣两手唯堪两匹。"众皆愧之。

时魏宗室权幸之臣,竞为豪侈,高阳王雍,富贵冠一国,宫室园圃,侔于禁苑,僮仆六千,伎女五百,出则仪卫塞道路,归则歌吹连日夜,一食直钱数万。李崇富埒于雍而性俭啬,尝谓人曰:"高阳一食,敌我千日。"

当初,燕国的燕郡太守高湖逃奔魏国,他的儿子高谧做了侍御史,因为犯了法被流放到怀朔镇,几代人居住在北部边疆,于是就养成了鲜卑人的风俗习惯。高谧的孙子高欢,胸有大志,但因家境贫困,在平城服役,富家娄氏的女儿看到他,认为他不同一般,便嫁给了他。他这才有了马匹,得以充当镇上的信使。他到洛阳时,见到张彝被打死一事,回到家之后,就倾尽财物来结识宾客。有人问他为什么这样做,高欢说:"皇宫中的卫兵们结伙起来焚烧了大臣的住宅,朝廷却畏惧他们叛乱而不敢过问,执政到了这种地步,事态如何便可想而知了,岂可死守着这些财物而过一辈子呢?"高欢和怀朔省事云中人司马子如、秀容人刘贵、中山人贾显智、户曹史咸阳人孙腾、外兵史怀朔人侯景、狱掾善无人尉景、广宁人蔡俊等人,特别地友好亲密,他们均以仗义任气而称雄于乡里。

5 夏季,四月丁巳(初八),梁朝大赦天下。

6 五月戊戌(二十日),北魏任命任城王元澄为司徒,京兆王元继为司空。

7 北魏接连几代都很强盛,东夷、西域都不断地向其进贡,他们又设立了互换物品的市场来取得南方的货物,因此国库非常充实。胡太后曾经临幸藏绢的仓库,命令随行的一百多个王公、妃嫔、公主各自取绢,按自己的力气而取之,拿得最少的也不下一百多匹。尚书令、仪同三司李崇和章武王元融因为扛的绢太重,跌倒在地,李崇扭伤了腰,元融扭伤了脚,胡太后夺下了他们的绢,让他们空手而出,当时的人们都把这事当成了笑话。元融是元太洛的儿子。侍中崔光只取了两匹,胡太后嫌他拿得少,他回答说:"我的两只手只能拿得动两匹绢。"其他的人听了后都很惭愧。

当时北魏宗族中受宠掌权的大臣们都争着比赛奢侈豪华。高阳王元雍是全国的首富,他的宫室园林和帝王的园林不差上下,有六千男仆,五百艺伎,出游时仪仗卫队充塞道路,回家后就整日整夜地吹拉弹唱,一顿饭价值几万钱。李崇与元雍同样富,但他生性吝啬,他曾对人说:"高阳王的一顿饭,等于我一千日的费用。"

河间王琛,每欲与雍争富,骏马十馀匹,皆以银为槽,窗户之上,玉凤衔铃,金龙吐旆。尝会诸王宴饮,酒器有水精锋,马脑碗,赤玉卮,制作精巧,皆中国所无。又陈女乐、名马及诸奇宝,复引诸王历观府库,金钱,缯布,不可胜计,顾谓章武王融曰:"不恨我不见石崇,恨石崇不见我。"融素以富自负,归而惋叹三日。京兆王继闻而省之,谓曰:"卿之货财计不减于彼,何为愧羡乃尔?"融曰:"始谓富于我者独高阳耳,不意复有河间!"继曰:"卿似袁术在淮南,不知世间复有刘备耳。"融乃笑而起。

太后好佛,营建诸寺,无复穷已,令诸州各建五级浮图,民力疲弊。诸王、贵人、宦官、羽林各建寺于洛阳,相高以壮丽。太后数设斋会,施僧物动以万计,赏赐左右无节,所费不赀,而未尝施惠及民。府库渐虚,乃减削百官禄力。任城王澄上表,以为"萧衍常蓄窥觎之志,宜及国家强盛,将士旅力,早图混壹之功。比年以来,公私贫困,宜节省浮费以周急务。"太后虽不能用,常优礼之。

魏自永平以来,营明堂、辟雍,役者多不过千人,有司复借以修寺及供他役,十馀年竟不能成。起部郎源子恭上书,以为"废经国之务,资不急之费,宜彻减诸役,早图就功,使祖宗有严配之期,苍生有礼乐之富。"诏从之,然亦不能成也。

河间王元琛,总是想和元雍比富,他有十多匹骏马,马槽都是用银子做的,房屋的窗户之上,都雕饰着玉凤衔铃,金龙吐珠。他曾经召集众王爷一同设宴饮酒,所用酒器有水精盅、玛瑙碗、赤玉杯,都制作精巧,皆非中国的出产。他又陈列出艺伎、名马和各种珍奇宝贝,令王爷们赏玩,然后又带领众王爷游历参观府库,其中金钱、布匹不可胜数,得意之下便回头对章武王元融说:“我不恨自己看不见石崇,只恨石崇看不到我。”元融一向自认为很富有,回府后却伤心叹息了三天。京兆王元继知道这一情况之后便去劝解他,对他说:“你的财物不比他的少多少,为什么这么嫉妒他呢?”元融说:“开始我认为比我富的人只有高阳王,不想还有河间王!”元继说:“你就像在淮南的袁术,不知道世上还有个刘备呀。”元融这才笑着坐起来了。

　　胡太后爱好佛教,没完没了地修建各种寺庙,下令各州分别修建五级佛塔,以致百姓的财力匮乏,疲惫不堪。众位王爷、权贵、宦官、羽林分别在洛阳修建寺庙,互相用寺庙的华丽来炫耀自己。胡太后多次设立斋戒大会,给僧人的布施动辄以万计数,又常常没有节度地赏赐身边的人,耗费的财物不可计量,却不曾把好处施舍到百姓头上。这样,国库渐渐空虚,于是就削减众官员的俸禄和随员。任城王元澄上书,指出:“萧衍一直对我国蓄有觊觎之心,所以我们应当致力于国家强盛,兵强马壮,早日夺取统一大业。但是近年以来,国家和个人都很贫困,所以应当节制浮费之用,以便周给急务之需。”胡太后虽然没有采用他的意见,但因此而常优待礼遇他。

　　北魏从永平年间以来,就修建明堂和太学,服役的人最多不超过一千人,有关部门又把这些人借去修建寺庙和服其他劳役,因此十多年仍然没能建成。起部郎源子恭为此而上书,认为:“如此而废弃治国的大任,资助不急需的费用,确为不该,故而应当撤销、减少各种劳役,早日求取明堂、太学完工,使祖宗有配天而享受祭礼之期,百姓可以知晓礼乐。”朝廷下令采纳了他的建议,但明堂和太学仍然不能建成。

8　魏人陈仲儒请依京房立准以调八音。有司诘仲儒：
"京房律准，今虽有其器，晓之者鲜，仲儒所受何师，出何典
籍？"仲儒对言："性颇爱琴，又尝读司马彪《续汉书》，见京房
准术，成数晒然。遂竭愚思，钻研甚久，颇有所得。夫准者所
以代律，取其分数，调校乐器。窃寻调声之礼，宫、商宜浊，
徵、羽宜清。若依公孙崇，止以十二律声，而云还相为宫，清
浊悉足。唯黄钟管最长，故以黄钟为宫，则往往相顺。若均
之八音，犹须错采众音，配成其美。若以应钟为宫，蕤宾为
徵，则徵浊而宫清，虽有其韵，不成音曲。若以中吕为宫，则
十二律中全无所取。今依京房书，中吕为宫，乃以去灭为商，
执始为徵，然后方韵。而崇乃以中吕为宫，犹用林钟为徵，何
由可谐！但音声精微，史传简略，旧志准十三弦，隐间九尺，
不言须柱以不。又，一寸之内有万九千六百八十三分，微细
难明。仲儒私曾考验，准当施柱，但前却柱中，以约准分，则
相生之韵已自应合。其中弦粗细，须与琴宫相类，施轸以调
声，令与黄钟相合。中弦下依数画六十律清浊之节，其馀十
二弦须施柱如筝，即于中弦按尽一周之声，度著十二弦上。
然后依相生之法，以次运行，取十二律之商、徵。商、徵既
定，又依琴五调调声之法以均乐器，然后错采众声以文饰
之，若事有乖此，声则不和。且燧人不师资而习火，延寿不
束脩以变律，故云知之者欲教而无从，心达者体知而无师，

8　北魏陈仲儒请求按照京房所定的音律标准来校正八音。有关部门质问陈仲儒说:"京房的音律标准,今天虽然有乐器存在,但通晓的人很少,请问陈仲儒你是受什么师傅指点,从什么典籍中学习到的?"陈仲儒回答说:"我生性喜爱弹琴,又曾经读过司马彪的《续汉书》,见到京房的校音方法,其规则是很明白的。于是我就极力用自己的愚钝的头脑,钻研了很长时间,颇有收获。用音准代替音律,就是用它的分度来调校乐器。我研究过声调本身,宫、商两音应当低沉,徵、羽两音应当明快。如果按公孙崇的说法,只用十二音律划分乐音,而又说变换宫调,清音浊音就都齐备了。因为黄钟管最长,因此就用黄钟管作为宫音,则每每跑调。如果平分成八个音,仍然需要分别采纳各种乐器,以配成美妙的乐声。如果把应钟作为宫音,蕤宾作为徵音,这样一来则徵音浊沉而宫音明快,虽然具有韵律,但却成不了曲调。如果用中吕当作宫音,那么十二音律就全无可取了。现在按京房的乐书所定,把中吕当作宫音,然后用减弱的音为商音,用起始的音为徵音,这样才形成韵律。而公孙崇却把中吕作为宫音,仍然使用林钟为徵音,这怎么能够和谐呢?然而音乐十分微妙、精密,史传所记都很简略,如过去记载定律数之准,共有十三弦,隐间九尺,但是没有说明需要弦柱与否。而且,一寸音节中有一万九千六百八十三分音,精微、细密,难以分辨。我曾经私下里试验过,准应当使用弦柱,只要向前调中间的弦柱,以此来确定音准的分度,这样产生出来的音韵就已经自然和谐了。它的中弦粗细应当与琴宫相同,用转弦的掺来调音,使它与黄钟合拍。中弦以下按度数划分成六十音律的清浊音节,其馀十二弦应当如筝那样设立弦柱,就是将中弦上的一周的乐音,按度数标志在十二弦上,然后按照相生之法,按次序进行,取十二律的商、徵两音。商、徵二音一旦确定,再用琴五调的调声方法来协调乐器,然后错采众音来修饰它,如果不按照这种方法进行,声音就不会和谐。况且燧人氏不向老师学习就掌握了用火的办法,焦延寿不曾交学费拜师就变革了音律,因此那些说自己有知识的人想要教别人却没有人跟从他学习,心地通达的人没有老师也能有所体会,

苟有一毫所得，皆关心抱，岂必要经师受然后为奇哉！"尚书
萧宝寅奏仲儒学不师受，轻欲制作，不敢依许，事遂寝。

9　魏中尉东平王匡以论议数为任城王澄所夺，愤恚，复
治其故棺，欲奏攻澄。澄因奏匡罪状三十馀条，廷尉处以死
刑。秋，八月己未，诏免死，削除官爵，以车骑将军侯刚代领
中尉。三公郎中辛雄奏理匡，以为"历奉三朝，骨鲠之迹，朝
野具知，故高祖赐名曰匡。先帝既已容之于前，陛下亦宜宽
之于后，若终贬黜，恐杜忠臣之口。"未几，复除匡平州刺史。
雄，琛之族孙也。

10　九月庚寅朔，胡太后游嵩高。癸巳，还宫。

太后从容谓兼中书舍人杨昱曰："亲姻在外，不称人心，
卿有闻，慎勿讳隐！"昱奏扬州刺史李崇五车载货、相州刺史
杨钧造银食器饷领军元乂。太后召乂夫妻，泣而责之。乂由
是怨昱。昱叔父舒妻，武昌王和之妹也。和即乂之从祖。舒
卒，元氏频请别居，昱父椿泣责不听，元氏恨之。会瀛州民刘
宣明谋反，事觉，逃亡。乂使和及元氏诬告昱藏匿宣明，且
云："昱父定州刺史椿，叔父华州刺史津，并送甲仗三百具，谋
为不逞。"乂复构成之。遣御仗五百人夜围昱宅，收之，一无
所获。太后问其状，昱具对为元氏所怨。太后解昱缚，处和
及元氏死刑，既而乂营救之，和直免官，元氏竟不坐。

但凡有一丝一毫的收获,都与他的心胸有关,何必一定要经过老师的指授才能创造大事业呢!"尚书萧宝寅上奏说陈仲儒的学问没有老师传授,就轻率地制定音律,因此不能认可,于是这件事就放下了。

9  北魏中尉东平王元匡因为自己的建议多次被任城王元澄驳回,非常气愤,便又重新收拾好过去与高肇抗衡时所做下的那口棺材,准备再次以死相抗,来弹劾元澄。于是元澄也上奏了元匡的三十多条罪状,廷尉判处元匡死刑。秋季,八月己未(十二日),朝廷下令免除元匡死罪,剥夺了他的官爵,让车骑将军侯刚代替了他的中尉职务。三公郎中辛雄上奏了处治元匡的意见,认为:"元匡曾经服侍过三代皇帝,他的刚正不阿的事迹,朝廷内外都知道。因此高祖奖赏他'匡'这个名字。先帝既然已经在先前容忍了他,陛下您也应当在现在宽待他,如果最后贬黜了他,那么恐怕会因此而堵住了忠臣的口。"不久之后,又任命元匡为平州刺史。辛雄是辛琛的族孙。

10  九月庚寅朔(十四日),胡太后巡幸嵩高。癸巳(十七日),回到宫中。

胡太后曾经在闲聊时对兼中书舍人杨昱说:"如果我的亲戚在外面有不称人心的事,你一旦听到了,千万别隐瞒。"杨昱上奏扬州刺史李崇用五车装载财物,相州刺史杨钧制作银质食具馈赠领军元义。胡太后就召来元义夫妻,哭泣着责备他们。元义因此怨恨杨昱。杨昱的叔父杨舒的妻子是武昌王元和的妹妹。元和是元义的曾祖父。杨舒死后,元氏多次请求搬到别的地方住,杨昱的父亲杨椿哭着斥责她,不肯听从,因此元氏很仇恨他们。正赶上瀛州人刘宣明图谋叛乱,事情被发觉后,刘宣明逃亡。元义指使元和以及元氏诬告杨昱藏匿刘宣明,并且说:"杨昱的父亲定州刺史杨椿,他的叔父华州刺史杨津,曾经一起给刘宣明送了三百件兵器,图谋造反。"元义又使这个罪名成立。派了五百御前卫兵在夜间包围了杨昱的住宅,进行搜查,抓了杨昱,但是一无所获。胡太后查问其事,杨昱报告了被元氏怨恨的事。胡太后为杨昱松了绑,判处元和以及元氏死刑。事后元义营救了他们,结果元和被免除官职抵罪,元氏终于也没有治罪。

11　冬,十二月癸丑,魏任城文宣王澄卒。

12　庚申,魏大赦。

13　是岁,高句丽王云卒,世子安立。

14　魏以郎选不精,大加沙汰,唯朱元旭、辛雄、羊深、源子恭及范阳祖莹等八人以才用见留,馀皆罢遣。深,祉之子也。

### 普通元年(庚子,520)

1　春,正月乙亥朔,改元大赦。

2　丙子,日有食之。

3　己卯,以临川王宏为太尉、扬州刺史,金紫光禄大夫王份为尚书左仆射。份,奂之弟也。

4　左军将军豫宁威伯冯道根卒。是日上春,祠二庙,既出宫,有司以闻。上问中书舍人朱异曰:“吉凶同日,今可行乎?”对曰:“昔卫献公闻柳庄死,不释祭服而往。道根虽未为社稷之臣,亦有劳王室,临之,礼也。”上即幸其宅,哭之甚恸。

5　高句丽世子安遣使入贡。二月癸丑,以安为宁东将军、高句丽王,遣使者江法盛授安衣冠剑佩。魏光州兵就海中执之,送洛阳。

6　魏太傅、侍中、清河文献王怿,美风仪,胡太后逼而幸之。然素有才能,辅政多所匡益,好文学,礼敬士人,时望甚重。侍中、领军将军元义在门下,兼总禁兵,恃宠骄恣,志欲无极,怿每裁之以法,义由是怨之。卫将军、仪同三司刘腾,权倾内外,吏部希腾意,奏用腾弟为郡,人资乖越,怿抑而不奏,腾亦怨之。

11　冬季,十二月癸丑(初八),北魏任城文宣王元澄去世。

12　庚申(十五日),北魏大赦天下。

13　这一年,高句丽王高云去世,他的世子高安继位。

14　北魏因为感到选拔官员过滥而不精,就大加淘汰,只有朱元旭、辛雄、羊深、源子恭以及范阳人祖莹等八人因为有才能而留用,其他人都被罢职送回去。羊深是羊祉的儿子。

## 梁武帝普通元年(庚子,公元 520 年)

1　春季,正月乙亥(初一),梁朝改年号并大赦天下。

2　丙子(初二),发生日食。

3　己卯(初五),梁朝任命临川王萧宏为太尉、扬州刺史,金紫光禄大夫王份为尚书左仆射。王份是王奂的弟弟。

4　左军将军豫宁威伯冯道根去世。这一天是正月,梁武帝去太庙和小庙祭祀,出宫以后,有关部门把冯道根去世的消息告诉了他。梁武帝问中书舍人朱异说:“吉凶的事发生在同一天,现在我能去吊唁他吗?”朱异回答:“从前卫献公听到柳庄的死讯,不脱掉祭服就前去吊唁。冯道根虽然算不上是国家重臣,但也对王室有过贡献,去吊唁他,是合乎礼仪的。”于是梁武帝就来到冯道根的住宅,非常忧伤地哭悼他。

5　高句丽的世子高安派遣使节前来向梁朝进贡。二月癸丑(初九),梁武帝任命世子高安为宁东将军、高句丽王,并且派使节江法盛授给他衣服、王冠和佩剑。北魏光州的军队在海中抓获了江法盛,把他送到了洛阳。

6　北魏太傅、侍中、清河文献王元怿,神采仪表俱佳,胡太后迫使他接受宠幸。但是元怿素有才能,辅佐政务有很多好措施,又爱好文学,对士大夫很尊敬,在社会上的声望很高。侍中、领军将军元义在门下省,又兼任统管禁卫之兵,他倚仗太后的宠幸骄傲放肆,穷奢极欲,元怿常常按法律制裁他,因此元义非常怨恨元怿。卫将军、仪同三司刘腾的权势在朝廷内外都很大,吏部为了讨刘腾的欢心,奏请任命刘腾的弟弟为郡太守,但是因刘腾的弟弟无论才能和资历都不够格,元怿便压下来,不肯上报,因此刘腾也怨恨他了。

龙骧府长史宋维,弁之子也,怿荐为通直郎,浮薄无行。义许维以富贵,使告司染都尉韩文殊父子谋作乱立怿。怿坐禁止,按验,无反状,得释,维当反坐。义言于太后曰:"今诛维,后有真反者,人莫敢告。"乃黜维为昌平郡守。

义恐怿终为己害,乃与刘腾密谋,使主食中黄门胡定自列云:"怿货定使毒魏主,若己得为帝,许定以富贵。"帝时年十一,信之。秋,七月丙子,太后在嘉福殿,未御前殿,义奉帝御显阳殿,腾闭永巷门,太后不得出。怿入,遇义于含章殿后,义厉声不听怿入,怿曰:"汝欲反邪!"义曰:"义不反,正欲缚反者耳!"命宗士及直斋执怿衣袂,将入含章东省,使人防守之。腾称诏集公卿议,论怿大逆。众咸畏义,无敢异者,唯仆射新泰文贞公游肇抗言以为不可,终不下署。

义、腾持公卿议入,俄面得可,夜中杀怿。于是诈为太后诏,自称有疾,还政于帝。幽太后于北宫宣光殿,宫门昼夜长闭,内外断绝,腾自执管钥,帝亦不得省见,裁听传食而已。太后服膳俱废,不免饥寒,乃叹曰:"养虎得噬,我之谓矣。"又使中常侍贾粲侍帝书,密令防察动止。义遂与太师高阳王雍等同辅政,帝谓义为姨父。义与腾表里擅权,义为外御,腾为内防,常直禁省,共裁刑赏,政无巨细,决于二人,威振内外,百僚重迹。

龙骧府长史宋维是宋弁的儿子，元怿推荐他做了通直郎，但是宋维实际上是个轻薄无行之徒。元义答应使宋维荣华富贵，让宋维告司染都尉韩文殊父子二人谋划叛乱，要立元怿为王。元怿因此而被监禁，经过查验，没有发现谋反的行为，才被释放，宋维因诬告而应当坐以谋反作乱之罪。元义对太后说："如果现在杀了宋维，以后有了真反叛的人，谁也不敢报告了。"于是只把宋维贬为昌平郡太守。

元义怕元怿最终成为自己的心头之患，就和刘腾密谋，让主食中黄门胡定自己供认说："元怿贿赂我，让我毒死皇上，许诺如果他做了皇上，便让我荣华富贵。"北魏孝明帝当时只有十一岁，相信了胡定的诬陷。秋季，七月丙子（初四），胡太后在嘉福殿，没有到前殿来，元义奉侍皇帝来到显阳殿，刘腾关闭了永巷门，胡太后不能出来。元怿入宫，在含章殿后遇上了元义，元义厉声喝止，不许元怿进入，元怿说："你想造反吗？"元义说："我不造反，我正想抓要造反的人呢！"于是命令宗士和直斋们揪住元怿的衣袖，把他送到含章东省，派人看守住他。刘腾伪称皇上的命令召集公卿们来议论，数说元怿谋反的罪状。大家都畏惧元义，没有人敢表示不同意见，只有仆射新泰文贞公游肇反驳说元怿不可能谋反，到底也没有下笔签名。

元义、刘腾拿着王公们的意见进宫，很快就得到孝明帝批准，半夜时杀掉了元怿。于是他们又伪装胡太后的旨令，说她自己有了病，要将政权交还给孝明帝。他们把胡太后囚禁在北宫的宣光殿，宫门昼夜都关闭着，内外隔断，刘腾自己掌管着钥匙，连孝明帝都不能探视，只允许递送食物。胡太后的衣服饮食都不能像原来那样了，因此免不了忍饥受寒，于是她叹息道："养虎却被虎吃掉了，说的就是我呀。"元义又派中常侍贾粲陪侍孝明帝读书，暗中命令他提防监视孝明帝的行动。元义便与太师高阳王元雍等人一同辅政，孝明帝称元义为姨父。元义和刘腾内外专权，相互勾结，元义专管抵挡来自朝廷之外的攻击，刘腾负责对朝廷内部的监视。他们常常在宫中值勤，一同决定赏罚，政事不论大小，都由他们两人决定，他们威震朝廷内外，以致百官们个个小心翼翼，不敢轻举妄动。

朝野闻怿死，莫不丧气，胡夷为之劓面者数百人。游肇愤邑而卒。

7　己卯，江、淮、海并溢。

8　辛卯，魏主加元服，大赦，改元正光。

9　魏相州刺史中山文庄王熙，英之子也，与弟给事黄门侍郎略、司徒祭酒纂，皆为清河王怿所厚，闻怿死，起兵于邺，上表欲诛元义、刘腾，纂亡奔邺。后十日，长史柳元章等帅城人鼓噪而入，杀其左右，执熙、纂并诸子置于高楼。八月甲寅，元义遣尚书左丞卢同就斩熙于邺街，并其子弟。

熙好文学，有风义，名士多与之游，将死，与故知书曰："吾与弟俱蒙皇太后知遇，兄据大州，弟则入侍，殷勤言色，恩同慈母。今皇太后见废北宫，太傅清河王横受屠酷，主上幼年，独在前殿。君亲如此，无以自安，故帅兵民欲建大义于天下。但智力浅短，旋见囚执，上惭朝廷，下愧相知。本以名义干心，不得不尔，流肠碎首，复何言哉！凡百君子，各敬尔仪，为国为身，善勖名节！"闻者怜之。熙首至洛阳，亲故莫敢视，前骁骑将军刁整独收其尸而藏之。整，雍之孙也。卢同希义意，穷治熙党与，锁济阴内史杨昱赴邺，考讯百日，乃得还任。义以同为黄门侍郎。

元略亡抵故人河内司马始宾，始宾与略缚荻筏夜渡孟津，诣屯留栗法光家，转依西河太守刁双，匿之经年。时购略甚急，略惧，求送出境，双曰："会有一死，所难遇者为知己死耳，

朝野之人听到元怿的死讯，莫不痛心疾首，甚至胡夷中有好几百人痛哭他的死时都划破了面孔。游肇气愤忧郁而死。

7 己卯（初七），长江、淮河及海水一同暴涨。

8 辛卯（十九日），北魏为孝明帝举行加冠礼，大赦天下，改年号为正光。

9 北魏相州刺史中山文庄王元熙是元英的儿子，他和弟弟给事黄门侍郎元略、司徒祭酒元纂都得到清河王元怿的厚待，听到元怿的死讯之后，在邺城起兵，并且上书给孝明帝要求杀掉元义、刘腾，元纂逃跑到了邺城参与起兵。十天之后，长史柳元章等人率领城中平民鼓噪入城，杀了他们的手下人，把元熙、元纂和他们的儿子一同抓到高楼上。八月甲寅（十三日），元义派尚书左丞相卢同前去在邺城街市上斩杀了元熙和他的子弟。

元熙爱好文学，有风度，有气量，当时的名士大多和他有交情，他临死时，给老朋友写信说："我和弟弟都蒙受皇太后的知遇之恩，哥哥镇守大州，弟弟则在宫内服务，皇太后对我们和蔼可亲，恩情如同慈母一般。现在皇太后被废在北宫里，太傅清河王又横遭杀害，圣上年幼，一个人在前殿任人摆布。圣上如此，我等无法保全自己，因此率领军队和百姓想在全国伸张正义。但是我因智力浅短，不但贼人未除，反而身陷囹圄，真是上对朝廷有愧，下对知己无颜。我起兵本是出于忠义之心，不得不这么做，既肝脑涂地，也毫无二话！希望众多友人，努力爱惜自身，为国家为自己好好地保持名节。"听了此话的人没有不哀怜他的。元熙的首级被送到了洛阳，他的亲戚朋友都不敢去看，只有从前的骁骑将军习整收藏了他的尸身。习整是习雍的孙子。卢同为了讨取元义欢心，严厉查办元熙的同党，济阴内史杨昱被囚送到邺城，审问拷打了一百天，才得以回去复任。因此元义让卢同做了黄门侍郎。

元略逃到故人河内人司马始宾那里，司马始宾同元略用荻杆扎成筏子在夜间渡过孟津，来到屯留人栗法光的家中，很快又去投靠西河太守习双，在那里藏了一年多。当时悬赏通缉元略，风声很紧，元略害怕，请求把他送出国境。习双说："人固有一死，最难得的是为知己而死，

愿不以为虑。"略固求南奔,双乃使从子昌送略渡江,遂来奔,上封略为中山王。双,雍之族孙也。义诬刁整送略,并其子弟收系之,御史王基等力为辩雪,乃得免。

10 甲子,侍中、车骑将军永昌严侯韦叡卒。时上方崇释氏,士民尤不从风而靡,独叡自以位居人臣,不欲与俗俯仰,所行略如平日。

11 九月戊戌,魏以高阳王雍为丞相,总摄内外,与元义同决庶务。

12 初,柔然佗汗可汗纳伏名敦之妻候吕陵氏,生伏跋可汗及阿那瓌等六子。伏跋既立,忽亡其幼子祖惠,求募不能得。有巫地万言祖惠今在天上,我能呼之,乃于大泽中施帐幄,祀天神,祖惠忽在帐中,自云恒在天上。伏跋大喜,号地万为圣女,纳为可贺敦。地万既挟左道,复有姿色,伏跋敬而爱之,信用其言,干乱国政。如是积岁,祖惠浸长,语其母曰:"我常在地万家,未尝上天,上天者地万教我也。"其母具以状告伏跋,伏跋曰:"地万能前知未然,勿为谗也。"既而地万惧,潜祖惠于伏跋而杀之。候吕陵氏遣其大臣具列等绞杀地万。伏跋怒,欲诛具列等。会阿至罗入寇,伏跋击之,兵败而还。候吕陵氏与大臣共杀伏跋,立其弟阿那瓌为可汗。阿那瓌立十日,其族兄示发帅众数万击之,阿那瓌战败,与其弟乙居伐轻骑奔魏。示发杀候吕陵氏及阿那瓌二弟。

13 魏清河王怿死,汝南王悦了无恨元义之意,以桑落酒候之,尽其私佞。义大喜,冬,十月乙卯,以悦为侍中、太尉。悦就怿子亶求怿服玩,不时称旨,杖亶百下,几死。

希望你不要替我担心。"元略坚决请求南逃,刁双便派侄子刁昌送元略渡过长江,于是元略投靠了梁朝,梁武帝封元略为中山王。刁双是刁雍的族孙。元义诬告刁整送走了元略,便把他连同他的子弟一同抓了起来,御史王基等人全力为他申辩,才得以幸免。

10 甲子(二十三日),侍中、车骑将军永昌严侯韦叡去世。当时梁武帝正尊崇佛教,百姓全都跟着信教,只有韦叡自以为身为大臣,不想顺从这种习俗,行事全和平时一样。

11 九月戊戌(二十七日),北魏任命高阳王元雍为丞相,总管内外朝政,与元义一同处理日常事务。

12 当初,柔然国的佗汗可汗娶了伏名敦的妻子候吕陵氏,生下伏跋可汗以及阿那瓌等六个儿子。伏跋成为柔然王以后,忽然丢失了幼子祖惠,查访召寻都找不到。有个巫婆叫地万,她说,祖惠现在在天上,我能招来他。于是便在大泽中搭起帐幕,祈祷天神,祖惠一下子出现在帐幕中,并且说自己一直在天上。伏跋非常高兴,称地万是圣女,把她娶为正妻。地万既有法术,又有姿色,伏跋对她既尊敬又宠爱,非常听信她的话,任她参与干扰国事。这样过了几年,祖惠慢慢长大了,告诉他的生母说:"我那时一直在地万家,没有上过天,上天的话是地万教我说的。"他的母亲把这件事的真相告诉了伏跋,伏跋说:"地万能够预见没发生的事,你不要说她的坏话。"不久地万怕这件事暴露,就在伏跋面前陷害祖惠并杀了他。候吕陵氏派与她一心的大臣具列等人绞死了地万。伏跋大怒,要杀死具列等人。恰好在这时阿至罗族入侵,伏跋带兵抗击,兵败而回。候吕陵氏和大臣一同杀掉了伏跋,立他的弟弟阿那瓌为可汗。阿那瓌立为可汗王仅十天,他的族兄示发便率领几万人攻打他,阿那瓌战败,同他的弟弟乙居伐乘轻骑逃往北魏。示发杀了候吕陵氏和阿那瓌的两个弟弟。

13 北魏清河王元怿死后,汝南王元悦没有一点仇恨元义之心,反而用桑落酒讨好元义,极尽谄媚讨好之能事。元义非常高兴,冬季,十月乙卯(十五日),任命元悦为侍中、太尉。元悦向元怿的儿子元亶索取元怿的服饰和古玩,因为没有按时送去而所送的又不合元悦的心意,元悦就用大杖打了元亶一百下,几乎把元亶打死。

14  柔然可汗阿那瓌将至魏,魏主使司空京兆王继、侍中崔光等相次迎之,赐劳甚厚。魏主引见阿那瓌于显阳殿,因置宴,置阿那瓌位于亲王之下。宴将罢,阿那瓌执启立于座后,诏引至御座前,阿那瓌再拜言曰:"臣以家难,轻来诣阙,本国臣民,皆已逃散。陛下恩隆天地,乞兵送还本国,诛翦叛逆,收集亡散,臣当统帅遗民,奉事陛下。言不能尽,别有启陈。"仍以启授中书舍人常景以闻。景,爽之孙也。

十一月己亥,魏立阿那瓌为朔方公、蠕蠕王,赐以衣服、辂车,禄恤仪卫,一如亲王。时魏方强盛,于洛水桥南御道东作四馆,道西立四里:有自江南来降者处之金陵馆,三年之后赐宅于归正里;自北夷降者处燕然馆,赐宅归德里;自东夷降者处扶桑馆,赐宅于慕化里;自西夷降者处崦嵫馆,赐宅于慕义里。及阿那瓌入朝,以燕然馆处之。阿那瓌屡求返国,朝议异同不决,阿那瓌以金百斤赂元义,遂听北归。十二月壬子,魏敕怀朔都督简锐骑二千护送阿那瓌达境首,观机招纳。若彼迎候,宜赐缯帛车马礼钱而返;如不容受,听还阙庭。其行装资遣,付尚书量给。

15  辛酉,魏以京兆王继为司徒。
16  魏遣使者刘善明来聘,始复通好。

**二年(辛丑,521)**
1  春,正月辛巳,上祀南郊。
2  置孤独园于建康,以收养穷民。
3  戊子,大赦。

14 柔然国的可汗阿那瓌将要来到北魏之时,北魏孝明帝派司空京兆王元继、侍中崔光等人依次欢迎他,十分优厚地赏赐、慰劳他。孝明帝在显阳殿接见了阿那瓌,随后设置宴席,把阿那瓌的座位排在亲王之下。宴会即将结束时,阿那瓌手执书信站在座位后面,孝明帝命人把他引到御座之前来,阿那瓌拜了几拜说道:"为臣我因为家中有难,只身前来朝拜陛下,我国的臣民,全都逃散了。陛下的恩情比天高,比地厚,请陛下派兵把我送回本国,诛灭造反的逆贼,收集起逃散的人马,我一定会统率我的百姓,竭心侍奉陛下。我的话难以表达全面,这里还另外有封信向陛下陈述。"于是就把书信交给中书舍人常景来看。常景是常爽的孙子。

十一月己亥(二十九日),北魏孝明帝立阿那瓌为朔方公、蠕蠕王,赐给他衣物、服饰和辒车。他的俸禄和卫队,都和亲王的一样。当时北魏正是强盛的时期,在洛水桥南的御道之东修建了四座客馆,道西建起了四片街。有从江南来投降的人便让住在金陵馆,三年以后在归正里赏赐他一所住宅;从北夷来投降的人先住在燕然馆,然后在归德里赏赐住宅;从东夷来投降的人先住在扶桑馆,然后在慕化里赏赐住宅;从西夷来投降的人先住在崦嵫馆,然后在慕义里赏赐住宅。阿那瓌归顺北魏后,让他住在燕然馆中。阿那瓌多次请求回国,朝廷中的意见总是不一样,无法决定,阿那瓌用一百斤黄金贿赂元乂,于是就允许他回国了。十二月壬子(十三日),北魏命令怀朔都督挑选二千精锐骑兵护送阿那瓌到达国境边上,观看时机而实行招纳。如果柔然迎候阿那瓌,就赐给他丝绸布匹、车马,按礼节给他饯行,送他回去;如果柔然不接受他,仍允许他回到朝中来。这次行动的行装费用,责成尚书省根据费用多少而支付。

15 辛酉(二十二日),北魏任命京兆王元继为司徒。

16 北魏派刘善明出使梁朝,两国又开始亲善往来。

## 梁武帝普通二年(辛丑,公元521年)

1 春季,正月辛巳(十二日),梁武帝在南郊祭天。

2 梁朝在建康设立孤独园,用来收养穷困百姓。

3 戊子(十九日),梁朝大赦天下。

4　魏南秦州氐反。

5　魏发近郡兵万五千人，使怀朔镇将杨钧将之，送柔然可汗阿那瓌返国。尚书左丞张普惠上疏，以为："蠕蠕久为边患，今兹天降丧乱，荼毒其心，盖欲使之知有道之可乐，革面稽首以奉大魏也。陛下宜安民恭己以悦服其心。阿那瓌束身归命，抚之可也。乃更先自劳扰，兴师郊甸之内，投诸荒裔之外，救累世之勍敌，资天亡之丑虏，臣愚未见其可也。此乃边将贪窃一时之功，不思兵为凶器，王者不得已而用之。况今旱暵方甚，圣慈降膳，乃以万五千人使杨钧为将，欲定蠕蠕，干时而动，其可济乎！脱有颠覆之变，杨钧之肉，其足食乎！宰辅专好小名，不图安危大计，此微臣所以寒心者也。且阿那瓌之不还，负何信义，臣贱不及议，文书所过，不敢不陈。"阿那瓌辞于西堂，诏赐以军器、衣被、杂采、粮畜，事事优厚，命侍中崔光等劳遣于外郭。

阿那瓌之南奔也，其从父兄婆罗门帅众数万人讨示发，破之，示发奔地豆干，地豆干杀之，国人推婆罗门为弥偶可社句可汗。杨钧表称："柔然已立君长，恐未肯以杀兄之人郊迎其弟。轻往虚返，徒损国威。自非广加兵众，无以送其入北。"二月，魏人使旧尝奉使柔然者牒云具仁往谕婆罗门，使迎阿那瓌。

6　辛丑，上祀明堂。

7　庚戌，魏使假抚军将军邴虬讨南秦叛氐。

4　北魏南秦州的氐人造反。

5　北魏征调附近郡县的一万五千多兵力,由怀朔镇将杨钧统率,送柔然可汗阿那瓌回国。尚书左丞张普惠上书孝明帝,认为:"柔然长期以来一直是我们边境上的祸患,现在老天给他们降下灾害、战乱,让他们心灵受苦,这大概是为了让他们懂得只有按天道行事才能安乐,让他们悔过自新、规矩顺从地来侍奉我们大魏朝呀。陛下应当安抚百姓,静养自身以使天下百姓心悦诚服。阿那瓌只身来投奔,安抚他就可以了。您却首先为此而劳扰天下,在京城内外兴师动众,把他们指派到荒僻偏远之处,去救助几代以来都是我们强敌之人,帮助老天爷都要使他灭亡的丑恶的蛮虏,以臣之愚见实在看不出有这样做的必要。这不过是守边的将领贪图一时的功劳,却不去想想打仗是凶险的事,圣王不得已时才会使用。何况现在干旱正厉害,圣上出于慈心减少了自己的膳食,却让杨钧带着一万五千人去安定柔然,违背时势而贸然行动,怎么能够成功呢?如果万一发生不测之变,有人颠覆国家发动战乱,即使到时把杨钧杀了吃掉,又有什么用!宰相大臣们专门喜欢个人的名声,不替国家的安危着想,这正是小臣我感到寒心之处。何况即使阿那瓌不能回国,我们有何辜负信义之处。我官职低贱不够评议的资格,但是文书都从我手上经过,因此我不敢不说出我的意见。"阿那瓌在西堂辞行,孝明帝下令赐给他军器、衣被、杂物、粮畜,样样都很优厚,命令侍中崔光等人在外城为他饯行送别。

阿那瓌逃到南方的时候,他的堂兄婆罗门率领几万人入朝讨伐示发,打败了他,示发投奔了地豆干国,地豆干人杀了他,柔然人推举婆罗门做了弥偶可社句可汗。杨钧上书说:"柔然国已经设立了国君,恐怕不会有杀死人家兄长的人又在郊外迎接死者的弟弟。如此轻率前往,徒劳而返,将白白地损害国家的威望。因此如果不大举发兵,就没办法送阿那瓌北返。"二月,北魏派原来曾出使过柔然国的牒云具仁前去晓谕婆罗门,让他迎接阿那瓌回国。

6　辛丑(初三),梁武帝在明堂祭祖。

7　庚戌(十二日),北魏派代理抚军将军郦虬讨伐南秦州反叛的氐人。

8　魏元义、刘腾之幽胡太后也,右卫将军奚康生预其谋,义以康生为抚军大将军、河南尹,仍使之领左右。康生子难当娶侍中、左卫将军侯刚女,刚子,义之妹夫也,义以康生通姻,深相委托,三人率多俱宿禁中,时或迭出,以难当为千牛备身。康生性粗武,言气高下,义稍惮之,见于颜色,康生亦微惧不安。

甲午,魏主朝太后于西林园,文武侍坐,酒酣迭舞,康生乃为力士舞,及折旋之际,每顾视太后,举手、蹈足、瞋目、颔首,为执杀之势,太后解其意而不敢言。日暮,太后欲携帝宿宣光殿,侯刚曰:“至尊已朝讫,嫔御在南,何必留宿!”康生曰:“至尊陛下之儿,随陛下将东西,更复访谁!”群臣莫敢应。太后自起援帝臂,下堂而去。康生大呼,唱万岁!帝前入阁,左右竞相排,阁不得闭。康生夺难当千牛刀,斫直后元思辅,乃得定。帝既升宣光殿,左右侍臣俱立西阶下。康生乘酒势将出处分,为义所执,锁于门下。光禄勋贾粲给太后曰:“侍官怀恐不安,陛下宜亲安慰。”太后信之,适下殿,粲即扶帝出东序,前御显阳殿,闭太后于宣光殿。至晚,义不出,令侍中、黄门、仆射、尚书等十馀人就康生所讯其事,处康生斩刑,难当绞刑。义与刚并在内,矫诏决之:康生如奏,难当恕死从流。难当哭辞父,康生慷慨不悲,曰:“我不反死,汝何哭也?”时已昏暗,有司驱康生赴市,斩之。尚食典御奚混与康生同执刀入内,亦坐绞。

8 北魏元义、刘腾囚禁胡太后时,右卫将军奚康生参与了他们的计划,因此元义任命奚康生做了抚军大将军、河南尹,仍然让他统领御仗卫兵。奚康生的儿子奚难当娶了侍中、左卫将军侯刚的女儿,侯刚的儿子又是元义的妹夫,元义因为和奚康生有姻亲的关系,因此十分信任他。他们三人很多时间里全都住在宫内,有时交替着出宫,又让奚难当手执千牛刀侍卫于孝明帝左右。奚康生性情粗暴鲁莽,言语不驯,元义有些惧怕他,甚至表现在脸色上,奚康生也有些感到畏惧不安。

三月甲午(二十六日),北魏孝明帝在西林园朝见胡太后,文武百官陪同,酒酣之时纷纷起舞,奚康生趁势表演力士舞,每到回旋、转身的时候,总是看着胡太后,举手、投足、瞪眼、点头、做捕杀的姿势,胡太后明白了他的用意却不敢说话。傍晚,胡太后想携同孝明帝一同住在宣光殿,侯刚说:"皇上已经朝见完毕了,他的嫔妃住在南宫,没必要留宿在这里!"奚康生说:"皇上是太后陛下的儿子,随太后之意领往哪里,还用问别人吗!"众大臣们都不敢说话。胡太后自己站起来扶着孝明帝的手臂下堂而去。奚康生大声呼喊,高唱万岁!孝明帝前头进入殿门,手下人互相拥推着,门关不上。奚康生夺过奚难当的千牛刀,砍杀了值后元思辅,才安定了局面。孝明帝在宣光殿上升殿,手下的侍臣都站立在西边台阶下。奚康生借着酒劲想要出来安排布置一番,却被元义抓住,锁在门下。光禄勋贾粲欺骗胡太后说:"侍官们心里惶恐不安,陛下应当亲自去安慰他们。"胡太后相信了他的话,刚走下殿来,贾粲便扶着孝明帝走出东门,往前住到了显阳殿,而把胡太后关在宣光殿内。到了晚上,元义还没有出宫,命令侍中、黄门、仆射、尚书等十多个人到奚康生被押的地方审问他,判处奚康生斩刑,奚难当绞刑。元义和侯刚都在内宫,伪装孝明帝命令判决了这个案子,同意判处奚康生斩刑,饶恕奚难当不死,改为流放。奚难当哭着去向父亲告别,奚康生却慷慨激昂,毫不忧伤,说道:"我不后悔去死,你哭什么?"当时天色已暗,官吏们驱赶着奚康生来到刑场,斩杀了他。尚食典御奚混因和奚康生一同拿着刀冲入宫中,也被判处了绞刑。

难当以侯刚婿,得留百馀日,竟流安州。久之,义使行台卢同就杀之。以刘腾为司空。八坐、九卿常旦造腾宅,参其颜色,然后赴省府,亦有终日不得见者。公私属请,唯视货多少,舟车之利,山泽之饶,所在権固,刻剥六镇,交通互市,岁入利息以巨万万计,逼夺邻舍以广其居,远近苦之。

京兆王继自以父子权位太盛,固请以司徒让车骑大将军、仪同三司崔光。夏,四月庚子,以继为太保,侍中如故,继固辞,不许。壬寅,以崔光为司徒,侍中、祭酒、著作如故。

9　魏牒云具仁至柔然,婆罗门殊骄慢,无逊避心,责具仁礼敬。具仁不屈,婆罗门乃遣大臣丘升头等将兵二千随具仁迎阿那瓌。五月,具仁还镇,具道其状,阿那瓌惧,不敢进,上表请还洛阳。

10　辛巳,魏南荆州刺史桓叔兴据所部来降。

六月丁卯,义州刺史文僧明、边城太守田守德拥所部降魏,皆蛮酋也。魏以僧明为西豫州刺史,守德为义州刺史。

11　癸卯,琬琰殿火,延烧后宫三千间。

12　秋,七月丁酉,以大匠卿裴邃为信武将军,假节,督众军讨义州,破魏义州刺史封寿于檀公岘,遂围其城;寿请降,复取义州。魏以尚书左丞张普惠为行台,将兵救之,不及。

奚难当因为是侯刚的女婿,得以停留了一百多天,最后被流放到了安州。很久之后,元义又派行台卢同去安州杀害了奚难当。刘腾被任命为司空,因此而权倾一时。朝廷中的八坐、九卿们常常在早晨到刘腾的住所拜访,先观察了他的脸色,然后再到官署去办公,也有一整天都见不到他的官吏。刘腾贪得无厌,不论请他办的是公事还是私事,他只看所送财物多少而行事,无论是水陆交通之利,还是山川物产,他全都独占,他还对六镇敲诈勒索,互相勾结行贿,每年的收入数以百亿。他又侵夺周围四邻的房屋来扩大自己的住宅,远近的人都身受其害。

京兆王元继自认为他们父子的权职太大了,坚决请求把司徒的职位让给车骑大将军、仪同三司崔光。夏季,四月庚子(初三),朝廷任命元继为太保,保留侍中的职务,元继坚决推辞,但是孝明帝不肯批准。壬寅(初七),任命崔光为司徒,侍中、祭酒、著作等旧职不变。

9 北魏的牒云具仁来到柔然国,婆罗门非常傲慢,没有谦逊礼让的意思,却让牒云具仁对他行礼。牒云具仁不肯屈从,婆罗门才派大臣丘升头等人率领两千人随牒云具仁一同去迎接阿那瓌。五月,牒云具仁回到怀朔镇,把这种情况都做了汇报,阿那瓌很害怕,不敢前去,上表给孝明帝请求回到洛阳。

10 辛巳(十四日),北魏南荆州刺史桓叔兴率领部将投降了梁朝。

六月丁卯(初一),义州刺史文僧明、边城太守田守德率领部属投降了北魏,这二人都是蛮族首领。北魏任命文僧明为西豫州刺史,田守德为义州刺史。

11 癸卯,梁朝琬琰殿失火,火势蔓延,烧毁后宫三千间。

12 秋季,七月丁酉(初一),梁朝任命大匠卿裴邃为信武将军,授予他符节,让他督率众军去讨伐义州,首战告捷,在檀公岘打败了北魏义州刺史封寿,进而围攻其城。封寿请求投降,于是又夺取了义州。北魏委任尚书左丞张普惠为行台,率兵来救援,但是没有来得及。

以裴邃为豫州刺史,镇合肥。邃欲袭寿阳,阴结寿阳民李瓜花等为内应。邃已勒兵为期日,恐魏觉之,先移扬州云:"魏始于马头置戍,如闻复欲修白捺故城,若尔,便相侵逼,此亦须营欧阳,设交境之备。今板卒已集,唯听信还。"扬州刺史长孙稚谋于僚佐,皆曰:"此无修白捺之意,宜以实报之。"录事参军杨侃曰:"白捺小城,本非形胜。邃好狡数,今集兵遣移,恐有他意。"稚大寤曰:"录事可呕作移报之。"侃报移曰:"彼之纂兵,想别有意,何为妄构白捺!'他人有心,予忖度之',勿谓秦无人也。"邃得移,以为魏人已觉,即散其兵。瓜花等以失期,遂相告发,伏诛者十馀家。稚,观之子;侃,播之子。

13 初,高车王弥俄突死,其众悉归嚈哒。后数年,嚈哒遣弥俄突弟伊匐帅馀众还国。伊匐击柔然可汗婆罗门,大破之,婆罗门帅十部落诣凉州,请降于魏。柔然馀众数万相帅迎阿那瓌,阿那瓌表称:"本国大乱,姓姓别居,迭相抄掠。当今北人鹄望待拯,乞依前恩,给臣精兵一万,送臣碛北,抚定荒民。"诏付中书门下博议,凉州刺史袁翻以为:"自国家都洛以来,蠕蠕、高车迭相吞噬,始则蠕蠕授首,既而高车被擒。今高车自奋于衰微之中,克雪雠耻,诚由种类繁多,终不能相灭。自二虏交斗,边境无尘,数十年矣,此中国之利也。

接着，又任命裴邃为豫州刺史，镇守合肥。裴邃想要袭击寿阳，便暗中结交了寿阳人李瓜花等人作为内应。裴邃部署好了军队并约定了时间，怕被北魏发觉，便先给北魏扬州方面送去一封书信，信中说："北魏原来在马头设置防卫，现在听说又要修筑过去的白捺旧城，如果这样的话，我们就要对你们发起进攻，我们这边也需要修筑欧阳城，增设边境的守备。现在筑城的兵士已集中了，只等你们的回信了。"北魏扬州刺史长孙稚和他的幕僚们商议此事，大家都说："我们这里没有修筑白捺城的意图，应当把实情告诉他们。"录事参军杨侃说："白捺是个小城，本来不是什么险要之地。裴邃这人很狡诈，一贯老谋深算，现在集结、调动部队，恐怕有别的用意。"长孙稚顿时醒悟过来了，说："录事应当马上写一篇檄文送给裴邃。"于是，杨侃在檄文中对裴邃说："你们调集兵力，想是有其他用意，为什么反而胡说我们要修筑白捺城呢？俗话说：'他人有什么心思，我能猜测得出来。'不要以为我们这里没有能人。"裴邃收到檄文后，认为北魏已经发觉了他的用意，就遣散了他的军队。李瓜花等人因为错过了约定时间，就互相告发检举，有十多家被处死。长孙稚是长孙观的儿子，杨侃是杨播的儿子。

13　当初，高车王弥俄突死后，他的手下人都投靠了嚈哒国。几年以后，嚈哒派遣弥俄突的弟弟伊匐率领馀部回国。伊匐攻打柔然可汗婆罗门，打败了婆罗门，婆罗门带领十个部落来到凉州，请求向北魏投降。柔然国剩馀的几万人一起来迎接阿那瓌，阿那瓌给孝明帝写信说："我国的内部大乱，一个姓氏又一个姓氏轮流执政，交替着抢劫杀掠。现在北方人都举踵翘望北魏来拯救他们，乞求您照从前恩赐我那样，给我一万精锐兵力，送我到沙漠的北部，以便安抚战乱中的百姓。"孝明帝下令把这件事交给中书门下集体议定，凉州刺史袁翻认为："自从我国定都洛阳以来，柔然国和高车国反复相互吞并，开始是柔然国失去了头领，接着高车王又被抓。现在高车国在衰败中奋起，力求报仇雪耻，但由于种族、类属繁杂，最后也没能将敌国消灭。自从这两个敌虏之国相互交战以来，我们的边境尘土不起已经有几十年了，这是中原国家的益处。

今蠕蠕两主相继归诚,虽戎狄禽兽,终无纯固之节,然存亡继绝,帝王本务。若弃而不受,则亏我大德;若纳而抚养,则损我资储;或全徙内地,则非直其情不愿,亦恐终为后患,刘、石是也。且蠕蠕尚存,则高车犹有内顾之忧,未暇窥觎上国;若其全灭,则高车跋扈之势,岂易可知!今蠕蠕虽乱而部落犹众,处处棋布,以望旧主,高车虽强,未能尽服也。愚谓蠕蠕二主并宜存之,居阿那瓌于东,处婆罗门于西,分其降民,各有攸属。阿那瓌所居非所经见,不敢臆度;婆罗门请修西海故城以处之。西海在酒泉之北,去高车所居金山千馀里,实北虏往来之冲要,土地沃衍,大宜耕稼。宜遣一良将,配以兵仗,监护婆罗门,因令屯田,以省转输之劳。其北则临大碛,野兽所聚,使蠕蠕射猎,彼此相资,足以自固。外以辅蠕蠕之微弱,内亦防高车之畔援,此安边保塞之长计也。若婆罗门能收离聚散,复兴其国者,渐令北转,徙度流沙,则是我之外藩,高车勍敌,西北之虞可以无虑。如其奸回反覆,不过为逋逃之寇,于我何损哉?"朝议是之。

九月,柔然可汗俟匿伐诣怀朔镇请兵,且迎阿那瓌。俟匿伐,阿那瓌之兄也。冬,十月,录尚书事高阳王雍等奏:"怀朔镇北吐若奚泉,原野平沃,请置阿那瓌于吐若奚泉,婆罗门于故西海郡,令各帅部落,收集离散。阿那瓌所居既在境外,宜少优遣,婆罗门不得

现在柔然国的两个国王相继归顺我国,虽然戎狄之族野性难改,最后也不会有纯真坚固的节操,但是使危亡的国家幸存下去,使绝灭的种姓得以繁衍,是帝王之本务。如果对他们弃而不管,就会有损于我们的德行;如果收留并且抚养他们,就会损失我们的物资储备;如果把他们全部迁到内地,则不但他们不情愿,恐怕最终也会成为我们的祸患,晋代的刘渊、石勒之乱就是这样发生的。况且只要柔然国还存在,那么高车国就还有内顾之忧,没工夫觊觎我国;如果柔然国全部灭亡,那么高车国的强霸之势,是难以预测的!现在柔然国虽然大乱,但是部落还存在许多,到处都有,都盼望着过去的主人,高车国虽然强大,却没能全部征服他们。以我之愚见,应当让柔然国的两个国主同时并存,让阿那瓌住在东部,让婆罗门住在西面,把那些降民分给他俩,使他们各有所属。阿那瓌居住的地方我不曾见过,不敢胡乱猜测;对于婆罗门,则请修筑西海旧城让他居住。西海城在酒泉的北部,距离高车国所居住的金山一千多里,实在是北虏来往的要塞之地,那里土地肥沃广阔,非常适宜于耕种。应当派遣一员良将,配备以兵力武器,既监护婆罗门,又顺便让他们去屯田,可以节省粮草运输的烦劳。西海之北就面临着大沙漠,是野兽聚集的地方,让柔然人打猎,与守兵们互相资助,便足以做到坚守自固。对外可以辅助弱小的柔然国,对内可以防御强横的高车国,这是安定边境保卫要塞的长久之计。如果婆罗门能收集起离散的百姓,复兴他的国家,就逐渐让他转向北部、迁移过沙漠,便可成为我国的外藩,高车国的强敌,于是西北一带的忧虑就可以解除了。如果他反叛了,则不过成为外逃的流寇,对我国有什么损害呢?"朝廷经过讨论同意了他的意见。

九月,柔然可汗俟匿伐来到怀朔镇请求救兵,并且迎接阿那瓌。俟匿伐是阿那瓌的哥哥。冬季,十月,录尚书事高阳王元雍等人上奏北魏孝明帝:"怀朔镇之北的吐若奚泉,原野平坦肥沃,请将阿那瓌居住在吐若奚泉,婆罗门居住在从前的西海郡,命令他们各自率领自己的部落,收集离散的百姓。既然阿那瓌的住地在境外,那么遣送他时便应当稍微优厚一点,婆罗门不可以

比之。其婆罗门未降以前蠕蠕归化者,悉令州镇部送怀朔镇以付阿那瓌。"诏从之。

14　十一月癸丑,魏侍中、车骑大将军侯刚加仪同三司。

15　魏以东益、南秦氐皆反,庚辰,以秦州刺史河间王琛为行台以讨之。琛恃刘腾之势,贪暴无所畏忌,大为氐所败。中尉弹奏,会赦,除名,寻复王爵。

16　魏以安西将军元洪超兼尚书行台,诣敦煌安置柔然婆罗门。

### 三年(壬寅,522)

1　春,正月庚子,以尚书令袁昂为中书监,吴郡太守王暕为尚书左仆射。

2　辛亥,魏主耕籍田。

3　魏宋云与惠生自洛阳西行四千里,至赤岭,乃出魏境,又西行,再期,至乾罗国而还。二月,达洛阳,得佛经一百七十部。

4　高车王伊匐遣使入贡于魏。夏,四月庚辰,魏以伊匐为镇西将军、西海郡公、高车王。久之,伊匐与柔然战败,其弟越居杀伊匐自立。

5　五月壬辰朔,日有食之,既。

6　癸巳,大赦。

7　冬,十一月甲午,领军将军始兴忠武王憺卒。

8　乙巳,魏主祀圜丘。

9　初,魏世祖以《玄始历》浸疏,命更造新历。至是,著作郎崔光表取荡寇将军张龙祥等九家所上历,候验得失,合为一历,以壬子为元,应魏之水德,命曰《正光历》。丙午,初行《正光历》,大赦。

和他相比。在婆罗门投降以前来投奔我国的蠕蠕人,都要让各州、镇集中送到怀朔镇来交给阿那瓖。"孝明帝下令批准了他们的上奏。

14 十一月癸丑(十九日),北魏加封侍中、车骑大将军侯刚仪同三司。

15 北魏因为东益、南秦二州的氐人都反叛了,庚寅,任命秦州刺史、河间王元琛为行台去讨伐。元琛倚仗刘腾的权势,贪婪残暴、肆无忌惮,被氐人打得大败。中尉弹奏了他,正赶上大赦,因此只被除名,但不久又恢复了王爵。

16 北魏任命安西将军元洪超兼任尚书行台,到敦煌去安置柔然国的婆罗门。

### 梁武帝普通三年(壬寅,公元522年)

1 春季,正月庚子(初七),梁朝任命尚书令袁昂为中书监,吴郡太守王暕为尚书左仆射。

2 辛亥(十八日),北魏孝明帝举行耕种籍田仪式。

3 北魏宋云和惠生从洛阳出发,西行四千里,到达赤岭,才出了北魏国境,继续西行两年以后,到达乾罗国后返回。于二月回到洛阳,得到一百七十部佛经。

4 高车王伊匐派使节向北魏进贡。夏季,四月庚辰(十九日),北魏任命伊匐为镇西将军、西海郡公、高车王。很久以后,伊匐和柔然国交战失败,他的弟弟越居杀了伊匐自立为王。

5 五月壬辰朔(初一),发生日全食。

6 癸巳(初二),梁朝大赦天下。

7 冬季,十一月甲午(初六),梁朝领军将军始兴忠武王萧憺去世。

8 乙巳(十七日),北魏孝明帝在圜丘祭天。

9 当初,魏世祖认为《玄始历》渐渐不准确了,下令另制新的历法。到现在,著作郎崔光选取荡寇将军张龙祥等九家所上呈的历法,经过验证得失,合并成一种历法,以壬子为起首,以便于与北魏以水德而王相应,命名为《正光历》,表奏朝廷。丙午(十八日),开始实行《正光历》,并大赦天下。

10　十二月乙酉，魏以车骑大将军、尚书右仆射元钦为仪同三司，太保京兆王继为太傅，司徒崔光为太保。

11　初，太子统之未生也，上养临川王宏之子正德为子。正德少粗险，上即位，正德意望东宫。及太子统生，正德还本，赐爵西丰侯。正德怏怏不满意，常蓄异谋。是岁，正德自黄门侍郎为轻车将军，顷之，亡奔魏，自称废太子避祸而来。魏尚书左仆射萧宝寅上表曰："岂有伯为天子，父作扬州，弃彼密亲，远投他国！不如杀之。"由是魏人待之甚薄，正德乃杀一小儿，称为己子，远营葬地。魏人不疑，明年，复自魏逃归。上泣而诲之，复其封爵。

12　柔然阿那瓌求粟为种，魏与之万石。

婆罗门帅部落叛魏，亡归嚈哒。魏以平西府长史代人费穆兼尚书右丞西北道行台，将兵讨之，柔然遁去。穆谓诸将曰："戎狄之性，见敌即走，乘虚复出，若不使之破胆，终恐疲于奔命。"乃简练精骑，伏于山谷，以步兵之羸者为外营，柔然果至，奋击，大破之，婆罗门为凉州军所擒，送洛阳。

**四年(癸卯，523)**

1　春，正月辛卯，上祀南郊，大赦。丙午，祀明堂。二月乙亥，耕藉田。

2　柔然大饥，阿那瓌帅其众入魏境，表求赈给。己亥，魏以尚书左丞元孚为行台尚书，持节抚谕柔然。孚，谭之孙也。将行，表陈便宜，以为："蠕蠕久来强大，昔在代京，常为重备。今天祚大魏，使彼自乱亡，稽首请服。朝廷鸠

10　十二月乙酉(二十七日),北魏任命车骑大将军、尚书右仆射元钦为仪同三司,太保京兆王元继为太傅,司徒崔光为太保。

11　当初,太子萧统没有生下来的时候,梁武帝抚养了临川王萧宏之子萧正德为儿子。萧正德从小就很粗野阴险,梁武帝即位后,萧正德一心想成为东宫太子。太子萧统出生之后,萧正德被交还父母,并被赏赐西丰侯的爵位。萧正德心中恨恨不平,一直藏有谋反之心。这一年,萧正德由黄门侍郎升为轻车将军,不久他逃奔北魏,自称是被废弃的太子前来避祸。北魏尚书左仆射萧宝寅上表朝廷说:"伯父是皇帝,父亲是扬州刺史,而他却丢下亲人,远远地投到别的国家来,岂有此理! 不如杀了他。"因此,北魏人便对萧正德非常不客气,于是萧正德就杀了一个小孩,声言是自己的孩子,远远地修建墓地。北魏人没有怀疑他。第二年,他又从北魏逃回国。梁武帝流着泪教诲他,恢复了他的爵位。

12　柔然国的阿那瓌请求给他们谷子做种子,北魏给了一万石。

婆罗门率领部落反叛北魏,逃奔哒。北魏委派平西府长史代都人费穆兼任尚书右丞西北道行台,让他率兵前去讨伐婆罗门,柔然人逃跑了。费穆对众将领说:"戎狄的本性是见敌就跑,乘虚又来,如果不吓破他们的胆子,恐怕最后会被他们折腾得疲于奔命。"于是他挑选精锐骑兵埋伏在山谷中,另派瘦弱的步兵在外扎营,柔然人果然来了,费穆率军猛烈进攻,打得柔然人一败涂地。婆罗门被梁州军队抓获,送到了洛阳。

## 梁武帝普通四年(癸卯,公元523年)

1　春季,正月辛卯(初四),梁武帝在南郊祭天,大赦天下。丙午(十九日),又在明堂祭祀。二月乙亥(十八日),耕种藉田。

2　柔然国发生严重饥荒,阿那瓌率领部众进入北魏境内,上表请求赈济。己亥,北魏任命尚书左丞元孚为行台尚书,持符节去安抚柔然。元孚是元谭的孙子。临行时,元孚上表陈述了合理建议,他认为:"柔然国向来强大,从前在代京时,一直是我国主要防备的对象。现在老天爷降福于大魏,让他们自己发生败乱,来叩头请求臣服。朝廷纠集起

其散亡,礼送令返,宜因此时善思远策。昔汉宣之世,呼韩款塞,汉遣董忠、韩昌领边郡士马送出朔方,因留卫助。又,光武时亦使中郎将段彬置安集掾史,随单于所在,参察动静。今宜略依旧事,借其闲地,听其田牧,粗置官属,示相慰抚。严戒边兵,因令防察,使亲不至矫诈,疏不容反叛,最策之得者也。"魏人不从。

柔然俟匿伐入朝于魏。

3　三月,魏司空刘腾卒。宦官为腾义息重服者四十馀人,衰绖送葬者以百数,朝贵送葬者塞路满野。

4　夏,四月,魏元孚持白虎幡劳阿那瓌于柔玄、怀荒二镇之间。阿那瓌众号三十万,阴有异志,遂拘留孚,载以辒车。每集其众,坐孚东厢,称为行台,甚加礼敬。引兵而南,所过剽掠,至平城,乃听孚还。有司奏孚辱命,抵罪。甲申,魏遣尚书令李崇、左仆射元纂帅骑十万击柔然。阿那瓌闻之,驱良民二千、公私马牛羊数十万北遁,崇追之三千馀里,不及而还。

纂使铠曹参军于谨帅骑二千追柔然,至郁对原,前后十七战,屡破之。谨,忠之从曾孙也,性深沉,有识量,涉猎经史。少时,屏居田里,不求仕进,或劝之仕,谨曰:"州郡之职,昔人所鄙;台鼎之位,须待时来。"纂闻其名而辟之。后帅轻骑出塞觇候,属铁勒数千骑奄至,谨以众寡不敌,退必不免,乃散其众骑,使匿丛薄之间,又遣人升山指麾,若

他们失散逃亡的人,礼送他们回国,应当趁这一时机好好地考虑一下长久的计策。从前汉宣帝时,呼韩邪来叩门求见,汉朝遣派董忠、韩昌带领边郡的兵马把他送出朔方城,并且留在那里保护、扶助他们。还有,汉光武帝时也派中郎将段彬设立安集掾史,跟随单于行动,观察他们的情况。现在应当大致按从前的办法去做,把闲置的土地借给他们,让他们去放牧,简单地设置官府,以表示对他们的关心爱护。同时在边境上严密布置兵力,以便防卫监视这些柔然人,使他们与我们亲近却不至于欺哄瞒骗我们,疏远却不允许到了反叛的地步,这才是上上之策。"但是朝廷没有采纳他的对策。

柔然国的侯匿伐来北魏朝拜孝明帝。

3　三月,北魏司空刘腾去世。宦官中作为刘腾义子穿戴重丧服的有四十多人,送葬的数以百计,前来送葬的朝中权贵披麻挂孝,充塞了道路和田野。

4　夏季,四月,北魏元孚禀承朝廷之令持白虎幡在柔玄、怀荒二镇之间慰问阿那瓌。阿那瓌手下共有三十万人马,他暗中怀有反叛之意,于是就扣留了元孚,把他关在卧车之中。阿那瓌每次集合他的部下,都让元孚坐在东厢中,称他为行台,特别地表示尊敬。阿那瓌率兵向南开进,所过之处横加掠劫,到了平城,才允许元孚回去。有关部门上奏元孚有辱使命,令他将功抵罪。甲申(二十八日),北魏派尚书令李崇、左仆射元纂统率十万骑兵攻打柔然。阿那瓌听到消息,抓走二千百姓,驱赶了公家和私人的几十万头马牛羊,向北方逃窜而去,李崇追赶了三千多里,没有追上,只好撤回。

元纂派遣铠曹参军于谨率领二千多骑兵追击柔然人,来到郁对原,先后打了十七仗,屡屡破敌获胜。于谨是于忠的从曾孙,他性情深沉,有识见、有气量,广涉经典史传。少年时,他隐居在乡间,不求仕进,有人劝他入仕做官,他说:"州和郡的官职是从前的人所瞧不上的;朝廷宰辅的位置,必须等待时机来到才可以获得。"元纂听到他的名声就任用了他。后来他率领轻骑部队出塞侦察,忽然遇上了几千名敕勒骑兵,于谨因为寡不敌众,后退一定难以幸免,于是便分散手下的骑兵,让他们藏到树丛之间,又派人到山上去指挥,好像

部分军众者。铁勒望见,虽疑有伏兵,自恃其众,进军逼谨。谨以常乘骏马,一紫一骝,铁勒所识,乃使二人各乘一马突阵而出,铁勒以为谨也,争逐之。谨帅徐军击其追骑,铁勒遂走,谨因得入塞。

李崇长史钜鹿魏兰根说崇曰:"昔缘边初置诸镇,地广人稀,或征发中原强宗子弟,或国之肺腑,寄以爪牙。中年以来,有司号为'府户',役同厮养,官婚班齿,致失清流,而本来族类,各居荣显,顾瞻彼此,理当愤怨。宜改镇立州,分置郡县,凡是府户,悉免为民,入仕次叙,一准其旧,文武兼用,威恩并施。此计若行,国家庶无北顾之虑矣。"崇为之奏闻,事寝,不报。

5 初,元义既幽胡太后,常入直于魏主所居殿侧,曲尽佞媚,帝由是宠信之。义出入禁中,恒令勇士持兵以自先后。时出休于千秋门外,施木栏楯,使腹心防守以备窃发,士民求见者,遥对之而已。其始执政之时,矫情自饰,以谦勤接物,时事得失,颇以关怀。既得志,遂自骄慢,嗜酒好色,贪肆宝贿,与夺任情,纪纲坏乱。父京兆王继尤贪纵,与其妻子各受赂遗,请属有司,莫敢违者。乃至郡县小吏亦不得公选,牧、守、令、长率皆贪污之人。由是百姓困穷,人人思乱。

武卫将军于景,忠之弟也,谋废叉,叉黜为怀荒镇将。及柔然入寇,镇民请粮,景不肯给,镇民不胜忿,遂反,执景,杀之。未几,

在部署军队一样。敕勒人看到后,虽然疑心有埋伏,但是倚仗人多,进兵逼近于谨。于谨常常骑一紫一黄两匹骏马,敕勒人都认识,他就让二人各骑一匹马冲出战阵,敕勒人以为是于谨,争着去追赶。于谨率领剩下的军队攻打追击的骑兵,敕勒人逃跑了,于谨才回到关内。

李崇的长史钜鹿人魏兰根劝谏李崇说:"从前沿着边境刚开始设置各镇时,由于地广人稀,于是或者征调中原豪强的子弟,或者把一些国家的亲贵委托给当地官吏,以便增加那里的人口。后来,这些移民被当地官吏们称为'府户',像对待奴隶那样役使他们,按年纪给他们婚配,以致使他们失去士大夫的身份,然而他们原来的门族,各个都荣华显赫,比较一下,他们理应对此愤怒不满。因此,应当把镇改成州,分别设置郡和县,凡是府户都释放为平民,在入仕和升迁方面都和从前一样,这样文武手段并用,威严、慈恩并施。如果这种策略实行了,国家几乎就可以解除北方的忧患了。"李崇替他上奏给孝明帝知道,但事情被搁置起来,没有回音。

5  当初,元义囚禁胡太后以后,常常入宫在孝明帝所住的殿堂旁边执勤,百般献媚,孝明帝因此开始宠信他。元义在宫禁中出入,常常让勇士手执兵器在他前后保护,有时出宫在千秋门外休息,就设置木栅栏,让心腹守护以便防备偷袭,士人和百姓来求见他,只能离得远远地,不能近前。他开始掌管朝政的时候,还伪装粉饰自己,所以在待人接物方面,做出谦逊、殷勤的样子,对于时事得失也假作十分关心。等到得势以后,就开始傲慢无礼,嗜酒好色,贪图财宝贿赂,随心所欲地处置事情,破坏纲常法纪。他的父亲京兆王元继更加贪婪放肆,和他的妻子儿女都接受贿赂和礼品,公开向官吏们索要,没有人敢抗拒。风气所及以至于连郡县的小官吏也不能公选,而牧、守、令、长等各级官吏全都是贪污受贿的人。因此百姓贫困窘迫,人人都想造反。

武卫将军于景是于忠的弟弟,他策划罢免元义,被元义贬为怀荒镇将。等到柔然入侵扰乱,镇中百姓请求发粮,于景不肯给,百姓压不住心头之忿,就造了反,抓住了于景,杀了他。不久,

沃野镇民破六韩拔陵聚众反，杀镇将，改元真王，诸镇华、夷之民往往响应，拔陵引兵南侵，遣别帅卫可孤围武川镇，又攻怀朔镇。尖山贺拔度拔及其三子允、胜、岳皆有材勇，怀朔镇将杨钧擢度拔为统军，三子为军主以拒之。

6　魏景明之初，世宗命宦者白整为高祖及文昭高后凿二佛龛于龙门山，皆高百尺。永平中，刘腾复为世宗凿一龛，至是二十四年，凡用十八万二千馀工而未成。

7　秋，七月辛亥，魏诏："见在朝官，依令七十合解者，可给本官半禄，以终其身。"

8　九月，魏诏侍中、太尉汝南王悦入居门下，与丞相高阳王雍参决尚书奏事。

9　冬，十月庚午，以中书监、中卫将军袁昂为尚书令，即本号开府仪同三司。

10　魏平恩文宣公崔光疾笃，魏主亲抚视之，拜其子励为齐州刺史，为之撤乐，罢游眺。丁酉，光卒，帝临，哭之恸，为减常膳。

光宽和乐善，终日怡怡，未尝忿恚。于忠、元义用事，以光旧德，皆尊敬之，事多咨决，而不能救裴、郭、清河之死，时人比之张禹、胡广。

光且死，荐都官尚书贾思伯为侍讲。帝从思伯受《春秋》，思伯虽贵，倾身下士。或问思伯曰："公何以能不骄？"思伯曰："衰至便骄，何常之有！"当时以为雅谈。

11　十一月癸未朔，日有食之。

沃野镇的平民破六韩拔陵聚众造反,杀了镇将,改年号为真王,各镇的汉族和夷族百姓纷纷前来响应,破六韩拔陵带兵向南进发,派偏将卫可孤包围了武川镇,又攻打怀朔镇。尖山人贺拔度拔和他的三个儿子贺拔允、贺拔胜、贺拔岳都有才干和勇气,怀朔镇将杨钧提拔贺拔度拔为统军,又提拔他的三个儿子为军主,让他们去抗击叛民。

6　北魏景明初年,魏世宗命令宦官白整给魏高祖和文昭高后在龙门山凿两个佛龛,佛龛全都高达百尺。永平年间,刘腾又替魏世宗凿了一个佛龛,到现在已经二十四年了,一共用了十八万二千多个工时,却还没有完成。

7　秋季,七月辛亥(二十七日),北魏孝明帝诏令:"现在在朝中的官员,按年龄到了七十岁应当致仕解职的人,可以付给他原来官职一半的俸禄,一直到他终年。"

8　九月,北魏孝明帝诏令侍中、太尉汝南王元悦入居门下省,和丞相高阳王元雍一同参决尚书奏事。

9　冬季,十月庚午(十七日),梁朝任命中书监、中卫将军袁昂为尚书令,并以中卫将军的身份成为开府仪同三司。

10　北魏平恩文宣公崔光病重,孝明帝亲自去看望他,任命他的儿子崔劢为齐州刺史,并为了他的病而取消音乐,停止游玩。丁酉,崔光去世,孝明帝临丧,悲痛地哭悼他,并且为此而减少自己正常的饮食。

崔光宽厚和蔼,仁慈亲善,整天快乐平和,从不发怒生恨。于忠、元义专权,但是因为看在崔光从前的好处上,都尊敬他,凡事大多事先征求他的意见而后才做决定,但他并没能挽救裴植、郭祚和清河王元怿之死,当时的人把他比作张禹、胡广。

崔光将要去世时,推荐都官尚书贾思伯为侍讲。孝明帝跟从贾思伯学习《春秋》,贾思伯虽然地位尊贵,但常礼贤下士。有人问贾思伯说:"您为什么能不骄傲呢?"贾思伯说:"有了地位就骄傲,难道能保持长久吗!"当时的人把它传为佳话。

11　十一月癸未朔(初一),发生日食。

12　甲辰,尚书左仆射王暕卒。

13　梁初唯扬、荆、郢、江、湘、梁、益七州用钱,交、广用金银,馀州杂以谷帛交易。上乃铸五铢钱,肉好周郭皆备。别铸无肉郭者,谓之"女钱"。民间私用女钱交易,禁之不能止,乃议尽罢铜钱。十二月戊午,始铸铁钱。

14　魏以汝南王悦为太保。

12 甲辰(二十二日),尚书左仆射王暕去世。

13 梁朝在开国之初,只有扬州、荆州、郢州、江州、湘州、梁州、益州七个州使用钱币,交州、广州使用金银,其他的州夹杂使用谷物、布帛进行交换。梁武帝就让铸造五铢钱,这种五铢钱的内郭、外郭以及周郭都齐备。又另外铸造了没有内郭的钱,称为"女钱",民间私下里使用女钱进行交易,禁止不了,于是就商议全部废止使用铜钱。十二月戊午(初六),开始铸造铁钱。

14 北魏任命汝南王元悦为太保。

# 卷第一百五十　梁纪六

起甲辰(524)尽乙巳(525)凡二年

**高祖武皇帝六**

**普通五年(甲辰,524)**

1　春,正月辛丑,魏主祀南郊。

2　三月,魏以临淮王彧都督北讨诸军事,讨破六韩
拔陵。

夏,四月,高平镇民赫连恩等反,推敕勒酋长胡琛为高平
王,攻高平镇以应拔陵。魏将卢祖迁击破之,琛北走。

卫可孤攻怀朔镇经年,外援不至,杨钧使贺拔胜诣临淮
王彧告急。胜募敢死少年十馀骑,夜伺隙溃围出,贼骑追及
之,胜曰:"我贺拔破胡也",贼不敢逼。胜见彧于云中,说之
曰:"怀朔被围,旦夕沦陷,大王今顿兵不进。怀朔若陷,则武
川亦危,贼之锐气百倍,虽有良、平,不能为大王计矣。"彧许
为出师。胜还,复突围而入。钧复遣胜出觇武川,武川已陷。
胜驰还,怀朔亦溃,胜父子俱为可孤所虏。

五月,临淮王彧与破六韩拔陵战于五原,兵败,彧坐削除
官爵。安北将军陇西李叔仁又败于白道,贼势日盛。

魏主引丞相、令、仆、尚书、侍中、黄门于显阳殿,问之
曰:"今寇连恒、朔,逼近金陵,计将安出?"吏部尚书元脩义请
遣重臣督军镇恒、朔以捍寇,帝曰:"去岁阿那瓌叛乱,遣李崇

## 高祖武皇帝六
## 梁武帝普通五年(甲辰,公元524年)

1　春季,正月辛丑(二十日),北魏孝明帝在南郊祭祀。

2　三月,北魏委任临淮王元彧都督北讨诸军事,去讨伐破六韩拔陵。

夏季,四月,高平镇百姓赫连恩等人造反,推举敕勒酋长胡琛为高平王,并攻打高平镇,以便响应破六韩拔陵。北魏将领卢祖迁击败了他们,胡琛北逃而去。

卫可孤攻打怀朔镇整整一年了,外面援军不到,杨钧指派贺拔胜到临淮王元彧那里去告急。贺拔胜招募了十多名不怕死的少年骑兵,在夜间瞅空子突围而出,卫可孤的骑兵追上了他们,贺拔胜喊道:"我是贺拔破胡。"追兵们便吓得不敢逼近了。贺拔胜在云中见到了元彧,向他游说道:"怀朔被围,沦陷于敌就在眼前,大王现在却按兵不动。怀朔如果陷于敌手,那么武川也将告危,那时贼寇的锐气将百倍而增,即使有张良、陈平在,也无法为大王您计议了。"元彧答应出兵援救怀朔。贺拔胜返回,又突围而入城。杨钧又派遣贺拔胜出城去侦察武川的情况,去之后,武川已经失陷。贺拔胜快马驰还,很快怀朔也被攻破,贺拔胜父子都被卫可孤俘虏。

五月,临淮王元彧同破六韩拔陵在五原交战,战败,元彧因而获罪被削除官爵。安兆将军陇西人李叔仁也在白道战败,贼兵的势力日益强盛。

北魏孝明帝把朝廷中的丞相、令、仆、尚书、侍中、黄门等大臣召到显阳殿,问他们:"如今恒、朔之地贼寇蜂起,逼近祖先陵墓金陵,该想什么办法呢?"吏部尚书元脩义请求派遣朝廷重臣督领军队镇守恒、朔,以抵御贼寇,孝明帝说:"去年阿那瓌叛乱,派遣李崇

北征,崇上表求改镇为州,朕以旧章难革,不从其请。寻崇此表,开镇户非冀之心,致有今日之患。但既往难追,聊复略论耳。然崇贵戚重望,器识英敏,意欲遣崇行,何如?"仆射萧宝寅等皆曰:"如此,实合群望。"崇曰:"臣以六镇遐僻,密迩寇戎,欲以慰悦彼心,岂敢导之为乱!臣罪当就死,陛下赦之;今更遣臣北行,正是报恩改过之秋。但臣年七十,加之疲病,不堪军旅,愿更择贤材。"帝不许。脩义,天赐之子也。

　　　　臣光曰:李崇之表,乃所以销祸于未萌,制胜于无形。魏肃宗既不能用,及乱生之后,曾无愧谢之言,乃更以为崇罪,彼不明之君,乌可与谋哉!《诗》云:"听言则对,诵言如醉,匪用其良,覆俾我悖。"其是之谓矣。

　　3　壬申,加崇使持节、开府仪同三司、北讨大都督,命抚军将军崔暹、镇军将军广阳王深皆受崇节度。深,嘉之子也。

　　4　六月,以豫州刺史裴邃督征讨诸军事以伐魏。

　　5　魏自破六韩拔陵之反,二夏、幽、凉,寇盗蜂起。秦州刺史李彦,政刑残虐,在下皆怨,是月,城内薛珍等聚党突入州门,擒彦,杀之,推其党莫折大提为帅,大提自称秦王。魏遣雍州刺史元志讨之。

　　初,南秦州豪右杨松柏兄弟,数为寇盗,刺史博陵崔游诱之使降,引为主簿,接以辞色,使说下群氏,既而因宴会尽收斩之,由是所部莫不猜惧。游闻李彦死,自知不安,欲

北征,李崇上表请求改镇为州,朕因为旧的章程难以变更,便没有听从他的请求。思量李崇这个上表,开启了镇上人家的非分之想,以致有今日之患。但是过去的事情难以挽回,这里只是顺便说一下罢了。然而李崇是皇亲贵戚,名望甚重,气量大,识见远,英武机敏,我想派他前去,你们看如何呢?"仆射萧宝寅等都说:"这样决定,非常符合众人之心。"李崇说:"我考虑到六镇地处偏远,贼寇密布,提出改镇为州是为了安慰取悦当地人之心,岂敢引导他们作乱呢? 我罪该万死,陛下仁慈而赦免了我,如今更要派我北行,这对我正是一个报恩改过的机会。但是我年已七十,加之疲病在身,不堪于军旅之事了。希望能另外选择优秀人才。"孝明帝没有答应。元脩义是元天赐的儿子。

　　臣司马光说:李崇的上表,是为了消除祸乱于未发之时,制敌取胜于无形之中。魏肃宗既不能采纳他的建议,到祸乱产生之后,不但没有半点愧谢之言,反而更把这认为是李崇的罪过,那个不明智的君主,怎么可以同他谋事呢!《诗经》说:"听到顺从的话便对答如流,听到劝告的话则昏然如醉,良善之言不采用,反责我等行逆罪。"说的正是这个意思。

　　3　壬申(二十三日),北魏委任李崇为使持节、开府仪同三司、北讨大都督,命令抚军将军崔暹、镇军将军广阳王元深一并接受李崇指挥调遣。元深是元嘉的儿子。

　　4　六月,梁朝委任豫州刺史裴邃负责征讨诸军事,去讨伐北魏。

　　5　北魏自从破六韩拔陵造反以来,二夏、豳、凉等地寇盗蜂起。秦州刺史李彦施政严苛,刑罚残酷,无人不怨。这月,城内薛珍等人结伙闯入州府门,抓住了李彦,杀了他,推举同党莫折大提为元帅,莫折大提自称为秦王。北魏派遣雍州刺史元志去讨伐。

　　起初,南秦州的豪强杨松柏兄弟几番为寇,刺史博陵人崔游引诱他投降,提他做了主簿,以亲近的言语和态度接待他,让他去游说下面的氐族部落,事成之后借宴会之机把他们全部抓起来斩了,因此部下无不猜忌惧怕。崔游得知李彦的死讯,知道自己不会有好下场,想

逃去,未果。城民张长命、韩祖香、孙掩等攻游,杀之,以城应大提。大提遣其党卜胡袭高平,克之,杀镇将赫连略,行台高元荣。大提寻卒,子念生自称天子,置百官,改元天建。

6　丁酉,魏大赦。

7　秋,七月甲寅,魏遣吏部尚书元脩义兼尚书仆射,为西道行台,帅诸将讨莫折念生。

8　崔暹违李崇节度,与破六韩拔陵战于白道,大败,单骑走还。拔陵并力攻崇,崇力战,不能御,引还云中,与之相持。

广阳王深上言:"先朝都平城,以北边为重,盛简亲贤,拥麾作镇,配以高门子弟,以死防遏,非唯不废仕宦,乃更独得复除,当时人物,忻慕为之。太和中,仆射李冲用事,凉州土人悉免厮役。帝乡旧门,仍防边戍,自非得罪当世,莫肯与之为伍。本镇驱使,但为虞候、白直,一生推迁,不过军主。然其同族留京师者得上品通官,在镇者即为清途所隔,或多逃逸。乃峻边兵之格,镇人不听浮游在外,于是少年不得从师,长者不得游宦,独为匪人,言之流涕!自定鼎伊、洛,边任益轻,唯底滞凡才,乃出为镇将,转相模习,专事聚敛。或诸方奸吏,犯罪配边,为之指踪,政以贿立,边人无不切齿。及阿那瓌背恩纵掠,发奔命追之,十五万众度沙漠,不日而还。边人见此援师,

逃走,但没有得逞。城中百姓张长命、韩祖香、孙掩等人攻打崔游,杀了他,率全城百姓响应莫折大提。莫折大提派他的党徒卜胡袭击高平,攻克该城,杀了镇将赫连略和行台高元荣。莫折大提很快便去世,他的儿子莫折念生自称为天子,设置百官,改年号为天建。

6  丁酉(十八日),北魏大赦天下。

7  秋季,七月甲寅(初六),北魏委任吏部尚书元脩义兼尚书仆射,为西道行台,统率众军去讨伐莫折念生。

8  崔暹不服从李崇指挥,与破六韩拔陵在白道交战,一败涂地,单人匹马跑了回来。破六韩拔陵集中兵力攻打李崇,李崇全力迎战,但是抵挡不住,便带领部队回到云中,与破六韩拔陵相持。

广阳王元深上奏孝明帝:"先朝建都平城时,以北部边境为重,郑重挑选亲近贤能,挂帅担任镇将,并且配以高门子弟,让他们拼死防止边患,不但不影响他们的仕宦前途,反而更因此而独得提升,当时的人们,都欣羡能去那里守边。太和年间,仆射李冲掌权,凉州的当地人全都免除服役。而平城的那些高门大姓,却仍然要去防守边关,如果不是得罪了当权者,谁也不愿意加入其列。这些人到了边关之后,受镇将驱使,只能担任虞候或没有月给的随从之类的卑下职务。一生之内,最高也只不过做到军主。然而他们同姓中留在京城的那些人却能做到上品显官,于是身在边镇的那些人便由于升迁之路与己隔绝,因而大量逃散。于是,朝廷制定了严厉的边兵制度,规定不允许边镇上的人浮游在外,于是少年人不能从师学习,成年人不能出外游宦,只有这些人不被当作人看待,说起来便让人心酸落泪!自从迁都洛阳以来,边防职任更加被看得轻了,只有那些长期不能升迁的庸碌之才,才出任镇将,这些人互相仿效,一心为自己聚敛财物,而无心于本职之事。或者各地方的奸吏,因犯罪而发配边关,这些人受镇将的指使纵容,贪赃枉法,以致贿赂成风,取代了正常的制度,边民们对此无不切齿。到阿那瓌背弃朝廷之恩,纵掠反叛而去,朝廷发兵长途追击,十五万大军越过沙漠,但不到几天工夫就返回来了,不能除尽反贼。边民见到这样的援军,

遂自意轻中国。尚书令臣崇求改镇为州、抑亦先觉,朝廷未许。而高阙戍主御下失和,拔陵杀之,遂相帅为乱,攻城掠地,所过夷灭,王师屡北,贼党日盛。此段之举,指望销平。而崔暹只轮不返,臣崇与臣逡巡复路,相与还次云中,将士之情莫不解体。今日所虑,非止西北,将恐诸镇寻亦如此,天下之事,何易可量!"书奏,不省。


诏征崔暹系廷尉,暹以女妓、田园赂元义,卒得不坐。


9  丁丑,莫折念生遣其都督杨伯年攻仇鸠、河池二戍,东益州刺史魏子建遣将军伊祥等击破之,斩首千馀级。东益州本氐王杨绍先之国,将佐皆以城民劲勇,二秦反者皆其族类,请先收其器械,子建曰:"城民数经行阵,抚之足以为用,急之则腹背为患。"乃悉召城民,慰谕之,既而渐分其父兄子弟外戍诸郡,内外相顾,卒无叛者。子建,兰根之族兄也。


10  魏凉州幢帅于菩提等执刺史宋颖,据州反。
11  八月庚寅,徐州刺史成景儁拔魏童城。


12  魏员外散骑侍郎李苗上书曰:"凡食少兵精,利于速战;粮多卒众,事宜持久。今陇贼猖狂,非有素蓄,虽据两城,本无德义,其势在于疾攻,日有降纳,迟则人情离沮,坐待崩溃。夫飙至风举,逆者求万一之功;高壁深垒,王师有全制之策。但天下久泰,人不晓兵,奔利不相待,逃难不相顾,将无法令,

于是便打心眼中瞧不起中原之国。尚书令李崇请求改镇为州,或许也是先觉察到了这一点,但是朝廷没有准许他的请求。高阙戍主管制下属严酷,上下失和,破六韩拔陵杀了他,于是结伙叛乱,攻城略地,所过之处夷灭无遗。朝廷军队屡屡败北,贼党气焰日益嚣张。这一段时间里的举动,指望能铲平叛乱,早获安定。但是崔暹全军覆没,李崇与我徘徊难进,只好一起顺原路回到云中,将士们的情绪一落千丈,无心再战,现在的忧虑,不仅西北方面,恐怕各镇很快也会如此,天下之事,哪能容易地估量透呢!"元深的上书奏呈上去后,孝明帝没有亲自省阅。

孝明帝诏令召崔暹进朝,由廷尉问罪,但是崔暹用女妓、田产庄园贿赂元乂,最后竟没有治罪。

9　丁丑(二十九日),莫折念生派遣他属下的都督杨伯年攻打仇鸠、河池两个寨堡,东益州刺史魏子建派将军伊祥等人击败了杨伯年,斩首一千多人。东益州本来是氐王杨绍先的封国,将佐们都因为州城中的民众勇悍不驯,南秦州和秦州的反叛者都是杨绍先的同族之人,于是请示要先没收城里人手中的兵器械仗,魏子建说:"城中民众数次经历打仗之事,安抚好他们便可为我所用,逼得太急了则会成为我们的心腹之患。"于是把城中民众都召集起来,安抚晓谕他们,然后逐渐把他们父子兄弟分派到外地各郡去戍守,这样内外相顾,到底也没有出现反叛者。魏子建是魏兰根的族兄。

10　北魏凉州幢帅于菩提等人拘押了刺史宋颖,据州而反。

11　八月庚寅(十二日),梁朝徐州刺史成景儁攻拔北魏的童城。

12　北魏员外散骑侍郎李苗上书说:"粮少兵精,利于速战速决;粮多兵众,利于打持久之战。当今陇地贼寇猖狂,但是这些贼寇没有多少粮资储备,虽然占据了两座城,但本来没有德义,所以其势在于疾攻,以使每日都有所降纳,迟缓了则会使人心离散,情绪颓丧,从而坐待崩溃。飙至风举,逆反者求的是万一之功;高壁深垒,王师有全面取胜的策略。但是天下长久安泰,人们已经不知晓行伍征战了,都变得追逐利益唯恐落后,逃灾避难互不相顾,将帅没有法令,

士非教习，不思长久之计，各有轻敌之心。如令陇东不守，汧军败散，则两秦遂强，三辅危弱，国之右臂于斯废矣。宜敕大将坚壁勿战，别命偏裨帅精兵数千出麦积崖以袭其后，则汧、陇之下，群妖自散。"

魏以苗为统军，与别将淳于诞俱出梁、益，未至，莫折念生遣其弟高阳王天生将兵下陇。甲午，都督元志与战于陇口，志兵败，弃众东保岐州。

13 东西部敕勒皆叛魏，附于破六韩拔陵，魏主始思李崇及广阳王深之言。丙申，下诏："诸州镇军贯非有罪配隶者，皆免为民。"改镇为州，以怀朔镇为朔州，更命朔州曰云州。遣兼黄门侍郎郦道元为大使，抚慰六镇。时六镇已尽叛，道元不果行。

先是，代人迁洛者，多为选部所抑，不得仕进。及六镇叛，元义乃用代来人为传诏以慰悦之。廷尉评代人山伟奏记，称义德美，又擢伟为尚书二千石郎。

14 秀容人乞伏莫于聚众攻郡，杀太守。丁酉，南秀容牧子万于乞真杀太仆卿陆延，秀容酋长尔朱荣讨平之。荣，羽健之玄孙也。其祖代勤，尝出猎，部民射虎，误中其髀，代勤拔箭，不复推问，所部莫不感悦。官至肆州刺史，赐爵梁郡公，年九十馀而卒。子新兴立。新兴时，畜牧尤蕃息，牛羊驼马，色别为群，弥漫川谷，不可胜数。魏每出师，新兴辄献马及资粮以助军，高祖嘉之。新兴老，请

士兵不演习操练,人人不思长远之计,个个都有轻敌之心。如果使陇东失守,汗地元志的军队败溃,秦州和南秦州莫折念生及张长命等反贼的势力便可强大,那么三辅顿时就会变得危弱,作为国家的右臂于是便废了。应该旨令主将坚壁而守,不要出战,另外命令副帅偏将率领精兵数千名出麦积崖从背后袭击叛贼,如此则汗、陇之地,群盗自然溃散。"

北魏任命李苗为统军,让他同别将淳于诞分别从梁州、益州出发去征讨叛贼,但还没有到达目的地,莫折念生便派遣他的弟弟高阳王莫折天生率兵前来陇地。甲午(十六日),都督元志与莫折天生在陇口交战,元志兵败,丢下部众跑到东边的岐州自守。

13　东部和西部的敕勒人都反叛了北魏,投附于破六韩拔陵,北魏孝明帝这才开始想到了李崇和广阳王元深曾经说过的话。丙申(十八日),孝明帝诏令:"各州镇在册的军人中凡不是因犯罪而被流放服役的,全都免为平民。"改镇为州,以怀朔镇为朔州,又改朔州名为云州。派遣兼黄门侍郎郦道元为大使,让他去安抚宣慰六镇。当时六镇已经全部反叛,郦道元没有成行。

先前,从代京迁到洛阳的那些人,大多被吏部所压制,不能做官。到六镇反叛之时,元义才使用从代京迁来的人担任传诏,以便安慰、取悦他们。廷尉评代京人山伟在奏记中称颂元义道德高尚,元义便晋升山伟为尚书二千石郎。

14　秀容人乞伏莫于聚众攻打郡城,杀了太守。丁酉(十九日),南秀容的放牧人万于乞真杀了太仆卿陆延,秀容的酋长尔朱荣讨伐平定了这场叛乱。尔朱荣是尔朱羽健的玄孙。尔朱荣的祖父尔朱代勤,一次出外打猎,他的部落中的一个成员射虎,误中了他的大腿,他把箭拔出来,没有问罪于那人,因此部落成员们莫不对他心悦诚服。尔朱代勤为官做到肆州刺史,受赐爵位梁郡公,活了九十多岁才去世。他的儿子尔朱新兴继承了爵位。尔朱新兴做酋长之时,畜牧业尤其兴旺,牛、羊、骆驼和马,以色别分群,弥漫于川谷之中,数量多得无法计算。北魏每到出兵之时,尔朱新兴便献上马匹以及军资粮食等来帮助军队,魏高祖经常表彰他。尔朱新兴年老了,请求

传爵于子荣,魏朝许之。荣神机明决,御众严整。时四方兵起,荣阴有大志,散其畜牧资财,招合骁勇,结纳豪桀,于是侯景、司马子如、贾显度及五原段荣、太安窦泰皆往依之。显度,显智之兄也。

15　戊戌,莫折念生遣都督窦双攻魏盘头郡,东益州刺史魏子建遣将军窦念祖击破之。

16　九月戊申,成景儁拔魏睢陵。戊午,北兖州刺史赵景悦围荆山。裴邃帅骑三千袭寿阳,壬戌夜,斩关而入,克其外郭。魏扬州刺史长孙稚御之,一日九战,后军蔡秀成失道不至,邃引兵还。别将击魏淮阳,魏使行台郦道元、都督河间王琛救寿阳,安乐王鉴救淮阳。鉴,诠之子也。

17　魏西道行台元脩义得风疾,不能治军。壬申,魏以尚书左仆射齐王萧宝寅为西道行台大都督,帅诸将讨莫折念生。

宋颖密求救于吐谷浑王伏连筹,伏连筹自将救凉州,于菩提弃城走,追斩之。城民赵天安等复推宋颖为刺史。

18　河间王琛军至西硖石,解涡阳围,复荆山戍。青、冀二州刺史王神念与战,为琛所败。冬,十月戊寅,裴邃、元树攻魏建陵城,克之,辛巳,拔曲木;扫虏将军彭宝孙拔琅邪。

19　魏营州城民刘安定、就德兴执刺史李仲遵,据城反。城民王恶儿斩安定以降。德兴东走,自称燕王。

20　胡琛遣其将宿勤明达寇幽、夏、北华三州,魏遣都督北海王颢帅诸将讨之。颢,详之子也。

把爵位传给尔朱荣,北魏朝廷准许了。尔朱荣心机神妙,明察而有决断,管理部属特别严格。当时四方兵起,烽火遍地,尔朱荣心中暗藏大志,把自己的牲畜钱财散发众人,招募纠合骁勇之徒,结交招纳豪杰,于是侯景、司马子如、贾显度以及五原人段荣、太安人窦泰等人都去依附了他。贾显度是贾显智的哥哥。

15　戊戌(二十日),莫折念生派遣都督窦双攻打北魏盘头郡,东益州刺史魏子建派遣将军窦念祖击败了窦双。

16　九月戊申(初一),成景儁攻取了北魏的睢陵。戊午(十一日),北兖州刺史赵景悦围困荆山。裴邃率领三千骑兵袭击寿阳,于壬戌(十五日)夜,破关而入,攻克了寿阳外城。北魏扬州刺史长孙稚抗击裴邃,一天交战了九次,后军蔡秀成迷路而没有赶来,裴邃只好领兵撤返。梁朝派遣别将攻打北魏淮阳,北魏派遣行台郦道元、都督河间王元琛去援救寿阳,派安乐王元鉴去援救淮阳。元鉴是元诠的儿子。

17　北魏西道行台元脩义得了风疾,不能指挥军队了。壬申(二十五日),北魏任命尚书左仆射齐王萧宝寅为西道行台大都督,令他统率众将去讨伐莫折念生。

宋颖秘密地向吐谷浑王伏连筹求救,伏连筹亲自率兵援救凉州,于菩提弃城逃跑,伏连筹追上斩了他。城中百姓赵天安等人又推举宋颖为刺史。

18　河间王元琛率兵抵达西硖石,解了涡阳之围,收复了荆山戍。梁朝青、冀二州刺史王神念与元琛交战,被元琛打败。冬季,十月戊寅(初一),裴邃、元树攻打北魏建陵城,攻克了该城。辛巳(初四),又攻下了曲木,扫虏将军彭宝孙攻取了琅邪。

19　北魏营州城的百姓刘安定、就德兴抓住了刺史李仲遵,占据州城而反。城中的百姓王恶儿斩了刘安定而投降。就德兴向东逃跑,自称燕王。

20　胡琛派遣手下将领宿勤明达侵扰豳、夏、北华三州,北魏派遣都督北海王元颢统率众将去讨伐。元颢是元详的儿子。

21 甲申,彭宝孙拔檀丘。辛卯,裴邃拔狄城。丙申,又拔霙城,进屯黎浆。壬寅,魏东海太守韦敬欣以司吾城降。定远将军曹世宗拔曲阳。甲辰,又拔秦墟,魏守将多弃城走。

22 魏使黄门侍郎卢同持节诣营州慰劳,就德兴降而复反。诏以同为幽州刺史兼尚书行台,同屡为德兴所败而还。

23 魏朔方胡反,围夏州刺史源子雍,城中食尽,煮马皮而食之,众无贰心。子雍欲自出求粮,留其子延伯守统万,将佐皆曰:"今四方离叛,粮尽援绝,不若父子俱去。"子雍泣曰:"吾世荷国恩,当毕命此城。但无食可守,故欲往东州,为诸君营数月之食,若幸而得之,保全必矣。"乃帅赢弱诣东夏州运粮,延伯与将佐哭而送之。子雍行数日,胡帅曹阿各拔邀击,擒之。子雍潜遣人赍书,敕城中努力固守。阖城忧惧,延伯谕之曰:"吾父吉凶未可知,方寸焦烂。但奉命守城,所为者重,不敢以私害公。诸君幸得此心。"于是众感其义,莫不奋励。子雍虽被擒,胡人常以民礼事之,子雍为陈祸福,劝阿各拔降。会阿各拔卒,其弟桑生竟帅其众随子雍降。子雍见行台北海王颢,具陈诸贼可灭之状,颢给子雍兵,令其先驱。时东夏州阖境皆反,所在屯结,子雍转斗而前,九旬之中,凡数十战,遂平东夏州,征税粟以馈统万,二夏由是获全。子雍,怀之子也。

21　甲申（初七），彭宝孙攻取了檀丘。辛卯（十四日），裴邃攻取了狄城。丙申（十九日），又攻取了虝城，进驻黎浆。壬寅（二十五日），北魏东海太守韦敬欣献上司吾城投降。定远将军曹世宗攻取了曲阳。甲辰（二十七日），又攻下了秦墟，北魏的守将大多数弃城逃跑。

22　北魏派黄门侍郎卢同持符节去营州慰劳，就德兴投降后又反叛了。朝廷诏令任命卢同为幽州刺史兼尚书行台。卢同屡次被就德兴打败而撤回。

23　北魏朔方的胡人反叛，围攻夏州刺史源子雍，城中的粮食吃光了，就煮食马皮，众人都没有离异之心。源子雍想亲自出城求粮，留下他的儿子源延伯守统万城，将佐们都说："如今四方反叛，粮食耗尽，外援阻绝，不如你们父子都去。"源子雍流着眼泪说道："我家世世代代承受国恩，所以应拼死守住这座城。但是没有粮食，无法守城，所以想到东州去，为各位筹措几个月的食物，如果有幸能得到，就必定可以保住城。"于是便率领羸弱之卒去东夏州运粮，源延伯与众将佐们哭着为他送行。源子雍行走几日，遭到了胡人头领曹阿各拔的阻击，被曹阿各拔擒拿。源子雍暗中派人给统万城送信，命令城中军民努力固守。全城军民得知源子雍被擒，非常忧惧，源延伯晓谕他们说："我父亲的生死吉凶还不可得知，我急得滚油浇心。但是我奉家父之命守城，责任重大，所以不敢因私损公而弃城不顾。请各位理解我的心情。"于是众人都被源延伯的节义所感动，无不奋发，立志守城。源子雍虽然被擒，但是胡人一直把他当州长官来看待，以下民之礼奉事他，他对胡人陈述了祸福利弊，劝曹阿各拔投降。恰巧曹阿各拔去世，他的弟弟曹桑生最终率领部众随源子雍投降了。源子雍去见行台北海王元颢，一一讲陈了各路反贼可以被歼灭的情状，元颢给了源子雍兵力，令他先驱而行。当时，东夏州全境俱反，到处贼寇聚集，源子雍转战而前，九十天之内，经历了几十场战役，终于平定了东夏州，于是征收税粟送往统万城，夏州、东夏州因此而得到保全。源子雍是源怀的儿子。

24　魏广阳王深上言:"今六镇尽叛,高车二部亦与之同,以此疲兵击之,必无胜理。不若选练精兵守恒州诸要,更为后图。"遂与李崇引兵还平城。崇谓诸将曰:"云中者,白道之冲,贼之咽喉,若此地不全,则并、肆危矣。当留一人镇之,谁可者?"众举费穆,崇乃请穆为朔州刺史。

25　贺拔度拔父子及武川宇文肱纠合乡里豪杰,共袭卫可孤,杀之。度拔寻与铁勒战死。肱,逸豆归之玄孙也。

李崇引国子博士祖莹为长史。广阳王深奏莹诈增首级,盗没军资,莹坐除名,崇亦免官削爵征还。深专总军政。

26　莫折天生进攻魏岐州,十一月戊申,陷之,执都督元志及刺史裴芬之,送莫折念生杀之。念生又使卜胡等寇泾州,败光禄大夫薛峦于平凉东。峦,安都之孙也。

27　丙辰,彭宝孙拔魏东莞。壬戌,裴邃攻寿阳之安城,丙寅,马头、安城皆降。

28　高平人攻杀卜胡,共迎胡琛。

29　魏以黄门侍郎杨昱兼侍中,持节监北海王颢军,以救幽州,幽州围解。蜀贼张映龙、姜神达攻雍州,雍州刺史元脩义请援,一日一夜,书移九通。都督李叔仁迟疑不赴,昱曰:"长安,关中基本,若长安不守,大军自然瓦散,留此何益?"遂与叔仁进击之,斩神达,馀党散走。

30　十二月戊寅,魏荆山降。

31　壬辰,魏以京兆王继为太师、大将军,都督西道诸军以讨莫折念生。

24　北魏广阳王元深上书说:"如今六镇全都反叛了,高车二部的情况也与六镇相同,以这样的疲劳之兵攻打他们,必定没有取胜的道理。所以,不如挑选演练精兵把守恒州的各个要冲之地,再做日后之图。"于是便与李崇领兵回到了平城。李崇对众将说:"云中是白道的要冲,叛贼的咽喉要害,如果此地保不住,那么并州和肆州就危险了。所以,应当留下一个人镇守,谁来承当呢?"众人推举费穆,李崇便奏请任命费穆为朔州刺史。

25　贺拔度拔父子以及武川人宇文肱纠集乡里的豪杰,一同袭击卫可孤,杀了卫可孤。贺拔度拔不久又与铁勒交战而身亡。宇文肱是宇文逸豆归的玄孙。

李崇引荐国子博士祖莹为长史。广阳王元深弹劾祖莹谎报斩敌人数,侵吞军款,祖莹因而获罪被除名,李崇也被免去官职,削夺爵位而召回朝廷。于是,元深得以一人独揽军政大权。

26　莫折天生进攻北魏岐州,十一月戊申(初二),攻陷了该城,抓获都督元志以及刺史裴芬之,把他们送给莫折念生,莫折念生杀了他们。莫折念生又派卜胡等人入侵泾州,在平凉东边打败了光禄大夫薛峦。薛峦是薛安都的孙子。

27　丙辰(初十),彭宝孙攻取了北魏的东莞。壬戌(十六日),裴邃攻打寿阳的安城,丙寅(二十日),马头和安城两处都投降了。

28　高平人攻打并杀死了卜胡,一起迎接胡琛前来。

29　北魏任命黄门侍郎杨昱兼侍中,令他持符节监督北海王元颢的军队,去援救豳州,豳州之围因而被解除。迁到关中而居的蜀人张映龙、姜神达攻打雍州,雍州刺史元脩义请求援救,一天一夜之间,连派九人去送信。都督李叔仁迟疑不去救援,杨昱说:"长安是关中的根本所系,如果长安失守,则大军自然土崩瓦解,那么留在这里还有什么好处呢?"于是,便与李叔仁进攻张映龙和姜神达,斩了姜神达,馀党们都跑散了。

30　十二月戊寅(初二),北魏的荆山城投降。

31　壬辰(十六日),北魏任命京兆王元继为太师、大将军,令他统率西路诸军讨伐莫折念生。

32　乙巳,武勇将军李国兴攻魏平靖关,辛丑,信威长史杨乾攻武阳关,壬寅,攻岘关,皆克之。国兴进围郢州,魏郢州刺史裴询与蛮酋西郢州刺史田朴特相表里以拒之。围城近百日,魏援军至,国兴引还。询,骏之孙也。

33　魏汾州诸胡反。以章武王融为大都督,将兵讨之。

34　魏魏子建招谕南秦诸氏,稍稍降附,遂复六郡十二戍,斩韩祖香。魏以子建兼尚书,为行台,刺史如故,梁、巴、二益、二秦诸州皆受节度。

35　莫折念生遣兵攻凉州,城民赵天安复执刺史以应之。

36　是岁,侍中、太子詹事周捨坐事免,散骑常侍钱唐朱异代掌机密,军旅谋议,方镇改易,朝仪诏敕皆典之。异好文义,多艺能,精力敏赡,上以是任之。

六年(乙巳,525)

1　春,正月丙午,雍州刺史晋安王纲遣安北长史柳浑破魏南乡郡。司马董当门破魏晋城,庚戌,又破马圈、彫阳二城。

2　辛亥,上祀南郊,大赦。

3　魏徐州刺史元法僧,素附元义,见义骄恣,恐祸及己,遂谋反。魏遣中书舍人张文伯至彭城,法僧谓曰:"吾欲与汝去危就安,能从我乎?"文伯曰:"我宁死见文陵松柏,安能去忠义而从叛逆乎!"法僧杀之。庚申,法僧杀行台高谅,称帝,改元天启,立诸子为王。魏发兵击之,法僧乃遣其子景仲来降。

32 乙巳(二十九日),武勇将军李国兴攻打北魏的平靖关,辛丑(二十五日),信威长史杨乾攻打武阳关,壬寅(二十六日),又攻打岘关,都攻下来了。李国兴进军围攻郢州,北魏郢州刺史裴询与蛮族酋长西郢州刺史田朴特里应外合抵抗李国兴。郢州城被围困了将近一百天,北魏援军赶到,李国兴领兵返回。裴询是裴骏的孙子。

33 北魏汾州各支胡人反叛。朝廷委任章武王元融为大都督,率兵去讨伐。

34 北魏魏子建宣谕招降南秦州各氐族部落,氐人稍微有所归附,于是便恢复了六郡十二戍,斩了韩祖香。北魏任命魏子建兼尚书,担任行台,刺史职务不变,梁、巴、二益、二秦各州都接受他的指挥调遣。

35 莫折念生派兵攻打凉州,凉州城的百姓赵天安再次抓住了州刺史响应莫折念生。

36 这一年,侍中、太子詹事周捨因事获罪而被免职,散骑常侍钱唐人朱异代替了周捨掌管朝廷机密大事,军事方面的出谋划策,以及各州文武长官任免和朝廷礼仪、诏令等事情也都由他掌管。朱异喜好文章、义理,多才多艺,思维敏捷而周密。梁武帝因而信任他。

## 梁武帝普通六年(乙巳,公元525年)

1 春季,正月丙午(初一),雍州刺史晋安王萧纲派遣安北长史柳浑攻陷了北魏的南乡郡。派司马董当门攻陷了北魏的晋城,庚戌(初五),又攻陷了马圈、彤阳二城。

2 辛亥(初六),梁武帝在南郊祭祀,大赦天下。

3 北魏徐州刺史元法僧,向来依附于元义,他见元义骄横纵恣,害怕祸及己身,于是便谋反。北魏派遣中书舍人张文伯到达彭城,元法僧对张文伯说:"我想与你去危就安,你能从我吗?"张文伯回答说:"我宁可死了去见孝文帝,怎么能离弃忠义而跟你一块叛逆呢!"元法僧便杀了他。庚申(十五日),元法僧杀了行台高谅,自己称帝,改年号为天启,立几个儿子为王。北魏发兵讨伐,元法僧便派他的儿子元景仲来梁朝投降。

安东长史元显和，丽之子也，举兵与法僧战。法僧擒之，执其手，命使共坐，显和不肯，曰："与翁皆出皇家，一朝以地外叛，独不畏良史乎！"法僧犹欲慰谕之，显和曰："我宁死为忠鬼，不能生为叛臣。"乃杀之。

上使散骑常侍朱异使于法僧，以宣城太守元略为大都督，与将军义兴陈庆之、胡龙牙、成景儁等将兵应接。

4　莫折天生军于黑水，兵势甚盛。魏以岐州刺史崔延伯为征西将军、西道都督，帅众五万讨之。延伯与行台萧宝寅军于马嵬。延伯素骁勇，宝寅趣之使战，延伯曰："明晨为公参贼勇怯。"乃选精兵数千西渡黑水，整陈向天生营。宝寅军于水东，遥为继援。延伯直抵天生营下，扬威胁之，徐引兵还。天生见延伯众少，争开营逐之，其众多于延伯十倍，蹙延伯于水次，宝寅望之失色。延伯自为后殿，不与之战，使其众先渡，部伍严整，天生兵不敢击。须臾，渡毕，延伯徐渡，天生之众亦引还。宝寅喜曰："崔君之勇，关、张不如。"延伯曰："此贼非老奴敌也，明公但安坐，观老奴破之。"癸亥，延伯勒兵出，宝寅举军继其后。天生悉众逆战，延伯身先士卒，陷其前锋，将士尽锐竞进，大破之，俘斩十馀万，追奔至小陇，岐、雍及陇东皆平。将士稽留采掠，天生遂塞陇道，由是诸军不能进。

安东长史元显和是元丽的儿子,他起兵与元法僧交战。元法僧擒拿了元显和,拉着元显和的手,令他和自己一起就座,元显和不肯,说:"我同您老人家都出身于皇室,但是你现在却据地而外叛,就不害怕丑行记入史书吗?"元法僧还想要抚慰劝谕元显和,元显和说道:"我宁肯死而为忠义之鬼,不肯活着做叛逆之臣。"于是元法僧便杀了他。

梁武帝派散骑常侍朱异作为使者去见元法僧,又任命宣城太守元略为大都督,令元略与将军义兴人陈庆之、胡龙牙、成景儁等人率兵接应。

4 莫折天生驻军于黑水,兵势甚强。北魏任命岐州刺史崔延伯为征西将军、西道都督,让他统率五万大军讨伐莫折天生。崔延伯同行台萧宝寅驻军在马嵬。崔延伯向来骁勇,萧宝寅催促出战,崔延伯说:"明天早晨我为大人去试探一下贼兵的士气勇怯如何。"于是挑选精兵数千名西渡黑水,阵容齐整地向莫折天生的军营进发。萧宝寅驻扎在黑水东边,远远地作为增援力量。崔延伯直抵莫折天生的营前,耀武扬威一番,想吓唬住对方,然后领兵徐徐返回。莫折天生的部下见崔延伯人马少,争相打开营门冲出来追赶崔延伯的人马,人数多出崔延伯的十倍,把崔延伯逼到了水边,萧宝寅望见这一情况不禁大惊失色。崔延伯亲自殿后,不与追兵交战,让自己的部下先渡河,队伍整齐不乱,莫折天生的兵不敢进击。不一会儿,队伍全部渡过了河,崔延伯方才慢慢渡河,莫折天生的部下也返回了。萧宝寅高兴地说:"崔君的勇武,关羽、张飞也比不上。"崔延伯说:"这伙贼寇不是老夫我的敌手,大人您尽管安稳而坐,看老夫击败他们。"癸亥(初八),崔延伯统率兵马出发,萧宝寅领兵继后。莫折天生倾巢出动迎战,崔延伯身先士卒,冲入敌阵,击败了敌军的前锋,将士们鼓足勇气,争先恐后地冲向敌军,杀得敌兵溃不成军。共俘虏、斩首敌军十多万,并且一直追击到小陇,于是岐、雍以及陇东都平定了。将士们因大肆抢掠而逗留不进,以致使莫折天生堵塞了陇道,于是各路军队无法再前进了。

宝寅破宛川，俘其民以为奴婢，以美女十人赏岐州刺史魏兰根，兰根辞曰：“此县介于强寇，不能自立，故附从以救死。官军之至，宜矜而抚之，奈何助贼为虐，翦以为贱役乎！”悉求其父兄而归之。

5 乙巳，裴邃拔魏新蔡郡，诏侍中、领军将军西昌侯渊藻将众前驱，南兖州刺史豫章王综与诸将继进。癸酉，裴邃拔郑城，汝、颍之间，所在响应。

魏河间王琛等惮邃威名，军于城父，累月不进，魏朝遣廷尉少卿崔孝芬持节、赍斋库刀以趣之。孝芬，挺之子也。琛至寿阳，欲出兵决战。长孙稚以为久雨未可出，琛不听，引兵五万出城击邃。邃为四甄以待之，使直阁将军李祖怜先挑战而伪退；稚、琛悉众追之，四甄竞发，魏师大败，斩首万馀级。琛走入城，稚勒兵而殿，遂闭门自固，不敢复出。

魏安乐王鉴将兵讨元法僧，击元略于彭城南，略大败，与数十骑走入城。鉴不设备，法僧出击，大破之，鉴单骑奔归。将军王希聃拔魏南阳平，执太守薛昙尚。昙尚，虎子之子也。甲戌，以法僧为司空，封始安郡公。

魏以安丰王延明为东道行台，临淮王彧为都督，以击彭城。

6 魏以京兆王继为太尉。

二月乙未，赵景悦拔魏龙亢。

7 初，魏刘腾既卒，胡太后及魏主左右防卫微缓。元义亦自宽，时出游于外，留连不返，其所亲谏，义不纳。太后察知之。去秋，太后对帝谓群臣曰：“今隔绝我母子，不听往来，

萧宝寅攻占了宛川，俘获该地之民为奴婢，并把十个美女赏给岐州刺史魏兰根，魏兰根推辞不受，说："这个县紧挨着贼寇，无法自立，所以百姓们不得不依附强盗以便活命。官军到来之后，应该怜悯而安抚百姓，为什么反而助贼为虐，把百姓都抓去做奴婢呢？"因此便把被俘的父老乡亲全要回来，放他们回家了。

5 乙巳（二十四日），裴邃攻占了北魏的新蔡郡，梁武帝诏令侍中、领军将军西昌侯萧渊藻率领部队先驱而行，南兖州刺史豫章王萧综与众将后继而进。癸酉（二十八日），裴邃攻占了郑城，汝、颍一带，各地纷纷响应。

北魏河间王元琛等人慑于裴邃的威名，驻扎在城父，几个月不前进，北魏朝廷派遣廷尉少卿崔孝芬持符节并带着千牛刀前去城父，催促元琛等人进兵，如不听者即斩之。崔孝芬是崔挺的儿子。元琛到了寿阳，想出兵决战。长孙稚认为久雨不晴不可以出兵，元琛不听建议，率领五万兵力出城攻打裴邃。裴邃列出四个长阵等待元琛的军队前来，并指派直阁将军李祖怜先去挑战，然后伪装败退；长孙稚和元琛出动全军追击李祖怜，裴邃的四个长阵争相行动，北魏军队一败涂地，一万多人被斩首。元琛逃跑进城，长孙稚领兵殿后，入城后便关门固守，再也不敢出来了。

北魏安乐王元鉴率兵讨伐元法僧，在彭城南边攻击元略，元略大败，与几十名骑兵逃入城中。元鉴不加设防，元法僧出城攻击，大败元鉴，元鉴单人匹马逃跑回去了。梁朝将军王希聃攻取了北魏的南阳平，抓获了太守薛昙尚。薛昙尚是薛虎子的儿子。甲戌（二十九日），梁朝任命元法僧为司空，并封为始安郡公。

北魏任命安丰王元延明为东道行台，临淮王元彧为都督，让他们去攻打彭城。

6 北魏任命京兆王元继为太尉。

二月乙未（二十日），赵景悦攻占了北魏的龙亢。

7 早先之时，北魏的刘腾死了之后，胡太后以及北魏孝明帝身边的监视稍微有所松缓。元义也觉得宽心了不少，便时常出外游玩，流连而不返，他的亲信多次劝谏，但他根本不听。胡太后察知了这一情况。去年秋天，胡太后当着孝明帝问众臣子们说："现在把我们母子隔绝开来，不允许我们互相往来，

复何用我为！我当出家,修道于嵩山闲居寺耳。"因自欲下发;帝及群臣叩头泣涕,殷勤苦请,太后声色愈厉。帝乃宿于嘉福殿,积数日,遂与太后密谋黜乂。然帝深匿形迹,太后有忿恚,欲得往来显阳之言,皆以告乂。又对乂流涕,叙太后欲出家,忧怖之心日有数四。乂殊不以为疑,乃劝帝从太后所欲。于是太后数御显阳殿,二宫无复禁碍。乂举元法僧为徐州,法僧反,太后数以为言,乂深愧悔。

丞相高阳王雍,虽位居乂上,而深畏惮之。会太后与帝游洛水,雍邀二宫幸其第。日晏,帝与太后至雍内室,从官皆不得入,遂相与定图乂之计。于是太后谓乂曰:"元郎若忠于朝廷,无反心,何故不去领军,以馀官辅政!"乂甚惧,免冠求解领军。乃以乂为骠骑大将军、开府仪同三司、尚书令、侍中、领左右。

8　戊戌,魏大赦。

9　壬辰,莫折念生遣都督杨鲊等攻仇池郡,行台魏子建击破之。

10　三月己酉,上幸白下城,履行六军顿所。乙丑,命豫章王综权顿彭城,总督众军,并摄徐州府事。己巳,以元法僧之子景隆为衡州刺史,景仲为广州刺史。上召法僧及元略还建康,法僧驱彭城吏民万馀人南渡。法僧至建康,上宠待甚厚。元略恶其为人,与之言,未尝笑。

那么我还有什么用处呢！我应当去出家,去嵩山闲居寺修行当尼姑。"因此自己便要剃发,孝明帝以及群臣们磕头流泪,哀哀苦求,胡太后言语表情却更加严厉了,执意要出家做尼姑,不肯改变主意。于是孝明帝便住在了嘉福殿,一连住了好几天,同胡太后一起密谋要贬黜元义。然而,孝明帝故意深匿形迹,没有行动,胡太后也做出特别忿恨的样子,孝明帝便把胡太后想常来显阳殿见自己的话全告诉了元义。孝明帝还流着泪水对元义讲述了胡太后想出家当尼姑一事,并特意表现出担忧害怕的样子,一天之内便讲了多次。元义对此毫无所疑,便劝孝明帝顺从胡太后的要求。于是胡太后数次住宿于显阳殿,两宫之间不再有什么禁限了。元义推荐元法僧出任徐州刺史,元法僧反叛,胡太后数次提到此事,元义因此而深自愧悔。

丞相高阳王元雍,虽然位居元义之上,然而却特别惧怕元义。正好胡太后与孝明帝到洛水游玩,元雍便邀请他们临幸自己府上。日落之时,孝明帝与胡太后进入元雍的内室,随从的官员们都不许进去,于是便一起制定了收拾元义的计谋。因此,胡太后对元义说:"元郎如果忠于朝廷,没有反心的话,为什么不辞去领军之职,只担任其馀的官职来辅政呢!"元义听了特别害怕,摘下帽子请求解除自己的领军一职。于是,朝廷便任命元义为骠骑大将军、开府仪同三司、尚书令、侍中、领左右。

8 戊戌(二十三日),北魏大赦天下。

9 壬辰(十七日),莫折念生派遣都督杨鲔等人去攻打仇池镇,行台魏子建击败了他。

10 三月己酉(初五),梁武帝临幸白下城,步行视察了六军的驻守之地。乙丑(二十一日),梁武帝命令豫章王萧综临时驻扎彭城,总督各路军队,并且兼管徐州府事。己巳(二十五日),梁朝任命元法僧的儿子元景隆为衡州刺史,元景仲为广州刺史。梁武帝召元法僧及元略回建康,元法僧驱赶彭城的官员和百姓一万多人南渡。元法僧到了建康,梁武帝特别宠待他。元略厌恶元法僧的为人,与他说话时,从来没有笑过。

11 魏诏京兆王继班师。

12 北凉州刺史锡休儒等自魏兴侵魏梁州,攻直城。魏梁州刺史傅竖眼遣其子敬绍击之,休儒等败还。

13 柔然王阿那瓖为魏讨破六韩拔陵,魏遣牒云具仁赍杂物劳赐之。阿那瓖勒众十万,自武川西向沃野,屡破拔陵兵。夏,四月,魏主复遣中书舍人冯儁劳赐阿那瓖。阿那瓖部落浸强,自称敕连头兵豆伐可汗。

14 魏元义虽解兵权,犹总任内外,殊不自意有废黜之理。胡太后意犹豫未决,侍中穆绍劝太后速去之。绍,亮之子也。潘嫔有宠于魏主,宦官张景嵩说之云,"义欲害嫔"。嫔泣诉于帝曰:"义非独欲害妾,将不利于陛下。"帝信之,因义出宿,解义侍中。明旦,义将入宫,门者不纳。辛卯,太后复临朝摄政,下诏追削刘腾官爵,除义名为民。

清河国郎中令韩子熙上书为清河王怿讼冤,乞诛元义等曰:"昔赵高柄秦,令关东鼎沸;今元义专魏,使四方云扰。开逆之端,起于宋维,成祸之末,良由刘腾,宜枭首洿宫,斩骸沈族,以明其罪。"太后命发刘腾之墓,露散其骨,籍家没赀,尽杀其养子。以子熙为中书舍人。子熙,麒麟之孙也。

初,宋维父弁常曰:"维性疏险,必败吾家。"李崇、郭祚、游肇亦曰:"伯绪凶疏,终倾宋氏,若得杀身,幸矣。"维阿附元义,超迁至洛州刺史,至是除名,寻赐死。

11　北魏诏令京兆王元继班师回朝。

12　北凉州刺史锡休儒等人从魏兴出发入侵北魏梁州,攻打直城。北魏梁州刺史傅竖眼派自己的儿子傅敬绍攻击他们,锡休儒等人败回。

13　柔然国王阿那瓌替北魏征讨破六韩拔陵,北魏派遣牒云具仁送去各种物品慰劳赏赐他们。阿那瓌率众十万,从武川出发,西进沃野,多次打败破六韩拔陵的军队。夏季,四月,北魏孝明帝又派遣中书舍人冯儁去慰劳赏赐阿那瓌。阿那瓌的部落渐渐强大了起来,便自称为敕连头兵豆伐可汗。

14　北魏元义虽然被解除了兵权,但还总管朝廷内外之事,所以一点也不觉得自己有被废黜的可能。胡太后心里也犹豫不决,侍中穆绍劝说胡太后迅速除去元义。穆绍是穆亮的儿子。潘嫔有宠于孝明帝,宦官张景嵩游说她说:"元义要谋害您。"潘嫔也哭着向孝明帝诉说:"元义不仅仅要害我,而且还将对陛下使坏。"孝明帝相信了他们的话,便借元义出宫住宿之机,解除了他的侍中之职。第二天早晨,元义将要进宫,守门的没有让他进去。辛卯(十七日),胡太后再次临朝摄政。她下诏书追削去刘腾的官爵,把元义贬为平民。

清河国的郎中令韩子熙上书朝廷为清河王元怿鸣冤,请求诛杀元义等人,上书中说道:"昔日赵高执掌秦国,使得关东鼎沸成乱;如今元义专权魏国,导致四方祸乱纷起。由宋维起,开启了逆乱之端,而最终演变成祸难则实由刘腾而致。应该将宋维斩首示众,将刘腾的坟墓掘开,鞭尸灭族,以向世人宣明他们的罪行。"胡太后命令人挖开了刘腾的坟墓,把他的尸骨抛散,没收了他的家财,将他的养子全部杀尽。胡太后任命韩子熙为中书舍人。韩子熙是韩麒麟的孙子。

原先,宋维的父亲宋弁经常说:"宋维生性粗野险毒,一定会败坏我家。"李崇、郭祚、游肇也说:"宋伯绪凶狠粗暴,终究会颠倾宋家,如果能得到只有自己被杀的结局,则是万幸。"宋维阿谀投靠元义,被越级提升为洛阳刺史,到现在因元义倒台而被除名,很快又被赐死。

义之解领军也，太后以义党与尚强，未可猝制，乃以侯刚代义为领军以安其意。寻出刚为冀州刺史，加仪同三司，未至州，黜为征虏将军，卒于家。太后欲杀贾粲，以义党多，恐惊动内外，乃出粲为济州刺史，寻追杀之，籍没其家。唯义以妹夫，未忍行诛。

先是给事黄门侍郎元顺以刚直忤义意，出为齐州刺史；太后征还，为侍中。侍坐于太后，义妻在太后侧，顺指之曰："陛下奈何以一妹之故，不正元义之罪，使天下不得伸其冤愤！"太后嘿然。顺，澄之子也。他日，太后从容谓侍臣曰："刘腾、元义昔尝邀朕求铁券，冀得不死，朕赖不与。"韩子熙曰："事关生杀，岂系铁券！且陛下昔虽不与，何解今日不杀！"太后怃然。未几，有告"义及弟瓜谋诱六镇降户反于定州，又招鲁阳诸蛮侵扰伊阙，欲为内应"。得其手书，太后犹未忍杀之。群臣固执不已，魏主亦以为言，太后乃从之，赐义及弟瓜死于家，犹赠义骠骑大将军、仪同三司、尚书令。江阳王继废于家，病卒。前幽州刺史卢同坐义党除名。

太后颇事妆饰，数出游幸，元顺面谏曰："《礼》，妇人夫没自称未亡人，首去珠玉，衣不文采。陛下母临天下，年垂不惑，修饰过甚，何以仪刑后世！"太后惭而还宫，召顺，责之曰："千里相征，岂欲众中见辱邪！"顺曰："陛下不畏天下之笑，而耻臣之一言乎！"

元义被解除领军职务之后，胡太后因为元义的党羽势力还很强大，不能立即制约住，便让侯刚代替元义担任领军，以便暂时稳住这些人。很快又让侯刚出任冀州刺史，并加仪同三司之号，但是侯刚还没有去冀州上任，又被降为征虏将军，死在家中，胡太后想杀贾粲，但考虑到元义的党徒众多，担心惊动朝廷内外，于是让贾粲出任济州刺史，不久又派人追上杀了他，他的家产、人口全部被没收入官府。只有元义因为是胡太后的妹夫，便没有忍心杀掉他。

早先之时，给事黄门侍郎元顺因刚直不阿而逆犯了元义，元义便把他贬出朝廷，前去担任齐州刺史，胡太后召回了他，任命他为侍中。一次，元顺陪胡太后坐着，元义的妻子坐在太后一侧，元顺指着元义妻子说道："陛下为何因一个妹妹的缘故，便不惩处元义的罪行，致使天下之人不能伸其冤愤！"说得胡太后哑口无言。元顺是元澄的儿子。有一天，胡太后从容地对侍臣们说："刘腾和元义过去曾经向我请求得到铁券，希望能获得任何时候都不被处以死罪的特权，但是朕横竖都没有给他们。"韩子熙说："事关生杀，难道决定于铁券！且陛下过去虽然没给他们铁券，不明白今日为何不杀掉他！"胡太后听后怅然不已。不久，有人上告："元义和弟弟元瓜密谋引诱六镇的降户在定州反叛，又招鲁阳的蛮族部落侵扰伊阙，他们则准备作内应。"得到了元义的亲笔谋反信件，胡太后还不忍他。众臣们坚持要杀元义，孝明帝也说要杀元义，胡太后才听从了众人的意见，令元义和弟弟元瓜在家中自尽，但是还赠予元义骠骑大将军、仪同三司、尚书令之职。江阳王元继被罢黜在家，最后病死。前幽州刺史卢同因系元义同党而获罪，被除名。

胡太后特别喜欢妆饰打扮，数次出外游乐，元顺面谏她："《礼》中规定，妇人丈夫去世之后自称为未亡人，头上去掉珠玉之饰，穿的衣服上面不加色彩花样。陛下母临天下，年近四十，修饰打扮的太过分了，何以为后世做出榜样呢？"胡太后听了惭愧地回到宫中，召来元顺，斥责他说："我把你从千里之外征召回来，难道就是为了让你当着众人之面羞辱我吗？"元顺回答："陛下为什么不害怕天下人讥笑，而只为我的一句话感到羞耻呢？"

　　顺与穆绍同直，顺因醉入其寝所，绍拥被而起，正色让顺曰："身二十年侍中，与卿先君亟连职事，纵卿方进用，何宜相排突也！"遂谢事还家，诏谕久之，乃起。

　　初，郑羲之兄孙俨为司徒胡国珍行参军，私得幸于太后，人未之知。萧宝寅之西讨，以俨为开府属。太后再摄政，俨请奉使还朝，太后留之，拜谏议大夫、中书舍人，领尝食典御，昼夜禁中。每休沐，太后常遣宦者随之，俨见其妻，唯得言家事而已。中书舍人乐安徐纥，粗有文学，先以谄事赵脩，坐徒枹罕。后还，复除中书舍人，又谄事清河王怿。怿死，出为雁门太守。还洛，复谄事元义。义败，太后以纥为怿所厚，复召为中书舍人，纥又谄事郑俨。俨以纥有智数，仗为谋主。纥以俨有内宠，倾身承接，共相表里，势倾内外，号为徐、郑。

　　俨累迁至中书令、车骑将军。纥累迁至给事黄门侍郎，仍领舍人，总摄中书、门下之事，军国诏令莫不由之。纥有机辩强力，终日治事，略无休息，不以为劳。时有急诏，令数吏执笔，或行或卧，人别占之，造次俱成，不失事理。然无经国大体，专好小数，见人矫为恭谨，远近辐凑附之。

　　给事黄门侍郎袁翻、李神轨皆领中书舍人，为太后所信任，时人云神轨亦得幸于太后，众莫能明也。神轨求婚于散骑常侍卢义僖，义僖不许。黄门侍郎王诵谓义僖曰："昔人不以一女易众男，卿岂易之邪！"义僖曰："所以不从者，正为此耳。

元顺与穆绍同在宫中值宿,元顺因喝醉酒而进入穆绍的寝室,穆绍拥被而起,严厉地责斥元顺说:"我做了二十年的侍中,与你的父亲一直在一起共事,即使你刚刚得到重用,也不该对我这么唐突呀!"于是便辞职回家,胡太后劝谕了他很长一阵子,他才重新回到宫中任职。

　　当初,郑羲的哥哥的孙子郑俨担任司徒胡国珍的参军,私下里得到胡太后的宠幸,但是外人都不知道。萧宝寅西征之时,任命郑俨为开府属。胡太后再次摄政之后,郑俨向萧宝寅请求奉命出使回朝,胡太后留下了他,委任他为谏议大夫、中书舍人,并兼尝食典御,昼夜住在宫中。每到放假之日,郑俨回家,胡太后经常派遣宦官跟随着他,郑俨见到妻子,只能说一些家事而已。中书舍人乐安人徐纥,稍微有点文采,原先他靠谄媚追随赵修,受牵连而贬迁枹罕。后来回朝,重新任为中书舍人,又巴结投靠清河王元怿。元怿死后,他出任雁门太守。回到洛阳之后,他又讨好投靠元义。元义垮台之后,胡太后因为徐纥是元怿所厚待之人,又召任他为中书舍人,因此,徐纥又开始攀附郑俨。郑俨因为徐纥有智术,便依靠他为自己出谋划策。徐纥因为郑俨有胡太后之宠,便对郑俨曲身迎奉,两人相为表里,权倾朝野,人称为徐、郑。

　　郑俨升迁到中书令、车骑将军。徐纥升到给事黄门侍郎,仍兼舍人,总管中书省、门下省的事务,军政方面的诏书命令都由他负责。徐纥有机智,辩才好,精力旺盛,整日处理事务,很少休息,不感到劳累。在急于发出诏书之时,徐纥命令几个属吏执笔,自己一会儿在地上走动,一会儿卧在床上,分别对每人口述诏书内容,让他们记下,很快几篇诏书都写成了,而没有不合事理之处。但是,徐纥没有治理国家的大才,专门喜好小技,见到人则有意做出恭敬小心的样子,远近之人都投靠依附他。

　　给事黄门侍郎袁翻、李神轨都兼中书舍人,得到胡太后的信任,当时的人们讲李神轨也得到胡太后的宠幸,众人不能辨明真假。李神轨求散骑常侍卢义僖把女儿嫁给自己的儿子,卢义僖不答应。黄门侍郎王诵对卢义僖说:"从前的人不以一女许嫁数男,您岂会如此做呢!"卢义僖说:"我之所以没有答应,正是为的这个。

从之，恐祸大而速。”诵乃坚握义僖手曰：“我闻有命，不敢以
告人。”女遂适他族。临婚之夕，太后遣中使宣敕停之，内外
惶怖，义僖夷然自若。神轨，崇之子；义僖，度世之孙也。

15　胡琛据高平，遣其大将万俟丑奴、宿勤明达等寇魏
泾州，将军卢祖迁、伊瓮生讨之，不克。萧宝寅、崔延伯既破
莫折天生，引兵会祖迁等于安定，甲卒十二万，铁马八千，军
威甚盛。丑奴军于安定西北七里，时以轻骑挑战，大兵未交，
辄委走。延伯恃其勇，且新有功，遂唱议为先驱击之。别造
大盾，内为锁柱，使壮士负以趋，谓之排城，置辎重于中，战士
在外，自安定北缘原北上。将战，有贼数百骑诈持文书，云是
降簿，且乞缓师。宝寅、延伯未及阅视，宿勤明达引兵自东北
至，降贼自西竞下，覆背击之，延伯上马奋击，逐北径抵其营。
贼皆轻骑，延伯军杂步卒，战久疲乏，贼乘间得入排城。延伯
遂大败，死伤近二万人，宝寅收众，退保安定。延伯自耻其
败，乃缮甲兵，募骁勇，复自安定西进，去贼七里结营。壬辰，
不告宝寅，独出袭贼，大破之，俄顷，平其数栅。贼见军士采
掠散乱，复还击之，魏兵大败，延伯中流矢卒，士卒死者万馀
人。时大寇未平，复失骁将，朝野为之忧恐。于是贼势愈盛，
而群臣自外来者，太后问之，皆言贼弱，以求悦媚，由是将帅
求益兵者往往不与。

如果答应了李神轨之请,恐怕灾祸既大且来得快。"王诵于是紧握住卢义僖的手说:"我听了你的这一见教,不敢拿来告诉别人,一定保守机密。"因此,卢义僖的女儿便嫁给他姓之人。临婚之夜,胡太后派中使宣旨让停嫁,卢家内外一片惶恐不安,只有卢义僖泰然自若。李神轨是李崇的儿子,卢义僖是卢度世的孙子。

15　胡琛占据高平,派遣他的大将万俟丑奴、宿勤明达等人入侵北魏的泾州,将军卢祖迁、伊瓮生率兵讨伐万俟丑奴和宿勤明达,未能取胜。萧宝寅、崔延伯击败莫折天生之后,便领兵在安定同卢祖迁会合,共有兵卒十二万,战马八千匹,军威甚壮。万俟丑奴驻扎在安定西北七里之处,不时地派轻骑挑战,大部队还没有交锋,便退逃。崔延伯倚恃自己勇武,而且新近有功,于是便提议要担任先驱去进攻万俟丑奴。崔延伯又另外造了大盾,里面置有锁柱,让壮士们抬着前进,叫作排城,辎重放在里面,战士们在外面,从安定北边沿塬北上。将要开战之时,有数百名敌贼的骑兵持着诈称为投降名册的信件来到近前,并且乞求崔延伯暂缓进攻。萧宝寅、崔延伯还没有来得及阅看,宿勤明达便带兵从东北方向到了,而那些诈降的骑兵却从西边争相冲下来,由背后发起了进攻,崔延伯跃身上马奋力拼杀,一直追击到敌贼的营盘之下。敌贼全是骑兵,而崔延伯的军队中却杂有不少步兵,作战时间长了人员疲乏,敌贼便乘机进入了排城。于是崔延伯一败涂地,死伤了近两万人,萧宝寅收拢残部,退守安定。崔延伯因失败而感到耻辱,便修缮兵器,招募骁勇之士,再从安定向西进发,在离敌营七里远近的地方安营扎寨。壬辰(十八日),崔延伯没有报告萧宝寅,便独自出发袭击敌营,大败敌贼,转眼之间,敌贼的数座栅垒便被夷平。敌贼见崔延伯的将士们抢掠财物乱作一团,便又回过头来还击,北魏军队大败,崔延伯中了流箭而身亡,兵卒死者达一万多人。其时,强寇未平却失去了一员骁将,北魏朝野因此而忧恐不安。于是贼寇的凶焰更加炽盛了,然而回到朝廷中的臣子们,每当胡太后问到讨征情况时,他们都说贼兵力量微弱,不足为虑,以此而讨好、取悦于胡太后,因此将帅们向朝廷请求增兵,往往不给。

16 五月，夷陵烈侯裴邃卒。邃深沈有思略，为政宽明，将吏爱而惮之。壬子，以中护军夏侯亶督寿阳诸军事，驰驿代邃。

17 益州刺史临汝侯渊猷遣其将樊文炽、萧世澄等将兵围魏益州长史和安于小剑，魏益州刺史邴虬遣统军河南胡小虎、崔珍宝将兵救之。文炽袭破其栅，皆擒之，使小虎于城下说和安令早降，小虎遥谓安曰："我栅失备，为贼所擒，观其兵力，殊不足言。努力坚守，魏行台、傅梁州援兵已至。"语未终，军士以刀殴杀之。西南道军司淳于诞引兵救小剑，文炽置栅于龙须山上以防归路。戊辰，诞密募壮士夜登山烧其栅，梁军望见归路绝，皆恟惧，诞乘而击之，文炽大败，仅以身免，虏世澄等将吏十一人，斩获万计。魏子建以世澄购胡小虎之尸，得而葬之。

18 魏魏昌武康伯李崇卒。

19 初，帝纳东昏侯宠姬吴淑媛，七月而生豫章王综，宫中多疑之。及淑媛宠衰怨望，密谓综曰："汝七月生儿，安得比诸皇子！然汝太子次弟，幸保富贵，勿泄也！"与综相抱而泣。综由是自疑，昼则谈谑如常，夜则于静室闭户，披发席藁，私于别室祭齐氏七庙。又微服至曲阿拜齐太宗陵，闻俗说割血沥骨，渗则为父子，遂潜发东昏侯冢，并自杀一男试之，皆验，由是常怀异志，专伺时变。综有

16 五月,夷陵烈侯裴邃去世。裴邃深沉而有谋略,为政宽厚而明断,将吏们对他既爱又怕。壬子(初八),梁朝委派中护军夏侯亶督率寿阳军务,让他乘驿马前去代替裴邃。

17 益州刺史临汝侯萧渊猷派遣自己手下的将领樊文炽、萧世澄等人率兵在小剑围攻北魏的益州长史和安,北魏益州刺史郱虬派遣统军河南人胡小虎、崔珍宝率兵前去援救和安。樊文炽发动袭击,攻破了胡小虎和崔珍宝的栅垒,擒获了他们,并指使胡小虎到城下游说和安,让他早日投降,胡小虎远远地对和安说:"我的栅垒失守,便被贼敌擒停了。我察看了他们的兵力,实在不足称道。希望你努力,坚决守住,魏行台和傅梁州的援兵已经到了。"胡小虎的话还没有说完,周围的兵士便用刀砍杀了他。北魏西南道军司淳于诞带兵援救小剑,樊文炽在龙须山上修筑栅垒来防守自己军队的退路。戊辰(二十四日),淳于诞秘密招募壮士,在夜间登上龙须山,放火烧了樊文炽的栅垒,梁朝军队望见归路断绝,人人惊惧不安,淳于诞乘机发起进攻,樊文炽大败,他自己一人逃脱,萧世澄等十一个将吏被停,被斩首的兵卒以万计算。魏子建用萧世澄从梁朝军队手中换回了胡小虎的尸体,然后安葬了他。

18 北魏魏昌武康伯李崇去世。

19 当初,梁武帝收纳了东昏侯的宠姬吴淑媛,七个月之后便生下了豫章王萧综,宫中许多人都怀疑萧综是东昏侯的儿子。到了吴淑媛失宠而生怨满腹之时,她便秘密地对萧综说:"你七个月就生下来了,怎么能与其他皇子相比!然而你是太子的大弟弟,幸保富贵,千万不要泄露!"说毕便与萧综抱头而哭。从此萧综便对自己的身世产生了怀疑,在白天他照旧言谈说笑,而到了夜间则关门闭户独处静室,披散着头发,坐在草席之上,私下里在别室中祭祀南齐的七庙祖先。萧综又改换上平民服装到曲阿拜祭齐太宗陵,他听民间流传着把血滴在尸骨上,如果血渗进骨头就说明滴血者与死者为父子关系的方法,便偷偷地挖开了东昏侯的坟墓,并亲自杀死了一个男子来试验,结果他自己的血渗进了东昏侯的尸骨,而被他杀死的那个人的血却没渗进去,于是他便起了异心,一心伺机而起事。萧综有

勇力,能手制奔马。轻财好士,唯留附身故衣,馀皆分施,恒致罄乏。屡上便宜,求为边任,上未之许。常于内斋布沙于地,终日跣行,足下生胝,日能行三百里。王、侯、妃、主及外人皆知其志,而上性严重,人莫敢言。又使通问于萧宝寅,谓之叔父。为南兖州刺史,不见宾客,辞讼隔帘听之,出则垂帷于舆,恶人识其面。

　　及在彭城,魏安丰王延明、临淮王彧将兵二万逼彭城,胜负久未决。上虑综败没,敕综引军还。综恐南归不复得至北边,乃密遣人送降款于彧。魏人皆不之信,彧募人入综军验其虚实,无敢行者。殿中侍御史济阴鹿悆为彧监军,请行,曰:"若综有诚心,与之盟约;如其诈也,何惜一夫!"时两敌相对,内外严固,悆单骑间出,径趣彭城,为综军所执,问其来状,悆曰:"临淮王使我来,欲有交易耳。"时元略已南还,综闻之,谓成景儁等曰:"我常疑元略规欲反城,将验其虚实,故遣左右为略使,入魏军中,呼彼一人。今其人果来,可遣人诈为略有疾在深室,呼至户外,令人传言谢之。"综又遣腹心安定梁话迎悆,密以意状语之。悆薄暮入城,先引见胡龙牙,龙牙曰:"元中山甚欲相见,故遣呼卿。"又曰:"安丰、临淮,将少弱卒,规复此城,容可得乎!"悆曰:"彭城,魏之东鄙,势在必争,得否在天,非人所测。"龙牙曰:

猛力,能用手制服狂奔之马。他轻财好士,只留下自己穿的衣服,其他财物都分给他人,经常导致手头拮据。他多次上陈机宜,请求到边关去任职,梁武帝不予批准。他常常在内室的地上布满沙子,终日光着脚在沙子上面行走,练得脚底长满老茧,一天能行走三百里路。各王、侯、妃、主以及外人都知道了萧综的心机,但是因梁武帝性格严酷,所以谁也不敢说出来。萧综又派使者与萧宝寅接上了关系,把他认作叔父。萧综担任南兖州刺史,不接见宾客,判官司时隔着帘子审问断决,外出时则在车前挂着布帷,特别不喜欢人认识他的面孔。

萧综在彭城时,北魏安丰王元延明、临淮王元彧率领两万兵马逼攻彭城,久而决不出胜负来。梁武帝担心萧综战败被擒,便命令他带兵返回。萧综害怕南归之后不能再到北边来,便秘密派人给元彧送去降书。北魏人都不相信他,元彧招募人进入萧综的军中验明真假,但谁也不敢去。殿中侍御史济阳人鹿悆任元彧的监军,他请求前去,说道:“如果萧综有诚意的话,便同他订立盟约;如果他是使诡诈之计的话,那我便不惜性命以死相拼!”当时两军相对,内外严加守固,鹿悆一人骑马抄小道而行,径直来到彭城,被萧综的军队抓住,当问到他前来的目的时,鹿悆回答:“临淮王让我前来,和你们商议一件事情。”当时元略已经回到南边去了,萧综知道元彧已经派人前来之后,对成景俊等人说:“我时常怀疑元略图谋率城反叛,我为了探明他的真假,所以派遣身边的人称作是元略的使者,进入北魏军中,叫他们派一个人前来联系。现在他们果然派人来了,可以派一个人假装成元略,并称有病而待在深室之中,再把北魏派来的人叫到门外,令人假传元略的话感谢他。”萧综又派遣心腹安定人梁话去迎接鹿悆,并秘密地把萧综欲投降北魏以及假意与成景俊设计的那一计谋告诉了鹿悆。鹿悆在薄暮时分进了城,先被带去见胡龙牙,胡龙牙说:“中山王元略非常想见您,所以派我前来叫您。”又说:“安丰王和临淮王将少兵弱,企图光复这座城市,岂可以得到手呢?”鹿悆回答:“彭城是北魏的东部边境,势在必争,得到与否在于天命,非人力所能预料到的。”胡龙牙又说:

"当如卿言。"又引见成景儁,景儁与坐,谓曰:"卿不为刺客邪?"念曰:"今者奉使,欲返命本朝,相刺之事,更卜后图。"景儁为设饮食,乃引至一所,诈令一人自室中出,为元略致意曰:"我昔有以南向,且遣相呼,欲闻乡事。晚来疾作,不获相见。"念曰:"早奉音旨,冒险祇赴,不得瞻见,内怀反侧。"遂辞退。诸将竞问魏士马多少,念盛陈有劲兵数十万,诸将相谓曰:"此华辞耳!"念曰:"崇朝可验,何华之有!"乃遣念还。成景儁送之戏马台,北望城堙,谓曰:"险固如此,岂魏所能取!"念曰:"攻守在人,何论险固!"念还,于路复与梁话申固盟约。六月庚辰,综与梁话及淮阴苗文宠夜出,步投魏军。及旦,斋内诸緤犹闭不开,众莫知所以,唯见城外魏军呼曰:"汝豫章王昨夜已来,在我军中,汝尚何为!"城中求王不获,军遂大溃。魏人入彭城,乘胜追击,复取诸城,至宿预而还,将佐士卒死没者什七八,唯陈庆之帅所部得还。

上闻之,惊骇,有司奏削综爵土,绝属籍,更其子直姓悖氏。未旬日,诏复属籍,封直为永新侯。

西丰侯正德自魏还,志行无悛,多聚亡命,夜剽掠于道,以轻车将军从综北伐,弃军辄还。上积其前后罪恶,免官削爵,徙临海。未至,追赦之。

"确实如您所说的这样。"梁话又带鹿悆去见成景儁,成景儁与鹿悆一起就座,对鹿悆说:"您不是来做刺客的吗?"鹿悆回答:"如今我是奉命出使,一心想的是回朝复命,行刺之事,日后再择机而行吧。"成景儁设酒席款待鹿悆,便把鹿悆引到一处地方,事先设计好让一个人从室内走出,替元略向鹿悆致意说:"我从前怀有目的而来到南方,现在派人把你叫来,想听一听家乡的情况。但是夜来患病,不能与你相见了。"鹿悆回答道:"事先得到了您的通知,冒险前来,但是不能拜见您,内心实在不安。"于是便告辞而退了。梁朝众将领争着询问北魏兵卒和战马的数量,鹿悆夸耀说有精兵几十万,众将领们互相说:"这是虚夸不实之言!"鹿悆说:"最终会得到验证的,有何不实之处呢!"于是便打发鹿悆回去了。成景儁把鹿悆送到戏马台,他北望城堑,对鹿悆说:"这样险固,北魏哪里能够攻取呢?"鹿悆说:"攻守在人,只是城池险固有什么用?"鹿悆返回,在路上又同梁话重申了彼此订立的盟约。六月庚辰(初七),萧综与梁话以及淮阳人苗文宠夜间出发,步行着投奔了北魏军队。到了天亮之时,萧综住所的几个门都还紧闭不开,众人都不知原因,只听见城外面北魏军队在高声叫喊:"你们的豫章王昨天夜里已经前来投奔,现在我们军中,你们不投降还等什么呢?"城中到处找不见萧综,于是军队彻底崩溃。北魏人进入彭城,乘胜而追击,又攻占了几座城市,到了宿预才返回,梁朝的将佐兵卒有七八成死亡,逃散,只有陈庆之率领自己的部队返回。

梁武帝知道这一情况之后,惊恐万分,有关部门奏请削夺萧综的爵位和封地,并从皇族名册中除名,改他的儿子萧直姓悖氏。但是没过十日,梁武帝又下诏恢复了萧综在皇族名册中的名字,封萧直为永新侯。

西丰侯萧正德从北魏返回之后,思想和行为方面没有一点悔改之意,大量招纳亡命之徒,夜间在道路上杀人越货,他被任命为轻车将军跟随萧综北伐,丢下军队私自返回。梁武帝对他前后的罪恶一起清算,免去了他的官职,削夺了爵位,并流放临海。但是还没有到临海,梁武帝又派人追上赦免了他。

综至洛阳,见魏主,还就馆,为齐东昏侯举哀,服斩衰三年。太后以下并就馆吊之,赏赐礼遇甚厚,拜司空,封高平郡公、丹杨王,更名赞。以苗文宠、梁话皆为光禄大夫;封鹿悆为定陶县子,除员外散骑常侍。

综长史济阳江革、司马范阳祖暅之皆为魏所虏,安丰王延明闻其才名,厚遇之。革称足疾不拜。延明使暅之作《欹器漏刻铭》,革唾骂暅之曰:"卿荷国厚恩,乃为虏立铭,孤负朝廷!"延明闻之,令革作《大小寺碑》《祭彭祖文》,革辞不为。延明将棰之,革厉色曰:"江革行年六十,今日得死为幸,誓不为人执笔!"延明知不可屈,乃止。日给脱粟饭三升,仅全其生而已。

上密召夏侯亶还,使休兵合肥,俟淮堰成复进。

20　癸未,魏大赦,改元孝昌。

21　破六韩拔陵围魏广阳王深于五原,军主贺拔胜募二百人开东门出战,斩首百馀级,贼稍退。深拔军向朔州,胜常为殿。

云州刺史费穆,招抚离散,四面拒敌。时北境州镇皆没,唯云中一城独存。道路阻绝,援军不至,粮仗俱尽,穆弃城南奔尔朱荣于秀容,既而诣阙请罪,诏原之。

长流参军于谨言于广阳王深曰:"今寇盗蜂起,未易专用武力胜也。谨请奉大王之威命,谕以祸福,庶几稍可离也。"深许之。谨兼通诸国语,乃单骑诣叛胡营,见其酋长,开示恩信,于是西部铁勒酋长乜列河等将三万馀户南诣深降。

萧综到了洛阳,拜见了北魏孝明帝之后,回住在客馆之中,他为南齐东昏侯举哀,服斩衰之孝三年。胡太后以下的王公大臣们全都到他的客馆吊唁,赏赐礼遇特别丰厚,拜他为司空,封为高平郡公、丹杨王,并改名为萧赞。苗文龙和梁话都被任命为光禄大夫;鹿念被封为定陶县子,并任命为员外散骑常侍。

萧综的长史济阳人江革、司马范阳人祖暅之被北魏俘虏,安丰王元延明听说了他们的才名,对待他们十分优厚。江革借口脚有毛病而不拜。元延明让祖暅之撰写《欹器漏刻铭》,江革唾骂祖暅之道:"你承受国家的厚恩,却为敌房撰写铭文,辜负了朝廷!"元延明知道了这一情况之后,便命令江革撰写《大小寺碑》《祭彭祖父》,江革辞而不为。元延明将要对江革用杖刑,江革厉声厉色地说道:"江革我已经活了六十岁了,今日得死实为大幸,誓死不为人执笔!"元延明知道江革不可屈服,便停止了。每天只给江革脱粟饭三升,仅够维持生命而已。

梁武帝密召夏侯亶回朝,让停止进攻合肥,等待淮河堰堤修成之后再进攻。

20 癸未(初十),北魏大赦天下,改年号为孝昌。

21 破六韩拔陵在五原围攻北魏广阳王元深,军主贺拔胜招募了两百人打开东门出战,斩首一百多级,敌人稍微退却,元深把军队开赴朔州,贺拔胜经常担任后卫。

云州刺史费穆,招纳安抚离散之众,四面抵抗敌人。当时北魏北部边境上的州镇全都丢失了。只有云中一城还独存。由于道路阻绝,援军不到,粮食兵器全都用尽,费穆只好弃城向南到秀容投奔尔朱荣,很快又赴朝廷请罪,孝明帝诏令宽宥了他。

长流参军于谨对广阳王元深说:"如今盗寇蜂起,不好专用武力来取胜。于谨我请求奉大王您的威命,亲自前去对众贼谕以祸福利害,或许稍可以离间他们。"元深赞同他的建议。于谨兼通几个国家的语言,于是便单人匹马地前去反叛了的胡人的营地,见到了他们的酋长,对其开示以恩惠和信义。于是西部的铁勒酋长乜列河等人率领三万多户南下来到元深处投降。

深欲引兵至折敷岭迎之,谨曰:"破六韩拔陵兵势甚盛,闻乜
列河等来降,必引兵邀之,若先据险要,未易敌也。不若以乜
列河饵之,而伏兵以待之,必可破也。"深从之,拔陵果引兵邀
击乜列河,尽俘其众。伏兵发,拔陵大败,复得乜列河之众
而还。

　　柔然头兵可汗大破破六韩拔陵,斩其将孔雀等。拔陵避
柔然,南徙渡河。将军李叔仁以拔陵稍逼,求援于广阳王深,
深帅众赴之。贼前后降附者二十万人,深与行台元纂表"乞
于恒州北别立郡县,安置降户,随宜赈贷,息其乱心。"魏朝不
从,诏黄门侍郎杨昱分处之冀、定、瀛三州就食。深谓纂曰:
"此辈复为乞活矣。"

　　22　秋,七月壬戌,大赦。
　　23　八月,魏柔玄镇民杜洛周聚众反于上谷,改元真王,
攻没郡县,高欢、蔡儁、尉景及段荣、安定彭乐皆从之。洛周
围魏燕州刺史博陵崔秉,九月丙辰,魏以幽州刺史常景兼尚
书为行台,与幽州都督元谭讨之。景,爽之孙也。自卢龙塞
至军都关,皆置兵守险,谭屯居庸关。

　　24　冬,十月,吐谷浑遣兵击赵天安,天安降,凉州复
为魏。
　　平西将军高徽奉使哒哒,还,至枹罕。会河州刺史元祚
卒,前刺史梁钊之子景进引莫折念生兵围其城。长史元永等
推徽行州事,勒兵固守,景进亦自行州事。徽请兵于吐谷浑,
吐谷浑救之,景进败走。徽,湖之孙也。

元深准备带兵到折敷岭迎接前来投降的胡人,于谨告诉他:"破六韩拔陵的兵势特别强大,他听到乜列河等人来投降,必定领兵阻截,如果他先占据了险要地势,便不容易抵挡。因此,不如用乜列河来做诱饵,而埋伏下兵力等待他来上钩,便一定可以击败他。"元深听从了于谨的建议,破六韩拔陵果然带兵截击乜列河,全部俘获了乜列河的人马。元深的伏兵出击,破六韩拔陵被打得一败涂地,北魏伏兵重新得到了乜列河的部众而返回。

柔然国头兵可汗大败破六韩拔陵,斩了他的将领孔雀等人。破六韩拔陵为避开柔然军队,往南迁移渡过了北河。将军李叔仁因破六韩拔陵将要逼近,向广阳王元深求援,元深率众前去迎战破六韩拔陵,前后投附的敌人有二十万人,元深与行台元纂上奏朝廷,上表中指出:"请求在恒州之北另立郡县,安置来降的人家,根据情况而加以救济,以便消除他们的反乱之心。"但是北魏朝廷不同意,诏令黄门侍郎杨昱把这些降户分别安置在冀、定、瀛三州就食。元深对元纂说:"这些人又将成为流民了!"

22  秋季,七月壬戌(十九日),梁朝大赦天下。

23  八月,北魏柔玄镇平民杜洛周在上谷聚众造反,改年号为真王,攻陷郡县,高欢、蔡儁、尉景以及段荣、安定人彭乐等人都追随杜洛周造反。杜洛周围攻北魏燕州刺史博陵人崔秉,九月丙辰(十四日),北魏委任幽州刺史常景为兼尚书,担任行台,与幽州都督元谭一起讨伐杜洛周。常景是常爽的孙子。从卢龙塞到军都关,常景都布置兵力守住险要之处,元谭驻扎在居庸关。

24  冬季,十月,吐谷浑派兵攻打赵天安,赵天安投降,凉州复为北魏所有。

平西将军高徽奉命出使哒,完成使命后返回,到了枹罕。正好遇上河州刺史元祚去世,前刺史梁钊的儿子梁景进带领莫折念生的兵马围攻枹罕城。长史元永等人推举高徽代理州政,高徽指挥兵力固守枹罕,梁景进也自己代理了州政。高徽向吐谷浑请兵,吐谷浑派兵前来援救,梁景进战败而逃跑。高徽是高湖的孙子。

25　魏方有事于西北，二荆、西郢群蛮皆反，断三鸦路，杀都督，寇掠北至襄城。汝水有冉氏、向氏、田氏，种落最盛，其馀大者万家，小者千室，各称王侯，屯据险要，道路不通。十二月壬午，魏主下诏曰："朕将亲御六师，扫荡逋秽，今先讨荆蛮，疆理南服。"时群蛮引梁将曹义宗等围魏荆州，魏都督崔暹将兵数万救之，至鲁阳，不敢进。魏更以临淮王彧为征南大将军，将兵讨鲁阳蛮，司空长史辛雄为行台左丞，东趣叶城。别遣征虏将军裴衍、恒农太守京兆王罴将兵一万，自武关出通三鸦路，以救荆州。

衍等未至，彧军已屯汝上，州郡被蛮寇者争来请救，彧以处分道别，不欲应之，辛雄曰："今裴衍未至，王士众已集，蛮左唐突，挠乱近畿，王秉麾阃外，见可而进，何论别道！"彧恐后有得失之责，邀雄符下。雄以群蛮闻魏主将自出，心必震动，可乘势破也，遂符彧军，令速赴击。群蛮闻之，果散走。

魏主欲自出讨贼，中书令袁翻谏而止。辛雄自军中上疏曰："凡人所以临陈忘身，触白刃而不惮者，一求荣名，二贪重赏，三畏刑罚，四避祸难，非此数者，虽圣王不能使其臣，慈父不能厉其子矣。明主深知其情，故赏必行，罚必信，使亲疏贵贱勇怯贤愚，闻钟鼓之声，见旌旗之列，莫不奋激，竞赴敌场，岂厌久生而乐速死哉？利害悬于前，欲罢不能耳。自秦、陇逆节，蛮左乱常，已历数载，三方之师，败多胜少，

25　北魏正用兵西北,西荆州、北荆州、西郢州的群蛮都反叛了,他们阻断了三鸦路,杀了都督,烧杀抢掠向北直至襄城。汝水有冉氏、向氏、田氏,三姓部落最为强盛,其他的部落大的有一万户人家,小的有一千户,各自称王称侯,占据险要之处,以致道路不通。十二月壬午(十二日),北魏孝明帝诏令:"朕将亲率六军,扫荡流寇,现在先讨伐荆蛮,平定南方之乱。"当时群蛮们带领梁朝将领曹义宗等人围攻北魏荆州,北魏都督崔暹率兵数万前去救援,到了鲁阳,不敢向前进。北魏改换临淮王元彧为征南大将军,令他率兵讨伐鲁阳的蛮人,司空长史辛雄担任行台左丞,东赴叶城。又另派征虏将军裴衍、恒农太守京兆人王羆率兵一万,从武关出发打通三鸦路,以援救荆州。

裴衍等人还没有到达,元彧的军队已经驻扎于汝水之上,各州郡凡被蛮人寇掠的都争着前来求救,元彧因为地方分散道路不同,不想答应他们,辛雄对他说:"现在裴衍还没有到来,而大王您的兵马已经聚集起来了,豫地的蛮子们来势凶猛,扰乱到了京畿附近,大王您挥旗统兵在外,有需要便进军,说什么不在一条路线呢?"元彧恐怕会有所失而受到责处,便请求辛雄给自己下达一道尚书行台的符令。辛雄认为群蛮闻知魏帝将亲自出征,众心必定受到震动,可以乘势而击败他们,便给元彧的军队下了一道符令,命令他们前去攻打蛮贼。群蛮闻知元彧要来,果然散逃了。

北魏孝明帝想要亲自出征讨贼,中书令袁翻劝谏阻止了他。辛雄从军中上书孝明帝说:"人们之所以临阵而忘身,白刃触身而不害怕,一是为了求取荣华之名,二是贪得重赏,三是害怕刑罚,四是逃避祸难,不是因为这几种原因,即便是圣人也指使不动他的臣子,慈父也不能激发起他的儿子。圣明的君主深知这一情况,所以赏必行,罚必信,使亲近的、疏远的、尊贵的、卑贱的、勇敢的、怯弱的、贤德的、愚顽的各种不同类型之人,听到钟鼓之声,看见旌旗之列,莫不奋发激励,争赴敌阵,这难道是他们厌恶活得太久了而喜欢速死吗?正是因为利害摆在眼前,欲罢而不能啊。自从秦、陇之地叛逆,豫地蛮人作乱,已经有几年之久了,近来派军队讨伐,败多而胜少,

迹其所由,不明赏罚之故也。陛下虽降明诏,赏不移时,然将士之勋,历稔不决,亡军之卒,晏然在家,是使节士无所勉励奖赏,庸人无所畏慑。进而击贼,死交而赏赊,退而逃散,身全而无罪,此其所以望敌奔沮,不肯尽力者也。陛下诚能号令必信,赏罚必行,则军威必张,盗贼必息矣。"疏奏,不省。

曹义宗等取顺阳、马圈,与裴衍等战于淅阳,义宗等败退。衍等复取顺阳,进围马圈。洛州刺史董绍以马圈城坚,衍等粮少,上书言其必败。未几,义宗击衍等,破之,复取顺阳。魏以王罴为荆州刺史。

26　邵陵王纶摄南徐州事,在州喜怒不恒,肆行非法。遨游市里,问卖鮠者曰:"刺史何如?"对言:"躁虐。"纶怒,令吞鮠而死,百姓惶骇,道路以目。尝逢丧车,夺孝子服而著之,匍匐号叫。签帅惧罪,密以闻。上始严责纶,而不能改,于是遣代。纶悖慢逾甚,乃取一老翁短瘦类上者,加以衮冕,置之高坐,朝以为君,自陈无罪。使就坐剥裼,捶之于庭。又作新棺,贮司马崔会意,以辒车挽歌为送葬之法,使妪乘车悲号。会意不能堪,轻骑还都以闻。上恐其奔逸,以禁兵取之,将于狱赐尽,太子统流涕固谏,得免,戊子,免纶官,削爵土。

27　魏山胡刘蠡升反,自称天子,置百官。

查其原因,在于赏罚不明。陛下虽然颁下诏书,赏不移时,立即兑现,但是将士们的勋位,历年而不定,开小差的兵卒,安然住在家中,因而导致节义之士无所勉励奖赏,庸碌之辈无所畏惧慑服。将士们前进而击贼,死亡近在眼前而奖赏遥不可见;后退而逃散,则保全自身而不承担罪责,这就是望见敌人便奔逃沮散,不肯尽力的原因。陛下如果能做到号令必信,赏罚必行,则军威必振,盗贼必平。"辛雄的奏章呈上去了,但是孝明帝没有研究察看。

梁朝曹义宗等人攻取了顺阳、马圈,与裴衍在淅阳交战,曹义宗等人战败而退。裴衍等人收复了顺阳,进而围攻马圈。梁朝洛州刺史董绍因为马圈城防坚固,裴衍等人粮少,上书朝廷说裴衍等人必定失败。没过多久,曹义宗攻打裴衍等人,战而胜之,又占取了顺阳。北魏任命王罴为荆州刺史。

26  邵陵王萧纶代理南徐州刺史,他在州中喜怒无常,横行不法。他在集市上游荡,问卖黄鳝的人:"刺史这个人如何?"回答说:"暴躁残虐。"萧纶大怒,命令这人吞吃黄鳝,将他活活折磨而死,百姓惶恐万分,道路相逢时只互相对视而不敢说话。有一次萧纶遇上了灵车,他夺过孝子的衣服穿上,匍匐号叫。他身边的典签害怕自己获罪,秘密地把萧纶的情况报告了朝廷。梁武帝方才严厉斥责了萧纶,但是萧纶根本不思悔改,于是便派人代替了萧纶。萧纶因此更加悖逆傲慢了,他找来一个矮短瘦小而像梁武帝的老头,给他加上衮服和王冠,让他坐在高处,将他当作君王来朝拜,并陈说自己无罪。又让老头来到座前,剥去他的衣冠,在庭堂上捶打他。萧纶又制作了一口新棺材,将司马崔会意放在棺材里面,出动灵车,唱着挽歌,扮成送葬的阵势,并使一些老太婆坐在车上悲声号啕。崔会意不堪忍受其辱,骑马回到都城报告了萧纶的恶行。梁武帝害怕萧纶逃跑,便派禁卫兵把他抓回来,将要下狱赐死,太子萧统流着泪水再三劝谏,萧纶才得幸免,戊子(十八日),萧纶被免去官职,削夺了爵位和封地。

27  北魏的山胡刘蠡升反叛,自称为天子,设置了百官。

28　初，敕勒酋长斛律金事怀朔镇将杨钧为军主，行兵用匈奴法，望尘知马步多少，嗅地知军远近。及破六韩拔陵反，金拥众归之，拔陵署金为王。既而知拔陵终无所成，乃诣云州降，仍稍引其众南出黄瓜堆，为杜洛周所破，脱身归尔朱荣，荣以为别将。

28　当初,敕勒酋长斛律金担任怀朔镇将杨钧的军主,他用匈奴人的兵法指挥作战,望见尘土便可以知道战马和步兵有多少,用鼻子闻一下地面就知道军队离的远近。破六韩拔陵反叛时,斛律金带领部众前去投附,破六韩拔陵颁命斛律金为王。很快斛律金又知道破六韩拔陵终究不会有什么成就,便到云州去投降,带领了少量的部众南出黄瓜堆,结果被杜洛周击败,斛律金逃脱后归顺了尔朱荣,尔朱荣让他担任了别将。

# 卷第一百五十一　梁纪七

起丙午(526)尽丁未(527)凡二年

**高祖武皇帝七**

**普通七年(丙午,526)**

1　春,正月辛丑朔,大赦。

2　壬子,魏以汝南王悦领太尉。

3　魏安州石离、穴城、斛盐三戍兵反,应杜洛周,众合二万,洛周自松岍赴之。行台常景使别将崔仲哲屯军都关以邀之,仲哲战没,元谭军夜溃,魏以别将李琚代谭为都督。仲哲,秉之子也。

4　初,魏广阳王深通于城阳王徽之妃。徽为尚书令,为胡太后所信任。会恒州人请深为刺史,徽言深心不可测。及杜洛周反,五原降户在恒州者谋奉深为主,深惧,上书求还洛阳。魏以左卫将军杨津代深为北道大都督,诏深为吏部尚书。徽,长寿之子也。

五原降户鲜于脩礼等帅北镇流民反于定州之左城,改元鲁兴,引兵向州城,州兵御之不利。杨津至灵丘,闻定州危迫,引兵救之,入据州城。脩礼至,津欲出击之,长史许被不听,津手剑击之,被走得免。津开门出战,斩首数百,贼退,人心少安。诏寻以津为定州刺史兼北道行台。魏以扬州刺史长孙稚为大都督北讨诸军事,与河间王琛共讨脩礼。

5　二月甲戌,北伐众军解严。

## 高祖武皇帝七

### 梁武帝普通七年(丙午,公元526年)

1　春季,正月辛丑朔(初一),梁朝大赦天下。

2　壬子(十二日),北魏命令汝南王元悦兼任太尉。

3　北魏安州的石离、穴城和斛盐三戍的守兵哗变,响应杜洛周,叛兵聚合起来有两万之多,杜洛周从松岍出发赶赴叛兵所在地。行台常景指派别将崔仲哲驻扎在军都关截击杜洛周,崔仲哲战败而全军覆没,元谭的军队在夜间溃散,北魏委派别将李琚代替元谭担任都督。崔仲哲是崔秉的儿子。

4　早先,北魏广阳王元深同城阳王元徽的妃子通奸。元徽担任了尚书令,深受胡太后的信任。恰好恒州人请求元深担任刺史,而元徽则说元深城府太深,难以测知。到杜洛周反叛时,住在恒州五原的降户策谋要拥戴元深为主子,元深害怕了,上书朝廷请求回洛阳。北魏委派左卫将军杨津代替元深担任北道大都督,诏令元深担任吏部尚书。元徽是元长寿的儿子。

五原的降户鲜于脩礼等人率领北镇流民在定州的左城造反,改年号为鲁兴,带兵向州城进发,州兵抵抗而失利。杨津到了灵丘,闻知定州情况危急,便领兵前去援救,入据州城。鲜于脩礼到了,杨津准备出城迎击他,长史许被不允许,杨津手拿宝剑去刺许被,许被跑开而得以幸免。杨津打开城门出战,斩首数百,贼寇撤退了,人心才稍微安定了些。朝廷很快诏令杨津担任定州刺史兼北道行台。北魏任命扬州刺史长孙稚为大都督北讨诸军事,让他与河间王元琛共同讨伐鲜于脩礼。

5　二月甲戌(初五),北伐的各路军队解除了戒严。

6 魏西部敕勒斛律洛阳反于桑乾西,与费也头牧子相连结。三月甲寅,游击将军尔朱荣击破洛阳于深井,牧子于河西。

7 夏,四月乙酉,临川靖惠王宏卒。

8 魏大赦。

9 癸巳,魏以侍中、车骑大将军城阳王徽为仪同三司。徽与给事黄门侍郎徐纥共毁侍中元顺于太后,出为护军将军、太常卿。顺奉辞于西游园,纥侍侧,顺指之谓太后曰:"此魏之宰嚭,魏国不亡,此终不死!"纥胁肩而出,顺抗声叱之曰:"尔刀笔小才,止堪供几案之用,岂应污辱门下,敚我彝伦!"因振衣而起。太后默然。

10 魏朔州城民鲜于阿胡等据城反。

11 杜洛周南出,钞掠蓟城,魏常景遣统军梁仲礼击破之。丁未,都督李琚与洛周战于蓟城之北,败没。常景帅众拒之,洛周引还上谷。

12 长孙稚行至邺,诏解大都督,以河间王琛代之。稚上言:"昙与琛同在淮南,琛败臣全,遂成私隙,今难以受其节度。"魏朝不听。前至呼沱,稚未欲战,琛不从。鲜于脩礼邀击稚于五鹿,琛不赴救,稚军大败,稚、琛并坐除名。

13 五月丁未,魏主下诏将北讨,内外戒严,既而不行。

14 衡州刺史元略,自至江南,晨夕哭泣,常如居丧。及魏元义死,胡太后欲召之,知略因刁双获免,征双为光禄大夫,遣江革、祖暅之南还以求略。上备礼遣之,宠赠甚厚。略始济淮,魏拜略为侍中,赐爵义阳王。以司马始宾为给事中,栗法光为

6　北魏西部敕勒斛律洛阳在桑乾西边造反,与费也头牧子相互连通。三月甲寅(十五日),游击将军尔朱荣在深井打败了斛律洛阳,又在北河西边打败了费也头牧子。

7　夏季,四月乙酉(十七日),临川靖惠王萧宏去世。

8　北魏大赦天下。

9　癸巳(二十五日),北魏任命侍中、车骑大将军城阳王元徽担任仪同三司。元徽与给事黄门侍郎徐纥一同在胡太后面前诋毁侍中元顺,使他外出任护军将军、太常卿。元顺在西游园向胡太后辞行,徐纥侍立在胡太后身侧,元顺指着徐纥对胡太后说:"此人是北魏的宰豭,北魏不亡,他终不死!"徐纥缩敛着肩膀出去了,元顺大声叱斥徐纥:"你的那点刀笔小才,只堪供几案之用,岂可以污辱门下,败坏我天地人之常道!"于是拂衣而起。胡太后默不作声。

10　北魏朔州城的平民鲜于阿胡等人占据州城而造反。

11　杜洛周南下,抢掠蓟城,北魏的常景派遣梁仲礼击败了他。丁未,都督李琚与杜洛周在蓟城北边交战,李琚战败覆没。常景率众抵抗杜洛周,杜洛周带着人马回到了上谷。

12　长孙稚走到邺地时,朝廷诏令解除了他的大都督职务,以河间王元琛代替他。长孙稚上奏说:"过去我与元琛同在淮南,元琛失败而我独以保全,于是便产生了私隙,现在我实在难以接受他的指挥调遣。"北魏朝廷没有准许。前进到呼沱时,长孙稚不想出战,但元琛不许,强迫他出战。鲜于脩礼在五鹿截击了长孙稚,元琛没有前去援救,长孙稚的军队一败涂地,长孙稚、元琛一并获罪而被除名。

13　五月丁未(初九),北魏孝明帝颁下诏书将要北征,朝廷内外戒严,但是最后却没有成行。

14　衡州刺史元略,自从到了江南以来,早晚哭泣,常常如居丧那样。到北魏元义死后,胡太后想召元略回来,她知道元略因刁双而获免,便征召刁双回来为光禄大夫,遣送江革、祖暅之返还南方以便换回元略。梁武帝以周到的礼节遣送元略回去,对他的恩宠馈赠特别丰厚。元略刚刚渡过了淮河,北魏便委任他为侍中,赐爵位为义阳王。北魏任命司马始宾为给事中,粟法光为

本县令，刁昌为东平太守，刁双为西兖州刺史。凡略所过，一餐一宿皆赏之。

15　魏以丞相高阳王雍为大司马。复以广阳王深为大都督，讨鲜于脩礼。章武王融为左都督，裴衍为右都督，并受深节度。

深以其子自随，城阳王徽言于太后曰："广阳王携其爱子，握兵在外，将有异志。"乃敕融、衍潜为之备。融、衍以敕示深，深惧，事无大小，不敢自决。太后使问其故，对曰："徽衔臣次骨，臣疏远在外，徽之构臣，无所不为。自徽执政以来，臣所表请，多不从允。徽非但害臣而已，从臣将士，有勋劳者皆见排抑，不得比他军，仍深被憎嫉，或因其有罪，加以深文，至于殊死，以是从臣行者，莫不悚惧。有言臣善者，视之如仇雠，言臣恶者，待之如亲戚。徽居中用事，朝夕欲陷臣于不测之诛，臣何以自安！陛下若使徽出临外州，臣无内顾之忧，庶可以毕命贼庭，展其忠力。"太后不听。

徽与中书舍人郑俨等更相阿党，外似柔谨，内实忌克，赏罚任情，魏政由是愈乱。

16　戊申，魏燕州刺史崔秉帅众弃城奔定州。

17　乙丑，魏以安西将军宗正珍孙为都督，讨汾州反胡。

18　六月，魏绛蜀陈双炽聚众反，自号始建王。魏以假镇西将军长孙稚为讨蜀都督。别将河东薛脩义轻骑诣双炽垒下，晓以利害，双炽即降。诏以脩义为龙门镇将。

本县县令,刁昌为东平太守,刁双为西兖州刺史。凡是元略所经过的地方,一餐一宿都给予赏赐。

15　北魏任命丞相高阳王元雍为大司马。又任命广阳王元深为大都督,让他讨征鲜于脩礼。任命章武王元融为左都督,裴衍为右都督,两人俱接受元深的指挥调遣。

元深让自己的儿子随行,城阳王元徽告诉胡太后说:"广阳王携带着他的爱子,握兵在外,将会产生异心。"于是胡太后便命令元融、裴衍暗中对元深加以防备。元融、裴衍把胡太后的旨令出示给元深,元深害怕了,因此事情不论大小,都不敢自己决定。胡太后派人问其缘故,元深回答:"元徽恨我恨得入骨,我远在外地,与朝廷关系疏远,元徽陷害我,手段无所不用。自从元徽执政以来,我的表奏请示,大多不能获准。元徽不但谋害我而已,凡是跟随我的将士中有功劳的人都受到他的排挤压制,无法同别的军队相比,但是就这样还仍然备受仇恨、嫉妒,有的人稍有罪过,他便加以苛求罗织,以致被斩首,所以跟从我的人,无不恐惧不安。如果有谁说我好,元徽便对他视如仇敌,而对说我坏话的人,元徽便对待他如亲戚一般。元徽在朝中掌权,从早到晚想置我于死地,我如何能够放心得了呢?陛下如果让元徽出朝到外地州里任职,我便没有了内顾之忧,庶几可以战死于贼庭之上,为朝廷效忠尽力。"胡太后没有准许元深的请求。

元徽同中书舍人郑俨等人迭相徇私舞弊,违法乱纪,他从外表上看好像挺温和谨慎,而内中实则非常忌恨别人超过自己,在赏罚方面随心所欲,北魏的朝政因此而更加混乱了。

16　戊申(初十),北魏燕州刺史崔秉率领众人弃城投奔定州。

17　乙丑(二十七日),北魏任命安西将军宗正珍孙为都督,让他去讨伐汾州反叛了的胡人。

18　六月,北魏绛蜀的陈双炽聚众造反,自称为始建王。北魏任命代理镇西将军长孙稚为讨蜀都督。别将河东人薛脩义轻骑来到陈双炽的战垒前面,对他晓以利害,陈双炽便很快投降了。朝廷诏令任命薛脩义为龙门镇将。

19 丙子，魏徙义阳王略为东平王，顷之，迁大将军、尚书令，为胡太后所委任，与城阳王徽相埒，然徐、郑用事，略亦不敢违也。

20 杜洛周遣都督王曹纥真等将兵掠蓟南，秋，七月丙午，行台常景遣都督于荣等击之于粟园，大破之，斩曹纥真及将卒三千余级。洛周帅众南趣范阳，景与荣等又破之。

21 魏仆射元纂以行台镇恒州。鲜于阿胡拥朔州流民寇恒州，戊申，陷平城，纂奔冀州。

22 上闻淮堰水盛，寿阳城几没，复遣郢州刺史元树等自北道攻黎浆，豫州刺史夏侯亶等自南道攻寿阳。

23 八月癸巳，贼帅元洪业斩鲜于脩礼，请降于魏。贼党葛荣复杀洪业自立。

24 魏安北将军、都督恒朔讨虏诸军事尔朱荣过肆州，肆州刺史尉庆宾忌之，据城不出。荣怒，举兵袭肆州，执庆宾，还秀容，署其从叔羽生为刺史，魏朝不能制。

初，贺拔允及弟胜、岳从元纂在恒州，平城之陷也，允兄弟相失。岳奔尔朱荣，胜奔肆州。荣克肆州，得胜，大喜曰："得卿兄弟，天下不足平也！"以为别将，军中大事多与之谋。

25 九月己酉，鄱阳忠烈王恢卒。

26 葛荣既得杜洛周之众，北趣瀛州，魏广阳忠武王深自交津引兵蹑之。辛亥，荣至白牛逻，轻骑掩击章武庄武王融，杀之。荣自称天子，国号齐，改元广安。深闻融败，停军不进。侍中元晏密言于太后曰："广阳王盘桓不进，坐图非望。有于谨者，智略过人，为其谋主，风尘之际，恐非

19 丙子(初九),北魏迁移义阳王元略为东平王,不久之后,又提升他为大将军、尚书令,他深受胡太后的信任,与城阳王元徽受信任的程度等同,但是徐纥、郑俨专权,元略也不敢有所违抗。

20 杜洛周派遣都督曹纥真等人率兵掠夺蓟南,秋季,七月丙午(初九),行台常景派遣都督于荣等人在栗园攻击曹纥真等人,大败敌手,斩了曹纥真以及将卒三千多名。杜洛周率众南去范阳,常景同于荣等人又击败了杜洛周。

21 北魏仆射元纂以行台身份镇守恒州。鲜于阿胡率领朔州的流民侵犯恒州,戊申(十一日),攻陷了平城,元纂奔投冀州。

22 梁武帝得知淮河堰堤水很大,寿阳城差不多淹没了,便再次派遣郢州刺史元树等人从北道攻打黎浆,派豫州刺史夏侯亶等人从南道攻打寿阳。

23 八月癸巳(二十七日),强盗头目元洪业斩了鲜于脩礼,请求投降北魏。强盗同伙葛荣又杀了元洪业而自任头领。

24 北魏安北将军都督恒朔讨虏诸军事尔朱荣路过肆州,肆州刺史尉庆宾忌恨他,据城不出。尔朱荣发怒了,领兵袭击了肆州,抓住了尉庆宾,回到了秀容,让他的堂叔尔朱羽生代理肆州刺史,北魏朝廷不能制止。

起初,贺拔允及其弟弟贺拔胜、贺拔岳跟随元纂在恒州,平城失陷之后,兄弟几人相互失散。贺拔岳投奔了尔朱荣,贺拔胜投奔到了肆州。尔朱荣攻克肆州之后,得到了贺拔胜,十分高兴地说:"得到了你们兄弟,天下不愁不能平定!"他任命贺拔胜为别将,军中大事大多与贺拔胜商议。

25 九月己酉(十三日),鄱阳忠烈王萧恢去世。

26 葛荣得到了杜洛周的部众之后,北去瀛州,北魏广阳忠武王元深从交津领兵追踪葛荣。辛亥(十五日),葛荣到了白牛逻,率轻骑突袭在章武的庄武王元融,杀了他。葛荣自称天子,定国号为齐,改年号为广安。元深得知元融失败,便按兵不动。侍中元晏密告胡太后说:"广阳王徘徊不进,坐图非分之想。有一个叫于谨的人,他智谋才略过人,担任元深的军师,在如今动荡不安之时,恐怕不是

陛下之纯臣也。"太后深然之,诏榜尚书省门,募能获谨者有重赏。谨闻之,谓深曰:"今女主临朝,信用谗佞,苟不明白殿下素心,恐祸至无日。谨请束身诣阙,归罪有司。"遂径诣榜下,自称于谨,有司以闻。太后引见,大怒。谨备论深忠款,兼陈停军之状,太后意解,遂舍之。

深引军还,趣定州,定州刺史杨津亦疑深有异志。深闻之,止于州南佛寺。经二日,深召都督毛谥等数人,交臂为约,危难之际,期相拯恤。谥愈疑之,密告津,云深谋不轨。津遣谥讨深,深走出,谥呼噪逐深。深与左右间行至博陵界,逢葛荣游骑,劫之诣荣。贼徒见深,颇有喜者,荣新立,恶之,遂杀深。城阳王徽诬深降贼,录其妻子。深府佐宋游道为之诉理,乃得释。游道,繇之玄孙也。

27　甲申,魏行台常景破杜洛周,斩其武川王贺拔文兴等,捕虏四百人。

28　就德兴陷魏平州,杀刺史王买奴。

29　天水民吕伯度,本莫折念生之党也,后更据显亲以拒念生。已而不胜,亡归胡琛,琛以为大都督、秦王,资以士马,使击念生。伯度屡破念生军,复据显亲,乃叛琛,东引魏军。念生窘迫,乞降于萧宝寅,宝寅使行台左丞崔士和据秦州。魏以伯度为泾州刺史,封平秦郡公。大都督元脩义停军陇口,久不进,念生复反,执士和送胡琛,于道杀之。久之,伯度为万俟丑奴所杀,贼势益盛,宝寅

陛下的忠诚之臣。"胡太后对元晏的话深表同意,便张榜于尚书省门前,以重赏招募能抓住于谨的人。于谨得知这一情况之后,对元深说:"如今女主临朝,信任重用谗佞之徒,假如她不明白殿下您的一片真心,恐怕灾祸很快就会降临。于谨我请求束身赴朝,向有关官署投案服罪。"于是便径直来到尚书门前的榜文之下,自称是于谨,有关官署把情况报告了朝廷。胡太后召见于谨,勃然大怒。于谨详细地讲述了元深对朝廷的忠诚,并且说明了停兵不进的原因,胡太后明白了情况,于是便放了于谨。

元深领兵返回,到了定州,定州刺史杨津也怀疑元深有异谋。元深知道情况之后,停在州城南边的佛寺。两天之后,元深召来都督毛谥等人,同他们订立盟约,约定危难之时,互相援救。于是,毛谥越发怀疑他了,便秘密地告诉杨津,说元深图谋不轨。杨津派遣毛谥讨伐元深,元深逃走了,毛谥带人喊叫着去追逐元深。元深同身边人抄小道到了博陵地界,遇上了葛荣的流动骑兵,便被抓获送到葛荣那里。寇贼们见了元深,喜欢他的人还不少,葛荣刚自立为王,对此很反感,担心手下的人拥奉元深为主,便杀了元深。城阳王元徽诬陷元深投降了贼寇,逮捕了他的妻子、儿子。元深的府佐宋游道替他们申诉,才得到释放。宋游道是宋繇的玄孙。

27　甲申,北魏行台常景击败了杜洛周,斩杀杜洛周手下的武川王贺拔文兴等人,捕获了四百人。

28　就德兴攻陷了北魏的平州,杀死了该州刺史王买奴。

29　天水百姓吕伯度,本来是莫折念生的同党,后来又占据显亲这个地方抵抗莫折念生。接着因不能取胜,便跑去投靠了胡琛,胡琛任命他为大都督、秦王,资助他兵力战马,让他去攻打莫折念生。吕伯度多次打败莫折念生的军队,又占据了显亲,于是背叛了胡琛,从东边引来了北魏军队。莫折念生穷途末路,向萧宝寅乞求投降,萧宝寅指使行台左丞崔士和占据了秦州。北魏任命吕伯度为泾州刺史,封他为平秦郡公。大都督元脩义把军队停在陇口,久而不进,莫折念生又反叛了,抓住崔士和送往胡琛那里,在路上杀了崔士和。之后,吕伯度被万俟丑奴杀了,于是贼寇的势力更加强大,萧宝寅

不能制。胡琛与莫折念生交通,事破六韩拔陵浸慢,拔陵遣其臣费律至高平,诱琛,斩之,丑奴尽并其众。

30 冬,十一月庚辰,大赦。

31 丁贵嫔卒,太子水浆不入口,上使谓之曰:“毁不灭性,况我在邪!”乃进粥数合。太子体素肥壮,腰带十围,至是减削过半。

32 夏侯亶等军入魏境,所向皆下。辛巳,魏扬州刺史李宪以寿阳降,宣猛将军陈庆之入据其城,凡降城五十二,获男女七万五千口。丁亥,纵李宪还魏,复以寿阳为豫州,改合肥为南豫州,以夏侯亶为豫、南豫二州刺史。寿阳久罹兵革,民多离散,亶轻刑薄赋,务农省役,顷之,民户充复。

33 杜洛周围范阳,戊戌,民执魏幽州刺史王延年、行台常景送洛周,开门纳之。

34 魏齐州平原民刘树等反,攻陷郡县,频败州军,刺史元欣以平原房士达为将,讨平之。

35 曹义宗据穰城以逼新野,魏遣都督魏承祖及尚书左丞、南道行台辛纂救之。义宗战不利,不敢进。纂,雄之从父兄也。

36 魏盗贼日滋,征讨不息,国用耗竭,豫征六年租调,犹不足,乃罢百官所给酒肉,又税入市者人一钱,及邸店皆有税,百姓嗟怨。吏部郎中辛雄上疏,以为:“华夷之民相聚为乱,岂有馀憾哉?正以守令不得其人,百姓不堪其命故也。宜及此时早加慰抚。但郡县选举,由来共轻,贵游俊才,莫肯居此。宜改其弊,分郡县为三等,清官选补之法,

无法加以制伏。胡琛与莫折念生相互勾结,对破六韩拔陵渐渐不恭起来,破六韩拔陵派遣他的臣子费律到了高平,诱惑胡琛前来,斩了胡琛,万俟丑奴把胡琛的部众全部兼并。

30　冬季,十一月庚辰(十五日),梁朝大赦天下。

31　丁贵嫔去世,太子萧统因生母亡故而点水不进,梁武帝派人对他说:"毁身行孝但不能送命,何况我还在呢!"于是萧统才喝粥数合。太子萧统身体向来肥胖强壮,腰有十围之宽,可是到现在却减削过半。

32　夏侯亶等人的军队进入北魏境内,所向披靡,无城不摧。辛巳(十六日),北魏扬州刺史李宪献出寿阳投降,宣猛将军陈庆之入据该城,一共有五十二城投降,俘获男女七万五千名。丁亥(二十二日),梁朝放李宪回北魏,又以寿阳为豫州,改合肥为南豫州,任命夏侯亶为豫、南豫二州刺史。寿阳久遭兵革,百姓大多离散,夏侯亶减轻刑罚,减少税赋,经营农业,减免劳役,很快,民户又多起来了。

33　杜洛周围攻范阳,戊戌,范阳百姓抓住了北魏幽州刺史王延年、行台常景,把他们送给杜洛周,杜洛周开门接纳了他们。

34　北魏齐州平原郡的百姓刘树等人造反,攻陷郡县,频频地击败州里的军队,刺史元欣任用平原人房士达为将领,讨平了刘树等人的叛乱。

35　曹义宗占据了穰城而威胁新野,北魏派遣都督魏承祖以及尚书左丞、南道行台辛纂去援救。曹义宗交战失利,不敢前进。辛纂是辛雄的堂兄。

36　北魏国内盗贼日益增多,征讨不停,国家财用耗竭,提前征收了六年的租调,还不够用,于是又停发了给百官们的酒肉,又向每个进入街市的人征收一个钱的税,以至投住旅店都要纳税,百姓无不嗟怨。吏部郎中辛雄上奏,认为:"汉、夷之民相聚生乱,难道还有别的什么遗憾吗?完全是由于太守、县令任用不当,百姓们不堪于他们的欺压的缘故。应该乘现在对百姓早加抚慰。但是对于郡守县令的选拔向来都不重视,因此王公贵族和才俊之士,都不肯担任这些官职。应该改革这一弊端,把郡县分为三等,清正官员选补的办法,

妙尽才望,如不可并,后地先才,不得拘以停年。三载黜陟,
有称职者,补在京名官;如不历守令,不得为内职。则人思自
勉,枉屈可申,强暴自息矣。"不听。

### 大通元年(丁未,527)

1　春,正月乙丑,以尚书左仆射徐勉为仆射。

2　辛未,上祀南郊。

3　甲戌,魏以司空皇甫度为司徒,仪同三司萧宝寅为
司空。

4　魏分定、相二州四郡置殷州,以北道行台博陵崔楷为
刺史。楷表称:"州今新立,尺刃斗粮,皆所未有,乞资以兵
粮。"诏付外量闻,竟无所给。或劝楷留家,单骑之官,楷曰:
"吾闻食人之禄者忧人之忧,若吾独往,则将士谁肯固志哉!"
遂举家之官。葛荣逼州城,或劝减弱小以避之,楷遣幼子及
一女夜出。既而悔之,曰:"人谓吾心不固,亏忠而全爱也。"
遂命追还。贼至,强弱相悬,又无守御之具;楷抚勉将士以拒
之,莫不争奋,皆曰:"崔公尚不惜百口,吾属何爱一身!"连战
不息,死者相枕,终无叛志。辛未,城陷,楷执节不屈,荣杀
之,遂围冀州。

5　萧宝寅出兵累年,将士疲弊。秦贼击之,宝寅大败
于泾州,收散兵万馀人,屯逍遥园,东秦州刺史潘义渊以
汧城降贼。莫折念生进逼岐州,城人执刺史魏兰根应之。
豳州刺史毕祖晖战没,行台辛深弃城走,北海王颢军亦败。

才能和门望两个方面同时都要具备,如果不能同时具备,先才能而后门望,不能拘泥于年资的长短。三年升降一次,有称职者,补在京城中的显要官职之上;如果没有担任太守、县令的经历,便不能在朝廷内任职。如此一来,便人人思以自勉,百姓的枉屈可以申雪,天下强暴自然平息了。"但是这一建议没有被采纳。

### 梁武帝大通元年(丁未,公元527年)

1  春季,正月乙丑(初一),任命尚书左仆射徐勉为仆射。

2  辛未(初七),梁武帝在南郊祭祀。

3  甲戌(初十),北魏任命司空皇甫度为司徒,仪同三司萧宝寅为司空。

4  北魏从定、相两州中分出四个郡设置了殷州,任命北道行台博陵人崔楷为刺史。崔楷上表说:"殷州如今刚刚设立,连一尺长之刀、一斗粮食都没有,乞求给予兵器和粮食。"皇帝诏令崔楷计算一下应该给的兵器和粮食的数量,然后上报朝廷,但最后一点儿也没给。有人劝崔楷留下家属,单人匹马去赴任,崔楷说:"我听说食人之禄者忧人之忧,如果我单身独往,那么将士们谁还肯坚定决心呢!"于是便带着全家去上任。葛荣逼近州城,有人劝崔楷把家人中老弱幼小者送去别处避一下,崔楷便在夜间把幼子以及一个女儿送出城。然而他很快又后悔了,说:"这样一来,人们一定要说我的内心不坚定,为了父爱而损害忠义。"于是又命令人把他们追了回来。贼寇到了,强弱悬殊,城中又没有防守抵御的器具。崔楷抚慰将士们,勉励他们抵抗敌人,大家无不奋勇争先,都说:"崔公尚且不惜家中百口人的性命,我们又怎能爱惜自身呢!"连战不停,死者相枕,但是大家终无叛逃之意。辛未(初七),州城失陷,崔楷坚决不屈服,葛荣杀了他,便又开始围攻冀州。

5  萧宝寅累年出兵,将士们疲惫不堪。秦地的贼寇攻打萧宝寅,萧宝寅在泾州一败涂地,事后收集散兵一万多人,驻扎在逍遥园,东秦州刺史潘义渊献出汧城投降了贼寇。莫折念生进逼岐州,岐州城里的人抓住了刺史魏兰根策应莫折念生。豳州刺史毕祖晖战败身亡,行台辛深弃下豳州城逃跑了,北海王元颢的军队也战败。

贼帅胡引祖据北华州,叱干麒麟据豳州以应天生,关中大扰。雍州刺史杨椿募兵得七千馀人,帅以拒守,诏加椿侍中兼尚书右仆射,为行台,节度关西诸将。北地功曹毛鸿宾引贼抄掠渭北,雍州录事参军杨侃将兵三千掩击之。鸿宾惧,请讨贼自效,遂擒送宿勤乌过仁。乌过仁者,明达之兄子也。莫折天生乘胜寇雍州,萧宝寅部将羊侃隐身堙中射之,应弦而毙,其众遂溃。侃,祉之子也。

6　魏右民郎阳平路思令上疏,以为:"师出有功,在于将帅,得其人则六合唾掌可清,失其人则三河方为战地。窃以比年将帅多宠贵子孙,衔杯跃马,志逸气浮,轩眉扼腕,以攻战自许。及临大敌,忧怖交怀,雄图锐气,一朝顿尽。乃令嬴弱在前以当寇,强壮居后以卫身,兼复器械不精,进止无节,以当负险之众,数战之虏,欲其不败,岂可得哉!是以兵知必败,始集而先逃。将帅畏敌,迁延而不进。国家谓官爵未满,屡加宠命。复疑赏赉之轻,日散金帛。帑藏空竭,民财殚尽,遂使贼徒益甚,生民凋弊,凡以此也。夫德可感义夫,恩可劝死士。今若黜陟幽明,赏罚善恶,简练士卒,缮修器械,先遣辩士晓以祸福,如其不悛,以顺讨逆,如此,则何异厉萧斧而伐朝菌,鼓洪炉而燎毛发哉!"弗听。

7　戊子,魏以皇甫度为太尉。

8　己丑,魏主以四方未平,诏内外戒严,将亲出讨,竟亦不行。

贼寇将帅胡引祖占据北华州,叱干麒麟占据豳州来响应莫折天生,整个关中一片混乱。雍州刺史杨椿招募了七千多人,率领他们拒守,北魏朝廷诏令加杨椿为侍中兼尚书右仆射,担任行台,指挥关中各位将领。北地功曹毛鸿宾带领贼寇抢掠渭北,雍州录事参军杨侃率兵三千袭击他们。毛鸿宾害怕了,请求讨伐贼寇将功补罪,于是便擒获送来了宿勤乌过仁。宿勤乌过仁是宿勤明达的哥哥的儿子。莫折天生乘胜而侵犯雍州,萧宝寅的部将羊侃隐蔽在战壕之中用箭射莫折天生,莫折天生应弦而毙,其部众便溃散了。羊侃是羊祉的儿子。

6 北魏右民郎阳平人路思令上书,指出:"军队出征有功绩,在于将帅,如果能得到合适的人担任将帅则天下唾手可以廓清,如果选人不当则京都外也会成为战场。愚意以为多年来军中将帅大多由宠贵子孙担任,他们饮酒跑马,志气浮华,眉飞色舞,摩拳擦掌,以为在攻战方面谁也比不上自己。到了面临强敌之时,则忧恐交织于心,原先的那些雄图锐气,一下子消失得无影无踪了。于是便命令羸弱者在前面为自己挡住敌寇,强壮者在后面为自己护身,加上武器不精良,前进与停止没有节度,以应当据险而守的部众,对抗数战皆胜凶焰正炽的贼寇,想使他们不败,岂能办得到呢!因此兵卒们知道战而必败,战前便先集体逃散。将帅们畏惧敌人,拖延而不前进。国家则以为给他们的官爵低了,为了鼓励他们取胜,便屡屡地给他们加官封爵。而就这样还怀疑给他们的赏赐太轻了,便日日散发金帛。因此,库藏空竭,民财耗尽,遂使贼徒越发多起来了,百姓凋敝,原因正在这里。德可以感动礼义之人,恩可以劝励敢死之士。现在朝廷如果能做到升贤降愚,赏善罚恶,精选训练士卒,缮修武器,先派机辩之士去对盗贼晓以祸福利害,如果他们不思悔改,便派兵去讨伐,这样一来,平定消除反贼逆徒,何异于磨砺刚利之斧而伐朝菌,鼓风洪炉而燎毛发呢!"路思令的建议没有被采纳。

7 戊子(二十四日),北魏任命皇甫度为太尉。

8 己丑(二十五日),北魏孝明帝因四方之乱未平定,诏令内外戒严,将要亲自出征讨伐,最后也未成行。

9　谯州刺史湛僧智围魏东豫州,将军彭群、王辩围琅邪,魏敕青、南青二州救琅邪。司州刺史夏侯夔帅壮武将军裴之礼等出义阳道,攻魏平静、穆陵、阴山三关,皆克之。夔,亶之弟;之礼,邃之子也。

10　魏东清河郡山贼群起,诏以齐州长史房景伯为东清河太守。郡民刘简虎尝无礼于景伯,举家亡去,景伯穷捕,禽之,署其子为西曹掾,令谕山贼。贼以景伯不念旧恶,皆相帅出降。

景伯母崔氏,通经,有明识。贝丘妇人列其子不孝,景伯以白其母,母曰:“吾闻闻名不如见面,山民未知礼义,何足深责!”乃召其母,与之对榻共食,使其子侍立堂下,观景伯供食。未旬日,悔过求还。崔氏曰:“此虽面惭,其心未也,且置之。”凡二十馀日,其子叩头流血,母涕泣乞还,然后听之,卒以孝闻。景伯,法寿之族子也。

11　二月,秦贼据魏潼关。

12　庚申,魏东郡民赵显德反,杀太守裴烟,自号都督。

13　将军成景儁攻魏彭城,魏以前荆州刺史崔孝芬为徐州行台以御之。先是,孝芬坐元义党与卢同等俱除名,及将赴徐州,入辞太后,太后谓孝芬曰:“我与卿姻戚,奈何内头元义车中,称‘此老妪会须去之’!”孝芬曰:“臣蒙国厚恩,实无斯语。假令有之,谁能得闻!若有闻者,此于元义亲密过臣远矣。”太后意解,怅然有愧色。景儁欲堰泗水以灌彭城,孝芬与都督李叔仁等击之,景儁遁还。

9　谯州刺史湛僧智围攻北魏东豫州,将军彭群、王辩围攻琅邪,北魏朝廷命令青、南青两州援救琅邪。司州刺史夏侯夔率领壮武将军裴之礼等人出义阳道,攻打北魏的平静、穆陵、阴山三关,都攻下来了。夏侯夔是夏侯亶的弟弟。裴之礼是裴邃的儿子。

10　北魏东清河郡山贼群起,北魏朝廷诏令齐州长史房景伯担任东清河郡太守。东清河郡的百姓刘简虎曾经对房景伯有过无礼行为,因此举家逃亡,房景伯到处搜捕,抓获了他,任用他的儿子为西曹掾,令其去晓谕山贼。山贼们见房景伯不念旧恶,全都相继出来投降了。

房景伯的母亲崔氏,通晓经学,有见识。贝丘有一妇人诉说自己的儿子不孝,房景伯把这告诉了他母亲,他母亲说:“我听说闻名不如见面,山民不知礼义,何以值得深加责难呢!”于是召来这一妇人,同她对坐进食,让这个妇人的儿子侍立在堂下,以使他观看房景伯如何供奉母亲进食。不到十天,这个不孝的儿子悔过了,请求回去。崔氏说:“他虽然在面子上觉得惭愧了,但心里却未必如此,还是继续留在这里吧。”又过了二十多天,这个妇人的儿子叩头流血,他母亲流着泪水乞求回家,这才允许他们回去了,最后这个不孝之子以孝而闻名天下。房景伯是房法寿的族侄。

11　二月,秦地的贼寇占据了北魏潼关。

12　庚申(二十七日),北魏东郡的百姓赵显德造反,杀死了太守裴烟,自称为都督。

13　将军成景儁攻打北魏彭城,北魏任命前荆州刺史崔孝芬为徐州行台来抗御成景儁。崔孝芬早先因系元义的同党而获罪与卢同等人一起被除名。他即将赴徐州上任,入宫向胡太后辞别,胡太后对他说:“我同你是姻亲,你为何要把头伸进元义车中,说:‘这个老婆子应该立即被赶跑。’”崔孝芬说:“我承受国家的厚恩,确实没有说过这样的话。假使说过,谁又能听到过呢!或有人听到过,那么他与元义的亲密就远远地超过了我与元义的。”胡太后心里明白了,怅然而面有愧色。成景儁准备拦截泗水来淹灌彭城,崔孝芬与都督李叔仁等人进攻成景儁,成景儁逃回去了。

14 三月甲子,魏主诏将西讨,中外戒严。会秦贼西走,复得潼关,戊辰,诏回驾北讨。其实皆不行。

15 葛荣久围信都,魏以金紫光禄大夫源子邕为北讨大都督以救之。

16 初,上作同泰寺,又开大通门以对之,取其反语相协,上晨夕幸寺,皆出入是门。辛未,上幸寺舍身;甲戌,还宫,大赦,改元。

17 魏齐州广川民刘钧聚众反,自署大行台;清河民房项自署大都督,屯据昌国城。

18 夏,四月,魏将元斌之讨东郡,斩赵显德。

19 己酉,柔然头兵可汗遣使入贡于魏,且请讨群贼。魏人畏其反覆,诏以盛暑,且俟后敕。

20 魏萧宝寅之败也,有司处以死刑,诏免为庶人。雍州刺史杨椿有疾求解,复以宝寅为都督雍泾等四州诸军事、征西将军、雍州刺史、开府仪同三司、西讨大都督,自关以西皆受节度。椿还乡里,其子昱将适洛阳,椿谓之曰:"当今雍州刺史亦无逾于宝寅者,但其上佐,朝廷应遣心膂重臣,何得任其牒用!此乃圣朝百虑之一失也。且宝寅不藉刺史为荣,吾观其得州,喜悦特甚,至于赏罚云为,不依常宪,恐有异心。汝今赴京师,当以吾此意启二圣,并白宰辅,更遣长史、司马、防城都督,欲安关中,正须三人耳。如其不遣,必成深忧。"昱面启魏主及太后,皆不听。

21 五月丙寅,成景儁攻魏临潼、竹邑,拔之。东宫直阁兰钦攻魏萧城、厥固,拔之,钦斩魏将曹龙牙。

14 三月甲子(初一)，北魏孝明帝诏告天下将西征，朝廷内外戒严。正好秦地的贼盗向西逃跑，重新得到了潼关，便于戊辰(初五)之日，又诏告天下回驾北伐。其实，孝明帝根本没有出行。

15 葛荣久围信都，北魏任命金紫光禄大夫源子邕为北讨大都督来援救信都。

16 原先，梁武帝修建了同泰寺，又开了大通门来与此相对，取"同泰"与"大通"反切相同，梁武帝早晚临幸同泰寺，都出入大通门。辛未(初八)，梁武帝来到同泰寺行舍身仪式；甲戌(十一日)，回到宫中，颁发大赦令，改年号为大通。

17 北魏齐州广川的百姓刘钧聚众造反，自任大行台；清河的百姓房项自任大都督，占据了昌国城。

18 夏季，四月，北魏将领元斌之讨伐东郡，斩了赵显德。

19 己酉(十七日)，柔然国头兵可汗派遣使者来向北魏进贡，并且请求帮助北魏讨伐群贼。北魏人害怕柔然人反复变卦，诏告他们因盛暑而不宜出征，且待以后的圣旨。

20 北魏萧宝寅失败之后，有关部门判处他死刑，孝明帝诏令免死而黜为庶人。雍州刺史杨椿有病请求辞职，朝廷又任命萧宝寅为都督雍泾等四州诸军事、征西将军、雍州刺史、开府仪同三司、西讨大都督，从函谷关以西都受他的指挥调遣。杨椿回到了乡里，他的儿子杨昱将去洛阳，杨椿对儿子说："当今雍州刺史的人选没有超过萧宝寅的，但他的高级官佐，朝廷应当派遣心腹大臣来担任，怎能由他自己来授任呢？这是朝廷百虑而一失之处呀。况且萧宝寅不必借担任刺史为荣，我看他得到了雍州刺史的官职，特别喜悦，至于赏罚方面，不依据常规，恐怕他心有异谋。你现在去京师，应把我的这个意思启奏胡太后和圣上，并且告诉宰相，让朝廷再派长史、司马、防城都督，欲想安定关中，正须这三个人啊！如果不派遣，萧宝寅必将成为朝廷的深患。"杨昱把杨椿的建议面陈孝明帝和胡太后，但都不予理睬。

21 五月丙寅(初四)，成景儁攻打北魏的临潼、竹邑，全都攻克。东宫直阁兰钦攻打北魏的萧城、厥固，也都攻克，兰钦斩了北魏将领曹龙牙。

22 六月,魏都督李叔仁讨刘钧,平之。

23 秋,七月,魏陈郡民刘获、郑辩反于西华,改元天授,与湛僧智通谋,魏以行东豫州刺史谯国曹世表为东南道行台以讨之,源子恭代世表为东豫州。诸将以贼众强,官军弱,且皆败散之馀,不敢战,欲保城自固。世表方病背肿,舁出,呼统军是云宝谓曰:"湛僧智所以敢深入为寇者,以获、辩皆州民之望,为之内应也。向闻获引兵欲迎僧智,去此八十里;今出其不意,一战可破,获破,则僧智自走矣。"乃选士马付宝,暮出城,比晓而至,击获,大破之,穷讨,馀党悉平。僧智闻之,遁还。郑辩与子恭亲旧,亡匿子恭所,世表集将吏面责子恭,收辩,斩之。

24 魏相州刺史乐安王鉴与北道都督裴衍共救信都。鉴幸魏多故,阴有异志,遂据邺叛,降葛荣。

25 己丑,魏大赦。

初,侍御史辽东高道穆奉使相州,前刺史李世哲奢纵不法,道穆按之。世哲弟神轨用事,道穆兄谦之家奴诉良,神轨收谦之系廷尉。赦将出,神轨启太后先赐谦之死,朝士哀之。

26 彭群、王辩围琅邪,自夏及秋,魏青州刺史彭城王劭遣司马鹿悆,南青州刺史胡平遣长史刘仁之将兵击群、辩,破之,群战没。劭,勰之子也。

27 八月,魏遣都督源子邕、李神轨、裴衍攻邺。子邕行及汤阴,安乐王鉴遣弟斌之夜袭子邕营,不克。子邕乘胜进围邺城,丁未,拔之,斩鉴,传首洛阳,改姓拓跋氏。魏因遣子邕、裴衍讨葛荣。

22　六月，北魏都督李叔仁讨伐刘钧，平定了刘钧之乱。

23　秋季，七月，北魏陈郡百姓刘获、郑辩在西华造反，改年号为天授，并与湛僧智合谋，北魏任命东豫州刺史谯国人曹世表为东南道行台来讨伐刘获等人，源子恭代替曹世表担任东豫州刺史。众将领因为贼寇人多势强，官军兵力弱小，且全是些残兵败卒，所以不敢交战，想保城而自守。曹世表正患了背肿病，他坐车出来，叫来统军是云宝，告诉是云宝："湛僧智之所以敢深闯进来为寇，是因为刘获和郑辩都在州民中有名望，为他做内应。前不久听说刘获带兵想迎接湛僧智，离这里八十里远近。现在出其不意而发动攻击，一战即可击败他，只要刘获被打败了，那么湛僧智自然就会逃跑的。"于是挑选了兵士和战马交给是云宝，天黑时出了城，天刚亮到了，对刘获发起进攻，大败刘获，穷追而不舍，馀党全被铲平。湛僧智得知情况之后，逃回去了。郑辩同源子恭过去有交情，逃匿在源子恭那里，曹世表集合将吏当面责斥源子恭，收捕了郑辩，斩了他。

24　北魏相州刺史东安王元鉴与北道都督裴衍一同援救信都。元鉴庆幸于北魏多事故，暗中藏有异谋，于是便占据邺地而反叛，投降了葛荣。

25　己丑(二十八日)，北魏大赦天下。

起初，侍御史辽东人高道穆奉命出使相州，前刺史李世哲奢侈放纵不守法制，高道穆查办了他。李世哲的弟弟李神轨执政，高道穆的哥哥高谦之的家奴触犯法律，强迫良民为奴婢，李神轨拘收了高谦之交给廷尉治罪。大赦令将颁布，李神轨启奏胡太后先赐高谦之死，朝中人士无不哀怜他。

26　彭群、王辩围攻琅邪，从夏到秋，久攻不下，北魏青州刺史彭城王元劭派遣司马鹿念，南青州刺史胡平派遣长史刘仁之率兵攻击彭群、王辩，击败了彭、王二人，彭群战死。元劭是元勰的儿子。

27　八月，北魏派遣都督源子邕、李神轨、裴衍攻打邺城。源子邕走到汤阴，安乐王元鉴派弟弟元斌之夜袭源子邕的营地，没有获胜。源子邕乘胜围攻邺城，丁未(十七日)，攻克了邺城，斩了元鉴，将其首级送到洛阳示众，源子邕改姓拓跋氏。北魏便派遣源子邕、裴衍讨伐葛荣。

28　九月,秦州城民杜粲杀莫折念生阖门皆尽,粲自行州事。南秦州城民辛琛亦自行州事,遣使诣萧宝寅请降。魏复以宝寅为尚书令,还其旧封。

29　谯州刺史湛僧智围魏东豫州刺史元庆和于广陵,魏将军元显伯救之,司州刺史夏侯夔自武阳引兵助僧智。冬十月,夔至城下,庆和举城降。夔以让僧智,僧智曰:"庆和欲降公,不欲降僧智,今往,必乖其意。且僧智所将应募乌合之人,不可御以法。公持军素严,必无侵暴,受降纳附,深得其宜。"夔乃登城,拔魏帜,建梁帜。庆和束兵而出,吏民安堵,获男女四万馀口。

臣光曰:湛僧智可谓君子矣! 忘其积时攻战之劳,以授一朝新至之将,知己之短,不掩人之长,功成不取以济国事,忠且无私,可谓君子矣!

30　元显伯宵遁,诸军追之,斩获万计。诏以僧智领东豫州刺史,镇广陵。夔引军屯安阳,遣别将屠楚城,由是义阳北道遂与魏绝。

31　领军曹仲宗、东宫直阁陈庆之攻魏涡阳,诏寻阳太守韦放将兵会之。魏散骑常侍费穆引兵奄至,放营垒未立,麾下止有二百馀人,放免胄下马,据胡床处分,士皆殊死战,莫不一当百,魏兵遂退。放,叡之子也。

魏又遣将军元昭等众五万救涡阳,前军至驼涧,去涡阳四十里。陈庆之欲逆战,韦放以魏之前锋必皆轻锐,不如勿击,待其来至,庆之曰:"魏兵远来疲倦,去我既远,必不见疑,

28　九月,秦州城平民杜粲把莫折念生满门杀尽,杜粲自己执掌了州政。南秦州城平民辛琛也自理州政,派遣使者到萧宝寅处请求投降。北魏又任命萧宝寅为尚书令,并归还了他过去的封地。

29　谯州刺史湛僧智在广陵围攻北魏东豫州刺史元庆和,北魏将军元显伯前去援救他,司州刺史夏侯夔从武阳带兵来援助湛僧智。冬季,十月,夏侯夔来到广陵城下,元庆和率全城投降。夏侯夔把受降权力让给湛僧智,湛僧智说:"元庆和要投降大人您,而不想投降我湛僧智,我现在如果前去受降,必定与他的心意不符。况且我所率领的都是应募而来的乌合之众,无法用法令来约束他们。大人您向来治军严肃,必定不会发生侵暴事件,所以前去受降接管,再也合适不过了。"于是夏侯夔便登上城楼,拔去北魏的旗帜,树上了梁朝的旗帜。元庆和放下兵器出城投降,全城吏民安居不乱,共获得男女四万多口。

　　臣司马光说:湛僧智可以说是一个君子啊!能忘掉自己长期攻战的劳苦,把受降之事让给新到的将领,知道自己的短处,不掩盖他人的长处,功成而不取以成就国家大事,忠而无私,可以称为君子呀!

30　元显伯在夜间逃遁,众军追击他,斩俘人数以万计数。梁武帝诏令任命湛僧智兼任东豫州刺史,镇守广陵。夏侯夔领兵屯驻安阳,派别将攻破了楚城并屠杀了全城军民,从此义阳北道便从北魏分割出来了。

31　领军曹仲宗、东宫直阁陈广之攻打北魏涡阳,梁武帝诏令寻阳太守韦放率兵去与曹仲宗等会合。北魏散骑常侍费穆带兵突然来到,韦放的营垒还没有建好,麾下只有二百多人,韦放脱掉盔甲下马,坐在胡床上安排布置,兵士们都殊死奋战,人人以一当百,北魏来兵便撤退了。韦放是韦叡的儿子。

　　北魏又派遣将军元昭等人率领五万人马援救涡阳,前军到了驼涧,离涡阳只四十里。陈庆之准备前去迎战,韦放认为北魏的前锋部队必定都轻装而勇锐,不如不要进击,等他们来到以后再说。陈庆之说:"北魏兵远道而来,疲惫不堪,离我们远,必定不加戒备,

及其未集,须挫其气。诸君若疑,庆之请独取之。"于是帅麾下二百骑进击,破之,魏人惊骇。庆之乃还,与诸将连营而进,背涡阳城与魏军相持。自春至冬,数十百战,将士疲弊。闻魏人欲筑垒于军后,曹仲宗等恐腹背受敌,议引军还,庆之杖节军门曰:"共来至此,涉历一岁,糜费极多。今诸君皆无斗心,唯谋退缩,岂是欲立功名,直聚为抄暴耳!吾闻置兵死地,乃可求生,须虏大合,然后与战。审欲班师,庆之别有密敕,今日犯者,当依敕行之!"仲宗等乃止。

魏人作十三城,欲以控制梁军。庆之衔枚夜出,陷其四城,涡阳城主王纬乞降。韦放简遣降者三十馀人分报魏诸营,陈庆之陈其俘馘,鼓噪随之,九城皆溃,追击之,俘斩略尽,尸咽涡水,所降城中男女三万馀口。

32 萧宝寅之败于泾州也,或劝之归罪洛阳,或曰:"不若留关中立功自效。"行台都令史河间冯景曰:"拥兵不还,此罪将大。"宝寅不从,自念出师累年,糜费不赀,一旦覆败,内不自安。魏朝亦疑之。

中尉郦道元,素名严猛,司州牧汝南王悦嬖人丘念,弄权纵恣,道元收念付狱。悦请之于胡太后,太后欲赦之,道元杀之,并以劾悦。

时宝寅反状已露,悦乃奏以道元为关右大使。宝寅闻之,谓为取己,甚惧,长安轻薄子弟复劝使举兵。宝寅

乘他们没有全部会集起来之时，须挫伤他们的气势。诸位如果有疑虑，我陈庆之请求独自前去攻打他们。"于是他便率领麾下二百名骑兵出击，打败了对方，北魏人大为惊恐。陈庆之便返回，同众将连营而进，背对涡阳城与北魏军队相持。从春天到冬天，共打了数十上百仗，将士们都非常疲惫。听说北魏人要在梁朝军队后面修筑战垒，曹仲宗等人担心腹背受敌，便商议带兵撤回去，陈庆之持节站在军门说："大家一起来到这里，已经过去一年了，花费的钱物极其多。如今各位都没有战心，只是思谋退缩，这哪里是想建立功名，分明是聚在一起抄掠行暴罢了！我听说把军队置之于死地，然后才可以求生，须让敌虏全部聚合在一块之后，再同他们决战。如果你们确想班师回去，我陈庆之另有皇上的秘密圣旨，今日如有触犯之人，我便要依照圣旨而处置他。"于是曹仲宗等人才不再想撤兵了。

北魏人修建了十三座城堡，想以此而控制梁朝军队。陈庆之带领人马口衔木片，于夜间悄悄出城，攻陷了北魏军队的四座城堡，涡阳城主王纬乞求投降。韦放从投降的北魏兵士中挑选出三十多人，派遣他们分别去给北魏各军营报信，陈庆之把自己停获的敌兵列成阵，喊叫着跟在后面，于是北魏的其他城堡全都崩溃，梁朝军队穷追猛击，差不多把北魏军队停虏斩杀干净，尸体把涡河水都堵住了，城中的男女三万多口也归顺了梁朝军队。

32　萧宝寅在泾州兵败之后，有人劝他回洛阳认罪，有人劝他："不如留在关中立功补罪。"行台都令史河间人冯景说："拥兵而不回去，这罪就更大了。"萧宝寅没有听从冯景的意见，自认为出师多年，所浪费掉的钱物无法计算，一旦倾覆失败，内心难以自安。北魏朝廷也怀疑他了。

中尉郦道元，向来有威严勇猛之名声，司州牧汝南王元悦的宠臣丘念，弄权纵恣，郦道元将他收捕下狱。元悦向胡太后求情，胡太后想要赦免丘念，郦道元杀了丘念，并以丘念的罪行而弹劾元悦。

当时萧宝寅谋反的苗头已显露，元悦便奏请任郦道元为关右大使。萧宝寅得知，以为来收拾自己，很害怕，长安的轻薄子弟又劝他起兵。萧宝寅

以问河东柳楷,楷曰:"大王,齐明帝子,天下所属,今日之举,实允人望。且谣言'鸾生十子九子鷇,一子不鷇关中乱。'大王当治关中,何所疑!"道元至阴盘驿,宝寅遣其将郭子恢攻杀之,收殡其尸,表言白贼所害。又上表自理,称为杨椿父子所谮。

宝寅行台郎中武功苏湛,卧病在家,宝寅令湛从母弟开府属天水姜俭说湛曰:"元略受萧衍旨,欲见剿除,道元之来,事不可测,吾不能坐受死亡,今须为身计,不复作魏臣矣。死生荣辱,与卿共之。"湛闻之,举声大哭。俭遽止之曰:"何得便尔!"湛曰:"我百口今屠灭,云何不哭!"哭数十声,徐谓俭曰:"为我白齐王,王本以穷鸟投人,赖朝廷假王羽翼,荣宠至此。属国步多虞,不能竭忠报德,乃欲乘人间隙,信惑行路无识之语,欲以赢败之兵守关问鼎。今魏德虽衰,天命未改。且王之恩义未洽于民,但见其败,未见有成,苏湛不能以百口为王族灭。"宝寅复使谓曰:"我救死不得不尔,所以不先相白者,恐沮吾计耳。"湛曰:"凡谋大事,当得天下奇才与之从事,今但与长安博徒谋之,此有成理不? 湛恐荆棘必生于斋阁,愿赐骸骨归乡里,庶得病死,下见先人。"宝寅素重湛,且知其不为己用,听还武功。

甲寅,宝寅自称齐帝,改元隆绪,赦其所部,置百官。都督长史毛遐,鸿宾之兄也,与鸿宾帅氐、羌起兵于马祇栅以拒宝寅,宝寅遣大将军卢祖迁击之,为遐所杀。宝寅方祀南郊,

就起兵一事询问河东人柳楷，柳楷说："大王您是齐明帝的儿子，天下归心于您，如果现在起兵谋事，正合众望。况且民谣说：'鸾生十子九子鷇，一子不鷇关中乱。'大王您该治关中，有什么怀疑的呢！"郦道元到了阴盘驿，萧宝寅派手下的将领郭子恢去攻杀他，收葬了他的尸体，然后上奏朝廷说是被秦地的鲜卑人所杀害，又上表替自己申辩，说杨椿父子陷害自己。

萧宝寅的行台郎中武功人苏湛卧病在家，萧宝寅命令苏湛的姨表弟、在自己手下担任开府属的天水人姜俭去游说苏湛，说："元略受萧衍的旨令，特意让他回来除掉我，郦道元的前来，事不可测，我不能坐以待毙，现在必须为自身考虑，不再做魏朝的臣子了。死生荣辱，与您共享。"苏湛听了之后，放声大哭。姜俭立即制止了他，问他："为何就这样呢？"苏湛回答说："我一家百口如今将遭屠灭，为何不哭呢！"又哭了几十声，才慢慢地对姜俭说："你替我告诉齐王萧宝寅，大王他本是穷途之鸟投入林中，依靠朝廷的羽翼保护自己，才到了现在的荣宠程度。正值国家多事之秋，他不能竭忠报恩，反而想乘人之危，听信于道听途说之言，想以羸弱残败之兵把守潼关窥伺皇位。如今北魏的德政虽然衰败了，但天命还没有改变。况且大王他的恩义还没有遍及于民，所以只能看到他的失败，不会看见他的成功，苏湛我不能为了大王他而使百口之家遭受屠灭。"萧宝寅又指使姜俭对苏湛说："我为了活命不得不这样干了，之所以没有提前告诉你，是害怕坏了我的计谋。"苏湛说："凡是计谋大事，应当得到天下奇才同他一起共事，如今你只同长安的那些赌徒们策划，这能有成功的道理吗？苏湛我担心荆棘定将生满殿堂之中，愿您放我这把老骨头回乡里去，或许可以病死在家，下见先人。"萧宝寅向来看重苏湛，并且知道他不会被自己所用，便允许他回武功去了。

甲寅（二十五日），萧宝寅自称齐帝，改年号为隆绪，赦免了自己的部下，设置了各种官职。都督长史毛遐是毛鸿宾的哥哥，他同毛鸿宾率领氐、羌部落在马祇栅起兵抗击萧宝寅，萧宝寅派遣大将军卢祖迁攻打他们，结果被毛遐杀了。萧宝寅正在南郊举行祭祀仪式，

行即位礼未毕,闻败,色变,不暇整部伍,狼狈而归。以姜俭为尚书左丞,委以心腹。文安周惠达为宝寅使,在洛阳,有司欲收之,惠达逃归长安。宝寅以惠达为光禄勋。

丹杨王萧赞闻宝寅反,惧而出走,趣白马山,至河桥,为人所获,魏主知其不预谋,释而慰之。行台郎封伟伯等与关中豪桀谋举兵诛宝寅,事泄而死。

魏以尚书仆射长孙稚为行台以讨宝寅。

正平民薛凤贤反,宗人薛脩义亦聚众河东,分据盐池,攻围蒲坂,东西连结以应宝寅。诏都督宗正珍孙讨之。

33 十一月丁卯,以护军萧渊藻为北讨都督,镇涡阳。戊辰,以涡阳为西徐州。

34 葛荣围信都,自春及冬,冀州刺史元孚帅励将士,昼夜拒守,粮储既竭,外无救援,己丑,城陷。荣执孚,逐出居民,冻死者什六七。孚兄祐为防城都督,荣大集将士,议其生死。孚兄弟各自引咎,争相为死,都督潘绍等数百人,皆叩头请就法以活使君。荣曰:“此皆魏之忠臣义士。”于是同禁者五百人皆得免。

魏以源子邕为冀州刺史,将兵讨荣。裴衍表请同行,诏许之。子邕上言:“衍行,臣请留;臣行,请留衍;若逼使同行,败在旦夕。”不许。十二月戊申,行至阳平东北漳水曲,荣帅众十万击之,子邕、衍俱败死。

相州吏民闻冀州已陷,子邕等败,人不自保。相州刺史恒农李神志气自若,抚勉将士,大小致力,葛荣尽锐攻之,卒不能克。

35 秦州民骆超杀杜粲,请降于魏。

登基的礼仪还没有完毕,得知卢祖迁失败,神色大变,来不及整理好队伍,便狼狈而归。萧宝寅任命姜俭为尚书左丞,将他视为心腹。文安人周惠达是萧宝寅的使节,正在洛阳,有关官署要收捕他,周惠达逃回了长安。萧宝寅任命周惠达为光禄勋。

丹杨王萧赞得知萧宝寅反了,害怕而逃向白马山,到了河桥,被人抓获,北魏孝明帝知道他没有参与密谋,便释放并安慰他。行台郎封伟伯等人与关中地区的豪强密谋起兵杀掉萧宝寅,事情泄露而身亡。

北魏任命尚书仆射长孙稚为行台去讨伐萧宝寅。

正平的百姓薛凤贤造反,其族人薛脩义也聚众河东,割据盐池,围攻蒲坂,东西连通来响应萧宝寅。北魏朝廷诏令都督宗正珍孙去讨伐他们。

33 十一月丁卯(初八),梁朝任命护国将军萧渊藻为北讨都督,令他镇守涡阳。戊辰(初九),梁朝以涡阳为西徐州。

34 葛荣围攻信都,从春天到冬天始终不去,冀州刺史元孚激励将士,昼夜拒守,粮储已尽,外无救援,己丑,信都城失陷。葛荣抓住元孚,把城中居民全部赶出去,冻死者占十之六七。元孚的哥哥元祐担任防城都督,也被抓获,葛荣把将士们全部召集起来,议定元孚兄弟二人的生死去留。元孚兄弟各自引咎,争着去死,都督潘绍等几百人都叩头请求赴法而死以便救活元孚。葛荣说:"这些人都是魏朝的忠臣义士啊。"于是元孚兄弟和被押的五百人都得到赦免。

北魏任命源子邕为冀州刺史,让他率兵讨伐葛荣。裴衍上表请求与源子邕同行,孝明帝诏令同意了。源子邕上奏:"如果裴衍去,我就请求留下来;如果我去,那么请让裴衍留下;如果强迫让我与他同行,则败在旦夕。"孝明帝不同意。十二月戊申(二十日),他们到达阳平东北的漳水曲,葛荣率领十万部众进攻他们,源子邕和裴衍都战败而亡。

相州的官民闻知冀州已经失陷,源子邕等人战败,人人自危,无计自保。相州刺史恒农人李神镇定自若,神色不改,他抚慰劝勉将士,因而人人致力,葛荣尽力攻打,但是最终不能攻克。

35 秦州百姓骆超杀了杜粲,请求投降北魏。

# 卷第一百五十二　梁紀八

戊申(528)一年

**高祖武皇帝八**

**大通二年(戊申,528)**

1　春,正月癸亥,魏以北海王颢为骠骑大将军、开府仪同三司、相州刺史。

2　魏北道行台杨津守定州城,居鲜于脩礼、杜洛周之间,迭来攻围;津蓄薪粮,治器械,随机拒击,贼不能克。津潜使人以铁券说贼党,贼党有应津者,遗津书曰:“贼所以围城,正为取北人耳。城中北人,宜尽杀之,不然,必为患。”津悉收北人内子城中而不杀,众无不感其仁。

及葛荣代脩礼统众,使人说津,许以为司徒,津斩其使,固守三年。杜洛周围之,魏不能救。津遣其子遐突围出,诣柔然头兵可汗求救。遐日夜泣请,头兵遣其从祖吐豆发帅精骑一万南出。前锋至广昌,贼塞隘口,柔然遂还。乙丑,津长史李裔引贼入,执津,欲烹之,既而舍之。瀛州刺史元宁以城降洛周。

3　乙丑,魏潘嫔生女,胡太后诈言皇子。丙寅,大赦,改元武泰。

4　萧宝寅围冯翊,未下。长孙稚军至恒农,行台左丞

## 高祖武皇帝八
## 梁武帝大通二年（戊申，公元528年）

1  春季，正月癸亥（初五），北魏任命北海王元颢为骠骑大将军、开府仪同三司、相州刺史。

2  北魏北道行台杨津守卫定州城，处于鲜于脩礼和杜洛周两军之间，鲜于脩礼和杜洛周不断来围攻定州城。杨津积蓄柴草粮食，修治兵甲器械，相机抵御抗击贼军，故军不能攻克定州城。杨津暗中派人持铁券游说贼军，贼军中有响应杨津的人，给杨津写信说："贼军之所以包围定州城，只是为了得到城中北方人罢了。城中的北方人，应全部杀掉，不这样的话，一定成为后患。"于是，杨津将定州城中的北方人全部集中于内城中，却并未杀掉他们，这些北方人对杨津的仁义之举无不感激。

等到葛荣代替鲜于脩礼统领军队后，派人向杨津游说，许诺让杨津做司徒，杨津杀掉了葛荣的使者，固守定州城三年。因杜洛周包围着定州城，北魏的军队不能来相救。杨津派自己的儿子杨遁突围出去，来到柔然国向头兵可汗求救。杨遁日夜哭泣恳请，于是头兵可汗派他的堂祖父吐豆发率一万精锐骑兵南下救援。前锋行至广昌县时，贼兵扼守住了隘口，柔然军队于是又退了回去。乙丑（初七），杨津的部下长史李裔引贼军进入了城中，抓住了杨津，贼军打算烹了杨津，后来又放了他。瀛州刺史元宁率全城投降了杜洛周。

3  乙丑（初七），北魏孝明帝的潘嫔生了一个女儿，胡太后诈称是皇子。丙寅（初八），北魏实行大赦，改元为武泰。

4  萧宝寅包围冯翊县，没有攻下。长孙稚的军队到了恒农，行台左丞

杨侃谓稚曰："昔魏武与韩遂、马超据潼关相拒,遂、超之才,非魏武敌也,然而胜负久不决者,扼其险要故也。今贼守御已固,虽魏武复生,无以施其智勇。不如北取蒲阪,渡河而西,入其腹心,置兵死地。则华州之围不战自解,潼关之守必内顾而走,支节既解,长安可坐取也。若愚计可取,愿为明公前驱。"稚曰："子之计则善矣,然今薛脩义围河东,薛凤贤据安邑,宗正珍孙守虞坂不得进,如何可往?"侃曰："珍孙行陈一夫,因缘为将,可为人使,安能使人!河东治在蒲阪,西逼河滑,封疆多在郡东。脩义驱帅士民西围郡城,其父母妻子皆留旧村,一旦闻官军来至,皆有内顾之心,必望风自溃矣。"稚乃使其子子彦与侃帅骑兵自恒农北渡,据石锥壁,侃声言:"今且停此以待步兵,且观民情向背。"命送降名者各自还村,"俟台军举三烽,当亦举烽相应。其无应烽者,乃贼党也,当进击屠之,以所获赏军。"于是村民转相告语,虽实未降者亦诈举烽,一宿之间,火光遍数百里,贼围城者不测其故,各自散归。脩义亦逃还,与凤贤俱请降。丙子,稚克潼关,遂入河东。

　　会有诏废盐池税,稚上表以为:"盐池天产之货,密迩京畿,唯应宝而守之,均赡以理。今四方多虞,府藏罄竭,冀、定扰攘,常调之绢不复可收,唯仰府库,有出无入。略论盐税,一年之中,准绢而言,不下三十万匹,乃是移冀、

杨侃对长孙稚说:"从前魏武帝跟韩遂、马超在潼关交战,相持不下,韩遂、马超的才能,远不能与魏武帝相匹敌,但是却很长时间决不出胜负来,原因就在于韩遂、马超扼守住了险要关口。现在敌人守备防御已经稳固,即使魏武帝曹操再生,也施展不出他的本事。您不如向北夺取蒲阪城,渡过黄河向西,进入敌人的腹地,置军于必死之地。这样华州之围便会不战而自解,潼关守敌必定顾虑后方而逃走,周围的城池解决了,长安城便可坐而取之。如果我的计策可行的话,我愿意为您做前锋。"长孙稚说:"您的计策倒是很好,但是现在薛修义包围着河东、薛凤贤据守着安邑,宗正珍孙把守着虞坂,无法通过,怎么能到达呢?"杨侃说:"珍孙只不过是一介武夫,因偶然的机缘得以成为将领,他只能被人驱使,哪能指挥得了别人! 河东郡的治所在蒲阪城,蒲阪城西边靠近黄河,所辖区域大部分在郡治所的东部。薛修义率军队、百姓向西包围了郡治蒲阪城,他们的父母、妻子、儿女却还都留在原来的村庄,一旦听说官军到了,他们都会有内顾之忧的,一定会望风自溃。"长孙稚于是便派儿子长孙子彦与杨侃一起率骑兵从恒农北渡黄河,占据了石锥壁,杨侃声言:"现在暂时停在这里等待步兵,并且看一看民心所向。"于是命令那些送来投降者的名单的人各自回到村子,并且告诉他们:"等到官军燃起三堆烽火时,他们也要燃举烽火相呼应。那些不举烽火相呼应的人,便是贼军的同党,要杀掉他们,将没收的财产犒赏军队。"于是村民们相互转告,即使内心不想投降的人也假装举起烽火,一夜之间,火光遍布数百里,围攻蒲阪城的贼兵不知其中原委,各自溃散逃归。薛修义也逃回了老家,与薛凤贤一起请求投降。丙子(十八日),长孙稚攻克了潼关,于是进入了河东郡。

适逢孝明帝下诏书要废除盐池税,于是长孙稚便向皇帝上书申明自己的看法:"盐池是天然物产,靠近京城,正应该把它当作宝贝好好守护,依据常理均衡地补给百姓。当今四方多难,国家府库空虚,冀州、定州叛乱纷起,国家正常征调的绢帛无法收上来,一切全靠府库的储备,只有支出,没有收入。大致估算一下盐税收入,一年之中,按绢的价值计算的话,不少于三十万匹绢的收入,这就是将冀州、

定二州置于畿甸。今若废之,事同再失。臣前仰违严旨,不先讨关贼,径解河东者,非缓长安而急蒲阪,一失盐池,三军乏食。天助大魏,兹计不爽。昔高祖升平之年,无所乏少,犹创置盐官而加典护,非与物竞利也,恐由利而乱俗也。况今国用不足,租征六年之粟,调折来岁之资,此皆夺人私财,事不获已。臣辄符同监将、尉,还帅所部,依常收税,更听后敕。”

萧宝寅遣其将侯终德击毛遐。会郭子恢等屡为魏军所败,终德因其势挫,还军袭宝寅。至白门,宝寅始觉,丁丑,与终德战,败,携其妻南阳公主及其少子帅麾下百馀骑自后门出,奔万俟丑奴。丑奴以宝寅为太傅。

二月,魏以长孙稚为车骑大将军、开府仪同三司、雍州刺史、尚书仆射、西道行台。

群盗李洪攻烧巩西阙口以东,南结诸蛮,魏都督李神轨、武卫将军费穆讨之。穆败洪于阙口南,遂平之。

5　葛荣击杜洛周,杀之,并其众。

6　魏灵太后再临朝以来,嬖幸用事,政事纵弛,恩威不立,盗贼蜂起,封疆日蹙。魏肃宗年浸长,太后自以所为不谨,恐左右闻之于帝,凡帝所爱信者,太后辄以事去之,务为壅蔽,不使帝知外事。通直散骑常侍昌黎谷士恢有宠于帝,

定州这两个州置于京郊一样。现在如果再废除盐池税的话,那可就是两次失计了。臣上次之所以敢违抗您的圣旨,没有先讨伐关内的贼兵,而是先径直解除了河东之围,原因并不是以长安为缓而以蒲阪为急,因为一旦失去盐池,则三军势必会缺乏粮食。上天助我大魏,这一计策果然是正确的。过去高祖太平之年,什么都不缺少,尚且仍置盐官对盐池加以管理、保护,那样做的目的,并不是要跟老百姓争利,而是担心由于利益冲突而导致社会动乱。何况当今国家财政不足,已经提前征收了六年的粮食,征调了明年的税款,这些都是掠取百姓私财的措施,不能再继续下去了。我这就让那些管理、保护盐池的将、尉们,回去率领他们的部下,仍按往常一样征收盐税,是否废除,再听陛下以后的诏令。"

萧宝寅派部将侯终德攻打毛遐的部队。正值郭子恢等人屡次被北魏军队打败,侯终德趁着萧宝寅势力受到削弱之际,回去袭击萧宝寅。侯终德的部队已到了白门的时候,萧宝寅才刚刚发觉。丁丑(十九日),萧宝寅与侯终德交战,结果战败。萧宝寅携带妻子南阳公主和他们的小儿子,带着部下一百多名骑兵从后门逃出,投奔了万俟丑奴。万俟丑奴封萧宝寅为太傅。

二月,北魏任命长孙稚为车骑大将军、开府仪同三司、雍州刺史、尚书仆射、西道行台。

群盗李洪等攻取烧毁了巩县以西、伊阙口以东的大片地区,并与南方诸蛮相勾结。北魏都督李神轨、武卫将军费穆率军征讨李洪。费穆在伊阙口南打败了李洪,最后终于平定了匪乱。

5 葛荣率军攻打杜洛周,杀了杜洛周,收编了他的部众。

6 北魏胡太后第二次当政以来,宠信横行专权,政事松弛,朝廷的威信树立不起来,盗贼纷起,边界一天天缩小。孝明帝渐渐长大,胡太后本人也认为自己的所为不够谨慎,担心左右会向皇帝汇报,于是凡孝明帝宠信的,便借某种事由除掉他们,竭力堵塞皇帝视听,不让他知道外面发生的事。通直散骑常侍、昌黎人谷士恢受孝明帝宠爱,

使领左右。太后屡讽之，欲用为州，士恢怀宠，不愿出外，太后乃诬以罪而杀之。有蜜多道人，能胡语，帝常置左右，太后使人杀之于城南而悬赏购贼。由是母子之间，嫌隙日深。

是时，车骑将军、仪同三司、并肆、汾、广、恒、云六州讨虏大都督尔朱荣兵势强盛，魏朝惮之。高欢、段荣、尉景、蔡儁先在杜洛周党中，欲图洛周不果，逃奔葛荣，又亡归尔朱荣。刘贵先在尔朱荣所，屡荐欢于荣，荣见其憔悴，未之奇也。欢从荣之马厩，厩有悍马，荣命欢翦之，欢不加羁绊而翦之，竟不蹄啮，起，谓荣曰："御恶人亦犹是矣。"荣奇其言，坐欢于床下，屏左右，访以时事，欢曰："闻公有马十二谷，色别为群，畜此竟何用也？"荣曰："但言尔意！"欢曰："今天子暗弱，太后淫乱，嬖孽擅命，朝政不行。以明公雄武，乘时奋发，讨郑俨、徐纥之罪以清帝侧，霸业可举鞭而成，此贺六浑之意也。"荣大悦，语自日中至夜半乃出，自是每参军谋。

并州刺史元天穆，孤之五世孙也，与荣善，荣兄事之。荣常与天穆及帐下都督贺拔岳密谋，欲举兵入洛，内诛嬖幸，外清群盗，二人皆劝成之。

荣上书以"山东群盗方炽，冀、定覆没，官军屡败，请遣精骑三千东援相州。"太后疑之，报以"念生枭戮，宝寅就擒，

孝明帝命他统领宫中卫士。胡太后多次含蓄地暗示谷士恢,想把他调为地方官,但谷士恢受孝明帝宠幸,不愿离开京城到外地做官,于是胡太后便罗织罪名将他杀了。有一人名叫蜜多的道人,会说胡语,孝明帝经常让他在身边服侍,胡太后派人在城南杀了他,还假装悬赏缉拿罪犯。从此胡太后和孝明帝母子二人之间,隔阂越来越深。

当时,车骑将军、仪同三司及并、肆、汾、广、恒、云六州讨虏大都督尔朱荣,兵势强盛,北魏朝廷很是害怕。高欢、段荣、尉景、蔡俊等人原先在杜洛周手下,本想图谋取代杜洛周,结果没成功,于是逃奔葛荣,接着又投奔尔朱荣。先前便在尔朱荣处做事的刘贵,多次向尔朱荣推荐高欢,尔朱荣见高欢身形瘦弱,相貌憔悴,并没有觉出他有什么出奇之处。一次高欢随尔朱荣来到马棚,马棚中有一匹强悍凶猛的马,尔朱荣令高欢给这匹马修剪,高欢没套上马笼头和捆住马脚便修剪起来,这匹马竟然也没踢没咬。高欢修剪完后站起身来,对尔朱荣说:"制服坏人也跟这是同一道理。"尔朱荣很惊奇他能说出这样的话来,于是请高欢坐在床边,屏退左右,向他征询当前的国家大事。高欢说道:"我听说您有十二群马,按颜色分成不同的马群,这样畜养到底是要做什么用呢?"尔朱荣说:"请只管说出你的看法!"高欢说:"现在皇上软弱,太后淫乱,奸佞小人专权,朝廷的政策不能贯彻执行。凭您的雄才大略,若乘此时起兵,讨伐郑俨、徐纥的罪行,肃清皇上身边的奸佞小人。那么您的霸业挥鞭之际便可成就,这就是我高欢的主意。"尔朱荣听了非常高兴,二人从中午谈至半夜才出来。从此以后,高欢便经常参与尔朱荣的军事谋划。

并州刺史元天穆,是元孤的五世孙,跟尔朱荣关系很密切,尔朱荣对他就像对待哥哥一样。尔朱荣经常跟元天穆及部下都督贺拔岳密谋,打算发兵进入洛阳,对内诛杀奸佞之人,对外肃清各地匪盗,元天穆和贺拔岳二人都劝尔朱荣这样做。

尔朱荣向朝廷上书说:"山东群盗的活动猖獗,冀州、定州已经失陷,官军屡败,请派三千精锐骑兵向东增援相州。"胡太后对此很是怀疑,便给尔朱荣回信说"莫折念生已斩首,萧宝寅被活捉,

丑奴请降,关、陇已定。费穆大破群蛮,绛蜀渐平。又,北海
王颢帅众二万出镇相州,不须出兵"。荣复上书,以为"贼势
虽衰,官军屡败,人情危怯,恐实难用。若不更思方略,无以
万全。臣愚以为蠕蠕主阿那瓌荷国厚恩,未应忘报,宜遣发
兵东趣下口以蹑其背,北海之军严加警备以当其前。臣麾下
虽少,辄尽力命自井陉以北,滏口以西,分据险要,攻其肘腋。
葛荣虽并洛周,威恩未著,人类差异,形势可分。"遂勒兵召集
义勇,北捍马邑,东塞井陉。徐纥说太后以铁券间荣左右,荣
闻而恨之。

　　魏肃宗亦恶俨、纥等,逼于太后,不能去,密诏荣举兵内
向,欲以胁太后。荣以高欢为前锋,行至上党,帝复以私诏止
之。俨、纥恐祸及己,阴与太后谋鸩帝,癸丑,帝暴殂。甲寅,
太后立皇女为帝,大赦。既而下诏称:"潘充华本实生女。故
临洮王宝晖世子钊,体自高祖,宜膺大宝。百官文武加二阶,
宿卫加三阶。"乙卯,钊即位。钊始生三岁,太后欲久专政,故
贪其幼而立之。

　　尔朱荣闻之,大怒,谓元天穆曰:"主上晏驾,春秋十九,
海内犹谓之幼君。况今奉未言之儿以临天下,欲求治安,其
可得乎!吾欲帅铁骑赴哀山陵,翦除奸佞,更立长君,何如?"
天穆曰:"此伊、霍复见于今矣。"乃抗表称:"大行皇帝背弃
万方,

万俟丑奴已请求投降,这样,关、陇地区的贼盗已经平定。费穆大破群蛮,绛蜀地区也逐渐平定。再者,北海王元颢已率军二万出镇相州,因此你不必再出兵增援了"。尔朱荣又上书朝廷,认为:"贼兵的势力虽然衰落,但官军却屡次失败,军心畏惧,所以恐怕官军实际上很难起作用。如果不另想策略的话,则不能确保万无一失。以微臣愚见,柔然国国王阿那瓌受我魏朝厚恩,不应忘记报答,因此应该让他发兵东至下口以攻击贼兵的背后,令北海王元颢的部队严加戒备以攻击贼兵的正面。我的部队虽然很少,也要尽全力命他们从井陉以北,滏口以西,分路占据险要地区,从侧面攻击贼兵。葛荣虽然吞并了杜洛周的部队,但威信还未树立,人心涣散,若趁此时攻击,那么形势可想而知。"于是尔朱荣便命令部队征召义勇之人充军,向北守卫马邑城,向东占据了井陉。徐纥劝胡太后派人持铁券离间尔朱荣的部下,尔朱荣听说后,痛恨徐纥。

北魏孝明帝也很厌恶郑俨、徐纥等人,但碍于胡太后,不能除掉他们。于是孝明帝秘密下诏书命尔朱荣发兵至京城,想以此来胁迫胡太后。尔朱荣任命高欢为前锋,部队行至上党时,孝明帝又下密诏阻止了这一行动。郑俨、徐纥担心灾祸会降临到自己头上,便暗中与胡太后策划阴谋毒死孝明帝,癸丑(二十五日),魏孝明帝突然去世。甲寅(二十六日),胡太后立皇女为皇帝,大赦天下。不久又下诏书宣称:"潘充华实际上生的是女儿。原来的临洮王元宝晖的世子元钊,是高祖的嫡系后代,应该做皇帝。文武百官各进二级官位,宿卫进三级官位。"乙卯(二十七日),元钊即位。元钊这时才刚刚三岁,胡太后想长久地独揽大权,所以看中了元钊年纪小才立他为帝。

尔朱荣听说这事之后,非常恼怒,对元天穆说:"皇上去世了。他年纪已十九岁了,而天下还仍把他看作是小皇帝。何况现在立一个还不会说话的幼儿来统治天下,想求得国家长治久安,怎么可能呢?我打算率骑兵奔赴首都哀悼皇帝,除掉奸佞之人,重新立一位年纪大一点的皇帝,你们看怎么样?"元天穆说:"这真是伊尹、霍光今日再生啊!"于是尔朱荣上书朝廷,声称:"大行皇帝离开人世,

海内咸称鸩毒致祸。岂有天子不豫,初不召医,贵戚大臣皆不侍侧,安得不使远近怪愕!又以皇女为储两,虚行赦宥,上欺天地,下惑朝野。已乃选君于孩提之中,实使奸竖专朝,隳乱纲纪,此何异掩目捕雀,塞耳盗钟。今群盗沸腾,邻敌窥觑,而欲以未言之儿镇安天下,不亦难乎!愿听臣赴阙,参预大议,问侍臣帝崩之由,访侍卫不知之状,以徐、郑之徒付之司败,雪同天之耻,谢远近之怨,然后更择宗亲以承宝祚。"荣从弟世隆,时为直阁,太后遣诣晋阳慰谕荣。荣欲留之,世隆曰:"朝廷疑兄,故遣世隆来,今留世隆,使朝廷得预为之备,非计也。"乃遣之。

7　三月癸未,葛荣陷魏沧州,执刺史薛庆之,居民死者什八九。

8　乙酉,魏葬孝明皇帝于定陵,庙号肃宗。

9　尔朱荣与元天穆议,以彭城武宣王有忠勋,其子长乐王子攸,素有令望,欲立之。又遣从子天光及亲信奚毅、仓头王相入洛,与尔朱世隆密议。天光见子攸,具论荣心,子攸许之。天光等还晋阳,荣犹疑之,乃以铜为显祖诸孙各铸像,唯长乐王像成。荣乃起兵发晋阳,世隆逃出,会荣于上党。灵太后闻之,甚惧,悉召王公等入议,宗室大臣皆疾太后所为,莫肯致言。徐纥独曰:"尔朱荣小胡,敢称兵向阙,文武宿卫足以制之。但守险要以逸待劳、彼悬军千里,士马疲弊,

天下都认为是被毒酒害死的。哪儿有皇帝生病,竟然不召医生看视,贵戚大臣都不服侍左右的道理?这怎能不让天下之人感到奇怪、诧异呢!又立皇女为皇位继承人,妄自实行大赦,宽恕罪犯,对上欺骗天地,对下迷惑朝野之人。接着又选立孩童为帝,实际上让奸臣佞人把持朝政,毁坏国家纲纪,这与掩目捕雀、塞耳盗钟有何区别?现在各地盗匪猖獗,邻国之敌暗中窥伺,朝廷却打算让一个还不会说话的孩子来镇抚安定天下,不是太难了么!希望朝廷允许我回到京城,参与商讨国家大计,向侍卫之臣询问皇帝驾崩的原因,访查侍卫们不知道的真实情况,将徐纥、郑俨之徒交给有关部门查办,以雪天下之耻,消除远近各地的怨恨之情,然后重新选择一位皇族成员承继皇位。"尔朱荣的堂弟尔朱世隆,当时任直阁官,胡太后派他到晋阳慰问安抚尔朱荣。尔朱荣打算留下尔朱世隆,尔朱世隆说道:"朝廷现在怀疑兄长您,所以才派我来您这里,现在您却要留下我,这就会使得朝廷能够预先做好防备,不是好计策啊。"于是尔朱荣便仍让尔朱世隆回去了。

7  三月癸未(二十六日),葛荣攻陷北魏的沧州,抓获了刺史薛庆之,平民被杀的占十之八九。

8  乙酉(二十八日),北魏将孝明帝安葬于定陵,庙号为肃宗。

9  尔朱荣跟元天穆商议,认为彭城武宣王有功勋,他的儿子长乐王元子攸平素声望很高,便打算立元子攸为皇帝。尔朱荣又派侄子尔朱天光及亲信奚毅、仆人王相来到洛阳,与尔朱世隆秘密商议。尔朱天光见到元子攸后,向他详细地讲了尔朱荣的想法,元子攸答应了。尔朱天光等人回到晋阳,尔朱荣仍犹疑不定,于是便用铜为皇室的子孙们每人都铸铜像,以此占卜谁能做皇帝,结果只有长乐王元子攸的铜像铸成了。尔朱荣这才起兵从晋阳出发,尔朱世隆逃出京城,在上党与尔朱荣相会。胡太后听说后,非常恐惧,将王公大臣全部召入宫中商议对策,皇族宗室和大臣们都很痛恨胡太后平日的所作所为,因此没有人发言。只有徐纥说:"尔朱荣这个小胡人,竟敢起兵冒犯朝廷,文武禁卫军足以将他制伏。只要守住险要地区以逸待劳,尔朱荣的部队千里而来,兵马疲惫不堪,

破之必矣。"太后以为然，以黄门侍郎李神轨为大都督，帅众拒之，别将郑季明、郑先护将兵守河桥，武卫将军费穆屯小平津。先护，俨之从祖兄弟也。

荣至河内，复遣王相密至洛，迎长乐王子攸。夏，四月丙申，子攸与兄彭城王劭、弟霸城公子正潜自高渚渡河，丁酉，会荣于河阳，将士咸称万岁。戊戌，济河，子攸即帝位，以劭为无上王，子正为始平王，以荣为侍中、都督中外诸军事、大将军、尚书令、领军将军、领左右，封太原王。

郑先护素与敬宗善，闻帝即位，与郑季明开城纳之。李神轨至河桥，闻北中不守，即遁还。费穆弃众先降于荣。徐纥矫诏夜开殿门，取骅骝厩御马十匹，东奔兖州，郑俨亦走还乡里。太后尽召肃宗后宫，皆令出家，太后亦自落发。荣召百官迎车驾，己亥，百官奉玺绶，备法驾，迎敬宗于河桥。庚子，荣遣骑执太后及幼主，送至河阴。太后对荣多所陈说，荣拂衣而起，沈太后及幼主于河。

费穆密说荣曰："公士马不出万人，今长驱向洛，前无横陈，既无战胜之威，群情素不厌服。以京师之众，百官之盛，知公虚实，有轻侮之心。若不大行诛罚，更树亲党，恐公还北之日，未渡太行而内变作矣。"荣心然之，谓所亲慕容绍宗曰："洛中人士繁盛，骄侈成俗，不加芟翦，终难制驭。吾欲因百官出迎，悉诛之，何如？"绍宗曰："太后荒淫失道，嬖幸弄权，淆乱四海，

一定能够打败他。"胡太后认为徐纥说得很对,于是任命黄门侍郎李神轨为大都督,率兵迎击尔朱荣,副将郑季明、郑先护率兵守卫河桥,武卫将军费穆驻扎在小平津。郑先护是郑俨的堂祖父兄弟。

尔朱荣的军队到达河内后,尔朱荣又派王相秘密进到洛阳城,迎接长乐王元子攸。夏季,四月丙申(初九),元子攸与他的哥哥彭城王元劭、弟弟霸城公元子正偷偷从高渚渡过黄河,丁酉(初十),在河阳跟尔朱荣见了面,将士们都高呼万岁。戊戌(十一日),尔朱荣等渡过黄河,元子攸即皇帝位,任命元劭为无上王,子正为始平王,任命尔朱荣为侍中、都督中外诸军事、大将军、尚书令、领军将军、领左右,并封为太原王。

郑先护平素与孝庄帝元子攸的关系很密切,听说他已即位做了皇帝,便与郑季明一起打开城门将尔朱荣的部队接进城中。李神轨来到河桥后,听说北中城已失守,便立即逃回了洛阳城。费穆丢下士兵自己先投降了尔朱荣。徐纥假传圣旨夜里打开宫殿大门,牵出了十匹养在骅骝厩中的御马,向东逃奔兖州,郑俨也逃回了老家。胡太后将孝明帝的后宫嫔妃们全部召集在一起,命令她们都出家,太后自己也削了发。尔朱荣召令文武百官迎接圣驾,己亥(十二日),文武百官捧着皇帝的印玺、绶带,准备了车辇,从河桥迎回魏孝庄帝。庚子(十三日),尔朱荣派骑兵抓获了胡太后和小皇帝,将他们送到了河阴。胡太后对尔朱荣讲了许多求情的话,尔朱荣拂袖而起,命人将胡太后和小皇帝沉入了黄河之中。

费穆暗中劝尔朱荣说:"您兵马不足万人,现在远道而至洛阳,前面没有遇到任何抵抗,既没有什么战胜之威,平素人们心中对您又不畏服。因京城军队众多,文武百官势力强盛,如果知道了您的虚实的话,便会对您有所轻视。若不狠狠地实行诛杀惩治,另外培植亲信,恐怕您回到北方之时,还未过太行山,内乱便会发生。"尔朱荣内心认为费穆的话很对,于是便对亲信慕容绍宗说:"洛阳人口众多,骄侈成习,如不加以整饬,终究难以控制。我打算趁文武百官出迎之际,全部杀掉他们,你看怎样?"慕容绍宗说道:"胡太后荒淫无道,奸佞小人专权,将天下搞得混乱不堪,

故明公兴义兵以清朝廷。今无故歼夷多士，不分忠佞，恐大失天下之望，非长策也。"荣不听，乃请帝循河西至淘渚，引百官于行宫西北，云欲祭天。百官既集，列胡骑围之，责以天下丧乱，肃宗暴崩，皆由朝臣贪虐，不能匡弼，因纵兵杀之，自丞相高阳王雍、司空元钦、仪同三司义阳王略以下，死者二千馀人。前黄门郎王遵业兄弟居父丧，其母，敬宗之从母也，相帅出迎，俱死。遵业，慧龙之孙也，俊爽涉学，时人惜其才而讥其躁。有朝士百馀人后至，荣复以胡骑围之，令曰："有能为禅文者免死。"侍御史赵元则出应募，遂使为之。荣又令其军士言"元氏既灭，尔朱氏兴"，皆称万岁。荣又遣数十人拔刀向行宫，帝与无上王劭、始平王子正俱出帐外。荣先遣并州人郭罗刹、西部高车叱列杀鬼侍帝侧，诈言防卫，抱帝入帐，馀人即杀劭及子正，又遣数十人迁帝于河桥，置之幕下。

帝忧愤无计，使人谕旨于荣曰："帝王迭兴，盛衰无常。今四方瓦解，将军奋袂而起，所向无前，此乃天意，非人力也。我本相投，志在全生，岂敢妄希天位！将军见逼，以至于此。若天命有归，将军宜时正尊号。若推而不居，存魏社稷，亦当更择亲贤而辅之。"时都督高欢劝荣称帝，左右多同之，荣疑未决。贺拔岳进曰："将军首举义兵，志降奸逆，

所以您才起义兵以整肃朝廷。现在却无故杀戮许多官员,不分忠臣奸臣,恐怕会使天下人大失所望,这不是上策。"尔朱荣不听,于是请孝庄帝沿黄河向西来到淘渚这个地方,尔朱荣率百官来到皇帝行宫的西北,说是要祭天。文武百官集中起来后,尔朱荣布置骑兵四面包围了他们,指责这些文武百官们说,天下动乱,孝明帝突然死去,都是由于他们这些朝廷大臣贪赃枉法,酷虐无忌,不能匡辅社稷所造成的,因此命令部队诛杀了他们。从丞相高阳王元雍、司空元钦、仪同三司义阳王元略以下,死的人达两千多人。原黄门郎王遵业兄弟正在居父丧,王遵业的母亲是魏孝庄帝的伯母,他们一起出来迎接皇帝,结果也都被杀掉了。王遵业是王慧龙的孙子,聪明豪爽而又博学,他死之后人们一方面很怜惜他的才学,一方面又讥讽他性子太急躁。有一百多名朝廷官员后来才到,尔朱荣又让骑兵们包围了他们,对这些官员下令说:"如果谁能作一篇元氏禅让皇位于尔朱氏的文告,就可以免死。"侍御史赵元则站出来响应,于是便让他起草禅让文告。尔朱荣又命令他的士兵们高呼"元氏既灭,尔朱氏兴",士兵们一齐山呼万岁。尔朱荣又派数十人持刀来到行宫,孝庄帝与无上王元劭、始平王元子正一起来到帐外。尔朱荣先派并州人郭罗刹、西部高车人叱列杀鬼侍立在孝庄帝两侧,假装说是保护皇帝,将孝庄帝抱入帐中,其他的人便杀了元劭和元子正,接着尔朱荣又派数十人将孝庄帝迁到了河桥,置于他的帐下。

孝庄帝忧伤愤慨但却无计可施,派人向尔朱荣传达旨意说:"帝王迭兴,盛衰无常。现在天下纷乱,将军奋而起兵,所向无敌,这是天意,不是靠人的力量所能达到的。我原来投奔于你,只是希望能够活下来罢了,哪敢妄想登上皇位!将军你逼我做皇帝,我才到了现在这个地步。如果上天有意安排你做皇帝的话,将军你应选好时机登上皇位。如果你推辞而不做,想保存大魏的社稷,那么您也应该另选一位亲信而又贤明的人做皇帝,您对他加以辅佐。"当时,都督高欢劝尔朱荣称帝,尔朱荣的部下大多赞同,尔朱荣犹疑未决。贺拔岳进言道:"将军您首先发起义兵,志在铲除奸逆,

大勋未立,遽有此谋,正可速祸,未见其福。"荣乃自铸金为像,凡四铸,不成。功曹参军燕郡刘灵助善卜筮,荣信之,灵助言天时人事未可。荣曰:"若我不吉,当迎天穆立之。"灵助曰:"天穆亦不吉,唯长乐王有天命耳。"荣亦精神恍惚,不自支持,久而方寤,深思愧悔曰:"过误若是,唯当以死谢朝廷。"贺拔岳请杀高欢以谢天下,左右曰:"欢虽复愚疏,言不思难,今四方多事,须藉武将,请舍之,收其后效。"荣乃止。夜四更,复迎帝还营,荣望马首叩头请死。

荣所从胡骑杀朝士既多,不敢入洛城,即欲向北为迁都之计。荣狐疑甚久,武卫将军汎礼固谏。辛丑,荣奉帝入城。帝御太极殿,下诏大赦,改元建义。从太原王将士,普加五阶,在京文官二阶,武官三阶,百姓复租役三年。时百官荡尽,存者皆窜匿不出,唯散骑常侍山伟一人拜赦于阙下。洛中士民草草,人怀异虑,或云荣欲纵兵大掠,或云欲迁都晋阳。富者弃宅,贫者襁负,率皆逃窜,什不存一二,直卫空虚,官守旷废。荣乃上书,称:"大兵交际,难可齐壹,诸王朝贵,横死者众,臣今粉躯不足塞咎,乞追赠亡者,微申私责。无上王请追尊为无上皇帝,自馀死于河阴者,王赠三司,三品赠令、仆,五品赠刺史,七品已下白民赠郡镇。

大功还未告成,便急着有这种打算,恐怕只能很快招来灾祸,我看不出有什么好处。"尔朱荣于是便自己用黄金铸像,共铸了四次,均未成功。功曹参军燕郡人刘灵助善于占卜,尔朱荣对他很信任。刘灵助认为无论从天时来看,还是从人事上看都不可以称帝。尔朱荣说道:"如果我做皇帝不吉利的话,便应当迎请元天穆做皇帝。"刘灵助说:"元天穆也不吉利,只有长乐王元子攸符合天意。"尔朱荣这时也精神恍惚,支持不住了,过了很长时间才清醒过来,深感惭愧悔恨地说:"有如此大错,我只有以死来向朝廷谢罪了。"贺拔岳请求杀掉高欢来谢罪天下,尔朱荣的部下们说:"高欢虽然愚蠢粗陋,说话没有考虑到会有灾难,但是现在天下混乱,还须依靠武将,请您饶了他,让他以后为您效力。"尔朱荣这才作罢。夜里四更时,又迎请孝庄帝回到军营,尔朱荣朝着皇帝的马头叩头请死罪。

　　尔朱荣所率领的胡人骑兵因杀朝廷大臣太多,不敢进入洛阳城,便想将首都迁到北方。尔朱荣犹疑了很长时间,武卫将军泛礼坚决反对迁都。辛丑(十四日),尔朱荣护送孝庄帝进入洛阳城。孝庄帝登上太极殿,下诏书大赦天下,改元为建义。跟从太原王尔朱荣的将士,全部晋升五级官阶,在京城中的文官晋升二级官阶,武官晋升三级,百姓免除租役三年。当时文武百官已荡然无存,即使活下来的也大都逃窜藏匿起来,不再露面,只有散骑常侍山伟一人拜见皇帝,接受赦免。洛阳城中的官员百姓都很担惊害怕,人人都另有所虑,有的说尔朱荣要纵兵大肆掠取,有的说尔朱荣要迁都晋阳。于是富贵人家放弃了住宅,贫困人家携带包裹,都纷纷逃奔他乡,城中人口还剩下不到十分之一二,守备空虚,政府各部门都空无一人。尔朱荣于是向孝庄帝上书说:"大兵到来之际,难以一致,各分封王和朝廷大臣们,横遭杀戮的很多,我现在即使粉身碎骨也不足以抵消所犯的罪责,所以我请求圣上追封那些死去的大臣们,以稍微弥补一下我的罪责。请求追封无上王为无上皇帝,其他在河阴被杀的人,凡原先是分封王的,追封三司,三品官员封赠令、仆,五品官员封赠刺史,七品官员以下至布衣封赠郡守、镇将。

死者无后听继,即授封爵。又遣使者循城劳问。"诏从之。于是朝士稍出,人心粗安。封无上王之子韶为彭城王。荣犹执迁都之议,帝亦不能违。都官尚书元谌争之,以为不可,荣怒曰:"何关君事,而固执也!且河阴之事,君应知之。"谌曰:"天下事当与天下论之,奈何以河阴之酷而恐元谌!谌,国之宗室,位居常伯,生既无益,死复何损,止使今日碎首流肠,亦无所惧!"荣大怒,欲抵谌罪,尔朱世隆固谏,乃止。见者莫不震悚,谌颜色自若。后数日,帝与荣登高,见宫阙壮丽,列树成行,乃叹曰:"臣昨愚暗,有北迁之意,今见皇居之盛,熟思元尚书言,深不可夺。"由是罢迁都之议。谌,谧之兄也。

癸卯,以江阳王继为太师,北海王颢为太傅;光禄大夫李延寔为太保,赐爵濮阳王;并州刺史天穆为太尉,赐爵上党王;前侍中杨椿为司徒;车骑大将军穆绍为司空,领尚书令,进爵顿丘王;雍州刺史长孙稚为骠骑大将军、开府仪同三司,赐爵冯翊王;殿中尚书元谌为尚书右仆射,赐爵魏郡王;金紫光禄大夫广陵王恭加仪同三司;其馀起家暴贵者,不可胜数。延寔,冲之子也,以帝舅故,得超拜。

徐纥弟献伯为北海太守,季产为青州长史,纥使人告之,皆将家属逃去,与纥俱奔泰山。郑俨与从兄荥阳太守仲明谋据郡起兵,为部下所杀。

丁未,诏内外解严。

死者如果没有后代听任另择继承人,立即授予封爵。另外,再派使者慰问城内的百姓。"孝庄帝下诏同意这样做。于是朝廷官员这才渐渐地出头露面,人心才稍微安定下来。追封无上王之子元韶为彭城王。尔朱荣仍坚持迁都的主张,孝庄帝也不敢违背他的意愿。都官尚书元谌跟尔朱荣争辩迁都之事,认为不能迁都,尔朱荣怒冲冲地说:"这跟你有什么关系,你却这么顽固!况且河阴之事,你应该知道吧。"元谌说道:"天下大事应该让天下人共同议论,您何必用在河阴残酷杀戮百官之事来吓唬我元谌呢!我元谌是皇族宗室,位居尚书之职,既然活着也没什么益处,那么死了又能减少什么呢?即使我今日肝脑涂地,也没什么可畏惧的。"尔朱荣听了非常恼怒,想治元谌之罪,尔朱世隆死死劝谏,尔朱荣这才作罢。当时在场见到这种情形的人没有不感到震惊害怕的,而元谌却神色如故。几天以后,孝庄帝与尔朱荣登高远眺,看到皇宫宫殿巍峨壮丽,树木成行,尔朱荣这才感叹地说:"微臣我过去太愚蠢糊涂了,竟会有向北迁都的想法,现在我看到皇宫如此壮丽雄伟,仔细想一想元谌尚书的话,深深感到他说的对。"于是便打消了迁都的主张。元谌是元谧的哥哥。

癸卯(十六日),北魏朝廷任命江阳王元继为太师,北海王元颢为太傅;任命光禄大夫李延寔为太保,赐爵为濮阳王;任命并州刺史元天穆为太尉,赐爵为上党王;任命前侍中杨椿为司徒;任命车骑大将军穆绍为司空,兼尚书令,进爵位为顿丘王;任命雍州刺史长孙稚为骠骑大将军、开府仪同三司,赐爵为冯翊王;任命殿中尚书元谌为尚书右仆射,赐爵为魏郡王;加封金紫光禄大夫广陵王元恭为仪同三司;其馀突然从平民成为显贵官员的人,不计其数。李延寔是李冲的儿子,由于是皇帝舅舅的缘故,得以被破格提拔加封。

徐纥的弟弟徐献伯是北海太守,徐季产是青州长史,徐纥派人通知了他们朝廷的变故,因此他们都带着家眷逃离了原地,与徐纥一起投奔了泰山郡。郑俨和堂兄荥阳太守郑仲明图谋占领郡城起兵反叛,结果被部下杀掉了。

丁未(二十日),孝庄帝颁布诏令,解除京城内外的戒严。

10 魏郢州刺史元显达请降,诏郢州刺史元树迎之,夏侯夔亦自楚城往会之,遂留镇焉。改魏郢州为北司州,以夔为刺史,兼督司州。夔进攻毛城,逼新蔡。豫州刺史夏侯亶围南顿,攻陈项,魏行台源子恭拒之。

11 庚戌,魏赐尔朱荣子义罗爵梁郡王。

12 柔然头兵可汗数入贡于魏,魏诏头兵赞拜不名,上书不称臣。

13 魏汝南王悦及东道行台临淮王彧闻河阴之乱,皆来奔。先是,魏人降者皆称魏官为伪,彧表启独称魏临淮王;上亦体其雅素,不之责。魏北海王颢将之相州,至汲郡,闻葛荣南侵及尔朱荣纵暴,阴为自安之计,盘桓不进。以其舅殷州刺史范遵行相州事,代前刺史李神守邺。行台甄密知颢有异志,相帅废遵,复推李神摄州事,遣兵迎颢,且察其变。颢闻之,帅左右来奔。密,琛之从父弟也。北青州刺史元世儁、南荆州刺史李志皆举州来降。

14 五月丁巳朔,魏加尔朱荣北道大行台。以尚书右仆射元罗为东道大使,光禄勋元欣副之,巡方黜陟,先行后闻。欣,羽之子也。

15 尔朱荣入见魏主于明光殿,重谢河桥之事,誓言无复贰心。帝自起止之,因复为荣誓,言无疑心。荣喜,因求酒饮之,熟醉。帝欲诛之,左右苦谏,乃止,即以床舁向中常侍省。荣夜半方寤,遂达旦不眠,自此不复禁中宿矣。

10　北魏的郢州刺史元显达向梁朝请求投降,梁武帝诏令郢州刺史元树迎接元显达,夏侯夔也从楚城前往郢州与他们相见,于是便留下来镇守郢州。梁朝将北魏的郢州改为北司州,任命夏侯夔为北司州刺史,兼管司州。夏侯夔进攻北魏的毛城,逼近新蔡。豫州刺史夏侯亶包围了南顿,攻打陈项城,北魏行台源子恭据城抵抗。

11　庚戌(二十三日),北魏孝庄帝赐封尔朱荣的儿子尔朱义罗为梁郡王。

12　柔然国头兵可汗多次向北魏上贡,于是北魏孝庄帝诏令准许头兵可汗参拜时不通名报姓,向皇帝上书可以不称臣。

13　北魏汝南王元悦和东道行台、临淮王元彧听说了河阴之乱后,都来投奔梁朝。过去,北魏投降梁朝的人都称自己在北魏的官职为伪官,只有元彧在向梁武帝上表时却仍自称是北魏临淮王;梁武帝也很赞赏他的儒雅风度,并未加以责难。北魏北海王元颢前往相州上任,行至汲郡时,听说了葛荣大肆南犯和尔朱荣残暴杀戮文武百官之事,于是便暗中做好了安全方面的考虑,故意在路上拖延推迟。又让他的舅舅殷州刺史范遵兼管相州的政事,并代替原来的相州刺史李神守卫邺城。行台甄密知道元颢另有他谋,便联合他人罢掉了范遵,仍推举李神管理相州的事务,并派兵迎接元颢,同时观察元颢的变化。元颢听说了之后,便率领部下前来投奔梁朝。甄密是甄琛的堂弟。北魏北青州刺史元世儁、南荆州刺史李志都率全州人马投降了梁朝。

14　五月丁巳朔(初一),北魏朝廷加封尔朱荣为北道大行台。任命尚书右仆射元罗为东道大使,让光禄勋元欣做他的副手,巡视地方,凡赏罚升降之事,可先实行后奏闻。元欣是元羽的儿子。

15　尔朱荣进到明光殿参见北魏孝庄帝,为在河桥残杀百官之事深深地向皇帝谢罪,发誓决不会对朝廷有二心。孝庄帝起身亲自阻止了尔朱荣,同时也对尔朱荣发誓说决不会对他有疑心。尔朱荣非常高兴,便要来酒喝,结果喝得烂醉如泥。孝庄帝想趁机杀了他,左右大臣苦苦劝谏,这才作罢,便让人用床辇将尔朱荣抬到了中常侍省。尔朱荣半夜才清醒过来,于是直到天亮也没有合上眼,从此以后尔朱荣再也不敢在宫中留宿了。

荣女先为肃宗嫔,荣欲敬宗立以为后,帝疑未决,黄门侍郎祖莹曰:"昔文公在秦,怀嬴入侍。事有反经合义,陛下独何疑焉!"帝遂从之,荣意甚悦。

荣举止轻脱,喜驰射,每入朝见,更无所为,唯戏上卜马。于西林园宴射,恒请皇后出观,并召王公、妃主共在一堂。每见天子射中,辄自起舞叫,将相卿士悉皆盘旋,乃至妃主亦不免随之举袂。及酒酣耳热,必自匡坐唱虏歌。日暮罢归,与左右连手蹋地唱《回波乐》而出。性甚严暴,喜愠无常,刀槊弓矢,不离于手,每有瞋嫌,辄行击射,左右恒有死忧。尝见沙弥重骑一马,荣即令相触,力穷不能复动,遂使傍人以头相击,死而后已。

辛酉,荣还晋阳,帝饯之于邙阴。荣令元天穆入洛阳,加天穆侍中、录尚书事、京畿大都督兼领军将军,以行台郎中桑乾朱瑞为黄门侍郎兼中书舍人,朝廷要官,悉用其腹心为之。

16 丙寅,魏主诏:"孝昌以来,凡有冤抑无诉者,悉集华林东门,当亲理之。"时承丧乱之后,仓廪虚竭,始诏"入粟八千石者赐爵散侯,白民输五百石者赐出身,沙门授本州统及郡县维那"。

尔朱荣之趣洛也,遣其都督樊子鹄取唐州,唐州刺史崔元珍、行台郦恽拒守不从。乙亥,子鹄拔平阳,斩元珍及恽。元珍,挺之从父弟也。

尔朱荣的女儿过去是孝明帝的妃子，尔朱荣想让孝庄帝立她为皇后，孝庄帝犹疑不决。黄门侍郎祖莹劝皇帝说："从前晋文公在秦国避难的时候，他的侄媳怀嬴就曾入侍其侧。有时会有违背经典但却合乎道理的事情，陛下您何必疑虑呢！"于是孝庄帝采纳了祖莹的建议，尔朱荣心中十分高兴。

尔朱荣神态举止轻佻、放达，喜欢骑马射箭，每次入朝参见孝庄帝，别的什么也不做，只是以骑马为戏。每次尔朱荣在西林园设宴比赛射箭时，总要请皇后出来观看，并且将王公后妃、公主都召集到同一大厅。每次看到皇帝射中了，尔朱荣总要起舞狂叫，文武百官跟着纷纷起舞，就连妃嫔、公主们也不由得随之挥袖舞动。等到酒酣耳热之时，尔朱荣一定要正襟危坐高唱胡歌。日暮黄昏罢宴回府时，尔朱荣与左右手拉着手，踏地为节拍，同唱《回波乐》曲离开皇宫。尔朱荣生性非常严酷残暴，喜怒无常，刀槊、弓箭总是不离身边，每当他对人发怒之时，便要殴打射杀，因此他手下之人总是担心会被杀头。曾经有一次，尔朱荣看到两个和尚骑在同一匹马上，尔朱荣便命令他们互相触撞，两人没劲不能动弹了，就让旁边的人拉着两人的头相撞，直到死了为止。

辛酉(初五)，尔朱荣回晋阳，孝庄帝在邙阴设宴为他送行。尔朱荣命元天穆到洛阳，加封元天穆为侍中、录尚书事、京畿大都督兼领军将军，又任命行台郎中桑乾人朱瑞为黄门侍郎兼中书舍人。于是，朝廷的重要官职，都由尔朱荣的心腹之人担任。

16　丙寅(初十)，北魏国主孝庄帝下诏令："自孝昌年间以来，凡是有冤屈无处投诉的，都集中到华林东门，朕要亲自办理。"当时正值动乱之后，国家仓库空虚，于是下诏令"凡向国家交纳八千石粮食的人赐爵散侯，平民百姓交纳五百石的赐贵族出身，和尚则授予本州州统或本郡县的知事僧"。

尔朱荣到洛阳之时，派都督樊子鹄攻取唐州，唐州刺史崔元珍、行台郦恽死守唐州不降。乙亥(十九日)，樊子鹄攻占了平阳城，斩杀了崔元珍和郦恽。崔元珍是崔挺的堂弟。

17　将军曹义宗围魏荆州,堰水灌城,不没者数板。时魏方多难,不能救,城中粮尽,刺史王罴煮粥与将士均分食之,每出战,不擐甲胄,仰天大呼曰:"荆州城,孝文皇帝所置,天若不佑国家,令箭中王罴额;不尔,王罴必当破贼。"弥历三年,前后搏战甚众,亦不被伤。癸未,魏以中军将军费穆都督南征诸军事,将兵救之。

18　魏临淮王彧闻魏主定位,乃以母老求还,辞情恳至。上惜其才而不能违,六月丁亥,遣彧还。魏以彧为侍中、骠骑大将军,加仪同三司。

19　魏员外散骑常侍高乾,祐之从子也,与弟敖曹、季式皆喜轻侠,与魏主有旧。尔朱荣之向洛也,逃奔齐州,闻河阴之乱,遂集流民起兵于河、济之间,受葛荣官爵,频破州军。魏主使元欣谕旨,乾等乃降,以乾为给事黄门侍郎兼武卫将军,敖曹为通直散骑侍郎。荣以乾兄弟前为叛乱,不应复居近要,魏主乃听解官归乡里。敖曹复行抄掠,荣诱执之,与薛脩义同拘于晋阳。敖曹名昂,以字行。

20　葛荣军乏食,遣其仆射任褒将兵南掠至沁水,魏以元天穆为大都督东北道诸军事,帅宗正珍孙等讨之。

前幽州平北府主簿河间邢杲帅河北流民十万馀户反于青州之北海,自称汉王,改元天统。戊申,魏以征东将军李叔仁为车骑大将军、仪同三司,帅众讨之。

17　梁朝的将军曹义宗包围了北魏的荆州,筑坝堵水,淹了荆州城,只差几板高没被淹没。当时北魏正是多难之秋,不能派兵救援荆州,荆州城中粮食吃尽了,刺史王罴就跟将士们一起煮粥分食,王罴每次出战,身上连铠甲都不披,总是仰天大叫道:"荆州城是孝文皇帝创置的,上天如果不保佑我大魏社稷的话,那么就让箭射中我王罴的额头吧;否则,我王罴一定要打败敌人的。"这样持续了三年,王罴前后出战多次,也并没有受过伤。癸未(二十七日),北魏命令中军将军费穆负责南征的军事行动,率兵救援荆州。

18　北魏临淮王元彧听说魏主孝庄帝的地位已经确定,便以母亲年老为由请求回到北魏,言词极为恳切。梁武帝很爱惜元彧的才能,却又不能拒绝他提出的请求,六月丁亥(初一),梁武帝让元彧回到了北魏。北魏朝廷任命元彧为侍中、骠骑大将军,加封仪同三司。

19　北魏员外散骑常侍高乾是高祐的侄子,跟弟弟高敖曹、高季式都是豪爽侠义之人,过去跟魏主孝庄帝元子攸关系密切。尔朱荣到洛阳的时候,他们逃奔到齐州,听说了河阴之乱后,便聚集流民在黄河、济水之间起兵。他们还接受了葛荣的官职爵位,并多次打败北魏各州郡的军队。魏主派元欣前往宣布谕旨,他们才归降。北魏朝廷任命高乾为给事黄门侍郎,并兼武卫将军,又任命高敖曹为通直散骑侍郎。尔朱荣认为高乾兄弟以前曾背叛朝廷,发动叛乱,不应该还让他们担任重要官职,孝庄帝于是只好解除了高乾兄弟等人的官职,让他们回到家乡。高敖曹回到家乡后又干起了打家劫舍的勾当,被尔朱荣诱捕后,跟薛脩义一同拘押在晋阳。高敖曹名叫高昂,敖曹是他的字,人们一直以字称他。

20　葛荣的军队由于缺乏粮食,于是葛荣便派遣他的仆射任褒率兵向南侵犯,到了沁水县。北魏任命元天穆为大都督东北道诸军事,率领宗正珍孙等将领讨伐葛荣。

北魏前幽州平北府主簿、河间人邢杲率河北流民十几万户在青州北海郡起兵造反,自称汉王,改年号为天统。戊申(二十二日),北魏任命征东将军李叔仁为车骑大将军、仪同三司,率军讨伐邢杲。

　　辛亥,魏主诏曰:"朕当亲御六戎,扫静燕、代。"以大将军尔朱荣为左军,上党王天穆为前军,司徒杨椿为右军,司空穆绍为后军。葛荣退屯相州之北。

21　秋,七月乙丑,魏加尔朱荣柱国大将军、录尚书事。

22　壬子,魏光州民刘举聚众反于濮阳,自称皇武大将军。

23　是月,万俟丑奴自称天子,置百官。会波斯国献师子于魏,丑奴留之,改元神兽。

24　魏泰山太守羊侃,以其祖规尝为宋高祖祭酒从事,常有南归之志。徐纥往依之,因劝侃起兵,侃从之。兖州刺史羊敦,侃之从兄也,密知之,据州拒侃。八月,侃引兵袭敦,弗克,筑十馀城守之,且遣使来降,诏广晋县侯泰山羊鸦仁等将兵应接。魏以侃为骠骑大将军、泰山公、兖州刺史,侃斩其使者不受。


　　将军王弁侵魏徐州,蕃郡民续灵珍拥众万人攻蕃郡以应梁;魏徐州刺史杨昱击灵珍,斩之,弁引还。

25　甲辰,魏大都督宗正珍孙击刘举于濮阳,灭之。

26　葛荣引兵围邺,众号百万,游兵已过汲郡,所至残掠,尔朱荣启求讨之。九月,尔朱荣召从子肆州刺史天光留镇晋阳,曰:"我身不得至处,非汝无以称我心。"自帅精骑七千,马皆有副,倍道兼行,东出滏口,以侯景为前驱。

辛亥(二十五日),北魏孝庄帝下诏:"朕要亲自统帅六军,扫除平定燕、代地区的匪患。"并任命大将军尔朱荣率领左军,上党王元天穆率领前军,司徒杨椿为右军,司空穆绍率领后军。葛荣的军队退守相州城北。

21  秋季,七月乙丑(初十),北魏加封尔朱荣为柱国大将军、录尚书事。

22  壬子,北魏光州人刘举在濮阳聚众造反,自称皇武大将军。

23  这一月,万俟丑奴自称天子,设置了文武百官。正赶上波斯国向北魏献狮子,被万俟丑奴将狮子截留下来,于是万俟丑奴便改年号为神兽。

24  北魏泰山郡太守羊侃,因祖父羊规曾做过刘宋高宗的祭酒从事,因此常常有南归梁朝的想法。徐纥投奔羊侃后,便趁机劝羊侃起兵反叛北魏,羊侃听从了徐纥的建议。北魏兖州刺史羊敦,是羊侃的堂兄,暗中知道了这件事,便凭据州城抗击羊侃。八月,羊侃率兵袭击羊敦,没能成功,于是羊侃便在兖州周围修筑了十几座城堡进行围困,并派使者来梁朝请求投降。梁武帝下诏,令广晋县侯泰山郡人羊鸦仁等率部接应羊侃。北魏则任命羊侃为骠骑大将军、泰山公、兖州刺史,羊侃斩杀了北魏派来的使者,没有接受北魏的任命。

梁朝将军王弁率兵侵犯北魏的徐州,蕃郡人续灵珍率众万人攻打蕃郡以响应梁军。北魏徐州刺史杨昱击溃了续灵珍的部队,斩杀了续灵珍,王弁只好率部返回。

25  甲辰(十九日),北魏大都督宗正珍孙率兵在濮阳攻打刘举,消灭了刘举的队伍。

26  葛荣率军包围了邺城,军队号称百万,散游之兵已经过了汲郡,所到之处大肆残杀掠夺,尔朱荣上表请求讨伐葛荣。九月,尔朱荣将侄子肆州刺史尔朱天光召来,命他留守晋阳,对他说:"我本人不能到的地方,只有你在,才能使我放心。"尔朱荣自己率七千精锐骑兵,各备两匹战马,从近路加倍行军,向东出了滏口,让侯景做先锋。

葛荣为盗日久，横行河北，尔朱荣众寡非敌，议者谓无取胜之理。葛荣闻之，喜见于色，令其众曰："此易与耳，诸人俱办长绳，至则缚取。"自邺以北，列陈数十里，箕张而进。尔朱荣潜军山谷，为奇兵，分督将已上三人为一处，处有数百骑，令所在扬尘鼓噪，使贼不测多少。又以人马逼战，刀不如棒，勒军士赍袖棒一枚，置于马侧，至战时虑废腾逐，不听斩级，以棒棒之而已。分命壮勇所向冲突，号令严明，战士同奋。尔朱荣身自陷陈，出于贼后，表里合击，大破之，于陈擒葛荣，馀众悉降。以贼徒既众，若即分割，恐其疑惧，或更结聚，乃下令各从所乐，亲属相随，任所居止，于是群情大喜，登即四散，数十万众一朝散尽。待出百里之外，乃始分道押领，随便安置，咸得其宜。擢其渠帅，量才授任，新附者咸安，时人服其处分机速。以槛车送葛荣赴洛，冀、定、沧、瀛、殷五州皆平。时上党王天穆军于朝歌之南，穆绍、杨椿犹未发，而葛荣已灭，乃皆罢兵。

初，宇文肱从鲜于脩礼攻定州，战死于唐河。其子泰在脩礼军中，脩礼死，从葛荣。葛荣败，尔朱荣爱泰之才，以为统军。

乙亥，魏大赦，改元永安。

葛荣叛乱为时已久，一直横行于黄河以北，尔朱荣的兵马很少，与敌人相差悬殊，人们议论纷纷，认为尔朱荣断无获胜的道理。葛荣听说后，喜形于色，命令他的部队说："尔朱荣很好对付，诸位每人都准备一根长绳，到时候只管捆绑敌人就是了。"于是葛荣从邺城往北，排成数十里的长阵，队伍如张开的簸箕一样向前推进。尔朱荣将队伍伏在山谷之中，作为奇兵，分派督将以上的军官每三人为一处，每处有数百名骑兵，命令各处故意扬起尘土，擂起战鼓，大声喊叫，使敌人摸不清有多少人马。尔朱荣又考虑到人马近战时，用刀不如用棒，便命令士兵们每人带一根短棒，放在马肚的一侧，到交战时担心下马斩首会影响骑兵追逐，便不允许斩首计功，只令用棒子打而已。各路战士冲杀之处，号令严明，将士们同仇敌忾，个个奋勇争先。尔朱荣亲自冲锋陷阵，从敌人背后杀出，里应外合，内外夹击，大破贼兵，在阵前抓住了葛荣，其馀的部众全部投降了。因贼军众多，如果马上将他们分开的话，恐怕会引起贼军的疑虑恐惧，说不定还会再次聚集起来，于是尔朱荣下令让他们各随其便，亲属相随，任意在哪儿定居均可。这样一来，投降的士兵人人欢喜，很快便四处逃散，几十万大军一早晨便遣散光了。等到这些士兵已经走出百里之外，尔朱荣这才开始去分路押解他们，随他们之便加以安置，使大家都感到满意。尔朱荣又从葛荣的队伍中选拔了一批将领，根据他们的才能，分别授予适当的官职，这些新归附的将领们心情都安定了下来，当时人们对尔朱荣处置事情如此迅速果断都很佩服。尔朱荣又派人用囚车将葛荣送到洛阳，这样，冀、定、沧、瀛、殷五州就全部平定了。此时，上党王元天穆驻军于朝歌城南，穆绍、杨椿还未及发兵，而葛荣的军队便已经被尔朱荣消灭了，于是元天穆等都停止发兵。

当初，宇文肱跟从鲜于脩礼攻打定州，在唐河战死。他的儿子宇文泰也在鲜于脩礼军中，鲜于脩礼死后，宇文泰又投奔了葛荣。葛荣兵败之后，尔朱荣爱惜宇文泰的才干，让他做了统军。

乙亥(二十一日)，北魏实行大赦，改年号为永安。

辛巳,以尔朱荣为大丞相、都督河北畿外诸军事,荣子平昌公文殊、昌乐公文畅并进爵为王,以杨椿为太保,城阳王徽为司徒。

冬,十月丁亥,葛荣至洛,魏主御阊阖门引见,斩于都市。

27　帝以魏北海王颢为魏王,遣东宫直阁将军陈庆之将兵送之还北。

28　丙申,魏以太原王世子尔朱菩提为骠骑大将军、开府仪同三司。丁酉,以长乐等七郡各万户,通前十万户,为太原王荣国,戊戌,又加荣太师,皆赏擒葛荣之功也。

29　壬子,魏江阳武烈王继卒。

30　魏使征虏将军韩子熙招谕邢杲,杲诈降而复反。李叔仁击杲于惟水,失利而还。

31　魏费穆奄至荆州。曹义宗军败,为魏所擒,荆州之围始解。

32　元颢袭魏铚城而据之。

33　魏行台尚书左仆射于晖等兵数十万,击羊侃于瑕丘,徐纥恐事不济,说侃请乞师于梁,侃信之,纥遂来奔。晖等围侃十馀重,栅中矢尽,南军不进。十一月癸亥夜,侃溃围出,且战且行,一日一夜乃出魏境,至渣口,众尚万馀人,马二千匹。士卒皆竟夜悲歌,侃乃谢曰:"卿等怀土,理不能相随,幸适去留,于此为别。"各拜辞而去。魏复取泰山。晖,劲之子也。

34　戊寅,魏以上党王天穆为大将军、开府仪同三司,世袭并州刺史。

辛巳(二十六日),北魏孝庄帝任命尔朱荣为大丞相、都督河北畿外诸军事,尔朱荣的儿子平昌公尔朱文殊、昌乐公尔朱文畅也都晋升爵位为王,又任命杨椿为太保,城阳王元徽为司徒。

冬季,十月丁亥(初三),葛荣被押至洛阳,北魏孝庄帝亲临阊阖门,葛荣被押来见过孝庄帝后,在都市斩首。

27 梁武帝封北魏北海王元颢为魏王,并派东宫直阁将军陈庆之带兵护送他返回北方。

28 丙申(十二日),北魏孝庄帝任命太原王尔朱荣的世子尔朱菩提为骠骑大将军、开府仪同三司。丁酉(十三日),孝庄帝又将长乐等七郡各万户,连同先前已有的十万户,作为太原王尔朱荣的采邑,戊戌(十四日),又加封尔朱荣为太师,这些都是奖赏他平定葛荣的功劳。

29 . 壬子(二十八日),北魏江阳武烈王元继去世。

30 北魏派遣征虏将军韩子熙招降邢杲,邢杲诈降,随后便又反叛了。李叔仁在惟水攻击邢杲,结果未能成功,只好退回。

31 北魏费穆率军很快来到荆州。曹义宗战败,被北魏军队俘获,至此,荆州之围才被解除。

32 元颢率军袭击并占据了北魏的铚城。

33 北魏行台尚书左仆射于晖等率军几十万,在瑕丘攻击羊侃。徐纥担心大事不好,劝说羊侃允许他去向梁朝请求救兵,羊侃相信了徐纥的话,于是徐纥便前来投奔了梁朝。于晖等将羊侃里外包围了十几层,寨中的箭已用完,梁朝军队又未前来救援。十一月癸亥(初十)夜,羊侃率军突围而出,边战边走,经过一天一夜才逃出北魏的国境,来到渣口这个地方,队伍还剩下一万多人,战马两千匹。士兵们整夜放声悲歌,羊侃向将士们谢罪道:“你们大家都很怀恋故土,按人之常情,我不能强迫大家跟从于我,请大家或去或留,自己决定,我们就在这儿分手吧!”于是大家各自拜谢,告辞离去。北魏便又收复了泰山郡。于晖是于劲的儿子。

34 戊寅(二十五日),北魏任命上党王元天穆为大将军、开府仪同三司,世袭并州刺史。

35 十二月庚子,魏诏于晖还师讨邢杲。

36 葛荣馀党韩楼复据幽州反,北边被其患。尔朱荣以抚军将军贺拔胜为大都督,镇中山。楼畏胜威名,不敢南出。

35　十二月庚子(二十七日),北魏诏令于晖回师讨伐邢果。

36　葛荣的馀党韩楼又占据了幽州再次反叛,北魏的北部地区受到叛军的威胁和蹂躏。尔朱荣任命抚军将军贺拔胜为大都督,镇守中山。韩楼畏惧贺拔胜的威名,不敢向南进犯。

# 卷第一百五十三　梁纪九

己酉(529)一年

### 高祖武皇帝九
### 中大通元年(己酉,529)

1　春,正月甲寅,魏于晖所部都督彭乐帅二千馀骑叛奔韩楼,晖引还。

2　辛酉,上祀南郊,大赦。

3　甲子,魏汝南王悦求还国,许之。

4　辛巳,上祀明堂。

5　二月甲午,魏主尊彭城武宣王为文穆皇帝,庙号肃祖,母李妃为文穆皇后。将迁神主于太庙,以高祖为伯考,大司马兼录尚书临淮王彧表谏,以为:"汉高祖立太上皇庙于香街,光武祀南顿君于舂陵。元帝之于光武,已疏绝服,犹身奉子道,入继大宗。高祖德洽寰中,道超无外,肃祖虽勋格宇宙,犹北面为臣。又,二后皆将配飨,乃是君臣并筵,嫂叔同室,窃谓不可。"吏部尚书李神俊亦谏,不听。彧又请去"帝"著"皇",亦不听。

6　诏更定二百四十号将军为四十四班。

7　壬寅,魏诏济阴王晖业兼行台尚书,都督丘大千等镇梁国。晖业,小新成之曾孙也。

8　三月壬戌,魏诏上党王天穆讨邢杲,以费穆为前锋大都督。

## 高祖武皇帝九
## 梁武帝中大通元年(己酉,公元 529 年)

1 春季,正月甲寅(初二),北魏于晖的部下都督彭乐率二千多骑兵反叛,投奔了韩楼,于晖只好回师。

2 辛酉(初九),梁武帝在南郊祭祀,大赦天下。

3 甲子(十二日),原北魏汝南王元悦请求梁武帝允许他回到北魏,梁武帝答应了他的请求。

4 辛巳(二十九日),梁武帝在明堂祭祀。

5 二月甲午(十二日),北魏国主孝庄帝尊彭城武宣王为文穆皇帝,庙号为肃祖,尊自己的母亲李妃为文穆皇后。他打算将父母的牌位迁到太庙,尊奉高祖为伯考,大司马兼录尚书、临淮王元彧上表劝谏,认为:"汉高祖将太上皇庙立在香街,汉光武帝将南顿君庙立在春陵。汉元帝跟汉光武帝的关系早已超出了五服,汉光武帝却仍身奉后代子孙之道,入继大宗。我们的高祖德满天下,道充寰宇,肃祖虽然功盖宇宙,但终究是臣子。再者,两位皇后也都要享有这种祭祀的礼遇,这就如同君臣共筵,叔嫂同室,我私下以为不可这样做。"吏部尚书李神儁也上表劝谏,但孝庄帝均未采纳他们的谏议。元彧又请求去掉"帝"而保留"皇",也未被接受。

6 梁武帝下诏将二百四十种称号的将军重新确定为四十四班。

7 壬寅(二十日),北魏孝庄帝下诏令,任命济阴王元晖业兼任行台尚书,统领丘大千等人镇守梁国。元晖业是拓跋小新成的曾孙。

8 三月壬戌(十一日),北魏孝庄帝诏令上党王元天穆讨伐邢杲,任命费穆为前锋大都督。

9　夏,四月癸未,魏迁肃祖及文穆皇后神主于太庙,又追尊彭城王劭为孝宣皇帝。临淮王彧谏曰:"兹事古所未有,陛下作而不法,后世何观!"弗听。

10　魏元天穆将击邢杲,以北海王颢方入寇,集文武议之,众皆曰:"杲众强盛,宜以为先。"行台尚书薛琡曰:"邢杲兵众虽多,鼠窃狗偷,非有远志。颢帝室近亲,来称义举,其势难测,宜先去之。"天穆以诸将多欲击杲,又魏朝亦以颢为孤弱不足虑,命天穆等先定齐地,还师击颢,遂引兵东出。

颢与陈庆之乘虚自铚城进拔荥城,遂至梁国。魏丘大千有众七万,分筑九城以拒之。庆之攻之,自旦至申,拔其三垒,大千请降。颢登坛燔燎,即帝位于睢阳城南,改元孝基。济阴王晖业帅羽林兵二万军考城,庆之攻拔其城,擒晖业。

11　辛丑,魏上党王天穆及尔朱兆破邢杲于济南,杲降,送洛阳,斩之。兆,荣之从子也。

12　五月丁巳,魏以东南道大都督杨昱镇荥阳,尚书仆射尔朱世隆镇虎牢,侍中尔朱世承镇崿岅。乙丑,内外戒严。

戊辰,北海王颢克梁国。颢以陈庆之为卫将军、徐州刺史,引兵而西。杨昱拥众七万,据荥阳,庆之攻之,未拔,颢遣人说昱使降,昱不从。天穆与骠骑将军尔朱吐没儿将大军前后继至,梁士卒皆恐,庆之解鞍秣马,谕将士曰:"吾至此以来,屠城略地,实为不少。君等杀人父兄、掠人子女,亦无算矣。天穆之众,皆是仇雠。我辈众才七千,虏众三十馀万,今日之事,唯有必死乃可得生耳。虏骑多,不可与之野战,当及其未尽至,

9　夏季,四月癸未(初二),北魏孝庄帝将肃祖及文穆皇后的神位迁至太庙,又追谥彭城王元劭为孝宣皇帝。临淮王元彧劝谏道:"这种事自古从未有过,陛下您这样做不合法度,后世之人会怎么想呢?"孝庄帝未听他的谏言。

10　北魏元天穆将要攻打邢杲,由于北海王元颢正在进犯北魏,于是便召集起文武官员商议此事。众人都认为:"邢杲军力强盛,应该先讨伐邢杲。"行台尚书薛琡却认为:"邢杲的军队数量虽多,但都是些偷鸡摸狗之徒,并没有什么远大抱负。元颢是皇室的近亲,此番前来号称义举,其势难以推测,应该首先消灭他。"元天穆因为将领们大多都希望先讨伐邢杲,加之北魏朝廷也认为元颢势力孤单,力量微弱,不足为虑,命令元天穆等人先平定齐地邢杲的叛乱,再回师攻打元颢,于是元天穆率军东进先讨伐邢杲。

元颢与陈庆之乘北魏空虚之际,从铚城进发,率军攻占了荥城,随后便打到了梁国城。北魏守将丘大千有军队七万人,分别构筑了九座城堡以抵抗元颢军队的进攻。陈庆之率兵攻打梁国城,从早晨直至下午申时,攻下了守军的三个堡垒,丘大千只好请求投降。元颢登坛烧香祷告,在睢阳城南登基即位,改年号为"孝基"。北魏济阴王元晖业率领的二万羽林军驻扎在考城,陈庆之率军攻取考城,活捉了元晖业。

11　辛丑(二十日),北魏上党王元天穆和尔朱兆在济南打败了邢杲,邢杲投降,被押送至洛阳,斩了首。尔朱兆是尔朱荣的侄子。

12　五月丁巳(初六),北魏命东南道大都督杨昱镇守荥阳,命尚书仆射尔朱世隆镇守虎牢,命侍中尔朱世承镇守崿岅。乙丑(十四日),北魏朝廷内外实行戒严。

戊辰(十七日),北海王元颢攻克梁国城。元颢任命陈庆之为卫将军、徐州刺史,率军西进,直指洛阳。杨昱拥有七万大军,据守着荥阳城,陈庆之去攻打,未能攻克,元颢派人劝杨昱投降,杨昱没有答应。元天穆和骠骑大将军尔朱吐没儿率大军前后相继来到荥阳,梁军士卒都很恐惧,陈庆之解下马鞍边喂马边告谕将士们说:"我们到这里以来,屠城夺地,确实已经不少。你们大家杀戮人家的父兄、掠取人家的子女,也不计其数了。元天穆之部下,都是我们的仇敌。我军才七千人,而敌军则有三十余万之多,所以眼下之事,大家只有抱着必死之心才有可能免遭杀戮。敌人的骑兵很多,我们不能同他们在野外作战,应当乘他们还没全部到来之时,

急攻取其城而据之。诸君勿或狐疑,自取屠脍。"乃鼓之,使登城,将士即相帅蚁附而入,癸酉,拔荥阳,执杨昱。诸将三百馀人伏颢帐前请曰:"陛下渡江三千里,无遗镞之费,昨荥阳城下一朝杀伤五百馀人,愿乞杨昱以快众意!"颢曰:"我在江东闻梁主言,初举兵下都,袁昂为吴郡不降,每称其忠节。杨昱忠臣,奈何杀之!此外唯卿等所取。"于是斩昱所部统帅三十七人,皆剖其心而食之。俄而天穆等引兵围城,庆之帅骑三千背城力战,大破之,天穆、吐没儿皆走。庆之进击虎牢,尔朱世隆弃城走,获魏东中郎将辛纂。

魏主将出避颢,未知所之。或劝之长安,中书舍人高道穆曰:"关中荒残,何可复往!颢士众不多,乘虚深入,由将帅不得其人,故能至此。陛下亲帅宿卫,高募重赏,背城一战,臣等竭其死力,破颢孤军必矣。或恐胜负难期,则车驾不若渡河,征大将军天穆、大丞相荣各使引兵来会,犄角进讨,旬月之间,必见成功,此万全之策也。"魏主从之。甲戌,魏主北行,夜,至河内郡北,命高道穆于烛下作诏书数十纸,布告远近,于是四方始知魏主所在。乙亥,魏主入河内。

临淮王彧,安丰王延明,帅百僚,封府库,备法驾迎颢。丙子,颢入洛阳宫,改元建武,大赦。以陈庆之为侍中、车骑大将军,增邑万户。杨椿在洛阳,椿弟顺为冀州刺史,兄子侃为北中郎将,从魏主在河北。颢意忌椿,而以其家世显重,恐失人望,未敢诛也。或劝椿出亡,椿曰:"吾内外百口,何所逃匿!正当坐待天命耳。"

急速攻下荥阳城作为据守之处。各位不要再有什么疑虑了，否则就是选择了任人宰割的道路。"于是擂鼓助战，命将士登城攻坚，将士们当即蜂拥着攻入城中，癸酉(二十二日)，攻下了荥阳，抓住了杨昱。元颢的部将三百多人俯伏在元颢帐前请求道："陛下渡江北进三千里，连一支箭的损耗都不曾有，而昨日荥阳城下一战，我军便伤亡五百多人，我们希望您把杨昱交给我们处置，以解大家的心头之恨！"元颢说："我在江东时听梁国皇帝讲，他当初举兵南下，到达建康时，吴郡太守袁昂便曾据城不降，梁国皇帝常常称赞袁昂这种忠贞之节。杨昱是一位忠臣，为什么要杀掉他呢！除杨昱之外，其他人任你们处置。"于是斩杀了杨昱部将三十七人，这些人都被挖出心来吃掉了。很快，元天穆等人率军包围了荥阳城，陈庆之率三千骑兵背靠荥阳城，奋勇拼搏，大败元天穆军，元天穆、尔朱吐没儿都落荒而逃。随即，陈庆之又进击虎牢城，尔朱世隆弃城逃走，陈庆之军抓获了北魏东中郎将辛纂。

魏孝庄帝打算离开京城躲避元颢的大军，但不知该去哪里好。有人劝他到长安去，中书舍人高道穆说道："关中地区荒凉残破，怎么能再到那里去呢？元颢的军队不多，却乘虚而入，这是由于我们选用将帅不当，所以才至于此。陛下若能亲自率领禁卫军，以重金招募士兵，多加奖赏，背城与敌决一死战，我等大臣竭尽全力，就一定能够打败元颢的这支孤军的。若您还担心胜负难以预料的话，那么您不如渡过黄河，命大将军元天穆、大丞相尔朱荣各自率军前来会合，构成掎角之势，进讨元颢的军队，一月之内，一定会取得胜利，这是万全之策。"魏孝庄帝采纳了高道穆的意见。甲戌(二十三日)，孝庄帝一行向北进发，夜间，来到了河内郡郡城的北边，命令高道穆在烛光下起草了几十张诏书，公告天下，于是四方才知道魏帝在哪儿。乙亥(二十四日)，孝庄皇帝一行进入河内郡。

临淮王元彧和安丰王元延明，带领文武百官，封存府库，备好法驾迎接元颢。丙子(二十五日)，元颢进入洛阳宫，改年号为建武，大赦天下。元颢任命陈庆之为侍中、车骑大将军，增加封邑一万户。杨椿当时在洛阳，他的弟弟杨顺是冀州刺史，侄子杨侃为北中郎将，正跟随北魏孝庄帝在河北。元颢心里很忌恨杨椿，但由于杨椿家世显赫，担心失去众望，所以没有敢杀掉杨椿。有人劝说杨椿离开洛阳逃走，杨椿说："我家老小上百口，能逃到哪儿去呢？只有听天由命罢了。"

颢后军都督侯暄守睢阳为后援,魏行台崔孝芬、大都督
刁宣驰往围暄,昼夜急攻,戊寅,暄突走,擒斩之。

上党王天穆等帅众四万攻拔大梁,分遣费穆将兵二万攻
虎牢,颢使陈庆之击之。天穆畏颢,将北渡河,谓行台郎中济
阴温子昇曰:"卿欲向洛,为随我北渡?"子昇曰:"主上以虎牢
失守,致此狼狈。元颢新入,人情未安,今往击之,无不克者。
大王平定京邑,奉迎大驾,此桓、文之举也。舍此北渡,窃为
大王惜之。"天穆善之而不能用,遂引兵渡河。费穆攻虎牢,
将拔,闻天穆北渡,自以无后继,遂降于庆之。庆之进击大
梁、梁国,皆下之。庆之以数千之众,自发铚县至洛阳,凡取
三十二城,四十七战,所向皆克。

颢使黄门郎祖莹作书遗魏主曰:"朕泣请梁朝,誓在复
耻,正欲问罪于尔朱,出卿于桎梏。卿托命豺狼,委身虎口,
假获民地,本是荣物,固非卿有。今国家隆替,在卿与我。若
天道助顺,则皇魏再兴;脱或不然,在荣为福,于卿为祸。卿
宜三复,富贵可保。"

颢既入洛,自河以南州郡多附之。齐州刺史沛郡王欣集
文武议所从,曰:"北海、长乐,俱帝室近亲,今宗祐不移,我欲
受赦,诸君意何如?"在坐莫不失色。军司崔光韶独抗言曰:
"元颢受制于梁,引寇仇之兵以覆宗国,此魏之乱臣贼子也。
岂唯大王家事所宜切齿,下官等皆受朝眷,未敢仰从!"长史崔
景茂等皆曰:"军司议是。"欣乃斩颢使。光韶,亮之从父弟也。

元颢的后军都督侯暄镇守睢阳作为后援,北魏行台崔孝芬、大都督刁宣率军急速前往睢阳包围了侯暄,昼夜猛攻睢阳城,戊寅(二十七日),侯暄突围逃走,被北魏军抓住杀掉了。

上党王元天穆等率四万军队攻下了大梁,又分派费穆带两万人攻打虎牢城,元颢派陈庆之攻击费穆。元天穆畏惧元颢,打算北渡黄河,便对行台郎中、济阴人温子昇说:"你想去洛阳,还是想随我北渡黄河?"温子昇说:"国主因虎牢失守,才弄得如此窘迫。元颢新来,民心还未安定,现在您如果前去攻击他,一定会成功。大王您平定了京邑后,再奉迎皇帝大驾,这乃是齐桓公、晋文公曾有过的举动啊!现在您舍此而不为,却要北渡黄河,我私下里真为您感到惋惜。"元天穆觉得温子昇的意见很好,但却不能采纳,于是率军渡过了黄河。费穆攻打虎牢城,眼看就要攻取了,听说元天穆向北渡过了黄河,认为这样一来自己便没有了后继援兵,于是便投降了陈庆之。陈庆之率军进击大梁、梁国两城,都攻下了。陈庆之凭数千之众,从铚城出发至洛阳,一共攻占了三十二座城池,大小四十七战,所向无敌。

元颢命黄门郎祖莹起草了一封信给北魏孝庄帝,信中写道:"朕哭泣恳请梁朝发兵,誓在报仇雪耻,正是要向尔朱荣问罪,解救你于桎梏之中。你现在托命于豺狼,委身于虎口,我就是获取了一些百姓、土地,也本来是尔朱荣的东西,本来就不属于你所有。当今国家的兴亡废替,全在于你我二人。如果上天助我成功,那么大魏又可再次中兴;若不能这样的话,那么对于尔朱荣来说便是福,而对于你则是祸。你应该反复好好想想,荣华富贵方可保住。"

元颢进入洛阳后,黄河以南的州郡大多归附了他。齐州刺史、沛郡王元欣召集文武官员商议何去何从,元欣说:"北海王和长乐王,都是皇室近亲,现在皇位并未落入外人之手,我打算接受元颢的赦免,诸位认为如何?"在座的文武官员莫不大惊失色。只有军司崔光韶高声反对,他说:"元颢受梁朝节制,勾结仇敌之兵来颠覆自己的国家,他是大魏朝的乱臣贼子。不仅由于这是大王您家族之事,理应切齿痛恨,而且我等下官均受朝廷恩典,所以不敢听从您的意见!"长史崔景茂等人都说:"军司说得很对。"元欣便杀了元颢派来的使者。崔光韶是崔亮的堂弟。

于是襄州刺史贾思同、广州刺史郑先护、南兖州刺史元暹亦不受颢命。思同，思伯之弟也。颢以冀州刺史元孚为东道行台、彭城郡王，孚封送其书于魏主。平阳王敬先起兵于河桥以讨颢，不克而死。

魏以侍中、车骑将军、尚书右仆射尔朱世隆为使持节、行台仆射、大将军、相州刺史，镇邺城。

魏主之出也，单骑而去，侍卫后宫皆按堵如故。颢一旦得之，号令己出，四方人情想其风政。而颢自谓天授，遂有骄怠之志，宿昔宾客近习，咸见宠待，干扰政事，日夜纵酒，不恤军国，所从南兵，陵暴市里，朝野失望。高道穆兄子儒自洛阳出从魏主，魏主问洛中事，子儒曰：“颢败在旦夕，不足忧也。”

尔朱荣闻魏主北出，即时驰传见魏主于长子，行，且部分。魏主即日南还，荣为前驱。旬日之间，兵众大集，资粮器仗，相继而至。六月壬午，魏大赦。

荣既南下，并、肆不安，乃以尔朱天光为并、肆等九州行台，仍行并州事。天光至晋阳，部分约勒，所部皆安。

己丑，费穆至洛阳，颢引入，责以河阴之事而杀之。颢使都督宗正珍孙与河内太守元袭据河内。尔朱荣攻之，上党王天穆引兵会之，壬寅，拔其城，斩珍孙及袭。

13　辛亥，魏淮阴太守晋鸿以湖阳来降。

14　闰月己未，南康简王绩卒。

于是这样一来,襄州刺史贾思同、广州刺史郑先护、南兖州刺史元遵等,也都不承认元颢的政权。贾思同是贾思伯的弟弟。元颢封冀州刺史元孚为东道行台、彭城郡王,元孚将元颢的委任书封好,派人送给了孝庄帝。平阳王元敬先在河桥起兵讨伐元颢,未能成功而死。

北魏加封侍中、车骑大将军、尚书右仆射尔朱世隆为使持节、行台仆射、大将军、相州刺史,镇守邺城。

北魏孝庄帝出奔时,只是单骑而去,宫廷侍卫及后宫嫔妃都依旧留在京城。元颢一旦取得了政权,各种号令全由他自己发出,天下百姓本希望他宽爱待民。但元颢自以为天授皇位,很快便产生了骄傲怠惰之心,他过去的宾朋老友、亲近之人,都受到了他的宠爱、厚待,这些人干扰政事,日夜纵酒为乐,毫不体恤军国大事,而元颢从南朝带来的梁兵,更在城中欺凌百姓,因而使得朝野上下对他大失所望。高道穆的哥哥高子儒从洛阳逃出追随魏孝庄帝,魏帝问他洛阳城中之事,高子儒说:"元颢很快就会失败,您不用担忧。"

尔朱荣听说孝庄帝向北方出逃了,立即飞马前往长子去会见他,一路上边走边布置部队。孝庄帝当天便开始南还,尔朱荣做前锋。十天之内,北魏军队便大批集结起来,粮食兵器等物资也陆续运到了。六月壬午(初二),北魏大赦天下。

尔朱荣南下之后,并州、肆州便又会不安定了,于是便任命尔朱天光为并、肆等九州行台,仍负责并州的事务。尔朱天光到晋阳后,安排布置,并制定约束措施,所属辖地都很稳定。

乙丑(初九),费穆来到洛阳,元颢将他带到朝中,以河阴杀害文武百官之事怪罪于他,因此而杀了他。元颢派都督宗正珍孙和河内太守元袭据守河内。尔朱荣率军攻打河内,上党王元天穆率兵与尔朱荣会合,壬寅(二十二日),攻取河内城,杀了宗正珍孙和元袭。

13 辛亥(三十一日),北魏淮阴太守晋鸿献出湖阳城投降梁朝。

14 闰月己未(初九),南康简王萧绩去世。

15　魏北海王颢既得志,密与临淮王彧、安丰王延明谋叛梁。以事难未平,藉陈庆之兵力,故外同内异,言多猜忌。庆之亦密为之备,说颢曰:"今远来至此,未服者尚多,彼若知吾虚实,连兵四合,将何以御之!宜启天子,更请精兵,并敕诸州,有南人没此者悉须部送。"颢欲从之,延明曰:"庆之兵不出数千,已自难制,今更增其众,宁肯复为人用乎!大权一去,动息由人,魏之宗庙,于斯坠矣。"颢乃不用庆之言。又虑庆之密启,乃表于上曰:"今河北、河南一时克定,唯尔朱荣尚敢跋扈,臣与庆之自能擒讨。州郡新服,正须绥抚,不宜更复加兵,摇动百姓。"上乃诏诸军继进者皆停于境上。

洛中南兵不满一万,而羌、胡之众十倍,军副马佛念为庆之曰:"将军威行河、洛,声震中原,功高势重,为魏所疑,一旦变生不测,可无虑乎!不若乘其无备,杀颢据洛,此千载一时也。"庆之不从。颢先以庆之为徐州刺史,因固求之镇,颢心惮之,不遣,曰:"主上以洛阳之地全相任委,忽闻舍此朝寄,欲往彭城,谓君遽取富贵,不为国计,非徒有损于君,恐仆并受其责。"庆之不敢复言。

尔朱荣与颢相持于河上。庆之守北中城,颢自据南岸;庆之三日十一战,杀伤甚众。有夏州义士为颢守河中渚,阴与荣通谋,求破桥立效,荣引兵赴之。及桥破,荣应接不逮,颢悉屠之,荣怅然失望。又以安丰王延明缘河固守,

15　北魏北海王元颢既已夺取了政权,便秘密跟临淮王元彧、安丰王元延明谋划反叛梁朝。由于混乱局面尚未平定,还需借助陈庆之的兵力,所以表面很团结,但实际上已经同床异梦,言语之间多所猜忌。陈庆之也暗中做了防备,他劝说元颢:"现在我们远道至此,不服的人还很多,他们如果知道了我们的虚实,联合兵力,四面包围,我们将如何抵御呢? 我们应上启梁朝天子,请求再增精兵,同时敕令各州,如果有梁朝人陷没在该地,必须全部送到我们这里来。"元颢打算采纳他的建议,元延明却对元颢说:"陈庆之兵不过数千,您就已经很难驾驭了,现在再增加他的兵力,他还怎会肯听您的命令呢? 您的大权一旦失去,一举一动就都要由别人决定,这样大魏朝的宗庙从此也就要覆亡了。"元颢于是便没有采纳陈庆之的意见。元颢又担心陈庆之暗中向梁武帝上表汇报情况,便自己给梁武帝写了一封信,信中写道:"现在河北、河南全部平定了,只有尔朱荣尚敢顽抗,我与陈庆之便能擒获他。目前各州郡刚刚归服,正需要安抚,不宜再增加兵力,使百姓惶恐不安。"梁武帝便诏令正在进军的各部队都停在边境上,不再前进。

洛阳城中的梁朝军队不满一万,而羌族、胡族的军队十倍于梁军,军副马佛念为陈庆之出谋划策说:"将军您威扬河、洛,声震中原,功高势强,被元颢所猜疑,一旦发生不测,能不担心吗? 您不如乘元颢还没有防备之际,杀掉元颢,占据洛阳,这是千载难逢的机会呀。"陈庆之没有采纳他的意见。元颢先任命陈庆之为徐州刺史,由于陈庆之坚决要前往镇守徐州,元颢心里很害怕,没有敢让他去,对他说:"圣上将洛阳全都委托给你负责,如果忽然听说您要离开作为魏朝之寄托的洛阳而去徐州的话,便会认为您是想很快博取功名富贵,而不为国家考虑的。这不仅有损于您,恐怕我也会一起受到圣上的责难。"因此,陈庆之便不敢再说什么了。

尔朱荣与元颢的军队相持于黄河之上。陈庆之镇守北中城,元颢亲自据守河桥南岸。陈庆之三天之中打了十一仗,杀伤很多敌人。有一位夏州义士为元颢镇守河中渚,他暗中与尔朱荣串通好,请求为尔朱荣破桥立功。尔朱荣率兵赶到河桥,等到桥破之后,尔朱荣的部队没有接应上,元颢将通敌的士兵全都杀了,尔朱荣怅然若失,非常失望。元颢又派安丰王元延明沿黄河固守,

而北军无船可渡,议欲还北,更图后举。黄门郎杨侃曰:"大王发并州之日,已知夏州义士之谋指来应之乎,为欲广施经略匡复帝室乎? 夫用兵者,何尝不散而更合,疮愈更战。况今未有所损,岂可以一事不谐而众谋顿废乎! 今四方颙颙,视公此举;若未有所成,遽复引归,民情失望,各怀去就,胜负所在,未可知也。不若征发民材,多为桴筏,间以舟楫缘河布列,数百里中,皆为渡势,首尾既远,使颢不知所防,一旦得渡,必立大功。"高道穆曰:"今乘舆飘荡,主忧臣辱。大王拥百万之众,辅天子而令诸侯,若分兵造筏,所在散渡,指掌可克。奈何舍之北归,使颢复得完聚,征兵天下! 此所谓养虺成蛇,悔无及矣。"荣曰:"杨黄门已陈此策,当相与议之。"刘灵助言于荣曰:"不出十日,河南必平。"伏波将军正平杨㯹与其族居马渚,自言有小船数艘,求为向导。戊辰,荣命车骑将军尔朱兆与大都督贺拔胜缚材为筏,自马渚西硖石夜渡,袭击颢子领军将军冠受,擒之。安丰王延明之众闻之,大溃。颢失据,帅麾下数百骑南走,庆之收步骑数千,结陈东还,颢所得诸城,一时复降于魏。尔朱荣自追陈庆之,会嵩高水涨,庆之军士死散略尽,乃削须发为沙门,间行出汝阴,还建康,犹以功除右卫将军,封永兴县侯。

中军大都督兼领军大将军杨津入宿殿中,扫洒宫庭,封闭府库,出迎魏主于北邙,流涕谢罪,帝慰劳之。庚午,帝入居华林园,大赦。以尔朱兆为车骑大将军、仪同三司,

北魏无船渡河，便商议打算回师北方，以后再想办法攻打元颢。黄门郎杨侃对尔朱荣说："大王您从并州发兵的时候，是已经知道夏州义士会来给您做内应所以才来的呢？还是想广泛施展您的雄才大略匡复帝室才来的呢？用兵之人，谁不是打散了再聚集起来，伤好了再继续战斗。何况现在我们并没有受到损失，怎么能由于这一件事没成功，便将所有的计划就都废弃了呢？当今天下百姓望眼欲穿，就看您这一次举动了。如果没有取得什么收获，您便很快又回师的话，那么就会使得百姓大失所望，各自考虑何去何从，谁胜谁负也就难说了。所以不如征调百姓的木材，多做一些木筏，间杂一些舟船，沿黄河排列开来，数百里中，都做出渡河的架势，首尾既然相距很远，这样就使得元颢不知道该防哪里为好，一旦我军渡过黄河，一定会立下大功。"高道穆也对尔朱荣说："当今圣驾被迫外出，皇上忧虑，臣子蒙辱。大王您拥有百万大军，辅天子而令诸侯，如果分兵制造木筏，各个分散渡河的话，破元颢的军队易如反掌。为何却舍此而北归，使元颢又得以修治城池，整治兵器，征兵天下呢？这真是如同养虺成蛇，后悔不及啊！"尔朱荣说道："黄门郎杨侃也已经对我谈了这一计策，我要跟大家商议一下。"刘灵助对尔朱荣说："不出十天，黄河以南一定会平定。"伏波将军、正平郡人杨檦跟他的族人住在马渚，他自动说家里有几艘小船，请求做向导。戊辰（十八日），尔朱荣命令车骑大将军尔朱兆和大都督贺拔胜率军捆绑木材做木筏，从马渚西边的硖石这个地方夜渡黄河，袭击了元颢的儿子领军将军元冠受的部队，并抓获了元冠受。安丰王元延明的士卒们知道了这一情况之后，便纷纷溃散奔逃。元颢失去了依据，只好率部下数百名骑兵向南逃走，陈庆之收拢步兵、骑兵共几千人，结队向东逃归。元颢原先攻取的那些城池，全都又投降了北魏。尔朱荣亲自率军追击陈庆之，正赶上嵩高河发大水，陈庆之的队伍死的死、逃的逃，差不多全没了，陈庆之于是剃光头发、胡须，打扮成一个和尚，从小路逃出汝阴，回到了建康，梁朝仍按功升他为右卫将军，封永兴县侯。

中军大都督兼领军大将军杨津率军入宿于皇宫中，洒扫宫庭院落，封闭朝廷府库，至北邙迎请孝庄帝，痛哭流涕地向孝庄帝谢罪，孝庄帝安慰犒赏了他。庚午（二十日），北魏孝庄帝入居华林园，大赦天下。朝廷任命尔朱兆为车骑大将军、仪同三司，

北来军士及随驾文武诸立义者加五级,河北报事之官及河南立义者加二级。壬申,加大丞相荣天柱大将军,增封通前二十万户。

北海王颢自辕辕南出至临颍,从骑分散,临颍县卒江丰斩之,癸酉,传首洛阳。临淮王彧复自归于魏主,安丰王延明携妻子来奔。

陈庆之之入洛也,萧赞送启求还。时吴淑媛尚在,上使以赞幼时衣寄之,信未达而庆之败。庆之自魏还,特重北人,朱异怪而问之,庆之曰:"吾始以为大江以北皆戎狄之乡,比至洛阳,乃知衣冠人物尽在中原,非江东所及也,奈何轻之?"

16  甲戌,魏以上党王天穆为太宰,城阳王徽为大司马兼太尉。乙亥,魏主宴劳尔朱荣、上党王天穆及北来督将于都亭,出宫人三百,缯锦杂彩数万匹,班赐有差。凡受元颢爵赏阶复者,悉追夺之。

秋,七月辛巳,魏主始入宫。

以高道穆为御史中尉。帝姊寿阳公主行犯清路,赤棒卒呵之,不止,道穆令卒击破其车。公主泣诉于帝,帝曰:"高中尉清直之士,彼所行者公事,岂可以私责之也!"道穆见帝,帝曰:"家姊行路相犯,极以为愧。"道穆免冠谢,帝曰:"朕以愧卿,卿何谢也。"

于是魏多细钱,米斗几直一千,高道穆上表,以为"在市铜价,八十一钱得铜一斤,私造薄钱,斤赢二百。既示之以深利,又随之以重刑,抵罪虽多,奸铸弥众。今钱徒有五铢之名

随同孝庄帝从北方来的将士以及随侍皇帝的文武百官和那些未降元颢的加五级官职,河北向朝廷报告敌情的官员和河南坚决未降元颢的官员加二级官职。壬申(二十二日),又加封大丞相尔朱荣为天柱大将军,并增加封户,加上以前的封户,现已至二十万户。

北海王元颢从辕辕向南逃至临颍,随从骑兵各自逃散,临颍县吏卒江丰杀掉了元颢,癸酉(二十三日),将元颢的首级送到了洛阳。临淮王元彧归附了孝庄帝,安丰王元延明携带妻子儿女前来投奔梁朝。

陈庆之攻入洛阳之时,萧赞向武帝上书,请求允许他回到梁朝。当时吴淑媛还在,梁武帝让吴淑媛将萧赞幼时穿的衣服给萧赞送去,书信等还未传到,陈庆之便失败了。陈庆之从北魏回到梁朝后,特别看重北方人,朱异对此感到很奇怪,便问陈庆之为什么这样,陈庆之说道:“我当初认为长江以北地区都是戎狄之乡,等到了洛阳之后,才知道礼仪人物都在中原地区,不是江东所能企及的,我们有什么理由轻视北方人呢?”

16  甲戌(二十四日),北魏朝廷任命上党王元天穆为太宰、城阳王元徽为大司马兼太尉。乙亥(二十五日),北魏孝庄帝在都亭设宴慰劳尔朱荣、上党王元天穆以及从北方来洛阳救援的将领们,孝庄帝以宫女三百人、绫罗锦缎几万匹,按功劳大小分别给予不同的赏赐。凡是受过元颢的爵位、奖赏、官职和免除赋役的人,对其所得全部追了回来。

秋季,七月辛巳(初二),北魏孝庄帝方才迁进宫中。

北魏任命高道穆为御史中尉。北魏孝庄帝的姐姐寿阳公主在路上妨碍了高道穆清路开道的士卒们执行公务,这些手持赤棒的清路卒对寿阳公主大声呵斥,寿阳公主置之不理,高道穆命士卒打破了寿阳公主的车子。寿阳公主向孝庄帝哭诉了这件事,孝庄帝说道:“高道穆是一位清直之人,他所干的是公事,我怎么能由于私情而责怪他呢!”高道穆见到孝庄帝,孝庄帝对他说:“我姐姐在路上触犯了你,我对此深感惭愧。”高道穆摘下帽子向孝庄帝谢罪,孝庄帝说道:“朕因此事而感到有愧于你,你何必要向我谢罪呢?”

这时候,北魏分量不足的薄钱很多,一斗米几乎值一千钱,高道穆上表认为:“现在市场上铜价是八十一钱买一斤铜,私人铸造薄铜钱,每斤铜能铸造出二百多个钱。朝廷既向人们展示私铸钱币的丰厚利润,随后又对私铸钱币的人施以重刑,这样获罪之人虽然很多,但是私下偷铸的人却越来越多。现在的五铢钱徒有其名,

而无二铢之实,置之水上,殆欲不沈。此乃因循有渐,科防不切,朝廷失之,彼复何罪!宜改铸大钱,文载年号,以记其始,则一斤所成止七十钱,计私铸所费不能自润,直置无利,自应息心,况复严刑广设也!"金紫光禄大夫杨侃亦奏乞听民与官并铸五铢钱,使民乐为而弊自改。魏主从之,始铸永安五铢钱。

17 辛卯,魏以车骑将军杨津为司空。

18 初,魏以梁、益二州境土荒远,更立巴州以统诸獠,凡二十馀万户,以巴酋严始欣为刺史;又立隆城镇,以始欣族子恺为镇将。始欣贪暴,孝昌初,诸獠反,围州城,行台魏子建抚谕之,乃散。始欣恐获罪,阴来请降,帝遣使以诏书、铁券、衣冠等赐之,为恺所获,以送子建。子建奏以隆城镇为南梁州,用恺为刺史,囚始欣于南郑。魏以唐永为东益州刺史代子建,以梁州刺史傅竖眼为行台。子建去东益而氐、蜀寻反,唐永弃城走,东益州遂没。

傅竖眼之初至梁州也,州人相贺,既而久病,不能亲政事。其子敬绍,奢淫贪暴,州人患之。严始欣重赂敬绍,得还巴州,遂举兵击严恺,灭之,以巴州来降,帝遣将军萧玩等援之。傅敬绍见魏室方乱,阴有保据南郑之志,使其妻兄唐昆仑于外扇诱山民,相与围城,欲为内应。围合而谋泄,城中将士共执敬绍,以白竖眼而杀之,竖眼耻恚而卒。

实际上连二铢的重量都不够,如果将其放在水上,恐怕都不会沉下水。这种情况的出现乃是由于日积月累,纠察、督禁不够严厉,朝廷失职而造成的,那些私铸钱币的人又何罪之有! 朝廷应该改铸大钱,在钱币上刻上皇帝的年号,以记录开始使用这种钱币的时间,如此则一斤铜只能铸七十钱,这样一来,私人铸钱的费用连成本尚不能赚取,也就更不会有什么利润可言了,自然就不会再私铸钱币了,更何况朝廷还有严峻的刑罚呢!"金紫光禄大夫杨侃也奏请朝廷允许百姓与官方都铸五铢钱,使百姓愿意这样做,原先的弊端自然也就改正了。北魏孝庄帝采纳了他们的建议,从此开始铸"永安"五铢钱。

17 辛卯(十二日),北魏任命车骑将军杨津为司空。

18 当初,北魏因梁、益两州疆域太荒僻辽远,便设置了巴州以统领獠人,共二十多万户,任命巴州当地的酋长严始欣为刺史;又设置了隆城镇,任命严始欣的同族侄子严恺为镇将。严始欣贪婪残暴,孝昌初年,獠人反叛,包围了巴州城,行台魏子建招抚叛军,这才解除了巴州之围。严始欣担心获罪,便暗中前来梁朝请求投降,梁武帝派使者带着诏书、铁券、衣冠等赐予严始欣,结果使者被严恺所截获,将其送到魏子建处。魏子建奏请孝庄帝将隆城镇改为南梁州,任命严恺为刺史,将严始欣囚禁于南郑城。北魏任命唐永为东益州刺史以取代魏子建,任命梁州刺史傅竖眼为行台。魏子建离开东益州后,氐人和蜀人很快便反叛了,唐永弃城而逃,东益州便陷落了。

傅竖眼最初到梁州时,梁州人纷纷庆贺,不久,傅竖眼便长时间患病,不能亲自处理政事。傅竖眼的儿子傅敬绍,骄奢淫逸,贪婪残暴,梁州人深以为患。严始欣重金贿赂傅敬绍,才得以回到巴州,他回到巴州后便举兵攻击严恺,消灭了严恺,率巴州民众来降梁朝,梁武帝派遣将军萧玩等接应援助严始欣。傅敬绍看到北魏朝廷正混乱不堪,暗中便有了据守南郑的打算,派他的妻子的哥哥唐昆仑在城外面扇动诱惑那些山民,山民们纷纷前来包围了梁州城,傅敬绍为其内应。梁州城被包围起来后,傅敬绍的计划被泄露了,于是梁州城中的将士们一起抓住了傅敬绍,将傅敬绍的阴谋告知了傅竖眼并杀掉了傅敬绍,傅竖眼因感到耻辱和恼恨而一命归天。

19 八月己未，魏以太傅李延寔为司徒。甲戌，侍中、太保杨椿致仕。

20 九月癸巳，上幸同泰寺，设四部无遮大会。上释御服，持法衣，行清净大舍，以便省为房，素床瓦器，乘小车，私人执役。甲子，升讲堂法座，为四部大众开《涅槃经》题。癸卯，群臣以钱一亿万祈白三宝，奉赎皇帝菩萨，僧众默许。乙巳，百辟诣寺东门，奉表请还临宸极，三请，乃许。上三答书，前后并称“顿首”。

21 魏尔朱荣使大都督尖山侯渊讨韩楼于蓟，配卒甚少，骑止七百，或以为言，荣曰：“侯渊临机设变，是其所长。若总大众，未必能用。今以此众击此贼，必能取之。”渊遂广张军声，多设供具，亲帅数百骑深入楼境。去蓟百馀里，值贼帅陈周马步万馀，渊潜伏以乘其背，大破之，虏其卒五千馀人。寻还其马仗，纵令入城，左右谏曰：“既获贼众，何为复资遣之？”渊曰：“我兵既少，不可力战，须为奇计以离间之，乃可克也。”渊度其已至，遂帅骑夜进，昧旦，叩其城门。韩楼果疑降卒为渊内应，遂走，追擒之，幽州平。以渊为平州刺史镇范阳。

先是，魏使征东将军刘灵助兼尚书左仆射，慰劳幽州流民于濮阳顿丘，因帅流民北还，与侯渊共灭韩楼，仍以灵助行幽州事，加车骑将军，又为幽、平、营、安四州行台。

22 万俟丑奴攻魏东秦州，拔之，杀刺史高子朗。

23 冬，十月己酉，上又设四部无遮大会，道、俗五万馀人。会毕，上御金辂还宫，御太极殿，大赦，改元。

19 八月己未(初十),北魏任命太傅李延寔为司徒。甲戌(二十五日),侍中、太保杨椿退休。

20 九月癸巳(十五日),梁武帝亲临同泰寺,设置四部无遮大会。梁武帝脱下御服,换上法衣,行清净大舍,以同泰寺中的便省室为居所,室内设素床瓦器,乘小车,以私人为执役。甲子(十六日),梁武帝升讲堂法座,为四部大众开讲《涅槃经》。癸卯(二十五日),梁朝群臣百官用一亿万钱祈请佛陀耶众、达摩耶众、僧迦耶众三宝,以赎皇帝菩萨,僧众们默许了。乙巳(二十七日),百官来到同泰寺东门,上表请梁武帝回到皇宫,请了三次,皇帝才同意。梁武帝三次都复了信,这几封信都称"顿首"。

21 北魏尔朱荣派大都督、尖山县人侯渊到蓟州讨伐韩楼,尔朱荣给他的兵力很少,骑兵只有七百,有人为侯渊说话请求多派兵,尔朱荣却说道:"侯渊善于临机应变,这是他的长处。如果让他统帅很多军队,反而未必能有什么用处。现在让侯渊率领这些军队讨伐韩楼这叛贼,一定能取得胜利。"侯渊于是大张旗鼓、多多增设器具,亲自率几百名骑兵深入韩楼的境地。在离蓟州一百多里的地方,正遇上贼将陈周的一万多骑兵和步兵,侯渊潜伏下来从背后出击,大破陈周的人马,俘获五千多人。之后又很快归还了这些人的战马和兵器,放他们回到蓟州城中,侯渊的左右劝谏道:"我们既然已经俘获了贼军,为什么却又资助他们仍让他们回去呢?"侯渊说道:"我军兵力很少,不能力战死拼,必须设奇计以离间敌人,才能够打败敌人。"侯渊估计那些被放还的敌兵已经到了蓟州城,便率骑兵连夜前进,于天亮之时,到达蓟州城下,敲响城门,要求进城。韩楼果然怀疑那些被放还的降卒要做侯渊的内应,于是便弃城而逃,北魏军追上并抓获了韩楼,幽州便平定了。北魏就任命侯渊为平州刺史,镇守州治范阳。

当初,北魏任命征东将军刘灵助兼尚书左仆射,派他到濮阳的顿丘去慰劳幽州的流民,刘灵助趁势率流民们回归北魏,与侯渊一道共同消灭韩楼,北魏于是命刘灵助负责管理幽州的事务,加封他为车骑将军,同时又任幽、平、营、安四州的行台。

22 万俟丑奴攻击北魏的东秦州,攻取下来后,杀掉了东秦州刺史高子朗。

23 冬季,十月己酉(初一),梁武帝又设四部无遮大会。参加的僧、俗之人有五万多人。大会之后,梁武帝乘金辂车回到皇宫中,幸临太极殿,大赦天下,改年号为"中大通"元年。

24　魏以前司空萧赞为司徒。

25　十一月己卯,就德兴请降于魏,营州平。

26　丙午,魏以城阳王徽为太保,丹杨王萧赞为太尉,雍州刺史长孙稚为司徒。

27　十二月辛亥,兖州刺史张景邕、荆州刺史李灵起、雄信将军萧进明叛,降魏。

28　以陈庆之为北兖州刺史。有妖贼僧强,自称天子,土豪蔡伯龙起兵应之,众至三万,攻陷北徐州,庆之讨斩之。

29　魏以岐州刺史王罴行南秦州事,罴诱捕州境群盗,悉诛之。

24　北魏任命原先的司空萧赞为司徒。

25　十一月己卯(初二),就德兴向北魏请降,营州平定。

26　丙午(二十九日),北魏任命城阳王元徽为太保,丹阳王萧赞为太尉,雍州刺史长孙稚为司徒。

27　十二月辛亥(初四),兖州刺史张景邕、荆州刺史李灵起、雄信将军萧进明反叛梁朝,投降了北魏。

28　梁朝任命陈庆之为兖州刺史。有一妖贼名叫僧强,自称天子,土豪蔡伯龙起兵响应他,士卒达三万人,攻陷了徐州,陈庆之率兵前往征讨,斩杀了僧强、蔡伯龙等。

29　北魏委任岐州刺史王罴代理南秦州的军政事务,王罴诱捕南秦州境内的群盗,全部杀掉了他们。

# 卷第一百五十四　梁紀十

庚戌(530)一年

**高祖武皇帝十**

**中大通二年(庚戌,530)**

1　春,正月己丑,魏益州刺史长孙寿、梁州刺史元儁等遣将击严始欣,斩之,萧玩等亦败死,失亡万馀人。

2　辛亥,魏东徐州城民吕文欣等杀刺史元大宾,据城反,魏遣都官尚书平城樊子鹄讨之。二月甲寅,斩文欣。

3　万俟丑奴侵扰关中,魏尔朱荣遣武卫将军贺拔岳讨之。岳私谓其兄胜曰:"丑奴,勍敌也,今攻之不胜,固有罪,胜之,谗嫉将生。"胜曰:"然则奈何?"岳曰:"愿得尔朱氏一人为帅而佐之。"胜为之言于荣,荣悦,以尔朱天光为使持节、都督二雍、二岐诸军事、骠骑大将军、雍州刺史,以岳为左大都督,又以征西将军代郡侯莫陈悦为右大都督,并为天光之副以讨之。

天光初行,唯配军士千人,发洛阳以西路次民马以给之。时赤水蜀贼断路,诏侍中杨侃先行慰谕,并税其马,贼持疑不下。军至潼关,天光不敢进,岳曰:"蜀贼鼠窃,公尚迟疑,若遇大敌,将何以战!"天光曰:"今日之事,一以相委。"岳遂进击蜀于渭北,破之,获马二千匹,简其壮健以充军士,

## 高祖武皇帝十

### 梁武帝中大通二年(庚戌,公元530年)

1 春季,正月己丑(十三日),北魏益州刺史长孙寿、梁州刺史元儁等派将领攻打严始欣,将其斩首,萧玩等也战败而死,逃走死亡一万馀人。

2 辛亥(十五日),北魏东徐州城百姓吕文欣等人杀死了刺史元大宾,占据东徐州城而反乱,北魏派遣都官尚书平城人樊子鹄讨伐吕文欣。二月甲寅(初八),斩杀了吕文欣。

3 万俟丑奴侵扰关中地区,北魏尔朱荣派武卫将军贺拔岳征讨万俟丑奴。贺拔岳私下里对他哥哥贺拔胜说:"万俟丑奴是一个强敌,现在攻讨他若不能取胜,固然有罪,但如果打败了他,谗佞嫉妒之言也会产生。"贺拔胜问道:"那么如何办呢?"贺拔岳说:"希望让一位尔朱氏家族的人为统帅,我做助手辅佐他。"于是贺拔胜向尔朱荣讲了贺拔岳的建议,尔朱荣听了很高兴,便任命尔朱天光为使持节、都督二雍二岐诸军事、骠骑大将军、雍州刺史,以贺拔岳为左大都督,又任命征西将军代郡人侯莫陈悦为右大都督,贺拔岳、侯莫陈悦二人均作为尔朱天光的副手以征讨万俟丑奴。

尔朱天光开始出发时,只配备了一千名士兵,靠征发洛阳以西沿途百姓的马匹装备了这支部队。当时,赤水的蜀贼切断了道路,朝廷便诏令侍中杨侃先到叛贼处抚慰劝谕,并买下他们的马匹,叛贼将领犹疑不决。北魏军队到潼关后,尔朱天光便不敢再前进了,贺拔岳对他说:"这些蜀贼都是些鸡鸣鼠窃之辈,您尚且如此迟疑不决,如果遇到大敌的话,又将如何应敌呢!"尔朱天光说道:"今天的事情,我就全部委托给你了。"贺拔岳于是便向渭水北岸的蜀贼进击,大破叛军,缴获战马两千匹,挑选叛军中健壮的士卒以充实北魏军队,

又税民马合万馀匹。以军士尚少，淹留未进。荣怒，遣骑兵参军刘贵乘驿至军中责天光，杖之一百，以军士二千人益之。

三月，丑奴自将其众围岐州，遣其大行台尉迟菩萨、仆射万俟仵自武功南渡渭，攻围趣栅，天光使贺拔岳将千骑救之。菩萨等已拔栅而还，岳故杀掠其吏民以挑之，菩萨率步骑二万至渭北。岳以轻骑数十自渭南与菩萨隔水而语，称扬国威，菩萨令省事传语，岳怒曰："我与菩萨语，卿何人也！"射杀之。明日，复引百馀骑隔水与贼语，稍引而东，至水浅可涉之处，岳即驰马东出。贼以为走，乃弃步兵轻骑南渡渭追岳，岳依横冈设伏兵以待之，贼半渡冈东，岳还兵击之，贼兵败走。岳下令，贼下马者勿杀，贼悉投马，俄获三千人，马亦无遗，遂擒菩萨。仍渡渭北，降步卒万馀，并收其辎重。丑奴闻之，弃岐州，北走安定，置栅于平亭。天光方自雍至岐，与岳合。

夏，四月，天光至汧、渭之间，停军牧马，宣言："天时将热，未可行师，俟秋凉更图进止。"获丑奴觇候者，纵遣之。丑奴信之，散众耕于细川，使其太尉侯伏侯元进将兵五千，据险立栅，其馀千人以下为栅者甚众。天光知其势分，晡时，密严诸军，

又征集百姓的马匹合计一万多匹。由于兵力还比较少,因此部队停了下来没有继续前进。尔朱荣大怒,派骑兵参军刘贵乘驿马赶至军中,责斥尔朱天光,将他打了一百杖,又增兵两千人。

三月,万俟丑奴亲自率众包围了岐州,派遣其大行台尉迟菩萨、仆射万俟仵从武功南渡渭水,围攻北魏军队的营盘。尔朱天光先派贺拔岳率一千骑兵前往救援,尉迟菩萨等叛将已拔下营盘返回了,贺拔岳故意大肆杀害掠夺万俟丑奴的官吏百姓,以此来激怒敌人,但是尉迟菩萨已率二万步兵和骑兵回到了渭水北岸。贺拔岳率数十轻骑在渭河南岸与北岸的尉迟菩萨隔河对话,特意称赞张扬北魏的国威,尉迟菩萨不亲自出面,只命令传话的使者向贺拔岳传话,贺拔岳大怒,说道:"我跟尉迟菩萨说话,你算什么人!"于是用箭射杀了他。第二天,贺拔岳又带了一百多名骑兵隔着渭水跟叛军说话,渐渐地将叛军引向了东边,到了一处可以涉水而过的浅水地带,贺拔岳立即驰马向东跑去,敌军以为贺拔岳要逃跑,便抛下步兵,轻骑南渡渭水追击贺拔岳的部队,贺拔岳已经在一条横向土冈背后设下伏兵等待叛军,等叛军一半人马刚渡过冈东,贺拔岳回兵反击,敌军败逃而去。贺拔岳下令,敌军凡下马者不杀,敌军于是纷纷下马,很快俘获三千人,马匹也没有丢掉,最后捉获了尉迟菩萨。北魏军队于是渡过渭水北岸,敌军万馀步兵投降,连同其辎重都被缴获过来了。万俟丑奴听说了之后,放弃了岐州,向北逃至安定,在平亭设置了营栅。尔朱天光这才从雍州到岐州,跟贺拔岳会合。

夏季,四月,尔朱天光的部队来到了汧水、渭水之间,停下来,放养战马,并声言:"天气就要变热了,不能行军作战,等到秋天凉爽了以后再考虑作战。"北魏军队抓获了万俟丑奴的侦察兵,又放他们回去了。万俟丑奴相信了这些传言,于是便解散部队,令部队在细川耕作,并派太尉侯伏侯元进率五千士兵,凭据险要设立营栅,其馀一千人以下便设立营栅的很多。尔朱天光了解到万俟丑奴的兵势已经分散,傍晚时分,暗中严令各个部队,

相继俱发,黎明;围元进大栅,拔之,所得俘囚,一皆纵遣,诸栅闻之皆降。天光昼夜径进,抵安定城下,贼泾州刺史侯几长贵以城降。丑奴弃平亭走,欲趣高平,天光遣贺拔岳轻骑追之,丁卯,及于平凉。贼未成列,直阁代郡侯莫陈崇单骑入贼中,于马上生擒丑奴,因大呼,众皆披靡,无敢当者,后骑益集,贼众崩溃,遂大破之。天光进逼高平,城中执送萧宝寅以降。

4  壬申,以吐谷浑王佛辅为西秦、河二州刺史。

5  甲戌,魏以关中平,大赦。万俟丑奴、萧宝寅至洛阳,置阊阖门外都街之中,士女聚观凡三日。丹杨王萧赞表请宝寅之命,吏部尚书李神儁、黄门侍郎高道穆素与宝寅善,欲左右之,言于魏主曰:"宝寅叛逆,事在前朝。"会应诏王道习自外至,帝问道习:"在外何所闻?"对曰:"惟闻李尚书、高黄门与萧宝寅周款,并居得言之地,必能全之。且二人谓宝寅叛逆在前朝,宝寅为丑奴太傅,岂非陛下时邪? 贼臣不翦,法欲安施!"帝乃赐宝寅死于驼牛署,斩丑奴于都市。

6  六月丁巳,帝复以魏汝南王悦为魏王。

7  戊寅,魏诏胡氏亲属受爵于朝者皆黜为民。

8  庚申,以魏降将范遵为安北将军、司州牧,从魏王悦北还。

前后相继出发，黎明时分，包围并攻取了侯伏侯元进的大寨，所俘获的俘虏，全部放了回去，其他各营栅的敌军听说了之后，都投降了北魏军队。尔朱天光昼夜前进，抵达安定城下，万俟丑奴的泾州刺史侯几长贵率城而降。万俟丑奴放弃平亭城出逃，想去高平城，尔朱天光派贺拔岳率轻骑追击万俟丑奴，丁卯(二十二日)，到了平凉追上了敌人。敌军还未列成阵势，直阁、代郡人侯莫陈崇单骑闯入，从马上生擒了万俟丑奴，并趁势高呼，敌军都望风披靡，没有人敢阻挡侯莫陈崇，北魏的后续骑兵聚集得越来越多，敌军全线崩溃，于是大破敌军。尔朱天光又进逼高平，城中人抓住萧宝寅将其送到北魏军中请降。

4　壬申(二十七日)，梁朝任命吐谷浑王佛辅为西秦州、河州两州的刺史。

5　甲戌(二十九日)，北魏因关中已经平定，于是大赦天下。万俟丑奴、萧宝寅被押至洛阳，置于阊阖门外的大街之中，洛阳城中的男女老少聚集围观了三天。丹杨王萧赞上表请求饶萧宝寅一命，吏部尚书李神儁、黄门侍郎高道穆平素与萧宝寅关系密切，也想帮萧宝寅求情，于是便对北魏孝庄帝说："萧宝寅叛逆之事，发生在前朝。"这时正赶上应诏官王道习从外面进来，孝庄帝问王道习："你在外面听到了什么？"王道习回答说："只听到有人说李尚书、高黄门跟萧宝寅关系亲密，这二人都处在便于向皇帝进言的官位上，一定能够保全萧宝寅。而且这两个人说萧宝寅叛逆之事发生在前朝，但是萧宝寅为万俟丑奴的太傅，难道不是在陛下当政之时么？贼臣若不剪除掉，王法还能施加于谁呢！"孝庄帝于是便赐萧宝寅死于驼牛署，将万俟丑奴于都市中斩首。

6　六月丁巳(十三日)，梁武帝又加封原北魏汝南王元悦为魏王。

7　戊寅，北魏孝庄帝下诏，凡胡氏家族的亲属在朝廷受过爵位的一律罢黜为平民。

8　庚申(十六日)，梁朝任命北魏降将范遵为安北将军、司州牧，跟随魏王元悦北还。

9 万俟丑奴既败,自泾、豳以西至灵州,贼党皆降于魏,唯所署行台万俟道洛帅众六千逃入山中,不降。时高平大旱,尔朱天光以马乏草,退屯城东五十里,遣都督长孙邪利帅二百人行原州事以镇之。道洛潜与城民通谋,掩袭邪利,并其所部皆杀之。天光帅诸军赴之,道洛出战而败,帅其众西入牵屯山,据险自守。尔朱荣以天光失邪利,不获道洛,复遣使杖之一百,以诏书黜天光为抚军将军、雍州刺史,降爵为侯。

天光追击道洛于牵屯,道洛败走,入陇,归略阳贼帅王庆云。道洛骁果绝伦,庆云得之,甚喜,谓大事可济,遂称帝于水洛城,置百官,以道洛为大将军。

秋,七月,天光帅诸军入陇,至水洛城,庆云、道洛出战,天光射道洛中臂,失弓还走,拔其东城。贼併兵趣西城,城中无水,众渴乏,有降者言庆云、道洛欲突走。天光恐失之,乃遣人招谕庆云使早降,曰:"若未能自决,当听诸人今夜共议,明晨早报。"庆云等冀得少缓,因待夜突出,乃报曰:"请俟明日。"天光因使谓曰:"知须水,今相为小退,任取涧水饮之。"贼众悦,无复走心。天光密使军士多作木枪,各长七尺,昏后,绕城布列,要路加厚,又伏人枪中,备其冲突,兼令密缚长梯于城北。其夜,庆云、道洛果驰马突出,遇枪,马各伤倒,伏兵起,即时擒之。军士缘梯入城,馀众皆出城南,遇枪而止,穷窘乞降。丙子,天光悉收其仗而坑之,

9　万俟丑奴兵败后,从泾州、豳州以西直到灵州,原来万俟丑奴的贼党都归降了北魏,只有万俟丑奴任命的行台万俟道洛率六千部众逃入深山之中,拒不投降。当时高平一带大旱,尔朱天光由于马匹缺少水草,便退兵屯驻在高平城东五十里的地方,并派都督长孙邪利率领二百人管理原州的军政事务,镇守在高平城内。万俟道洛暗中跟高平城中百姓合谋,偷袭了长孙邪利,连同其部下都杀害了。尔朱天光率各路人马赶赴高平城救援,万俟道洛出城迎战,结果战败,率其部下向西逃进了牵屯山,据险自守。尔朱荣因尔朱天光损失了长孙邪利,没有抓获万俟道洛,便又派使者打了尔朱天光一百杖,以皇帝诏书的名义贬黜尔朱天光为抚军将军、雍州刺史,降爵位为侯。

尔朱天光率军至牵屯山追击万俟道洛,万俟道洛战败逃走,进入陇山,投奔了略阳的贼军统帅王庆云。万俟道洛骁勇绝伦,王庆云得到他后,非常高兴,以为这样一来大事便能成功了,于是王庆云便在水洛城称帝,设置文武百官,任命万俟道洛为大将军。

秋季,七月,尔朱天光率诸军进入陇地,来到了水洛城。王庆云、万俟道洛出城迎战,尔朱天光用箭射中了万俟道洛的胳臂,万俟道洛丢下弓箭回马便走,尔朱天光趁势攻下了贼军的东城。贼军聚集起兵力退至西城,城中无水,士兵们又渴又乏,有投降北魏的士兵告诉尔朱天光说王庆云、万俟道洛打算突围逃走。尔朱天光担心敌人逃掉,于是便派人招降王庆云,让他早日投降,对他说:"如果自己还不能决定的话,应该叫大家今夜共同商议一下,明天早晨回话。"王庆云等贼将希望能够稍微缓解一下,以便等待夜间突围出逃,于是便回报说:"请等到明天吧。"尔朱天光通过使者告诉王庆云等贼将说:"我军知道你们想得到水,现在我军为此稍微后退一些,让你们任意取山涧水饮用。"贼兵大喜,便不再有逃走之意。尔朱天光暗中让士兵们多做拒马枪,各长七尺,天黑后,环绕城边布置好,险要路口布得更多一些,同时又让士兵埋伏在枪丛中,以防备敌人冲锋突围,还让人暗中在城北捆扎长梯子以备攻城之用。这天夜里,王庆云、万俟道洛果然驰马突围出逃,遇上了北魏军队布置好的拒马枪,战马各自受伤倒下,北魏伏兵又起,当时便抓获了王庆云、万俟道洛二人。北魏士兵沿长梯登上城墙进入城内,其馀贼兵都从城南突出,遇上拒马枪后也被阻止住了,贼兵走投无路只好请降。丙子(初三),尔朱天光收缴了降兵的武器,将他们全部活埋了,

死者万七千人,分其家口。于是三秦、河、渭、瓜、凉、鄯州皆降。

天光顿军略阳。诏复天光官爵,寻加侍中、仪同三司。以贺拔岳为泾州刺史,侯莫陈悦为渭州刺史。秦州城民谋杀刺史骆超,南秦州城民谋杀刺史辛显,超、显皆觉之,走归天光,天光遣兵讨平之。

步兵校尉宇文泰从贺拔岳入关,以功迁征西将军,行原州事。时关、陇雕弊,泰抚以恩信,民皆感悦,曰:"早遇宇文使君,吾辈岂从乱乎!"

10　八月庚戌,上饯魏王悦于德阳堂,遣兵送至境上。

11　魏尔朱荣虽居外藩,遥制朝政,树置亲党,布列魏主左右,伺察动静,大小必知。魏主虽受制于荣,然性勤政事,朝夕不倦,数亲览辞讼,理冤狱,荣闻之,不悦。帝又与吏部尚书李神儁议清治选部,荣尝关补曲阳县令,神儁以阶悬,不奏,别更拟人。荣大怒,即遣所补者往夺其任。神儁惧而辞位,荣使尚书左仆射尔朱世隆摄选。荣启北人为河南诸州,帝未之许。太宰天穆入见面论,帝犹不许。天穆曰:"天柱既有大功,为国宰相,若请普代天下官,恐陛下亦不得违之,如何启数人为州,遽不用也!"帝正色曰:"天柱若不为人臣,朕亦须代。如其犹存臣节,无代天下百官之理。"荣闻之,大恚恨,曰:"天子由谁得立! 今乃不用我语!"

死者达一万七千人,将他们的家属分赏将士。这样一来,三秦、河、渭、瓜、凉、鄯等州也都投降了北魏。

尔朱天光驻军于略阳。北魏朝廷下诏恢复了尔朱天光的官职、爵位,不久又加封他为侍中、仪同三司。北魏朝廷还任命贺拔岳为泾州刺史,侯莫陈悦为渭州刺史。秦州城民图谋杀掉刺史骆超,南秦州城民图谋杀掉刺史辛显,骆超、辛显都发觉了这一图谋,便投奔了尔朱天光。尔朱天光派兵讨伐平定了秦州、南秦州的叛乱。

步兵校尉宇文泰跟从贺拔岳进入关内,因功升迁至征西将军,管理原州事务。当时关、陇地区经济凋敝,宇文泰以恩威信义抚慰百姓,当地百姓非常感激、喜悦,都说:"要是早点遇到宇文泰的话,我们怎会跟着参与叛乱呢!"

10 八月庚戌(初七),梁武帝在德阳堂为魏王元悦饯行,派兵将元悦送到边境上。

11 北魏尔朱荣虽居处京城之外的藩镇,但却遥控朝政,广树党羽,布置于孝庄帝左右,以便窥伺观察朝中动静,因此朝中不管大事小事,他都知晓。孝庄帝虽然受到尔朱荣的控制,但生性勤于政事,从早到晚从不疲倦,多次亲自察览诉状,审理冤案。尔朱荣听说了这些之后,很不高兴。孝庄帝又跟吏部尚书李神儁商议整顿吏治的事情,尔朱荣过去曾补授过一位曲阳县令,但是报到吏部之后,李神儁以官阶相差太悬殊为由,没有批准,而另外又选了别人。尔朱荣对此大为恼怒,于是便派他所补授的人前往曲阳县抢夺县令之职。李神儁很恐惧,便辞了官职,尔朱荣便让尚书左仆射尔朱世隆取代李神儁来主持吏部。尔朱荣向孝庄帝启请北方人为河南各州的刺史,孝庄帝没有同意。太宰元天穆入见孝庄帝,当面请求批准,孝庄帝还是没有答应。元天穆说道:"天柱将军尔朱荣既然对国家有大功,身为宰相,如果他要求调换全国的所有官员的话,恐怕陛下您也不能违背他的意旨,为什么他启奏几个人为河南诸州的刺史,您竟然不允许呢!"孝庄帝严肃地说道:"尔朱荣如果不想做人臣的话,朕也可以被他取代。如果他还想保持臣节的话,绝无取代天下百官的道理。"尔朱荣听说了后,非常恼怒怨恨,说道:"他的天子之位靠谁才得以坐上的! 现在却竟然不采纳我的意见了!"

尔朱皇后性妒忌，屡致忿恚。帝遣尔朱世隆语以大理，后曰："天子由我家置立，今便如此，我父本即自作，今亦复决。"世隆曰："止自不为，若本自为之，臣今亦封王矣。"

帝既外逼于荣，内逼皇后，恒怏怏不以万乘为乐，唯幸寇盗未息，欲使与荣相持。及关、陇既定，告捷之日，乃不甚喜，谓尚书令临淮王或曰："即今天下便是无贼。"或见帝色不悦，曰："臣恐贼平之后，方劳圣虑。"帝畏馀人怪之，还以他语乱之曰："然。抚宁荒馀，弥成不易。"荣见四方无事，奏称："参军许周劝臣取九锡，臣恶其言，已斥遣令去。"荣时望得殊礼，故以意讽朝廷，帝实不欲与之，因称叹其忠。

荣好猎，不舍寒暑，列围而进，令士卒必齐壹，虽遇险阻，不得违避，一鹿逸出，必数人坐死。有一卒见虎而走，荣谓曰："汝畏死邪！"即斩之，自是每猎，士卒如登战场。尝见虎在穷谷中，荣令十馀人空手搏之，毋得损伤，死者数人，卒擒得之，以此为乐，其下甚苦之。太宰天穆从容谓荣曰："大王勋业已盛，四方无事，唯宜修政养民，顺时搜狩，何必盛夏驱逐，感伤和气？"荣攘袂曰："灵后女主，不能自正，推奉天子，乃人臣常节。葛荣之徒，本皆奴才，乘时作乱，譬如奴走，擒获即已。顷来受国大恩，未能混壹海内，何得遽言勋业！如闻朝士犹自宽纵，今秋欲与兄戒勒士马，校猎嵩高，令贪污朝贵，入围搏虎。

尔朱皇后生性妒忌，多次向孝庄帝发泄怨恨不满之意。孝庄帝派尔朱世隆向她晓以大义，尔朱皇后却说："天子是由我家设立的，现在竟然这样，我父亲当初如果自己做皇帝的话，现在什么事情也就决定了。"尔朱世隆说道："正是由于自己没有做皇帝，才以至如此，如果当初他自己做了皇帝，我现在也可封王了。"

孝庄帝既然外受尔朱荣的逼迫，内又受逼于尔朱皇后，因此总是怏怏不乐，并不以自己是皇帝而感到快乐，唯可庆幸的是寇盗尚未平息，希望寇盗与尔朱荣相抗衡。等到关、陇地区已经平定，捷报传到朝廷之时，孝庄帝却并不感到十分高兴，只是对尚书令临淮王元彧说道："从今以后天下便无贼寇了。"元彧见孝庄帝脸色不悦，说道："我担心贼寇平定以后，才真正会使圣上您多费心考虑呢。"孝庄帝怕其他人感到奇怪，赶忙用别的话打乱他搪塞道："是的，抚慰安定兵荒后残剩的百姓，也实在不容易。"尔朱荣见四方平定无事，便向孝庄帝上奏道："参军许周劝我取得九锡的特殊荣宠，我很厌恶他的话，已经斥责了他一通，让他离开了。"尔朱荣当时希望能够得到孝庄帝特殊的礼遇，所以故意以此来委婉地向魏主暗示自己的愿望，孝庄帝实在不想给尔朱荣高位，因此只是大加称赞了一番尔朱荣的忠诚之心。

尔朱荣喜好打猎，不管寒暑，使军队列队四面围狩，令士卒一定要整齐划一，行动一致，即便遇到艰难险阻，也不得逃避。如果一只鹿逃出去，必定会有几个人因此而处死。有一士兵看到老虎后吓得逃了，尔朱荣对他说道："你怕死吗!"当即便将那个士兵斩杀了，从此每次打猎，士卒们便如同上了战场一般。有一次在一条没有通路的死谷中发现了一只老虎，尔朱荣命十几个人空手与那只老虎搏斗，而且不能损伤老虎，死了好几个人，最后才擒获了老虎。尔朱荣以此为乐，他的部下却为此吃尽了苦头。太宰元天穆曾很随意地对尔朱荣说："大王已经建立了丰功伟业，现在四方安定无事，正应该兴修德政，休养生息，按着季节行围打猎，为什么一定要在盛夏时狩围打猎，伤害自然的和谐之气呢?"尔朱荣挽起袖子说道："胡灵太后，身为女主，行为不正，推奉天子，乃是做臣子的常节。葛荣之徒，本来都是些奴才之辈，乘时发动叛乱，他们好比是一帮奴仆走卒，擒获了就是了。近来我等受国家大恩，却还未能统一海内，怎能说是已建立了功勋业绩! 听说朝廷之士仍很宽纵，今年秋天想与你整顿兵马，进军洛阳，让那些贪官显贵到围子中与虎搏斗。

仍出鲁阳,历三荆,悉拥生蛮,北填六镇,回军之际,扫平汾胡。明年,简练精骑,分出江、淮,萧衍若降,乞万户侯;如其不降,以数千骑径渡缚取。然后与兄奉天子,巡四方,乃可称勋耳。今不频猎,兵士懈怠,安可复用也!"

城阳王徽之妃,帝之舅女。侍中李彧,延寔之子,帝之姊婿也。徽、彧欲得权宠,恶荣为己害,日毁荣于帝,劝帝除之。帝惩河阴之难,恐荣终难保,由是密有图荣之意,侍中杨侃、尚书右仆射元罗亦预其谋。

会荣请入朝,欲视皇后娩乳,徽等劝帝因其入,刺杀之。唯胶东侯李侃晞、济阴王晖业言:"荣若来,必当有备,恐不可图。"又欲杀其党与,发兵拒之。帝疑未定,而洛阳人怀忧惧,中书侍郎邢子才之徒已避之东出,荣乃遍与朝士书,相任去留。中书舍人温子昇以书呈帝,帝恒望其不来,及见书,以荣必来,色甚不悦。子才名劭,以字行,峦之族弟也。时人多以字行者,旧史皆因之。

武卫将军奚毅,建义初往来通命,帝每期之甚重,然犹以荣所亲信,不敢与之言情。毅曰:"若必有变,臣宁死陛下,不能事契胡。"帝曰:"朕保天柱无异心,亦不忘卿忠款。"

尔朱世隆疑帝欲为变,乃为匿名书自榜其门云:"天子与杨侃、高道穆等为计,欲杀天柱。"取以呈荣。荣自恃其强,不以为意,手毁其书,唾地曰:"世隆无胆。谁敢生心!"荣妻北乡长公主亦劝荣不行,荣不从。

然后再出兵鲁阳,扫平三荆之地,将南方蛮贼一并擒获,向北镇抚六镇之后,回军的时候,再铲除汾州界内的胡匪。明年,挑选精锐骑兵,分道出兵长江、淮河,萧衍如果投降的话,给他一个万户侯;如果不投降,便率数千骑兵直渡江、淮,将其擒缚。然后我与你迎奉天子,巡视四方,这才可以称得上是建立了功勋啊。现在如果不频频围猎的话,士兵们就会懈怠,怎么能够再用呢!"

城阳王元徽的妃子,是孝庄帝舅舅的女儿。侍中李彧,是李延寔的儿子,也是孝庄帝的姐夫。元徽、李彧想得到权力,获得皇帝的恩宠,便忌恨尔朱荣,认为他是自己的障碍,于是终日在皇帝面前诋毁尔朱荣,劝皇帝除掉他。孝庄帝从河阴之难中吸取教训,担心尔朱荣最终难以驾驭,从此便暗暗生发了图谋尔朱荣的想法。侍中杨侃、尚书右仆射元罗也参与了这一计划。

正赶上尔朱荣请求入朝,想看皇后生产,元徽等人便劝孝庄帝趁尔朱荣入朝之际,刺杀了他。只有胶东侯李侃晞、济阴王元晖业说道:"尔朱荣如果来的话,一定会有所防备,恐怕不好对付。"元徽等人又想杀掉尔朱荣的党羽,便派兵去对付他们。孝庄帝犹疑不定,而洛阳城人人忧虑害怕,中书侍郎邢子才之徒已经跑出洛阳城向东逃走了,尔朱荣于是给朝中每个大臣都写了一封信,对各自的去留做了安排。中书舍人温子昇将信呈给了孝庄帝,孝庄帝总希望尔朱荣不来,等到看了信后,知道尔朱荣一定要来,脸色很不高兴。邢子才名叫邢劭,以其字行于世,他是邢峦的族弟。当时有很多人都是以字行于世,所以旧史书都因袭下来称其字。

武卫将军奚毅,建义初年以来往返传达使命,孝庄帝对他很看重,但又由于他是尔朱荣所亲信的人,因此不敢跟他说实情。奚毅对孝庄帝说道:"如果有什么变故的话,我宁肯为陛下而死,也不会去为尔朱荣这个契胡做事。"孝庄帝说道:"朕保证天柱将军尔朱荣不会有什么异心,朕也不会忘记你对我的忠诚。"

尔朱世隆怀疑孝庄帝欲有所企图,便写了封匿名信贴在了自己家门上,信上称:"天子与杨侃、高道穆等人策划,打算杀掉天柱将军尔朱荣。"尔朱世隆又取下这封信呈送给了尔朱荣。尔朱荣自恃自己的力量强大,对此并不在意,亲手撕了这封信,朝地上唾了一口道:"尔朱世隆太没有胆量了。谁敢有这样的想法!"尔朱荣的妻子北乡长公主也劝尔朱荣不要入朝,尔朱荣不听。

是月,荣将四五千骑发并州,时人皆言"荣反",又云"天子必当图荣"。九月,荣至洛阳,帝即欲杀之,以太宰天穆在并州,恐为后患,故忍未发,并召天穆。有人告荣云:"帝欲图之。"荣即具奏,帝曰:"外人亦言王欲害我,岂可信之!"于是荣不自疑,每入谒帝,从人不过数十,又皆挺身不持兵仗。帝欲止,城阳王徽曰:"纵不反,亦何可耐,况不可保邪!"

先是,长星出中台,扫大角。恒州人高荣祖颇知天文,荣问之,对曰:"除旧布新之象也。"荣甚悦。荣至洛阳,行台郎中李显和曰:"天柱至,那无九锡,安须王自索也!亦是天子不见机。"都督郭罗察曰:"今年真可作禅文,何但九锡!"参军褚光曰:"人言并州城上有紫气,何虑天柱不应之!"荣下人皆陵侮帝左右,无所忌惮,故其事皆上闻。

奚毅又见帝,求间,帝即下明光殿与语,知其至诚,乃召城阳王徽及杨侃、李彧告以毅语。荣小女适帝兄子陈留王宽,荣尝指之曰:"我终得此婿力。"徽以白帝,曰:"荣虑陛下终为己患,脱有东宫,必贪立孩幼,若皇后不生太子,则立陈留耳。"帝梦手持刀自割落十指,恶之,告徽及杨侃,徽曰:"蝮蛇螫手,壮士解腕,割指亦是其类,乃吉祥也。"

戊子,天穆至洛阳,帝出迎之。荣与天穆并从入西林园宴射,荣奏曰:"近来侍官皆不习武,陛下宜将五百骑出猎,因省辞讼。"先是,奚毅言荣欲因猎挟天子移都,由是帝益疑之。

这一月,尔朱荣率四五千骑兵从并州出发了,当时人们都说"尔朱荣要反叛",又说"天子肯定要图谋杀了尔朱荣"。九月,尔朱荣到了洛阳,孝庄帝当时便想杀了他,由于太宰元天穆还在并州,担心成为后患,所以忍住未杀尔朱荣,同时召元天穆进京。有人告诉尔朱荣说:"皇帝想图谋杀了您。"尔朱荣便将这话上奏了孝庄帝,孝庄帝说道:"外边的人也传言说你想害了我,怎么可以相信这些话呢!"于是尔朱荣便不再怀疑,每次入朝拜谒皇帝,随从之人也不过几十,并且都赤手不带兵器。孝庄帝又打算放弃原来的想法,不再杀尔朱荣,城阳王元徽说道:"即使尔朱荣不反叛,又怎么能容忍他这样呢,何况又怎能保证他不反呢?"

这之前,彗星出中台,扫过天王座。恒州人高荣祖对天文历象很通晓,尔朱荣便问他这一现象的吉凶,高荣祖回答说:"这是除旧布新的预兆。"尔朱荣听了非常高兴。尔朱荣到了洛阳城后,行台郎中李显和对他说:"天柱将军来到京城,怎能不加九锡,何须大王亲自索要。当今天子太不知事情之要害了。"都督郭罗察说:"今年定可以让魏主禅让皇位,何止加九锡呀!"参军褚光说:"人们都说并州城上空有紫气,不必担心天柱大将军不应此征兆!"尔朱荣的部下对孝庄帝左右之人大加凌侮,无所顾忌,所以这些事都传到了孝庄帝那里。

奚毅又入见孝庄帝,请求单独跟皇帝说话,孝庄帝便走下明光殿与他交谈,知道他非常忠诚,于是便召见城阳王元徽及杨侃、李彧等人,将奚毅的话告诉了他们。尔朱荣的小女儿嫁与了皇帝的侄子陈留王元宽,尔朱荣有一次指着元宽说:"我最终会得到这位女婿的帮助。"元徽将这事告诉了孝庄帝,说道:"尔朱荣顾虑到陛下最终会成为他的后患,如果一旦有了东宫太子,他必然会立幼子为帝,如果皇后生的不是男孩,就会立陈留王。"孝庄帝做梦梦见自己持刀割掉了自己的十个手指,很讨厌这个梦,便告诉了元徽和杨侃,元徽说道:"蝮蛇螫了手,壮士便要砍掉手腕,割掉手指跟这同一道理,这是吉祥之兆啊!"

戊子(十五日),元天穆到了洛阳,孝庄帝出宫迎接。尔朱荣与元天穆一起随孝庄帝来到西林园宴饮猎射,尔朱荣奏请道:"近来侍卫之臣都不再习武,陛下应率五百骑兵到外面围猎,正好也可以解脱一下由于处理辞诉公务带来的劳苦。"在这之前,奚毅曾告诉孝庄帝说尔朱荣打算趁围猎之时胁迫天子迁都,因此孝庄帝更加怀疑尔朱荣了。

辛卯，帝召中书舍人温子昇，告以杀荣状，并问以杀董卓事，子昇具道本末。帝曰："王允若即赦凉州人，必不应至此。"良久，语子昇曰："朕之情理，卿所具知。死犹须为，况不必死，吾宁为高贵乡公死，不为常道乡公生！"帝谓杀荣、天穆，即赦其党，皆应不动。应诏王道习曰："尔朱世隆、司马子如、朱元龙特为荣所委任，具知天下虚实，谓不宜留。"徽及杨侃皆曰："若世隆不全，仲远、天光岂有来理！"帝亦以为然。徽曰："荣腰间常有刀，或能狼戾伤人，临事愿陛下起避之。"乃伏侃等十馀人于明光殿东。其日，荣与天穆并入，坐食未讫，起出，侃等从东阶上殿，见荣、天穆已至中庭，事不果。

壬辰，帝忌日。癸巳，荣忌日。甲午，荣暂入，即诣陈留王家饮酒，极醉，遂言病动，频日不入。帝谋颇泄，世隆又以告荣，且劝其速发，荣轻帝，以为无能为，曰："何匆匆！"

预帝谋者皆惧，帝患之。城阳王徽曰："以生太子为辞，荣必入朝，因此毙之。"帝曰："后怀孕始九月，可乎？"徽曰："妇人不及期而产者多矣，彼必不疑。"帝从之。戊戌，帝伏兵于明光殿东序，声言皇子生，遣徽驰骑至荣第告之。荣方与上党王天穆博，徽脱荣帽，欢舞盘旋，兼殿内文武声趣之，荣遂信之，与天穆俱入朝。帝闻荣来，不觉失色，中书舍人温子昇曰："陛下色变。"帝连索酒饮之。帝令子昇作赦文，即成，

辛卯(十八日),孝庄帝召见中书舍人温子昇,告诉了他欲杀尔朱荣之事,并问他当年王允杀董卓的事,温子昇从头至尾详细地谈了那件事。孝庄帝说道:"王允当时若立即赦免凉州人的话,一定不会落到最后那种地步。"过了许久,孝庄帝又对温子昇说:"朕内心的真实情感和想法,你是都知道的。即使冒死也一定要做,何况还不一定死呢,我宁愿像高贵乡公那样死,也不愿像常道乡公那样活着!"孝庄帝认为杀掉尔朱荣、元天穆,然后立即赦免其党羽的话,那些党羽便一定都不会反叛了。应诏官王道习说:"尔朱世隆、司马子如、朱元龙等人深受尔朱荣的信任,都很了解国家的虚实,我认为不应留着他们。"元徽和杨侃都说:"如果尔朱世隆被杀的话,那么尔朱仲远和尔朱天光怎么还会来呢!"孝庄帝也认为他们二人说的对,元徽又说道:"尔朱荣腰间经常带着刀,也许逼急了会伤人的,事发的时候希望陛下起身躲避一下。"于是杨侃等十多人便在明光殿东侧埋伏了下来。这一天,尔朱荣与元天穆一同入朝,坐下来还没吃完饭,便起身出去了,杨侃等人从东边的台阶上殿时,看到尔朱荣、元天穆已经到了中庭,这一次没能成功。

壬辰(十九日),这一天是皇帝的忌日。癸巳(二十日),这一天是尔朱荣的忌日。甲午(二十一日),尔朱荣短暂上朝之后,便到陈留王家里饮酒去了,喝得大醉,于是便说生病了,连日没有上朝。魏主的计划大多被泄漏出去了,尔朱世隆又将这些告诉了尔朱荣,并且劝他赶快启程逃走,尔朱荣对孝庄帝很轻视,认为他不能有所作为,说道:"何必这么着急呢!"

参与孝庄帝谋划的人都非常害怕,孝庄帝也很担心。城阳王元徽说:"以皇后生太子为借口,尔朱荣肯定会入朝,趁机杀了他。"孝庄帝说:"皇后才怀孕九个月,这样说行吗?"元徽说道:"妇人不到日期而产子的多了,尔朱荣肯定不会怀疑的。"孝庄帝于是听从了他的建议。戊戌(二十五日),孝庄帝在明光殿东厢埋伏下了伏兵,对外声言说皇后生了皇太子,派元徽飞马赶至尔朱荣的府第告诉他这一消息。尔朱荣当时正跟上党王元天穆赌博,元徽摘下了尔朱荣的帽子,拿在手上欢舞盘旋,向他祝贺,再加上殿内文武信使也前来催促尔朱荣,于是尔朱荣便相信了这一消息,跟元天穆一起来到了朝廷。孝庄帝听说尔朱荣来了,不禁惊慌失色,中书舍人温子昇说道:"陛下脸色都变了。"孝庄帝赶忙连连要酒喝了一些。孝庄帝命温子昇起草赦文,写成之后,

执以出，遇荣自外入，问："是何文书？"子昇颜色不变，曰"敕"，荣不取视而入。帝在东序下西向坐，荣、天穆在御榻西北南向坐。徽入，始一拜，荣见光禄少卿鲁安、典御李侃晞等抽刀从东户入，即起趋御座，帝先横刀膝下，遂手刃之，安等乱斫，荣与天穆同时俱死。荣子菩提及车骑将军尔朱阳睹等三十人从荣入宫，亦为伏兵所杀。帝得荣手版，上有数牒启，皆左右去留人名，非其腹心者悉在出限，帝曰："竖子若过今日，遂不可制。"于是内外喜噪，声满洛阳城。百僚入贺。帝登阊阖门，下诏大赦，遣武卫将军奚毅、前燕州刺史崔渊将兵镇北中。是夜，北乡长公主帅荣部曲，焚西阳门，出屯河阴。

卫将军贺拔胜与荣党田怡等闻荣死，奔赴荣第。时宫殿门犹未加严防，怡等议即攻门，胜止之曰："天子既行大事，必当有备，吾辈众少，何可轻尔！但得出城，更为他计。"怡乃止。及世隆等走，胜遂不从，帝甚嘉之。朱瑞虽为荣所委，而善处朝廷之间，帝亦善遇之，故瑞从世隆走而中道逃还。

荣素厚金紫光禄大夫司马子如，荣死，子如自宫中突出，至荣第，弃家，随荣妻子走出城。世隆即欲还北，子如曰："兵不厌诈，今天下恟恟，唯强是视，当此之际，不可以弱示人，若亟北走，恐变生肘腋。不如分兵守河桥，还军向京师，出其不意，或可成功。假使不得所欲，亦足示有馀力，使天下畏我之强，不敢叛散。"世隆从之。己亥，攻河桥，擒奚毅等，杀之，据北中城。魏朝大惧，

温子昇拿着走出了宫殿,这时正遇上尔朱荣从外面进来,尔朱荣问道:"这是什么文书?"温子昇神色不变,答道:"这是圣旨。"尔朱荣没有拿过来看一看便走了进去。孝庄帝在东墙下西向坐,尔朱荣、元天穆在御榻西北面南向坐。元徽进来后,刚拜了一拜,尔朱荣便看见光禄少卿鲁安、典御李侃晞等人持刀从东门闯了进来,尔朱荣赶快起身快步来到皇帝的座位旁,孝庄帝预先将刀横在了膝下,于是亲手杀了尔朱荣。鲁安等奔上前去一阵乱砍,尔朱荣与元天穆一块被杀死了。尔朱荣的儿子尔朱菩提及车骑将军尔朱阳睹等三十名随尔朱荣入宫的人,也都被伏兵所杀。孝庄帝得到了尔朱荣的手版,上面有几张启奏书,记的都是些皇帝左右要除掉或留下的人名,不是尔朱荣心腹的人均在赶出之列。孝庄帝说道:"这家伙如果活过了今天,就难以制驭了。"于是朝廷内外一片欢喜之声,消息很快传遍了洛阳城。文武百官纷纷入朝庆贺。孝庄帝登上阊阖门,下诏实行大赦,派武卫将军奚毅、前燕州刺史崔渊率兵镇守北中城。当夜,北乡长公主率尔朱荣的部下烧毁了西阳门,逃出洛阳城,屯驻于河阴。

卫将军贺拔胜与尔朱荣的亲信田怡等人听说尔朱荣已死,赶忙奔赴尔朱荣的府第。当时宫殿大门还未来得及严加防卫,田怡等商议立即攻打皇宫,贺拔胜说:"天子既然做了如此重大之事,一定会早有防备,我等人马这么少,怎么能轻率从事,只能逃出洛阳城,再想别的办法吧。"田悦这才作罢。等到尔朱世隆逃走时,贺拔胜却没有跟从他一起出逃,孝庄帝对贺拔胜很是嘉奖了一番。朱瑞虽然被尔朱荣所信任,但在朝廷大臣中间关系处得很好,孝庄帝对他也很善待,所以朱瑞随尔朱世隆出逃后中途逃了回来。

尔朱荣平素对金紫光禄大夫司马子如很器重,尔朱荣死后,司马子如从宫中逃了出来,来到了尔朱荣的府第,抛弃了家人,随尔朱荣的妻子和儿子逃出了洛阳城。尔朱世隆想马上便回到北方,司马子如说道:"兵不厌诈,当今天下一片混乱,只有强者才能号令天下,当此之际,不能以弱者的姿态示之于人,如果我们急急忙忙北逃的话,恐怕内部就会发生不测,不如分兵据守河桥,回军京师,出其不意,或许可以成功。即使不能成功,也足以显示我们还有馀力,使天下之人畏惧我们的强大,不敢叛离。"尔朱世隆听从了他的建议。己亥(二十六日),尔朱世隆的部队攻占了河桥,擒获了奚毅等人,将他们杀掉,占据了北中城。北魏朝廷大为惊恐,

遣前华阳太守段育慰谕之,世隆斩首以徇。

魏以雍州刺史尔朱天光为侍中、仪同三司。以司空杨津为都督并肆等九州诸军事、骠骑大将军、并州刺史,兼尚书令、北道行台,经略河、汾。

荣之入洛也,以高敖曹自随,禁于驼牛署。荣死,帝引见,劳勉之。兄乾自东冀州驰赴洛阳,帝以乾为河北大使,敖曹为直阁将军,使归,招集乡曲为表里形援。帝亲送之于河桥,举酒指水曰:"卿兄弟冀部豪杰,能令士卒致死,京城傥有变,可为朕河上一扬尘。"乾垂涕受诏,敖曹援剑起舞,誓以必死。

冬,十月癸卯朔,世隆遣尔朱拂律归将胡骑一千,皆白服,来至郭下,索太原王尸。帝升大夏门望之,遣主书牛法尚谓之曰:"太原王立功不终,阴图衅逆,王法无亲,已正刑书。罪止荣身,馀皆不问。卿等若降,官爵如故。"拂律归曰:"臣等随太原王入朝,忽致冤酷,今不忍空归。愿得太原王尸,生死无恨。"因涕泣,哀不自胜,群胡皆恸哭,声振城邑。帝亦为之怆然,遣侍中朱瑞赍铁券赐世隆。世隆谓瑞曰:"太原王功格天地,赤心奉国,长乐不顾信誓,枉加屠害,今日两行铁字,何足可信! 吾为太原王报仇,终无降理!"瑞还,白帝,帝即出库物置城西门外,募敢死之士以讨世隆,一日即得万人,与拂律归等战于郭外。拂律归等生长戎旅,洛阳之人不习战斗,屡战不克。甲辰,以前车骑大将军李叔仁为大都督,帅众讨世隆。

于是派遣前华阳太守段育前往慰问安抚,尔朱世隆将段育斩首示众。

北魏任命雍州刺史尔朱天光为侍中、仪同三司。任命司空杨津为都督并、肆等九州诸军事、骠骑大将军、并州刺史,兼尚书令、北道行台,负责统辖河、汾地区。

尔朱荣到洛阳的时候,将高敖曹带在身边,囚禁在驼牛署中。尔朱荣死后,孝庄帝召见高敖曹,慰问嘉勉了他。高敖曹的哥哥高乾从东冀州赶到了洛阳城,孝庄帝任命高乾为河北大使,高敖曹为直阁将军,让他们回去,召集乡勇做朝廷的外援。孝庄帝亲自送高氏兄弟至河桥,举起酒杯,指着黄河之水说:"你们兄弟二人是冀部豪杰,能使士卒为你们拼死效力,京城倘若有什么变故,你们可以为我在黄河上助一下声势。"高乾流着眼泪接受了皇诏,高敖曹拔剑起舞,发誓以死报效孝庄帝。

冬季,十月癸卯朔(初一),尔朱世隆派尔朱拂律归率领胡骑一千名,都穿着白色孝服,来到洛阳城下,索要太原王尔朱荣的尸首。孝庄帝登上大夏门观望后,派主书牛法尚对尔朱拂律归说:"太原王尔朱荣为国立功没有能保住晚节,阴谋策划叛乱,国法不分亲疏,因此已经按照刑书处死。但是,罪行只限于尔朱荣一人,其馀的人一概不予追究。你们如果投降的话,官职爵位一切照旧。"尔朱拂律归说道:"我等追随太原王入朝,太原王忽然便招致如此奇冤,现在我们不忍心空手回去。希望得到太原王的尸首,也就死而无恨了。"说着便流下了眼泪,不胜悲哀,胡兵们也都大声恸哭,哭声震动了洛阳城。孝庄帝也不禁为之怆然,于是派侍中朱瑞持铁券赐予尔朱世隆。尔朱世隆对朱瑞说:"太原王功盖天地,忠心为国,孝庄帝尚且不顾信誓,还对他加以残害,今天这两行铁字,又怎能让人相信!我一定要为太原王报仇,决无投降之理!"朱瑞回来后,报告了孝庄帝。孝庄帝于是便取出府库中的东西放在洛阳城西门外,招募不怕死的壮士以讨伐尔朱世隆,一天便招募了一万人,与尔朱拂律归等在城外交战。尔朱拂律归等从小在军旅中长大,洛阳城内之人不熟悉作战,因此几次战斗都未能打败尔朱拂律归。甲辰(初二),朝廷任命前车骑大将军李叔仁为大都督,率军讨伐尔朱世隆。

戊申，皇子生，大赦。以中书令魏兰根兼尚书左仆射，为河北行台，定、相、殷三州皆禀兰根节度。

尔朱氏兵犹在城下，帝集朝臣博议，皆恇惧不知所出。通直散骑常侍李苗奋衣起曰："今小贼唐突如此，朝廷有不测之忧，正是忠臣烈士效节之日。臣虽不武，请以一旅之众为陛下径断河桥。"城阳王徽、高道穆皆以为善，帝许之。乙卯，苗募人从马渚上流乘船夜下，去桥数里，纵火船焚河桥，倏忽而至。尔朱氏兵在南岸者，望之，争桥北渡，俄而桥绝，溺死者甚众。苗将百许人泊于小渚以待南援，官军不至，尔朱氏就击之，左右皆尽，苗赴水死。帝伤惜之，赠车骑大将军、仪同三司，封河阳侯，谥曰忠烈。世隆亦收兵北遁。丙辰，诏行台源子恭将步骑一万出西道，杨昱将募士八千出东道以讨之，子恭仍镇太行丹谷，筑垒以防之。世隆至建州，刺史陆希质闭城拒守，世隆攻拔之，杀城中人无遗类，以肆其忿，唯希质走免。

诏以前东荆州刺史元显恭为晋州刺史，兼尚书左仆射、西道行台。

12　魏东徐州刺史广牧斛斯椿素依附尔朱荣，荣死，椿惧，闻汝南王悦在境上，乃帅部众弃州归悦。悦授椿侍中、大将军、司空，封灵丘郡公，又为大行台前驱都督。

13　汾州刺史尔朱兆闻荣死，自汾州帅骑据晋阳；世隆至长子，兆来会之。壬申，共推太原太守、行并州事长广王晔即皇帝位，大赦，改元建明。晔，英之弟子也。以兆为大将军，进爵为王；世隆为尚书令，赐爵乐平王，加太傅、司州牧；

戊申(初六),皇子出生,北魏实行大赦。任命中书令魏兰根兼任尚书左仆射,为河北行台。定、相、殷三州都受魏兰根管辖。

尔朱氏的军队仍在洛阳城下,孝庄帝召集朝廷大臣广泛商议计策,大臣们都吓得不知该如何是好。通直散骑常侍李苗起身说道:"现在贼兵如此猖狂,朝廷面临不测之忧,这正是忠臣烈士报效尽忠之日。我虽然不是武将,请求率一支部队为陛下截断河桥。"城阳王元徽、高道穆都认为李苗的建议很好,孝庄帝便答应了他。乙卯(十三日),李苗募人从马渚的上游乘船在夜间顺流而下,离桥还有几里远时,便纵火船焚烧河桥,很快便到了。尔朱世隆的那些在南岸的士兵,看到这种情况后,争着涌上桥向北逃,不一会桥便烧断了,溺水而死的人很多。李苗率一百左右人马停驻在水中小岛上等待南援之兵,但官军一直未到,尔朱氏的部队便向他们发动了攻击,李苗的部下全部战死,李苗自己也投水而死。孝庄帝对李苗之死很是伤心痛惜,追赠他为车骑大将军、仪同三司,加封河阳侯,谥号为"忠烈"。尔朱世隆也收兵北逃。丙辰(十四日),孝庄帝下诏命令行台源子恭率一万步兵和骑兵出西道,杨昱率招募来的八千士兵出东道以讨伐尔朱世隆。源子恭仍然镇守太行关之丹谷,修筑堡垒以防备叛军。尔朱世隆的部队来到建州,建州刺史陆希质紧闭城门坚守,尔朱世隆攻取建州城,屠杀了城中的所有人,以发泄其怨忿之情,只有陆希质逃走,免于一死。

孝庄帝下诏任命前东荆州刺史元显恭为晋州刺史,兼尚书左仆射、西道行台。

12 北魏东徐州刺史广牧人斛斯椿一直依附于尔朱荣,尔朱荣死后,斛斯椿很恐惧,听说汝南王元悦在东徐州的边境上,于是便率领部众放弃了东徐州投奔了元悦。元悦任命斛斯椿为侍中、大将军、司空,加封灵丘郡公,又任命他为大行台前驱都督。

13 汾州刺史尔朱兆听到了尔朱荣已死的消息后,从汾州率骑兵占据了晋阳。尔朱世隆到了长子,尔朱兆前来与他会合。壬申(三十日),大家共同推举太原太守、行并州事长广王元晔即皇帝位,实行大赦,改年号为建明。元晔是元英的侄子。任命尔朱兆为大将军,进爵为王;任命尔朱世隆为尚书令,赐爵为乐平王,加封为太傅、司州牧;

又以荣从弟度律为太尉，赐爵常山王；世隆兄天柱长史彦伯为侍中；徐州刺史仲远为车骑大将军，兼尚书左仆射、三徐州大行台。仲远亦起兵向洛阳。

尔朱天光之克平凉也，宿勤明达请降，既而复叛，北走，天光遣贺拔岳讨之，明达奔东夏。岳闻尔朱荣死，不复穷追，还泾州以待天光。天光与侯莫陈悦亦下陇，与岳谋引兵向洛。魏敬宗使朱瑞慰谕天光，天光与岳谋，欲令帝外奔而更立宗室，乃频启云："臣实无异心，唯欲仰奉天颜，以申宗门之罪。"又使其下僚属启云："天光密有异图，愿思胜算以防之。"

范阳太守卢文伟诱平州刺史侯渊出猎，闭门拒之。渊屯于郡南，为荣举哀，勒兵南向，进，至中山，行台仆射魏兰根邀击之，为渊所败。

敬宗以城阳王徽兼大司马、录尚书事，总统内外。徽意谓荣既死，枝叶自应散落，及尔朱世隆等兵四起，党众日盛，徽忧怖，不知所出。性多嫉忌，不欲人居己前，每独与帝谋议，群臣有献策者，徽辄劝帝不纳，且曰："小贼何虑不平！"又靳惜财货，赏赐率皆薄少，或多而中减，或与而复追，故徒有靡费而恩不感物。

十一月癸酉朔，敬宗以车骑将军郑先护为大都督，与行台杨昱共讨尔朱仲远。

乙亥，以司徒长孙稚为太尉，临淮王彧为司徒。

丙子，进雍州刺史广宗公尔朱天光爵为王。长广王亦以天光为陇西王。

又任命尔朱荣的堂弟尔朱度律为太尉,赐爵为常山王;任命尔朱世隆的哥哥天柱长史尔朱彦伯为侍中;任命徐州刺史尔朱仲远为车骑大将军,兼尚书左仆射、三徐州大行台。尔朱仲远这时也出兵指向洛阳。

尔朱天光当时攻克平凉的时候,宿勤明达请求投降,但不久又反叛了尔朱天光,向北逃走。尔朱天光派贺拔岳率兵讨伐,宿勤明达逃奔东夏。贺拔岳听说尔朱荣已死,便不再穷追宿勤明达,回兵泾州以等待尔朱天光。尔朱天光与侯莫陈悦也南下陇地,跟贺拔岳商议率兵到洛阳。北魏孝庄帝派朱瑞前去慰问安抚尔朱天光,尔朱天光跟贺拔岳策划打算让孝庄帝外逃,然后再重新立一个皇族宗亲为皇帝。于是尔朱天光频频向孝庄帝上表称:"我确实没有异心,只是想见到皇上,当面向皇上申述我们尔朱氏的罪过。"同时又让他的下属向孝庄帝上表说:"尔朱天光暗中早有异图,希望陛下想个好主意以防备尔朱天光。"

范阳太守卢文伟引诱平州刺史侯渊出城狩猎,乘机紧闭城门不许侯渊返回。侯渊率军驻扎在范阳郡的南面,为尔朱荣举哀悼念,之后侯渊又率军向南进发,来到了中山,行台仆射魏兰根中道拦击侯渊,结果被侯渊打败。

孝庄帝任命城阳王元徽兼任大司马、录尚书事,负责朝廷内外的一切事务。元徽心里认为尔朱荣既然已死,他的下属自然也会四下分散了,等到尔朱世隆等人率兵四起,声势一天天兴盛后,元徽心中非常忧虑、恐惧,不知该如何是好。元徽生性多嫉,不愿别人超过自己,常常独自与皇帝谋划商议,群臣中如有向孝庄帝献计献策的,元徽总是劝皇帝不要采纳,并且说:"何必担心这些小贼寇不能平定!"元徽又很吝惜财货,对官兵的赏赐都很薄少,有时本来赏赐较多,但他却又从中克扣减少,有时已经赏给了人家,却又追夺回来,所以徒费钱财但人们却感觉不到朝廷的恩泽。

十一月癸酉朔(初一),魏孝庄帝任命车骑将军郑先护为大都督,与行台杨昱一起讨伐尔朱仲远。

乙亥(初三),魏孝庄帝任命司徒长孙稚为太尉,任命临淮王元彧为司徒。

丙子(初四),魏孝庄帝将雍州刺史广宗公尔朱天光封爵为王。长广王也任命尔朱天光为陇西王。

　　尔朱仲远攻西兖州,丁丑,拔之,擒刺史王衍。衍,肃之兄子也。癸未,敬宗以右卫将军贺拔胜为东征都督。壬辰,又以郑先护兼尚书左仆射为行台,与胜共讨仲远。戊戌,诏罢魏兰根行台,以定州刺史薛昙尚兼尚书,为北道行台。郑先护疑贺拔胜,置之营外。庚子,胜与仲远战于滑台东,兵败,降于仲远。

　　初,尔朱荣尝从容问左右曰:“一日无我,谁可主军?”皆称尔朱兆。荣曰:“兆虽勇于战斗,然所将不过三千骑,多则乱矣。堪代我者,唯贺六浑耳。”因戒兆曰:“尔非其匹,终当为其穿鼻。”乃以高欢为晋州刺史。及兆引兵向洛,遣使召欢,欢遣长史孙腾诣兆,辞以“山蜀未平,今方攻讨,不可委去,致有后忧。定蜀之日,当隔河为掎角之势”。兆不悦,曰:“还白高晋州,吾得吉梦,梦与吾先人登高丘,丘旁之地,耕之已熟,独馀马蔺,先人命吾拔之,随手而尽。以此观之,往无不克。”腾还报,欢曰:“兆狂愚如是,而敢为悖逆,吾势不得久事尔朱矣。”

　　十二月壬寅朔,尔朱兆攻丹谷,都督崔伯凤战死,都督史仵龙开壁请降,源子恭退走。兆轻兵倍道兼行,从河桥西涉渡。先是,敬宗以大河深广,谓兆未能猝济,是日,水不没马腹。甲辰,暴风,黄尘涨天,兆骑叩宫门,宿卫乃觉,弯弓欲射,矢不得发,一时散走。华山王鸷,斤之玄孙也,素附尔朱氏。帝始闻兆南下,欲自帅诸军讨之,鸷说帝曰:“黄河万仞,兆安得渡!”帝遂自安。及兆入宫,鸷复约止卫兵不使斗。帝步出云龙门外,

尔朱仲远攻打西兖州,丁丑(初五),攻下了西兖州,活捉了刺史王衍。王衍是王肃的侄子。癸未(十一日),魏孝庄帝任命右卫将军贺拔胜为东征都督。壬辰(二十日),又任命郑先护兼尚书左仆射,为行台,与贺拔胜共同讨伐尔朱仲远。戊戌(二十六日),魏孝庄帝下诏罢免了魏兰根的行台之职,任命定州刺史薛昙尚兼尚书,为北道行台。郑先护对贺拔胜有所怀疑,将其置于大营之外。庚子(二十八日),贺拔胜与尔朱仲远在滑台以东交战,贺拔胜战败,投降了尔朱仲远。

当初,尔朱荣曾随便地问左右道:"一旦我死了,谁可以统领军队?"左右都说尔朱兆可以。尔朱荣却说:"尔朱兆虽然战斗勇猛,但他统帅的部队至多不能超过三千骑,再多就会乱了。能够代替我的人,只有高欢啊。"因此尔朱荣告诫尔朱兆说:"你不是高欢的对手,最终要受其所制的。"于是便任命高欢为晋州刺史。等到尔朱兆率军至洛阳的时候,尔朱兆派人召请高欢,高欢派长史孙腾前去见尔朱兆,推辞说:"山蜀叛乱尚未平息,现在正在讨伐,不能放弃,以免招致后患。等到平定山蜀叛乱后,当隔黄河与您构成掎角之势。"尔朱兆很不高兴,对孙腾说道:"你回去告诉高刺史,我做了一个好梦,梦见自己与我的先人登上高丘,高丘周围的土地,耕翻得已经很熟了,却只剩下了马蔺草,先人命我将马蔺草拔除掉,我随手便将草拔除干净了。由此来看,我一定会无往而不克的。"孙腾回去向高欢做了汇报,高欢说道:"尔朱兆如此猖狂愚蠢,竟敢做悖逆之事,看来我是不能长久事奉尔朱氏了。"

十二月壬寅朔(初一),尔朱兆攻打丹谷,都督崔伯凤战死,都督史仵龙打开城门向尔朱兆请降,源子恭溃退逃走。尔朱兆率轻装兵士倍道兼程,从河桥的西边渡过了黄河。在这之前,孝庄帝以为黄河又深又宽,尔朱兆不可能很快渡过黄河,但是这一天,黄河水还没不过马腹。甲辰(初三),狂风大作,黄尘漫天,直至尔朱兆的骑兵叩击皇宫的宫门,宿卫之兵才发觉,赶忙想搭弓放箭,箭未来得及放,便都立刻四散奔逃。华山王元鸷,是元斤的玄孙,一直依附于尔朱氏。孝庄帝开始听说尔朱兆南下的时候,想亲自统帅六军讨伐,元鸷却对孝庄帝说:"黄河水深万仞,尔朱兆怎么会过得来呢!"孝庄帝于是自己也觉得很安全了。等到尔朱兆的部队攻进了皇宫,元鸷又制止宫廷卫兵,不让他们与之交战。孝庄帝走出云龙门外,

遇城阳王徽乘马走，帝屡呼之，不顾而去。兆骑执帝，锁于永宁寺楼上，帝寒甚，就兆求头巾，不与。兆营于尚书省，用天子金鼓，设刻漏于庭，扑杀皇子，污辱嫔御妃主，纵兵大掠，杀司空临淮王彧、尚书左仆射范阳王诲、青州刺史李延寔等。

城阳王徽走至山南，抵前洛阳令寇祖仁家。祖仁一门三刺史，皆徽所引拔，以有旧恩，故投之。徽赍金百斤，马五十匹，祖仁利其财，外虽容纳，而私谓子弟曰："如闻尔朱兆购募城阳王，得之者封千户侯。今日富贵至矣！"乃怖徽云官捕将至，令其逃于他所，使人于路邀杀之，送首于兆，兆亦不加勋赏。兆梦徽谓己曰："我有金二百斤、马百匹在祖仁家，卿可取之。"兆既觉，意所梦为实，即掩捕祖仁，征其金、马。祖仁谓人密告，望风款服，云"实得金百斤、马五十匹。"兆疑其陷匿，依梦证之，祖仁家旧有金三十斤、马三十匹，尽以输兆。兆犹不信，发怒，执祖仁，悬首高树，大石坠足，捶之至死。

尔朱世隆至洛阳，兆自以为己功，责世隆曰："叔父在朝日久，耳目应广，如何令天柱受祸！"按剑瞋目，声色甚厉。世隆逊辞拜谢，然后得已，由是深恨之。尔朱仲远亦自滑台至洛。

戊申，魏长广王大赦。

尔朱荣之死也，敬宗诏河西贼帅纥豆陵步蕃使袭秀容。及兆入洛，步蕃南下，兵势甚盛，故兆不暇久留，亟还晋阳以

遇到城阳王元徽正骑马而逃，孝庄帝连声呼叫元徽，元徽却不顾孝庄帝，径自逃去。尔朱兆的骑兵抓住了孝庄帝，将他锁在永宁寺的楼上，孝庄帝感到十分寒冷，向尔朱兆要头巾，尔朱兆没有给他。尔朱兆扎营于尚书省，用天子才能使用的金鼓，在庭中设刻漏，杀害了皇子，对宫中的嫔御、妃子、公主大加污辱，纵兵大肆掠夺财物，杀了司空临淮王元彧、尚书左仆射范阳王元诲和青州刺史李延寔等。

　　城阳王元徽逃至山南，来到了前洛阳令寇祖仁家。寇祖仁一家出了三位刺史，都是由元徽引见提拔的，由于有此旧恩，所以元徽才前来投奔。元徽带有黄金百斤，马五十匹，寇祖仁贪图其财，表面上虽然留纳了元徽，但私下里却对其家人说："听说尔朱兆正在悬赏捉拿城阳王元徽，抓到他的人封千户侯，今天我们富贵的日子到了！"于是寇祖仁吓唬元徽，说官军抓捕他的人就要到了，让元徽赶快逃到别处去，寇祖仁便派人在半路上杀了元徽，将他的人头送到了尔朱兆处，但尔朱兆却并未对寇祖仁加以赏赐。尔朱兆做梦时梦见元徽对自己说："我有黄金二百斤、马一百匹在寇祖仁家中，你可以派人去取。"尔朱兆梦中醒来后，认为自己刚才的梦是真的，于是便收捕了寇祖仁，向他索要黄金和马匹。寇祖仁以为别人已密告了尔朱兆，一审问便全都照实交代了，说："确实得到了百斤黄金和五十匹马。"尔朱兆怀疑寇祖仁还有隐瞒，便按梦中所见搜查寇祖仁家，寇祖仁家自己原有黄金三十斤、马五十四，也全都送给了尔朱兆。尔朱兆仍不相信，一怒之下，执捕了寇祖仁，将其悬挂树上，大石坠脚，鞭打至死。

　　尔朱世隆来到洛阳，尔朱兆自认为一切都是自己的功劳，责怪尔朱世隆说："叔父您身在朝廷这么长时间，耳闻目见应该很广，为什么竟让天柱将军遭此大祸！"尔朱兆说话时手按宝剑，怒目圆睁，声色俱厉。尔朱世隆只好慌忙谢罪，这才无事，从此尔朱世隆对尔朱兆深为怨恨。此时尔朱仲远也从滑台来到了洛阳。

　　戊申(初七)，北魏长广王实行大赦。

　　尔朱荣死的时候，北魏孝庄帝下诏书命令河西贼帅纥豆陵步蕃攻袭秀容郡。等到尔朱兆进入洛阳后，纥豆陵步蕃便挥军南下，兵势十分强盛，所以尔朱兆不敢在洛阳长久停留，赶忙回师晋阳以

御之,使尔朱世隆、度律、彦伯等留镇洛阳。甲寅,兆迁敬宗于晋阳,兆自于河梁监阅财资。高欢闻敬宗向晋阳,帅骑东巡,欲邀之,不及,因与兆书,为陈祸福,不宜害天子,受恶名;兆怒,不纳。尔朱天光轻骑入洛,见世隆等,即还雍州。

初,敬宗恐北军不利,欲为南走之计,托云征蛮,以高道穆为南道大行台,未及发而兆入洛。道穆托疾去,世隆杀之。主者请追李苗封赠,世隆曰:"当时众议,更一二日即欲纵兵大掠,焚烧郭邑,赖苗之故,京师获全。天下之善一也,不宜复追。"

尔朱荣之死也,世隆等征兵于大宁太守代人房谟,谟不应,前后斩其三使,遣弟毓诣洛阳。及兆得志,其党建州刺史是兰安定执谟系州狱,郡中蜀人闻之,皆叛。安定给谟弱马,令军前慰劳,诸贼见谟,莫不遥拜。谟先所乘马,安定别给将士,战败,蜀人得之,谓谟遇害,莫不悲泣,善养其马,不听人乘之,儿童妇女竞投草粟,皆言此房公马也。尔朱世隆闻之,舍其罪,以为其府长史。

北道大行台杨津,以众少,留邺召募,欲自滏口入并州,会尔朱兆入洛,津乃散众,轻骑还朝。

尔朱世隆与兄弟密谋,虑长广王母卫氏干预朝政,伺其出行,遣数十骑如劫盗者于京巷杀之,寻悬榜以千万钱募贼。

甲子,尔朱兆缢敬宗于晋阳三级佛寺,并杀陈留王宽。

防御纥豆陵步蕃,尔朱兆让尔朱世隆、尔朱度律、尔朱彦伯等人留守洛阳。甲寅(十三日),尔朱兆将孝庄帝迁至晋阳。尔朱兆自己在河梁监督掠取财货,高欢听说魏孝庄帝要被押至晋阳,便率骑兵东巡,打算截住孝庄帝,但未能赶上。于是便给尔朱兆写了一封信,向他陈述利害,劝他不要杀害天子,承受恶名声。尔朱兆大怒,没有采纳高欢的劝谏。尔朱天光率轻骑来到洛阳,会见了尔朱世隆等人,之后便回到了雍州。

当初,孝庄帝担心源子恭的北军会失败,便想做南逃的打算,假托是征讨蛮贼,任命高道穆为南道大行台,但还未来得及出发,尔朱兆便攻入了洛阳城。高道穆假托有病想逃离洛阳,被尔朱世隆所杀。主事之人请求追回对李苗的封赐,尔朱世隆说道:"当时大家商议,再过一两天便要纵兵大肆掠抢,焚烧掉洛阳城,多亏了李苗,京城才得以保全。天下之善是一样的,不应再追回李苗的封赐。"

尔朱荣死时,尔朱世隆等向大宁太守代郡人房谟证调兵员,房谟没有答应,前后共斩杀了三位尔朱世隆派来的使者,同时派弟弟房毓前往洛阳。等到尔朱兆得志之后,尔朱兆的党羽建州刺史是兰安定将房谟抓住囚禁于建州狱中,泰宁郡的蜀人听说后,便反叛了。是兰安定给房谟一匹劣马,让他前往叛军中慰劳安抚,叛军们见到房谟后,莫不遥拜。房谟原先乘的那匹马,被是兰安定另外给了别的将士,战败后,那匹马被蜀人得到,蜀人以为房谟遇害了,都悲哭不已。于是蜀人精心饲养这匹马,不允许别人乘坐,儿童、妇女们争相给这匹马喂草料,都说这是房公的马。尔朱世隆听说了之后,免掉了房谟的罪行,任命他为自己府中的长史。

北道大行台杨津,由于军队人数少,于是驻留在邺城招募新兵,打算从滏口进入并州,这时正赶上尔朱兆攻入洛阳,杨津便遣散了部队,只带了一些骑兵回到朝廷。

尔朱世隆跟他的几个兄弟密谋,担心长广王的母亲卫氏会干预朝政,于是在侦察到她出行在外的时候,便派了几十名骑兵装扮成强盗,在洛阳城一个曲折的小巷中杀了卫氏,很快又贴出告示悬赏千万钱捉拿凶手。

甲子(二十三日),尔朱兆将孝庄帝缢杀于晋阳的三级佛寺中,同时还杀害了陈留王元宽。

是月，纥豆陵步蕃大破尔朱兆于秀容，南逼晋阳。兆惧，使人召高欢并力。僚属皆劝欢勿应召，欢曰："兆方急，保无他虑。"遂行。欢所亲贺拔焉过儿请缓行以弊之，欢往往逗留，辞以河无桥，不得渡。步蕃兵日盛，兆屡败，告急于欢，欢乃往从之。兆时避步蕃南出，步蕃至平乐郡，欢与兆进兵合击，大破之，斩步蕃于石鼓山，其众退走。兆德欢，相与誓为兄弟，将数十骑诣欢，通夜宴饮。

初，葛荣部众流入并、肆者二十馀万，为契胡凌暴，皆不聊生，大小二十六反，诛夷者半，犹谋乱不止。兆患之，问计于欢，欢曰："六镇反残，不可尽杀，宜选王腹心使统之，有犯者罪其帅，则所罪者寡矣。"兆曰："善！谁可使者？"贺拔允时在坐，请使欢领之。欢拳殴其口，折一齿，曰："平生天柱时，奴辈伏处分如鹰犬。今日天下事取舍在王，而阿鞠泥敢僭易妄言，请杀之！"兆以欢为诚，遂以其众委焉。欢以兆醉，恐醒而悔之，遂出，宣言："受委统州镇兵，可集汾东受号令。"乃建牙阳曲川，陈部分。军士素恶兆而乐属欢，莫不皆至。

居无何，又使刘贵请兆，以"并、肆频岁霜旱，降户掘田鼠而食之，面无谷色，徒污人境内，请令就食山东，待温饱更受处分"。兆从其议。长史慕容绍宗谏曰："不可。方今四方纷扰，

这一月,纥豆陵步蕃在秀容大破尔朱兆,接着向南逼近晋阳。尔朱兆很害怕,赶忙派人招请高欢并力攻敌。高欢的僚属都劝高欢不要答应尔朱兆的召请,高欢说道:"目前尔朱兆正处于危急之中,我保证他不会有其他方面企图的。"于是便率军出发了。高欢的亲信贺拔焉过兒请高欢缓慢行进,以使尔朱兆更加疲弊,于是高欢便时时逗留,以汾河上没有桥,无法过河为托词。纥豆陵步蕃的部队气势越来越盛,尔朱兆屡战屡败,向高欢告急,高欢这才前往增援。尔朱兆当时为避纥豆陵步蕃南出,纥豆陵步蕃率军来到平乐郡,高欢与尔朱兆进军平乐,两下合击,大败纥豆陵步蕃军,在石鼓山斩杀了纥豆陵步蕃,纥豆陵步蕃的部众四散逃亡。尔朱兆很感激高欢,与高欢相互发誓结为兄弟,尔朱兆带数十名骑兵来到高欢住所,通宵饮酒宴乐。

　　当初,葛荣的部下被流放到并州、肆州的有二十多万人,这些人深受胡人的欺凌,都无以为生,前后大大小小又反叛了二十六次,被杀掉了一大半,但仍图谋叛乱不止。尔朱兆深以为患,于是便问计于高欢。高欢说道:"六镇之民反叛,不能全部杀掉,应该选一位您的心腹之人,让他统领六镇之民,如有反叛者,则惩处其首领,那样的话,受惩处的人就少了。"尔朱兆说:"好主意! 但派谁去合适呢?"贺拔允当时也在座,他建议让高欢统领六镇之民。高欢扬拳便朝贺拔允的嘴打了过去,打掉了贺拔允的一颗牙齿,并斥责道:"天柱大将军在世的时候,我高欢受其调遣如鹰犬一般,今日天下之事取舍全在大王,你贺拔允怎敢僭越职权大胆妄言,请大王您杀了贺拔允!"尔朱兆认为高欢对自己很忠诚,于是便将六镇之兵交与高欢统领。高欢以为尔朱兆醉了,担心他酒醒之后又反悔,便赶快走出营帐,对将士们宣布说:"我受大王委托统领州镇兵,你们可到汾河东岸集合,听我的号令。"于是在阳曲川建立了幕府,安置所部。士兵们平素憎恨尔朱兆而乐意做高欢的部下,纷纷前来投奔高欢。

　　没过多长时间,高欢又派刘贵向尔朱兆请示,因"并州、肆州连年霜旱,降户只好挖田鼠为食,面无人色,这样只能使您在境内的威信受到玷污,请下令让他们到太行山东面乞食,等解决了温饱之后再做安排。"尔朱兆批准了这一建议。长史慕容绍宗劝道:"不能答应。当今天下纷乱,

人怀异望,高公雄才盖世,复使握大兵于外,譬如借蛟龙以云雨,将不可制矣。"兆曰:"有香火重誓,何虑邪!"绍宗曰:"亲兄弟尚不可信,何论香火!"时兆左右已受欢金,因称绍宗与欢有旧隙,兆怒,囚绍宗,趣欢发。欢自晋阳出滏口,道逢北乡长公主自洛阳来,有马三百匹,尽夺而易之。兆闻之,乃释绍宗而问之,绍宗曰:"此犹是掌握中物也。"兆乃自追欢,至襄垣,会漳水暴涨,桥坏,欢隔水拜曰:"所以借公主马,非有他故,备山东盗耳。王信公主之谗,自来赐追,今不辞渡水而死,恐此众便叛。"兆自陈无此意,因轻马渡水,与欢坐幕下,授欢刀,引颈使欢斫之,欢大哭曰:"自天柱之薨,贺六浑更何所仰! 但愿大家千万岁,以申力用耳。今为旁人所构间,大家何忍复出此言!"兆投刀于地,复斩白马,与欢为誓,因留宿夜饮。尉景伏壮士欲执兆,欢啮臂止之,曰:"今杀之,其党必奔归聚结,兵饥马瘦,不可与敌,若英雄乘之而起,则为害滋甚,不如且置之。兆虽骁勇,凶悍无谋,不足图也。"旦日,兆归营,复召欢,欢将上马诣之,孙腾牵欢衣,欢乃止。兆隔水肆骂,驰还晋阳。兆腹心念贤领降户家属别为营,欢伪与之善,观其佩刀,因取杀之。士众感悦,益愿附从。

14　齐州城民赵洛周闻尔朱兆入洛,逐刺史丹杨王萧赞,以城归兆。赞变形为沙门,逃入长白山,流转,卒于阳平。梁人或盗其枢以归,上犹以子礼葬于陵次。

人人各怀异想,高欢雄才盖世,如果再让他在外握有重军,这好比是借云雨给蛟龙啊,您将无法控制他了。"尔朱兆说:"我与高欢有结拜重誓,何必过虑!"慕容绍宗道:"亲兄弟尚且不能完全相信,何论结拜兄弟呢!"当时尔朱兆的左右部下已经接受了高欢的重金,于是便趁机称慕容绍宗跟高欢有旧仇,尔朱兆大怒,囚禁了慕容绍宗,催促高欢尽早出发。高欢从晋阳出滏口,中途遇上了从洛阳来的北乡长公主,北乡长公主带有三百匹好马,高欢将这些好马全部截夺下来,另用羸马调换了。尔朱兆听说了这件事后,便放出慕容绍宗,与之商议。慕容绍宗说道:"高欢目前还未走远,仍是您的掌中之物呢。"尔朱兆于是亲自追赶高欢,追至襄垣县,正值漳河暴涨,桥梁被冲坏了。高欢隔着漳河遥拜尔朱兆道:"我之所以借公主马匹,并非有别的目的,只是为了防备山东的盗贼罢了。大王您竟相信公主的谗言,亲自前来追赶,我不害怕渡过河来受死,但恐怕我的这些部下便要叛离了。"尔朱兆自己也说没有这个意思,于是轻马渡过漳河,与高欢并坐大帐前,将自己所佩之刀交给了高欢,引颈让高欢斩杀。高欢痛哭道:"自从天柱将军去世后,我高欢还有谁可以仰靠! 只希望您长命百岁,我为您效力罢了。现在却被旁人挑拨离间,您怎忍心说出这种话呢!"尔朱兆将刀投于地上,又斩杀了白马,与高欢发誓,并且留住下来与高欢通宵宴饮。尉景埋伏下士兵想捉捕尔朱兆,高欢咬破自己的臂制止了他,并向他说:"现在如果杀了尔朱兆,他的党羽肯定会聚集起来并力来争,我们兵饥马瘦,不能与其相匹敌,如果这时候有英雄乘机而发难,那么祸害就更大了。因此不如暂且放走他。尔朱兆虽然骁勇善战,但却凶悍无谋,不难对付。"第二天,尔朱兆渡河回营,又召请高欢,高欢上马欲前去会见尔朱兆,部下孙腾牵住高欢的衣服,高欢这才未去。尔朱兆隔河责骂高欢,之后驰还晋阳。尔朱兆的心腹念贤率领降户家属另外安营,高欢假意与念贤友善,借口观赏念贤的佩刀,趁机杀了他。士兵们欢欣鼓舞,更愿意归附依从高欢了。

14 齐州城的市民赵洛周听说尔朱兆攻入洛阳,便赶走了齐州刺史丹阳王萧赞,率城归附了尔朱兆。萧赞化装成和尚,逃进了长白山,流离辗转,最后死于阳平县。梁朝有人将萧赞的棺柩盗出,送回了梁朝,梁武帝仍按葬子之礼将萧赞葬在了皇族的陵地。

15 魏荆州刺史李琰之,韶之族弟也。南阳太守赵修延,以琰之敬宗外族,诬琰之欲奔梁,发兵袭州城,执琰之,自行州事。

16 魏王悦改元更兴,闻尔朱兆已入洛,自知不及事,遂南还。斛斯椿复弃悦奔魏。

17 是岁,诏以陈庆之为都督南北司等四州诸军事、南北司二州刺史。庆之引兵围魏悬瓠,破魏颍州刺史娄起等于溠水,又破行台孙腾等于楚城。罢义阳镇兵,停水陆漕运,江、湖诸州并得休息。开田六千顷,二年之后,仓廪充实。

15　北魏荆州刺史李琰之，是李韶的族弟。南阳太守赵修延，因李琰之是魏孝庄帝的外戚，于是便诬称李琰之想投奔梁朝，发兵袭击荆州，抓获了李琰之，赵修延自己掌管起州政事务来。

16　魏王元悦改年号为更兴，听说尔朱兆已经攻入了洛阳城，自知无济于事，于是南还梁朝。斛斯椿又叛离元悦投奔了北魏。

17　这一年，梁武帝下诏任命陈庆之为都督南、北司等四州诸军事和南、北司二州刺史。陈庆之率兵包围了北魏的悬瓠，大破北魏颍州刺史娄起等于溱水，又于楚城大破北魏行台孙腾等。散返义阳镇兵，停止水陆漕运，长江、洞庭湖沿岸各州都得以休养生息。开垦田地六千顷，二年之后，仓廪充实。

# 卷第一百五十五　梁纪十一

起辛亥(531)尽壬子(532)凡二年

## 高祖武皇帝十一

## 中大通三年(辛亥,531)

1　春,正月辛巳,上祀南郊,大赦。

2　魏尚书右仆射郑先护闻洛阳不守,士众逃散,遂来奔。丙申,以先护为征北大将军。

3　二月辛丑,上祀明堂。

4　魏自敬宗被囚,宫室空近百日。尔朱世隆镇洛阳,商旅流通,盗贼不作。世隆兄弟密议,以长广王疏远,又无人望,欲更立近亲。仪同三司广陵王恭,羽之子也,好学有志度,正光中领给事黄门侍郎,以元义擅权,托喑病居龙华佛寺,无所交通,永安末,有白敬宗言王阳喑,将有异志,恭惧,逃于上洛山,洛州刺史执送之,系治久之,以无状获免。关西大行台郎中薛孝通说尔朱天光曰:"广陵王,高祖犹子,夙有令望,沈晦不言,多历年所,若奉以为主,必天人允叶。"天光与世隆等谋之,疑其实喑,使尔朱彦伯潜往敦谕,且胁之,恭乃曰:"天何言哉!"世隆等大喜。孝通,聪之子也。

己巳,长广王至邙山南,世隆等为之作禅文,使泰山太守辽西窦瑷执鞭独入,启长广王曰:"天人之望,皆在广陵,愿行尧、舜之事。"遂署禅文。广陵王奉表三让,然后即位,大赦,

### 高祖武皇帝十一
### 梁武帝中大通三年(辛亥,公元531年)

1　春季,正月,辛巳(初十),梁武帝祭祀南郊,实行大赦。

2　北魏尚书右仆射郑先护听说洛阳城失守,部队四散而逃,就前来投奔梁朝。丙申(二十五日),梁朝任命郑先护为征北大将军。

3　二月辛丑(初一),梁武帝祭祀明堂。

4　北魏自从孝庄帝被囚禁后,宫室空虚已近百日。尔朱世隆镇守洛阳,商人行旅流通,盗贼亦不敢骚扰。尔朱世隆兄弟暗中商议,认为长广王与皇族关系比较疏远,而且又素无声望,于是打算重新立一位皇族近亲为帝。仪同三司广陵王元恭是元羽的儿子,好学而又有远志,正光年间任给事黄门侍郎,因元义专权,元恭便假托嗓子哑,住到了龙华佛寺,不再与外人交往。永安末年,有人向孝庄帝报告说广陵王装哑,将别有企图。元恭很害怕,便逃到了上洛山,洛州刺史将他抓住送到了洛阳,被囚禁了很长一段时间,因没有发现他有谋反的证据,才释放了他。关西大行台郎中薛孝通对尔朱天光说:“广陵王是高祖的侄子,早有好声望,沉默不言,已经多年,如果推奉他为帝,一定会天人和谐。”尔朱天光跟尔朱世隆等商议立元恭为帝,又怀疑他确实有瘖病不能说话,于是便派尔朱彦伯秘密前往敦请元恭,并加以胁迫,至此,元恭才说出:“天何言哉!”尔朱世隆等人大喜过望。薛孝通是薛聪的儿子。

己巳(二十九日),长广王来到邙山南侧,尔朱世隆等已替他做好了禅让文告,派泰山太守辽西人窦瑗持鞭独入帐中。窦瑗向长广王启奏道:“天意人心,尽归于广陵王,希望您行尧、舜禅代之事。”于是便让长广王签署了禅文。广陵王捧表谦让了一番,然后才即皇帝位,实行大赦,

改元普泰。黄门侍郎邢子才为赦文,叙敬宗枉杀太原王荣之状,节闵帝曰:"永安手翦强臣,非为失德,直以天未厌乱,故逢成济之祸耳。"因顾左右取笔,自作赦文,直言:"门下:朕以寡德,运属乐推,思与亿兆,同兹大庆,肆眚之科,一依常式。"帝闭口八年,至是乃言,中外欣然以为明主,望至太平。

庚午,诏以"三皇称'皇',五帝称'帝',三代称'王',盖递为冲挹,自秦以来,竞称'皇帝',予今但称'帝',亦已褒矣。"加尔朱世隆仪同三司,赠尔朱荣相国、晋王,加九锡。世隆使百官议荣配飨,司直刘季明曰:"若配世宗,于时无功。若配孝明,亲害其母;若配庄帝,为臣不终。以此论之,无所可配。"世隆怒曰:"汝应死!"季明曰:"下官既为议首,依礼而言,不合圣心,翦戮唯命!"世隆亦不之罪。以荣配高祖庙廷。又为荣立庙于首阳山,因周公旧庙而为之,以为荣功可比周公。庙成,寻为火所焚。

尔朱兆以不预废立之谋,大怒,欲攻世隆,世隆使尔朱彦伯往谕之,乃止。

初,敬宗使安东将军史仵龙、平北将军阳文义各领兵三千守太行岭,侍中源子恭镇河内。及尔朱兆南向,仵龙、文义帅众先降,由是子恭之军望风亦溃,兆遂乘胜直入洛阳。至是,尔朱世隆论仵龙、文义之功,各封千户侯,魏主曰:"仵龙、文义,于王有功,于国无勋。"竟不许。尔朱仲远镇滑台,表用其下都督为西兖州刺史,先用后表,诏答曰:"已能近补,何劳远闻!"

改年号为普泰。黄门侍郎邢子才起草了赦文，文中记述了孝庄帝枉杀太原王尔朱荣的情况，节闵帝说道："孝庄帝亲手剪灭强臣，并非为失德之举，只是由于天意人心还未厌乱，所以才重蹈了成济杀高贵乡公的灾祸罢了。"因回头命左右取来笔砚，亲自起草赦文，直截了当地写道："门下省：朕以寡德之身，有幸受到众人推举为帝，朕愿与天下万民，共同庆贺。大赦罪人。一依以往定式。"元恭闭口不言达八年之久，至此才说话，朝廷内外无不欣然，认为他是一位贤明之君，希望他能使天下太平。

庚午(三十日)，北魏节闵帝元恭下诏书道："三皇称'皇'，五帝称'帝'，三代称'王'，大致是越来越谦让，从秦朝以来，竞相称'皇帝'，我现在只称'帝'，就已经是很高的褒扬了。"加封尔朱世隆为仪同三司，追赠尔朱荣为相国、晋王，加九锡。尔朱世隆让文武百官商议让尔朱荣的神位升入皇室宗庙中配飨之事，司直刘季明说："如果配在宣武帝前的话，尔朱荣在那朝并无功勋。如果配飨孝明帝的话，尔朱荣又曾亲手杀害了孝明帝的母亲胡太后；如果配孝庄帝的话，尔朱荣又为臣不终。由此看来，没有可以配飨的。"尔朱世隆恼怒地说道："你罪该万死！"刘季明道："我既然身为谏议官之首，就应该依礼直陈意见，如有不合尊意之处，是杀是剐，任听裁处！"尔朱世隆听后也没敢加罪于他。最后将尔朱荣配飨于高祖庙廷。又为尔朱荣在首阳山立了庙，在周公旧庙的基址上建成，以此表示尔朱荣的功绩可以跟周公相比。庙建成后，不久便被一场大火焚烧掉了。

尔朱兆因没能参与废立皇帝的谋划，非常恼怒，打算攻打尔朱世隆。尔朱世隆赶忙派尔朱彦伯前往尔朱兆处进行调停，尔朱兆才按兵未发。

当初，北魏孝庄帝派安东将军史仵龙、平北将军阳文义各率三千士兵镇守太行岭，派侍中源子恭镇守河内。等到尔朱兆大军南下之时，史仵龙、阳文义率军先投降了尔朱兆，因此源子恭的部队也望风而溃，正因为这样，尔朱兆才得以乘胜直入洛阳城。到现在，尔朱世隆为史仵龙、阳文义二人表功，欲将他二人各封为千户侯，魏主元恭说道："史仵龙、阳文义二人对您有功，但于国家却无功。"终未答应。尔朱仲远镇守滑台，上表朝廷请求批准其属下的一位都督为西兖州刺史，先任用之后才上表奏闻朝廷，节闵帝下诏答复说："既然已经能够就近补用了，何必还远奏于朝廷呢！"

尔朱天光之灭万俟丑奴也,始获波斯所献师子,送洛阳,及节
闵帝即位,诏曰:"禽兽囚之则违其性。"命送归本国。使者以
波斯道远不可达,于路杀之而返,有司劾违旨,帝曰:"岂可以
兽而罪人!"遂赦之。

5 魏镇远将军清河崔祖螭等聚青州七郡之众围东阳,
旬日之间,众十馀万。刺史东莱王贵平帅城民固守,使太傅
谘议参军崔光伯出城慰劳,其兄光韶曰:"城民陵纵日久,众
怒甚盛,非慰谕所能解,家弟往,必不全。"贵平强之,既出外,
人射杀之。

6 幽、安、营、并四州行台刘灵助,自谓方术可以动人,
又推算知尔朱氏将衰,乃起兵自称燕王、开府仪同三司、大行
台,声言为敬宗复仇,且妄述图谶,云"刘氏当王"。由是幽、
瀛、沧、冀之民多从之,从之者夜举火为号,不举火者诸村共
屠之。引兵南至博陵之安国城。

尔朱兆遣监军孙白鹞至冀州,托言调发民马,欲俟高乾
兄弟送马而收之。乾等知之,与前河内太守封隆之等合谋,
潜部勒壮士,袭据信都,杀白鹞,执刺史元嶷。乾等欲推其父
翼行州事,翼曰:"和集乡里,我不如封皮。"乃奉隆之行州事,
为敬宗举哀,将士皆缟素,升坛誓众,移檄州郡,共讨尔朱氏,
仍受刘灵助节度。隆之,磨奴之族孙也。

殷州刺史尔朱羽生将五千人袭信都,高敖曹不暇擐甲,
将十馀骑驰击之,乾在城中绳下五百人,追救未及,敖曹已交
兵,羽生败走。敖曹马稍绝世,左右无不一当百,时人比之
项籍。

尔朱天光灭万俟丑奴之时,才得到波斯国向北魏朝廷进献的狮子,于是派人将这头狮子送到了洛阳城。等到节闵帝即位后,下诏道:"禽兽被囚禁则违背了它的天性。"便命人将狮子送还给波斯国。使者因波斯国路途遥远,难以到达,便于中途杀掉了狮子返回朝廷,有关部门弹劾使者违背了圣上旨意,欲治其罪,节闵帝说道:"怎么可以因为一头野兽而加罪于人呢!"于是便赦免了使者。

5　北魏镇远将军清河人崔祖螭等人聚集起青州七郡之众包围了州治东阳,十日之内,达十多万人。青州刺史东莱人王贵平率东阳城中的百姓固守城池,同时派太傅谘议参军崔光伯出城劝慰安抚崔祖螭。崔光伯的哥哥崔光韶说:"东阳城之民欺凌其属郡百姓时日已久,属郡之民怒气很盛,不是靠劝慰调停所能化解的,我弟弟此次前往,一定难以生还。"但王贵平逼崔光伯前往,崔光伯出城后,便被人射杀了。

6　幽、安、营、并四州行台刘灵助,自称其方术可以号召民众,又推算知道尔朱氏将要衰败,于是便起兵叛乱,自封为燕王、开府仪同三司、大行台,扬言要为孝庄帝报仇,而且妄述图谶,说"刘氏当王"。因此幽、瀛、沧、冀州的百姓多前来投奔他。投奔刘灵助的人以夜间举火把为号,不举火把的村庄便全都屠杀光。刘灵助率军南下来到了博陵郡的安国城。

尔朱兆派监军孙白鹞来到冀州,假托征调百姓的马匹,打算等高乾兄弟送马来的时候收捕他们。高乾等已知道孙白鹞的用意,便与前河内太守封隆之等人合谋,暗中部署部队,袭击并占据了信都,杀掉了孙白鹞,抓获了冀州刺史元嶷。高乾等想推举高乾的父亲高翼主持冀州的行政事务,高翼推辞道:"集聚乡里百姓,我不如封隆之。"于是推举封隆之代行州政,并为孝庄帝举哀,将士们都身穿孝服,升坛誓师,向各州郡发出檄文,共同讨伐尔朱氏,受刘灵助指挥。封隆之是封磨奴的族孙。

殷州刺史尔朱羽生率五千人马袭击信都,高敖曹来不及披挂铠甲,便率领十多人骑马驰入尔朱羽生军中与之厮杀,高乾从城中用绳子吊放下来五百人,追救高敖曹未及,高敖曹已与尔朱羽生的部队交了战,尔朱羽生大败而逃。高敖曹的槊术盖世无双,他的部下也个个都以一当百,当时人称高敖曹是项羽再生。

高欢屯壶关大王山,六旬,乃引兵东出,声言讨信都。信都人皆惧,高乾曰:"吾闻高晋州雄略盖世,其志不居人下。且尔朱无道,弑君虐民,正是英雄立功之会,今日之来,必有深谋,吾当轻马迎之,密参意旨,诸君勿惧也。"乃将十馀骑与封隆之子子绘潜谒欢于滏口,说欢曰:"尔朱酷逆,痛结人神,凡曰有知,孰不思奋!明公威德素著,天下倾心,若兵以义立,则屈强之徒不足为明公敌矣。鄴州虽小,户口不下十万,谷秸之税,足济军资,愿公熟思其计。"乾辞气慷慨,欢大悦,与之同帐寝。

初,河南太守赵郡李显甫,喜豪侠,集诸李数千家于殷州西山方五六十里居之。显甫卒,子元忠继之。家素富,多出贷求利,元忠悉焚券免责,乡人甚敬之。时盗贼蜂起,清河有五百人西戍,还,经赵郡,以路梗,共投元忠。元忠遣奴为导,曰:"若逢贼,但道李元忠遣。"如言,贼皆舍避。及葛荣起,元忠帅宗党作垒以自保,坐大槲树下,前后斩违命者凡三百人,贼至,元忠辄击却之。葛荣曰:"我自中山至此,连为赵李所破,何以能成大事!"乃悉众攻围,执元忠以随军。贼平,就拜南赵郡太守,好酒无政绩。

及尔朱兆弑敬宗,元忠弃官归,谋举兵讨之。会高欢东出,元忠乘露车,载素筝浊酒以奉迎,欢闻其酒客,未即见之。元忠下车独坐,酌酒擘脯食之,谓门者曰:"本言公招延俊杰,今闻国士到门,不吐哺辍洗,其人可知,还吾刺,勿通也!"门者以告,欢遽见之,

高欢驻军于壶关大王山,六十天后,才率兵东进,扬言讨灭信都。信都人都很惊惶恐惧,高乾却说道:"我听说高欢雄才伟略,盖世无双,他岂肯久居人下。况且尔朱兆无道,上弑君主,下虐百姓,这正是英雄立功的机会,今日高欢到信都来,肯定有更深的谋划,我应当轻骑前往迎接,暗中观察其意图,诸位不必担心害怕。"于是高乾率十多骑人马与封隆之的儿子封子绘一起秘密至滏口求见高欢,高乾劝高欢说:"尔朱氏残暴为逆,人神共怨,凡有知之人,谁不思奋起讨伐! 明公您平素威德卓著,天下之人倾心归慕,您若能兴义兵,则那些倔强之徒,均不足以跟您相抗衡。我们冀州虽然很小,但户数却不下十万,赋税足够接济军资的,希望您深思熟虑。"高乾言辞慷慨激昂,高欢非常高兴,当夜与高乾同帐而寝。

当初,河南太守赵郡人李显甫,喜结豪侠之士,集聚了数千户李姓人家居住于殷州西山方圆五六十里的地方。李显甫死后,他的儿子李元忠承继了家业。李家一直很富足,过去多将钱出借他人以获利息,李元忠将契约全部焚烧掉,免除了所有借钱人的债务,因此乡亲们都非常敬重他。当时盗贼四起,清河县有五百人西戍边关,回来时经过赵郡,因道路不通,便一同来投奔李元忠。李元忠派手下仆人为他们做向导,并对他们说:"如果遇上贼寇的话,只说是李元忠派来的便可。"这些人按李元忠吩咐的话去说,那些贼寇果然都对他们回避、放行。等到葛荣起兵后,李元忠率宗族亲党修筑堡垒以御敌自卫,他亲自坐在大槲树下,前后共斩违抗命令者达三百人,葛荣的贼军前来骚扰时,李元忠每次都将其击退。葛荣说道:"我从中山到这里,连连被李氏所打败,这样怎能成就我的大事!"于是出动全部军队围攻李元忠所部,抓获了李元忠,将他随军羁押。葛荣的叛乱被平定之后,北魏任命李元忠为南赵郡太守,李元忠在太守任上喜好饮酒,没有做出过什么政绩。

等尔朱兆弑杀了孝庄帝后,李元忠便弃官回乡,策划兴兵讨伐尔朱兆。正赶上高欢出兵东进,李元忠便乘敞篷马车,载着素筝浊酒前来迎接高欢。高欢听说李元忠是酒徒,便没有立即会见他。李元忠下车后独自坐下,倒酒撕肉,边饮边吃,对高欢的门卫说:"本以为高公能招揽英雄豪杰,现在知道国士到了门前,却并不吐哺辍洗迎接贤士,他这个人也可想而知了,请退还我的名片,不必通报了。"门卫将他的话报告给了高欢,高欢听后马上接见了他,

引入,觞再行,元忠车上取筝鼓之,长歌慷慨,歌阕,谓欢曰:
"天下形势可见,明公犹事尔朱邪?"欢曰:"富贵皆因彼所致,
安敢不尽节!"元忠曰:"非英雄也! 高乾邕兄弟来未?"时乾
已见欢,欢绐之曰:"从叔辈粗,何肯来!"元忠曰:"虽粗,并解
事。"欢曰:"赵郡醉矣。"使人扶出。元忠不肯起,孙腾进曰:
"此君天遣来,不可违也。"欢乃复留与语,元忠慷慨流涕,欢
亦悲不自胜。元忠因进策曰:"殷州小,无粮仗,不足以济大
事。若向冀州,高乾邕兄弟必为明公主人,殷州便以赐委。
冀、殷既合,沧、瀛、幽、定自然弭服,唯刘诞黠胡或当乖拒,然
非明公之敌。"欢急握元忠手而谢焉。


欢至山东,约勒士卒,丝毫之物不听侵犯,每过麦地,欢
辄步牵马,远近闻之,皆称高仪同将兵整肃,益归心焉。

欢求粮于相州刺史刘诞,诞不与。有车营租米,欢掠取
之。进至信都,封隆之、高乾等开门纳之。高敖曹时在外略
地,闻之,以乾为妇人,遗以布裙。欢使世子澄以子孙礼见
之,敖曹乃与俱来。

7  癸酉,魏封长广王晔为东海王,以青州刺史鲁郡王肃
为太师,淮阳王欣为太傅,尔朱世隆为太保,长孙稚为太尉,
赵郡王谌为司空,徐州刺史尔朱仲远、雍州刺史尔朱天光并
为大将军,并州刺史尔朱兆为天柱大将军;赐高欢爵勃海王,
征使入朝。长孙稚固辞太尉,乃以为骠骑大将军、开府仪同
三司。尔朱兆辞天柱,曰:"此叔父所终之官,我何敢受!"固
辞,不拜,寻加都督十州诸军事,世袭并州刺史。高欢辞不就
征。尔朱仲远徙镇大梁,复加兖州刺史。

将其引入大帐之中。两杯酒喝过，李元忠从车上取下筝弹奏起来，长歌一曲，慷慨激昂，唱完歌，李元忠对高欢说道："而今天下形势已昭然可见，明公您还要为尔朱氏效力吗？"高欢道："我的功名富贵都得之于尔朱氏，怎敢不为尔朱氏尽节！"李元忠道："您如此怎称得上是英雄啊！高乾邕兄弟来过没有？"当时高乾已经见过了高欢，但高欢却骗过李元忠说："我堂叔等性格粗犷，怎肯前来见我？"李元忠道："高乾兄弟虽性情粗犷，但却都明晓事理。"高欢说道："您真是喝醉了。"于是让人将李元忠扶出去。李元忠不肯起身，孙腾向高欢进言道："这个人乃天意遣来见您，您不能违背了天意啊。"高欢于是又留下李元忠，与他交谈。李元忠陈述时事言辞慷慨，泪流满面，高欢也不禁悲从中来。李元忠趁机向高欢献计道："殷州太小，缺乏粮草兵器，不能成就大事。如果前往冀州，高乾邕兄弟定会成为明公的东道主，倾心事公，殷州便可赐委我李元忠。这样冀州、殷州既已联为一体，那么沧州、瀛州、幽州、定州等自然弭服了，只有刘诞这个狡猾的胡人也许会抗拒，但他远不是明公您的对手。"高欢听后紧紧握住李元忠的手，向他称谢。

高欢率部队到了太行山东面，对士兵严加约束，丝毫之物不许侵犯。每次行军路过麦地，高欢总是牵马步行，远近之人听说之后，都称赞高欢带兵有方，纪律严明，也就更加归心于他了。

高欢向相州刺史刘诞索要粮食，刘诞没有给。这时恰有车营租米，高欢便派兵将米抢夺过来。部队前进至信都，封隆之、高乾等打开城门迎接高欢入城。高敖曹当时正在外面攻城略地，听说此事之后，认为高乾真是妇人之见，于是送给了他一件裙子。高欢特派长子高澄执子孙之礼往见高敖曹，高敖曹这才与高澄一起回到信都。

7　癸酉（初三），北魏朝廷封长广王元晔为东海王，任命青州刺史鲁郡王元肃为太师，淮阳王元欣为太傅，尔朱世隆为太保，长孙稚为太尉，赵郡王元谌为司空，徐州刺史尔朱仲远、雍州刺史尔朱天光二人并为大将军，赵郡刺史尔朱兆为天柱大将军；赐高欢爵位为勃海王、征召高欢入朝。长孙稚坚决要求辞去太尉之职，于是便任命他为骠骑大将军、开府仪同三司。尔朱兆推辞不受天柱大将军之职，他说："这是我叔父生前的最后官职，我怎敢接受呢！"坚决推辞，于是没有授予尔朱兆天柱大将军之职，不久又加封尔朱兆为都督十州诸军事，世袭并州刺史。高欢推辞不受勃海王之爵，也没有应召入朝。尔朱仲远改镇大梁，又加封为兖州刺史。

　　尔朱世隆之初为仆射也,畏尔朱荣之威严,深自刻厉,留心几案,应接宾客,有开敏之名。及荣死,无所顾惮,为尚书令,家居视事,坐符台省,事无大小,不先白世隆,有司不敢行。使尚书郎宋游道、邢昕在其听事东西别坐,受纳辞讼,称命施行。公为贪淫,生杀自恣。又欲收军士之意,泛加阶级,皆为将军,无复员限,自是勋赏之官大致猥滥,人不复贵。是时,天光专制关右,兆奄有并、汾,仲远擅命徐、兖,世隆居中用事,竞为贪暴。而仲远尤甚,所部富室大族,多诬以谋反,籍没其妇女财物入私家,投其男子于河,如是者不可胜数。自荥阳已东,租税悉入其军,不送洛阳。东南州郡自牧守以下至士民,畏仲远如豺狼。由是四方之人皆恶尔朱氏,而惮其强,莫敢违也。

　　8　己丑,魏以泾州刺史贺拔岳为岐州刺史,渭州刺史侯莫陈悦为秦州刺史,并加仪同三司。

　　9　魏使大都督侯渊、骠骑大将军代人叱列延庆讨刘灵助,至固城,渊畏其众,欲引兵西入,据关拒险以待其变,延庆曰:"灵助庸人,假妖术以惑众,大兵一临,彼皆恃其符厌,岂肯戮力致死,与吾兵争胜负哉!不如出营城外,诈言西归,灵助闻之必自宽纵,然后潜军击之,往则成擒矣。"渊从之。出顿城西,声云欲还,丙申,简精骑一千夜发,直抵灵助垒。灵助战败,斩之,传首洛阳。初,灵助起兵,自占胜负,曰:"三月之末,我必入定州,尔朱氏不久当灭。"及灵助首函入定州,果以是月之末。

尔朱世隆当初做尚书仆射的时候,畏惧尔朱荣的威严,很谨慎小心,对尚书省文书亦多加留心尽意,应对接洽宾客,有贤明敏达之名。等到尔朱荣死后,尔朱世隆便再也没有什么顾虑惮怕了,身为尚书令,竟在家中处理公事,坐镇台省,无论事情大小,若不先禀告尔朱世隆,有关部门便不敢执行。尔朱世隆让尚书郎宋游道,邢昕在其大厅东西两旁分坐,接受各种呈告诉讼文书,一切均要称尔朱世隆之命方能执行。尔朱世隆公然贪赃淫逸,他人生死,全由其恣意定夺。尔朱世隆还想收买军心,对将士滥加提拔,都提为将军,没有员额限制,从此授勋奖赏之官,大都很杂很滥,人们不再看重官爵。这时期,尔朱天光专制关右,尔朱兆奄有并州、汾州,尔朱仲远独擅徐、兖二州,尔朱世隆则身居朝中,大权独揽,四人一个更比一个贪婪、残暴。其中尤以尔朱仲远为最,尔朱仲远所辖境内的富贵大族,大多被其诬为谋反,籍没妇女财产入于尔朱仲远私家,将男子投入河中,此类之事数不胜数。从荥阳以东,租税全部充补其军用,不向京城洛阳上交。东南各州郡自牧守以下到普通的士卒百姓,畏惧尔朱仲远如同畏惧豺狼一般。因此四方百姓都很憎恶尔朱氏,只是由于畏惧尔朱氏的强大,不敢反抗罢了。

　　8　己丑(十九日),北魏任命泾州刺史贺拔岳为岐州刺史,任命渭州刺史侯莫陈悦为秦州刺史,二人均加封仪同三司。

　　9　北魏派大都督侯渊、骠骑大将军代郡人叱列延庆率军讨伐刘灵助。兵至固城后,侯渊畏惧刘灵助军强盛,打算引兵西入关,然后据关凭险以等待时机变化。叱列延庆对侯渊说道:"刘灵助乃是庸人,假借妖术迷惑众人,我军一到,他的军队便都只想凭仗其符咒取胜,怎肯拼死厮杀,跟我军决胜负呢! 我们不如扎营城外,诈称西还,刘灵助听说后一定会放松警惕,戒备松懈,之后我们秘密出兵袭击敌人,定能擒获刘灵助。"侯渊采纳了叱列延庆的计策。出城驻扎于固城西面,声言要回师。丙申(十四日),侯渊等挑选一千名精锐骑兵夜间出发,直抵刘灵助的营垒。刘灵助战败被杀,首级被送至洛阳。当初,刘灵助起兵之时,自己曾占卜胜负,说:"三月底,我一定入定州,尔朱氏不久就要灭亡。"等到刘灵助首级用匣子装着送到定州的时候,果真是这月之末。

10 夏,四月乙巳,昭明太子统卒。太子自加元服,上即使省录朝政,百司进事,填委于前,太子辩析诈谬,秋毫必睹,但令改正,不加按劾,平断法狱,多所全宥,宽和容众,喜愠不形于色。好读书属文,引接才俊,赏爱无倦。出宫二十馀年,不畜声乐。每霖雨积雪,遣左右周行闾巷,视贫者赈之。天性孝谨,在东宫,虽燕居,坐起恒西向,或宿被召当入,危坐达旦。及寝疾,恐贻帝忧,敕参问,辄自力手书。及卒,朝野惋愕,建康男女,奔走宫门,号泣道路。

11 癸丑,魏以高欢为大都督、东道大行台、冀州刺史。又以安定王尔朱智虎为肆州刺史。

12 魏尔朱天光出夏州,遣将讨宿勤明达,癸亥,擒明达,送洛阳,斩之。

13 丙寅,魏以侍中、骠骑大将军尔朱彦伯为司徒。

14 魏诏有司不得复称伪梁。

15 五月丙子,魏荆州城民斩赵修延,复推李琰之行州事。

16 魏尔朱仲远使都督魏僧勖等讨崔祖螭于东阳,斩之。

17 初,昭明太子葬其母丁贵嫔,遣人求墓地之吉者。或赂宦者俞三副求卖地,云若得钱三百万,以百万与之。三副密启上,言"太子所得地不如今地于上为吉"。上年老多忌,即命市之。葬毕,有道士云:"此地不利长子,若厌之,或可申延。"乃为蜡鹅及诸物埋于墓侧长子位。宫监鲍邈之、魏雅初皆

10　夏季，四月乙巳(初六)，梁朝昭明太子萧统去世。昭明太子自从举行冠礼以后，梁武帝便开始让他省览朝政，各部门的官员前来奏事，都汇集到太子那里。昭明太子善于辨析真伪谬误，对不实之处，洞察入微，但只是命有关部门改正，并不加以追究罪责。太子断案公正，对犯人往往多加宽宥，待人宽和，能容人，喜怒不形于色。昭明太子喜欢读书做文章，好接对才俊之士，对这些人往往赞叹、爱重不已，毫无倦怠之意。太子出居东宫二十多年，不好声色。每当天降大雨或积雪不化之时，昭明太子总要派手下人巡视一番大街小巷，发现有穷苦之人则放粮赈救。昭明太子天性孝顺，居处东宫，即便是悠闲无事之时，一起一坐，都要面朝西边，如事先接到诏令，召他明日入宫，则正襟危坐直到天明。太子病重之后，唯恐父皇为之担忧，父皇每次派人送来问候的敕文，太子总是要亲自写回信奏答。等到昭明太子去世的时候，朝野上下都非常惊愕、惋惜，建康城中的男女老少，奔向宫门，沿途道路哭声不断。

11　癸丑(十四日)，北魏任命高欢为大都督、东道大行台、冀州刺史。又任命安定王尔朱智虎为肆州刺史。

12　北魏尔朱天光出兵夏州，调兵遣将征讨宿勤明达，癸亥(二十四日)，擒获了宿勤明达，将他送到洛阳后处斩。

13　丙寅(二十七日)，北魏任命侍中、骠骑大将军尔朱彦伯为司徒。

14　北魏下诏命令政府各部门不得再称梁为伪梁。

15　五月丙子(初七)，北魏荆州城百姓斩杀了赵修延，又推举李琰之代行州政。

16　北魏尔朱仲远派遣都督魏僧勔等至东阳讨伐崔祖螭，将其斩杀。

17　当初，梁昭明太子在埋葬他的母亲丁贵嫔之时，曾派人四处求购风水好的墓地。有人向宦官俞三副行贿，求他帮助将自己的地卖与昭明太子，并说如果得到三百万钱的话，则将其中的一百万钱送给俞三副。俞三副于是便暗中启奏梁武帝，说"太子所购的土地不如现在这块土地对皇上您更吉祥"。武帝年纪大了，有很多忌讳，便命人将这块地买了下来。埋葬了丁贵嫔后，有一道士说："这块地不利于长子，但如果镇一镇，或许还可以宽延一下。"于是便将蜡鹅及其他物品埋在了丁贵嫔墓侧的长子之位。宫监鲍邈之、魏雅当初都

有宠于太子,邈之晚见疏于雅,乃密启上云:"雅为太子厌祷。"上遣检掘,果得鹅物,大惊,将穷其事,徐勉固谏而止,但诛道士。由是太子终身惭愤,不能自明。及卒,上征其长子南徐州刺史华容公欢至建康,欲立以为嗣,衔其前事,犹豫久之,卒不立,庚寅,遣还镇。

臣光曰:君子之于正道,不可少顷离也,不可跬步失也。以昭明太子之仁孝,武帝之慈爱,一染嫌疑之迹,身以忧死,罪及后昆,求吉得凶,不可湔涤,可不戒哉! 是以诡诞之士,奇邪之术,君子远之。

18 丙申,立太子母弟晋安王纲为皇太子。朝野多以为不顺,司议侍郎周弘正,尝为晋安王主簿,乃奏记曰:"谦让道废,多历年所。伏惟明大王殿下,天挺将圣,四海归仁,是以皇上发德音,以大王为储副。意者愿闻殿下抗目夷上仁之义,执子臧大贤之节,逃玉舆而弗乘,弃万乘如脱屣,庶改浇竞之俗,以大吴国之风。古有其人,今闻其语,能行之者,非殿下而谁! 使无为之化复生于遂古,让王之道不坠于来叶,岂不盛欤!"王不能从。弘正,捨之兄子也。

太子以侍读东海徐摛为家令,兼管记,寻带领直。摛文体轻丽,春坊尽学之,时人谓之宫体。上闻之,怒,召摛,欲加谪责。及见,应对明敏,辞义可观,意更释然,因问经史及释教,摛商较从横,应对如响,上甚加叹异,宠遇日隆。领军朱异不悦,

很受昭明太子宠幸,鲍邈之后来渐被魏雅疏远,于是鲍邈之便暗中向武帝启奏道:"魏雅竟敢给太子厌祷。"梁武帝派人去墓地检查挖掘,果然挖到了蜡鹅等物。武帝大惊,要彻底追究这件事,徐勉竭力劝谏,武帝这才作罢,只诛杀了那位道士。因为此事,太子终生惭愧忧愤,难以自明。等到太子去世后,梁武帝将太子的长子南徐州刺史华容公萧欢召到建康,想立萧欢为继承人,但心中仍记恨那件往事,犹豫了很长时间,最终还是没有立萧欢为嗣。庚寅(二十一日),又打发萧欢回到了南徐州。

　　臣司马光说:君子之于正道,不能稍微有所偏离,也不能有半步过失啊。以昭明太子这样的仁孝之子,以梁武帝这样的慈爱之君,一旦产生了一点嫌疑,不但太子因忧而致死,而且祸害延及后代子孙。昭明太子本为求吉反而得凶,以致无法洗刷自己的冤屈,人们能不深深引以为戒么! 所以对于那些诡诞骗人之徒,奇异邪佞之术,君子要敬而远之。

　　18　丙申(二十七日),梁武帝立昭明太子同母弟晋安王萧纲为皇太子。朝野之士多认为不应立萧纲为太子,司议侍郎周弘正,曾做过晋安王萧纲的主簿,他向萧纲上书劝谏道:"谦让之道不存,已有多年。敬告大王殿下,天意大概要使您成为圣者,四海之内称赞您是仁德君子,所以皇上传下圣旨,立大王您为皇太子。我真心希望您能像目夷那样崇尚仁义,不居皇位;像子臧那样固辞君位,坚守臣节;像王子搜那样逃玉舆而不乘;像舜那样弃天子之尊位如弃敝屣;像太伯那样,一改浇薄竞争之俗,使吴国之风气发扬光大。古代有这样的人,今天还能听到他们说过的话,但今天能够付诸行动的,只有殿下您! 使往古无为之治的风气再现于今日,令谦让王位之举流传后世,岂不是件盛事么!"萧纲没有听从他的劝谏。周弘正是周捨哥哥的儿子。

　　皇太子萧纲命侍读东海人徐摛为家令,兼任管记,不久又任命他为领直。徐摛的文章辞赋,艳丽轻靡,宫中之人都模仿他的风格,当时人们称之为"宫体"。梁武帝听说之后,很恼怒,便将徐摛召来,打算好好讥诮责怪他一番,等到见到徐摛后,发现他应答得很机敏,言辞富有文采,梁武帝内心的不快之意反而消释了。接着又向徐摛问了些经史和佛教方面的问题,徐摛竟侃侃而谈,应对如流,于是梁武帝对他大加称赞,越来越宠幸他了。将军朱异看到这种情形很不高兴,

谓所亲曰:"徐叟出入两宫,渐来见逼,我须早为之所。"遂乘间白上曰:"摛年老,又爱泉石,意在一郡自养。"上谓摛真欲之,乃召摛,谓曰:"新安大好山水。"遂出为新安太守。

六月癸丑,立华容公欢为豫章王,其弟枝江公誉为河东王,曲阿公詧为岳阳王。上以人言不息,故封欢兄弟以大郡,用慰其心。久之,鲍邈之坐诱掠人,罪不至死,太子纲追思昭明之冤,挥泪诛之。

19 魏高欢将起兵讨尔朱氏,镇南大将军斛律金、军主善无库狄千,与欢妻弟娄昭、妻之姊夫段荣皆劝成之。欢乃诈为书,称尔朱兆将以六镇人配契胡为部曲,众皆忧惧。又为并州符,征兵讨步落稽,发万人,将遣之。孙腾与都督尉景为请留五日,如此者再,欢亲送之郊,雪涕执别,众皆号恸,声震原野。欢乃谕之曰:"与尔俱为失乡客,义同一家,不意在上征发乃尔!今直西向,已当死,后军期,又当死,配国人,又当死,奈何?"众曰:"唯有反耳!"欢曰:"反乃急计,然当推一人为主,谁可者?"众共推欢,欢曰:"尔乡里难制。不见葛荣乎:虽有百万之众,曾无法度,终自败灭。今以吾为主,当与前异,毋得陵汉人,犯军令,生死任吾则可。不然,不能为天下笑。"众皆顿颡曰:"死生唯命!"欢乃椎牛飨士,庚申,起兵于信都,亦未敢显言叛尔朱氏也。

会李元忠举兵逼殷州,欢令高乾帅众救之。乾轻骑入见尔朱羽生,与指画军计,羽生与乾俱出,因擒斩之,持羽生首谒

对他的亲信之人说:"徐摛近来出入两宫,深受宠幸,对我越来越构成威胁了,我必须早点给他安排个地方。"于是朱异便乘机向武帝进言道:"徐摛年纪已大,又喜爱山水,他希望能到一郡县任职以自养。"梁武帝以为徐摛真的想这样,便将徐摛召来,对他说道:"新安郡山水景色非常优美。"于是便将徐摛调出京城出任新安郡太守。

六月癸丑(十五日),梁武帝立华容公萧欢为豫章王,立萧欢的弟弟枝江公萧益为河东王,曲阿公萧誉为岳阳王。梁武帝因人言不止,所以用大郡来封萧欢兄弟,想以此来安慰他们。过了很长一段时间,鲍邈之因诱骗抢人触犯刑法,罪行并不至于判处死刑,但太子萧纲想到昭明太子的冤屈,便挥泪将其处决了。

19　北魏高欢将起兵征讨尔朱氏,镇南大将军斛律金、军主善无库狄干与高欢的妻弟娄昭、高欢妻子的姐夫段荣等都力劝高欢起兵。高欢于是假借尔朱兆的名义写了一封假信,对士兵们说尔朱兆要把六镇之人配给契胡为奴仆,大家听后都很忧虑恐惧。高欢又伪造了一张并州的符令,要征调高欢军讨伐步落稽,高欢派了一万人马,准备出发。孙腾与都督尉景为六镇人向高欢请求停留五天,这样停留了两次。高欢亲自将这支队伍送到郊外,流着眼泪与将士们告别,将士们都失声痛哭,声震原野。高欢于是又抚慰告诫将士们道:"我与你们大家都是失去了故乡之人,情义如同一家人,没想到上面如此征调我们! 今若西向并、汾讨伐步落稽,已当死无疑,而延误军期,又该当处死,配属契胡,还是要死,我们该如何是好?"众人齐声说道:"只有造反了!"高欢道:"造反乃迫不得已之计,但应推举一人为首领,谁能担当呢?"众人共推高欢为首领,高欢说道:"你等都是乡里乡亲,难以控制。不见当初葛荣么,虽然拥有百万大军,但却全无法令制度,终究还是败亡了。现在既然大家推举我为首领,就应该跟以前有所不同,不能凌辱汉人,违犯军纪,生死任我指挥调度才行。否则,就会被天下人耻笑。"众人都点头说:"我们不论生死都听您号令!"高欢于是椎杀牛马,犒飨将士,庚申(二十二日),高欢在信都起兵,但尚未敢公开声言反叛尔朱氏。

正值李元忠发兵逼近殷州,高欢命高乾率军前往援救殷州。高乾轻骑入城会见尔朱羽生,与尔朱羽生一起商议军事计划,尔朱羽生跟高乾一起出城,高乾趁机捕获并斩杀了尔朱羽生,带着尔朱羽生的人头前来拜见

欢。欢抚膺曰:"今日反决矣!"乃以元忠为殷州刺史,镇广
阿。欢于是抗表罪状尔朱氏,尔朱世隆匿之不通。

20　魏杨播及弟椿、津皆有名德。播刚毅,椿、津谦恭,
家世孝友,缌服同爨,男女百口,人无间言。椿、津皆至三公,
一门七郡太守,三十二州刺史。敬宗之诛尔朱荣也,播子侃
预其谋。城阳王徽、李彧,皆其姻戚也。尔朱兆入洛,侃逃归
华阴,尔朱天光使侃妇父韦义远招之,与盟,许贳其罪。侃
曰:"彼虽食言,死者不过一人,犹冀全百口。"乃出应之,天光
杀之。时椿致仕,与其子昱在华阴,椿弟冀州刺史顺、司空
津、顺子东雍州刺史辨、正平太守仲宣皆在洛。秋,七月,尔
朱世隆诬奏杨氏谋反,请收治之,魏主不许。世隆苦请,帝不
得已,命有司检按以闻。壬申夜,世隆遣兵围津第,天光亦遣
兵掩椿家于华阴,东西之族无少长皆杀之,籍没其家。世隆
奏云:"杨氏实反,与收兵相拒,已皆格杀。"帝惋怅久之,不言
而已,朝野闻之,无不痛愤。津子逸为光州刺史,尔朱仲远遣
使就杀之。唯津子愔于被收时适出在外,逃匿,获免,往见高
欢于信都,泣诉家祸,因为言讨尔朱氏之策,欢甚重之,即署
行台郎中。

21　乙亥,上临轩策拜太子,大赦。

22　丙戌,魏司徒尔朱彦伯以旱逊位,戊子,以彦伯为侍
中、开府仪同三司。彦伯于兄弟中差无过恶。尔朱世隆固让
太保,魏主特置仪同三司之官,位次上公之下,庚寅,以世隆
为之。斛斯椿谮朱瑞于世隆,世隆杀之。

高欢。高欢抚胸说道:"今日只好决计造反了!"遂任命李元忠为殷州刺史,镇守广阿。高欢于是上表朝廷历举尔朱氏的罪状,尔朱世隆将此表私藏扣押,没有上报皇帝。

20　北魏的杨播与其弟杨椿、杨津都素有声望、品德。杨播性情刚毅,杨椿、杨津则性格谦恭。杨家世代孝悌,缌服以内的亲属同灶而食,全家男女上百口,没有异言。杨椿、杨津官位皆至三公,杨家一门出了七位郡太守,三十二位州刺史。孝庄帝诛杀尔朱荣的时候,杨播的儿子杨侃参与了谋划。城阳王元徽、李彧,都是杨家的姻亲。尔朱兆攻入洛阳后,杨侃逃回了华阴故里,尔朱天光派杨侃的岳父韦义远召请杨侃,要与他盟誓,并答应赦免杨侃的罪行。杨侃说道:"尔朱天光即使食言,死者也不过只我一人,仍望保全全家上百口。"于是杨侃就出来答应了,果然被尔朱天光所杀。当时杨椿已退休,跟他儿子杨昱正在华阴,杨椿的弟弟冀州刺史杨顺、司空杨津、杨顺的儿子东雍州刺史杨辨、正平太守杨仲宣都在洛阳。秋季,七月,尔朱世隆诬奏杨氏家族谋反,请朝廷收捕杨氏家族治罪,节闵帝没有同意。尔朱世隆苦苦奏表,节闵帝不得已,只好命令有关部门审查上报。壬申(初四),这一天深夜,尔朱世隆派兵包围了杨津的府第,与此同时,尔朱天光也派兵至华阴抄了杨椿一家老小。这样杨家东西两支不分老少一并被杀得精光,将其家财籍没入官。尔朱世隆上奏节闵帝道:"杨氏确实想反叛,竟敢抗拒前往收捕的官军,现已全部杀掉了。"节闵帝怅叹良久,什么话也没说,朝廷内外闻听此事,无不痛惜、愤怒。杨津的儿子杨逸为光州刺史,尔朱仲远派人到光州斩杀了杨逸。只有杨津的儿子杨愔在全家被收捕遭杀戮时候恰巧外出不在家中,逃走藏匿起来,才得以幸免。杨愔于是前往信都见高欢,流着眼泪向高欢诉说了自己家所遭的灾祸,并趁机为高欢讨伐尔朱氏出谋划策,高欢很器重杨愔,便任命他为行台郎中。

21　乙亥(初七),梁武帝上殿册封太子,实行大赦。

22　丙戌(十八日),北魏司徒尔朱彦伯因旱灾辞去司徒之职,戊子(二十日),节闵帝任命尔朱彦伯为侍中,开府仪同三司。尔朱彦伯在尔朱氏弟兄中恶行较少。尔朱世隆坚决推辞太保之职,于是节闵帝特意设置仪同三司之官,地位在上公之下,庚寅(二十二日),任命尔朱世隆为仪同三司。斛斯椿向尔朱世隆诬告朱瑞谋反,尔朱世隆杀了朱瑞。

23 庚寅,诏:"凡宗戚有服属者,并可赐汤沐,食乡亭侯,随远近为差。"

24 壬辰,以吏部尚书何敬容为尚书右仆射。敬容,昌寓之子也。

25 魏尔朱仲远、度律等闻高欢起兵,恃其强,不以为虑,独尔朱世隆忧之。尔朱兆将步骑二万出井陉,趣殷州,李元忠弃城奔信都。八月丙午,尔朱仲远、度律将兵讨高欢。九月己卯,魏以仲远为太宰,庚辰,以尔朱天光为大司马。

26 癸巳,魏主追尊父广陵惠王为先帝,母王氏为先太妃,封弟永业为高密王,子恕为勃海王。

27 冬,十月己酉,上幸同泰寺,升法坐,讲《涅槃经》,七日而罢。

28 乐山侯正则,先有罪徙郁林,招诱亡命,欲攻番禺,广州刺史元仲景讨斩之。正则,正德之弟也。

29 孙腾说高欢曰:"今朝廷隔绝,号令无所禀,不权有所立,则众将沮散。"欢疑之,腾再三固请,乃立勃海太守元朗为帝。朗,融之子也。壬寅,朗即位于信都城西,改元中兴。以欢为侍中、丞相、都督中外诸军事、大将军、录尚书事、大行台,高乾为侍中、司空,高敖曹为骠骑大将军、仪同三司,冀州刺史,孙腾为尚书左仆射,河北行台魏兰根为右仆射。

己酉,尔朱仲远、度律与骠骑大将军斛斯椿、车骑大将军、仪同三司贺拔胜、车骑大将军贾显智军于阳平。显智名智,以字行,显度之弟也。尔朱兆出井陉,军于广阿,众号十万。高欢纵反间,云"世隆兄弟谋杀兆",复云"兆与欢同谋杀仲远等",

23　庚寅(二十二日),梁武帝下诏:"凡皇宗外戚有缌麻以上服属关系的妇女,都可以赏赐汤沐邑,男的封乡侯或亭侯,按服属关系的远近为等差。"

24　壬辰(二十四日),梁武帝任命吏部尚书何敬容为尚书右仆射。何敬容是何昌寓的儿子。

25　北魏尔朱仲远、尔朱度律等听说高欢起兵反叛后,仍自恃力量强盛,并没有太担心忧虑这件事,只有尔朱世隆对高欢起兵之事感到非常担心忧虑。尔朱兆率步兵和骑兵二万人马从井陉出发,直扑殷州,李元忠弃城逃奔信都。八月丙午(初九),尔朱仲远、尔朱度律等率兵讨伐高欢。九月己卯(十二日),北魏朝廷任命尔朱仲远为太宰,庚辰(十三日),又任命尔朱天光为大司马。

26　癸巳(二十六日),北魏节闵帝元恭追尊其父广陵惠王元羽为先帝,追尊其母王氏为先太妃,加封弟弟元永业为高密王,儿子元恕为勃海王。

27　冬季,十月己酉(十三日),梁武帝临幸同泰寺,登法座,向众人宣讲《涅槃经》,持续了七天才结束。

28　梁朝乐山侯萧正则,过去由于犯罪,被流放到了郁林,萧正则在郁林招纳亡命之徒,想攻打番禺。广州刺史元仲景讨伐萧正则,杀掉了他。萧正则是萧正德的弟弟。

29　孙腾劝说高欢道:"现在我们与朝廷隔绝不通,号令无所禀受,如果不权且立一位皇帝的话,军队就会没有斗志而瓦解溃散。"高欢对此仍犹疑不定,在孙腾的一再请求下,高欢这才立勃海太守元朗为皇帝。元朗是元融的儿子。壬寅(初六),元朗在信都城西即皇帝位,改年号为中兴。任命高欢为侍中、丞相、都督中外诸军事、大将军、录尚书事、大行台,高乾为侍中、司空,高敖曹为骠骑大将军、仪同三司、冀州刺史,孙腾为尚书左仆射,河北行台魏兰根为右仆射。

己酉(十三日),尔朱仲远、尔朱度律与骠骑大将军斛斯椿,车骑大将军、仪同三司贺拔胜,车骑大将军贾显智等率军驻扎于阳平县。贾显智名字叫贾智,以字行于世,他是贾显度的弟弟。尔朱兆率军从井陉出发,驻扎于广阿,号称有十万人马。高欢施反间计,说"尔朱世隆兄弟要谋杀尔朱兆",又说"尔朱兆与高欢共同谋划要杀掉尔朱仲远等人",

由是迭相猜贰，徘徊不进。仲远等屡使斛斯椿、贺拔胜往谕兆，兆帅轻骑三百来就仲远，同坐幕下，意色不平，手舞马鞭，长啸凝望，疑仲远等有变，遂趋出，驰还。仲远遣椿、胜等追，晓说之，兆执椿、胜还营，仲远、度律大惧，引兵南遁。兆数胜罪，将斩之，曰："尔杀卫可孤，罪一也。天柱薨，尔不与世隆等俱来，而东征仲远，罪二也。我欲杀尔久矣，今复何言？"胜曰："可孤为国巨患，胜父子诛之，其功不小，反以为罪乎？天柱被戮，以君诛臣，胜宁负王，不负朝廷。今日之事，生死在王。但寇贼密迩，骨肉构隙，自古及今，未有如是而不亡者。胜不惮死，恐王失策"。兆乃舍之。

高欢将与兆战，而畏其众强，以问亲信都督段韶，韶曰："所谓众者，得众人之死；所谓强者，得天下之心。尔朱氏上弑天子，中屠公卿，下暴百姓，王以顺讨逆，如汤沃雪，何众强之有！"欢曰："虽然，吾以小敌大，恐无天命不能济也。"韶曰："韶闻'小能敌大，小道大淫'。'皇天无亲，惟德是辅'。尔朱氏外乱天下，内失英雄心，智者不为谋，勇者不为斗，人心已去，天意安有不从者哉！"韶，荣之子也。辛亥，欢大破兆于广阿，俘其甲卒五千馀人。

30　十一月乙未，上幸同泰寺，讲《般若经》，七日而罢。

31　庚辰，魏高欢引兵攻邺，相州刺史刘诞婴城固守。

于是尔朱氏兄弟相互猜疑，均徘徊不进。尔朱仲远等多次派斛斯椿、贺拔胜前往尔朱兆处调停，尔朱兆率三百名轻骑来到尔朱仲远处，与尔朱仲远同坐大帐下。尔朱兆脸色有不平之气，手中挥舞着马鞭，长啸凝望远方。他怀疑尔朱仲远等人有变故，于是便赶快离开大帐出来，上马飞驰，回到自己的营地。尔朱仲远派斛斯椿、贺拔胜等人追赶尔朱兆，对他进行劝说，尔朱兆却将斛斯椿、贺拔胜抓了起来带回营中。尔朱仲远、尔朱度律闻知后非常恐惧，赶忙率军南逃。尔朱兆历数贺拔胜罪状，要将他处斩，说道：“你杀了卫可孤，这是第一条罪状。天柱大将军被杀后，你不和尔朱世隆等人一起前来，却东征尔朱仲远，这是第二条罪状。我早就想杀了你，今天你还有什么话说？”贺拔胜说道：“卫可孤是国家的大祸患，我贺拔胜父子将其诛杀，功劳巨大，你反而却将这也算作我的罪状么？天柱大将军被杀，是君杀臣，我贺拔胜宁肯有负于大王，也不能负于朝廷。今天之事，我是活是死全在于大王您。只是贼寇越来越近，而兄弟骨肉之间却离心离德，从古至今，没有像这样而不灭亡的。我贺拔胜并不怕死，恐怕大王您这样做是失策的。”尔朱兆听了之后便放了贺拔胜。

高欢将与尔朱兆交战，但却畏惧尔朱兆军队强大，于是便问计于亲信都督段韶，段韶说：“所谓军队多，乃是得众人之死力才称得上是多；所谓强大，乃指得天下之人心才称得上是强大。尔朱氏上弑天子，中屠公卿百官，对下凌残百姓，大王您以顺讨逆，就如同以开水浇雪，尔朱氏有什么军队众多而又强大可言！”高欢说道：“虽然如此，我们以弱小之兵对付强大之敌，恐怕如无上天保佑，不能成功。”段韶说：“我听说‘弱小的一方能够打败强大的一方，因为弱小的一方是正义的，而强大的一方是不正义的’。我还听说‘上天对任何人并无特别偏爱，只辅佐保佑有德之人’。现在尔朱氏外乱天下，内失英雄之心，有智之人不为其出谋划策，勇武之人不为其拼死战斗，他已失去民心，天意怎会不顺从于您呢！”段韶是段荣的儿子。辛亥（十五日），高欢在广阿大破尔朱兆，俘获敌军五千多人。

　　30　十一月乙未（二十九日），梁武帝临幸同泰寺，向僧众宣讲《般若经》，持续了七天才结束。

　　31　庚辰（十四日），北魏高欢率军攻打邺城，相州刺史刘诞据城固守。

32　是岁,魏南兖州城民王乞得劫刺史刘世明,举州来降。世明,芳之族子也。上以侍中元树为镇北将军、都督北讨诸军事,镇谯城。以世明为征西大将军、郢州刺史,加仪同三司。世明不受,固请北归,上许之。世明至洛阳,奉送所持节,归乡里,不仕而卒。

**四年(壬子,532)**

1　春,正月丙寅,以南平王伟为大司马,元法僧为太尉,袁昂为司空。

2　立西丰侯正德为临贺王。正德自结于朱异,上既封昭明诸子,异言正德失职,故王之。

3　以太子右卫率薛法护为司州牧,卫送魏王悦入洛。

4　庚午,立太子纲之长子大器为宣城王。

5　魏高欢攻邺,为地道,施柱而焚之,城陷入地。壬午,拔邺,擒刘诞,以杨愔为行台右丞。时军国多事,文檄教令,皆出于愔及开府谘议参军崔㥄。㥄,逞之五世孙也。

6　二月,以太尉元法僧为东魏王,欲遣还北,兖州刺史羊侃为军司马,与法僧偕行。

7　扬州刺史邵陵王纶遣人就市赊买锦彩丝布数百匹,市人皆闭邸店不出。少府丞何智通依事启闻。纶被责还弟,乃遣防阁戴子高等以槊刺智通于都巷,刃出于背。智通识子高,取其血以指画车壁为"邵陵"字,乃绝,由是事觉。庚戌,纶坐免为庶人,锁之于弟,经二旬,乃脱锁,顷之复封爵。

8　辛亥,魏安定王追谥敬宗曰武怀皇帝,甲子,以高欢为丞相、柱国大将军、太师。三月丙寅,以高澄为骠骑大将军。丁丑,安定王帅百官入居于邺。

32 这一年,北魏南兖州城百姓王乞得劫持南兖州刺史刘世明,率全州前来投降梁朝。刘世明是刘芳的同族兄弟之子。梁武帝任命侍中元树为镇北将军、都督北讨诸军事,镇守谯城。又任命刘世明为征西大将军、郢州刺史,加封仪同三司。刘世明不接受,坚决请求回到北朝,梁武帝答应了他的请求。刘世明到了洛阳后,向朝廷奉还了随身带着的符节,回到家乡,不再做官,直到去世。

## 梁武帝中大通四年(壬子,公元532年)

1 春季,正月丙寅(初一),梁武帝任命南平王萧伟为大司马,任命元法僧为太尉,袁昂为司空。

2 梁武帝立西丰侯萧正德为临贺王。萧正德与朱异结为同党,武帝既已加封了昭明太子等几个儿子,朱异便向皇帝进言说萧正德爵位太低,所以梁武帝便将正德立为王。

3 梁武帝任命太子右卫率薛法护为司州牧,派他护送魏王元悦到洛阳。

4 庚午(初五),梁武帝立太子萧纲的长子萧大器为宣城王。

5 北魏高欢攻打邺城,挖好地道,将支撑地道顶部的柱子点火烧掉,于是城墙坍塌,陷入地中。壬午(十七日),攻下了邺城,擒获了刘诞,高欢任命杨愔为行台右丞。当时很多军国大事,文告檄文命令等,都出自杨愔和开府谘议参军崔悛之手。崔悛是崔逞的五世孙。

6 二月,梁武帝任命太尉元法僧为东魏王,想让他回到北朝,兖州刺史羊侃为军司马,与元法僧同行。

7 扬州刺史邵陵王萧纶派人到市场上赊购锦彩丝布几百匹,商人们都闭店不出。少府丞何智通将此事报告了朝廷。结果萧纶被责令回到府第,于是萧纶便派防阁戴子高等人在京城的一条巷子中用槊刺杀何智通,槊刃从背部刺出。何智通认识戴子高,他用手指蘸着身上的血在车壁上写下了"邵陵"二字之后才死去,因此这件事才被人发觉。庚戌(十五日),萧纶因犯罪被黜为平民,将他锁禁于府第之中,过了二十天,才去掉锁,很快又被封爵。

8 辛亥(十六日),北魏安定王追谥孝庄帝为武怀皇帝。甲子(二十九日),任命高欢为丞相、柱国大将军、太师。三月丙寅(初二),任命高澄为骠骑大将军。丁丑(十三日),安定王率文武百官入居邺城。

庚申，尔朱兆帅轻骑三千夜袭邺城，叩西门，不克而退。壬戌，欢将战马不满二千，步兵不满三万，众寡不敌，乃于韩陵为圆陈，连系牛驴以塞归道，于是将士皆有死志。兆望见欢，遥责欢以叛己，欢曰："本所以戮力者，共辅帝室。今天子何在？"兆曰："永安枉害天柱，我报仇耳。"欢曰："我昔闻天柱计，汝在户前立，岂得言不反邪！且以君杀臣，何报之有！今日义绝矣。"遂战。欢将中军，高敖曹将左军，欢从父弟岳将右军。欢战不利，兆等乘之，岳以五百骑冲其前，别将斛律敦收散卒蹑其后，敖曹以千骑自栗园出横击之，兆等大败，贺拔胜与徐州刺史杜德于陈降欢。兆对慕容绍宗抚膺曰："不用公言，以至于此！"欲轻骑西走，绍宗反旗鸣角，收散卒成军而去。兆还晋阳，仲远奔东郡。尔朱彦伯闻度律等败，欲自将兵守河桥，世隆不从。

度律、天光将之洛阳，大都督斛斯椿谓都督贾显度、贾显智曰："今不先执尔朱氏，吾属死无类矣。"乃夜于桑下盟，约倍道先还。世隆使其外兵参军阳叔渊驰赴北中，简阅败卒，以次内之。椿至，不得入城，乃诡说叔渊曰："天光部下皆是西人，闻欲大掠洛邑，迁都长安，宜先内我以为之备。"叔渊信之。夏，四月甲子朔，椿等入据河桥，尽杀尔朱氏之党。度律、天光欲攻之，会大雨昼夜不止，士马疲顿，弓矢不可施，遂西走，至洴陂津，为人所擒，送于椿所。椿

庚申(二十六日),尔朱兆率三千轻骑夜袭邺城,攻打西门,未能成功,败退下来。壬戌(二十八日),高欢率不满二千的骑兵和不满三万的步兵,因与敌人众寡悬殊,于是便在韩陵布成了一个圆阵,将牛驴等牲畜用绳索连系起来堵塞了归路,于是将士们个个都有拼死战斗的意志。尔朱兆望见高欢,远远地责骂他背叛自己,高欢道:"我原来之所以与你同心协力,是为了共同辅佐皇帝,今皇帝何在?"尔朱兆说道:"永安王枉害天柱大将军,我是为了报仇罢了。"高欢道:"我过去听说了天柱大将军的阴谋,你当时就在门前站着,怎能说不是反叛呢!况且君杀臣是天经地义的事,你又有什么仇要向皇帝报的?你我今日一切情义都断绝了。"于是两军便大战起来。高欢统帅中军,高敖曹统帅左军,高欢的堂弟高岳统帅右军。高欢所部作战不利,尔朱兆等乘机进攻高军。高岳率五百名骑兵从正面冲击尔朱兆军,别将斛律敦将失散了的士卒聚集起来从后面打击尔朱兆军,高敖曹则率一千骑兵从栗园出发横击尔朱兆。尔朱兆等大败,贺拔胜和徐州刺史杜德在阵前投降了高欢。尔朱兆捶胸对慕容绍宗说道:"没有采纳您的建议,才到了这个地步!"尔朱兆想率轻骑向西逃奔晋阳,慕容绍宗反旗鸣角,将散卒收聚起来带着他们逃跑了。尔朱兆逃回晋阳,尔朱仲远逃奔东郡。尔朱彦伯闻知尔朱度律等战败,打算亲自率军镇守河桥,尔朱世隆不同意。

　　尔朱度律、尔朱天光将前往洛阳,大都督斛斯椿对都督贾显度、贾显智说:"现在如果不先抓获尔朱氏的话,我们这些人就死无葬身之地了。"于是几个人夜间便在桑树下盟誓,约定好兼程抢先返回洛阳。尔朱世隆派他的外兵参军阳叔渊飞马赶奔北中郎府城,选拔检阅那些败兵,分批进入洛阳城。斛斯椿赶到洛阳,未能进入城中,便哄骗阳叔渊说:"尔朱天光的部下都是西部人,我听说他们打算要大肆掠抢洛阳城,之后迁都到长安,你应先让我进城,做好准备。"阳叔渊相信了斛斯椿的话。夏季,四月甲子朔(初一),斛斯椿等占据了河桥,将尔朱氏的党羽全部杀掉。尔朱度律、尔朱天光想攻打河桥,赶上天下大雨,昼夜不停,兵马疲惫困顿,弓箭施展不开,于是只好向西逃去,逃到溢陂津时,被人擒获,送到了斛斯椿处。斛斯椿

使行台长孙稚诣洛阳奏状,别遣贾显智、张欢帅骑掩袭世隆,执之。彦伯时在禁直,长孙稚于神虎门启陈:"高欢义功既振,请诛尔朱氏。"节闵帝使舍人郭崇报彦伯,彦伯狼狈走出,为人所执,与世隆俱斩于阊阖门外,送其首并度律、天光于高欢。

节闵帝使中书舍人卢辩劳欢于邺,欢使之见安定王,辩抗辞不从,欢不能夺,乃舍之。辩,同之兄子也。

辛未,骠骑大将军、行济州事侯景降于安定王,以景为尚书仆射、南道大行台、济州刺史。

尔朱仲远来奔。仲远帐下都督乔宁、张子期自滑台诣欢降。欢责之曰:"汝事仲远,擅其荣利,盟契百重,许同生死。前仲远自徐州为逆,汝为戎首。今仲远南走,汝复叛之。事天子则不忠,事仲远则无信,犬马尚识饲之者,汝曾犬马之不如!"遂斩之。

尔朱天光之东下也,留其弟显寿镇长安,召秦州刺史侯莫陈悦欲与之俱东。贺拔岳知天光必败,欲留悦共图显寿以应高欢,计未有所出。宇文泰谓岳曰:"今天光尚近,悦未必有贰心,若以此告之,恐其惊惧。然悦虽为主将,不能制物,若先说其众,必人有留心。悦进失尔朱之期,退恐人情变动,乘此说悦,事无不遂。"岳大喜,即令泰入悦军说之,悦遂与岳俱袭长安。泰帅轻骑为前驱,显寿弃城走,追至华阴,擒之。欢以岳为关西大行台,岳以泰为行台左丞,领府司马,事无巨细皆委之。

派行台长孙稚到洛阳向朝廷报告,另外又派贾显智、张欢率骑兵袭击尔朱世隆,将其抓获。尔朱彦伯当时正在宫中,长孙稚在神虎门向节闵帝启请道:"高欢义军已经奋起,请皇帝诛杀尔朱氏。"节闵帝派舍人郭崇将这一情况通报了尔朱彦伯,尔朱彦伯狼狈逃出宫中,被人抓获,与尔朱世隆一起被斩首于阊阖门外,又将尔朱彦伯、尔朱世隆的首级连同尔朱度律、尔朱天光一起送到高欢处。

节闵帝派中书舍人卢辩到邺城慰劳高欢,高欢让卢辩见安定王,卢辩高声抗议不见安定王,高欢不能使他屈服,只好放了他。卢辩是卢同哥哥的儿子。

辛未(初八),骠骑大将军、行济州事侯景投降了安定王,安定王任命侯景为尚书仆射、南道大行台、济州刺史。

尔朱仲远前来投降梁朝。尔朱仲远的部将都督乔宁、张子期从滑台到高欢处请降。高欢斥责他们说:"你们为尔朱仲远做事,享尽荣华富贵,与尔朱仲远信誓旦旦,答应和他同生共死。以前尔朱仲远在徐州叛乱,你们是首要分子。现在尔朱仲远失势南逃,你们又背叛了他。你们对天子不忠,对尔朱仲远不讲信义,犬马还不忘记饲养它的主人,你们连犬马都不如!"于是便杀掉了乔宁和张子期。

尔朱天光率军东下之时,留下了他的弟弟尔朱显寿镇守长安城,召请秦州刺史侯莫陈悦和他一起东下洛阳。贺拔岳知道尔朱天光肯定会失败,便想留住侯莫陈悦共同对付尔朱显寿以响应高欢,但却想不出什么办法来。宇文泰对贺拔岳说道:"现在尔朱天光就近在眼前,侯莫陈悦未必会有二心,如果将这件事告诉了他,恐怕侯莫陈悦会惊慌恐惧。但侯莫陈悦虽然是主将,却不能控制人,如果先劝说他的部队,一定会人人都愿留下来。侯莫陈悦若东进的话,便误了尔朱天光约定的日期;后退的话,则又担心人心浮动,发生变故,若乘这个时候劝说侯莫陈悦的话,事情肯定会成功。"贺拔岳非常高兴,便命宇文泰到侯莫陈悦军中去劝说他,侯莫陈悦于是便和贺拔岳一起袭击长安城。宇文泰率轻骑为前锋,尔朱显寿弃城而逃,被追到华阴抓获。高欢任命贺拔岳为关西大行台,贺拔岳任命宇文泰为行台左丞、领府司马,无论大事小事都交与他处理。

尔朱世隆之拒高欢也,使齐州行台尚书房谟募兵趣四渎,又使其弟青州刺史弼趣乱城,扬声北渡,为掎角之势。及韩陵既败,弼还东阳,闻世隆等死,欲来奔,数与左右割臂为盟。帐下都督冯绍隆,素为弼所信待,说弼曰:“今方同契阔,宜更割心前之血以盟众。”弼从之,大集部下,披胸令绍隆割之,绍隆因推刃杀之,传首洛阳。

丙子,安东将军辛永以建州降于安定王。

辛巳,安定王至邙山。高欢以安定王疏远,使仆射魏兰根慰谕洛邑,且观节闵帝之为人,欲复奉之。兰根以帝神采高明,恐于后难制,与高乾兄弟及黄门侍郎崔悛共劝欢废之。欢集百官问所宜立,莫有应者,太仆代人綦毋儁盛称节闵帝贤明,宜主社稷,欢欣然是之。悛作色曰:“若言贤明,自可待我高王,徐登大位。广陵既为逆胡所立,何得犹为天子!若从儁言,王师何名义举?”欢遂幽节闵帝于崇训佛寺。

欢入洛阳,斛斯椿谓贺拔胜曰:“今天下事,在吾与君耳,若不先制人,将为人所制。高欢初至,图之不难。”胜曰:“彼有功于时,害之不祥。比数夜与欢同宿,且序往昔之怀,兼荷兄恩意甚多,何苦惮之!”椿乃止。

欢以汝南王悦,高祖之子,召欲立之,闻其狂暴无常,乃止。

时诸王多逃匿,尚书左仆射平阳王脩,怀之子也,匿于田舍。欢欲立之,使斛斯椿求之。椿见脩所亲员外散骑侍郎太原王思政,问王所在,思政曰:“须知问意。”椿曰:“欲立为天子。”思政乃言之。椿从思政见脩,脩色变,谓思政曰:

尔朱世隆抵抗高欢军之时,派齐州行台尚书房谟招募士兵赶奔四渎,又派房谟的弟弟房弼赶赴乱城,扬言要北渡黄河,构成掎角之势。等到韩陵失败后,房弼回到东阳,听说尔朱世隆等人已死。便打算前来投奔梁朝,多次与部下割臂盟誓。房弼的帐下都督冯绍隆,一直深受房弼信赖,冯绍隆对房弼说道:"现在正是辛苦困难之时,您应割胸前之血和众人盟誓。"房弼采纳了他的建议,于是将部下召集起来,敞开前胸令冯绍隆刺血,冯绍隆趁机用刀杀了房弼,将他的首级送到了洛阳。

　　丙子(十三日),安东将军辛永率建州投降了安定王。

　　辛巳(十八日),安定王到了邙山。高欢因安定王与皇族关系较疏远,于是便派仆射魏兰根前往洛阳慰问,同时观察一下节闵帝的为人,打算再推奉他为帝。魏兰根认为节闵帝神气高扬,担心以后难以驾驭,便与高乾兄弟及黄门侍郎崔㥄等一起劝高欢废掉节闵帝。高欢召集百官向大家征询应该立谁为帝,没人作声,太仆代郡人綦毋儁盛赞节闵帝贤明,认为应该立他做社稷之主,高欢很高兴,觉得綦毋儁说得很对。崔㥄正言厉色地说道:"如果要说贤明,自然应该等待我们高王,慢慢登上皇位。广陵王既然是由作逆的胡人所立,怎能还让他做天子!如果听从了綦毋儁的话,大王您的队伍怎么称得上是义举?"高欢于是便将节闵帝幽禁在崇训佛寺中。

　　高欢进入洛阳之时,斛斯椿对贺拔胜说道:"当今天下之事,全在于我和您了,如果我们不先发制人的话,将会被别人所制。高欢现在刚到洛阳,对付他还不难。"贺拔胜说道:"高欢有功于国家,杀害了他不吉祥。近几夜我与高欢同住,叙谈往昔之情,而且他得到过你的不少恩情,为什么要怕他呢!"斛斯椿这才作罢。

　　因为汝南王元悦是高祖的儿子,高欢便将元悦召来想立他为帝,但又听说元悦暴戾无常,便只好作罢。

　　当时北魏诸王大多逃走藏匿了起来,尚书左仆射平阳王元脩,是元怀的儿子,躲藏在乡间田舍中。高欢想立元脩为帝,便派斛斯椿去寻找元脩。斛斯椿找到元脩所亲信的员外散骑侍郎太原人王思政,向他打听元脩的下落,王思政说:"我要知道您为何找他。"斛斯椿道:"想立他为皇帝。"王思政这才说出元脩在什么地方。斛斯椿随王思政去见元脩,元脩见了他们脸色大变,对王思政说道:

“得无卖我邪?”曰:“不也。”曰:“敢保之乎?”曰:“变态百端,何可保也!”椿驰报欢。欢遣四百骑迎脩入毡帐,陈诚,泣下沾襟,脩让以寡德,欢再拜,脩亦拜。欢出备服御,进汤沐,达夜严警。昧爽,文武执鞭以朝,使斛斯椿奉劝进表。椿入帐门,磬折延首而不敢前,脩令思政取表视之,曰:“便不得不称朕矣。”乃为安定王作诏策而禅位焉。

戊子,孝武帝即位于东郭之外,用代都旧制,以黑毡蒙七人,欢居其一,帝于毡上西向拜天毕,入御太极殿,群臣朝贺,升阊阖门大赦,改元太昌。以高欢为大丞相、天柱大将军、太师,世袭定州刺史。庚寅,加高澄侍中、开府仪同三司。

初,欢起兵信都,尔朱世隆知司马子如与欢有旧,自侍中、骠骑大将军出为南岐州刺史。欢入洛,召子如为大行台尚书,朝夕左右,参知军国。广州刺史广宁韩贤,素为欢所善,欢入洛,凡尔朱氏所除官爵例皆削夺,唯贤如故。

以前御史中尉樊子鹄兼尚书左仆射,为东南道大行台,与徐州刺史杜德追尔朱仲远。仲远已出境,遂攻元树于谯。

丞相欢征贺拔岳为冀州刺史,岳畏欢,欲单马入朝。行台右丞薛孝通说岳曰:“高王以数千鲜卑破尔朱百万之众,诚亦难敌。然诸将或素居其上,或与之等夷,屈首从之,势非获已。今或在京师,或据州镇,高王除之则失人望,留之则为腹心之疾。且吐万人虽复败走,犹在并州,高王方内抚群雄,外抗劲敌,安能去其巢穴,与公争关中之地乎!今关中豪俊皆属心于公,愿效其智力。公以华山为城,黄河为堑,

"你不是要出卖我吧?"王思政道:"当然不是。"元脩又说:"你敢保证么?"王思政答道:"事情千变万化,怎么能保证呢!"斛斯椿飞马向高欢做了汇报,高欢派四百名骑兵将元脩接入大帐之中,高欢向元脩表达了自己的诚挚之心,言谈之际泪落沾襟。元脩以寡德为由推让再三,高欢又拜了两拜,元脩也拜了一拜。高欢出帐,准备好皇帝的服装、御车让元脩沐浴更衣,彻夜严加警戒。第二天早晨,因军中无法备朝服,所以文武百官执鞭朝拜元脩,高欢让斛斯椿进奉劝进表。斛斯椿进入帷门,弯腰施礼伸着头不敢进到元脩跟前,元脩命王思政接过劝进表,看过之后,说道:"我也只好即位称帝了。"高欢于是为安定王作诏书禅位于元脩。

戊子(二十五日),魏孝武帝元脩在洛阳东郭外即皇帝位,采用鲜卑旧制,将黑毡蒙在七个人身上,高欢便是其中一人。元脩在毡上向西拜过天之后,便入御太极殿,群臣朝拜庆贺。孝武帝元脩登上阊阖门,大赦天下,改年号为太昌。任命高欢为大丞相、天柱大将军、太师、世袭定州刺史。庚寅(二十七日),加封高澄为侍中、开府仪同三司。

当初,高欢从信都起兵之时,尔朱世隆知道司马子如跟高欢有老交情,于是将司马子如从侍中、骠骑大将军的职位上撤下将他调离洛阳到南岐州任刺史。高欢进入洛阳后,征召司马子如为大行台尚书,从此司马子如朝夕在高欢身边,参与军国大事。广州刺史广宁郡人韩贤,一直很受高欢赏识,高欢进到洛阳后,凡是尔朱氏所任命的官职爵位都撤销废除了,只有韩贤的官爵还和过去一样。

北魏任命前御史中尉樊子鹄兼任尚书左仆射,为东南道大行台,与徐州刺史杜德一起追击尔朱仲远。尔朱仲远已逃出境外,于是便到谯城攻打元树。

丞相高欢征召贺拔岳为冀州刺史,贺拔岳畏惧高欢,便打算单人匹马入朝接受任命。行台右丞薛孝通劝贺拔岳道:"高欢以几千鲜卑军队打败了尔朱氏的百万大军,您确实很难与他相匹敌。但各位将领有的过去一直职位在他之上,有的跟他职位相当,俯首屈从于他,其势乃迫不得已。现在这些将领有的在京师洛阳,有的占据着州镇,高欢若除掉他们则会失去人心,若留着他们则会成为他的心腹之患。况且尔朱兆虽然败逃,却仍在并州,高欢正在内抚群雄,外抗强敌,怎能离开老窝,与您争夺关中之地呢! 现在关中的英雄豪杰,都倾心于您,愿意为您效力。您若以华山当作城墙,以黄河作为沟堑,

进可以兼山东,退可以封函谷,奈何欲束手受制于人乎!"言未卒,岳执孝通手曰:"君言是也。"乃逊辞为启而不就征。

壬辰,丞相欢还邺,送尔朱度律、天光于洛阳,斩之。

五月丙申,魏主殡节闵帝于门下外省,诏百司会丧,葬用殊礼。

以沛郡王欣为太师,赵郡王谌为太保,南阳王宝炬为太尉,长孙稚为太傅。宝炬,愉之子也。丞相欢固辞天柱大将军,戊戌,许之。己酉,清河王亶为司徒。

侍中河南高隆之,本徐氏养子,丞相欢命以为弟,恃欢势骄公卿,南阳王宝炬殴之,曰:"镇兵何敢尔!"魏主以欢故,六月丁卯,黜宝炬为骠骑大将军,归第。

9 魏主避广平武穆王之讳,改谥武怀皇帝曰孝庄皇帝,庙号敬宗。

10 秋,七月庚子,魏复以南阳王宝炬为太尉。

11 壬寅,魏丞相欢引兵入滏口,大都督库狄干入井陉,击尔朱兆。庚戌,魏主使骠骑大将军、仪同三司高隆之帅步骑十万会丞相欢于太原,因以隆之为丞相军司。欢军于武乡,尔朱兆大掠晋阳,北走秀容。并州平。欢以晋阳四塞,乃建大丞相府而居之。

12 魏夏州迁民郭迁据青州反,刺史元嶷弃城走。诏行台侯景等讨之,拔其城。迁来奔。

13 魏东南道大行台樊子鹄围元树于谯城,分兵攻取蒙县等五城,以绝援兵之路。树请帅众南归,以地还魏,子鹄等许之,

进可以兼并崤山以东的区域,退可以封锁函谷关,为什么要捆住自己的手脚,受制于别人呢!"话还未说完,贺拔岳便握住薛孝通的手说:"您说得对。"于是客气地给高欢写了封信加以推辞,未应召到京接受任命。

壬辰(二十九日),丞相高欢回到邺城,将尔朱度律、尔朱天光送到洛阳杀掉了。

五月丙申(初三),北魏孝武帝在门下省用药酒毒死了节闵帝,之后下诏各部门大办丧事,用隆重的葬礼埋葬节闵帝。

孝武帝任命沛郡王元欣为太师,赵郡王元谌为太保,南阳王元宝炬为太尉,任命长孙稚为太傅。元宝炬是元愉的儿子。丞相高欢坚决推辞不做天柱大将军,戊戌(初五),孝武帝同意了他的请求。己酉(十六日),孝武帝任命清河王元亶为司徒。

侍中河南人高隆之,本是徐氏的养子,丞相高欢认他为弟,高隆之倚仗高欢的权势对公卿们的态度很骄横,南阳王元宝炬将他痛打了一顿,骂道:"镇兵竟敢如此狂妄!"孝武帝因高欢的缘故,于六月丁卯(初五),将元宝炬贬黜为骠骑大将军,令其回到家中去。

9 孝武帝为避广平武穆王之讳,将武怀皇帝的谥号改为孝庄皇帝,庙号为"敬宗"。

10 秋季,七月庚子(初八),北魏又重新任命南阳王元宝炬为太尉。

11 壬寅(初十),北魏丞相高欢率兵入滏口,大都督库狄干率兵入井陉,攻打尔朱兆。庚戌(十八日),孝武帝派骠骑大将军、仪同三司高隆之率步兵骑兵十万人与高欢在太原会师,于是任命高隆之为丞相军司。高欢驻军于武乡,尔朱兆大肆抢掠了一番晋阳,向北逃奔秀容。从此并州平定。因晋阳四面有山为屏障,高欢于是在晋阳建立了大丞相府,住在那里。

12 北魏夏州移民郭迁占据了青州反叛朝廷,青州刺史元巘弃城而逃。朝廷诏令行台侯景等人讨伐郭迁,攻下了青州。郭迁前来投奔梁朝。

13 北魏东南道大行台樊子鹄在谯城包围了元树,分兵攻取了蒙县等五座县城,以断绝元树的援兵之路。元树向樊子鹄请求率军南归梁朝,将占据的地盘还给北魏,樊子鹄等同意了这一请求,

与之誓约。树众半出，子鹄击之，擒树及谯州刺史朱文开以归。羊侃行至官竹，闻树败而还。九月，树至洛阳，久之，复欲南奔，魏人杀之。

14　乙巳，以司空袁昂领尚书令。

15　冬，十一月丁酉，日南至，魏主祀圜丘。

16　甲辰，魏杀安定王朗、东海王晔。

17　己酉，以汝南王悦为侍中、大司马。

18　魏葬灵太后胡氏。

19　上闻魏室已定，十二月庚辰，复以太尉元法僧为郢州刺史。

20　魏主以汝南王悦属近地尊，丁亥，杀之。

21　魏大赦，改元永兴，以与太宗同号，复改永熙。

22　魏主纳丞相欢女为后，命太常卿李元忠纳币于晋阳。欢与之宴，论及旧事，元忠曰：“昔日建义，轰轰大乐，比来寂寂无人问。”欢抚掌笑曰：“此人逼我起兵。”元忠戏曰：“若不与侍中，当更求建义处。”欢曰：“建义不虑无，止畏如此老翁不可遇耳。”元忠曰：“止为此翁难遇，所以不去。”因捋欢须大笑。欢悉其雅意，深重之。

23　尔朱兆既至秀容，分守险隘，出入寇抄。魏丞相欢扬声讨之，师出复止者数四，兆意怠。欢揣其岁首当宴会，遣都督窦泰以精骑驰之，一日一夜行三百里，欢以大军继之。

并与元树订立了盟约。元树的部队一半人马刚出城,樊子鹄突然袭击,抓获了元树和谯州刺史朱文开,把他们带了回来。羊侃率军行至官竹这个地方时,听说元树已失败,便又回去了。九月,元树被押送到了洛阳,过了一段时间,元树又打算南奔梁朝,结果被北魏人杀掉了。

14　乙巳(十四日),梁朝任命司空袁昂兼任尚书令。

15　冬季,十一月丁酉(初七),这天是冬至,魏主在圜丘祭天。

16　甲辰(十四日),北魏杀安定王元朗和东海王元晔。

17　己酉(十九日),北魏朝廷任命汝南王元悦为侍中、大司马。

18　北魏为灵太后胡氏举行葬礼。

19　梁武帝听说北魏朝廷已经安定,于是在十二月庚辰(二十一日),再次任命太尉元法僧为郓州刺史。

20　北魏孝武帝因汝南王元悦与自己亲属关系近而且地位又高,于是便于丁亥(二十八日)杀了元悦。

21　北魏实行大赦,改年号为永兴,因为跟魏太宗年号相同,便又改为永熙。

22　北魏孝武帝娶丞相高欢的女儿为皇后,命太常卿李元忠将订婚彩礼送至晋阳高欢处。高欢与李元忠宴饮,谈到往事,李元忠说道:“昔日您兴兵起义的时候,热热闹闹,欢欢乐乐,近来却静悄悄地没人来问候了。”高欢拊掌大笑,说道:“你这人是在逼我起兵啊。”李元忠开玩笑地说:“如不同意我的见解,我就再找一处能够起兵的地方。”高欢道:“起兵的人不用担心没有,只是恐怕像我这样的老头儿你不会再遇到了。”李元忠说道:“正因为您这老头儿难以遇到,所以我是不会离开的。”于是捋着高欢的胡须大笑起来。高欢知道李元忠平素的想法,因此很是看重他。

23　尔朱兆到了秀容后,分兵把守险要隘口,四出侵犯抢掠。北魏丞相高欢扬言要讨伐尔朱兆,军队已经出发然而又停止讨伐,这样搞了多次,于是尔朱兆心里便懈怠下来了。高欢估计尔朱兆在年初可能要举行宴会,于是便派都督窦泰率精锐骑兵飞速行军,一天一夜行军三百里,高欢率领大军随后进发。

# 卷第一百五十六　梁纪十二

起癸丑(533)尽甲寅(534)凡二年

**高祖武皇帝十二**

**中大通五年(癸丑,533)**

1　春,正月辛卯,上祀南郊,大赦。

2　魏窦泰奄至尔朱兆庭,军人因宴休惰,忽见泰军,惊走,追破之于赤洪岭,众并降散。兆逃于穷山,命左右西河张亮及苍头陈山提斩己首以降,皆不忍。兆乃杀所乘白马,自缢于树。欢亲临,厚葬之。慕容绍宗携尔朱荣妻子及兆馀众诣欢降,欢以义故,待之甚厚。兆之在秀容,左右皆密通款于欢,唯张亮无启疏,欢嘉之,以为丞相府参军。

3　魏罢诸行台。

4　辛亥,上祀明堂。

5　丁巳,魏主追尊其父为武穆帝,太妃冯氏为武穆后,母李氏为皇太妃。

6　劳州刺史曹凤、东荆州刺史雷能胜等举城降魏。

7　魏侍中斛斯椿闻乔宁、张子期之死,内不自安,与南阳王宝炬、武卫将军元毗、王思政密劝魏主图丞相欢。毗,遵之玄孙也。舍人元士弼又言欢受诏不敬,帝由是不悦。椿劝帝置阁内都督部曲,又增武直人数,自直阁已下,员别数百,皆

## 高祖武皇帝十二

## 梁武帝中大通五年(癸丑,公元533年)

1 春季,正月辛卯(初二),梁武帝在南郊祭祀,大赦天下。

2 北魏窦泰率领军队突然攻到尔朱兆大本营的厅堂,军中的人因为正在摆宴而疏于防守,忽然看见窦泰的军队,连忙惊慌地逃跑,后来在赤狱岭被窦泰追上击溃,不是投降就是逃散了。尔朱兆逃到荒山中,命令在身旁侍奉的西河人张亮以及仆隶陈山提砍下自己的头颅投降,张亮与陈山提都不忍心这么做。尔朱兆就杀掉自己所骑的白马,自己吊死在树上。高欢亲自来到尔朱兆自杀的地方,为他举行了隆重的葬礼。慕容绍宗带着尔朱荣的夫人、孩子以及尔朱兆剩余的人马向高欢投降,高欢看在过去的交情上,给予他们很优厚的待遇。尔朱兆在秀容的时候,他的近臣们都悄悄地向高欢表示投靠之意,唯独张亮没有写信联系。高欢对他很赞许,任命他为丞相府的参军。

3 北魏罢免了各位行台。

4 辛亥(二十二日),梁武帝在明堂举行祭祀典礼。

5 丁巳(二十八日),北魏国主孝武帝分别追认他的父亲为武穆帝,太妃冯氏为武穆后,母亲李氏为皇太妃。

6 劳州刺史曹凤、东荆州刺史雷能胜等人率领全城投降北魏。

7 北魏侍中斛斯椿听到乔宁、张子期的死讯,心里无法安宁,他与南阳王元宝炬、武卫将军元毗、王思政一道秘密劝说孝武帝除掉丞相高欢。元毗是元遵之的玄孙。舍人元士弼又告诉孝武帝,说高欢对皇帝颁下的诏书不恭不敬,孝武帝因此不大愉快。斛斯椿劝说孝武帝设置了负责皇宫守卫的阁内都督部曲,又在皇帝居住的朱华阁里增添了值勤侍卫的人数,在这些侍卫下面,还有定额以外的侍卫几百人,都是

选四方骁勇者充之。帝数出游幸，椿自部勒，别为行陈，由是
朝政、军谋，帝专与椿决之。帝以关中大行台贺拔岳拥重兵，
密与相结，又出侍中贺拔胜为都督三荆等七州诸军事，欲倚
胜兄弟以敌欢，欢益不悦。

　　侍中、司空高乾之在信都也，遭父丧，不暇终服。及孝武
帝即位，表请解职行丧，诏听解侍中，司空如故。乾虽求退，
不谓遽见许，既去内侍，朝政多不关预，居常怏怏。帝既贰于
欢，冀乾为己用，尝于华林园宴罢，独留乾，谓之曰："司空奕
世忠良，今日复建殊效，相与虽则君臣，义同兄弟，宜共立盟
约，以敦情契。"殷勤逼之。乾对曰："臣以身许国，何敢有
贰。"时事出仓猝，且不谓帝有异图，遂不固辞，亦不以启欢。
及帝置部曲，乾乃私谓所亲曰："主上不亲勋贤而招集群小，
数遣元士弼、王思政往来关西与贺拔岳计议，又出贺拔胜为
荆州，外示疏忌，内实树党，令其兄弟相近，冀据有西方。祸
难将作，必及于我。"乃密启欢。欢召乾诣并州，面论时事，乾
因劝欢受魏禅，欢以袖掩其口曰："勿妄言！今令司空复为侍
中，门下之事一以相委。"欢屡启请，帝不许。乾知变难将起，
密启欢求为徐州。二月辛酉，以乾为骠骑大将军、开府仪同
三司、徐州刺史，以咸阳王坦为司空。

　　8　癸未，上幸同泰寺，讲《般若经》，七日而罢，会者数
万人。

从各地精选出的骁勇善战的人。孝武帝几次外出巡游，斛斯椿亲自组织安排，还另外部署了卫队。因此，有关朝政、军机方面的大事，孝武帝只与斛斯椿商议决定。由于关中大行台贺拔岳手中掌握着重兵，孝武帝就与他秘密联系，又派遣侍中贺拔胜担任统管三荆等七州军事的都督，想倚仗贺拔胜兄弟的力量与高欢抗衡，高欢心里更加不高兴。

担任侍中、司空的高乾之在信都的时候，正赶上父亲去世，没有时间把丧期服完。等到孝武帝登上皇位的时候，他上书请求解除自己的职务以便为父亲守孝。孝武帝颁下诏书免去他的侍中职务，但依旧让他担任司空。高乾虽然要求解除职务，但想不到孝武帝会立即批准，这一下既然丢掉了内侍的位置，就不得再插手朝中的事务，住在家里常常快快不乐。孝武帝与高欢有了二心，希望高乾能够为自己所用，他曾经在华林园的酒宴结束后单独留下高乾，对他说："司空，你们一家世代都是忠良，现在你又建立了显赫的功业，我与你相处名义上是君臣关系，但在情义上就好像兄弟一样，我们应该一道订立盟约，使我们的情义更加深厚。"说着，孝武帝很殷勤地催促高乾立约。高乾回答说："我把整个身体都给了国家，哪敢不一心一意呢？"这件事情发生得很突然，再说也没有想到孝武帝这样做是别有意图的，因此高乾就没有坚决推辞，也没有把这一件事向高欢禀报。直到孝武帝设置部曲的时候，高乾才私下对他亲近的人说："皇上不与有功的贤良的大臣亲近，而是纠集了一群小人，还多次派遣元士弼、王思政来往于关西之间，与贺拔岳密谋，又派出贺拔胜掌管荆州，表面上显示出疏远贺拔胜的样子，实质上是在拉帮结派，使贺拔胜兄弟靠得近些，希望这样来占据西方。现在灾难将要降临了，而且必定要殃及我的身上。"这才把孝武帝拉拢他的事秘密告诉了高欢。高欢把高乾叫到并州，同他当面讨论时事。高乾劝说高欢迫使孝武帝禅让帝位，高欢用袖子掩住高乾的嘴巴说道："不要瞎说！现在就让司空你重新担任侍中，门下省的事全部委托给你了。"高欢屡次上书，请求让高乾复职，魏主都不允许。高乾知道灾难将要发生了，就悄悄地请高欢给自己谋求掌管徐州的官职。二月辛酉（初三），魏主任命高乾为骠骑大将军、开府仪同三司、徐州刺史，另外任命咸阳王元坦为司空。

8 癸未（二十五日），梁武帝驾临同泰寺，讲解《般若经》，持续了七天才结束，聆听讲解的多达几万人。

9 魏正光以前,阿至罗常附于魏。及中原多事,阿至罗亦叛,丞相欢招抚之,阿至罗复降,凡十万户。三月辛卯,诏复以欢为大行台,使随宜裁处。欢与之粟帛,议者以为徒费无益,欢不从。及经略河西,大收其用。

10 高乾将之徐州,魏主闻其漏泄机事,乃诏丞相欢曰:"乾邕与朕私有盟约,今乃反覆两端。"欢闻其与帝盟,亦恶之,即取乾前后数启论时事者遣使封上,帝召乾,对欢使责之,乾曰:"陛下自立异图,乃谓臣为反覆,人主加罪,其可辞乎!"遂赐死。帝又密敕东徐州刺史潘绍业杀其弟敖曹,敖曹先闻乾死,伏壮士于路,执绍业,得敕书于袍领,遂将十馀骑奔晋阳。欢抱其首哭曰:"天子枉害司空。"敖曹兄仲密为光州刺史,帝敕青州断其归路,仲密亦间行奔晋阳。仲密名慎,以字行。

11 魏太师鲁郡王肃卒。

12 丙辰,南平元襄王伟卒。

13 丁巳,魏以赵郡王谌为太尉,南阳王宝炬为太保。

14 魏尔朱兆之入洛也,焚太常乐库,钟磬俱尽。节闵帝诏录尚书事长孙稚、太常卿祖莹等更造之,至是始成,命曰《大成乐》。

15 魏青州民耿翔聚众寇掠三齐,胶州刺史裴粲,专事

9 在北魏正光年间以前，阿至罗国经常依附于北魏。等到中原一带战事纷繁的时候，阿至罗国也反叛了。北魏的丞相高欢进行招抚后，阿至罗国又投降了，一共带了十万户人家。三月辛卯（初三），北魏国主颁下诏书，重新任命高欢为大行台，授权他可以随机处理裁决有关事务。高欢要给予阿至罗国一批粮食和绸缎，参与讨论此事的人都认为这是白费财物，不可能有什么收益，高欢没有听他们的话。等到高欢征伐河西地区的时候，得到了阿至罗人的大力支持。

10 高乾将要去徐州上任了，北魏国主听说了他泄露机密的事情，就写了诏书对丞相高欢说："高乾跟我私下有过盟约，如今他在你和我两边翻来覆去。"高欢一听高乾与国主曾经订过盟约，也对他产生了恶感，于是立即取来高乾以前给他的几件评论时事的文书，派遣使者封了之后送给孝武帝。国主召见高乾，当着高欢的使者的面斥责高乾，高乾回答说："陛下您自己有别的企图，才说我反复无常，做帝王的要将罪行硬加到一个人头上，此人哪里还可以推卸呀！"于是，魏主赐高乾死。魏主又写密信给东徐州刺史潘绍业，命令他杀掉高乾的弟弟高敖曹，高敖曹已经提前得到了高乾的死讯，因此在路旁埋伏了精壮的士卒，捉住了潘绍业，从他衣袍的领子里搜到了魏主的诏书。于是，高敖曹就带着十几个人骑马直奔晋阳。高敖曹到达晋阳之后，高欢抱住他的头痛哭道："皇上屈杀了高司空。"高敖曹的哥哥高仲密是光州刺史，孝武帝命令青州的兵马切断他回去的道路，高仲密也从小路跑到了晋阳。仲密名叫慎，平常通用表字。

11 北魏的太师鲁郡王元肃逝世。

12 丙辰（二十八日），梁朝的南平元襄王萧伟逝世。

13 丁巳（二十九日），北魏任命赵郡王元谌为太尉，南阳王元宝炬为太保。

14 北魏的尔朱兆在进入洛阳之后，焚烧了太常府的乐器库房，钟磬等等都给烧得一干二净。节闵帝元恭颁下诏书，命令录尚书事长孙稚、太常卿祖莹等人重新制造，到这个时候才完成，它们被命名为《大成乐》。

15 北魏青州人耿翔聚集盗匪在三齐掠夺，胶州刺史裴粲只会

高谈,不为防御。夏,四月,翔掩袭州城。左右白贼至,粲曰:
"岂有此理!"左右又言已入州门,粲乃徐曰:"耿王来,可引之
听事,自馀部众,且付城民。"翔斩之,送首来降。

16 五月,魏东徐州民王早等杀刺史崔庠,以下邳来降。

17 六月壬申,魏以骠骑大将军樊子鹄为青、胶大使,督
济州刺史蔡儁等讨耿翔。秋,七月,魏师至青州,翔弃城来
奔,诏以为兖州刺史。

18 壬辰,魏以广陵王欣为大司马,赵郡王谌为太师,庚
戌,以前司徒贺拔允为太尉。
初,贺拔岳遣行台郎冯景诣晋阳,丞相欢闻岳使至,甚
喜,曰:"贺拔公讵忆吾邪!"与景歃血,约与岳为兄弟。景还,
言于岳曰:"欢奸诈有馀,不可信也。"府司马宇文泰自请使晋
阳,以观欢之为人,欢奇其状貌,曰:"此儿视瞻非常。"将留
之,泰固求复命。欢既遣而悔之,发驿急追,至关不及而返。


泰至长安,谓岳曰:"高欢所以未篡者,正惮公兄弟耳。
侯莫陈悦之徒,非所忌也。公但潜为之备,图欢不难。今费
也头控弦之骑不下一万,夏州刺史斛拔弥俄突胜兵三千馀
人,灵州刺史曹泥、河西流民纥豆陵伊利等各拥部众,未知
所属。公若引军近陇,扼其要害,震之以威,怀之以惠,可收
其士马以资吾军。西辑氐、羌,北抚沙塞,还军长安,匡辅魏
室,此桓、文之举也。"岳大悦,复遣泰诣洛阳请事,密陈其状。

高谈阔论,对此不进行防御。到了夏季,四月,耿翔带着人马突然袭击了胶州州城。裴粲身旁的部下都曾向他禀告说贼兵冲过来了,他却回答:"岂有此理!"部下们又过来报告说贼兵已经进入城门了,裴粲才慢慢地说道:"耿王来了,你们可以带他过来听我吩咐,他下面的那些人马,都交给城中的百姓。"耿翔杀了裴粲,带着他的脑袋来向梁朝投降。

16  五月,北魏东徐州的百姓王早等人杀了刺史崔庠,献出下邳向梁朝投降。

17  六月壬申(十五日),北魏任命骠骑大将军樊子鹄为赴青州、胶州的特别使节,督促济州刺史蔡儁等人讨伐耿翔。秋季,七月,北魏的军队攻到了青州,耿翔放弃了青州城赶来投奔梁朝,梁武帝颁下诏书,任命他为兖州刺史。

18  壬辰(初六),北魏任命广陵王元欣为大司马,赵郡王元谌为太师。庚戌(二十四日),又任命前司徒贺拔允为太尉。

起初,贺拔岳派遣行台郎冯景到晋阳,丞相高欢听说贺拔岳的使者来了,非常高兴,说道:"贺拔公岂不是想念我了?"然后与冯景歃血为盟,约定与贺拔岳结为兄弟。冯景回去后,对贺拔岳说:"高欢奸诈有余,真诚不足,不可信任。"府司马宇文泰自告奋勇,请求出使晋阳,以便观察高欢的为人到底如何。高欢见了宇文泰,对他的相貌感到惊奇,说道:"这个年轻人的仪表看起来不同寻常。"因此要留下宇文泰,宇文泰坚决要求回去复命。高欢让宇文泰走了之后又觉得后悔,急忙派了骑马传递文书的人追赶,一直追到函谷关还没有追上,只好返回。

宇文泰回到长安后,对贺拔岳说:"高欢之所以还没有篡夺帝位,正是因为忌惮你们兄弟。而侯莫陈悦等人,并不是他猜忌的对象。您只要悄悄地进行准备,算计高欢是不难的。现在费也头部族善于射箭的骑兵不下一万人,夏州刺史斛拔弥俄突的精兵有三千多人,灵州刺史曹泥、河西流民纥豆陵伊利等人各自都拥有一帮人马,还不知道自己要归属哪一方。您要是带着军队逼近陇地,扼守该地的要害之处,用威势来震慑他们,同时再用恩惠对他们进行怀柔,就可以收服他们的兵马来壮大我军的力量。此外,再收编西方的氐、羌部落,安定北边沙漠一带,再挥师返回长安,辅助北魏皇室,这是足以跟齐桓公、晋文公的功业相比的举动呀!"贺拔岳听了非常高兴,又遣宇文泰到洛阳向孝武帝请示有关事宜,密陈有关情况。

魏主喜,加泰武卫将军,使还报。八月,帝以岳为都督雍华等二十州诸军事、雍州刺史,又割心前血,遣使者赍以赐之。岳遂引兵西屯平凉,以牧马为名。斛拔弥俄突、纥豆陵伊利及费也头万俟受洛干、铁勒斛律沙门等皆附于岳,唯曹泥附于欢。秦、南秦、河、渭四州刺史同会平凉,受岳节度。岳以夏州被边要重,欲求良刺史以镇之,众举宇文泰,岳曰:"宇文左丞,吾左右手,何可废也!"沉吟累日,卒表用之。

19　九月癸酉,魏丞相欢表让王爵,不许。请分封邑十万户颁授勋义,从之。

20　冬,十月庚申,以尚书右仆射何敬容为左仆射,吏部尚书谢举为右仆射。

21　十一月癸巳,魏以殷州刺史中山邸珍为徐州大都督、东道行台、仆射,以讨下邳。

22　十二月丁巳,魏主狩于嵩高。己巳,幸温汤。丁丑,还宫。

23　魏荆州刺史贺拔胜寇雍州,拔下迮戍,扇动诸蛮。雍州刺史庐陵王续遣军击之,屡为所败,汉南震骇。胜又遣军攻冯翊、安定、沔阳、酂城,皆拔之。续遣电威将军柳仲礼屯谷城以拒之,胜攻之,不克,乃还。于是沔北荡为丘墟矣。仲礼,庆远之孙也。

24　魏丞相欢患贺拔岳、侯莫陈悦之强,右丞翟嵩曰:"嵩能间之,使其自相屠灭。"欢遣之。欢又使长史侯景招抚纥豆陵伊利,伊利不从。

北魏国主也很欢喜,加封宇文泰为武卫将军,叫他回去向贺拔岳汇报。八月,孝武帝任命贺拔岳为都督雍、华等二十州诸军事、雍州刺史,又割破自己心口前的皮肉,取出一些血液,派遣使者赐送给贺拔岳。贺拔岳于是带领兵马向西挺进,以牧马的名义驻扎在平凉。斛拔弥俄突、纥豆陵伊利以及费也头、万俟受洛干、铁勒斛律沙门等人都依附于贺拔岳,只有曹泥还依附于高欢。秦、南秦、河、渭四州的刺史一同汇集在平凉,接受贺拔岳的指挥调度。贺拔岳因为夏州地处边境,地形重要,想要寻找一位出色的刺史来镇守,大家都推举宇文泰,贺拔岳说道:"宇文左丞是我的左右手,怎么可以失去!"他反复考虑了好几天,最终还是上书孝武帝,请求任用宇文泰为夏州刺史。

19　九月癸酉,北魏的丞相高欢上书请求让掉自己的王爵,魏主孝武帝没有允许。高欢又请求将自己封地里的十万户人家作为奖赏,分赏给从信都跟他起义、讨伐尔朱氏有功勋的人,孝武帝答应了。

20　冬季,十月庚申(初五),梁武帝任命尚书右仆射何敬容为左仆射,吏部尚书谢举为右仆射。

21　十一月癸巳(初九),北魏任命殷州刺史中山人邸珍为徐州大都督、东道行台、仆射,派他来讨伐下邳。

22　十二月丁巳(初三),北魏孝武帝在嵩高狩猎。己巳(十五日),又到温泉洗浴。丁丑(二十三日),返回宫殿。

23　北魏荆州刺史贺拔胜进犯雍州,攻克了下迮戍所,煽动蛮民们归附北魏。梁朝雍州刺史庐陵王萧续派遣军队攻击贺拔胜,屡次被对方打败,汉水以南地区都震惊恐惧起来。贺拔胜又派遣军队进攻冯翊、安定、沔阳、酂城四郡,都攻了下来。庐陵王萧续又派遣电威将军柳仲礼驻军谷城,以抵御贺拔胜,贺拔胜攻打谷城没有成功,就带着兵马返回了。于是沔北地区都被扫荡成一片土丘废墟。柳仲礼是柳庆远的孙子。

24　北魏的丞相高欢对贺拔岳和侯莫陈悦的强大感到害怕,右丞翟嵩对高欢说:"我能够离间他们,使他们相互屠杀直至灭亡。"高欢就派他去办理此事。高欢又派遣长史侯景去招抚纥豆陵伊利,纥豆陵伊利没有听从。

六年(甲寅,534)

1　春,正月壬辰,魏丞相欢击伊利于河西,擒之,迁其部落于河东。魏主让之曰:"伊利不侵不叛,为国纯臣,王忽伐之,讵有一介行人先请之乎!"

2　魏东梁州民夷作乱,二月,诏以行东雍州事丰阳泉企讨平之。企世为商、洛豪族,魏世祖以其曾祖景言为本县令,封丹水侯,使其子孙袭之。

3　壬戌,魏大赦。

4　癸亥,上耕藉田。大赦。

5　魏永宁浮图灾,观者皆哭,声振城阙。

6　魏贺拔岳将讨曹泥,使都督武川赵贵至夏州与宇文泰谋之,泰曰:"曹泥孤城阻远,未足为忧。侯莫陈悦贪而无信,宜先图之。"岳不听,召悦会于高平,与共讨泥。悦既得翟嵩之言,乃谋取岳。岳数与悦宴语,长史武川雷绍谏,不听。岳使悦前行,至河曲,悦诱岳入营坐,论军事,悦阳称腹痛而起,其婿元洪景拔刀斩岳。岳左右皆散走,悦遣人谕之云:"我别受旨,止取一人,诸君勿怖。"众以为然,皆不敢动。而悦心犹豫,不即抚纳,乃还入陇,屯水洛城。岳众散还平凉,赵贵诣悦请岳尸葬之,悦许之。岳既死,悦军中皆相贺,行台郎中薛憕私谓所亲曰:"悦才略素寡,辄害良将,吾属今为人虏矣,何贺之有!"憕,真度之从孙也。

## 梁武帝中大通六年(甲寅,公元534年)

1　春季,正月壬辰(初九),北魏的丞相高欢在五原河西部地区袭击了纥豆陵伊利,抓住了他,并且将他的部落迁移到五原河以东地区。北魏孝武帝责难高欢说道:"纥豆陵伊利既没有入侵,也没有叛变,是我们魏国忠贞的臣子,您突然讨伐他,难道有一个使者事先来请示过吗?"

2　北魏东梁州的夷族百姓叛乱,二月,魏主孝武帝颁下诏书,命令兼管东雍州事务的丰阳人泉企讨伐平定这场叛乱。泉企一家世世代代是商洛县一带的豪门大族,魏世祖曾经任命泉企的曾祖父泉景言为商洛县的县令,还封他为丹水侯,并让他的子孙世袭这个爵位。

3　壬戌(初九),北魏大赦天下。

4　癸亥(初十),梁武帝在藉田上耕作,以劝农耕,同时大赦天下。

5　北魏永宁寺佛塔失火,看到灾情的人无不痛哭,哭声震动了城门两边的楼观。

6　北魏的贺拔岳将要讨伐曹泥,派了都督武川人赵贵到夏州先与宇文泰商量,宇文泰说:"曹泥掌管的是一座孤城,隔的距离又远,不足以成为我们忧虑的对象。侯莫陈悦贪心而又不讲信义,应该先收拾他。"贺拔岳没有听从宇文泰的建议,而是召请侯莫陈悦在高平与自己会合,共同讨伐曹泥。侯莫陈悦听了翟嵩的话以后,就图谋除掉贺拔岳。贺拔岳多次与侯莫陈悦在酒宴上交谈,担任长史的武川人雷绍劝告他,他听不进去。贺拔岳叫侯莫陈悦走在前面,到了河曲,侯莫陈悦引诱贺拔岳到他的军营去坐,一同谈论军事,谈着谈着,侯莫陈悦假装说自己肚子疼,站起身来,他的女婿元洪景拔出腰刀杀了贺拔岳。贺拔岳身边的人都纷纷逃散,侯莫陈悦派人告诉他们说:"我奉了朝廷密旨,只取贺拔岳一个人的性命,各位都不要害怕。"大家都认为侯莫陈悦的话是真的,不敢轻举妄动。但是侯莫陈悦自己心里还犹豫不决,不敢安抚招纳贺拔岳的部属,于是就回到陇地,驻扎在水洛城。贺拔岳离散的部属回到平凉,赵贵来到侯莫陈悦处请求由他安葬贺拔岳的遗体,侯莫陈悦答应了他。贺拔岳死了之后,侯莫陈悦军队里的官兵都相互庆贺,行台郎中薛憕悄悄地对他亲近的人说:"侯莫陈悦向来缺乏才识谋略,动不动就杀害忠良之将,我们这些人现在已注定被人俘虏了,有什么可以庆贺的!"薛憕是薛真度的侄孙子。

岳众未有所属,诸将以都督武川寇洛年最长,推使总诸军。洛素无威略,不能齐众,乃自请避位。赵贵曰:"宇文夏州英略冠世,远近归心,赏罚严明,士卒用命,若迎而奉之,大事济矣。"诸将或欲南召贺拔胜,或欲东告魏朝,犹豫不决。都督盛乐杜朔周曰:"远水不救近火,今日之事,非宇文夏州无能济者,赵将军议是也。朔周请轻骑告哀,且迎之。"众乃使朔周驰至夏州召泰。

泰与将佐宾客共议去留,前太中大夫颍川韩褒曰:"此天授也,又何疑乎!侯莫陈悦,井中蛙耳,使君往,必擒之。"众以为:"悦在水洛,去平凉不远,若已有贺拔公之众,则图之实难,愿且留以观变。"泰曰:"悦既害元帅,自应乘势直据平凉,而退据水洛,吾知其无能为也。夫难得易失者,时也。若不早赴,众心将离。"

夏州首望都督弥姐元进阴谋应悦,泰知之,与帐下都督高平蔡祐谋执之,祐曰:"元进会当反噬,不如杀之。"泰曰:"汝有大决。"乃召元进等入计事,泰曰:"陇贼逆乱,当与诸人戮力讨之,诸人似有不同者,何也?"祐即被甲持刀直入,瞋目谓诸将曰:"朝谋夕异,何以为人!今日必断奸人首!"举坐皆叩头曰:"愿有所择。"祐乃叱元进,斩之,并诛其党,因与诸将同盟讨悦。泰谓祐曰:"吾今以尔为子,尔其以我为父乎?"

贺拔岳的部下们都还没有归属，各位将领考虑到担任都督的武川人寇洛年龄最大，就推举他总管所有的军队。寇洛一向没有威望谋略，不能把大家管理好，就自己请求让位。赵贵说道："夏州刺史宇文泰的才略天下第一，远近的人心都向着他，他赏罚严明，士兵们都愿意听从他的命令，如果将他邀过来，拥戴他作为我们的主上，大事就可以成功了。"各位将领中有的想去南方叫贺拔胜来收拾残局，有的想去东方把情况禀告北魏的朝廷，一个个都犹豫不决。担任都督的盛乐人杜朔周说道："远水救不了近火，今天这样的事情，除了宇文泰外，没有任何人能够办成功，赵将军的一番议论是正确的。请允许我朔周骑上快马向宇文泰报告噩耗，并且迎接他到这儿来。"大家就让杜朔周作为使者赶往夏州请宇文泰来。

　　宇文泰与他的将领、幕僚、宾客一同商议是去是留，前太中大夫、颍川人韩褒说道："这是上天授命给您，还有什么可以疑虑的呀！侯莫陈悦不过是只井中之蛙，如果您去的话，一定能够捉住他。"众人都认为："侯莫陈悦所处的水洛距离平凉不远，如果他已经拥有贺拔岳留下的兵马，再算计他就非常困难了，希望暂且留下来观察时局的变化。"宇文泰说："侯莫陈悦既然杀害了贺拔岳元帅，自然应该乘这个势头直接占据平凉，而他却退了一步占据了水洛，由此我知道他没有能耐进行一番作为。难以得到而又容易失去的是时机，假如我不早点去的话，大家的心将会离散。"

　　都督弥姐元进的家族是夏州首屈一指的名门望族，他阴谋策应侯莫陈悦，宇文泰知道了这一情况后，与担任帐下都督的高平人蔡祐谋划如何捉住他，蔡祐说道："弥姐元进会反咬一口的，不如杀掉他。"宇文泰夸奖他说："你有做重要决策的能力。"于是就召请弥姐元进等人到府中商量事情，宇文泰说："陇州的奸贼进行叛乱，我理所应当和各位一道齐心协力讨伐他们，可是你们之中好像有想法不同的人，这是为什么呀？"话刚落音，身披铠甲手持钢刀的蔡祐径直走进来，瞪大眼睛对各位将领说："早上想好的主意晚上就改变，还做人干什么？今天一定要砍掉奸贼的脑袋！"在座的人都跪下叩头说："我们都愿有所选择。"蔡祐就大声呵斥弥姐元进，接着杀掉了他，还诛灭了他的党羽，这样就与各位将领结成同盟一道讨伐侯莫陈悦。宇文泰对蔡祐说："我从今以后把你当成我的儿子，你愿意认我做你的父亲吗？"

泰与帐下轻骑驰赴平凉,令杜朔周帅众先据弹筝峡。时民间惶惧,逃散者多,军士争欲掠之,朔周曰:"宇文公方伐罪讨民,奈何助贼为虐乎!"抚而遣之,远近悦附。泰闻而嘉之。朔周本姓赫连,曾祖库多汗避难改焉,泰命复其旧姓,名之曰达。

丞相欢使侯景招抚岳众,泰至安定遇之,谓曰:"贺拔公虽死,宇文泰尚存,卿何为者!"景失色曰:"我犹箭耳,唯人所射。"遂还。

泰至平凉,哭岳甚恸,将士皆悲喜。

欢复使侯景与散骑常侍代郡张华原、义宁太守太安王基劳泰,泰不受,欲劫留之,曰:"留则共享富贵,不然,命在今日。"华原曰:"明公欲胁使者以死亡,此非华原所惧也。"泰乃遣之。基还,言"泰雄杰,请及其未定击灭之。"欢曰:"卿不见贺拔、侯莫陈乎!吾当以计拱手取之。"

魏主闻岳死,遣武卫将军元毗慰劳岳军,召还洛阳,并召侯莫陈悦。毗至平凉,军中已奉宇文泰为主。悦既附丞相欢,不肯应召。泰因元毗上表称:"臣岳忽罹非命,都督寇洛等令臣权掌军事。奉诏召岳军入京,今高欢之众已至河东,侯莫陈悦犹在水洛,士卒多是西人,顾恋乡邑,若逼令赴阙,悦蹑其后,欢邀其前,恐败国殄民,所损更甚。乞少赐停缓,徐事诱导,渐就东引。"魏主乃以泰为大都督,即统岳军。

宇文泰与手下的轻骑兵一起快速地赶赴平凉,命令杜朔周带领兵马先占领弹筝峡。此时老百姓都很惊惶恐惧,逃散的人很多,士兵们争先恐后地要掠夺他们的财物,杜朔周对士兵们说:"宇文泰大人正在讨伐犯下罪孽者,要使百姓安享太平,你们怎么还帮助奸贼做坏事呀?"他对百姓进行安抚并把他们发送回去,远近的人因此都高兴地归附过来。宇文泰听到这一消息后嘉奖了他。杜朔周本姓赫连,他的曾祖父库多汗为了避难而改姓杜,宇文泰叫杜朔周恢复他的旧姓,给他起名为赫连达。

　　北魏的丞相高欢派侯景去招纳安抚贺拔岳的兵马,宇文泰走到安定的时候遇见了他,对他说:"贺拔岳虽然已经去世,但我宇文泰还活着,你想要干什么!"侯景大惊失色,回答说:"我不过是一支箭,人家把我射到哪儿我就到哪儿。"于是便返回了。

　　宇文泰到达平凉之后,非常悲痛地哭吊贺拔岳,将士们都又悲又喜。

　　高欢又派侯景与担任散骑常侍的代郡人张华原、担任义宁太守的太安人王基去慰劳宇文泰,宇文泰没有接受,还想把他们扣留下来,说:"你们留下来我们就一同享受富贵,不然的话,你们的性命就在今日完结。"张华原回答说:"您用死亡来威胁使者,这可不是我张华原所惧怕的。"宇文泰无奈,就让他们回去了。王基到晋阳后,对高欢说:"宇文泰是一位雄壮出众的人物,请您趁他还没有稳定就攻击消灭他。"高欢回答说:"你不是看见贺拔岳与侯莫陈悦之间的情况了嘛!我会使用计谋拱手取他的性命。"

　　北魏国主孝武帝听到贺拔岳的死讯,派遣武卫将军元毗去慰问贺拔岳的军队,把他们召回洛阳,并且宣召侯莫陈悦。元毗到了平凉,部队里面已经拥戴宇文泰作为首领。侯莫陈悦已经归附了高欢,因此不愿意接受孝武帝的召请。宇文泰通过元毗给孝武帝递送了表章,说:"大臣贺拔岳突然死于非命,都督寇洛等人要我暂且掌握这儿的军事权力。我已经接到您宣召贺拔公的军队进京城的诏书,但是现在高欢的兵马已经到了五原河以东地区,侯莫陈悦还在水洛,我手下的士兵大多数是西部人,留恋自己的家乡,如果硬逼着叫他们赶赴京城,侯莫陈悦在后面追击,高欢在前面拦截,恐怕会产生国家遭殃百姓被杀的后果,受到的损失更大。请您允许我们稍微停一停缓一缓,慢慢地进行诱导,渐渐地将他们带到东部地区。"孝武帝就任命宇文泰为大都督,立即统率贺拔岳的部队。

　　初，岳以东雍州刺史李虎为左厢大都督，岳死，虎奔荆州，说贺拔胜使收岳众，胜不从。虎闻宇文泰代岳统众，乃自荆州还赴之，至阌乡，为丞相欢别将所获，送洛阳。魏主方谋取关中，得虎甚喜，拜卫将军，厚赐之，使就泰。虎，歆之玄孙也。

　　泰与悦书，责以："贺拔公有大功于朝廷。君名微行薄，贺拔公荐君为陇右行台，又高氏专权，君与贺拔公同受密旨，屡结盟约。而君党附国贼，共危宗庙，口血未干，匕首已发。今吾与君皆受诏还阙，今日进退，唯君是视：君若下陇东迈，吾亦自北道同归；若首鼠两端，吾则指日相见！"

　　魏主问泰以安秦、陇之策，泰表言："宜召悦授以内官，或处以瓜、凉一藩。不然，终为后患。"

　　原州刺史史归，素为贺拔岳所亲任，河曲之变，反为悦守。悦遣其党王伯和、成次安将兵二千助归镇原州，泰遣都督侯莫陈崇帅轻骑一千袭之。崇乘夜将十骑直抵城下，馀众皆伏于近路。归见骑少，不设备。崇即入，据城门，高平令陇西李贤及弟远穆在城中，为崇内应。于是，中外鼓噪，伏兵悉起，遂擒归及次安、伯和等归于平凉。泰表崇行原州事。三月，泰引兵击悦，至原州，众军毕集。

　　7　夏，四月癸丑朔，日有食之。

当初,贺拔岳任用东雍州刺史李虎为左厢大都督,贺拔岳死后,李虎直奔荆州,劝说贺拔胜让他来接收贺拔岳手下的人马,贺拔胜没有接受他的意见。李虎听说宇文泰已经代替贺拔岳统率全体将士,便从荆州往回赶,路过阌乡的时候,被丞相高欢手下的将领俘虏,然后给送到了洛阳。孝武帝正准备谋取关中地区,得到李虎欣喜万分,授予他将军的职衔,送给他一大笔财物,派他到宇文泰那里。李虎是李歆的玄孙。

宇文泰写给侯莫陈悦又一封书信,谴责他:"贺拔公曾为朝廷立过大功。你声名微不足道并且品行低下,贺拔公却推荐你为陇右地区的行台。又赶上高欢独揽大权,你与贺拔公一同接受了皇上的秘密旨意,相互屡次缔结盟约。而你甘愿成为国贼的附庸,当他的同党,共同危害国家。你与贺拔公缔约时口中含的血还没干,手中的匕首就已经刺向他。现在我与你都接到了命令我们返回京城的诏书,今天是进是退,就看你的表现了:你要是能从陇山撤下来而东还,我也就从北道出发与你一同回去;如果你瞻前顾后,迟疑不决,那我们就在不久之后以兵刃相见!"

北魏孝武帝向宇文泰询问安定秦、陇地区的策略,宇文泰呈上奏折,说:"应该召回侯莫陈悦,授予他京城中的官职,或者将瓜、凉二州中的一个州分封给他。不然的话,他终究要成为一个后患。"

原州刺史史归,向来是贺拔岳亲近信任的人,河曲事变之后,反而变成了侯莫陈悦的官员。侯莫陈悦派遣他的同党王伯和、成次安率领两千人马帮助史归镇守原州,宇文泰派了都督侯莫陈崇统率一千名轻装骑兵去袭击他们。侯莫陈崇带了十名骑兵,乘着黑夜,一直抵达城下,其馀的人马都埋伏在附近的道路上。史归看见来的骑兵人数少,没有进行防备。侯莫陈崇立即冲了进去,占据了城门,担任高平县令的陇西人李贤和他的弟弟李远穆在城里做侯莫陈崇的内应。于是,城里城外同时擂鼓呐喊,埋伏的人马都一拥而起,就这样捉住了史归以及成次安、王伯和,并把他们带回了平凉。宇文泰上书孝武帝,请求让侯莫陈崇兼管原州的事务。三月,宇文泰率领人马攻打侯莫陈悦,到了原州,各路的军队都集结在一起。

7 夏季,四月癸丑朔(初一),出现日食。

8　魏南秦州刺史陇西李弼说侯莫陈悦曰："贺拔公无罪而公害之,又不抚纳其众,今奉宇文夏州以来,声言为主报雠,此其势不可敌也,宜解兵以谢之! 不然,必及祸。"悦不从。

宇文泰引兵上陇,留兄子导为都督,镇原州。泰军令严肃,秋毫无犯,百姓大悦。军出木狭关,雪深二尺,泰倍道兼行,出其不意。悦闻之,退保略阳,留万人守水洛,泰至,水洛即降。泰遣轻骑数百趣略阳,悦退保上邽,召李弼与之拒泰。弼知悦必败,阴遣使诣泰,请为内应。悦弃州城,南保山险,弼谓所部曰："侯莫陈公欲还秦州,汝辈何不装束!"弼妻,悦之姨也,众咸信之,争趣上邽。弼先据城门以安集之,遂举城降泰,泰即以弼为秦州刺史。其夜,悦出军将战,军自惊溃。悦性猜忌,既败,不听左右近己,与其二弟并子及谋杀岳者七八人弃军逃走,数日之中,槃桓往来,不知所趣。左右劝向灵州依曹泥,悦从之,自乘骡,令左右皆步从,欲自山中趣灵州。宇文泰使原州都督贺拔颖追之,悦望见追骑,缢死于野。

泰入上邽,引薛憕为记室参军。收悦府库,财物山积,泰秋毫不取,皆以赏士卒。左右窃一银瓮以归,泰知而罪之,即剖赐将士。

8 任北魏南秦州刺史的陇西人李弼劝侯莫陈悦道:"贺拔公无罪而您杀害了他,这也就罢了,您又不安抚收纳他的部属,现在他们奉宇文泰为主将领兵而来,声言要为他们的主人报仇,看他们的势头是无法抵挡的,您应该放下武器向他们谢罪,不然的话,必定引来大祸。"侯莫陈悦没有按照他的意见去做。

宇文泰率领军队向陇地进发,留下兄长的儿子宇文导以都督的身份镇守原州。宇文泰军令严肃,一路上部队秋毫无犯,老百姓都非常高兴。出了木狭关之后,大雪厚达两尺,宇文泰还是带着队伍日夜兼行,准备给侯莫陈悦来个出其不意。侯莫陈悦得到消息后,退到略阳进行防守,只留下一万人留守水洛。宇文泰一到,水洛的人马就投降了。宇文泰派了几百名轻装骑兵赶往略阳,侯莫陈悦又撤退到上邽,要李弼来和他一道抵御宇文泰。李弼知道侯莫陈悦必定失败,暗中派遣使者到宇文泰那儿,请求做他的内应。侯莫陈悦又放弃了州城,向南撤退,占据山中险要的地方自保。李弼对侯莫陈悦的部属说:"侯莫陈公准备返回秦州,你们这些人为什么还不整理行装!"李弼的妻子是侯莫陈悦的姨妈,大家都听信了李弼的话,争相赶往上邽。李弼抢先占据了城门来保证这一带的安定,随后带着全城人马投降了宇文泰,宇文泰马上任命李弼为秦州刺史。当天晚上,侯莫陈悦派出队伍准备迎战,但是兵士们无心作战,人人自危,因而自行溃散了。侯莫陈悦生性喜欢猜疑别人,吃了败仗之后,不敢再听信周围的人,不让他们靠近自己,就和两位弟弟,还有儿子以及谋杀贺拔岳的人,一共七八个人,抛弃大队人马飞奔而去,他们好几天盘旋往来,不知道应该去哪里。旁边的人劝他到灵州去依附曹泥,侯莫陈悦答应了,他自己骑上骡子,命令手下的人都徒步跟随,准备穿过山路赶到灵州。宇文泰叫原州的都督贺拔颖在后面追赶。侯莫陈悦望见追上来的骑兵,便在荒山之中上吊自杀了。

宇文泰进入上邽,引荐薛憕为记室参军。侯莫陈悦府中的仓库没收后,财物堆积如山,宇文泰自己一点也不要,全都用来犒赏士兵。身边的人偷偷地拿了一只银瓮回来,宇文泰知道后惩处了他,随即将银瓮剖开分给了将士。

悦党豳州刺史孙定儿据州不下,有众数万,泰遣都督中山刘亮袭之。定儿以大军远,不为备。亮先竖一纛于近城高岭,自将二十骑驰入城。定儿方置酒,猝见亮至,骇愕,不知所为,亮麾兵斩定儿,遥指城外纛,命二骑曰:"出召大军!"城中皆慑服,莫敢动。

先是,故氐王杨绍先乘魏乱逃归武兴,复称王。凉州刺史李叔仁为其民所执,氐、羌、吐谷浑所在蜂起,自南岐至瓜、鄯,跨州据郡者不可胜数。宇文泰令李弼镇原州,夏州刺史拔也恶蚝镇南秦州,渭州刺史可朱浑道元镇渭州,卫将军赵贵行秦州事,征豳、泾、东秦、岐四州之粟以给军。杨绍先惧,称藩送妻子为质。

夏州长史于谨言于泰曰:"明公据关中险固之地,将士骁勇,土地膏腴。今天子在洛,迫于群凶,若陈明公之恳诚,算时事之利害,请都关右,挟天子以令诸侯,奉王命以讨叛乱,此桓、文之业,千载一时也!"泰善之。

丞相欢闻泰定秦、陇,遣使甘言厚礼以结之,泰不受,封其书,使都督济北张轨献于魏主。斛斯椿问轨曰:"高欢逆谋,行路皆知之,人情所恃,唯在西方,未知宇文何如贺拔?"轨曰:"宇文公文足经国,武能定乱。"椿曰:"诚如君言,真可恃也。"

魏主命泰发二千骑镇东雍州,助为势援,仍命泰稍引军而东。泰以大都督武川梁御为雍州刺史,使将步骑五千前行。先是,丞相欢遣其都督太安韩轨将兵一万据蒲反以救侯莫陈悦,雍州刺史贾显度以舟迎之。梁御见显度,说使从泰,显度即出迎御,御入据长安。

侯莫陈悦的同党豳州刺史孙定儿还占据着该州不投降,手下共有几万人马。宇文泰派出中山籍的都督刘亮去袭击豳州。孙定儿以为敌人的军队离自己还远,没有进行准备。刘亮先在州城附近的山头竖起一杆大旗,自己带领二十名骑兵飞奔进城。孙定儿正在布置酒宴,突然看见刘亮赶到,又惊又怕,不知道应该做什么。刘亮指挥士兵砍死了孙定儿,然后遥指城外的大旗,命令两位骑兵道:"出去叫大部队进来。"城中的人都惧怕得服服帖帖,没有一个人敢动。

　　先前,过去的氐王杨绍先乘北魏混乱之机逃回了武兴,重新自立为王。凉州刺史李叔仁被他管辖的百姓捉住后,氐、羌、吐谷浑各族所在的地方叛乱蜂拥而起,从南岐一直到瓜、鄯地区,跨州据郡的现象数不胜数。宇文泰命令李弼镇守原州,夏州刺史拔也恶蚝镇守南秦州,渭州刺史可朱浑道元镇守渭州,卫将军赵贵兼管秦州的事务,征收豳、泾、东秦、岐四个州的粮食供给军队。杨绍先害怕了,自称是北魏的藩属,表示屈服,并送来夫人、孩子作为人质。

　　夏州长史于谨对宇文泰说:"您占据了关中险要而容易固守的地方,将士们骁勇善战,土地肥沃富饶。现在皇上在洛阳,身受一群凶恶之徒的胁迫,如果对他陈述您的诚心诚意,讲明时事对他的利害关系,请他将都城迁到关右地区,这样您就可以挟天子而令诸侯,禀承皇帝的命令来讨伐叛乱,建立齐桓公、晋文公那样的大业,这可是千载难逢的好机会呀!"宇文泰认为他言之有理。

　　丞相高欢听说宇文泰平定了秦、陇地区,就派遣使者用好听的言语和丰厚的礼品来结交宇文泰,宇文泰没有接受,而是封好高欢的书信,派担任都督的济北人张轨去献给孝武帝。斛斯椿问张轨:"高欢的叛逆之心路人皆知,众望所归的唯有西边的宇文泰了,不知道宇文泰的才能与贺拔岳相比如何?"张轨回答说:"宇文公论文足以管理国家,论武能够平定叛乱。"斛斯椿说道:"果真像你说的那样的话,宇文泰真是可以依靠的对象。"

　　北魏孝武帝命令宇文泰派出两千名骑兵镇守东雍州,作为增援力量,仍然命令宇文泰逐渐率领部队向东部进发。宇文泰委任原籍武川的大都督梁御为雍州刺史,派他带着五千名骑兵与步兵走在前面。先前,丞相高欢派他的太安籍都督韩轨率领一万人马占据蒲反地区来救侯莫陈悦,雍州刺史贾显度曾经用船来迎接他。梁御见到贾显度,便劝说他追随宇文泰,贾显度随即出城迎接梁御,梁御进入并占领了长安。

　　魏主以泰为侍中、骠骑大将军、开府仪同三司、关西大都督、略阳县公,承制封拜。泰乃以寇洛为泾州刺史,李弼为秦州刺史,前略阳太守张献为南岐州刺史。南岐州刺史卢待伯不受代,泰遣轻骑袭而擒之。

　　侍中封隆之言于丞相欢曰:"斛斯椿等今在京师,必构祸乱。"隆之与仆射孙腾争尚魏主妹平原公主,公主归隆之,腾泄其言于椿,椿以白帝。隆之惧,逃还乡里,欢召隆之诣晋阳。会腾带仗入省,擅杀御史,惧罪,亦逃就欢。领军娄昭辞疾归晋阳。帝以斛斯椿兼领军,改置都督及河南、关西诸刺史。华山王鸷在徐州,欢使大都督邸珍夺其管钥。建州刺史韩贤,济州刺史蔡儁,皆欢党也。帝省建州以去贤,使御史举儁罪,以汝阳王叔昭代之。欢上言:"儁勋重,不可解夺,汝阳懿德,当受大藩。臣弟永宝,猥任定州,宜避贤路。"帝不听。五月丙子,魏主增置勋府庶子,厢别六百人。又增骑官,厢别二百人。

　　魏主欲伐晋阳,辛卯,下诏戒严,云"欲自将伐梁"。发河南诸州兵,大阅于洛阳,南临洛水,北际邙山,帝戎服与斛斯椿临观之。六月丁巳,魏主密诏丞相欢,称"宇文黑獭、贺拔胜颇有异志,故假称南伐,潜为之备。王亦宜共为形援。读讫燔之"。欢表以为"荆、雍将有逆谋,臣今潜勒兵马三万,自河东渡,又遣恒州刺史库狄干等将兵四万自来违津渡,领军将军娄昭等将兵五万以讨荆州,冀州刺史尉景等将山东兵七万、突骑五万以讨江左,皆勒所部,伏听处分"。帝知欢觉其变,

魏主孝武帝任用宇文泰为侍中、骠骑大将军、开府仪同三司、关西大都督、略阳县公，并承袭旧制举行了封拜仪式。宇文泰就任命寇洛为泾州刺史，李弼为秦州刺史，前略阳太守张献为南岐州刺史。南岐州刺史卢待伯不接受由张献替代他职务的决定，宇文泰派了轻装骑兵通过偷袭捉住了他。

侍中封隆之对丞相高欢说："斛斯椿等人如今待在京城，必定构成灾祸混乱。"由于封隆之与仆射孙腾曾争着做孝武帝的妹妹平原公主的驸马，公主跟了封隆之，孙腾便把他的话泄露给斛斯椿，斛斯椿又告诉了孝武帝。封隆之害怕了，逃回了家乡，高欢将他召到了晋阳。恰好孙腾由于带着兵器闯入皇宫禁地，擅自杀死了御史，因而惧罪而逃，也跑到了高欢那里。领军娄昭以生病作为托词跑回了晋阳。孝武帝派斛斯椿兼任领军，另行安排都督以及河南、关西的各位刺史。华山王元鸷在徐州，高欢派大都督邸珍夺去了他的城门钥匙。建州刺史韩贤、济州刺史蔡俊都是高欢的党羽。孝武帝通过撤销建州的办法免去了韩贤的职务，叫御史列举蔡俊的罪状，让汝阳王元叔昭取代了他。高欢向孝武帝上书说："蔡俊功勋卓著，决不可以解除他的职位剥夺他的权力，汝阳王有着美好的德行，应当封他为大藩国的国王。我的弟弟高永宝现任定州刺史，应该避让开，进用有才能的人。"孝武帝没有听他的话。五月丙子，孝武帝增设了勋府庶子，编制有六百人。又增设了骑官，编制有两百人。

孝武帝想讨伐高欢所住的晋阳，辛卯（初十），颁下诏书命令戒严，说"要亲自带兵讨伐梁"。他征调河南各州的兵马，在洛阳进行大规模的检阅仪式，部队的南端挨着洛水，北端靠近邙山，孝武帝身穿盔甲与斛斯椿一道亲临视察。六月丁巳（初六），孝武帝秘密写给丞相高欢一封诏书，假称"宇文黑獭、贺拔胜颇有叛变或篡位的意图，所以假称要讨伐南方，却暗中在进行准备。您也应该一同做出增援的样子。读后请将诏书烧掉。"高欢上书给孝武帝，说："荆州的贺拔胜、雍州的宇文泰有叛逆的阴谋，我现在暗中统率三万兵马，从河东摆渡，又派遣恒州刺史库狄干等人统率四万兵马从来违津渡河，领军将军娄昭等人统率五万兵马讨伐荆州，冀州刺史尉景等人统率七万崤山以东的兵众、五万精锐骑兵讨伐江东地区，他们都已率领自己的部属，恭敬地聆听您的吩咐。"孝武帝知道高欢已经觉察自己要制造事变，

乃出欢表，令群臣议之，欲止欢军。欢亦集并州僚佐共议，还以表闻，仍云："臣为嬖佞所间，陛下一旦赐疑。臣若敢负陛下，使身受天殃，子孙殄绝。陛下若垂信赤心，使干戈不动，佞臣一二人愿斟量废出。"

丁卯，帝使大都督源子恭守阳胡，汝阳王暹守石济，又以仪同三司贾显智为济州刺史，帅豫州刺史斛斯元寿东趣济州。元寿，椿之弟也。蔡儁不受代，帝愈怒。辛未，帝复录洛中文武议意以答欢，且使舍人温子昇为敕赐欢曰："朕不劳尺刃，坐为天子，所谓生我者父母，贵我者高王。今若无事背王，规相攻讨，则使身及子孙，还如王誓。近虑宇文为乱，贺拔应之，故戒严，欲与王俱为声援。今观其所为，更无异迹。东南不宾，为日已久，今天下户口减半，未宜穷兵极武。朕既暗昧，不知佞人为谁。顷高乾之死，岂独朕意！王忽对昂言兄枉死，人之耳目何易可轻！如闻库狄干语王云：'本欲取懦弱者为主，无事立此长君，使其不可驾御。今但作十五日行，自可废之，更立馀者。'如此议论，自是王间勋人，岂出佞臣之口！去岁封隆之叛，今年孙腾逃去，不罪不送，谁不怪王！王若事君尽诚，何不斩送二首！王虽启云'西去'，而四道俱进，或欲南度洛阳，或欲东临江左，言之者犹应自怪，闻之者宁能不疑！王若晏然居北，在此虽有百万之众，终无图彼之心；王若举旗南指，纵无匹马只轮，犹欲奋空拳而争死。朕本寡德，

就亮出高欢的奏章,叫大臣们对它进行评议,想要制止高欢出兵。高欢也召集并州的官佐属吏共同商议,然后又一次递交奏章,仍然说:"我受到一群奸臣的挑拨离间,陛下因此一时对我产生了怀疑。我要是胆敢辜负陛下,就让上天将灾难降临到我的身上,断子绝孙。陛下如果相信我的赤胆忠心,免动干戈,我就希望您能考虑把一两个奸臣从您的身边赶出去。"

丁卯(十六日),孝武帝派大都督源子恭镇守阳胡,汝阳王元暹镇守石济,又任命仪同三司贾显智为济州刺史,带领豫州刺史斛斯元寿赶往东部的济州。斛斯元寿是斛斯椿的弟弟。蔡儁不接受让别人替代他的决定,孝武帝更加恼怒。辛未(二十日),孝武帝再次采纳洛阳文武官员的建议答复高欢,并派舍人温子昇替自己撰写诏书给高欢说:"朕连短刀都不用动一下,就这么坐着成为了天子,说起来生我的是父母,而使我尊贵起来的却是高王您。现在如果我无缘无故背叛您,打算和您相互进攻讨伐,那么也让灾难降临到我和我的子孙身上,跟您的誓言中说的一样。近来由于担心宇文泰犯上作乱,以及贺拔岳响应他,所以戒严,想和您相互声援。如今观察他们的所作所为,没有一点特别的迹象。东南方不服从我们的情况已经持续很久了,眼下天下的户口减了一半,所以不宜再穷尽其兵力好战不厌了。朕既愚昧,故不知您说的奸臣是谁。不久前高乾的死,难道仅仅是朕的意思吗!您突然对高昂说他的兄长死得冤枉,人的眼睛与耳朵哪能这样容易被欺骗?听库狄干说您曾经讲过:'本来想找一个懦弱无能的人当皇帝,可是却无缘无故立了一个年长的国君,弄得无法驾驭住他。现在只需出兵十五日,自然就可以废掉他,从其他的人中另立一位。'像这样的议论,自然出自您处的亲近勋贵,难道是出自我身边的奸臣的口中!去年封隆之叛变,今年孙腾逃去,您不惩处他们,不把他们送过来,有哪个人不怪您!您要是为君主做事尽心尽力,为什么不斩了他们的头颅送给我!您虽然在奏折中声称'往西攻打宇文泰',而实际上却四路进发,有的想往南渡河到洛阳,有的想要到达江东地区,说这些话的人也应该无法解释自己的话,那么听的人怎么能够不怀疑?您是要静静地待在北方的话,我即使手中有百万大军,最终也不会有算计您的心思;您要是举起旗帜指向南方,我纵然没有一匹马一只车轮,也还要以赤手空拳斗争到死。我本来没有什么仁德,

王已立之，百姓无知，或谓实可。若为他人所图，则彰朕之恶。假令还为王杀，幽辱齑粉，了无遗恨！本望君臣一体，若合符契，不图今日分疏至此！"

中军将军王思政言于魏主曰："高欢之心，昭然可知。洛阳非用武之地，宇文泰乃心王室，今往就之，还复旧京，何虑不克？"帝深然之，遣散骑侍郎河东柳庆见泰于高平，共论时事。泰请奉迎舆驾，庆复命，帝复私谓庆曰："朕欲向荆州何如？"庆曰："关中形胜，宇文泰才略可依。荆州地非要害，南迫梁寇，臣愚未见其可。"帝又问阁内都督宇文显和，显和亦劝帝西幸。时帝广征州郡兵，东郡太守河东裴侠帅所部诣洛阳，王思政问曰："今权臣擅命，王室日卑，奈何？"侠曰："宇文泰为三军所推，居百二之地，所谓己操戈矛，宁肯授人以柄！虽欲投之，恐无异避汤入火也。"思政曰："然则如何而可？"侠曰："图欢有立至之忧，西巡有将来之虑，且至关右徐思其宜耳。"思政然之，乃进侠于帝，授左中郎将。

初，丞相欢以洛阳久经丧乱，欲迁都于邺，帝曰："高祖定鼎河、洛，为万世之基。王既功存社稷，宜遵太和旧事。"欢乃止。至是复谋迁都，遣三千骑镇建兴，益河东及济州兵，拥诸州和籴粟，悉运入邺城。帝又敕欢曰："王若厌伏人情，杜绝物议，唯有归河东之兵，罢建兴之戍，送相州之粟，追济州之军，

您已经立了我为皇帝，老百姓无知，有的人还说我完全可以。我要是受到别人的算计，那就显出我是有罪恶的。假使我最终还是被您杀掉的话，那我就是受尽污辱，粉身碎骨，也没有一点遗恨！我本来希望我们君臣能成为一体，犹如合起来的符信契约一样，没想到如今相互之间分歧、疏远到这种程度！”

　　中军将军王思政对孝武帝说：“高欢的心思昭然若揭，谁都知道。洛阳不是英雄用武的地方，宇文泰的心是向着皇室的，现在朝廷迁到他那儿去，将来再光复旧的都城，还怕不成功吗？”孝武帝觉得他的话很正确，便派遣河东籍的散骑侍郎柳庆到高平会见宇文泰，一同讨论时事。宇文泰请求去迎接孝武帝的车驾，柳庆完成使命后回到京城报告了情况，孝武帝又悄悄地对柳庆说：“我想到荆州去，你看怎么样？”柳庆回答说：“关中的地形占据优势，宇文泰的才能胆略可以依靠。荆州所处不是要害之地，南面又接近强敌梁国，依我愚见，没有可以去的理由。”孝武帝又征求阁内都督宇文显和的意见，宇文显和也劝孝武帝去西部。这时，孝武帝从各州、郡广泛征招兵马，河东籍的东郡太守裴侠统帅他的部属到达洛阳，王思政问他：“如今大权在握的官员自作主张，皇室日趋卑微，应该怎么办？”裴侠回答说：“宇文泰被三军推崇，占据着以两万人就足以抵挡百万人的秦这块险固的地方。这正像人们所说的那样，自己手持着戈矛，哪肯让人抓住把柄呢？所以，虽然想去投靠他，但是恐怕无异于避开了沸水又走进了火坑。”王思政又问道：“那么怎样做才好呢？”裴侠说道：“算计高欢的则会有近忧，到西部去则有远愁，比较之下，还是暂且先去关西地区，然后再慢慢想一个合适的方案吧。”王思政认为裴侠言之有理，于是把他推荐给孝武帝，孝武帝授予他左中郎将的职位。

　　当初，丞相高欢因为洛阳久经战乱，想要把国都迁到邺城，孝武帝说：“高祖定都河、洛地区，开创了我们魏国流传万代的基业。高王您既然是国家的功臣，就应该遵照太和年间订立的旧制办事。”高欢这才放弃了这一念头。到了这时，他又一次谋划迁都的事，派遣了三千名骑兵镇守建兴，又增加河东以及济州的兵马，掌握了各个州购进的粮食，把它们全部运进邺城。孝武帝又颁下诏书给高欢说：“高王您要想平服人心，杜绝众人的非议，只有撤回河东的兵马，停止在建兴的军事行动，送走相州囤积的粮食，追回济州的军队，

使蔡儁受代,邸珍出徐,止戈散马,各事家业,脱须粮廪,别遣转输,则谗人结舌,疑悔不生,王高枕太原,朕垂拱京洛矣。王若马首南向,问鼎轻重,朕虽不武,为社稷宗庙之计,欲止不能。决在于王,非朕能定,为山止篑,相为惜之。"欢上表极言宇文泰、斛斯椿罪恶。

帝以广宁太守广宁任祥兼尚书左仆射加开府仪同三司,祥弃官走,渡河,据郡待欢。帝乃敕文武官北来者任其去留,遂下制书数欢咎恶,召贺拔胜赴行在所。胜以问太保掾范阳卢柔。柔曰:"高欢悖逆,公席卷赴都,与决胜负,生死以之,上策也。北阻鲁阳,南并旧楚,东连兖、豫,西引关中,带甲百万,观衅而动,中策也。举三荆之地,庇身于梁,功名皆去,下策也。"胜笑而不应。

帝以宇文泰兼尚书仆射,为关西大行台,许妻以冯翊长公主,谓泰帐内都督秦郡杨荐曰:"卿归语行台,遣骑迎我!"以荐为直阁将军。泰以前秦州刺史骆超为大都督,将轻骑一千赴洛,又遣荐与长史宇文侧出关候接。

丞相欢召其弟定州刺史琛使守晋阳,命长史崔暹佐之。暹,挺之子也。欢勒兵南出,告其众曰:"孤以尔朱擅命,建大义于海内,奉戴主上,诚贯幽明。横为斛斯椿谗构,以忠为逆,今者南迈,诛椿而已。"以高敖曹为前锋。宇文泰亦移檄州郡,数欢罪恶,自将大军发高平,前军屯弘农。贺拔胜军于汝水。

让蔡儁同意由别人取代他的职务,让邸珍离开徐州,放下干戈,解散兵马,每人从事家庭生产,如果需要粮食,另外派人转送,做了这些事之后,说您坏话的人就会张口结舌,不再产生怀疑,高王您从此在太原可以高枕无忧,我在京城洛阳垂衣拱手不用操心了。你要是挥师南下,想篡夺皇位,朕虽然在干戈军旅方面没有什么才能,但是为国家、宗庙考虑,我就是想罢休也不能。决定权在您那里,而不是我。缺了最后一筐土,山也不成一座山,咱们相互都对此痛惜吧。"高欢又向孝武帝递送奏折,竭力数说宇文泰、斛斯椿的罪恶。

孝武帝宣布让在原籍广宁担任太守的任祥兼任尚书左仆射加仪同三司,任祥弃官逃走,渡过黄河,占据了郡城等待高欢前来。孝武帝就此颁下诏书规定文武百官中凡是来自北方的随便他离开或者留下,在另一份诏书中又数说了高欢的罪恶,叫贺拔胜赶赴京城。贺拔胜就此事询问原籍范阳的太保掾卢柔,卢柔回答说:"高欢倒行逆施,您率领大军赶赴邺城,与他决一胜负,生死在此一举,这是上策。您在北面阻隔鲁阳,在南面吞并从前的楚国土地,在东面连接兖、豫地区,在西面与关中之主结好,带着百万人马,相机而动,这是中策。以三荆的土地作为资本,投靠梁国,功业名誉都失去,这是下策。"贺拔胜听后笑了起来,没做回答。

孝武帝让宇文泰兼任尚书仆射,出任关西大行台,还将冯翊长公主许配给他做妻子。他对宇文泰的帐内都督、原籍秦郡的杨荐说:"你回去告诉你们行台,让他派骑兵来迎接我!"又任命杨荐为直阁将军。宇文泰任命以前的秦州刺史骆超为大都督,率领一千名轻装骑兵前往洛阳,又派遣杨荐与长史宇文测一道到关外迎候孝武帝。

丞相高欢召来他的弟弟定州刺史高琛,让他镇守晋阳,命令长史崔暹辅佐他。崔暹是崔挺的儿子。高欢部署部队向南方进发,并告诉他的部属们:"因为尔朱氏自作主张不服从命令,所以我在海内伸张正义,拥戴皇上,真诚之心,贯通幽明。谁知由此而横遭斛斯椿的谗言陷害,我一片忠心,却被他们视为叛逆。现在我们向南方进军,不过是要杀掉斛斯椿而已。"他任命高敖曹为先锋官。宇文泰也在各州、郡传布声讨文书,数落高欢的罪恶,并且亲自带领大军前往高平,先头部队屯驻在弘农。贺拔胜的军队驻扎在汝水。

秋，七月己丑，魏主亲勒兵十馀万屯河桥，以斛斯椿为前驱，陈于邙山之北。椿请帅精骑二千夜渡河掩其劳弊，帝始然之。黄门侍郎杨宽说帝曰："高欢以臣伐君，何所不至！今假兵于人，恐生他变。椿若渡河，万一有功，是灭一高欢，生一高欢矣。"帝遂敕椿停行，椿叹曰："顷荧惑入南斗，今上信左右间构，不用吾计，岂天道乎！"宇文泰闻之，谓左右曰："高欢数日行八九百里，此兵家所忌，当乘便击之。而主上以万乘之重，不能渡河决战，方缘津据守。且长河万里，捍御为难，若一处得渡，大事去矣。"即以大都督赵贵为别道行台，自蒲反济，趣并州，遣大都督李贤将精骑一千赴洛阳。

帝使斛斯椿与行台长孙稚、大都督颍川王斌之镇虎牢，行台长孙子彦镇陕，贾显智、斛斯元寿镇滑台。斌之，鉴之弟；子彦，稚之子也。欢使相州刺史窦泰趣滑台，建州刺史韩贤趣石济。窦泰与显智遇于长寿津，显智阴约降于欢，引军退。军司元玄觉之，驰还，请益师，帝遣大都督侯几绍赴之，战于滑台东，显智以军降，绍战死。北中郎将田怙为欢内应，欢潜军至野王，帝知之，斩怙。欢至河北十馀里，再遣使口申诚款，帝不报。丙午，欢引军渡河。

魏主问计于群臣，或欲奔梁，或云南依贺拔胜，或云西就关中，或云守洛口死战，计未决。元斌之与斛斯椿争权，弃椿还，绐帝云："高欢兵已至！"丁未，帝遣使召椿还，遂帅

秋天,七月己丑(初九),北魏孝武帝亲自部署十万兵马屯驻在河桥地区,任用斛斯椿为先锋,陈兵在邙山的北面。斛斯椿请求率领两千名精锐骑兵渡过黄河,乘敌军疲劳困乏处于不利状态的时候发动突然袭击,孝武帝开始同意他的计划。黄门侍郎杨宽劝告孝武帝说:"高欢以臣子的身份讨伐君王,还有什么做不出的!现在把兵马借给别人,恐怕会发生其他的变故。斛斯椿渡河之后,万一有功的话,也就成了灭除了一个高欢,又生出一个高欢。"孝武帝于是颁下诏书,命令斛斯椿停止行动。斛斯椿叹息道:"近来火星进入南斗,现在皇上相信他身边的人的离间陷害,不采用我的计谋,岂不是天意呀!"宇文泰听了这话之后,对身边的部下说:"高欢几天之中行军八九百里路,这是兵家所忌讳的事情,应当乘这个机会袭击他。而皇上以万乘之重,挟天下之威,却不能渡过河去与高欢决一死战,倒是靠着渡口一味防守。而且长河足有万里,防御起来很困难,如果有一个地方让高欢的军队渡过,总的局势就完了。"他立刻任命大都督赵贵为别道行台,从蒲仪渡河,向并州进军,又派大都督李贤率领一千名精锐骑兵赶往洛阳。

孝武帝派斛斯椿与行台长孙稚、大都督颍川王元斌之镇守虎牢,派行台长孙子彦镇守陕城,派贾显智、斛斯元寿镇守滑台。元斌之是元鉴的弟弟。长孙子彦是长孙稚的儿子。高欢让相州刺史窦泰进军滑台,建州刺史韩贤进军石济。窦泰与贾显智在长寿津相遇,贾显智暗中与窦泰约定要投降高欢,带着部队撤退了。军司元玄觉察到了这一点,飞马奔回去,要求增派部队,孝武帝派遣大都督侯几绍赶到那里,在滑台的东部与窦泰交战,贾显智领着他的人马投降了,侯几绍战死沙场。北中郎将田怙是高欢的内应,高欢偷偷进军到野王的时候,孝武帝知道了田怙的真实身份,杀掉了他。高欢到达黄河北岸十馀里的地方,再一次派遣使者当面向孝武帝申明他的诚意,孝武帝不做答复。丙午(二十六日),高欢指挥部队渡过了黄河。

孝武帝向大臣们询问计策,有人说投奔南方梁朝,有人说到南方依靠贺拔胜,有人说去西部的关中地区,有人说坚守洛口死战,计策定不下来。元斌之与斛斯椿争权夺利,他丢下斛斯椿回来,欺骗孝武帝说:"高欢的兵马已经到了!"丁未,孝武帝遣使者召回斛斯椿,就率领

南阳王宝炬、清河王亶、广阳王湛以五千骑宿于瀍西，南阳王别舍沙门惠臻负玺持千牛刀以从。众知帝将西出，其夜，亡者过半，亶、湛亦逃归。湛，深之子也。武卫将军云中独孤信单骑追帝，帝叹曰："将军辞父母，捐妻子而来，'世乱识忠臣'，岂虚言也！"戊申，帝西奔长安，李贤遇帝于崤中。己酉，欢入洛阳，舍于永宁寺，遣领军娄昭等追帝，请帝东还。长孙子彦不能守陕，弃城走。高敖曹帅劲骑追帝至陕西，不及。帝鞭马长骛，糗浆乏绝，三二日间，从官唯饮涧水。至湖城，有王思村民以麦饭壶浆献帝，帝悦，复一村十年。至稠桑，潼关大都督毛鸿宾迎献酒食，从官始解饥渴。

八月甲寅，丞相欢集百官谓曰："为臣奉主，匡救危乱，若处不谏争，出不陪从，缓则耽宠争荣，急则委之逃窜，臣节安在！"众莫能对，兼尚书左仆射辛雄曰："主上与近习图事，雄等不得预闻。及乘舆西幸，若即追随，恐迹同佞党；留待大王，又以不从蒙责，雄等进退无所逃罪。"欢曰："卿等备位大臣，当以身报国，群佞用事，卿等尝有一言谏争乎？使国家之事一朝至此，罪欲何归！"乃收雄及开府仪同三司叱列延庆、兼吏部尚书崔孝芬、都官尚书刘廞、兼度支尚书天水杨机、散骑常侍元士弼，皆杀之。孝芬子司徒从事中郎猷间行入关，魏主使以本官奏门下事。欢推司徒清河王亶为大司马，承制决事，居尚书省。

南阳王元宝炬、清河王元亶、广阳王元湛以及五千名骑兵在瀍水的西部宿营,寄居在南阳王舍下的出家人惠臻背着玉玺手持千牛刀跟随着。大家都知道孝武帝将要出发到西部去,这一天夜间,逃亡的人超过一半,清河王元亶、广阳王元湛也逃了回去。元湛是元深的儿子。云中籍的武卫将军独孤信单人匹马追赶孝武帝,孝武帝感叹地说道:“将军你辞别父母,舍弃妻子而来,有言道:‘世道乱的时候能够识别出忠臣’,这可不是瞎话呀!”戊申(二十八日),孝武帝奔往西部的长安,李贤在崤县境内与孝武帝相遇。己酉(二十九日),高欢进入洛阳,住在永宁寺,派遣领军娄昭等人追赶孝武帝,请他东还。长孙子彦不能守住陕城,弃城逃跑了。高敖曹统率着强大的骑兵追赶孝武帝一直到达陕城以西,终于没有赶上。孝武帝鞭打着马长时间地奔驰,吃的喝的都没了。两三天里面,跟随孝武帝的官员只能喝山涧的水充饥。到了湖城,当地王思村中的农民献给孝武帝麦饭与壶浆,孝武帝感到很高兴,免除了全村十年的徭役。到了稠桑,潼关大都督毛鸿宾迎接孝武帝,送上了酒与食物,跟随的官员才开始解除了饥渴。

八月甲寅(初四),丞相高欢召集文武百官,对他们说:“做臣子侍奉皇上,要解救危难,消除混乱,假如在朝中不进谏争辩,皇上出门时不陪同跟随,没有急事时一心争宠幸求荣耀,一旦遇上急事就自己抱头逃窜,你们做臣子的气节在哪里!”大家都不能回答,兼任尚书左仆射的辛雄说道:“皇上与他宠信的近臣们谋划制造事端,我们这些人事先都不知道。等到皇上乘了御车到西边去的时候,我们要是立即追随,恐怕就得踏上奸党的足迹;而我们留下来等待大王您,您又以不追随皇上这一点责难我们,我们这些人进退都无法逃脱罪责了。”高欢说道:“你们身为高级官员,本来应当用自己的身体来报效国家,但是在一群奸臣当权的时候,你们中间有人说过一句规劝抗争的话吗?使国家大事一朝之间糟到这种地步,你们的罪责还能归到谁的身上!”说完,就下令收审辛雄以及开府仪同三司叱列延庆、兼任吏部尚书的崔孝芬、都官尚书刘廞、兼任度支尚书的天水人杨机、散骑常侍元士弼,将他们一个个都杀了。崔孝芬的儿子司徒从事中郎崔猷抄小道进入关中地区,孝武帝授他以本官奏门下事。高欢推荐原任司徒的清河王元亶出任大司马,承接旨意,决断事务,主持尚书省政务。

宇文泰使赵贵、梁御帅甲骑二千奉迎,帝循河西行,谓御曰:"此水东流,而朕西上,若得复见洛阳,亲诣陵庙,卿等功也。"帝及左右皆流涕。泰备仪卫迎帝,谒见于东阳驿,免冠流涕曰:"臣不能式遏寇虐,使乘舆播迁,臣之罪也。"帝曰:"公之忠节,著于遐迩。朕以不德,负乘致寇,今日相见,深用厚颜。方以社稷委公,公其勉之!"将士皆呼万岁。遂入长安,以雍州廨舍为宫,大赦,以泰为大将军、雍州刺史,兼尚书令,军国之政,咸取决焉。别置二尚书,分掌机事,以行台尚书毛遐、周惠达为之。时军国草创,二人积粮储,治器械,简士马,魏朝赖之。泰尚冯翊长公主,拜驸马都尉。

先是,荧惑入南斗,去而复还,留止六旬。上以谚云"荧惑入南斗,天子下殿走",乃跣而下殿以禳之,及闻魏主西奔,惭曰:"虏亦应天象邪!"

9 己未,武兴王杨绍先为秦、南秦二州刺史。

10 辛酉,魏丞相欢自追迎魏主。戊辰,清河王亶下制大赦。欢至弘农,九月癸巳,使行台仆射元子思帅侍官迎帝。己酉,攻潼关,克之,擒毛鸿宾,进屯华阴长城,龙门都督薛崇礼以城降欢。

贺拔胜使长史元颖行荆州事,守南阳,自帅所部西赴关中。至淅阳,闻欢已屯华阴,欲还,行台左丞崔谦曰:"今帝室颠覆,主上蒙尘,公宜倍道兼行,朝于行在,然后与宇文行台同心戮力,唱举大义,天下孰不望风响应!今舍此而退,恐人人解体,一失事机,后悔何及!"胜不能用,遂还。

宇文泰派赵贵、梁御率领两千名披甲骑兵前去恭迎孝武帝,孝武帝沿着黄河向西行进,对梁御说:"这条河的水向东流,而朕却往西去,如果有一天我能够重见洛阳,亲自到皇陵宗庙祭祀,那可都是你们的功劳呀。"说着,孝武帝和他身旁的部属都流下了眼泪。宇文泰备好了仪仗与卫队迎接孝武帝,在东阳驿进行了参拜。宇文泰摘去帽子流着眼泪说道:"我没能遏制住敌寇的侵犯迫害,致使皇上颠簸迁徙,这都是我的罪过。"孝武帝说道:"你的忠心与气节,远近闻名。朕因为缺乏足够的德行,而身居尊位,结果招致贼寇肆意横行,今天与你相见,实在是太惭愧了。我现在就把国家的重担托付给你,你好好勉力吧!"将士们都高呼万岁。孝武帝于是进入长安,将雍州的官署作为宫殿,大赦天下,任命宇文泰为大将军、雍州刺史兼尚书令,国家军政大事的安排都取决于他。孝武帝还另外设置了两名尚书,分别掌管军机大事,让行台尚书毛遐、周惠达担任了这两个职务。此时,长安政权刚刚创立,两人积攒粮食储备起来,制造各种器械,精简士兵战马,整个魏朝都依靠他们了。宇文泰与冯翊长公主结婚,被封为驸马都尉。

先前,荧惑进入南斗,离开了又回来共停留了六十天。梁武帝根据谚语所说"荧惑入南斗,天子下殿走",就赤着脚走下宫殿祈祷消灾。等到听说北魏孝武帝奔往西部了,梁武帝羞惭地说道:"他这家伙也真应了天象呀!"

9 己未(初九),武兴王杨绍先出任秦、南秦二州的刺史。

10 辛酉(十一日),北魏的丞相高欢亲自追赶孝武帝要迎他回来。戊辰(十八日),清河王元亶传下诏书大赦天下。高欢到了弘农,正是九月癸巳(十三日),他派了行台仆射元子思带领侍官迎接孝武帝。己酉(二十九日),攻打潼关并拿下了它,捉住了毛鸿宾,部队进驻在华阴长城,龙门都督薛崇礼率领全城军民投降了高欢。

贺拔胜派长史元颖兼管荆州事务,守卫南阳,自己率领所属部队向西赶赴关中地区。他到了淅阳郡,听说高欢的军队已经驻扎在华阴,就准备回去,行台左丞崔谦对他说道:"如今皇室遭到颠覆,皇上流亡在外蒙受风尘,您应该日夜兼行,到皇上所在的地方进行朝拜,然后再和宇文行台一道同心协力,弘扬正义,天下的人有谁不望风而响应呢?现在您舍弃这义举而退却,恐怕人人都会离散而去,一旦失去了这样的好时机,就后悔莫及!"贺拔胜不采纳崔谦的意见,回去了。

欢退屯河东,使行台长史薛瑜守潼关,大都督库狄温守封陵,筑城于蒲津西岸,以薛绍宗为华州刺史,使守之,以高敖曹行豫州事。

欢自发晋阳,至是凡四十启,魏主皆不报。欢乃东还,遣行台侯景等引兵向荆州,荆州民邓诞等执元颖以应景。贺拔胜至,景逆击之,胜兵败,帅数百骑来奔。

11　魏主之在洛阳也,密遣阁内都督河南赵刚召东荆州刺史冯景昭帅兵入援,兵未及发,魏主西入关。景昭集府中文武议所从,司马冯道和请据州待北方处分。刚曰:"公宜勒兵赴行所。"久之,更无言者。刚抽刀投地曰:"公若欲为忠臣,请斩道和;如欲从贼,可速见杀!"景昭感悟,即帅众赴关中。侯景引兵逼穰城,东荆州民杨祖欢等起兵,以其众邀景昭于路,景昭战败,刚没蛮中。

冬,十月,丞相欢至洛阳,又遣僧道荣奉表于孝武帝曰:"陛下若远赐一制,许还京洛,臣当帅勒文武,式清宫禁。若返正无日,则七庙不可无主,万国须有所归,臣宁负陛下,不负社稷。"帝亦不答。欢乃集百官耆老,议所立,时清河王亶出入已称警跸,欢丑之,乃托以"孝昌以来,昭穆失序,永安以孝文为伯考,永熙迁孝明于夹室,业丧祚短,职此之由。"遂立清河王世子善见为帝,谓亶曰:"欲立王,不如立王之子。"亶

高欢退到河东地区驻扎下来,派遣行台长史薛瑜镇守潼关,大都督库狄温镇守封陵,并在蒲津的西岸建筑一座新城,让薛绍宗出任华州刺史,守卫新城,又叫高敖曹兼管豫州的事务。

高欢从离开晋阳到这个时候,一共递交了四十份奏折,孝武帝都不作答复。高欢就开始东还了,他派遣行台侯景等人带领兵马开往荆州,荆州的百姓邓诞等人捉住了元颖来策应侯景。贺拔胜也赶到了,侯景迎击,贺拔胜的兵马被打败,只好带领几百名骑兵来投奔南梁。

11 北魏孝武帝在洛阳的时候,秘密派遣河南籍的阁内都督赵刚召东荆州刺史冯景昭率领部队到洛阳援助,冯景昭的兵马还没来得及出发,孝武帝就向西流亡进入关中地区。冯景昭召集府中的文武官员一同商议应该跟随哪一方,司马冯道和请求冯景昭先占据东荆州,然后等待北方高欢来处理。赵刚却对冯景昭说道:"您应该部署人马赶赴皇上所在的地方。"等了很久,再也没有一个人说话。赵刚将腰刀抽出来扔在地上对冯景昭说道:"您要是想做忠臣的话,请杀掉冯道和;如果想要跟随高欢这个奸贼的话,就可以马上杀掉我。"冯景昭被赵刚的话感动,觉悟过来,立即统率大队人马赶赴关中地区。侯景带领部队逼近穰城,东荆州的百姓杨祖欢等人拉起了武装,在路上阻挡冯景昭,冯景昭吃了败仗,赵刚逃入本州蛮夷占据的地方。

冬季,十月,丞相高欢到达洛阳,又派遣僧人道荣将一份奏折交给孝武帝,里面说道:"陛下如果在远方恩赐给我们一份诏书,答应返回京城洛阳,我将率领、部署文武百官,清扫干净您居住的地方,恭候您的归来。如果您不定下一个返回的日子,那么七庙就不能没有主人,天下邦国必须有所归附。届时,我宁可辜负陛下,也不辜负国家。"孝武帝对此也不做答复。高欢就召集文武百官和元老,商议立谁做皇帝合适,此时清河王元亶已经在自己进出时按皇帝的规格严加戒备,断绝行人,高欢对他感到厌恶,就借口说:"孝昌年间以来,宗庙的辈分次序开始混乱,永安年间敬宗皇帝只把孝文皇帝尊为他的伯伯,永熙年间孝武帝又将孝明帝的牌位移到了宗庙内的夹室之中,近来的皇帝基业丧失,在位的时间短,原因都在于继承帝位的人辈分不对。"于是拥立清河王的嫡长子元善见为新的皇帝,并对元亶说道:"要拥立您的话,还不如拥立您的儿子。"元亶

不自安,轻骑南走,欢追还之。丙寅,孝静帝即位于城东北,时年十一,大赦,改元天平。

魏宇文泰进军攻潼关,斩薛瑜,虏其卒七千人,还长安,进位大丞相。东魏行台薛脩义等渡河据杨氏壁。魏司空参军河东薛端纠帅村民击却东魏,复取杨氏,丞相泰遣南汾州刺史苏景恕镇之。

12 丁卯,以信武将军元庆和为镇北将军,帅众伐东魏。

13 初,魏孝武既与丞相欢有隙,齐州刺史侯渊、兖州刺史樊子鹄、青州刺史东莱王贵平阴相连结,以观时变。渊亦遣使通于欢所。及孝武帝入关,清河王亶承制,以汝阳王暹为齐州刺史。暹至城西,渊不时纳。城民刘桃符等潜引暹入城,渊帅骑出走,妻子部曲悉为暹所虏。行及广里,会承制以渊行青州事。欢遗渊书曰:"卿勿以部曲单少,惮于东行,齐人浇薄,唯利是从,齐州尚能迎汝阳王,青州岂不能开门待卿也。"渊乃复东,暹归其妻子部曲。贵平亦不受代,渊袭高阳郡,克之,置累重于城中,自帅轻骑游掠于外。贵平使其世子帅众攻高阳,渊夜趣东阳,见州民馈粮者,绐之曰:"台军已至,杀戮殆尽。我,世子之人也,脱走还城,汝何为复往!"闻者皆弃粮走。比晓,复谓行人曰:"台军昨夜已至高阳,我是前锋,今至此,不知侯公竟在何所!"城民恟惧,遂执贵平出降。戊辰,渊斩贵平,传首洛阳。

为此而心中感到不安,骑上轻装的快马向南方出走,高欢追赶上去劝回了他。丙寅(十七日),孝静帝在洛阳城的东北部登上了皇位,当时年龄才十一岁。孝静帝下令大赦天下,改年号为天平。

西魏宇文泰进军攻打潼关,杀掉了薛瑜,俘虏他手下的士兵共七千人,回到长安之后,晋升为大丞相。东魏行台薛脩义等人渡过黄河占领了杨氏壁。西魏的河东籍司空参军薛端纠集了一帮村民击退了东魏的人马,重新占据了杨氏壁,丞相宇文泰派遣南汾州的刺史苏景恕前去镇守。

12 丁卯(十八日),梁武帝任命信武将军元庆和为镇北将军,统率部队讨伐东魏。

13 当初,北魏孝武帝与丞相高欢产生隔阂之后,齐州的刺史侯渊、兖州的刺史樊子鹄、青州的刺史东莱王元贵平,相互秘密地结成一派,共同观察形势的变化。侯渊也派遣使者到高欢住的地方进行联系。等到孝武帝流亡到关中地区之后,清河王元亶以皇帝之令任命汝阳王元暹为齐州的刺史。元暹来到齐州城的西面,侯渊并不及时迎接他进去。城中的百姓刘桃符等人悄悄地领着元暹进了城。侯渊率领骑兵连忙出走,他的夫人、子女以及部下都被元暹俘虏了。侯渊走到了广里地区,刚好赶上清河王元亶以皇帝之令让他兼管青州的事务。高欢在给侯渊的书信中写道:"你不要因为自己手下的部队势单力薄人少,不敢东进,齐州的人薄情寡义,只知追逐财利,齐州的人都还会迎接汝阳王,青州的人难道就不会打开城门等待你吗?"于是,侯渊就重新东进,汝阳王元暹把他的夫人、子女以及部属都还给了他。东莱王元贵平也不接受由侯渊取代他的职务的命令,侯渊袭击了高阳郡并攻下了它。侯渊在城中布置了多重防守,自己则带领轻装骑兵在城外巡游。元贵平派他的嫡长子率领大队人马攻打高阳城,侯渊连夜赶到东阳城,看到该州送粮食的百姓,就欺骗他们说:"朝廷派遣的部队已经赶到了,把人都快杀光了。我是东莱王世子手下的人,从那里逃脱后回到城里,你们怎么还要再去送命呀!"听到这些话的人都丢下粮食逃跑了。到了拂晓,他又对路上的行人说道:"朝廷派来的军队昨晚上已经赶到高阳城,我是先锋官,现在来到这里,不知道侯公究竟在什么地方!"城里的百姓心里恐惧,于是便捉住了东莱王元贵平出来投降。戊辰(十九日),侯渊斩了元贵平,把他的脑袋送到了洛阳。

14　庚午，东魏以赵郡王谌为大司马，咸阳王坦为太尉，开府仪同三司高盛为司徒，高敖曹为司空。坦，树之弟也。

丞相欢以洛阳西逼西魏，南近梁境，乃议迁邺，书下三日即行。丙子，东魏主发洛阳，四十万户狼狈就道。收百官马，尚书丞郎已上非陪从者，尽令乘驴。欢留后部分，事毕，还晋阳。改司州为洛州，以尚书令元弼为洛州刺史，镇洛阳。以行台尚书司马子如为尚书左仆射，与右仆射高隆之、侍中高岳、孙腾留邺，共知朝政。诏以迁民赀产未立，出粟一百三十万石以赈之。

15　十一月，兖州刺史樊子鹄据瑕丘以拒东魏，南青州刺史大野拔帅众就之。

16　庚寅，东魏主至邺，居北城相州之廨，改相州刺史为司州牧，魏郡太守为魏尹。是时，六坊之众从孝武帝西行者不及万人，馀皆北徙，并给常廪，春秋赐帛以供衣服，乃于常调之外，随丰稔之处，折绢籴粟以供国用。

17　十二月，魏丞相泰遣仪同李虎、李弼、赵贵击曹泥于灵州。

18　闰月，元庆和克濑乡而据之。

19　魏孝武帝闺门无礼，从妹不嫁者三人，皆封公主。平原公主明月，南阳王宝炬之同产也，从帝入关，丞相泰使元氏诸王取明月杀之。帝不悦，或时弯弓，或时椎案，由是复与泰有隙。癸巳，帝饮酒遇鸩而殂。泰与群臣议所立，多举广平王赞。赞，孝武之兄子也。侍中濮阳王顺，于别室垂涕谓泰曰："高欢逼逐先帝，立幼主以专权，明公宜反其所为。

14　庚午(二十一日),东魏任命赵郡王元谌为大司马,咸阳王元坦为太尉,开府仪同三司高盛为司徒,高敖曹为司空。元坦是元树的弟弟。

丞相高欢认为洛阳的西面接近西魏、南面接近梁的边境,就提议将国都迁往邺城,他的文书颁下刚刚三天,迁都一事就开始进行了。丙子(二十七日),东魏孝静帝从洛阳出发,四十万户人家狼狈地踏上了路途。朝廷征收了文武百官的马匹,尚书丞郎以上不是陪同跟随孝静帝的,都被命令骑驴。高欢留在后面布置安排,等到事情结束以后,回到了晋阳。朝廷将司州改名为洛州,任命尚书令元弼为洛州刺史,镇守洛阳。又任命行台尚书司马子如为尚书左仆射,与右仆射高隆之、侍中高岳、孙腾一道留在邺城,共同主持朝中的政务。孝静帝颁下诏书表示考虑到移民因受搬迁的影响,资产不能马上复原,特地拿出一百三十万石粮食赈济他们。

15　十一月,兖州刺史樊子鹄占据瑕丘来抗拒东魏,南青州刺史大野拔率领一帮人马投奔了他。

16　庚寅(十二日),东魏国主孝静帝到达邺城,居住在相州的官府里面,把相州的刺史改称为司州牧,魏郡的太守改称为魏尹。此时,分为六坊的皇城警卫部队中跟随孝武帝到西边去的不到一万人,其馀的都迁徙到了北方,并常年供给他们俸禄,春秋两季皇帝还要送绸缎供给他们做衣服用,除了正常赋调之外,还随着庄稼丰收,将绸缎折价买进粮食供国家使用。

17　十二月,西魏的丞相宇文泰派遣仪同李虎、李弼、赵贵在灵州袭击了曹泥。

18　闰月,元庆和攻克并占据了濑乡。

19　西魏孝武帝在宫中失礼乱伦,堂妹妹中不出嫁的就有三个人,都被封为公主。平原公主明月与南阳王元宝炬是同母兄妹,跟随孝武帝来到关中,丞相宇文泰叫元氏的各位亲王抓住并杀掉了明月。孝武帝对此感到不高兴,有时弯弓射箭,有时用铁锤锤击桌子,由此又和宇文泰产生了隔阂。癸巳(十五日),孝武帝喝酒时中毒而身亡。宇文泰和大臣们一同商议应该拥立谁为新皇帝,大多数人推举广平王元赞。元赞是孝武帝兄长的儿子。兼任侍中的濮阳王元顺在另外一个房间流着眼泪对宇文泰说:"高欢逼走了已故的皇上,拥立一位年幼的皇帝以便大权独揽,您应该反其道而行之。

广平冲幼,不如立长君而奉之。"泰乃奉太宰南阳王宝炬而立
之。顺,素之曾孙也。殡孝武帝于草堂佛寺,谏议大夫宋球
恸哭呕血,浆粒不入口者数日,泰以其名儒,不之罪也。

20　魏贺拔胜之在荆州也,表武卫将军独孤信为大都
督。东魏既取荆州,魏以信为都督三荆州诸军事、尚书右仆
射、东南道行台、大都督、荆州刺史以招怀之。

蛮酋樊五能攻破淅阳郡以应魏,东魏西荆州刺史辛纂欲
讨之,行台郎中李广谏曰:"淅阳四面无民,唯一城之地,山路
深险,表里群蛮。今少遣兵,则不能制贼;多遣,则根本虚弱。
脱不如意,大挫威名,人情一去,州城难保。"纂曰:"岂可纵贼
不讨!"广曰:"今所忧在心腹,何暇治疥癣!闻台军不久应
至,公但约勒属城,使完垒抚民以待之,虽失淅阳,不足惜
也。"纂不从,遣兵攻之,兵败,诸将因亡不返。

城民密召独孤信。信至武陶,东魏遣恒农太守田八能帅群
蛮拒信于淅阳,又遣都督张齐民以步骑三千出信之后。信谓其
众曰:"今士卒不满千人,首尾受敌,若还击齐民,则土民必谓我
退走,必争来邀我。不如进击八能,破之,齐民自溃矣。"遂击破
八能,乘胜袭穰城。辛纂勒兵出战,大败,还趣城。门未及阖,

广平王还年幼,所以不如拥立一位年长的君王。"于是,宇文泰就拥立兼任太宰的南阳王元宝炬为皇帝。元顺是常山王元素的曾孙子。孝武帝的灵柩被安放在草堂佛寺,谏议大夫宋球放声痛哭呕出了鲜血,几天里不喝一口水不吃一粒饭,宇文泰看他是一位著名儒生,没有怪罪他。

20 北魏的贺拔胜在荆州的时候,曾上书请求任命武卫将军独孤信为大都督。东魏取得荆州后,西魏任命独孤信为掌管三荆州军政事务的都督、尚书右仆射、东南道行台、大都督、荆州刺史,以此来招抚怀柔独孤信。

蛮族的首长樊五能攻破了淅阳郡来策应西魏,东魏西荆州刺史辛纂准备讨伐他们,行台郎中李广劝说道:"淅阳郡四面都没有百姓,只有一座城的地方,山上的路途深幽艰险,里外有为数不少的蛮人。现在如果只派少量兵马的话,就不能制服贼兵;而派大部队去,那么我们的大本营就变得虚弱了。倘若不能成功,就会大大影响威望名誉,而人心一旦失去,我们的州城就难以保住了。"辛纂说道:"怎么可以纵容贼兵不去讨伐呀!"李广回答说:"眼下我们的担忧在心腹要害之处,哪有工夫去治疗疥癣小毛病呢?听说朝廷派遣的军队不久就要到达,您只要约束住东荆州所辖的各座城,使它们完好无损,同时安抚百姓进行等待,这样虽说失去了淅阳,也没有什么可惜的。"辛纂不听李广的劝告,派兵攻打淅阳,遭到失败,各位将领因此而逃亡不回。

城中的百姓秘密地请独孤信过来。独孤信到达武陶的时候,东魏派遣恒农太守田八能率领一群蛮人将他挡在淅阳之外,又派遣都督张齐民带着三千名步兵与骑兵尾随在独孤信的后面。独孤信对他的部下们说:"眼下我们的士兵还不满一千人,前后都受到敌人的威胁。如果回过头来攻打张齐民,那么当地的土著百姓就一定会认为我们要撤退,将争着来邀请我们。不如进攻前面的田八能,要是打垮了他,张齐民自己就会溃败了。"于是他领兵击败了田八能,乘着胜利的势头袭击穰城。辛纂安排兵马出来迎战,被打得惨败后转身奔回了穰城。城门还没来得及关上,

信令都督武川杨忠为前驱,忠叱门者曰:"大军已至,城中有应,尔等求生,何不避走!"门者皆散。忠帅众入城,斩纂以徇,城中慑服。信分兵定三荆。居半岁,东魏高敖曹、侯景将兵奄至城下,信兵少不敌,与杨忠皆来奔。

独孤信命令武川籍都督杨忠为先锋,杨忠对守卫城门的人大声喝道:"我们的大部队已经到了,城中还有人接应,你们要是想求一条生路的话,为什么还不避开逃跑!"守卫城门的人都逃散了。杨忠率领人马冲到城里,杀掉了辛纂,城里的军民都吓得服服帖帖。独孤信分开兵马平定了三荆地区,半年之后,东魏的高敖曹、侯景统率人马突然攻到城下,独孤信手下的兵少打不过对方,便和杨忠一道都来投奔梁朝。